Nassim Nicholas Taleb

ANTIFRAGILITÄT

Anleitung für eine Welt, die wir nicht verstehen

Aus dem Englischen
von Susanne Held

Pantheon

Die Originalausgabe erschien unter dem Titel
»*Antifragile. Things That Gain from Disorder*« 2012 bei
Random House, einem Verlag der Random House, Inc., New York.

MIX
Papier | Fördert gute Waldnutzung
FSC® C083411

Penguin Random House Verlagsgruppe FSC® N001967

7. Auflage

Umschlaggestaltung und -illustration: Büro Jorge Schmidt, München
Satz: Uhl + Massopust, Aalen
Druck und Bindung: CPI books GmbH, Leck
Printed in the EU
ISBN 978-3-570-55389-3

www.pantheon-verlag.de

Für Sarah Josephine Taleb

Inhalt

Kapitelüberblick

Fettgedruckte Begriffe sind im Glossar am Schluss des Buchs erklärt.

Buch I: Das Antifragile: Eine Einführung

Kapitel 1. Wie es kommt, dass der Begriff »Antifragilität« nicht zum Lehrstoff der Schule gehört. Die Triade Fragil – Robust – Antifragil, übersetzt in die mythologischen Figuren Damokles – Phönix – Hydra. Kontextabhängigkeit.

Kapitel 2. Wo treffen wir auf Überkompensation? Das Antifragilste überhaupt (außerhalb der Wirtschaft): obsessive Liebe.

Kapitel 3. Der Unterschied zwischen dem Organischen und dem Konstruierten. **Touristifizierung** und weitere Versuche, das Leben seiner Volatilität zu berauben.

Kapitel 4. Die Antifragilität eines Ganzen beruht häufig auf der Fragilität seiner Teile. Warum es ohne Tod kein Leben gibt. Die Nützlichkeit von Irrtümern für die Gesamtheit. Warum wir Menschen brauchen, die bereit sind, sich auf Risiken einzulassen. Einige Bemerkungen zur Moderne, die dafür kein Verständnis hat. Eine Verbeugung vor dem freien Unternehmer und dem entdeckungsfreudigen Abenteurer.

Buch II: Die Moderne und die Verleugnung von Antifragilität

Das Prokrustesbett

Kapitel 5. Zwei unterschiedliche Kategorien von Zufälligkeit, dargestellt an der Lebensweise zweier Brüder. Die Schweiz wird nicht von oben kontrolliert. Der Unterschied zwischen **Mediokristan** und **Extremistan.** Die Vorteile von Stadtstaaten, politischen Systemen, die nach Bottom-up-Manier funktionieren, und der stabilisierende Effekt kommunalen Rauschens.

Kapitel 6. Systeme, die von Zufälligkeit profitieren. Der Vorgang des Ausglühens in und jenseits der Physik. Erklärt den Effekt der Überstabilisierung von Organismen und komplexen (politischen, wirtschaftlichen und so weiter) Systemen. Die Schwachstellen des Intellektualismus. Die Außenpolitik der USA – Pseudostabilisierungen.

Kapitel 7. Einführung in die **Naive Intervention** und **Iatrogenik**, das meistverkannte Phänomen der Moderne. Rauschen – Signal – Überreaktion auf bloßes Rauschen.

Kapitel 8. Prognostik als typisches Produkt der Moderne.

Buch III: Eine prognosefreie Sicht der Welt

Kapitel 9. Fat Tony und seine untrügliche Spürnase für Fragilität, Nero, ausgedehnte Mittagessen, die Drangsalierung der **Fragilisten.**

Kapitel 10. In dem Professor Triffat sich weigert, die von ihm entwickelte Medizin auch selbst zu schlucken. Wir bedienen uns Senecas und des Stoizismus als einem weiteren Zugang zur Erklärung des Umstands, warum alles Antifragile mehr Vor- als Nachteile hat und deshalb von Volatilität, Fehlern und Stressoren profitiert – die **Fundamentale Asymmetrie.**

Kapitel 11. Was man vermengen darf und was nicht. Die **Hantelstrategie** im Leben und überhaupt als Verwandlung alles Möglichen von fragil in antifragil.

Buch IV: Optionalität, Technik und die Intelligenz von Antifragilität

(Die Spannung zwischen Erziehung, die auf Ordnung, und Innovation, die auf Unordnung ausgerichtet ist.)

Kapitel 12. Der Unterschied zwischen Thales und Aristoteles und die Idee der **Optionalität**, die es dem Menschen ermöglicht, auf das

Buch V: Das Nichtlineare und das Nichtlineare

Buch VI: Via Negativa

Buch VII: Die Ethik von Fragilität und Antifragilität

Prolog

I. Wie man den Wind liebt

Wind löscht eine Kerzenflamme, offenes Feuer regt er an. Für Zufälligkeit, Ungewissheit und Chaos gilt dasselbe: Ich will von ihnen profitieren und mich nicht vor ihnen verstecken. Ich will das Feuer sein, das sich den Wind herbeiwünscht. Damit ist die alles andere als zaghafte Haltung des Autors gegenüber Zufälligkeit und Ungewissheit umrissen.

Wir wollen Ungewissheit nicht nur knapp überleben, nicht nur »gerade noch einmal davonkommen«. Wir wollen Ungewissheit vollkommen unbeschadet überleben und darüber hinaus – wie eine bestimmte Klasse streitlustiger römischer Stoiker – das letzte Wort haben. Die Frage ist: Wie gelingt es uns, das, was wir nicht sehen, nicht durchschauen, nicht erklären können, zu domestizieren, zu dominieren, vielleicht sogar zu bezwingen?

II. Das Antifragile

Einige Dinge profitieren von Erschütterungen; wenn sie instabilen, vom Zufall geprägten, ungeordneten Bedingungen ausgesetzt sind, wachsen und gedeihen sie; sie lieben das Abenteuer, das Risiko und die Ungewissheit. Doch obwohl dieses Phänomen omnipräsent ist, gibt es kein Wort für das genaue Gegenteil von »fragil«. Nennen wir es »antifragil«.

Antifragilität ist mehr als Resilienz oder Robustheit. Das Resiliente, das Widerstandsfähige widersteht Schocks und bleibt sich gleich; das Antifragile wird besser. Dieses Prinzip steckt hinter allem, was sich im Lauf der Zeit verändert hat: Evolution, Kultur, Ideen, Revolutionen, politischen Systemen, technischen Innovationen, kulturellem und wirtschaftlichem Erfolg, hinter dem Überleben von Konzernen, guten Kochrezepten (man denke nur an Hühnersuppe oder an Tartar mit einem Schuss Cognac), hinter dem Wachstum von Städten, Zivilisationen, hinter Gesetzessystemen, den Regenwäldern, der Bakterienresistenz … und nicht zuletzt hinter dem Fortbestand unserer Spezies auf diesem Planeten. Antifragilität markiert außerdem die Grenze zwischen dem Lebendig-Organischen (oder Komplexen) – beispielsweise dem menschlichen Körper – und dem Unbelebten, irgendeinem Objekt wie beispielsweise dem Tacker auf Ihrem Schreibtisch.

Das Antifragile steht Zufälligkeit und Ungewissheit positiv gegenüber, und das beinhaltet auch – was entscheidend ist – die Vorliebe für eine bestimmte Art von Irrtümern. Antifragilität hat die einzigartige Eigenschaft, uns in die Lage zu versetzen, mit dem Unbekannten umzugehen, etwas anzupacken – und zwar erfolgreich –, ohne es zu verstehen. Um es noch schärfer zu formulieren: Wir sind im Großen und Ganzen besser, wenn wir handeln, als wenn wir denken, und das verdanken wir der Antifragilität. Ich bin auf jeden Fall lieber dumm und antifragil als hyperintelligent und fragil.

Um uns herum lassen sich unschwer Bereiche finden, die von einem gewissen Grad an Stress und Unbeständigkeit profitieren: Wirtschaftssysteme, Ihr Körper, Ihre Ernährung (vieles deutet darauf hin, dass Diabetes und viele moderne Krankheiten dieser Art damit zusammenhängen, dass ein bestimmtes Ernährungsschema stur beibehalten wird und der Stressor des Hungerns nicht mehr vorkommt), Ihre Psyche. Es gibt sogar antifragile Finanzverträge: Sie sind bewusst so angelegt, dass sie von Marktschwankungen profitieren.

Antifragilität lässt uns Fragilität besser verstehen. Wir können nicht unsere Gesundheit verbessern, ohne Krankheiten zurückzudrängen; wir können unseren Reichtum nicht steigern, ohne zuvor die Verluste zu verringern, und ebenso sind auch Antifragilität und Fragilität verschiedene Abstufungen auf ein und derselben Skala.

Keine Prognosen

Indem wir uns mit den Mechanismen der Antifragilität auseinandersetzen, können wir eine systematische, breit angelegte Gebrauchsanweisung erstellen, um unabhängig von Vorhersagen im Bereich der Wirtschaft, der Politik, des Gesundheitswesens und des Lebens ganz allgemein Entscheidungen angesichts von Ungewissheit zu treffen – also in all jenen Bereichen, in denen das Unbekannte überwiegt; in jeder Situation, in der wir es mit Zufälligkeit, Nicht-Vorhersehbarkeit, Undurchsichtigkeit oder unvollständigem Verständnis der Dinge zu tun haben.

Es ist sehr viel leichter, sich zu überlegen, ob eine Sache fragil ist, als das Eintreten eines für diese Sache potentiell gefährlichen Ereignisses vorherzusagen. Fragilität ist messbar; Risiken sind (jedenfalls außerhalb der Mauern von Casinos oder des Denkens von Personen, die sich selbst als »Risikoexperten« bezeichnen) nicht messbar. Daraus ergibt sich eine Lösung für das, was ich als Problem des Schwarzen Schwans bezeichnet habe: für die Unmöglichkeit, die Risiken zu kalkulieren, die sich aus seltenen Ereignissen ergeben, sowie die Unmöglichkeit, ihr Eintreten vorherzusagen. Mit der Anfälligkeit für die schädlichen Folgen von Unbeständigkeit, von Volatilität, kann man besser umgehen als mit der Voraussage des Ereignisses, das möglicherweise diese schädlichen Folgen herbeiführen kann. Meine Empfehlung lautet daher, unsere heute übliche Vorgehensweise im Bereich Vorhersagen und Risikomanagement auf den Kopf zu stellen.

Für jeden Bereich schlage ich Regeln vor, mit denen man sich vom Fragilen weg- und auf das Antifragile zubewegen kann durch Reduktion von Fragilität und Nutzbarmachung von Antifragilität. Dabei lässt sich Antifragilität (und Fragilität) fast immer durch einen einfachen Asymmetrietest erfassen: Alles, was von zufälligen Ereignissen oder Erschütterungen mehr profitiert, als dass es darunter leidet, ist antifragil; das Umgekehrte ist fragil.

Antifragilitäts-Entzug

Wenn Antifragilität eine Eigenschaft derjenigen natürlichen (und komplexen) Systeme ist, die sich durchsetzen konnten, dann werden diese Systeme logischerweise darunter leiden, wenn sie Volatilität, Zufälligkeit und bestimmten Stressoren nicht länger ausgesetzt sind. Sie werden schwächer, sterben oder gehen in die Luft. Indem wir Zufälligkeit und Instabilität unterdrücken, haben wir die Wirtschaft, unsere Gesundheit, das politische Leben, das Erziehungswesen, fast all unsere Lebensbereiche fragilisiert. Wenn man einen Monat im Bett verbringt (vorzugsweise mit einer ungekürzten Ausgabe von *Krieg und Frieden* und dem Zugriff auf sämtliche sechsundachtzig Folgen der *Sopranos*), führt das zu Muskelschwund; Ähnliches geschieht mit komplexen Systemen – sie werden geschwächt, ja vernichtet, wenn sie keinen Stressoren mehr ausgesetzt sind. Viele Bereiche unserer modernen, strukturierten Welt haben uns mit Top-down-Strategien und Vorkehrungen (die ich in diesem Buch als »Sowjet-Harvard-Illusionen« bezeichnen werde) geschadet, die exakt diesen Effekt haben: Sie sind eine Kränkung der Antifragilität von Systemen.

Das ist die Tragödie der Moderne: Ähnlich wie neurotisch überfürsorgliche Eltern schaden uns häufig die Personen am meisten, die uns beschützen wollen.

Während fast jede Top-down-Dynamik Fragilität erhöht und Antifragilität blockiert, profitieren Bottom-up-Strukturen von einem angemessenen Ausmaß an Stress und Unordnung. Entdeckungsprozesse (oder Innovationen oder technischer Fortschritt) beruhen viel stärker auf antifragilem Herumprobieren (Tüfteln) und der offensiven Bereitschaft zum Risiko als auf Schulbildung.

Vorteile auf Kosten anderer

Damit kommen wir zum schlimmsten Fragilisierungsfaktor unserer Gesellschaft, dem gewichtigsten Krisengenerator: Es mangelt an der Bereitschaft, die eigene Haut aufs Spiel zu setzen. Manche Menschen werden auf Kosten anderer antifragil: Sie schöpfen die Vorteile (den Gewinn) von volatilen, schwankenden, ungeordneten Verhältnissen ab und setzen andere den Nachteilen aus, Verlusten oder den sich daraus ergebenden Schädigungen. Und diese *Antifragilität auf Kosten der Fragilität anderer* ist versteckt: Da man in den intellektuellen Sowjet-Harvard-Zirkeln gegenüber Antifragilität blind ist, wird diese Asymmetrie selten identifiziert; sie gehört (zumindest bislang noch) nicht zum Lehrstoff an Universitäten. Außerdem können, wie wir im Zusammenhang mit der 2008 einsetzenden Finanzkrise gesehen haben, diese explosiven Risiken auf Kosten anderer in der ständig zunehmenden Komplexität moderner

Institutionen und politischer Vorgänge nur allzu leicht dem Blick der Öffentlichkeit entzogen werden. In der Vergangenheit brachten es nur Menschen, die Risiken auf sich nahmen und bereit waren, für die Folgen ihrer Handlungen einzustehen, zu hohem Rang oder Ansehen; wer dasselbe zum Wohle anderer tat, galt als Held. Heute ist genau das Gegenteil der Fall. Wir erleben das Aufkommen einer neuen Klasse invertierter Helden: Bürokraten, Banker, die sich in Davos tummelnden Mitglieder der IAND (International Association of Name Droppers) und Akademiker mit zu viel Macht und bar jeder Verantwortlichkeit. Sie zocken das System ab, und die Bürger zahlen die Zeche.

Noch nie in der Geschichte der Menschheit befand sich so viel Macht in der Hand so vieler Personen, die keinerlei Risiko eingehen und nicht im Geringsten persönlich exponiert sind. Die wichtigste ethische Maxime lautet: *Du sollst nicht deine eigene Antifragilität steigern, indem du die Fragilität anderer erhöhst.*

III. Das Gegengift bei Schwarzen Schwänen

Ich möchte in einer Welt, die ich nicht verstehe, glücklich leben können. Schwarze Schwäne sind große, unvorhersehbare, irreguläre Ereignisse mit massiven Folgen – unvorhergesehen von einem bestimmten Beobachter; diesen Nicht-Propheten, der von dem Ereignis sowohl überrascht als auch geschädigt wird, nennen wir im Folgenden »Truthahn«. Ich bin der Meinung, dass ein Großteil der Geschichte auf solche Ereignisse zurückgeht, während wir damit beschäftigt sind, unser Verständnis des Gewöhnlichen zu verbessern und dafür Modelle, Theorien oder Darstellungen entwickeln, die außerstande sind, solche Ereignisse nachzuvollziehen oder die Möglichkeit solcher Erschütterungen auszuloten.

Schwarze Schwäne führen unser Denken aufs Glatteis: Weil sie im Nachhinein erklärbar sind, rufen sie in uns den Eindruck hervor, wir hätten sie »irgendwie« vorausgeahnt. Und weil wir auf diese Illusion der Vorhersagbarkeit hereinfallen, erkennen wir nicht, welche Rolle diese Schwäne in unserem Leben spielen. Das Leben ist unendlich viel labyrinthischer, als unser Gedächtnis uns weismachen will – unser Verstand wirkt darauf hin, Geschichte in etwas Glatt-Lineares zu verwandeln, und daher unterschätzen wir die Rolle des Zufalls. Und wenn wir damit konfrontiert sind, befällt uns Angst, und es kommt zu Überreaktionen. Wegen dieser Angst vor dem Zufall und dem Drang nach Ordnung neigen viele menschengemachte Systeme dazu, den negativen Auswirkungen eines Schwarzen Schwans ausgesetzt zu sein, indem sie die unsichtbare oder kaum sichtbare Logik der Dinge zum Erliegen bringen, ohne von seinen positiven Folgen profitieren zu können. Wer bewusst Ordnung anstrebt, erzielt lediglich eine Pseudo-Ordnung; ein gewisses Ausmaß an wahrer Ordnung und Kontrolle über die Dinge erlangt nur, wer den Zufall bejaht.

Komplexe Systeme stecken voller schwer auszumachender Wechselwirkungen und nichtlinearer Reaktionen. »Nichtlinear« bedeutet: Wenn man die Dosis, beispielsweise in der Medizin, oder die Zahl der Mitarbeiter in einer Fabrik verdoppelt, erzielt man nicht das Doppelte des ursprünglichen Effekts, sondern sehr viel mehr oder sehr viel weniger. Zwei Wochenenden in Philadelphia sind nicht doppelt so nett wie eines – ich habe es ausprobiert. Wenn die Reaktion in einem Diagramm dargestellt wird, ist das Ergebnis nicht linear, also eine gerade Linie, sondern eine Kurve. In einer solchen Umgebung sind einfache kausale Zuordnungen fehl am Platz; man kann nicht erkennen, wie ein Mechanismus funktioniert, wenn man sich nur auf einzelne Teile konzentriert.

Von Menschen gemachte komplexe Systeme haben die Tendenz, nicht mehr kontrollierbare Reaktions-Kaskaden und -Ketten zu entwickeln, die jegliche Vorhersehbarkeit herabsetzen, ja eliminieren und ihrerseits gravierende Ereignisse zur Folge haben. Die moderne Welt schreitet also zwar hinsichtlich des technischen Wissens fort, aber das führt paradoxerweise dazu, dass alles sehr viel unvorhersehbarer wird. Da das Künstlich-Konstruierte immer mehr zunimmt, da wir uns immer weiter von den Modellen entfernen, die uns unsere Vorfahren und die Natur zur Verfügung stellen, und da wir aufgrund unserer immer komplizierter werdenden Realität viel von unserer Robustheit verlieren, gibt es immer mehr Schwarze Schwäne. Außerdem sind wir Opfer des »Fortschritts«, einer neuen Krankheit (ich gebe ihr in diesem Buch den Namen *Neomanie)*, die uns dazu verführt, Systeme zu errichten, die anfällig sind für Schwarze Schwäne.

Ein fataler, dabei zentraler und immer wieder verkannter Aspekt von Schwarzen Schwänen ist der Umstand, dass die Wahrscheinlichkeit seltener Ereignisse eben nicht berechenbar ist. Wir wissen weniger über ein Jahrhunderthochwasser als über ein Jahrfünfthochwasser – mit abnehmender Wahrscheinlichkeit vergrößern sich die Modellfehlerwerte. *Je seltener ein Ereignis ist, desto weniger ist es handhabbar, und desto weniger können wir wissen, wie häufig es auftritt* – doch andererseits gilt auch: Je seltener ein Ereignis ist, desto optimistischer präsentieren die »Wissenschaftler« auf Konferenzen ihre Vorhersagen, Modelle und Power-Point-Präsentationen mit Gleichungen auf bunten Folien; desto energischer suggerieren sie, dass sie der Lage schon Herr werden.

Sehr zugute kommt uns der Umstand, dass Mutter Natur dank ihrer Antifragilität die beste Expertin für seltene Ereignisse ist und am besten mit Schwarzen Schwänen umgehen kann; in den Jahrmilliarden ihrer Existenz hat sie es geschafft, fortzubestehen, ohne dass ihr ein von einer Berufungskommission nominierter Fachmann einer Elitehochschule Führungsanweisungen gegeben hätte. Antifragilität ist viel mehr als das Gegenmittel gegen Schwarze Schwäne; wer Antifragilität verstanden hat, verliert die Furcht vor solchen Ereignissen, da er erkennt und anerkennt, wie notwendig sie für die Geschichte der Menschheit, die Technikentwicklung, das Wissen – für einfach alles sind.

Robust ist nicht robust genug

Man darf nicht vergessen, dass Mutter Natur mehr ist als lediglich »sicher«. Sie zerstört und tauscht aus, selektiert, ordnet neu. Wenn es um seltene Ereignisse geht, reicht es nicht aus, »robust« zu sein. In Anbetracht der Schonungslosigkeit der Zeit geht auf Dauer alles, was auch nur im Mindesten verwundbar ist, zu Bruch – doch unser Planet existiert bereits seit ungefähr vier Milliarden Jahren. Es kann also nicht nur darauf ankommen, robust zu sein. Man bräuchte schon eine absolute Robustheit, damit ein Riss nicht zur Zerstörung des gesamten Systems führt. Da aber absolute Robustheit unmöglich zu erreichen ist, muss es einen Mechanismus geben, mit dem das System sich kontinuierlich regeneriert, indem es unvorhersehbare Erschütterungen,

Stressoren oder Volatilität in seinem Sinne nutzt, anstatt darunter zu leiden.

Das Antifragile profitiert auf lange Sicht von Vorhersagefehlern. Denkt man diese Vorstellung konsequent zu Ende, dann müssten heute auf der Erde viele Dinge, die vom Zufall profitieren, überlebt haben – und andererseits müssten viele Dinge, die für Zufälligkeiten anfällig sind, verschwunden sein. Und das ist tatsächlich der Fall. Wir wiegen uns in der Illusion, das Funktionieren unseres Planeten sei abhängig von Plänen, universitärer Forschung und bürokratischen Finanzierungsmaßnahmen, doch es gibt äußerst überzeugende Hinweise darauf, dass das eine Illusion ist – die Illusion, die ich »Flugunterricht für Vögel« nenne. Technik ist das Resultat von Antifragilität – genutzt von risikofreudigen Personen, die durch Versuch und Irrtum und Tüfteleien etwas entwickeln, wobei die Pläne von Nerds nur eine völlig untergeordnete Rolle spielen. Ingenieure und Tüftler entwickeln Dinge, Geschichtsbücher hingegen werden von Akademikern verfasst; wir müssen uns also die historische Interpretation von Wachstum, Erneuerung und vieler ähnlicher Bereiche noch einmal genauer anschauen.

Zur Messbarkeit (gewisser) Dinge

Fragilität ist vergleichsweise gut messbar, ganz im Gegensatz zu Risiken, speziell zu Risiken, die mit seltenen Ereignissen zusammenhängen.*

Wir können (Anti-)Fragilität einschätzen, ja sogar messen, wohingegen wir Risiken und die Wahrscheinlichkeit von Schocks und seltenen Ereignissen nicht kalkulieren können, wie gebildet wir auch immer sein mögen. Risikomanagement, wie es heute gehandhabt wird, ist das Studium eines Ereignisses, das in der Zukunft eintreten wird, und nur ein paar Wirtschaftswissenschaftler und andere Verrückte können aller Erfahrung zum Trotz behaupten, sie seien in der Lage, das zukünftige Vorkommen dieser seltenen Ereignisse »messen« zu können. Dennoch gibt es Dummköpfe, die ihnen das abnehmen, obwohl die Erfahrung mit solchen Behauptungen und die Erfolgsbilanz besagter Wissenschaftler

* Das bezieht sich – außerhalb von Casinos und einigen eng umschriebenen Bereichen – auf menschengemachte Situationen und Konstruktionen.

klar dagegen spricht. Fragilität oder Antifragilität hingegen sind eine von mehreren Eigenschaften eines Objekts, sei es ein Couchtisch, eine Firma, eine Industrie, ein Land oder ein politisches System. Wir können Fragilität aufspüren, können sie sehen, ja sogar messen, oder zumindest mit nur geringer Fehlerwahrscheinlichkeit Vergleiche hinsichtlich der Fragilität des einen oder anderen anstellen, während Risikovergleiche (bislang) nicht zuverlässig waren. Man kann nicht glaubwürdig behaupten, ein bestimmtes abseitiges Ereignis oder eine größere Erschütterung sei wahrscheinlicher als eine andere (es sei denn, man hat Spaß daran, sich selbst zu täuschen); dagegen kann man mit sehr viel triftigeren Gründen feststellen, dass ein Objekt oder eine Struktur fragiler ist als eine andere, wenn ein bestimmtes Ereignis eintritt. Sie können ohne Weiteres behaupten, dass Ihre Großmutter in Bezug auf Temperaturstürze fragiler ist als Sie selbst; dass gewisse Militärdiktaturen im Fall von politischen Umschwüngen fragiler sind als die Schweiz; dass eine Bank fragiler ist als eine andere, wenn es zu einer Krise kommt; oder dass ein schlampig gebautes modernes Gebäude im Fall eines Erdbebens fragiler ist als die Kathedrale von Chartres. Und Sie können vor allem mit hoher Wahrscheinlichkeit vorhersagen, welches von beiden länger Bestand haben wird.

Anstatt Risiken zu diskutieren (was nichts als feige Prognosegläubigkeit ist), plädiere ich dafür, über Fragilität zu diskutieren. Das hat mit Voraussagen nichts zu tun und bietet außerdem – im Unterschied zum Risikomanagement – das unerschrockene Gegenkonzept der Antifragilität.

Um Antifragilität zu messen, gibt es eine Methode, die dem Stein der Weisen gleicht, eine griffige, einfache Regel, die es uns ermöglicht, Antifragilität in allen möglichen Bereichen aufzuzeigen, vom Gesundheitswesen bis zum Aufbau von Gesellschaften. Im Alltag haben wir sie uns unbewusst zunutze gemacht, im intellektuellen Bereich hingegen bewusst ausgeklammert.

Der Fragilist

Wir nehmen uns vor, der Belästigung durch Dinge, die wir nicht verstehen, aus dem Weg zu gehen. Allerdings neigen manche Menschen auch dazu, das Gegenteil zu tun. Der Fragilist gehört zu der Sorte Mensch, die – selbst freitags noch – in Anzug und Krawatte auftritt; er quittiert Ihre Witze mit eisiger Indignation und hat häufig schon in jungen Jahren Rückenprobleme, weil er entweder an einem Schreibtisch oder in einem Flugzeug sitzt und ständig Zeitung liest. Häufig nimmt er an einem befremdlichen Ritual teil, dem im Volksmund so genannten Meeting. Zu allem Überfluss ist er schließlich noch überzeugt, dass es das, was er nicht sieht, nicht gibt, beziehungsweise dass das, was er nicht versteht, nicht existiert. Er verwechselt also letztlich das Unbekannte mit dem Nicht-Existenten.

Der Fragilist fällt auf die Sowjet-Harvard-Täuschung herein, die (unwissenschaftliche) Überschätzung des Geltungsbereichs der Fachwissenschaften. Aufgrund dieser Wahnvorstellung ist er ein naiver Rationalist, ein Rationalisierer, teilweise auch einfach nur ein Rationalist in dem Sinne, dass er davon überzeugt ist, für ihn seien die Gründe hinter den Dingen automatisch zugänglich. Rationalisierend und vernünftig dürfen wir nicht verwechseln – sie stehen meistens in direktem Gegensatz zueinander. Außerhalb der Grenzen der Physik, vor allem aber in komplexen Bereichen haben die Gründe hinter den Dingen die Tendenz, für uns und speziell für den Fragilisten nicht allzu offensichtlich zu sein. Diese Eigenschaft natürlicher Dinge, sich nicht wie in einer Gebrauchsanweisung anzupreisen, hält gewisse Fragilisten leider nicht davon ab, ihrerseits – ausgehend von ihrem »Wissenschafts«-Verständnis – eine Gebrauchsanweisung abzufassen.

Dank der Fragilisten ist die moderne Zivilisation immer blinder geworden für das Geheimnisvolle, das Undurchdringliche – für den Bereich des Lebens, den Nietzsche als das »Dionysische« bezeichnete. Oder, um Nietzsche in den nicht ganz so poetischen, doch ebenso erhellenden Brooklynslang zu übersetzen: Hier haben wir das vor uns, was Fat Tony ein »Spiel von Dummköpfen« nennt.

Kurz, der Fragilist (medizinischer, ökonomischer, sozialplanerischer Provenienz) ist ein Mann, der Sie dazu bringt, sich Strategien und Tätigkeiten zu eigen zu machen, deren Nutzen klein und sichtbar, deren Nebenwirkungen hingegen potentiell schwerwiegend und unsichtbar sind.

Es gibt den Mediziner-Fragilisten, der zuviel therapiert, weil er die naturgegebenen Selbstheilungskräfte des Körpers nicht anerkennt und Ihnen Medikamente mit möglicherweise schweren Nebenwirkungen verschreibt; den Strategie-Fragilisten (den intervenierenden Sozialplaner), der das Wirtschaftssystem mit einer Waschmaschine verwechselt, die ständig (von ihm) repariert werden muss und die deshalb als Schrotthaufen endet; den Psychotherapie-Fragilisten, der Kindern Medikamente verschreibt, um ihre Intelligenz und ihre Belastbarkeit zu »steigern«; die Übermutti-Fragilistin; den Trader-Fragilisten, der seine Kunden dazu verleitet, mit »Risikomodellen« zu arbeiten, die das Bankensystem zerstören (und unverdrossen weiter eingesetzt werden); den Militär-Fragilisten, der komplexe Systeme aufmischt; den Prognose-Fragilisten, der Sie ermutigt, immer noch mehr Risiken einzugehen, und viele andere.*

Dem politischen Diskurs fehlt ganz einfach ein Konzept. Politiker führen in ihren Reden als Ziel und Versprechen so zaghafte Vorstellungen wie »Resilienz« oder »Stabilität« an, nicht aber Antifragilität,** und ersticken damit Wachstums- und Evolutionsprozesse im Keim. Als Menschen haben wir es nicht dank der zaghaft-feigen Vorstellung der

* Hayek übertrug seine Idee von der organischen Preisentwicklung nicht auf den Bereich des Risikos und der Fragilität. In seinen Augen waren die Bürokraten ineffizient, nicht die Fragilisten. Meine Darstellung geht aus von Fragilität und Antifragilität, die organische Preisgestaltung entwickelt sich als Nebenthema.

** Ich möchte hier erneut wiederholen: Nein, *IstnichtdasselbewieResilienz*. Ich bin mittlerweile daran gewöhnt, am Ende eines Vortrags gefragt zu werden: »Und was ist jetzt der Unterschied zwischen robust und antifragil?«, oder die noch dümmere, noch irritierendere Frage: »Antifragil ist also dasselbe wie resilient, nicht wahr?« Die Reaktion auf meine Antwort besteht normalerweise in einem verstehenden »Ach so«, begleitet von diesem Blick: »Wieso haben Sie das nicht schon früher gesagt?« (Natürlich *habe* ich es schon früher gesagt.) Selbst der Sachverständige, der ein Abstract zu dem wissenschaftlichen Artikel abfasste, den ich über die Definition und Entdeckung der Antifragilität geschrieben hatte, verfehlte den springenden Punkt komplett, er vermischte Antifragilität und Robustheit – und dabei handelte es sich um einen Wissenschaftler, der meine Definitionen als Manuskript vor sich liegen hatte. Es wäre also wohl ratsam, Folgendes noch einmal klarzumachen: Das Robuste oder das Resiliente sind durch Unbeständigkeit und Unordnung weder angreifbar, noch nützen sie ihnen – das Antifragile hingegen profitiert davon. Doch es bedarf offenbar einer gewissen Anstrengung, bis der Gedanke wirklich verstanden ist. Vieles von dem, was gemeinhin robust oder resilient genannt wird, ist tatsächlich nichts weiter als robust oder resilient, die andere Hälfte ist antifragil.

Resilienz so weit gebracht. Und wir wären heute nicht da, wo wir sind, wenn unsere Entwicklung von Politikern abhängig wäre – sie beruht vielmehr auf der Risiko- und Irrtumsbereitschaft einer bestimmten Sorte von Menschen, die wir ermutigen, in Schutz nehmen und respektieren müssen.

Wenn das Einfache das Klügere ist

Ein komplexes System benötigt – entgegen der allgemeinen Meinung – keine komplizierten Systeme, keine Regulierungsmethoden, keine ausgefeilten politischen Strategien. Je einfacher, desto besser. Kompliziertheit hat vielfältige, nicht vorhersehbare Wirkungsketten zur Folge. Da die Dinge nicht bis ins Letzte durchschaubar sind, hat ein Eingreifen unvorhergesehene Auswirkungen. Darauf folgen Entschuldigungen für den »unvorhergesehenen« Aspekt dieser Konsequenzen; dann wird wieder interveniert, um die Sekundäreffekte zu korrigieren, was zu einer sich in alle Richtungen vermehrenden Serie von »unvorhergesehenen« Reaktionen führt, jede schlimmer als ihre Vorgängerin.

Allerdings ist es schwer, das Konzept der Einfachheit in das moderne Leben einzubringen, da Einfachheit dem Geist einer bestimmten Sorte von Menschen zuwiderläuft, die Gehirnakrobatik zur Legitimation ihres Berufszweigs nötig haben.

Weniger ist mehr und meist auch effektiver. Daher möchte ich ein paar Tricks, Richtlinien und Verbote im Zusammenhang mit der Frage vorlegen: Wie können wir in einer Welt leben, die wir nicht verstehen, oder besser gesagt, wie können wir angstfrei mit Dingen umgehen, die wir offenkundig nicht verstehen, und vor allem, wie können wir sie produktiv nutzen? Oder noch genauer: Wie können wir uns mit unserer Unwissenheit konfrontieren, ohne das Gefühl zu haben, dass wir uns schämen müssen, zur Gattung Mensch zu gehören – wie können wir stattdessen im Gegenteil offensiv und stolz Mensch sein? Dafür wären allerdings einige strukturelle Veränderungen vonnöten.

Was ich vorschlage, ist eine Landkarte, anhand derer wir unsere menschengemachten Systeme so verändern, dass das Einfache, das Natürliche sich entfalten kann.

Allerdings ist es alles andere als einfach, den Zustand der Einfachheit zu erreichen. Von Steve Jobs stammt die Erkenntnis, dass *»Sie schwer an sich arbeiten müssen, um Ihr Denken zu reinigen und es damit einfach zu machen«*. Die Araber haben einen Ausdruck für pointierte Prosa: *nicht die Fähigkeit, etwas zu verstehen – das Geschick, es zu schreiben.*

Heuristiken sind schlichte Faustregeln, welche Dinge vereinfachen, so dass sie leicht zu übertragen sind. Der Hauptvorteil von Heuristiken besteht allerdings darin, dass der Benutzer weiß, dass diese Regeln nicht perfekt, sondern lediglich ein zweckdienliches Hilfsmittel sind; er ist daher auch weniger in der Gefahr, einem Leistungsversprechen auf den Leim zu gehen. Gefährlich werden sie in dem Moment, wenn wir das aus dem Blick verlieren.

IV. Über dieses Buch

Der Weg zur Idee der Antifragilität war, gelinde gesagt, nichtlinear. Eines Tages fiel mir auf, dass Fragilität – ein wissenschaftlich bislang nicht definierter Begriff – beschrieben werden konnte als *Unfähigkeit, Unbeständigkeit zu vertragen*, und dass *das, was Unbeständigkeit nicht verträgt*, auch Zufälligkeit nicht verträgt, Unsicherheit, Irrtümer, Stressoren und so weiter. Denken Sie an irgendetwas Zerbrechliches, beispielsweise Gegenstände in Ihrem Wohnzimmer wie ein Glasrahmen, das Fernsehgerät oder – noch besser – das Geschirr in der Vitrine. Wenn Sie diese Dinge als »fragil« bezeichnen, dann ist damit zwangsläufig der Wunsch verbunden, dass sie in Ruhe gelassen werden, dass die Verhältnisse um sie herum ordentlich und vorhersehbar bleiben mögen. Ein fragiles Objekt würde sehr wahrscheinlich von einem Erdbeben oder dem Besuch Ihres hyperaktiven Neffen nicht profitieren. Darüber hinaus kann alles, was ein kritisches Verhältnis zur Unbeständigkeit hat, auch mit Stressoren, Gefahren, Chaos, abruptem Wechsel, Unordnung, »unvorhergesehenen« Folgen, Unsicherheit und vor allem dem Vergehen von Zeit nicht gut fertig werden.

Antifragilität ergibt sich mehr oder weniger aus dieser Definition von Fragilität. Antifragilität kommt mit Unbeständigkeit und all den genannten Formen der Unsicherheit gut zurecht. Auch die Zeit kann ihr nichts anhaben. Und es lässt sich eine tragfähige und hilfreiche Brücke zur Nichtlinearität schlagen: Alles, was in irgendeiner Form nichtlinear reagiert, ist gegenüber einer bestimmten Quelle der Zufälligkeit fragil oder antifragil.

Nun ist der Umstand sehr bemerkenswert, dass diese offensichtliche Tatsache – *alles Fragile hasst Unbeständigkeit* und umgekehrt – dem wissenschaftlichen und philosophischen Diskurs bis heute vollständig entgangen ist. Tatsächlich vollständig! Andererseits habe ich mit dem Studium der Anfälligkeit von Dingen für Unbeständigkeit den größten Teil meines Lebens, immerhin zwei Jahrzehnte, zugebracht, und zwar in einer zugegebenermaßen sonderbaren Branche – worüber ich mir im Klaren bin; ich verspreche, später detailliert darauf einzugehen. Mein zentrales Anliegen in diesem Beruf bestand darin, Elemente aufzuspüren, die »Volatilität lieben« oder »Volatilität hassen«; ich musste also lediglich die Ideen aus meinem Spezialgebiet, dem Finanzsektor, auf die breiter gefasste Frage ausdehnen, wie unter unsicheren Vorzeichen in allen möglichen Bereichen Entscheidungen getroffen werden, von der Politikwissenschaft über die Medizin bis hin zu Menüfolgen.*

In der sonderbaren Berufssparte, in der sich Leute mit Volatilität befassen, gibt es zwei Typen. Da sind zum einen die Akademiker, Autoren und Kommentatoren, die zukünftige Ereignisse studieren und Bücher und Aufsätze schreiben; und zum anderen die Praktiker, die sich nicht mit zukünftigen Ereignissen abgeben, sondern zu verstehen versuchen, wie bestimmte Dinge auf Volatilität reagieren (allerdings sind diese Praktiker meistens mit ihrer Praxis so beschäftigt, dass sie keine Bücher, Aufsätze, Papers oder Reden schreiben, keine Gleichungen und Theorien aufstellen und nicht von hochgradig verstopften, honorigen Akademiemitgliedern geehrt werden). Der Unterschied zwi-

* Der Spezialbegriff, den ich für den Umstand benutzte, dass etwas »Volatilität hasst«, lautete »kurzes Vega« oder »kurzes Gamma« (Erhöhung der Unbeständigkeit wirkt sich schädlich aus); und »langes Vega« oder »langes Gamma« dafür, dass etwas von Unbeständigkeit profitiert. Im Folgenden bezeichne ich mit »kurz« beziehungsweise »lang« negatives beziehungsweise positives Ausgesetztsein.
Ich möchte betonen, dass ich nie geglaubt habe, wir seien in der Lage, Volatilität vorherzusagen; ich konzentrierte mich lediglich auf die Frage, wie die Dinge darauf reagieren.

schen den beiden Kategorien ist entscheidend: Wie wir gesehen haben, ist es wesentlich einfacher und leichter zu verstehen, ob etwas durch Unbeständigkeit geschädigt werden kann – ob es also fragil ist –, als schädliche Ereignisse wie die bekannten überdimensionierten Schwarzen Schwäne vorauszusagen. Allerdings verstehen das normalerweise nur die Praktiker (beziehungsweise Menschen, die eher zum Handeln neigen).

Die (gar nicht so unzufriedene) Chaosfamilie

Noch eine formale Anmerkung. Wir haben gesehen, dass Fragilität oder Antifragilität den potentiellen Nutzen oder Nachteil bezeichnet, der sich durch Einwirkung von *etwas* mit Volatilität Zusammenhängendem einstellt. Worum handelt es sich bei diesem Etwas? Ganz einfach: um irgendein Mitglied aus der großen Chaosfamilie.

> Die große Chaosfamilie (oder -gruppe): 1. Unsicherheit, 2. Variabilität, 3. unvollkommenes, unvollständiges Wissen, 4. Risiko, 5. Chaos, 6. Unbeständigkeit, Volatilität, 7. Unordnung, 8. Entropie, 9. Zeit, 10. das Unbekannte, 11. Zufälligkeit, 12. Unruhen, 13. Stressoren, 14. Irrtum, 15. Streuung der Ergebnisse, 16. Unwissen.

Dabei können Unsicherheit, Unordnung und das Unbekannte denselben Effekt haben: Antifragile Systeme profitieren (bis zu einem gewissen Grad) davon, und das Fragile leidet darunter – selbst wenn beide auf dem Campus der Universitäten in unterschiedlichen Gebäuden zu finden sind und ein paar Philosophaster, die in ihrem ganzen Leben noch kein Risiko eingegangen sind oder – noch schlimmer – noch gar nicht angefangen haben zu leben, Ihnen sagen werden, dass »sie sich *absolut nicht gleichen*«.

Warum führe ich 9. die Zeit an? Zeit ist eine funktionelle Entsprechung zur Volatilität: Je mehr Zeit vergeht, desto mehr geschieht, desto mehr gerät in Unordnung; denn wenn Sie begrenzte Schädigungen aushalten und gegenüber kleinen Irrtümern antifragil sind, dann stellen sich mit der Zeit auch die Arten von Irrtümern ein, die Ihnen letztlich nützen oder einen Schaden ausgleichen. Das entspricht schlicht dem, was Ihre

Großmutter als Erfahrung bezeichnet. Das Fragile hingegen wird früher oder später, eben im Lauf der Zeit, zu Bruch gehen.

Nur ein einziges Buch

All das macht dieses Buch zu meinem zentralen Werk. Ich hatte eine zentrale Idee, die ich jedes Mal einen Schritt weiterentwickelte, wobei der letzte Schritt – das Buch, das Sie jetzt vor sich haben – eher einem großen Sprung gleicht. Ich kehre zurück zu meinem »praktischen Ich«, zum handlungsorientierten Teil meiner Biographie, denn dieses Buch ist eine Verschmelzung meiner Geschichte als Praktiker und »Spezialist für Volatilität« mit meinem theoretischen und philosophischen Interesse an Zufälligkeit und Ungewissheit. Früher waren das zwei unterschiedliche Wege.

Meine Texte sind keine für sich stehende Essays zu einzelnen Themen, mit einem Anfang, einem Ende und einem Verfallsdatum, sie sind vielmehr einzelne, sich nicht überschneidende Teile dieser einen zentralen Idee. Im Zentrum stehen die Themen Ungewissheit, Zufall, Wahrscheinlichkeit, Unordnung und die Frage, wie wir in einer Welt zurechtkommen, die wir nicht verstehen, einer Welt mit unerkannten Elementen und Eigenschaften, einer Welt des Zufalls und der Komplexität – wo wir Entscheidungen fällen unter opaken, also undurchschaubaren Bedingungen. Das Corpus trägt den Titel *Incerto* und besteht (bis dato) aus einer Trilogie plus philosophischen und fachwissenschaftlichen Addenda. Als Regel kann gelten, dass der Abstand zwischen einem beliebigen Kapitel des einen Buchs – beispielsweise *Antifragilität* – zu einem beliebigen Kapitel eines anderen Buchs – beispielsweise *Narren des Zufalls* – ähnlich groß ist wie der zwischen den Kapiteln eines einzigen dicken Buchs. Mit dieser Regel kann der Gesamttext auf ein breites Spektrum an Themen ausgreifen (aus den Naturwissenschaften, der Philosophie, der Wirtschaft, der Psychologie und Literatur und schließlich meiner eigenen Biographie), ohne in Beliebigkeit abzurutschen.

Die Beziehung dieses Buchs zum *Schwarzen Schwan* lässt sich etwa folgendermaßen umreißen: Trotz der Chronologie (und des Umstands, dass dieses Buch den natürlichen, logischen Schluss aus der Idee vom *Schwarzen Schwan* zieht) ist *Antifragilität* das zentrale Buch und *Der*

Schwarze Schwan eine Art Begründung theoretischer Art, wenn nicht sogar ein nachgeordneter Anhang. Warum ist das so? Weil sowohl Der *Schwarze Schwan* als auch sein Vorgänger *Narren des Zufalls* verfasst wurden, um den Leser davon zu überzeugen, dass wir uns in einer schlimmen Situation befinden, und beide sich damit redlich Mühe gegeben haben; dieses Buch hingegen kann von dem Standpunkt ausgehen, dass niemand mehr von der Situation, wie sie ist, überzeugt werden muss. Jeder weiß a), dass Schwarze Schwäne die Gesellschaft und die Geschichte dominieren (und die Menschen aufgrund von Ex-post-Rationalisierungen meinen, sie seien in der Lage, sie zu verstehen); was b) unter anderem zur Folge hat, dass wir nicht genau wissen, was geschieht, vor allem unter der Voraussetzung gravierender Nichtlinearitäten – wir können also gleich zur Praxis übergehen.

Kein Mumm, keine Überzeugungen

Im Einklang mit meinem Praktikerethos lautet die Regel für dieses Buch folgendermaßen: Was ich angerichtet habe, löffle ich auch aus.

Ich habe in jeder Zeile, die ich in meinem Berufsleben verfasst habe, ausschließlich über Dinge geschrieben, die ich auch wirklich getan habe; und wenn ich anderen empfohlen habe, Risiken einzugehen oder zu vermeiden, dann waren das grundsätzlich nur Risiken, denen ich mich selbst gestellt habe oder denen ich aus dem Weg gegangen bin. Wenn ich falsch liege, bin ich der Erste, der darunter zu leiden hat. Ich hatte im *Schwarzen Schwan* vor der Fragilität des Bankensystems gewarnt, und ich hatte Wetten auf den Zusammenbruch des Systems abgeschlossen (vor allem wenn meine Botschaft auf taube Ohren stieß); ich hätte es andernfalls für unmoralisch gehalten, darüber zu schreiben. Dieser persönliche Bezug erstreckt sich auf jeden Bereich, auf das Gesundheitswesen, auf technische Innovationen, auf ganz schlichte Alltagsfragen und vieles mehr. Ich will damit nicht sagen, die eigenen persönlichen Erfahrungen bildeten eine Datenmenge, aus der sich Schlussfolgerungen für eine Idee ableiten ließen; mir geht es lediglich darum, dass solche Erfahrungen eine bestimmte Auffassung mit dem Siegel der Authentizität und Aufrichtigkeit versehen. Erfahrung kann ohne die Rosinenpickerei auskommen, der wir häufig in Studien – vorzugsweise in solchen, die sich »empirisch« nennen – begegnen. In derartigen Studien erliegt der Verfasser, wenn er auf Muster aus der Vergangenheit stößt, allein schon aufgrund der Datenmenge der Versuchung, eine plausible Geschichte zu erfinden.

Des Weiteren würde ich mir korrupt und unmoralisch vorkommen, wenn ich als Bestandteil des eigentlichen Schreibprozesses ein Thema in einer Bibliothek nachschlagen müsste. Dieser Umstand dient als – einziger – Filter. Wenn ein Thema mich nicht so sehr interessiert, dass ich es aus Neugier oder anderen persönlichen Gründen auf *jeden Fall* nachschlage beziehungsweise das bereits getan habe, dann sollte ich eben überhaupt nicht darüber schreiben. Das heißt nicht, dass ich Bibliotheken (reale und virtuelle) ablehne; sie sollten nur einfach nicht die *Quelle* einer Idee sein. Studenten bezahlen Studiengebühren dafür, dass sie im Rahmen ihrer Ausbildung Aufsätze über Themen schreiben, für die sie sich das Wissen aus einer Bibliothek besorgen müssen; ein Profi, der im Gegensatz zum Studenten dafür bezahlt wird, dass er schreibt, und der von anderen ernst genommen wird, sollte einen besseren Filter benutzen. Ich akzeptiere nur ausgereifte Ideen, mit denen ich schon lange umgehe – und solche, die der Wirklichkeit entspringen.

Es ist an der Zeit, die nicht sehr verbreitete philosophische Vorstellung der *doxastischen Verpflichtung* wiederzubeleben: eine bestimmte Art von Überzeugungen, die über das reine Reden hinausgehen und denen wir uns so verpflichtet fühlen, dass wir bereit sind, auch persönliche Risiken für sie einzugehen.

Wer einen Betrüger als solchen erkennt …

In der Moderne wurde Moral durch den Juristenjargon ersetzt; jeder kann das Gesetz mit Hilfe eines guten Rechtsanwalts austricksen. Und so werde ich die Verlagerung der Fragilität oder besser gesagt den Diebstahl der Antifragilität durch Leute, die das System »arbitrieren«, als solche brandmarken. Diese Leute werden namentlich genannt. Dichter und Maler sind frei, *liberi poetae et pictores*, und mit dieser Freiheit gehen strenge moralische Gebote einher. Erste ethische Norm:

Wer einen Betrüger als solchen erkennt, ihn aber nicht als Betrüger bezeichnet, ist ein Betrüger.

Freundlichkeit gegenüber Arroganten ist kein bisschen besser als Arroganz gegenüber den Freundlichen; und wer sich zuvorkommend gegenüber einer Person verhält, die etwas Schändliches getan hat, der entschuldigt sie.

Viele Autoren und Akademiker äußern sich im privaten Kreis, etwa nach einer halben Flasche Wein, anders als in ihren veröffentlichten Texten. Was sie schreiben, ist also erwiesenermaßen und eindeutig eine Fälschung. Und viele Probleme der Gesellschaft gehen auf den Grundsatz zurück: »Die anderen tun es doch auch.« Wenn ich also jemanden im kleinen Kreis nach dem dritten Glas libanesischen Weins (Weißwein) einen gefährlichen, moralisch behinderten Fragilisten nenne, dann muss ich das auch in diesem Buch tun.

Wer in seinen veröffentlichten Texten Menschen und Institutionen als Betrüger bezeichnet, die zuvor noch keiner so genannt hat, muss sich darauf gefasst machen, dass er dafür zur Rechenschaft gezogen wird, aber die Folgekosten sind nicht so hoch, dass sie mich abschrecken könnten. Nachdem der Mathematiker Benoît Mandelbrot die Druckfahnen des *Schwarzen Schwans* gelesen hatte – ich hatte ihm das Buch gewidmet –, rief er mich an und fragte beilaufig: »In welcher Sprache soll ich Ihnen ›viel Glück‹ wünschen?« Wie sich herausstellte, brauchte ich kein Glück; ich war gegen alle möglichen Arten von Angriffen antifragil: Je häufiger mich die Zentrale Fragilisten-Fraktion angriff, desto weiter verbreitete sich meine Botschaft, denn derartige Angriffe motivierten die Leute dazu, sich meine Argumente genauer anzusehen. Heute tut es mir leid, dass ich bei der Nennung von Ross und Reiter nicht noch weiter gegangen bin.

Kompromisse zulassen ist gleichbedeutend mit Billigung. Es gibt einen einzigen modernen Grundsatz, dem ich folge; er stammt von George Santayana: *Ein Mensch ist moralisch frei, wenn … er die Welt und andere Menschen mit kompromissloser Aufrichtigkeit beurteilt.* Das ist mehr als ein Ziel: Es ist eine Verpflichtung.

Entsteinerung

Zweite ethische Norm:

Ich bin in dem Maß verpflichtet, mich dem wissenschaftlichen Procedere anzupassen, wie ich es von anderen verlange – aber nicht darüber hinaus. Wenn ich im Bereich der Medizin oder der Naturwissenschaften empirische Behauptungen lese, bin ich froh, dass diese Behauptungen das Peer-Review-Verfahren passiert haben, eine Art Faktencheck und eine Prüfung auf methodische Schlüssigkeit. Logische Aussagen oder Äußerungen, die durch mathematische Beweisführung gestützt sind, haben solche Prozesse nicht nötig: Sie können und müssen auf eigenen Beinen stehen. Ich publiziere also die fachspezifischen Fußnoten der einzelnen Kapitel – und nur sie – in speziellen, akademisch ausgerichteten Veröffentlichungen (und begrenze sie auf die Aussagen, für die Nachweise oder komplexere technisch-fachliche Argumentation nötig sind). Doch um der Authentizität willen und zur Vermeidung von Karrierismus (der Herabwürdigung von Wissen zu einem Wettkampfsport) versage ich mir, irgendetwas über diese Fußnoten Hinausgehendes zu veröffentlichen.

Nach über zwanzig Jahren als Transaktions-Trader und Geschäftsmann in dem Beruf, den ich als »sonderbar« bezeichnet habe, versuchte ich mich an einer so genannten Universitätskarriere. Und ich habe in diesem Zusammenhang eine wichtige Mitteilung zu machen (das war der eigentliche Antrieb hinter dem Gedanken der Antifragilität im Leben und der Dichotomie zwischen dem *Natürlichen* und dem entfremdeten *Unnatürlichen*): Handel macht Spaß, regt an, ist lebendig – Handel ist etwas Natürliches, wohingegen die akademische Welt, so durchprofessionalisiert, wie sie momentan ist, keine dieser Eigenschaften hat.

Und für diejenigen, die der Meinung sind, an der Universität gehe es »ruhiger« zu und sie sei eine emotional erholsame Abwechslung nach dem unsteten, riskanten Business-Leben, habe ich eine Überraschung parat: In einem aktiven Leben tauchen jeden Tag neue Probleme und Erschütterungen auf, die die Kopfschmerzen, Verstimmungen und Konflikte des vorangegangenen Tages ersetzen und auslöschen. Ein Nagel verdrängt einen anderen Nagel, und dabei gibt es eine erstaunliche Variationsbreite. Akademiker hingegen (vor allem diejenigen in den Gesellschaftswissenschaften) leben offenbar in einem Zustand ständigen gegenseitigen Misstrauens; sie sind von kleinlichen Zwangsvorstellungen, von Neid bis hin zu eiskaltem Hass besessen; unbedeutende Zurechtweisungen wachsen sich zu anhaltendem Groll aus, der im Lauf der Zeit, in der Einsamkeit einer immer gleich bleibenden Umgebung, wo der einzige Austauschpartner ein Computerbildschirm ist, regelrecht versteinert. Ein vergleichbares Ausmaß an Neid habe ich während meiner Jahre als Geschäftsmann nie erlebt… Ich habe die Erfahrung gemacht, dass Geld und Handel Beziehungen reinigen; Ideen und Abstraktionen wie »Anerkennung« und »Ansehen« hingegen verzerren sie und führen zu einer Atmosphäre ständiger Rivalität. Menschen, die ständig nach Referenzen gieren, finde ich zunehmend abstoßend, widerwärtig und nicht vertrauenswürdig.

Beim Handel, bei Geschäften und in levantinischen Suks (nicht auf überregionalen Märkten und in Großkonzernen!) kommt das Beste im Menschen zum Vorschein: Nachsicht, Ehrlichkeit, Liebe, Vertrauen und Offenherzigkeit. Als Mitglied der christlichen Minderheit im Vorderen Orient verbürge ich mich dafür, dass Handel, vor allem Handel in einem überschaubaren Rahmen, das Tor zu Toleranz ist – meines Erachtens das einzige Tor zu jeglicher Form von Toleranz. In dieser Hinsicht ist er Rationalisierungen und Belehrungen weit voraus. Das ist wie beim antifragilen Tüfteln, wo Fehler klein und schnell vergessen sind.

Ich möchte glücklich darüber sein, ein Mensch zu sein; ich möchte in einer Umgebung leben, in der andere Menschen mit ihrem Schicksal zufrieden sind – allerdings hätte ich mir vor meinem kurzen Abstecher in die akademische Welt nie träumen lassen, dass ich diese Umgebung in einer bestimmten Form des Handels (in Kombination mit der Existenz des abgeschiedenen Forschers) finden würde. Der Zoologe, Autor und libertäre Ökonom Matt Ridley vermittelte mir das Gefühl, dass der Intellektuelle in mir in Wahrheit phönizischer (oder genauer gesagt kanaanitischer) Händler ist.

V. Aufbau

Antifragilität besteht aus sieben Büchern und einem Anmerkungsapparat.

Warum »Bücher«? Die erste Reaktion des Romanautors und Essayisten Rolf Dobelli nach der Lektüre der Kapitel über Ethik und die *Via Negativa,* die ich ihm jeweils einzeln zukommen ließ, bestand darin, dass er mir empfahl, aus den Kapiteln jeweils ein eigenes Buch zu machen und es als Essay von kurzer bis mittlerer Länge zu veröffentlichen.

So könnten dann jene, die in der Buchzusammenfassungsbranche tätig sind, vier oder fünf einzelne Beschreibungen anfertigen. Aber mir war klar, dass es sich bei den Kapiteln keineswegs um selbstständige Essays handelt; es sind vielmehr verschiedene Anwendungen einer zentralen Idee, die entweder in unterschiedlicher Intensität entfaltet oder auf jeweils andere Bereiche angewandt wird: Evolution, Politik, Betriebswirtschaft, Naturwissenschaften, Wirtschaftswissenschaften, Morallehre, Erkenntnistheorie und Philosophie im weitesten Sinn. Ich nenne sie daher Bücher und nicht Abschnitte oder Teile. Bücher sind für mich keine aufgeblasenen Zeitschriftenartikel, sondern eine Leseerfahrung; und Akademiker, die die Angewohnheit haben zu lesen, um das Gelesene in ihren Texten zu zitieren – anstatt dass sie zum Vergnügen lesen, weil sie ihre Neugier befriedigen wollen oder einfach weil ihnen der Akt des Lesens behagt –, sind normalerweise frustriert, wenn sie den Text nicht schnell überfliegen und in einem einzigen Satz zusammenfassen können, der ihn mit einem aktuellen Diskurs in Beziehung bringt, in dem sie selbst sich gerade befinden. Außerdem ist der Stil des Essays der genaue Gegensatz zu dem eines erzählenden Buches – in Letzterem mischen sich autobiographische Überlegungen, Parabeln und eher philosophische Gedanken mit wissenschaftlichen Fragestellungen. Ich schreibe über Wahrscheinlichkeit und bringe dabei meine ganze Seele ein und meine gesammelten Erfahrungen im Risikogeschäft; wenn ich schreibe, gehören auch meine Narben dazu, denn mein Denken ist untrennbar mit meiner Autobiographie verbunden. Außerdem ist gerade für das Thema Ungewissheit die Form des persönlich gefärbten Essays ideal.

Das Buch ist folgendermaßen aufgebaut:

Der Anhang zu diesem Prolog bietet die Triade Fragil – Robust – Antifragil als Tabelle in einer umfassenden, am Fragilitätsspektrum ausgerichteten Darstellung der Welt.

Buch I, *Das Antifragile: Eine Einführung*, stellt die neue Eigenschaft vor und erörtert die Evolution und den Bereich des Organischen als von Natur aus antifragile Systeme; und es beschäftigt sich mit dem Kompromiss zwischen der Antifragilität des Kollektivs und der Fragilität des Individuums.

Buch II, *Die Moderne und die Verleugnung von Antifragilität,* beschreibt, was passiert, wenn man Systeme gegen Unbeständigkeit abschottet. Dabei beziehe ich mich vor allem auf politische Systeme und handle die Problematik an der Erfindung des Nationalstaats ab. Außerdem gehe ich auf die Vorstellung ein, dass die Absicht zu heilen oder zu helfen eher das Gegenteil bewirkt.

Buch III, *Eine prognosefreie Sicht der Welt,* stellt Fat Tony vor und beschreibt seinen intuitiven Zugang zur Fragilität. Außerdem befasse ich mich, ausgehend von dem römischen Philosophen und Mann der Praxis Seneca, mit der grundlegenden Asymmetrie der Dinge.

Buch IV, *Optionalität, Technik und die Intelligenz von Antifragilität,* behandelt die rätselhafte Eigenschaft der Welt, dass hinter den Dingen eine gewisse Asymmetrie waltet und nicht die menschliche »Intelligenz«, und wie mich Optionalität zu dieser Einsicht gebracht hat. Sie ist dem entgegengesetzt, was ich die Sowjet-Harvard-Methode nenne. Außerdem erörtert Fat Tony mit Sokrates die Frage, wie wir Dinge tun können, die nicht bis ins Letzte erklärbar sind.

Buch V, *Das Nichtlineare und das Nichtlineare.* Hier geht es um den Stein der Weisen und sein Gegenteil: Wie verwandelt man Blei in Gold – und wie wird aus Gold Blei? Die beiden Kapitel bilden den im engeren Sinn fachwissenschaftlichen Teil des Buchs – sozusagen seinen technischen Unterbau. Hier wird Fragilität (als Nichtlinearität, genauer gesagt als Effekt von Konvexität) dargestellt, außerdem die Überlegenheit einer bestimmten Klasse konvexer Strategien.

Buch VI, *Via Negativa,* zeigt, wie viel weiser und effektiver Subtraktion als Addition ist (wie viel klüger es ist, etwas zu unterlassen, anstatt etwas zu tun). Der Abschnitt führt die Vorstellung von Konvexitätseffekten ein. Vorrangiger Anwendungsbereich ist selbstverständlich das Gesundheitswesen. Ich betrachte das Gesundheitswesen ausschließlich von einem epistemologischen Standpunkt aus, unter dem Gesichtspunkt des Risikomanagements – von wo aus es sich ganz anders als gewohnt ausnimmt.

Buch VII, *Die Ethik von Fragilität und Antifragilität,* verankert die Moral im Prozess der Übertragung von Fragilität. Bei diesem Prozess sichert sich eine Partei den Nutzen, und die andere hat den Schaden zu tragen. Welche Probleme ergeben sich daraus, dass eine Person nicht bereit ist, die eigene Haut aufs Spiel zu setzen?

Den Abschluss des gesamten Buches bilden Diagramme, Anmerkungen und ein fachwissenschaftlicher Anhang.

Das Buch bewegt sich auf drei Ebenen.

Erstens: die literarische und philosophische Ebene mit Gleichnissen und Schaubildern, allerdings nur wenigen fachspezifischen Argumenten – abgesehen von Buch V (dem »Stein der Weisen«), in dem die Konvexitätsargumente vorgestellt werden. (Der aufgeklärte Leser kann diese getrost auslassen, da sich seine Ideen in zusammengefasster Form auch an anderer Stelle finden.)

Zweitens: ein Anhang mit Diagrammen und technischen Erörterungen, allerdings ohne ausgefeilte Ableitungen.

Drittens: das Datenmaterial mit ausdifferenzierten Argumenten in Form sehr theoretischer Abhandlungen und Anmerkungen. (Man verwechsle meine Schaubilder und Gleichnisse nicht mit Beweisen, verliere also nie den Umstand aus dem Auge, dass ein persönlicher Essay keine wissenschaftliche Abhandlung ist. Eine wissenschaftliche Abhandlung ist eine wissenschaftliche Abhandlung.) All diese zusätzlichen Materialien stehen als E-Book zur Verfügung, das kostenlos im Internet heruntergeladen werden kann: www.fooledbyrandomness.com.

Anhang: Die Triade – oder eine Darstellung der Welt und der Dinge nach der Ordnung der drei Eigenschaften

Im Folgenden sollen für den Leser in einem einzigen Schema die nachstehenden, scheinbar weit auseinanderliegenden Elemente in Beziehung gebracht werden: Cato der Ältere, Nietzsche, Thales von Milet, die Stärke des Stadtstaaten-Systems, die Stabilität des Handwerks, Entdeckungsprozesse, die Einseitigkeit des Undurchschaubaren, finanzielle Derivate, Resistenz gegen Antibiotika, Bottom-up-Systeme, die sokratische Aufforderung zur Überrationalisierung, Flugunterricht für Vögel, obsessive Liebe, Darwin und die Evolution, das mathematische Konzept der Jensen'schen Ungleichung, Optionalität und Optionstheorie, die Heuristiken unserer Vorfahren, die Werke von Joseph de Maistre und Edmund Burke, Wittgensteins Antirationalismus, die verlogenen

Theorien der etablierten Wirtschaftswissenschaftler, Tüfteln und Bricolage (Herumprobieren), die Verschärfung des Terrorismus durch den Tod von Terroristen, eine Rechtfertigung von Handwerksinnungen, die moralische Anfälligkeit der Mittelklasse, Work-outs (und Ernährung) nach Steinzeit-Methoden, die Nebenwirkungen ärztlicher Behandlungen, die grandiose Vorstellung des Großartigen *(Megalopsychon)*, meine Besessenheit von der Idee der Konvexität (und meine Konkavitätsphobie), die Wirtschafts- und Bankenkrise im ausgehenden ersten Jahrzehnt des dritten Jahrtausends, das falsche Verständnis von Redundanz, der Unterschied zwischen Touristen und einem Flaneur und vieles mehr. All das in einem einzigen – und, wie ich zuverlässig annehmen kann, einfachen – Schema.

Wie soll das gehen? Wir werden sehen, wie sich diese Punkte – und überhaupt ungefähr alles, was irgendwie von Belang ist – einer der drei Kategorien innerhalb der von mir so genannten Triade zuordnen lassen.

Alles lässt sich in ein Dreierschema einordnen

Im Prolog haben wir gesehen, dass es nicht darum geht, zukünftige Ereignisse vorherzusagen und Wahrscheinlichkeiten zu kalkulieren, sondern darum, die Fragilität in den Blick zu nehmen; des Weiteren haben wir festgestellt, dass fragil und antifragil sich in einem graduellen Spektrum anordnen lassen. An dieser Stelle soll nun versucht werden, ein umfassendes Bild möglicher Anwendungen zu skizzieren. (Man nennt das eine »an der realen Welt ausgerichtete Darstellung«, wobei allerdings lediglich Akademiker oder andere Personen, die in der nicht-realen Welt agieren, diesen aufgeblasenen Ausdruck verwenden, anstatt einfach »Darstellung« zu sagen.)

Die Triade klassifiziert die einzelnen Einträge in drei Spalten entsprechend den Oberbegriffen:

FRAGIL – ROBUST – ANTIFRAGIL

Das Fragile ist auf Störungsfreiheit angewiesen, das Antifragile wächst an der Unordnung, und für das Robuste spielt das eine wie das andere kaum eine Rolle. Schauen Sie selbst, wie die Themen dieses Buches sich in der Triade verteilen. Jedes vorgegebene Thema, jeder Begriff, jede Strategie lässt sich in eine der Kategorien einordnen; herauszufinden ist, in welche, und was man gegebenenfalls tun kann, um seine Bedingungen zu verbessern.

So findet sich beispielsweise der zentralisierte Nationalstaat ganz links außen im Bereich der Kategorie »Fragil«, wohingegen das dezentralisierte System der Stadtstaaten ganz rechts unter der Kategorie »Antifragil« steht. Durch die Übernahme von Merkmalen des Letzteren ist es möglich, sich von der unerwünschten Fragilität eines großen Staates wegzubewegen. Oder nehmen Sie den Begriff des Irrtums. Links, in der Fragilitäts-Kategorie, sind Fehler selten, aber wenn sie eintreten, gravierend, das heißt unumkehrbar; rechts sind Fehler klein und harmlos, ja sogar umkehrbar und schnell verschmerzt. Außerdem sind sie aufschlussreich. Ein System, das auf Tüftelei, auf Versuch und Irrtum beruht, wäre also eindeutig antifragil. Wenn Sie antifragil werden wollen, dann machen Sie sich das Attribut »schätzt Fehler« zu eigen und nicht das Merkmal »hasst Fehler«. Machen Sie also viele kleine, relativ unschädliche Fehler – wir nennen diese Methode die »Hantelstrategie«.

Oder nehmen Sie den Bereich der Gesundheit. Zuführen steht auf der linken, Wegnehmen auf der rechten Seite. Medikamente sowie andere unnatürliche Stressoren wie etwa Gluten, Fruktose, Beruhigungsmittel, Nagellack oder ähnliche Substanzen nach dem Versuch-und-Irrtum-Verfahren *wegzulassen* ist robuster als Medikamente *zuzuführen*, denn die Verabreichung von Medikamenten kann trotz des Geredes von Wirkungsbeweisen zu unerwarteten Nebenwirkungen führen.

Wie Sie sehen, erstreckt sich das Schema über alle möglichen menschlichen Betätigungsfelder und Bereiche – über Kultur, Gesundheit, Biologie, politische Systeme, Technik, Städtebau, Sozioökonomie und andere Themen, die Sie teils mehr, teils weniger interessieren werden. Es ist mir sogar gelungen, in ein und demselben Atemzug den Typus des Flaneurs mit dem Thema Entscheidungsfindung zusammenzubringen. Eine einfache Methode kann uns also sowohl zu einer risikobasierten politischen Philosophie als auch zur Entscheidungsfindung im medizinischen Bereich führen.

Die Umsetzung der Triade

Es bleibt festzuhalten, dass fragil und antifragil hier relative Begriffe sind und keine absoluten Eigenschaften. Die Positionierung auf der rechten Seite bedeutet lediglich, dass der betreffende Eintrag antifragiler ist als sein Gegenstück auf der linken Seite. Beispielsweise sind Handwerker antifragiler als Kleinunternehmer, aber ein Rockstar ist natürlich grundsätzlich antifragiler als jeder Handwerker. Schulden führen automatisch zu einer Platzierung links, da sie ökonomische Systeme anfällig, also fragil machen. Und natürlich können Dinge auch nur bis zu einem gewissen Grad an Stress antifragil sein. Strapazen in überschaubaren Grenzen sind für Ihren Körper nützlich, aber das gilt nur bis zu einem bestimmten Punkt – würde Sie jemand vom Turm zu Babel herunterwerfen, könnte von Nutzen kaum mehr die Rede sein.

Gibt es so etwas wie eine »goldene Robustheit«? Der Begriff »Robust«, der über der mittleren Spalte steht, ist kein Äquivalent der aristotelischen »goldenen Mitte« in dem Sinne, wie etwa Großzügigkeit zwischen Verschwendungssucht und Geiz steht – es kann sich so verhalten, muss aber nicht. Antifragilität ist im Großen und Ganzen erstrebenswert, allerdings nicht immer, da auch Umstände denkbar sind, in denen Antifragilität extrem aufwendig wäre. Und auch für Robustheit gilt, dass sie nicht immer wünschenswert ist – Nietzsche war der Auffassung, man könne daran sterben, unsterblich zu sein.

Schließlich sollte der Leser nun, da er sich mit einem neuen Begriff auseinandersetzt, nicht zu viel davon erwarten. Dass die Bezeichnung *antifragil* verschwommen ist, dass sie auf bestimmte Quellen von Schädigung oder Unbeständigkeit begrenzt und nicht uferlos ist, gilt auch für die Bezeichnung *fragil*. Antifragil ist ein Begriff, der in Relation zu einer bestimmten Situation steht. Ein Boxer kann physisch robust sein, kerngesund, und mit jedem Kampf besser und stärker werden; andererseits ist er womöglich emotional fragil und zerfließt in Tränen, wenn seine Freundin ihm den Laufpass gibt. Dagegen hat oder hatte Ihre Großmutter vielleicht genau die entgegengesetzten Eigenschaften, war körperlich eher gebrechlich, doch mit einer starken Persönlichkeit gesegnet. Ich erinnere mich noch genau an eine Szene aus dem libanesischen Bürgerkrieg. Eine zierliche alte Dame, eine ganz in Schwarz gekleidete

Witwe, schalt Milizionäre der gegnerischen Seite, weil während der Kampfhandlungen eine ihrer Fensterscheiben zu Bruch gegangen war. Die Männer standen vor ihr, die Gewehre im Anschlag: Eine einzige Kugel hätte dem Leben der alten Frau ein Ende gemacht, doch offensichtlich war es ihr gelungen, die Kämpfer einzuschüchtern. Bei dieser Frau verhielt es sich genau umgekehrt wie bei dem Boxer: Sie war zwar physisch fragil, aber charakterlich ganz das Gegenteil.

Und nun zu der Triade.

Tabelle 1 – Die zentrale Triade: Drei Arten von Belastbarkeit

	Fragil	*Robust*	*Antifragil*
Mythologie (Griechenland)	Schwert des Damokles, Fels des Tantalus	Phönix	Hydra
Mythologie (New York und Brooklyn)	Dr. John	Nero Tulip	Fat Tony, Yevgenia Krasnova*
Schwarzer Schwan	Anfällig für negative Schwarze Schwäne		Offen für positive Schwarze Schwäne
Business	New York: Bankensystem		Silicon Valley: Schnelle Fehlererkennung; »Fail fast, be foolish«
Biologische und ökonomische Systeme	Effizienz, Optimierung	Redundanz	Degeneration (funktionelle Redundanz)
Fehler, Irrtümer	Hasst Fehler	Fehler dienen lediglich der Information	Schätzt Fehler (denn sie sind klein und unbedeutend)
Fehler	Irreversibel, groß (wenn auch selten), explosiv		wiedergutzumachende, kleine Fehler

* Dr. John, Nero Tulip, Fat Tony und Yevgenia Krasnova sind Figuren, die im *Schwarzen Schwan* auftreten. Nero Tulip ist zudem ein Charakter aus *Narren des Zufalls*.

	Fragil	*Robust*	*Antifragil*
Naturwissenschaft / Technik	Zielgerichtete Forschung	Opportunistische Forschung	Stochastisches Tüfteln (antifragiles Tüfteln/ Bricolage)
Dichotomie Anfälligkeit gegenüber Ereignissen	Studium von Ereignissen, Messung ihrer Risiken und ihrer statistischen Eigenschaften	Studium der Anfälligkeit gegenüber Ereignissen und der statistischen Eigenschaften der Anfälligkeit	Anpassung der Anfälligkeit gegenüber Ereignissen
Wissenschaft	Theorie	Phänomenologie	Heuristiken, praktische Tricks
Menschlicher Körper	Verweichlichung, Verkümmerung, »Alterung«, Muskelabbau	Mithridatisation, Regeneration	Hormesis, Hypertrophie
Denkstrukturen	Neuzeitlich	Europäisch-mittelalterlich	Altertümlich-mediterran
Menschliche Beziehungen	Freundschaft	Verwandtschaft	Hingezogensein
Antike Kultur (Nietzsche)	Apollinisch	Dionysisch	Ausgewogene Mischung des Apollinischen mit dem Dionysischen
Moral	Der Schwache	Der Großartige	Der Starke
Moral	Man geht selbst keine Risiken ein	Man setzt auch seine eigene Haut aufs Spiel	Man setzt seine Seele aufs Spiel
Regulierung	Regeln	Prinzipien	Tugenden
Systeme	Konzentrierte Quellen der Zufälligkeit		Gestreute Quellen der Zufälligkeit

	Fragil	*Robust*	*Antifragil*
Mathematik (funktional)	Nichtlinear-Konkav oder Konkav-Konvex	Linear oder Konvex-Konkav	Nichtlinear-Konvex
Mathematik (Wahrscheinlichkeit)	Links verzerrt (oder negativ verzerrt)	Geringe Volatilität	Rechts verzerrt (oder positiv verzerrt)
Optionenhandel	Kurze Volatilität, »gamma«, »vega«	Flache Volatilität	Lange Volatilität, »gamma«, »vega«
Wissen	Explizit	Verschwiegen	Verschwiegen in Verbindung mit Konvexivität
Epistemologie	Wahr-Falsch		Dummkopf-kein Dummkopf
Leben und Denken	Intellekt und Persönlichkeit eines Touristen		Flaneur mit großer Privatbibliothek
Finanzielle Abhängigkeit	Angestellte, die Klasse der Geknechteten	Zahnarzt, Hautarzt, Nischenarbeiter, Mindestlohnempfänger	Taxifahrer, Handwerker, Prostituierte, »Fuck you«-Money
Lernverhalten	Klassenzimmer	Wirkliches Leben, pathemata mathemata (Lernen durch Leiden)	Wirkliches Leben, Bibliothek
Politisches System	Ein Nationalstaat, zentralisiert		Mehrere Stadtstaaten, dezentralisiert
Soziales System	Ideologie		Mythologie
	Post-agrarisch, moderne Siedlungsformen		Nomadenstämme, Jäger und Sammler
Wissen	Akademisches Wissen	Praxiswissen	Belesenheit

	Fragil	*Robust*	*Antifragil*
Wissenschaft	Theorie	Phänomenologie	Evidenzbasierte Phänomenologie
Psychologische Verfassung	Posttraumatisches Syndrom		Posttraumatisches Wachstum
Entscheidungsfindung	Modellbasierte, probabilistische Entscheidungsfindung	Heuristikbasierte Entscheidungsfindung	Konvexe Heuristiken
Denker	Platon, Aristoteles, Averroës	Die frühen Stoiker, Menodotos von Nikomedeia, Popper, Burke, Wittgenstein, John Gray	Die römischen Stoiker, Nietzsche, vielleicht Hegel (Aufhebung), Jaspers
Wirtschaftsleben	Ökonophaster-Kult	Anthropologie	Religion
Wirtschaftsleben (Auswirkung auf das ökonomische Leben)	Bürokraten		Unternehmer
Reputation (Beruf)	Akademiker, Geschäftsführer, Papst, Bischof, Politiker	Mitarbeiter bei der Post, Lastwagenfahrer, Schaffner	Künstler, Schriftsteller
Reputation (Klasse)	Mittelklasse	Mindestlohnempfänger	Bohème, Aristokratie, alter Geldadel
Medizin	*Via Positiva*, additive Behandlung (Verabreichung von Medikamenten)		*Via Negativa* – subtraktive Behandlung (Verzicht auf beispielsweise Zigaretten, Kohlehydrate etc.)
Philosophie / Wissenschaft	Rationalismus	Empirismus	Skeptischer, subtraktiver Empirismus

	Fragil	*Robust*	*Antifragil*
	Aufspaltbar		Holistisch
Wirtschaftsleben		Inhabergeführt	
Finanzen	Short Option		Long Option
Wissen	Positive Wissenschaft	Negative Wissenschaft	Kunst
Stress	Chronische Stressoren		Akute Stressoren mit ausgedehnten Erholungsphasen
Entscheidungs-findung	Handeln		Unterlassen (»verpasste Gelegenheit«)
Literatur	E-Reader	Buch	Mündliche Erzähltradition
Geschäftsmodell	Industrie	Kleinbetrieb	Handwerker
Ernährung	Lebensmittel-ketten		Restaurants
Finanzen	Schulden	Eigenkapital	Risikokapital
Finanzen	Staatsschulden	Private Schulden ohne Sicherheit	Wandelanleihen
Generell	Groß	Klein und spezia-lisiert	Klein und nicht spezialisiert
Generell	Monomodal		Hantel
Risikoverhalten	Markowitz	Kelly-Kriterium	Kelly-Kriterium unter Einbezie-hung endlicher Wetten
Rechtssystem	Gesetzesrecht, Gesetzbuch		Gewohnheits-recht, Billigheit
Regulierung	Kodifizierte Re-gulierungen		Heuristische Regulierungen

	Fragil	*Robust*	*Antifragil*
Finanzen	Banken, von Ökonophastern verwaltete Hedge-Fonds	(einige) Hedge-Fonds	(einige) Hedge-Fonds
Business	Agency Problem, Beauftragter handelt		Auftraggeber handelt selbst
Geräusch – Signal	Nur Signal		Stochastische Resonanz, simuliertes Ausglühen
Modellfehler	Konkav zu Modellfehlern		Konvex zu Modellfehlern
Erziehung	Überfürsorgliche Mutter	Leben auf der Straße	Hantelstrategie: Elterliche Bibliothek, Straßenkämpfe
Körperliches Training	Vereinssport, Geräte im Fitnessstudio		Straßenkämpfe
Städtebau	Robert Moses, Le Corbusier		Jane Jacobs

Buch I

Das Antifragile: Eine Einführung

Die ersten beiden Kapitel des Buchs führen den Begriff der Antifragilität ein und geben einige Beispiele. Kapitel 3 trifft eine Unterscheidung zwischen dem Organischen und dem Mechanischen – beispielsweise zwischen Ihrer Katze und einer Waschmaschine. Kapitel 4 handelt davon, wie die Antifragilität der einen auf der Fragilität der anderen beruht und wie Irrtümer den einen nützen, den anderen aber nicht – also davon, was gemeinhin Evolution genannt und worüber ziemlich viel geschrieben wird.

Kapitel 1
Zwischen Damokles und Hydra

Schlagen Sie mir bitte den Kopf ab – Plötzlich, wie durch Zauberhand, werden Farben zu Farben – Gewichtheben in Dubai

Die Hälfte allen Lebens ist namenlos

Stellen Sie sich vor, Sie stehen am Postschalter und wollen an Ihre Kusine in Zentralsibirien ein Geschenk verschicken, einen Karton mit Champagnergläsern. Da das Paket beim Transport beschädigt werden kann, werden Sie »Fragil«, »Zerbrechlich« oder »Handle with care« auf die Verpackung schreiben (in dicken roten Buchstaben). Doch was wäre nun das genaue Gegenteil von »fragil«? Die nahezu einhellige Antwort lautet, das Gegenteil von »fragil« sei »robust«, »stabil«, »resilient«, »massiv« – irgendetwas in der Art. Aber beim Resilienten, Robusten (und seinen Verwandten) handelt es sich um Dinge, die weder kaputtgehen noch besser werden, es wird also kaum jemand das Bedürfnis haben, einen dieser Begriffe auf das Paket zu schreiben – oder haben Sie schon jemals ein Paket gesehen, auf dem in dicken grünen Buchstaben »Robust« stand? Das genaue Gegenteil eines »fragilen« Pakets wäre streng genommen ein Paket, auf dem geschrieben steht: »Bitte falsch behandeln« oder »Bitte unvorsichtig behandeln«. Sein Inhalt wäre nicht nur unzerbrechlich, sondern würde von Stößen und Erschütterungen aller Art sogar profitieren. Fragil ist ein Paket, das *im besten Fall* vor Schäden bewahrt würde. Das robuste Paket bliebe im besten und im schlechtesten Fall wie es ist. Und das Gegenteil des Fragilen ist demgemäß das, was im Idealfall *nicht* vor Schäden bewahrt wird.

Ich nenne ein solches Paket »antifragil«; um einen Neologismus kam ich nicht herum, da es kein einfaches, nicht zusammengesetztes Wort im *Oxford English Dictionary* gibt, das den Umstand umgekehrter Fragilität ausdrückt. Die Idee der Antifragilität ist nicht Bestandteil unseres Bewusstseins – glücklicherweise ist sie aber durchaus Bestandteil der Verhaltensweise unserer Vorfahren, unserer biologischen Ausstattung und überhaupt eine allgegenwärtige Eigenschaft jedes Systems, das überlebt hat.

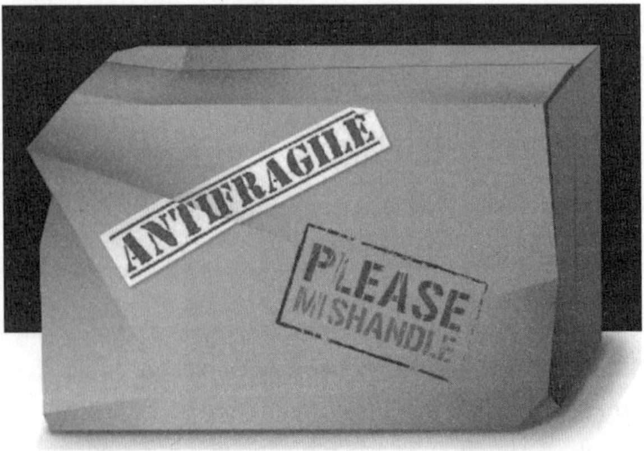

Abbildung 1 Ein Paket, das geradezu danach verlangt, Stressoren und Unordnung ausgesetzt zu werden. [Copyright: Giotto Enterprise und George Nasr.]

Wiederholen Sie das Experiment und fragen Sie beim nächsten Essen mit Freunden, beim Picknick oder beim Vorbereitungstreffen für die nächste Demo Ihre Bekannten, wie das Antonym zu zerbrechlich beziehungsweise fragil lautet (und betonen Sie, dass Sie nach dem *genauen Gegenteil* fragen, einem Zustand, der die entgegengesetzten Eigenschaften und Auswirkungen hat). Es ist anzunehmen, dass Sie außer »robust« folgende Antworten bekommen: unzerbrechlich, solide, kräftig, resilient, stark, gegen diverse Einflüsse beständig (etwa wasserdicht, windsicher, rostbeständig) – es sei denn, die von Ihnen Befragten hätten von diesem Buch gehört. Alles falsch – und nicht nur Einzelpersonen, sondern ganze Wissenschaftszweige geraten bei dieser Frage durcheinander; der Fehler taucht in jedem Wörterbuch der Synonyme und Antonyme auf, das ich konsultiert habe.

Man kann es auch so umschreiben: Da das Gegenteil von *positiv negativ* ist und nicht *neutral*, müsste das Gegenteil von positiver Fragilität negative Fragilität sein (daher auch mein Begriff »Antifragilität«), kein neutraler Zustand, der lediglich Robustheit, Festigkeit oder Unzerbrechlichkeit abdeckt. Würde man die Begriffe mathematisch formulieren, dann wäre Antifragilität Fragilität mit einem Minuszeichen davor.*

Dieser blinde Fleck ist offenbar universell verbreitet. Es gibt in den wichtigen bekannten Sprachen – seien es moderne oder alte Sprachen, Umgangssprache oder Slang – kein Wort für »Antifragilität«. Auch das Russische (der ehemaligen Sowjetunion) und das Standard-Brooklyn-Englisch haben offenbar keine eigene Bezeichnung für Antifragilität, sondern vermischen den Begriff mit dem der Robustheit.**

Es fehlt uns also für die Hälfte allen Lebens – und ausgerechnet für die interessantere Hälfte – ein Begriff.

Seien Sie doch so nett und schlagen Sie mir den Kopf ab

Zwar gibt es keine allgemein übliche Bezeichnung für Antifragilität, aber es lässt sich ein Äquivalent in der Mythologie – dem Ausdruck historischer Intelligenz in wirkmächtigen Gestalten und Bildern – finden. In einer römisch aufbereiteten Version eines griechischen Mythos ermöglicht der sizilische Tyrann Dionysos II. dem Höfling Damokles, den Luxus eines üppigen Banketts zu genießen, allerdings hängt über seinem Haupt ein Schwert, das nur mit einem Rosshaar an der Decke befestigt ist. Solch ein Rosshaar gehört zu jenen Dingen, die unter Druck irgendwann nachgeben, was dann zu einem blutigen Szenario führt, zu

* Ein paralleler Fall: Konkavität ist Konvexität mit vorangestelltem Minuszeichen und wird manchmal auch als Antikonvexität bezeichnet.

** Ich habe außer dem Brooklyn-Englisch die meisten indoeuropäischen Sprachen überprüft, sowohl alte (Latein, Griechisch) als auch neue Sprachen: die romanischen (Italienisch, Französisch, Spanisch, Portugiesisch), die slawischen (Russisch, Polnisch, Serbisch, Kroatisch), die germanischen (Deutsch, Holländisch, Afrikaans) sowie die indoiranischen (Hindi, Urdu, Farsi) Sprachen. Auch die nicht-indoeuropäischen Sprachfamilien wie das Semitische (Arabisch, Hebräisch, Aramäisch) und die Turksprachen (Türkisch) kennen den Gegenbegriff nicht.

schrillen Schreien und der antiken Entsprechung von Blaulichtgewitter. Damokles ist fragil – es ist nur eine Frage der Zeit, bis er von dem Schwert dahingerafft wird.

In einer anderen Geschichte aus der Antike – diesmal einer griechischen Aufbereitung eines alten semitischen und ägyptischen Motivs – taucht Phönix auf, ein Vogel mit fantastisch farbigem Gefieder. Wenn er stirbt, geht er in Flammen auf und wird anschließend aus seiner eigenen Asche wiedergeboren. Immer wieder kehrt er zu seiner ursprünglichen Form zurück. Der Phönix ist das alte Symbol von Beirut, der Stadt, in der ich aufwuchs. Der Legende zufolge wurde Berytos (wie Beirut früher hieß) in seiner fast fünftausendjährigen Geschichte sieben Mal zerstört und sieben Mal wieder aufgebaut. Die Symbolik erscheint mir plausibel, war ich doch selbst Zeuge der achten Episode: Während meiner späten Kindheit wurde infolge des brutalen Bürgerkriegs die Stadtmitte von Beirut (der antike Teil der Stadt) zum achten Mal vollständig zerstört. Und ich erlebte auch den achten Wiederaufbau mit.

Beirut wurde allerdings nach dieser letzten Zerstörung besser wieder aufgebaut als je zuvor – mit einer zusätzlichen ironischen Wendung: Beim Erdbeben des Jahres 551 n. Chr. war die römische Rechtsschule unter den Trümmern begraben worden und tauchte nun beim Wiederaufbau wie ein Bonusgeschenk der Geschichte wieder auf (was dazu führte, dass sich Archäologen und Bauunternehmer in der Öffentlichkeit gegenseitig Beleidigungen an den Kopf warfen). Das ist mehr als Phönix, es geht über die Idee des Robusten hinaus. Womit ich bei Hydra, der dritten mythologischen Gestalt, angekommen bin.

Hydra ist in der griechischen Mythologie eine schlangenähnliche Kreatur, die im See von Lerna in der Nähe von Argos lebte. Sie hatte mehrere Köpfe. Jedes Mal, wenn ein Kopf abgeschlagen wurde, wuchsen zwei nach. Schädigungen sind für die Hydra also etwas Nützliches. Und die Hydra steht für Antifragilität.

Das Schwert des Damokles symbolisiert die Nebenwirkungen von Macht und Erfolg: Man wird kein mächtiger Herrscher, ohne mit der ständigen Gefahr konfrontiert zu sein, irgendjemand da draußen arbeite daran, den Herrschenden zu stürzen. Und ebenso wie das Schwert über Damokles ist diese Gefahr still, unerbittlich und unberechenbar. Sie wird nach langen Phasen der Ruhe herniedersausen, womöglich genau in dem Moment, da man sich daran gewöhnt und ihre Existenz praktisch vergessen hat. Es sind Schwarze Schwäne da draußen, und der Mächtige wird ihnen zum Opfer fallen, denn er hat jetzt sehr viel mehr zu verlieren – das ist der Preis des Erfolgs (und des Wachstums), vielleicht auch eine unumgängliche Strafe für übermäßigen Erfolg. Was letztlich zählt, ist die Stärke des Fadens, an dem das Schwert hängt, nicht die Üppigkeit des Gelages und die Macht seiner Gäste. Glücklicherweise sind diese Verwundbarkeiten identifizierbar, messbar und beeinflussbar – für diejenigen, die bereit sind zuzuhören. Das ist es, worauf die Triade meines Vorworts letztlich hinausläuft: Es gibt viele Situationen, in denen sich die Stärke des Fadens messen lässt.

Darüber hinaus wirkt sich Wachstum mit einem anschließenden Zusammenbruch schädlich auf die Gesellschaft aus; dass die Gäste beim Gastmahl als Reaktion auf das auf Damokles herabsausende Schwert in Mitleidenschaft gezogen werden, entspricht den heute so genannten Kollateralschäden, es trifft also auch andere empfindlich. So hat etwa der Zusammenbruch einer bedeutenden Institution Auswirkungen auf die gesamte Gesellschaft.

Eine bestimmte Art von Intellektualisierung macht ebenfalls fragil gegenüber Schwarzen Schwänen: Wenn Gesellschaften komplexer werden, wenn die Theorien der »Wirtschaftsweisen« immer ausgeklügelter werden und die Spezialisierung immer weiter um sich greift, nimmt auch die Anfälligkeit für Zusammenbrüche zu. Diese Idee wurde brillant und überzeugend von dem Archäologen Joseph Tainter umrissen. Aber das muss nicht so sein: Es gilt nur für diejenigen, die den nächsten Schritt nicht tun wollen, die sich weigern, die Matrix der Realität zu verstehen. Um mit Erfolg umgehen zu können, brauchen Sie viel Robustheit, ja sogar Antifragilität. Man sollte Phönix oder besser noch Hydra sein. Andernfalls saust das Damoklesschwert auf einen herab.

Über die Notwendigkeit von Namen

Wir wissen mehr, als wir zu wissen meinen, und sehr viel mehr, als wir artikulieren können. Wenn unsere formalen Denksysteme das Natürliche ausgrenzen, wenn wir keinen Namen für Antifragilität haben und uns gegen die Vorstellung davon wehren, sobald wir unseren Verstand einschalten, dann heißt das noch lange nicht, dass Antifragilität in unseren Handlungen keine Rolle spielt. Unsere Wahrnehmungen und unsere Intuition, die in unseren Taten zum Ausdruck kommen, können dem überlegen sein, was wir wissen und rubrizieren, was wir mit Sprache diskutieren und in Klassenzimmern unterrichten. Ich werde im weiteren Verlauf noch öfter auf diesen Punkt eingehen, vor allem wenn es um die wichtige Vorstellung des *Apophatischen* gehen wird (also dessen, was mit unserem gebräuchlichen Vokabular nicht explizit formuliert oder direkt beschrieben werden kann); hier zunächst vorab ein sonderbares Phänomen.

In seinem Buch *Im Spiegel der Sprache* berichtet der Linguist Guy Deutscher, dass viele Naturvölker, obwohl sie nicht farbenblind sind, lediglich zwei oder drei Farbbenennungen einsetzen. Gibt man ihnen dann in einem einfachen Test verschiedenfarbige Schnüre, können sie sie problemlos den entsprechenden Farben zuordnen. Sie sind in der Lage, Unterschiede zwischen den Schattierungen des Regenbogens wahrzunehmen, aber das schlägt sich nicht in ihrem Vokabular nieder. Diese Gruppen sind kulturell, nicht aber physiologisch farbenblind. Und genauso sind wir zwar intellektuell, aber nicht organisch blind für Antifragilität. Um den Unterschied zu sehen, müssen Sie sich nur klarmachen, dass Sie das Wort »Blau« für die Konstruktion einer Erzählung brauchen, aber nicht, wenn Sie handeln.

Nur wenige wissen, dass viele Farben, die für uns heute selbstverständlich sind, lange Zeit keine Bezeichnungen hatten – in zentralen Texten der abendländischen Kultur tauchen für viele Farben keine Bezeichnungen auf. Antike – sowohl griechische wie semitische – Texte aus dem Mittelmeerraum verfügten ebenfalls nur über ein reduziertes Vokabular für einige wenige Farben, die sich vor allem um Dunkel und Hell herum gruppieren – Homer und seine Zeitgenossen kannten lediglich drei bis vier Hauptfarben: Schwarz, Weiß und einige vage bestimmte Teile des Farbspektrums, die häufig unter Rot oder Gelb subsumiert wurden.

Ich wandte mich direkt an Guy Deutscher. Er war sehr zuvorkommend und erklärte mir, in der Antike habe es nicht einmal ein Wort für eine so elementare Farbe wie Blau gegeben. Die Abwesenheit des Wortes »Blau« im Altgriechischen erklärt, warum Homer sich immer wieder auf das »weindunkle Meer« (*oinopa ponton*) bezieht, ein Umstand, der schon viele Leser (mich eingeschlossen) irritiert hat.

Interessanterweise war der Erste, dem dieser Umstand (in den 1850er Jahren) auffiel, der britische Premierminister William Gladstone (er wurde dafür von der üblichen Journaille höchst unfair und unsachlich geschmäht). Gladstone war ein hochgebildeter Mann, er schrieb, wenn er nicht gerade aktiv Politik betrieb, eine eindrucksvolle, 1700 Seiten umfassende Abhandlung über Homer. Im letzten Teil seines Buchs kommt Gladstone auf die Beschränkung hinsichtlich des Farbvokabulars zu sprechen und führt dabei unsere heutige Empfänglichkeit für zahlreichere Farbschattierungen auf die über die Generationen hinweg zunehmende Schulung des Auges zurück. Doch unabhängig von den Farbbezeichnungen in der damaligen Kultur waren die Menschen nachweislich fähig, die Unterschiede zu identifizieren – es sei denn, sie waren tatsächlich physiologisch farbenblind.

Gladstone war in vielerlei Hinsicht eine eindrucksvolle Persönlichkeit. Neben seiner Gelehrsamkeit, seiner Charakterstärke, seinem Respekt vor den Schwachen und der großen Tatkraft, vier höchst attraktiven Attributen (Respekt vor den Schwachen ist für mich nach intellektueller Courage die zweitattraktivste Eigenschaft überhaupt), zeigte Gladstone auch eine bemerkenswerte Voraussicht. Er fand heraus, was in seinen Tagen nur wenige zu denken wagten, dass nämlich die *Ilias* auf wahren Begebenheiten beruht (Troja war damals noch nicht entdeckt). Und noch wichtiger, noch scharfsichtiger und von größter Bedeutung für mein Buch: Er bestand mit allem Nachdruck auf einem ausgeglichenen Haushaltsetat. Haushaltsdefizite haben sich als eine der Hauptquellen von Fragilität in sozialen und wirtschaftlichen Systemen herausgestellt.

Proto-Antifragilität

Es gibt zwei Antifragilitätskonzepte, die als Einstiegsmodell oder eine Art Vorreiter in der Anwendung verstanden werden können und die bestimmte Spezialfälle abdecken. Dabei handelt es sich um noch zurückgenommene Erscheinungsformen von Antifragilität, die auf den medizinischen Sektor beschränkt sind. Als Anfangsbeispiele sind sie gut geeignet.

Mithridates IV., König von Pontos in Kleinasien, war nach der Ermordung seines Vaters untergetaucht, und in dieser Zeit, so berichtet die Sage, habe er sich gegen Vergiftung immunisiert, indem er unschädliche Mengen Gift in nach und nach zunehmenden Quantitäten zu sich nahm. Später verband er seine Praktik mit einem komplizierten religiösen Ritual. Allerdings brachte er sich damit irgendwann selbst in eine missliche Lage – sein Versuch, sich mit Gift umzubringen, scheiterte, »da er sich gegen die Wirkung von Gift unempfindlich gemacht hatte«. Er musste einen verbündeten Feldherrn um den Gefallen bitten, ihn mit dem Schwert zu töten.

Diese Methode namens *Antidotum Mithridatium*, die von Celsus, dem berühmten Arzt der Antike, hochgelobt wurde, war offenbar in Rom sehr geschätzt, denn ungefähr ein Jahrhundert später machte sie dem Kaiser Nero, der seine Mutter umbringen wollte, einen Strich durch die Rechnung. Nero war besessen von dem Plan, seine Mutter Agrippina zu töten, die, um die Dinge etwas farbiger zu machen, Caligulas Schwester war (noch aufregender wird die Sache dadurch, dass sie angeblich die Geliebte Senecas war, auf den ich später noch zu sprechen komme). Allerdings kennt eine Mutter ihren Sohn normalerweise ja recht gut, sie kann sich vorstellen, worauf er aus ist, vor allem, wenn sie sonst keine Kinder hat – und Agrippina kannte sich auch mit Gift aus, sehr wahrscheinlich hatte sie selbst im Zusammenhang mit dem Tod von mindestens einem ihrer Gatten damit gearbeitet (wie ich sagte – die Verhältnisse waren höchst aufregend). Da sie den Verdacht hegte, dass Nero ihr nach dem Leben trachtete, wandte sie ihrerseits die Methode der Mithridatisation gegen diejenigen Gifte an, von denen sie wusste, dass sie den Höflingen ihres Sohns zugänglich waren. Wie Mithridates starb auch Agrippina später durch eine eher mechanische Methode: Ihr Sohn heuerte Mörder an, die sie (wahrscheinlich) erschlugen, und vermittelt uns damit die kleine, aber bedeutsame Lehre, dass man nicht gegen alles robust sein kann. Auch zweitausend Jahre später hat noch niemand eine Methode gefunden, die einen Menschen gegen Schwerter »immunisiert«.

Lassen Sie uns das Ergebnis dessen, was passiert, wenn man sich einer kleinen Dosis einer Substanz aussetzt, die einen im Lauf der Zeit gegen weitere, größere Quantitäten immun macht, Mithridatisation nennen. Impfungen und Allergietherapien funktionieren nach diesem Prinzip.

Antifragilität ist das noch nicht, wir bewegen uns immer noch im Bereich der Robustheit, aber wir sind auf dem richtigen Weg. Und wir haben nun bereits einen Hinweis darauf, dass uns der Entzug eines Gifts fragil macht und dass der Weg zur Robustheit mit einer Schädigung in kleinem Umfang beginnt.

Man stelle sich nun den Fall vor, dass eine gewisse Menge der giftigen Substanz das Wohlbefinden insgesamt steigert, was noch einen Schritt über die Robustheit hinausginge. Hormesis, ein aus der Pharmazie stammender Begriff, liegt vor, wenn eine kleine Dosis einer schädlichen Substanz auf den Organismus einen positiven Effekt hat, also als Medizin wirkt. Eine kleine Menge einer ansonsten schädlichen Substanz – nicht zu viel – ist für den Organismus nützlich und verbessert den Gesamtzustand, indem sie eine gewisse Überreaktion hervorruft. Damals verstand man dieses Phänomen weniger in dem Sinn, dass »Schädigung nützt«, sondern eher dahingehend, dass »Schädigung« beziehungsweise »ein Medikament abhängig von der Dosierung« sei. Die Wissenschaft interessierte sich mehr für die Nichtlinearität der Dosis-Wirkungs-Beziehung.

Hormesis war in der Antike wohlbekannt (aber wie die Farbe Blau nicht explizit benannt). »Wissenschaftlich« beschrieben wurde das Phänomen erst im Jahr 1888 (wenn auch immer noch nicht mit einem Namen versehen), und zwar durch den deutschen Toxikologen Hugo Schulz, der beobachtete, dass kleine Mengen Gift das Wachstum von Hefe stimulieren, während größere Mengen es beeinträchtigen. Einige Forscher sind der Auffassung, der gesundheitliche Nutzen von Gemüse stecke weniger in dem, was man gemeinhin »Vitamine« nennt, oder in anderen rationalisierenden Theorien (also Ideen, die in narrativer Form sinnvoll klingen, aber noch keinen strengen empirischen Tests unterworfen wurden), sondern sei möglicherweise auf Folgendes zurückzuführen: Pflanzen schützen sich vor Schädigungen und wehren sich gegen Raubtiere mit giftigen Substanzen, die, wenn sie vom Menschen in der richtigen Menge aufgenommen werden, unseren Organismus stärken – jedenfalls gibt es Vermutungen in diese Richtung. Auch hier hätte man es mit dem Phänomen zu tun, dass niedrige Gaben von Gift vorteilhaft für die Gesundheit sind.

Vielfach wird behauptet, eine Beschränkung der Kalorienzufuhr (auf Dauer oder phasenweise) aktiviere gesunde Reaktionen und Umschaltprozesse, die neben anderen günstigen Auswirkungen bei Versuchstieren auch die Lebenserwartung erhöhen. Die Lebenserwartung des Menschen ist zu hoch, als dass es Forschern möglich wäre zu testen, ob die Vermutung tatsächlich zutrifft (wenn die Hypothese stimmt, würden die Forscher vor den Testpersonen sterben). Allerdings hat es den Anschein, als mache eine derartige Beschränkung die Menschen gesünder (und verbessere außerdem ihren Sinn für Humor). Und da Überfluss den entgegengesetzten Effekt hat, kann eine zeitweilige Kalorieneinschränkung auch folgendermaßen interpretiert werden: Zu regelmäßiges Essen ist schädlich, es entzieht dem Menschen den Stressor Hunger und führt unter Umständen dazu, dass er nicht sein gesamtes Potential ausschöpfen kann; Hormesis bewirkt also nichts anderes, als dass beim Menschen die natürliche Balance von Nahrung und Hunger wieder hergestellt wird. Mit anderen Worten: Hormesis ist der Normalfall, und was uns schadet, ist ihre Verhinderung.

Nach den 1930er Jahren geriet Hormesis in Verruf, die Wissenschaft verlor das Interesse daran, und sie spielte auch in der Praxis nur noch eine geringe Rolle, da sie von einigen Leuten fälschlich mit der Homöopathie in Verbindung gebracht wurde. Der Vergleich war unangemessen, denn die Methoden der beiden Richtungen unterscheiden sich von Grund auf. Homöopathie beruht auf anderen Prinzipien: Winzige, hoch aufgelöste Teile von Krankheitserregern (in so geringer Menge, dass sie kaum mehr wahrnehmbar sind, von daher auch keine Hormesis verursachen können) werden als Heilmittel gegen die betreffende Krankheit eingesetzt. Es gibt für die Homöopathie kaum empirische Belege, sie gehört aufgrund ihrer Testverfahren heute zur Alternativmedizin, wohingegen das Phänomen der Hormesis ausreichend wissenschaftlich untersucht ist.

Entscheidender aber ist, was sich nun immer deutlicher abzeichnet: Es ist nicht unbedingt sinnvoll und gut, Systeme von Stressoren – lebensnotwendigen Stressoren – zu befreien, im Gegenteil: Das kann geradezu einer Schädigung gleichkommen.

Kontextunabhängigkeit ist vom Kontext abhängig

Die Vorstellung, dass Systeme ein gewisses Maß an Stress und Unruhe brauchen, wird von denen nicht verstanden, die sie für einen bestimmten Kontext zwar nachvollziehen und umsetzen, aber nicht dazu in der Lage sind, sie auf andere Kontexte zu übertragen. Hier macht sich die Kontextabhängigkeit unseres Denkens bemerkbar – unter »Kontext« verstehe ich einen bestimmten Tätigkeitsbereich, eine bestimmte Handlungskategorie. Manche Leute können einen Sachverhalt in einem bestimmten Kontext, beispielsweise der Medizin, nachvollziehen, in einem anderen, etwa auf sozialem oder wirtschaftlichem Gebiet, dagegen nicht. Oder sie begreifen etwas im Klassenzimmer, aber nicht im komplexeren Gefüge der Straße. Es fällt Menschen offenbar schwer, Sachverhalte außerhalb der Kontexte, in denen sie sie kennengelernt haben, wiederzuerkennen.

Ein schlagendes Beispiel für Kontextabhängigkeit hatte ich auf einer Hotelzufahrt in der Pseudostadt Dubai. Ein Mann, seinem Aussehen nach ein Banker, ließ seine Koffer von einem Gepäckträger in Livree tragen (ich erkenne an winzigen Merkmalen sofort, ob jemand ein bestimmter Typ von Banker ist – ich bin gegen diese Leute allergisch; das geht so weit, dass ich Atemprobleme bekomme). Ungefähr fünfzehn Minuten später sah ich denselben Mann, wie er im Fitnessstudio mit Hanteln arbeitete, wobei er natürliche Vorgänge imitierte – er benutzte Kugelhanteln genau so, wie er einen Koffer tragen würde. Kontextabhängigkeit gibt es überall.

Darüber hinaus werden Mithridatisation und Hormesis bisweilen nicht nur in (bestimmten) medizinischen Kreisen zwar anerkannt, in anderen Bereichen, etwa der Gesellschaft und der Wirtschaft, aber übersehen. Selbst innerhalb der Medizin kann es passieren, dass im einen Moment damit gearbeitet und im nächsten dem Prinzip zuwidergehandelt wird. Ein und derselbe Arzt empfiehlt Ihnen regelmäßiges Training, damit Sie »stärker werden«, und wenige Minuten später verschreibt er Ihnen Antibiotika gegen eine harmlose Erkältung, damit Sie »nicht krank werden«.

Ein weiterer Ausdruck von Kontextabhängigkeit: Fragen Sie einen Bürger der USA, ob eine halbamtliche Behörde, die weitgehend unabhängig (ohne Einmischung durch den Kongress) agieren kann, den Preis von Autos, Tageszeitungen und Weinen aus dem Malbec (seiner favorisierten Anbauregion) kontrollieren sollte. Er würde empört aufspringen, denn das würde doch offensichtlich sämtliche Prinzipien verletzen, für die das Land steht; wahrscheinlich würde er Sie dafür, dass Sie überhaupt auf solch einen Gedanken kommen können, als kommunistischen, postsowjetischen Maulwurf beschimpfen. So weit, so gut. Dann fragen Sie ihn, ob diese Regierungsbehörde die Devisen kontrollieren sollte, hauptsächlich den Preis des Dollar im Verhältnis zum Euro und dem mongolischen Tugrik. Dieselbe Reaktion: Wir sind doch hier nicht in Frankreich! Und dann weisen Sie ihn höflich darauf hin, dass eine der Funktionen der amerikanischen Federal Reserve Bank darin besteht, den Preis einer anderen Ware beziehungsweise einen anderen Preis zu kontrollieren und zu manipulieren, nämlich den so genannten Diskontsatz, den Zinssatz der Wirtschaft (und sie hat gezeigt, dass sie gut darin ist). Ron Paul, der Präsidentschaftskandidat der Libertarian Party, wurde als Spinner bezeichnet, weil er die Abschaffung der Federal Reserve Bank forderte oder zumindest eine Einschränkung ihrer Befugnisse. Aber man hätte ihn auch dann einen Spinner genannt, wenn er vorgeschlagen hätte, Behörden einzuführen, die andere Preise kontrollieren.

Stellen Sie sich einen Menschen vor, der zwar sprachbegabt ist, aber nicht dazu in der Lage, Vorstellungen von der einen Sprache in die andere zu übertragen; er müsste also jedes Mal, wenn er eine neue Sprache lernt, auch aufs Neue lernen, was ein »Stuhl«, »Liebe« oder »Apfelkuchen« ist. Er könnte nicht erkennen, welches Objekt hinter dem englischen »house«, der spanischen »casa« oder dem semitischen Wort »byt« steht. In gewisser Weise sind wir alle ähnlich behindert – unfähig, eine bekannte Idee zu erkennen, wenn sie uns in einem anderen Kontext präsentiert wird. Man könnte geradezu den Eindruck gewinnen, wir seien dazu verdammt, von der Oberfläche der Dinge, der Verpackung, dem Geschenkpapier in die Irre geführt zu werden. Deshalb fällt uns Antifragilität in Zusammenhängen nicht auf, die offensichtlich – zu offensichtlich – sind. Dass sich Erfolg, Wirtschaftswachstum oder Innovationen möglicherweise aus einer Überkompensation gegen Stressoren ergeben könnten – dieser Gedanke kommt in unserer allgemein anerkannten Denkweise nicht vor. Auch in anderen Bereichen bemerken wir nicht, dass Überkompensation am Werk ist. (Und Kontextabhängigkeit ist auch der Grund dafür, dass es vielen Wissenschaftlern so viel Mühe macht zu bemerken, dass Ungewissheit, lückenhaftes Verstehen, Unordnung und Volatilität alle zu ein und derselben Familie gehören.)

Dieser Mangel an Transfervermögen ist eine mentale Behinderung, die mit unserem Menschsein zu tun hat, und wir erlangen nur dann Weisheit oder Vernunft, wenn wir uns bemühen, diese Behinderung zu überwinden.

Betrachten wir zunächst den Komplex der Überkompensation genauer.

Kapitel 2
Überkompensation und Überreaktion, wohin man schaut

Kann man auf dem Rollfeld von Heathrow Texte verfassen? – Versuchen Sie, den Papst dazu zu bewegen, Ihre Schriften zu verbieten – Wie man einen Wirtschaftswissenschaftler verprügelt (aber gerade nur so stark, dass man eine Gefängnisstrafe aufgebrummt bekommt)

Meine ganz persönliche Kontextabhängigkeit wurde mir eines Tages bewusst, als ich im Büro von David Halpern saß, einem britischen Politiker und Regierungsberater. Er erwähnte – als Reaktion auf meine Idee von der Antifragilität – ein Phänomen, das sich »posttraumatisches Wachstum« nennt; es ist das Gegenteil des posttraumatischen Stresssyndroms: Menschen, die davon betroffen sind, wachsen aufgrund belastender Ereignisse in der Vergangenheit über sich selbst hinaus. Ich hatte noch nie davon gehört und war auch, wie ich zu meiner Schande gestehen muss, nie auf den Gedanken gekommen, dass es so etwas geben könnte: Einige wenige Veröffentlichungen zu diesem Thema liegen vor, aber außerhalb einer engen Disziplin wird nicht viel Aufhebens darum gemacht. Wir kennen den drastischeren Begriff der posttraumatischen Störung aus dem intellektuellen und (angeblich) wissenschaftlichen Vokabular, von posttraumatischem Wachstum hört man hingegen nie. Die Volksweisheit aber kennt das Gegenstück durchaus – es kommt in der Wendung zum Ausdruck, dass »Leiden den Charakter bildet«. Ebenso präsent ist es in der klassischen Antike und dem Wissen von Großmüttern.

Intellektuelle neigen dazu, eher die negativen Reaktionen auf Zufälligkeit (Fragilität) zu sehen und nicht so sehr die positiven (Antifragilität). Das betrifft nicht nur die Psychologie – es gilt für sämtliche Bereiche.

Wie kann man Innovationen anstoßen? Erstens: Man sollte zusehen, dass man sich in Schwierigkeiten bringt. Die Schwierigkeiten müssen ernsthaft, dürfen aber natürlich nicht lebensbedrohlich sein. Ich behaupte – und das ist meine Überzeugung, nicht nur eine Spekulation –, dass sich Innovation und Zuwachs an kultivierter Gewandtheit aus Notsituationen ergeben, und zwar in einem Ausmaß, das die bloße Aufhebung dieser Notsituation bei weitem übersteigt (aufgrund der unbeabsichtigten Nebenwirkungen einer Ausgangsidee oder dem Ansatz zu einer Erfindung). Diesen Gedanken haben schon große Denker vor uns formuliert – so besagt etwa ein lateinisches Sprichwort, Kunstfertigkeit werde aus Hunger geboren (*artificia docuit fames)*. Die Idee taucht in der Literatur der Antike immer wieder auf, bei Ovid (Widrigkeiten wecken den Verstand – *ingenium mala saepe movent*), was im Brooklyn-Englisch zu der Maxime geführt hat: »Wenn das Leben dir Saures gibt, mach Limonade draus.« (»When life gives you a lemon, make lemonade.«) Bei der Überreaktion auf Rückschläge wird überschüssige Energie freigesetzt, und sie ist es, die zu Innovationen führt!

Diese Erkenntnis der Alten greift sehr viel tiefer, als es auf den ersten Blick scheint. Sie steht vielfach in direktem Widerspruch zu heutigen Methoden und Vorstellungen im Zusammenhang mit Innovation und Fortschritt, neigen wir doch zu der Annahme, Innovation resultiere aus bürokratischen Finanzierungsmaßnahmen, aus Planungsinitiativen oder daraus, dass man die Leute in die Seminare einer Harvard Business School schickt, die von einem hochdekorierten Professor für Innovation und Unternehmertum abgehalten werden (der in seinem ganzen Leben noch keine Innovation zustande gebracht hat); oder daraus, dass man einen Berater anheuert (für den dasselbe gilt). Es handelt sich dabei um eine optische Täuschung. Man halte sich nur einmal vor Augen (später komme ich ausführlicher darauf zu sprechen), in welchem unverhältnismäßig großen Ausmaß Techniker und Unternehmer *ohne* akademische Ausbildung technologische Entwicklungsschübe anstießen, angefangen bei der Industriellen Revolution bis hin zur Entwicklung von Silicon Valley.

Doch obwohl es genügend Beweise für das Gegenteil gibt, und trotz der Weisheiten, die man kostenlos bei der Lektüre klassischer Schriftsteller (oder wenn Sie Großmüttern zuhören) geliefert bekommt, versuchen die Menschen heute, aus einer Situation von Behaglichkeit, Sicherheit und Vorhersehbarkeit heraus, neue Dinge zu erfinden, anstatt sich endlich der Erkenntnis zu stellen, dass »Not die eigentliche Mutter der Erfindung« ist.

Viele Menschen vor uns, darunter auch der große römische Staatsmann Cato Censorius, waren der Auffassung, ein abgesichertes Leben voller Annehmlichkeiten führe direkt ins Verderben.* Er mochte es gar nicht, wenn es ihm zu gut ging, da er befürchtete, damit seine Willenskraft zu schwächen. Und diese Verweichlichung beschränkt sich nicht auf den persönlichen Bereich: Eine ganze Gesellschaft kann krank werden. Während ich diese Zeilen schreibe, erleben wir eine globale Schuldenkrise. Die Welt insgesamt war nie reicher, und sie war nie stärker verschuldet, nie abhängiger von geliehenem Geld. Aus Erhebungen zum Zustand der Gesellschaft geht hervor: Je reicher wir werden, desto schwerer fällt es uns, unseren Verhältnissen entsprechend zu leben. Mit Knappheit kommen wir besser zurecht als mit Überfluss.

Ein erst vor kurzem beobachtetes Phänomen in der Luftfahrt, dass nämlich die Automatisierung von Flugsystemen die Piloten unterfordert und das Fliegen eines Flugzeugs für sie zu bequem – gefährlich bequem – macht, hätte Cato nur ein müdes Lächeln entlockt. Aufmerksamkeit und Kompetenz der Piloten werden vernebelt, da sie nicht genügend herausgefordert werden, was tatsächlich zu Todesfällen infolge von Flugzeugabstürzen geführt hat. Teil des Problems ist eine Vorschrift der Federal Aviation Administration (FAA), mit der die Industrie gezwungen wurde, die Automatisierung der Flugvorgänge auszudehnen. Dankenswerterweise deckte aber dieselbe FAA auch das damit zusammenhängende Problem auf; erst kürzlich wurde festgestellt, dass Piloten häufig »zu viel Verantwortlichkeit an die Automatik abgeben«.

* Cato war der Politiker, der in *Narren des Zufalls* sämtliche Philosophen aus Rom vertreiben ließ.

Wie man ein Pferderennen gewinnt

Es heißt, die besten Pferde verlieren, wenn sie gegen langsamere Pferde ins Rennen geschickt werden; wenn sie aber gegen echte Rivalen antreten, gewinnen sie. Unterkompensation aufgrund fehlender Stressoren, umgekehrte Hormesis, Abwesenheit einer Herausforderung lässt die Besten der Besten schlechter werden. In Baudelaires Gedicht hindern die riesigen Flügel des Albatros ihn am Gehen – manchmal empfiehlt es sich, statt des Anfängerkurses eher den für Fortgeschrittene zu besuchen.

Auf diesen Mechanismus der Überkompensation stößt man in den merkwürdigsten Zusammenhängen. Wenn man sich nach einem Interkontinentalflug schlapp fühlt, sollte man, anstatt sich auszuruhen, lieber in ein Fitnesscenter gehen. Außerdem gibt es den bekannten Trick, eine Sache, die Sie schnell erledigt haben müssen, der beschäftigtsten (oder zweitbeschäftigtsten) Person im Büro zu übergeben. Den meisten Leuten gelingt es, ihre Freizeit zu vergeuden, da sie dann dysfunktional werden, faul und unmotiviert – je beschäftigter sie andererseits sind, desto aktiver sind sie bei anderen Aufgaben. Auch das ein Phänomen der Überkompensation.

Ich habe einen Trick entdeckt, wie ich meine Vortragstechnik verbessern kann. Von Organisatoren großer Konferenzen wurde mir empfohlen, klar zu sprechen, mit der übertriebenen Artikulation eines Fernsehansagers, womöglich noch auf dem Podium ein paar Tanzschritte einzulegen, um mir die Aufmerksamkeit der Zuhörer zu sichern. Manchmal werden Autoren von ihren Verlagshäusern in »Sprachschulen« geschickt – als mir das zum ersten Mal vorgeschlagen wurde, verließ ich den Raum und beschloss, auf der Stelle den Verleger zu wechseln. Ich halte es für besser, zu flüstern anstatt zu schreien. Besser, nicht ganz verständlich – etwas unklar zu sein. In meiner Zeit als Parkett-Händler (einer dieser verrückten Leute, die in einer überfüllten Arena stehen und sich in einer Dauer-Auktion die Lunge aus dem Hals schreien) habe ich gelernt, dass der Lärm, den eine Person macht, in umgekehrtem Verhältnis zu ihrem Platz in der Hackordnung steht: Wie bei den Mafiabossen sind die mächtigsten Trader die, die man am wenigsten hört. Man sollte über genügend Selbstkontrolle verfügen, um die Zuhörer so weit zu bekommen, dass sie sich wirklich anstrengen müssen, um dem Vortragenden folgen zu können; das führt dazu, dass sie intellektuell den höchsten Gang einlegen. Dieses Aufmerksamkeitsparadox wurde auch schon wissenschaftlich untersucht: Es gibt empirische Beweise für den so genannten Verzögerungseffekt. Geistige Anstrengung lässt uns mental einen Gang höher schalten, sie aktiviert energischere, analytischere Verarbeitungsmechanismen im Gehirn.* Der Managementguru Peter Drucker und der Psychoanalytiker Jacques Lacan, die beide ihre Zuhörer in ihren jeweiligen Gebieten in höchstem Maße zu fesseln vermochten, waren das genaue Gegenteil dieser glatten, schicken Profisprecher oder der Fernsehansager, bei denen jeder Konsonant korrekt artikuliert ist.

Der gleiche oder ein ähnlicher Überkompensationsmechanismus hat zur Folge, dass wir uns besser konzentrieren können, wenn wir von einigen wenigen Hintergrundgeräuschen umgeben sind, als ob die Anstrengung, gegen diese Geräusche anzuarbeiten, uns dabei helfen würde, unseren mentalen Fokus zu schärfen. Man denke nur an die bemerkenswerte Fähigkeit, mit der Menschen zur Happy Hour Geräusche herausfiltern und das eine Signal in den vielen lauten Gesprächen identifizieren können. Wir sind nicht nur darauf angelegt, überzukompensieren, wir *brauchen* den Lärm manchmal geradezu. Wie viele andere Schriftsteller sitze ich gern in Cafés und arbeite, wie es so schön heißt, gegen Widerstand an. Beim Einschlafen hören wir gern Blätterrauschen oder die Meeresbrandung: Es gibt sogar elektrische Geräte, die »weißes Rauschen« erzeugen,** was manchen Menschen beim Einschlafen hilft. Diese kleinen Ablenkungen funktionieren natürlich wie alle hormetischen Reaktionen nur bis zu einem gewissen Grad. Ich habe es noch nicht ausprobiert, aber ich bin sicher, es wäre ziemlich schwierig, auf der Rollbahn des Flughafens Heathrow einen Essay zu verfassen.

* Dieses kleine bisschen Mehr an Anstrengung führt offenbar dazu, dass zwischen zwei mentalen Systemen, einem intuitiven und einem analytischen, umgeschaltet wird; die Psychologen sprechen von »System 1« und »System 2«.

** Das weiße Rauschen hat nichts spezifisch »Weißes« an sich; es handelt sich lediglich um ein zufälliges Geräusch, das einer Normalverteilung folgt.

Antifragile Reaktionen als Redundanz

Als ich bei meinem Besuch in London die Bezeichnung »posttraumatisch« hörte, ging mir schlagartig auf, dass diese antifragilen hormetischen Reaktionen eine Art von Redundanz darstellen, und damit wurde mir plötzlich das verbindende Prinzip sämtlicher Ideen von Mutter Natur klar. Es ist alles eine Sache der Redundanz. Die Natur neigt dazu, alles überzuversichern.

Mehrere Redundanzschichten sind das zentrale Merkmal des Risikomanagements natürlicher Systeme. Wir Menschen (wahrscheinlich sogar Buchhalter) haben zwei Nieren, wir verfügen in sehr vielen Bereichen (etwa bei den Lungen, im Nervensystem, bei der arteriellen Ausstattung) über Ersatzteile und zusätzliche Kapazitäten. Alles vom Menschen Gemachte hat im Unterschied dazu die Tendenz, zu sparsam vorzugehen, sozusagen umgekehrt redundant. Wir haben einen historischen Höchststand an Verschuldung erreicht, das glatte Gegenteil von Redundanz (fünfzigtausend als Reserve auf der Bank zu haben oder noch besser unter der Matratze – das ist Redundanz; der Bank denselben Betrag zu schulden ist das Gegenteil von Redundanz). Redundanz ist doppelbödig, man hat – solange nichts Ungewöhnliches passiert – den Eindruck, sie sei nichts als Verschwendung. Aber das Ungewöhnliche passiert eben – gewöhnlich – doch.

Und Redundanz ist nicht unbedingt nur eine Sache für übervorsichtige Feiglinge; sie kann extrem offensiv sein. Wenn Sie beispielsweise einen zusätzlichen Bestand an, sagen wir, Kunstdünger in Ihrem Warenlager haben, einfach nur um sicherzugehen, und es tritt wegen Lieferschwierigkeiten aus China eine Verknappung ein, dann können Sie Ihren zusätzlichen Bestand mit riesigem Gewinn verkaufen. Oder Sie können, wenn Sie zusätzliche Ölreserven haben, während einer Ölkrise schönen Profit machen.

Diese Logik liegt auch der Überkompensation zugrunde: Es ist einfach eine Art Redundanz. Ein weiterer Kopf ist für die Hydra genau dasselbe wie eine zusätzliche – also offensichtlich redundante – Niere für Menschen und die Erweiterung der Fähigkeit, mit einem weiteren Stressor fertig zu werden. Nehmen wir einmal an, Sie nehmen 15 Milligramm einer giftigen Substanz zu sich, dann wird Ihr Körper womöglich bald auch 20 Milligramm vertragen, und er wird auch insgesamt stärker. Diese zusätzlichen fünf Milligramm Gift, die Sie dann problemlos verarbeiten können, unterscheiden sich nicht von zusätzlichen Vorräten an Lebensmitteln oder anderen Bedarfsgütern (mehr Geld auf der Bank, mehr Konserven im Keller). Und um zu den treibenden Kräften der Innovation zurückzukommen: Die zusätzlichen *Quantitäten* an Motivation und Willensstärke, die sich aus Rückschlägen ergeben, können auch als zusätzliche *Kapazitäten* angesehen werden, die sich von zusätzlichen Lebensmittelpackungen gar nicht so sehr unterscheiden.

Ein System, das überkompensiert, befindet sich per definitionem im Überschussmodus, es baut in Antizipation schlimmerer Ereignisse und als Reaktion auf die Information über eine mögliche Gefährdung zusätzliche Kapazität und Stärke auf. Und natürlich kann diese zusätzliche Kapazität oder Stärke sich je nach den Umständen, auf opportunistische Weise, als nützlich erweisen. Wir haben gesehen, dass Redundanz opportunistisch ist, zusätzliche Stärke kann also auch dann nützlich sein, wenn die Risiken ausbleiben. Erzählen Sie doch dem nächsten MBA-Analysten oder Wirtschaftswissenschaftler, der Ihnen über den Weg läuft, dass Redundanz keine Verteidigungsstrategie ist; es ist eher eine Investition als eine Versicherung. Und erzählen Sie ihm außerdem, dass das, was Seinesgleichen »ineffizient« nennt, häufig im Gegenteil äußerst effizient ist.

Unser Körper entdeckt Wahrscheinlichkeiten mit sehr viel größerer Findigkeit und geht mit Risiken wesentlich besser um als unser Verstand. Beispielsweise suchen Risikomanagementprofis in der Vergangenheit nach Informationen über das so genannte Worst-Case-Szenario und legen sie ihren Schätzwerten für zukünftige Risiken zugrunde – man nennt diese Methode »Stresstest«. Sie untersuchen die schlimmste Rezession in der Geschichte der Menschheit, den schlimmsten Krieg, die schlimmste historische Zinsentwicklung. Ihnen entgeht aber völlig die Widersprüchlichkeit, dass dieser so genannte schlimmste Fall zu der Zeit, da er sich ereignete, schlimmer war als der damals geltende »schlimmste Fall«.

Ich habe diesen mentalen Defekt als *Lukrez-Problem* bezeichnet, nach dem lateinischen Dichter und Philosophen, der schrieb, ein Narr sei, wer glaube, der größte Berg der Welt sei so groß wie der größte Berg, den er mit eigenen Augen je gesehen habe. Wir glauben, das größte Objekt irgendeiner Art, das wir in unserem Leben gesehen oder von dem wir gehört haben, sei das größte, das es überhaupt geben könne. Und so denken wir seit Jahrtausenden. Im Ägypten der Pharaonen, dem ersten umfassenden, von Bürokraten geleiteten Top-down-Nationalstaat, verfolgten Schreiber die Hochwassermarke des Nils und benutzten sie als Schätzwert für ein zukünftiges Worst-Case-Szenario.

Ähnlich war man beim Nuklearreaktor von Fukushima vorgegangen, der im Jahr 2011 von einem Tsunami getroffen und vollständig zerstört wurde. Er war mit der Maßgabe gebaut worden, das schlimmste Erdbeben, das je in dieser Region stattgefunden hatte, überstehen zu können. Sehr viel Schlimmeres konnten sich die Erbauer nicht vorstellen – und sie zogen nicht in Betracht, dass das schlimmste Ereignis in der Vergangenheit natürlich seinerseits eine Überraschung gewesen war, da es so etwas vor ihm nie gegeben hatte. Der Fragilist Dr. Alan Greenspan, ehemaliger Vorsitzender der US-Notenbank, trug bei seiner Entschuldigung vor dem Kongress denselben Klassiker vor: »So etwas hat es noch nie zuvor gegeben.« Doch im Unterschied zum Fragilisten Greenspan bereitet sich die Natur auf das vor, was es noch nie gegeben hat, *sie geht davon aus, dass schlimmere Katastrophen möglich sind.**

Während wir Menschen noch damit beschäftigt sind, den letzten Krieg zu führen, führt die Natur schon längst den nächsten. Was die Zukunft angeht, hat Ihr Körper mehr Fantasie als Sie. Man denke nur an die Art, wie Gewichtstraining betrieben wird: Der Körper schießt als Reaktion auf Belastungen über das Ziel hinaus und bereitet sich mehr als nötig auf das nächste Training vor (natürlich nur bis zu einer gewissen biologischen Obergrenze). Auf diese Art gewinnen Körper an Kraft.

In den Monaten nach der Bankenkrise bekam ich alle möglichen Arten von Drohungen zugestellt, und *The Wall Street Journal* empfahl mir, mir »Bodyguards zuzulegen«. Ich versuchte mir einzureden, dass ich mir

* Empirisch ist das Offensichtliche noch nicht überprüft worden: Können extreme Ereignisse mit Hilfe der Vergangenheit vorhergesagt werden? Die Antwort muss, wie sich aus einem einfachen Test ergibt, leider lauten: Sorry, das geht nicht.

keine Sorgen machen müsste, dass ich ruhig bleiben könne; die Drohungen kamen ja lediglich von verärgerten Bankern. Und normalerweise werden die Leute ja erst zusammengeschlagen, und danach liest man in der Zeitung davon, nicht umgekehrt. Aber irgendwie zog das Argument bei mir nicht richtig, und wenn ich in New York oder London war, konnte ich nicht mehr richtig entspannen, nicht einmal nach einer Tasse Kamillentee. Ich fühlte mich plötzlich auf öffentlichen Plätzen verfolgt und fing an, die Menschen um mich herum zu mustern, um sicherzustellen, dass mir keiner folgte. Der Vorschlag mit den Bodyguards kam mir auf einmal gar nicht mehr so dumm vor, aber ich fand es reizvoller (und entschieden kostengünstiger), selbst ein Leibwächter zu werden oder besser gesagt wie einer auszusehen. So lernte ich Lenny »Cake« kennen, einen Trainer mit einem Körpergewicht von rund 280 Pfund (130 Kilogramm), der nebenher als Securitymann arbeitete. Sowohl sein Spitzname als auch sein Gewicht ging auf seine Vorliebe für Kuchen zurück. Lenny Cake war die körperlich bedrohlichste Person weit und breit, und er war sechzig. Anstatt mich von ihm trainieren zu lassen, schaute ich ihm beim Training zu. Er arbeitete mit der »Maximum Lift«-Methode und schwor darauf – er hielt sie für den effektivsten und zeitsparendsten Trainingstyp. Die Methode bestand aus kurzen Aufenthalten im Fitnesszentrum, bei denen man sich ausschließlich darauf konzentrierte, das beim letzten Mal in einem einzigen Hub erreichte Maximalgewicht zu übertreffen, das schwerste Gewicht, das man heben kann – quasi eine Art Hochwassermarke. Das Work-out beschränkte sich darauf, ein- oder zweimal darüber hinauszugehen, es war also etwas ganz anderes als die üblichen drögen, zeitfressenden Wiederholungen. Mit dieser Übung kam ich in eine naturalistische Form des Gewichthebens, die auch mit evidenzbasierter Fachliteratur übereinstimmt: Man arbeitet am oberen Limit und verbringt den Rest des Tages mit Ausruhen und dem Verzehr von riesigen Steaks. Seit mittlerweile vier Jahren arbeite ich daran, mein Limit immer weiter zu verschieben; es ist grandios zu sehen, wie irgendetwas in meinem Organismus die nächste Stufe auf ein höheres Level schon vorwegnimmt – so lange, bis die biologische Obergrenze erreicht ist. Wenn ich mit einer Hantel mit einem Gewicht von sagen wir 330 Pfund Kreuzheben übe (was dem Aufheben eines Felsbrockens auf Hüfthöhe entspricht) und mich anschließend ausruhe, kann ich sicher sein, dass ich ein gewisses Maß an zusätzlicher Muskelkraft ausbilde, da mein Körper *weiß*, dass ich das nächste Mal 335 Pfund stemmen muss.

Profitiert habe ich von dieser Methode nicht nur insofern, als meine Paranoia verschwunden ist und ich mich auf öffentlichen Plätzen wieder völlig ungezwungen bewegen kann; es gibt darüber hinaus kleine Annehmlichkeiten, mit denen ich gar nicht gerechnet hatte. Wenn ich in der Ankunftshalle des Kennedy Airport von Limousinenchauffeuren angesprochen werde, die mir unbedingt eine Spazierfahrt andrehen wollen, muss ich nur ruhig »f*** off« sagen, und sie trollen sich umgehend. Ganz ohne Nachteile ist die Sache allerdings nicht: Leser meiner Bücher, die ich auf Konferenzen treffe, sind manchmal ziemlich erstaunt, einem Intellektuellen zu begegnen, der die Ausstrahlung eines Bodyguards hat – Intellektuelle sind entweder schlank und drahtig oder schwabbelig und formlos (wenn sie ein Tweedjackett tragen), aber man erwartet nicht, dass sie aussehen wie Metzger.

Folgende Beobachtung von Aaron Brown, meinem Lieblingsgegner auf intellektuellem Feld und persönlichem Freund, wird den Darwinisten zu denken geben: Der in der Evolutionstheorie so zentrale Terminus der »Fitness« selbst ist womöglich ungenau, wenn nicht gar missverständlich; und hier wäre die Vorstellung der Antifragilität als einem Zustand, der über reine Fitness hinausgeht, vielleicht dazu in der Lage, gewisse Unklarheiten zu beseitigen. Denn was ist mit »Fitness« wirklich gemeint? Heißt es, dass man sich genau an die vergangenen Umstände einer bestimmten Umgebung angepasst hat oder dass man eine Umgebung mit Stressoren einer höheren Intensität antizipiert? In den meisten Fällen wird die erste Art der Anpassung favorisiert und die Idee der Antifragilität außen vor gelassen. Wollte man aber ein mathematisches Standardmodell der Selektion erstellen, dann würde man eher mit Überkompensation und nicht mit »Fitness« arbeiten.*

* Man gehe von einer einfachen Filterregel aus: Sämtliche Mitglieder einer Gattung müssen einen Hals von vierzig Zentimetern Länge haben, damit sie überleben können. Nach wenigen Generationen wird die überlebende Population im Schnitt einen Hals haben, der *länger* ist als vierzig Zentimeter. (Technisch gesagt: Ein stochastischer Prozess, der einer absorbierenden Grenze ausgesetzt wird, wird zu einem beobachteten Mittelwert führen, der größer ist als diese Grenze.)

Selbst die Psychologen, die die antifragile Reaktion des posttraumatischen Wachstums analysiert haben und Daten dazu vorlegen, verstehen den Zusammenhang nicht ganz, wenn sie begrifflich auf den Terminus »Resilienz« zurückgreifen.

Über Antifragilität bei Aufständen und in der Liebe. Wer überraschenderweise noch von Stress profitiert

Hat man erst einmal eine gewisse Kontextabhängigkeit überwunden, dann gewinnt man den Eindruck, das Phänomen der Überkompensation sei allgegenwärtig.

Menschen, die das Phänomen der bakteriellen Resistenz im Bereich der Biologie durchaus nachvollziehen können, begreifen nicht die Erkenntnis Senecas in *De Clementia* über den umgekehrten Effekt von Bestrafungen: »Wiederholte Bestrafungen brechen vielleicht den Hass von einigen wenigen, fachen aber den Hass von allen an … – so wie gestutzte Bäume zahllose Triebe hervorbringen.« Revolutionen speisen sich aus Repression, und es wachsen schneller und schneller Köpfe nach, wenn (buchstäblich) einige abgeschlagen werden, indem man Demonstranten umbringt. In einem irischen Revolutionslied wird dieser Zusammenhang präzise auf den Punkt gebracht:

Je höher ihr eure Barrikaden zieht, desto stärker werden wir.

Die Stimmung der Menge schlägt irgendwann um; die Menschen werden blind vor Wut und Empörung. Zusätzlich angefeuert werden sie durch den Heroismus einiger weniger, die bereit sind, ihr Leben um der Sache willen zu opfern (obwohl sie es nicht unbedingt als Opfer verstehen), und nach dem Privileg gieren, Märtyrer zu werden. Politische Bewegungen und Aufstände können äußerst antifragil sein, und es zeugt von einem hohen Maß an Dummheit, wenn man versucht, sie mit roher Gewalt zu unterdrücken, anstatt sie zu manipulieren, nachzugeben oder wie Herkules im Kampf mit der Hydra mit einer klugen List zu arbeiten.

Wenn Antifragilität etwas ist, das als Reaktion auf Stressoren und Schädigungen entsteht, das überreagiert und überkompensiert, dann ist eines der antifragilsten Phänomene, die man außerhalb des Wirtschaftslebens findet, eine bestimmte Art von hartnäckiger Liebe (oder Hass), ein Gefühl, das auf Hindernisse wie Distanz, familiäre Unverträglichkeiten und jeden Versuch, es zu zerstören, mit Überreaktion und Überkompensation reagiert. Es wimmelt in der Weltliteratur nur so von diesen Figuren, die – man muss wohl sagen, gegen ihren Willen – in einer Art antifragiler Passion befangen sind. In Prousts umfangreichem Roman *Auf der Suche nach der verlorenen Zeit* verliebt sich der kultivierte jüdische Kunsthändler Swann in Odette, eine Art Halbweltdame und Kurtisane; sie aber straft ihn mit Verachtung. Ihr ausweichendes Verhalten facht seine Besessenheit an, er erniedrigt sich, um auch nur ein wenig mehr Zeit mit ihr verbringen zu können. Notorisch heftet er sich an ihre Fersen, folgt ihr zu ihren Rendezvous mit anderen Männern, verbirgt sich ungeniert in Treppenhäusern, was sie natürlich ihrerseits dazu bringt, ihm noch mehr auszuweichen. Man nimmt an, dass diese Geschichte eine Fiktionalisierung von Prousts eigener Beziehung zu seinem Chauffeur ist.

Oder denken Sie an Dino Buzzatis halb autobiographischen Roman *Un Amore*, die Geschichte eines Mailänders mittleren Alters, der sich – natürlich zufällig – in eine Tänzerin der Scala verliebt, die auch als Prostituierte arbeitet. Wie nicht anders zu erwarten, behandelt sie ihn schlecht, nutzt ihn aus, übervorteilt ihn, schröpft ihn; und je schlechter sie ihn behandelt, desto mehr lässt er es sich gefallen, um seinen antifragilen Durst nach einigen wenigen Momenten mit ihr zu stillen. Doch die Geschichte hat immerhin eine Art Happy End: Buzzati selbst heiratete mit sechzig eine 25-jährige ehemalige Tänzerin, Almerina, die offenbar das Vorbild für seine Romanfigur abgegeben hatte; als er kurz danach starb, nahm sie sich auf vorbildliche Weise seines literarischen Nachlasses an.

Autoren wie Lukrez (den wir im Zusammenhang mit den hohen Bergen in diesem Kapitel weiter oben bereits erwähnt haben) mögen noch so vehement gegen die durch Liebe verursachte Abhängigkeit, Gefangenschaft und Entfremdung gewettert und sie als (zu vermeidende) Krankheit gesehen haben – letztlich haben sie damit uns oder sich selbst belogen. Vielleicht ist es ja bloß eine Legende, dass Lukrez, der Hohepriester der Liebesentzauberung, selbst in eine unheilbare – antifragile – Verliebtheit verstrickt war.

Ähnlich wie Liebesqualen sind bestimmte Gedanken so antifragil, dass man sie verstärkt, wenn man versucht, sie loszuwerden; anstatt zu verschwinden, wachsen sie sich zu Obsessionen aus. Psychologen beschreiben die Ironie, die in der Gedankenkontrolle liegt, so: Je mehr Energie man dafür aufbringt, seine Meinungen und Gedanken zu kontrollieren, desto mehr kontrollieren die Meinungen am Ende einen selbst.

Bitte verbieten Sie mein Buch: Die Antifragilität von Informationen

Information ist antifragil; sie wird nicht so sehr durch den Versuch stärker, sie zu befördern, als dadurch, ihr zu schaden. Viele vernichten ihren Ruf nur, indem sie versuchen, ihn zu retten.

Die listigen Venezianer wussten, dass man Informationen am besten streut, indem man sie als Geheimnis tarnt. Versuchen Sie einmal folgendes Experiment zur Verbreitung von Klatsch: Erzählen Sie irgendjemandem ein Geheimnis und bezeichnen Sie es als eines, das Ihr Zuhörer »ja niemandem weitererzählen« darf; je nachdrücklicher Sie unterstreichen, dass es geheim bleiben muss, desto schneller wird es sich ausbreiten.

Wir alle haben schon früh gelernt, dass Bücher und Ideen antifragil sind und von Angriffen nur profitieren können – nach einem Spruch des römischen Kaisers Mark Aurel (einem der Macher unter den Autoren der Stoa) »ernährt sich Feuer von Hindernissen«. Verbotene Bücher haben eine große Anziehungskraft – sie sind gegen Verbote antifragil. Das erste Buch, das ich in meiner Kindheit von Graham Greene las, war *Die Kraft und die Herrlichkeit* – einzig und allein aus dem Grund, dass es vom Vatikan auf den *Index Librorum Prohibitorum* gesetzt (also verboten) worden war. Als Teenager verschlang ich aus demselben Grund die Bücher des von den USA ausgebürgerten Schriftstellers Henry Miller – sein bestes Buch verkaufte sich innerhalb eines Jahres eine Million Mal, was sich dem Umstand verdankte, dass es in 23 Staaten verboten war. Dasselbe gilt für *Madame Bovary* oder *Lady Chatterleys Liebhaber*.

Eine bestimmte Art von Kritik ist für ein Buch ein echtes, unverfälschtes Signal dafür, dass es nicht langweilig ist – und Langeweile ist das Einzige, was ein Buch wirklich schlecht macht. Denken Sie nur an das Ayn-Rand-Phänomen: Ihre Bücher *Atlas wirft die Welt ab* und *Der ewige Quell* wurden über ein halbes Jahrhundert lang von Millionen Menschen gelesen, trotz – oder besser gesagt wohl wegen – fürchterlich übler Kritiken und Versuchen, die Autorin in Verruf zu bringen. Die wichtigste Information ist die Intensität: Was zählt, ist die Anstrengung, die die Kritiker investieren, um zu verhindern, dass andere ein Buch lesen – oder allgemeiner gesagt, es ist die Anstrengung, jemanden schlechtzureden, der wirklich zählt, wobei es gar nicht so sehr darauf ankommt, was gesagt wird. Wenn Sie also wollen, dass andere ein bestimmtes Buch lesen, dann erwähnen Sie mit einer gewissen Entrüstung, es werde »überschätzt« (und verwenden Sie das Prädikat »unterschätzt« für den entgegengesetzten Effekt).

Balzac erzählt von Schauspielerinnen, die Journalisten (häufig in Naturalien) dafür bezahlten, dass sie lobende Kritiken schrieben – die klügsten aber baten um Verrisse, wussten sie doch, dass das ihrer Bekanntheit mehr Auftrieb gab.

Kürzlich habe ich mir Tom Hollands Buch über die Entstehung des Islam gekauft – und zwar nur aus dem Grund, dass Glen Bowersock, anerkanntermaßen der wichtigste Fachmann für die Geschichte der römischen Levante, eine vernichtende Kritik des Buchs geschrieben hatte. Davor war ich der Meinung gewesen, Tom Holland sei lediglich ein Populärwissenschaftler, den man nicht weiter ernst nehmen muss. Ich habe mich nicht einmal der Mühe unterzogen, Bowersocks Besprechung zu lesen. Es gilt die einfache Faustregel (eine Heuristik): Um die Qualität einer Untersuchung abzuschätzen, orientiere man sich am Format des bedeutendsten Kritikers oder am Format des bedeutungslosesten Kritikers, den der Autor einer Erwiderung für würdig hält – je nachdem, welches geringer ist.

Auch Kritik kann gegen Unterdrückung antifragil sein, wenn der Kritikaster seinerseits wiederum angegriffen werden möchte, um selbst auch eine gewisse Wertschätzung zu erfahren. Jean Fréron, von dem es heißt, er sei ein außerordentlich missgünstiger Denker gewesen – mit all der Mittelmäßigkeit, die Missgunst mit sich bringt –, schaffte es einzig dadurch, sich in der Geistesgeschichte einen Platz zu sichern, dass er den ansonsten brillanten Voltaire derart aus der Fassung brachte, dass dieser satirische Gedichte gegen ihn verfasste. Voltaire, der selbst eine Nervensäge war und dem es immer wieder gelang, Menschen gegen sich aufzubringen und von ihren Reaktionen zu profitieren, verlor diese Mechanismen, wenn es um seine eigene Person ging, vollständig aus den Augen. Vielleicht besteht der Charme Voltaires darin, dass er nicht merkte, wann es angebracht war, sich mit seinem Witz zurückzuhalten. Dieselben verborgenen Antifragilitäten wirken in Angriffen auf unser Denken und unsere Person: Wir fürchten negative Publicity und haben eine Abneigung dagegen; andererseits aber sind Hetzkampagnen, wenn wir sie überleben, für uns von großem Nutzen, falls die Person dahinter ausreichend motiviert und ordentlich wütend ist – ähnlich wie wenn Sie hören, dass sich eine Frau vor einem Mann über eine andere Frau den Mund zerreißt (oder umgekehrt). Immerhin kommt hier ja eine Auswahlverzerrung zum Ausdruck: Warum hat er ausgerechnet *Sie* angegriffen und nicht irgendjemand anderen aus den Millionen und Abermillionen von Menschen, die es verdienten, aber eines Angriffs nicht würdig sind? Die Anstrengung, die er unternimmt, um Sie anzugreifen oder schlechtzumachen, wird Sie – ganz im Sinne der Antifragilität – bekannt machen.

Mein Urgroßvater Nicolas Ghosn war ein gewiefter Politiker, der es trotz seiner zahlreichen Feinde (vor allem seines Erzfeinds, meines Ururgroßvaters auf der Taleb-Seite meiner Familie) schaffte, an der Macht zu bleiben und immer ein Regierungsamt zu bekleiden. In der Zeit, als mein Großvater, sein ältester Sohn, seine Verwaltungs- und, wie alle hofften, auch politische Laufbahn begann, rief ihn sein Vater an sein Totenbett. »Mein Sohn, ich bin sehr enttäuscht von dir«, sagte er. »Nie kommen mir falsche Gerüchte über dich zu Ohren. Offensichtlich bist du nicht dazu in der Lage, Neid zu erregen.«

Wechseln Sie den Beruf

Wie wir bei der Voltaire-Episode sahen, ist es nicht möglich, Kritik zum Verschwinden zu bringen; wenn sie Ihnen schadet, dann steigen Sie aus. Es ist einfacher, den Beruf zu wechseln, als Ihren Ruf oder die öffentliche Wahrnehmung zu kontrollieren.

Einige Berufe sind im Hinblick auf Rufschädigungen fragil – und es ist unmöglich, Rufschädigungen im Zeitalter des Internet zu unterbinden. Solche Berufe sollte man also gar nicht erst in Erwägung ziehen. Es hat keinen Sinn, den eigenen Ruf »kontrollieren« zu wollen, indem man den Informationsfluss kontrolliert; es ist schlicht ausgeschlossen. Stattdessen sollten Sie an Ihrem Verhältnis zur Öffentlichkeit arbeiten, etwa indem Sie sich in eine Position bringen, die immun ist gegen Rufschädigungen. Oder schaffen Sie sich Umstände, in denen Sie von der Antifragilität von Informationen sogar profitieren können. In diesem Sinn ist ein Schriftsteller antifragil, und die meisten heutigen Berufe sind es, wie ich später zeigen werde, nicht.

Ich war in Mailand und versuchte meinem italienischen Verleger Luca Fromenton (unter Zuhilfenahme eines beträchtlichen Ausmaßes an Körpersprache und Gesten) das Phänomen der Antifragilität zu erklären. Zum Teil war ich wegen der Muskateller Dessertweine gekommen, zum Teil auch wegen einer Tagung, als deren zweiten Hauptreferenten man einen berühmter Fragilisten und Wirtschaftswissenschaftler eingeladen hatte. Mir fiel dann plötzlich ein, dass ich ja ein Autor war, und ich legte Luca das folgende Gedankenexperiment vor: Wenn ich den Ökonomen öffentlich verprügelte, welche Folgen würde das für mich haben (außer einer öffentlichen Gerichtsverhandlung, die großes Interesse an der neuen Antithese *Fragilist versus Antifragilist* hervorrufen würde)? Man muss dazusagen, dass dieser Ökonom ein so genanntes Ohrfeigengesicht hatte, ein Gesicht, das einen förmlich dazu einlädt, hineinzuschlagen, so wie ein Nusshörnchen einen einlädt, hineinzubeißen. Mein Verleger dachte einen Augenblick lang nach ... nein, er zog nicht ernsthaft in Erwägung, dass ich es tat, aber – dem Absatz des Buchs wäre es ganz bestimmt nicht abträglich. Nichts, womit ich es als Autor auf die Titelseite des *Corriere della Sera* schaffe, könnte meinem Buch schaden. Ein Künstler oder Schriftsteller kann von fast jedem Skandal profitieren.*

Nehmen wir nun einmal an, ich wäre ein leitender Angestellter im mittleren Management von irgendeinem Unternehmen, das an der Londoner Börse notiert ist, einer dieser Typen, die bei keiner Gelegenheit in zwangloser Kleidung auftreten, sondern prinzipiell immer in Anzug und Krawatte daherkommen (sogar am Strand). Was würde mir passie-

* In Frankreich gibt es eine ganze Reihe von Autoren, die einen Teil ihres Ruhms ihrer kriminellen Karriere verdanken – beispielsweise der Dichter Ronsard, der Schriftsteller Jean Genet und viele andere.

ren, wenn ich auf den Fragilisten losginge? Mein Rausschmiss und die Haftstrafe würden mich mein Leben lang verfolgen. Ich wäre das absolute Opfer informationeller Antifragilität. Wenn jemand aber nur etwas mehr als den Mindestlohn verdient – sagen wir ein Bauarbeiter oder ein Taxifahrer –, dann ist er von seinem Ruf nicht übermäßig abhängig und wäre also frei, seine eigenen Ansichten zu haben. Er wäre robust, aber auch – verglichen mit dem Künstler, der antifragil ist – nicht mehr als das. Ein Bankangestellter in mittlerer Position mit einer Hypothek, die er abzuzahlen hat, wäre dagegen extrem fragil. Er wäre ein so vollständig Gefangener des herrschenden Wertesystems, dass er bis ins Herz korrupt sein müsste – da er eben abhängig ist von seinem jährlichen Urlaub auf Barbados. Dasselbe gilt für einen Beamten in Washington. Benutzen Sie folgende einfache Heuristik (eine Heuristik ist, es sei noch einmal gesagt, eine einfache, komprimierte Faustregel), um die Unabhängigkeit und Robustheit des Ansehens einer Person abzuschätzen: Mit wenigen Ausnahmen sind diejenigen, die sich unmöglich anziehen, entweder robust oder sogar antifragil, was ihren Ruf angeht; die glatt rasierten Typen, die nur in Anzug und Krawatte auftreten, sind bezüglich Informationen über sie fragil.

Große Unternehmen und Regierungen haben offenbar kein Verständnis für dieses Rückstoß-Potential von Information und ihre Fähigkeit, diejenigen zu kontrollieren, die sie kontrollieren wollen. Wenn Sie hören, dass ein Unternehmen oder eine verschuldete Regierung versucht, »verlorenes Vertrauen wiederherzustellen«, dann wissen Sie, dass sie fragil, also zum Scheitern verurteilt ist. Information ist gnadenlos: Eine einzige Pressekonferenz mit dem erklärten Ziel der »Beruhigung« wird die Investoren in die Flucht schlagen und eine Todesspirale oder einen Run auf die Bank auslösen. Was erklärt, weswegen ich ein erklärter Gegner von Staatsverschuldungen, das heißt entschiedener Vertreter eines so genannten fiskalen Konservatismus bin. Wenn Sie keine Schulden haben, kann Ihnen Ihr Ruf in Wirtschaftskreisen gleichgültig sein – und letztlich werden Sie wohl nur dann einen guten Ruf haben, wenn er Ihnen gleichgültig sein kann. Es ist wie bei Verführungen: Die Menschen tendieren dazu, denen am meisten zu geben, die am wenigsten brauchen.

Und wir sind für diese Informations-Antifragilität blind, auch auf anderen Gebieten. Wenn ich in der Zeit unserer Urahnen einen Rivalen physisch niedergeschlagen hätte, hätte ich ihn verletzt, geschwächt, vielleicht sogar endgültig eliminiert – und ich hätte ein gewisses körperliches Training gehabt. Wenn ich die Mafia einsetze, um ihn auszuschalten, ist er weg. Wenn ich aber auf Websites und in Zeitschriften ein Sperrfeuer aus Informationsattacken gegen ihn eröffne, dann werde ich sehr wahrscheinlich ihm nützen und mir selbst schaden.

Stellen wir also zum Abschluss dieses Kapitels fest, wie verblüffend es doch ist, dass diejenigen, von denen wir am meisten profitiert haben, nicht die sind, die versucht haben, uns zu unterstützen (beispielsweise mit »Ratschlägen«), sondern vielmehr diejenigen, die aktiv versucht haben, uns zu schaden – und damit gescheitert sind.

Im nächsten Kapitel wenden wir uns einer zentralen Unterscheidung zu zwischen Dingen, die Stress vertragen, und anderen Dingen, bei denen das nicht der Fall ist.

Kapitel 3

Die Katze und die Waschmaschine

Stress ist Wissen (und Wissen ist Stress) – Das Organische und das Mechanische – Derzeit kein Übersetzer vonnöten – Nach zweihundert Jahren Moderne das Tier in uns erwecken

Die gewagte Hypothese, die ich hier aufstelle, lautet: Alles, was lebt, ist in einem gewissen Ausmaß antifragil (aber nicht umgekehrt). Es hat ganz den Anschein, als sei Antifragilität das Geheimnis des Lebens.

Normalerweise ist das Natürliche, das Biologische, sowohl antifragil als auch fragil, je nach der Quelle (und dem Ausmaß) von Variation. Ein menschlicher Körper kann von Stressoren profitieren, indem er stärker wird, allerdings nur bis zu einem gewissen Punkt. Beispielsweise werden Knochen dichter, wenn sie episodisch belastet werden; ein Mechanismus, der nach dem Artikel eines deutschen Chirurgen aus dem Jahr 1892 als Wolff'sches Gesetz bezeichnet wird. Auf eine Schüssel, ein Auto, ein unbelebtes Objekt hingegen trifft das nicht zu – sie sind vielleicht robust, aber nicht wirklich antifragil.

Unbelebte Materialien zeigen normalerweise unter Belastung entweder eine gewisse Materialermüdung, oder sie gehen kaputt. Eine seltene Ausnahme begegnete mir in einem Bericht über ein im Jahr 2011 durchgeführtes Experiment des Doktoranden Brent Carey. Er demonstrierte, dass Verbundwerkstoffe aus Kohlenstoffnanoröhren, die in bestimmter Weise angeordnet sind, eine selbstverstärkende Reaktion produzieren können, die es bislang bei synthetischen Materialien nicht gab, »ähnlich der lokalen Selbstverstärkung, die in gewissen biologischen Strukturen auftritt«. Das durchbricht die Grenze zwischen belebt und unbelebt und kann möglicherweise zur Entwicklung eines Materials mit anpassungsfähiger Belastbarkeit führen.

Die Unterscheidung kann dazu dienen, die Grenze zwischen dem Lebendigen und dem Nicht-Lebendigen zu markieren. Der Umstand, dass künstlich hergestellte Materialien antifragil sein müssen, damit wir sie verwenden können, verweist auf einen vielsagenden Unterschied zwischen dem Biologischen und dem Synthetischen. Ihr Haus, Ihre Küchenmaschine und Ihr Computertisch nutzen sich ab und reparieren sich nicht selbst. Wenn es von Hand angefertigte Dinge sind, sehen sie vielleicht mit zunehmendem Alter besser aus, wie ja vielleicht auch Ihre Jeans schicker wirkt, wenn sie schon etwas abgetragen ist, aber irgendwann werden sie endgültig von der Zeit eingeholt, und selbst das härteste Material wird dann eben aussehen wie römische Ruinen. Ihre abgetragene Jeans macht vielleicht einen modischeren Eindruck, aber der Stoff an sich wird nicht besser, und sie repariert sich auch nicht selbst. Aber stellen Sie sich vor, es gäbe ein Material, das diese Dinge stärker macht, sie in die Lage versetzt, sich selbst zu reparieren und im Lauf der Zeit besser zu werden.*

Zugegeben: Menschen haben zwar die Fähigkeit zur Selbstreparatur (oder sagen wir besser zur Selbstheilung), doch auch sie sind irgendwann erschöpft – dann ist zu hoffen, dass sie ihre Gene, Bücher oder andere Informationen hinterlassen, aber das ist eine andere Diskussion. Allerdings ist das Phänomen des Alterns stark mit Vorurteilen und Fehlschlüssen belastet und wird weitgehend falsch verstanden. Wir verfolgen den Alterungsprozess bei alten Menschen und assoziieren daher Altern mit Muskelschwund, schwachen Knochen, Ausfall geistiger Funktionen, Vorliebe für Frank Sinatra und ähnlichen Degenerationserscheinungen. Aber dieses Ausbleiben von Selbstheilungsprozessen ist ganz überwiegend eine Folge von Fehlanpassung – entweder gibt es zu wenig Stressoren oder die Erholungszeit zwischen den einzelnen Belastungen ist zu kurz –, und Fehlanpassung ist für mich eine Unausgeglichenheit zwischen der eigenen Verfassung und der Art von Zufälligkeit, die durch die Umgebung vorgegeben wird (was ich eher technisch als »Verteilungs- oder statistische Eigenschaf-

* Ein anderer Aspekt: Maschinen nehmen Schaden (aufgrund der Materialermüdung), wenn sie niedrigen Belastungen ausgesetzt sind, Organismen nehmen Schaden, wenn niedrige Belastungen *ausbleiben* (Hormesis).

ten« bezeichne). Was wir im Prozess des »Alterns« beobachten, ist eine Kombination aus Fehlanpassung und Seneszenz, und allem Anschein nach kann man beides voneinander trennen – Seneszenz ist wohl nicht vermeidbar und sollte auch gar nicht vermieden werden (das würde, wie das nächste Kapitel zeigen wird, der Logik des Lebens widersprechen); Fehlanpassung hingegen ist durchaus vermeidbar. Viele Symptome des Alterns gehen darauf zurück, dass – eine typische Zivilisationskrankheit – der Wert der Bequemlichkeit falsch eingeschätzt wird: Man macht das Leben länger und länger, und die Menschen werden kränker und kränker. In einer natürlichen Umgebung sterben die Menschen, ohne zu altern, beziehungsweise nach einer nur sehr kurzen Phase des Alterns. Beispielsweise ändern sich im Leben eines Jägers und Sammlers Werte wie der Blutdruck bis zu seinem Tod nicht, während sie bei den Menschen der Moderne mit der Zeit immer schlechter werden.

Und dieses künstliche Altern ist darauf zurückzuführen, dass die Antifragilität in uns erstickt wird.

Komplexität

Die Unterscheidung organisch – mechanisch ist zwar gut geeignet, um ein Gefühl für den Unterschied zwischen zwei Klassen von Phänomenen zu bekommen, aber es geht noch weiter. Viele Bereiche wie etwa die Gesellschaft, Wirtschaftsaktivitäten und Märkte sowie kulturelle Gewohnheiten sind eindeutig von Menschen gemachte Gebilde, die dennoch nach eigenen Gesetzen – einer Art Selbstorganisation – wachsen. Sie sind nicht im engeren Sinn biologisch, ähneln dem Biologischen allerdings insofern, als sie sich vermehren und replizieren können – man denke an Gerüchte, Ideen, Technologien und Unternehmen. Sie haben mehr Ähnlichkeit mit der Katze als mit der Waschmaschine, werden allerdings häufig irrtümlich für eine Waschmaschine gehalten. Entsprechend lässt sich die Unterscheidung zwischen dem Biologischen und dem Nicht-Biologischen generalisieren: Effektiver ist die Unterscheidung zwischen nicht-komplexen und komplexen Systemen.

Künstliche, vom Menschen gemachte mechanische und elektrische Geräte mit einfachen Reaktionen sind vielleicht kompliziert, aber nicht komplex, denn es treten bei ihnen keine Wechselwirkungen auf. Man drückt einen Knopf, sagen wir einen Lichtschalter, und bekommt eine präzise Reaktion; die Folgen sind, sogar in Russland, völlig eindeutig und absehbar. In komplexen Systemen hat man es dagegen mit starken Wechselwirkungen zu tun. Man denke nur an die Ökologie: Wird eine bestimmte Tierart aus einer Nahrungskette beseitigt, dann werden die Tiere, die diese Art jagen, verhungern, und die Tiere, von denen die beseitigte Art sich ernährte, vermehren sich unkontrolliert, was Komplikationen und Nebenwirkungen zur Folge hat. Die Kanaaniter, Phönizier, Römer und spätere Bewohner des Libanon-Gebirges rotteten die dort lebenden Löwen aus, was zu einer starken Vermehrung der Ziegen führte, die sich unter anderem von Baumwurzeln ernähren, sodass die Gebirgsregion nach und nach vollständig entwaldet wurde – Konsequenzen, die im Voraus nicht absehbar waren. Ähnlich verhält es sich, wenn eine Bank in New York schließt: Die Wirkung breitet sich wellenartig bis nach Island und in die Mongolei aus. In der komplexen Welt ist der Begriff »Grund« selbst in sich fragwürdig; entweder ist ein Grund fast unmöglich auszumachen, oder er ist nicht eindeutig zu definieren – ein weiteres Argument dafür, Zeitungen mit ihrem permanenten Nachschub an Begründungen zu ignorieren.

Stressoren sind Information

Das entscheidende Merkmal von komplexen Systemen mit interagierenden Teilen ist, dass Informationen an die einzelnen Teile durch Stressoren oder dank dieser Stressoren übermittelt werden. Ihr Körper bezieht seine Information über seine Umwelt nicht durch Ihr logisches Denkvermögen, Ihre Intelligenz, Ihre Urteilsfähigkeit oder Ihre Kalkulationskünste, sondern durch Stress und Belastung, über Hormone oder andere bislang noch nicht entdeckte Informationsträger. Ihre Knochen werden, wie gesagt, stärker, wenn sie beispielsweise während einer (kurzen) Tätigkeit in einer Klaviertransportfirma vermehrt der Schwerkraft ausgesetzt sind. Schwächer hingegen werden sie, wenn Sie die nächsten Weihnachtsferien in der Schwerelosigkeit einer Raumstation verbringen oder (was viele Menschen nicht wissen) wenn Sie viel Rad fahren. Sie bekommen Schwielen an den Händen, wenn Sie den Sommer auf einem Genossenschaftsbauernhof sowjetischer Machart verbringen. Ihre Haut wird heller im Winter und dunkler im Sommer (vor allem wenn Sie Vorfahren im Mittelmeerraum haben; sollten Ihre Vorfahren jedoch aus Irland oder Afrika oder anderen Orten mit gleichmäßigeren Wetterverhältnissen stammen, wird das eher nicht der Fall sein).

Irrtümer und ihre Folgen sind Information. Für ein Kleinkind, dessen logisches Denkvermögen noch nicht sehr ausgeprägt ist, ist Schmerz das einzige Informationssystem, das ihm vermittelt, wie es mit Risiken umzugehen hat. In komplexen Systemen dreht sich alles um Information. Und es gibt in unserer Umgebung sehr viel mehr Informationsträger, als man auf den ersten Blick annehmen würde. Ich bezeichne diesen Umstand als *kausale Opakheit:* Es ist schwer, eine Verbindungslinie zwischen einer Ursache und einer Folge zu erkennen, konventionelle Analysemethoden und Standardlogik fallen also aus. Die Vorhersehbarkeit konkreter Ereignisse ist gering, und das liegt an dieser Opakheit. Auch aufgrund von Nichtlinearitäten ist ein anderer, schärferer Blick als bei herkömmlichen Systemen nötig – wir haben es dagegen mit Opakheit zu tun.

Abbildung 2. Hier kann man sehen, warum ich es so mit Knochen habe. Man trifft in traditionellen Gesellschaften in Indien, Afrika und in Mittel- und Südamerika auf die Sitte, Wasser oder Getreide auf dem Kopf zu transportieren. Ein levantinisches Liebeslied besingt sogar eine schöne Frau, die eine Amphore auf dem Kopf trägt. Die positiven Auswirkungen auf die Gesundheit könnten die Medikamente zur Aufrechterhaltung der Knochendichte um Längen hinter sich lassen – andererseits hätte eine solche Art der Therapie empfindliche Nebenwirkungen auf die Gewinne der Pharmaindustrie. [Copyright: Creative Commons]

Schauen wir uns die Sache mit den Knochen noch einmal näher an. Mein Interesse daran hatte zur Folge, dass ich mich auf das Heben von Gewichten konzentrierte, anstatt Fitnessgeräte zu benutzen. Meine Skelettbesessenheit nahm ihren Anfang, als ich im Jahr 2003 auf einen Aufsatz von Gerard Karsenty und Kollegen in der Zeitschrift *Nature* stieß. Bis dahin ging man davon aus, dass Alterungsprozesse Knochenschwäche *verursachen* (die Knochendichte geht zurück, die Knochen werden morsch), als läge hier eine eindeutige, hormonell verursachte Wirkungsrichtung von A nach B vor (bei Frauen tritt Osteoporose häufig nach den Wechseljahren auf). Karsenty und weitere Wissenschaftler, die sich diesem Ansatz anschlossen, fanden heraus, dass das Gegenteil ebenfalls in hohem Maße zutrifft: Rückgang der Knochendichte und Verringerung der Knochengesundheit können ihrerseits der *Grund* für Alterungsprozesse sein, für Diabetes und bei Männern für den Verlust der Fruchtbarkeit und Sexualfunktion. Man kann in einem komplexen System nicht irgendeine Kausalbeziehung isoliert betrachten. Des Weiteren zeigen diese Untersuchungen und das damit zusammenhängende Verkennen der Vernetztheit, dass das Ausbleiben von Belastung (hier die Auswirkung von Gewicht auf Knochen) Alterungsprozesse anstoßen kann: Wenn man stresshungrigen antifragilen Systemen Belastungen vorenthält, hat das ein hohes Ausmaß an Fragilität zur Folge, ein Umstand, den ich in Buch II auf politische Systeme übertragen werde. Lennys Trainingsmethode, die ich, wie im letzten Kapitel erwähnt, beobachtete und nachzumachen versuchte, diente offenbar neben der Muskelstärkung auch dazu, die Knochen zu beanspruchen und zu stärken – die Mechanismen waren ihm nicht bekannt, aber er hatte auf heuristischem Weg herausgefunden, dass Gewichtheben an seinem System etwas zum Positiven veränderte. Die Dame in Abbildung 2 ist, da sie ihr Leben lang Lasten auf dem Kopf transportiert hat, kerngesund und hat eine exzellente Haltung.

Unsere Antifragilität ist an Bedingungen geknüpft. Die Häufigkeit der Stressoren spielt eine gewisse Rolle. Menschen werden mit akuten Belastungen besser fertig als mit chronischen Stressoren, vor allem wenn Erstere abgelöst werden von einer ausreichend langen Phase der Erholung, in der die Stressoren ihrem Job als Informationsübermittler nachkommen können. Wenn ich beispielsweise einen heftigen emotionalen Schock erleide, weil aus meinem Klavier eine Schlange kriecht oder ein Vampir den Raum betritt, und wenn nach diesem Schock eine Phase beruhigender Sicherheit einsetzt (mit Kamillentee und Barockmusik), die so lang ist, dass ich meine Gefühle wieder unter Kontrolle bekomme, dann wäre das für meine Gesundheit zuträglich – vorausgesetzt natürlich, ich werde mit der Schlange oder dem Vampir nach einem anstrengenden, hoffentlich heroischen Kampf fertig und mein heldenhafter Anblick neben dem erlegten Untier ist auf einem Foto festgehalten. Eine derartige Belastung wäre mit Sicherheit zuträglicher als der gelinde, dabei kontinuierliche Stress, der von einem Vorgesetzten ausgeht, von der Hypothek, von Steuerproblemen, von Schuldgefühlen, da man die Steuererklärung ständig vor sich herschiebt, von Prüfungsstress, Haushaltspflichten, zu beantwortenden E-Mails, auszufüllenden Formularen, dem täglichen Weg zur Arbeit – all den Dingen, die einem das Gefühl vermitteln, das Leben sei eine Falle, aus der es keinen Ausweg gibt. Mit anderen Worten, den Zwängen, die die Zivilisation mit sich bringt. Neurobiologen haben nachgewiesen, dass die erste Form von Belastung für die Gesundheit notwendig, die zweite dagegen schädlich ist. Um nachzuvollziehen, wie schädlich ein niedrigschwelliger Stressor ohne Erholung sein kann, denke man nur an die so genannte chinesische Wasserfolter: Kontinuierlich fällt ein Tropfen Wasser auf den Kopf des Opfers, ohne dass je die Möglichkeit besteht, sich davon zu erholen.

Herkules besiegte die Hydra, indem er die Wunden ausbrannte, nachdem er ihre Köpfe abgeschlagen hatte. So verhinderte er, dass die Köpfe nachwuchsen und Antifragilität zum Tragen kam. Mit anderen Worten, er unterbrach die Erholungsphase.

Tabelle 2 zeigt den Unterschied zwischen den beiden Typen. Zwischen dem Mechanischen und dem Organischen gibt es Übergangsstufen, im Großen und Ganzen lassen sich aber klare Zuordnungen vornehmen.

Tabelle 2 – Das Mechanische und das (biologisch oder nicht-biologisch) Organische

Das Mechanische, Nicht-komplexe	*Das Organische, Komplexe*
Benötigt ständige Wartung und Reparaturen	Selbstheilung
Hasst Zufälligkeit	Liebt Zufälligkeit (kleine Variationen)
Kein Erholungsbedarf	Braucht zwischen Belastungen Erholungspausen
Keine oder nur geringe Interdependenz	Hochgradig interdependent
Stressoren verursachen Materialermüdung	Abwesenheit von Stressoren verursacht Muskelschwund
Alterung durch Gebrauch (»Wear and tear«)	Alterung aufgrund von Nicht-Gebrauch*
Unterkompensation nach Schocks	Überkompensation nach Schocks
Vergehen der Zeit führt lediglich zu Seneszenz	Vergehen der Zeit führt zu Alterung und Seneszenz

* Nach der Lektüre dieses Kapitels schrieb mir Frano Barović: »Maschinen: benutzen und verlieren (›Use it and lose it‹); Organismen: benutzen *oder* verlieren«. Außerdem: Alles Lebendige braucht Stressoren, aber nicht alle Maschinen müssen in Ruhe gelassen werden – ich komme auf diesen Punkt im Zusammenhang mit dem Ausglühvorgang bei Metallen noch zu sprechen.

Der Leser erhält hier einen ersten Eindruck von dem zentralen Problem, welches entsteht, wenn sich in politischen (oder ähnlich komplexen) Systemen irgendeine Instanz von oben einmischt; in Buch II komme ich darauf zu sprechen. Der Fragilist verwechselt die Wirtschaft mit einer Waschmaschine, die monatlich gewartet werden muss, oder er hält die Eigenschaften eines menschlichen Organismus fälschlich für so etwas wie Mechanismen in einem CD-Player. Adam Smith selbst benutzte die Analogie zwischen der Wirtschaft und einer Uhr, die, ist sie einmal gestellt, allein weiterläuft. Ich bin allerdings sicher, dass das nicht die Kriterien sind, die für ihn leitend waren; er sah die Wirtschaft vielmehr als einen Organismus an, und es fehlte ihm lediglich das geeignete Begriffsgerüst, um das in Worte zu fassen. Smith verstand die Opakheit komplexer Systeme, er wusste, dass mit Wechselwirkungen gerechnet werden muss, immerhin stammt der Gedanke der »unsichtbaren Hand« ja von ihm.

Im Unterschied zu Adam Smith hatte Platon das nicht so ganz verstanden. Er benutzte die bekannte Schiffsmetapher: Der Staat gleiche einem Schiff, das natürlich von einem Kapitän überwacht und gesteuert werden müsse. Dabei wären die Einzigen, die als Kapitäne für dieses Schiff taugten, Philosophenkönige, rechtgesonnene Männer mit absoluter Macht, die Zugang haben zur Idee des Guten selbst. Und ab und zu sind vereinzelt Rufe zu vernehmen: »Wer regiert uns eigentlich?« – als ob die Welt jemanden bräuchte, der sie regiert.

Nicht schon wieder Gleichgewicht!

Sozialwissenschaftler verwenden den Begriff »Gleichgewicht«, um die Balance zwischen entgegengesetzten Kräften zu beschreiben, etwa zwischen Angebot und Nachfrage. Kleinere Veränderungen oder Ausschläge in die eine Richtung werden wie bei einem Pendel ausgeglichen durch eine Korrektur in die entgegengesetzte Richtung, womit die Stabilität der Verhältnisse wiederhergestellt ist. Kurz gesagt ist das das Ziel der Wirtschaft.

Schaut man sich genauer an, wohin die Sozialwissenschaftler uns manövrieren wollen, dann muss man allerdings feststellen, dass ein solches Ziel tödlich sein kann. Der Komplexitätstheoretiker Stuart Kauffman nimmt die Trennung zwischen den beiden unterschiedlichen Welten von Tabelle 2 mit Hilfe der Idee des Gleichgewichts vor. *Für das Nicht-Organische, Nicht-Komplexe, beispielsweise irgendein Objekt auf dem Tisch, ist Gleichgewicht* (nach der traditionellen Definition) *dasselbe wie Unbeweglichkeit. Für das Organische tritt der Zustand eines so verstandenen Gleichgewichts erst mit dem Tod ein.* Kauffman nennt als Beispiel einen Strudel, der in einer Badewanne entsteht und sich eine Zeitlang aufrechterhält. Derartige Strukturen sind dauerhaft »weit entfernt von Gleichgewichtszuständen« – und es hat ganz den Anschein, als wäre das genau der Zustand von Organismen und dynamischen Systemen.* Der Zustand der Normalität ist bei Organismen und dynamischen Systemen abhängig von einem gewissen Maß an Volatilität, an Zufälligkeit, an ständigem Informationsaustausch und Stress. Wird ihnen diese Volatilität vorenthalten, kann das schädliche Folgen haben.

Verbrechen gegen Kinder

Wir haben nicht nur eine Abneigung gegen Stressoren und verstehen sie nicht, wir begehen auch, indem wir Volatilität und Variabilität ausschließen wollen, Verbrechen gegen das Leben, die Wissenschaft und die Weisheit.

Der Umstand, dass einer von zehn erwachsenen Amerikanern Antidepressiva wie Prozac schluckt, empört und frustriert mich zutiefst. Mittlerweile sind wir ja schon so weit, dass man sich, wenn man nicht ständig gleichmäßig gute Laune hat, dafür entschuldigen muss, dass man *keine* Medikamente nimmt. Einige wenige gute Gründe für solche Medikamente mag es in pathologischen Fällen geben; für mich sind meine Stimmung, meine Traurigkeit, meine Angstzustände eine zweite Quelle der Intelligenz, wenn nicht womöglich gar die erste. Wenn im Herbst der Regen gegen das Fenster rauscht – Verlaine nennt das Geräusch herbstliches »Schluchzen« –, lässt meine physische Energie nach, ich werde nachdenklicher, meditativer, ich schreibe mehr, aber langsamer. Manchmal packt mich die Melancholie, der Zustand, der im Portugiesischen *saudade* heißt; die Türken bezeichnen die Melancholie mit dem Wort *hüzün* (vom arabischen Wort für Traurigkeit). An anderen Tagen bin ich aggressiver, energiegeladener – dann schreibe ich weniger, mache mehr Spaziergänge, unternehme andere Dinge, diskutiere mit Forschern, beantworte E-Mails, zeichne Kurven auf Schautafeln. Will man ein Ge-

* Es handelt sich dabei um so genannte dissipative Strukturen; den Begriff prägte der Physiker Ilya Prigogine. Dissipative Strukturen unterscheiden sich markant von einfachen Gleichgewichtsstrukturen: Sie entstehen und werden aufrechterhalten durch den Austausch von Energie und Materie unter Bedingungen anhaltenden Nicht-Gleichgewichts.

müse oder einen glücklichen Schwachkopf aus mir machen? Wenn es in den letzten Jahrhunderten Prozac gegeben hätte, wären der »Spleen« Baudelaires, Edgar Allan Poes düstere Stimmungen, Sylvia Plaths Gedichte, die Elegien so vieler anderer Dichter – alles, was eine Seele in sich birgt – zum Schweigen gebracht worden. Wenn große pharmazeutische Firmen dazu in der Lage wären, die Jahreszeiten abzuschaffen, würden sie das wahrscheinlich – natürlich nur, wenn es sich auszahlt – tun.

Eine weitere Gefahr: Wenn wir unseren Kindern Schaden zufügen, schaden wir der Gesellschaft und unserer Zukunft. Maßnahmen, die darauf zielen, Veränderungen und Schwankungen im Leben von Kindern zu reduzieren, reduzieren auch Veränderungen und Unterschiede in unserer angeblich so großartigen kulturell globalisierten Gesellschaft.

Dolmetscher schaden nur

Eine andere vergessene Eigenschaft von Stressoren tritt beim Spracherwerb auf – ich kenne niemanden, der seine Muttersprache aus einem Lehrbuch gelernt, bei der Grammatik angefangen und dann systematisch Wörter in die erlernten Regeln eingepasst hätte, um zweimal pro Quartal geprüft zu werden. Eine Sprache lernt man am besten über die Schwierigkeiten, die in einer konkreten Situation aufkommen, wenn man unter mehr oder weniger stressbeladenen Umständen, indem man sich von einem Irrtum zum nächsten hangelt, etwas kommunizieren muss, vor allem, wenn es sich dabei um ein dringendes Bedürfnis handelt (beispielsweise eines physischer Natur, wie es im Anschluss an ein Dinner in tropischer Umgebung entstehen kann). Man lernt neue Wörter ohne eintönigen Lernaufwand durch eine andere Art von Leistung: das Bedürfnis, zu kommunizieren. Man ist gezwungen, herauszufinden, was das Gegenüber im Sinn hat – und sich radikal von der Furcht zu verabschieden, Fehler zu machen. Erfolg, Reichtum und Technik machen diese Art des Spracherwerbs leider ungleich viel schwerer. Vor wenigen Jahren, als sich noch niemand für mich interessierte, wiesen mir die Organisatoren von Konferenzen im Ausland noch keine katzbuckelnden »Travel Assistants« zu, die fließend Facebook-Englisch sprachen, ich musste also sehen, wie ich mich alleine durchschlug. Die Wortschatzerweiterung erfolgte durch Fingerzeige, durch Versuch und

Irrtum (so wie Kinder es auch machen) – keine Palms, keine Wörterbücher, nichts. Jetzt bin ich gestraft durch Privilegien und Komfort – und ich kann Komfort nicht widerstehen. Die Bestrafung stellt sich in Form einer fließend Englisch sprechenden Person ein, die mich am Flughafen begrüßt, indem sie ein Schild mit meinem (falsch geschriebenen) Namen in die Luft hält – kein Stress, keine Unklarheiten, keine Konfrontation mehr mit dem wahren Russisch, Türkisch, Kroatisch oder Polnisch jenseits der hässlichen (gut strukturierten) Lehrbücher. Was noch schlimmer ist: Dolmetscher pflegen hyperbeflissen zu sein, und wenn man unter Jetlag leidet, gibt es nichts Schlimmeres als überbordende Geschwätzigkeit.

Die beste Methode, eine Sprache zu lernen, besteht wahrscheinlich darin, eine gewisse Zeit in einem ausländischen Gefängnis zu verbringen. Mein Freund Chad Garcia verbesserte seine Russischkenntnisse im Zusammenhang mit einem unfreiwilligen Aufenthalt in der Quarantänestation eines Moskauer Krankenhauses; angeblich litt er an irgendeiner Krankheit. Es handelte sich in Wahrheit um eine raffinierte Variante medizinischen Kidnappings. In dem nach dem Ende der Sowjetunion ausbrechenden Chaos konnten Krankenhäuser Reisende durch einen Zwangsaufenthalt dazu bringen, große Geldsummen für die Rückgabe ihrer Papiere zu zahlen. Chad, der die Sprache nur notdürftig beherrschte, musste Tolstoi im Original lesen, was den Umfang seines Vokabulars beträchtlich erweiterte.

Touristifizierung

Mein Freund Chad profitierte von einer Art von Unordnung, die aufgrund der immer weiter um sich greifenden Krankheit namens Touristifizierung stark im Schwinden begriffen ist. Mit Touristifizierung bezeichne ich den Umstand, dass im modernen Leben Menschen wie Waschmaschinen behandelt werden – man kann nach einem detaillierten Handbuch vorgehen und darf mit schlichten mechanischen Reaktionen rechnen. Ungewissheit und Zufälligkeit werden systematisch entfernt, und man versucht, die Realität bis ins kleinste Detail vorhersehbar zu machen. All das im Namen von Komfort, Bequemlichkeit und Effizienz.

Touristifizierung verhält sich zum Leben wie ein Tourist zu einem Abenteurer oder Flaneur; sie besteht darin, Aktivitäten – und zwar nicht nur Reisen – in das Äquivalent eines Drehbuchskripts zu verwandeln. Es wird zu zeigen sein, wie Touristifizierung Systeme und Organismen, die mit Ungewissheit gut zurechtkommen, kastriert, indem sie ihnen Zufälligkeit bis auf den letzten Tropfen aussaugt und dabei noch vorgaukelt, es handle sich um eine Wohltat. Die Schuldigen sind das Erziehungssystem, das Planungswesen, mit Fördermitteln betriebene teleologisch ausgerichtete Forschung, das französische Bakkalaureat, Fitnessgeräte und vieles mehr.

Und der elektronische Kalender.

Die schlimmste Touristifizierung aber ist das Leben in Gefangenschaft, das wir Menschen der Moderne in unserer Freizeit zu leben gezwungen sind: der Freitagabend in der Oper, die planmäßigen Partys, das planmäßige Gelächter. Auch hier wieder: der goldene Käfig.

Diese Grundhaltung der »Zielorientiertheit« verletzt mich bis ins Innerste.

Der geheime Hunger nach Zufall

Womit ich zum existentiellen Aspekt der Zufälligkeit komme. Wenn Sie keine Waschmaschine und keine Kuckucksuhr, also mit anderen Worten ganz lebendig sind, dann gibt es etwas tief in Ihrer Seele, das Gefallen findet an einem gewissen Maß an Zufälligkeit und Unordnung.

Mit der Zufälligkeit ist ein ganz bestimmter Kitzel verbunden. Wir mögen die gemäßigte (hochgradig domestizierte) Welt der Spiele, angefangen beim Zuschauersport bis hin zu den atemlosen Crap-Shoot-Runden in Las Vegas.

Während ich diese Zeilen schreibe, versuche ich so weit es geht die Tyrannei eines präzisen, ausgefeilten Plans zu vermeiden; ich schöpfe aus einer opaken Quelle in meinem Inneren, die immer neue Überraschungen hervorbringt. Schreiben lohnt sich nur, wenn es mich mit dem prickelnden Gefühl von Abenteuer erfüllt, weshalb ich es genieße, Bücher zu schreiben, und mit der Zwangsjacke von 750-Wörter-Kolumnen überhaupt nichts anfangen kann, die mich – sogar ohne die Besserwisserei des Redakteurs – zum Heulen langweilt. Übrigens langweilen Texte, bei deren Abfassung der Autor sich langweilte, auch den Leser.

Wenn ich morgens schon wüsste, wie mein Tag genau aussieht, käme ich mir ansatzweise tot vor.

Zufälligkeit ist unabdingbar für das wahre Leben. Man bedenke, dass mit allen Reichtümern der Welt keine Flüssigkeit erworben werden kann, die erquicklicher ist als Wasser nach intensivem Durst. Wenige Dinge erfreuen einen mehr als eine wiedergefundene Brieftasche (oder ein Laptop), die man im Zug verloren hatte. In der Welt unserer Vorfahren waren es natürliche Stimuli, die uns antrieben – Furcht, Hunger, Begehren. Sie zwangen uns, an unsere Grenzen zu gehen und uns an unsere Umgebung anzupassen.

Man bedenke nur, wie leicht es ist, die nötige Energie aufzubringen und ein Auto anzuheben, wenn ein schreiendes Kind darunter liegt, oder um sein Leben zu rennen, wenn ein wildes Tier auf einen zukommt. Man vergleiche das mit der Bürde eines festen Termins im Fitnessstudio um sechs Uhr abends und den Qualen durch den Personal Trainer – es sei denn, Sie stehen unter dem Zwang, sich das Aussehen eines Bodyguards zulegen zu müssen. Und wie leicht fällt es doch, eine Mahlzeit auszulassen, wenn die Umstände einen dazu zwingen, weil nichts zu essen da ist – im Vergleich zu der »Disziplin«, die es erfordert, sich an irgendeinen achtzehntägigen Diätplan zu halten.

Für manche Menschen stellt das Leben eine Art Projekt dar. Nach einer Unterhaltung mit ihnen fühlt man sich ein paar Stunden lang gar nicht gut, das Leben bekommt einen Geschmack wie eine Mahlzeit, bei der das Salz vergessen wurde. Ich, ein Mensch auf der Suche nach Nervenkitzel, besitze einen Bullshit-Detektor, der offenbar eng mit meinem Langeweile-Detektor gekoppelt ist – eine Art naturgegebenen Filter, einen Abscheu vor allem Dumpfen, Eintönigen. Im Leben unserer Vorfahren gab es keine Hausaufgaben, keinen Chef, keine Beamten, keine akademischen Titel, keine Unterredungen mit dem Dekan, keine Berater mit einem Magisterabschluss in Betriebswirtschaft, keinen Maßnahmenkatalog, kein Antragsformular, keine Trips nach New Jersey, keine grammatischen Erbsenzähler, keine Unterhaltung mit Menschen, die einen langweilen: Das ganze Leben bestand aus zufälligen Stimuli, und nichts, was einem widerfuhr, sei es gut oder schlecht, fühlte sich je wie Arbeit an.* Natürlich war es ein gefährliches Leben, niemals aber ein langweiliges.

Eine Umgebung mit einer gewissen Variabilität (also Zufälligkeit) erspart uns im Unterschied zu Systemen, die von Menschen entworfen wurden, die Schädigung durch chronischen Stress. Wenn man auf unebenem, nicht von Menschenhand bearbeitetem Terrain unterwegs ist, gleicht kein Schritt dem anderen – ganz anders das zufallsfreie Laufband im Fitnessstudio: Es zwingt dem Trainierenden eine endlose Wiederholung der immer gleichen Bewegung auf.

Ein Großteil des modernen Lebens besteht in vermeidbarer Schädigung durch chronischen Stress.

Im nächsten Kapitel wollen wir den Trick einer grandiosen Antifragilitäts-Expertin genauer anschauen: der Evolution.

* Das ist weder Rousseau noch Hobbes. Es stimmt schon: Das Leben war möglicherweise »grausam und kurz«, allerdings ist es ein gravierender logischer Fehler, hier eines gegen das andere aufzurechnen: die abschreckenden Aspekte im Dasein der frühen Menschheit als notwendige Folge des Wunsches anzuführen, den Qualen der Moderne aus dem Weg zu gehen. Es gibt keinen Grund, warum man sich nicht die Vorteile aus beiden Zeitaltern zunutze machen sollte.

Kapitel 4

Was mich umbringt, macht andere stärker

Die Antifragilität der einen ist die Fragilität der anderen – Einführung der These, dass wir zu viel denken und sehr wenig tun – Für andere scheitern, um erfolgreich zu sein – Vielleicht dankt man es Ihnen ja eines Tages

Antifragilität in Schichten

In diesem Kapitel geht es um Irrtümer, Evolution und Antifragilität, allerdings mit einem gewissen Haken: Im Zentrum stehen die Irrtümer von anderen – die Antifragilität der einen ist nicht möglich ohne die Fragilität der anderen. In einem System sind die Opfer mancher Einheiten – der fragilen Einheiten oder der Mitglieder – häufig notwendig für das Wohlbefinden der anderen Einheiten oder des Ganzen. Die Fragilität jeder einzelnen Existenzgründung ist notwendig, damit die Wirtschaft antifragil sein kann, und dieser Umstand ist unter anderem der Grund dafür, dass das Unternehmertum als solches funktioniert: die Fragilität einzelner Unternehmer und ihre notwendig hohe Misserfolgsquote.

Es wird nun also mit der Antifragilität angesichts von Schichten und Hierarchien etwas verzwickter, aber auch interessanter. Ein natürlicher Organismus ist keine abgeschlossene, endgültige Einheit; er setzt sich aus Untereinheiten zusammen und ist womöglich selbst die Untereinheit eines größeren Kollektivs. Diese Untereinheiten können in Konkurrenz zueinander stehen.

Restaurants sind fragil; sie konkurrieren miteinander, doch die örtlichen Restaurants zusammengenommen sind aus genau demselben Grund antifragil. Wären Restaurants individuell robust, könnten also nicht scheitern, dann würde der Restaurantbereich als Ganzer entweder stagnieren, oder er wäre schwach und würde kaum etwas Besseres zustande bringen als Kantinenfraß – und zwar Kantinenfraß im sowjetischen Stil. Außerdem hätte er unter systemischen Engpässen zu leiden, was hin und wieder zu einer tiefen Krise und staatlichen Rettungsaktionen führen würde. Die Qualität, Stabilität und Seriosität des Restaurantwesens verdanken sich der Fragilität des einzelnen Restaurants.

Einige Teile *innerhalb* des Systems müssen also wohl fragil sein, damit das System *als Ganzes* antifragil wird. Oder in Bezug auf einen einzelnen Organismus: Er selbst ist unter Umständen fragil, doch die in seinen Genen codierte Information ist antifragil. Diese Tatsache ist alles andere als trivial, sie liegt vielmehr der Logik der Evolution zugrunde. Auf Unternehmer und Forscher trifft sie gleichfalls zu.

Ich habe etwas weiter oben den Begriff »Opfer« verwendet. Es ist traurig, aber wahr: Die aus Fehlern resultierenden Vorteile werden häufig auf andere, auf die Gemeinschaft übertragen – als wären Individuen dazu da, zum Wohl der Allgemeinheit, nicht aber zu ihrem eigenen Wohl Irrtümer zu begehen. Leider neigen wir dazu, über Fehler zu sprechen, ohne diese Schichten und Übertragungen von Fragilität mitzubedenken.

Evolution und Unvorhersehbarkeit

Ich sagte, Mithridatisation und Hormesis seien »proto«-antifragil, also einführende Vorstellungen: Sie sind noch etwas naiv und müssen verfeinert, ja transzendiert werden, um das komplexe System als Ganzes in den Blick nehmen zu können. Hormesis ist eine Metapher, Antifragilität ist ein Phänomen.

Primo, Mithridatisation und Hormesis sind sehr schwach ausgeprägte Formen von Antifragilität, die von einem begrenzten Maß an Volatilität, Zufälligkeit oder Schädlichkeit profitieren, bei denen aber ein Zuviel davon zur Aufhebung des nützlichen Schutzmechanismus führt. Hormesis verträgt nur ein kleines Maß an Unordnung – besser gesagt, *ist angewiesen auf* ein gewisses Maß an Unordnung. Mithridatisation und Hormesis sind vor allem insofern interessant, als ihnen ein

Mangel an Unordnung schadet, was wir nicht unbedingt nachvollziehen können – komplizierte Reaktionen verstehen wir nicht ohne Weiteres (wir denken linear, und solche dosisabhängigen Reaktionen sind nichtlinear). Unser lineares Denken mag keine Nuancen und reduziert Informationen auf das binäre »schädlich« versus »nützlich«.

Secundo, und darin liegt die eigentliche Schwäche, wird mit diesen Begriffen der Organismus von außen gesehen und als ein Ganzes, eine einzige Einheit betrachtet, allerdings hat die Sache ein paar Facetten mehr.

Es gibt eine andere, stärkere Variation von Antifragilität, die mit der Evolution zusammenhängt und über Hormesis hinausgeht – tatsächlich unterscheidet sie sich stark von Hormesis, ja ist geradezu deren Gegenteil. Sie kann als Hormesis – Erstarkung unter Schädigung – beschrieben werden, wenn man es von außen betrachtet, nicht aber von innen gesehen. Diese andere Spielart von Antifragilität hängt mit der Evolution zusammen und wirkt auf der Informationsebene – Gene sind Information. Im Unterschied zur Hormesis wird der Organismus in Reaktion auf Belastung nicht stärker, sondern stirbt. Die Vorteile aber werden transferiert; andere Organismen überleben – und diejenigen, die überleben, haben Eigenschaften, die die Gesamtheit der Organismen verbessern, was die Veränderungen zur Folge hat, die gemeinhin in Schulbüchern und im jeden Dienstag erscheinenden Wissenschaftsteil der *New York Times* mit dem verschwommenen Begriff »Evolution« bezeichnet werden. Die hier thematisierte Antifragilität bezieht sich also nicht auf die Organismen, die prinzipiell schwach sind, sondern auf ihren genetischen Code, der sie überlebt. Dem Code kann das Befinden der Organismen egal sein – immerhin geht ja vieles um ihn herum zugrunde. Die Konkurrenz zwischen Gen und Organismus beschrieb Robert Trivers mit seiner Vorstellung vom »egoistischen Gen«.

Tatsächlich ist der interessanteste Aspekt der Evolution jener, dass sie nur funktionieren kann, weil es *Antifragilität* gibt; die Evolution braucht Belastungen, Zufälligkeit, Ungewissheit und Unordnung – während individuelle Organismen relativ fragil sind, profitiert der Genpool von Erschütterungen, da sie seine Fitness steigern.

Hieraus wird ersichtlich, dass es zwischen der Natur und individuellen Organismen eine Spannung gibt.

Alles Lebendige oder Organische in der Natur lebt nur eine endliche Zeitspanne und stirbt irgendwann – sogar Methusalem wurde nicht älter als tausend Jahre. Aber wenn etwas stirbt, dann hat es auf die eine oder andere Weise Nachkommen mit einem eigenen genetischen Code produziert, der sich von dem des Elternteils unterscheidet und dessen Information modifiziert. In Damaskus, Jerusalem und natürlich ebenso in Brooklyn existiert Methusalems genetische Information nach wie vor.

Die Natur erachtet ihre Mitglieder, nachdem deren reproduktive Fähigkeiten erschöpft sind, für nicht mehr sonderlich nützlich (abgesehen vielleicht von den besonderen Zusammenhängen von in Herden lebenden Tieren, so wird beim Homo sapiens die Großmutter gebraucht und bei Elefantenherden die Leitkuh, die anderen dabei hilft, den Nachwuchs aufzuziehen). Die Natur setzt das Spiel auf der Informationsebene, im genetischen Code, fort. Organismen müssen also sterben, damit die Natur antifragil sein kann – sie ist opportunistisch, unbarmherzig und egoistisch.

Man stelle sich als Gedankenexperiment einen unsterblichen Organismus vor, der so angelegt ist, dass er kein Verfallsdatum vorgegeben hat. Um zu überleben, müsste er allen möglichen zufälligen Ereignissen gewachsen sein, die in seiner Umgebung vorkommen können – allen *zukünftigen* zufälligen Ereignissen. Aufgrund einer gewissen widerwärtigen Eigenschaft ist ein zufälliges Ereignis aber nun eben leider, nun ja, zufällig. Es kündigt sein Eintreffen nicht an, was es dem Organismus ermöglichen würde, sich vorzubereiten und Vorkehrungen zu treffen, um unerwarteten Schocks standhalten zu können. Für einen unsterblichen Organismus wäre eine vorausgehende Anpassung an alle derartigen Ereignisse aber eine Notwendigkeit. Wenn ein zufälliges Ereignis eintritt, ist es für eine Reaktion zu spät, der Organismus ist also entweder auf den Schock vorbereitet und kann ihm Widerstand leisten, oder er verabschiedet sich.

Ich habe bereits darauf hingewiesen, dass der menschliche Körper als Reaktion auf Belastung eine gewisse Überkompensation erbringt, aber das würde längst nicht ausreichen; in die Zukunft sehen, lässt uns das jedenfalls nicht. Der Körper kann sich auf den nächsten Krieg vorbereiten, aber ihn nicht gewinnen. Und eine nachträgliche Anpassung, wie schnell auch immer sie erfolgt, käme auf jeden Fall einen Tick zu spät.*

Um den Bedingungen einer solchen Unsterblichkeit gerecht zu werden, müssten die Organismen die Zukunft perfekt voraussagen können – fast perfekt reicht nicht. Aber indem die Natur die Organismen immer jeweils eine Lebensspanne durchlaufen lässt, mit gewissen Modifikationen zwischen aufeinanderfolgenden Generationen, hat sie es nicht nötig, zukünftige Zustände vorauszusehen – jenseits einer ganz vagen Vorstellung, in welche Richtung die Dinge sich entwickeln sollten. Eigentlich ist noch nicht einmal eine ungefähre Richtung nötig. Jedes zufällige Ereignis bringt in Form einer ökologischen Variation sein eigenes Gegenmittel mit. Es hat den Anschein, als ändere sich die Natur mit jedem Schritt, als modifiziere sie jeden Augenblick ihre Strategie.

Wie sähe es aus, wenn man das alles auf den Bereich der Wirtschaft und der Institutionen übertragen würde? Wenn die Natur die Wirtschaft lenken würde, dann würde sie nicht ständig Rettungsaktionen für ihre lebenden Mitglieder durchführen. Und sie würde keine Verwaltungs- und Prognoseinstitutionen unterhalten, die versuchen, die Zukunft auszutricksen – sie würde nicht zulassen, dass die Betrugsartisten des United States Office of Management and Budget derartige, aus epistemischer Arroganz geborene Fehler machen.

Betrachtet man die Geschichte als ein komplexes, mit der Natur ver-

* Eine fachwissenschaftliche Anmerkung zu der Frage, warum das Anpassungskriterium von Wahrscheinlichkeit nicht tangierbar ist (der an den fachspezifischen Details nicht interessierte Leser kann den Rest dieser Anmerkung überspringen). In einem stochastischen Prozess kann man zu keinem Zeitpunkt *t* erkennen, was in der Zeit nach *t*, also in irgendeiner Periode größer als *t* geschehen wird, und reagiert daher mit einem Rückstand, und zwar einem nicht-komprimierbaren Rückstand. Diese Eigenschaft wird *nicht antizipative Strategie* genannt – eine Voraussetzung stochastischer Integration. Die Unmöglichkeit, den Rückstand zu komprimieren, ist zentral und unaufhebbar. Organismen können nur nicht-antizipative Strategien verfolgen – also kann die Natur nur nicht-prognostisch sein. Dieser Umstand ist alles andere als trivial und verwirrte sogar Wahrscheinlichkeitsforscher wie den Vertreter der Russischen Schule Stratonovich sowie diejenigen, die seine Integrationsmethode anwandten und auf die verbreitete mentale Verzerrung hereinfielen, dass die Zukunft irgendwelche Signale schickt, die von uns entzifferbar sind. Schön wär's ja.

gleichbares System, dann sieht man, dass auch hier, wie in der Natur, kein einzelnes Reich den Planeten auf ewig beherrscht – obwohl jede Großmacht von den Babyloniern über die Ägypter, die Perser und die Römer bis hin zum neuzeitlichen Amerika überzeugt war, dass ihre Herrschaft von Dauer sein würde, und obwohl sie alle Historiker hervorgebracht haben, die gleichlautende Theorien formulierten. Systeme, die Zufälligkeit und Unvorhersehbarkeit unterworfen sind, bauen einen über Robustheit hinausgehenden Mechanismus auf, um sich in jeder Generation durch einen kontinuierlichen Wechsel der Populationen und Arten neu zu erfinden.

Eine Grundregel für den Umgang mit Schwarzen Schwänen lautet daher: Die Natur (und naturähnliche Systeme) schätzen die Vielfalt *zwischen* Organismen mehr als die Vielfalt *innerhalb* eines unsterblichen Organismus, es sei denn, man sieht die Natur selbst als unsterblichen Organismus an, wie Spinoza das mit seinem Pantheismus getan hat und wie es für heutige asiatische Religionen typisch ist oder für den Stoizismus eines Chrysippos oder Epiktet. Wenn Ihnen ein Kulturgeschichtler über den Weg läuft, können Sie ja mal versuchen, ihm das zu erklären.

Schauen wir uns nun genauer an, wie die Evolution von Zufälligkeit und Unbeständigkeit (in begrenztem Umfang) profitiert. Je mehr Geräusche und Störungen im System auftreten, desto stärker kann sich der Effekt der Reproduktion der Fittesten und der zufälligen Mutationen bei der Herausbildung der Eigenschaften der nächsten Generation ausprägen. (Selbstverständlich dürfen die Schocks dabei nicht so extrem sein, dass sie die Auslöschung einer ganzen Spezies zur Folge haben.) Angenommen, ein Organismus produziert zehn Nachkommen. Wenn die Umgebung vollkommen sicher und stabil ist, werden alle zehn ihrerseits Nachkommen produzieren können. Im Fall von Instabilität jedoch werden fünf dieser Nachkömmlinge (und zwar wahrscheinlich die im Vergleich zu ihren Geschwistern im Schnitt schwächeren) verdrängt, und nur diejenigen, welche die Evolution für die (unterm Strich) besseren hält, werden sich fortpflanzen, wodurch dann das Gen etwas fitter wird. Dasselbe passiert, wenn es unter den Nachkommen eine gewisse Variabilität gibt, die auf zufällig-spontane Genmutation zurückgeht, auf einen Kopierfehler im genetischen Code: Dann werden sich die Besten fortpflanzen und so die Fitness der Spezies vermehren. Die Evolution profitiert also auf zweierlei Weise von Zufälligkeit: von der Zufälligkeit der Mutationen und der Zufälligkeit der Umgebung – beide bewirken auf ähnliche Weise Veränderungen der Merkmale der überlebenden nächsten Generationen.

Selbst wenn nach einem Extremereignis eine ganze Spezies ausstirbt, ist das kein Problem – es gehört zum Spiel. Auch dann greift die Evolution, da die Arten, die überleben, die fittesten sind und nach den untergegangenen Dinosauriern weitermachen werden. Der Evolution geht es nicht um einzelne Arten, sie steht vielmehr im Dienst der gesamten Natur.

Allerdings darf nicht vergessen werden, dass die Evolution Zufälligkeit nur bis zu einer gewissen Grenze schätzt.* Wenn eine Katastrophe das Leben auf dem gesamten Planeten auslöscht, werden auch die Fittesten nicht weiterexistieren. Und wenn zufällige Mutationen zu gehäuft auftreten, kann sich der Zugewinn an Fitness nicht stabilisieren und wird möglicherweise sogar aufgrund einer neuen Mutation ins Gegenteil verkehrt. Um es noch einmal zu sagen: Die Natur ist *bis zu einem gewissen Punkt* antifragil, aber dieser Punkt liegt sehr weit oben – die Natur kann eine große, sehr große Menge an Schocks verkraften. Wenn eine nukleare Katastrophe das Leben auf der Erde fast, aber nicht vollständig auslöscht, dann wird irgendeine Ratte, irgendein Bakterium aus dem Nichts auftauchen, vielleicht von ganz unten aus dem Meer, und alles geht wieder von vorne los, ohne uns und natürlich ohne die Mitglieder des United States Office of Management and Budget.

Hormesis liegt also vor, wenn der einzelne Organismus unmittelbar von einer Schädigung seiner selbst profitiert. Evolution dagegen findet statt, wenn eine Schädigung dazu führt, dass ein einzelner Organismus untergeht und die Vorteile auf andere übertragen werden, auf die Überlebenden und die zukünftigen Generationen.

Ein gutes Beispiel dafür, wie Gruppen von Organismen bei ihrer Evo-

* Starke Antifragilität liegt vor, wenn der Hang zur Volatilität grenzenlos ist – die Gewinne haben eine sehr hohe Obergrenze oder sind tatsächlich nach oben grenzenlos. Derartiges gibt es nur in künstlichen, menschengemachten Bereichen – etwa bei Wirtschaftsverträgen oder kulturellen Produkten, nicht aber in natürlichen Prozessen. Mehr dazu im Anhang.

lution von Schädigungen *profitieren* (ich wiederhole, bis zu einem gewissen Punkt), während das für den einzelnen Organismus nicht zutrifft, ist das Phänomen der Antibiotikaresistenz. Je intensiver versucht wird, die Bakterien zu schädigen, desto stärker sind die überlebenden – es sei denn, es gelingt, sie völlig auszurotten. Dasselbe beobachtet man bei der Krebstherapie: Häufig vermehren sich Krebszellen, die die Toxizität von Chemotherapie und Bestrahlung überleben, schneller und besetzen den Platz, den die schwächeren Zellen freigemacht haben.

Organismen sind Populationen und Populationen sind Organismen

Der Gedanke, bestimmte Phänomene als Population und nicht als Individuum zu interpretieren, wobei der Nutzen für Letzteres sich aus einer Schädigung des Ersteren ergibt, kam mir beim Studium der Arbeiten über Antifragilität des Genetikers und früheren Physikers Antoine Danchin.* Danchin zufolge muss jede Analyse der Tatsache Rechnung tragen, dass ein Organismus nichts Isoliertes ist, sondern dass es Schichten und Hierarchien gibt. Wenn man Wesen als Populationen betrachtet, greifen die Begriffe »Hormesis« und »Mithridatisation« für eine nähere Bestimmung von Antifragilität zu kurz. Warum? Ich habe bereits darauf hingewiesen: Hormesis ist eine Metapher für direkte Antifragilität – ein Organismus profitiert unmittelbar von einer Schädigung; bei der Evolution profitiert etwas von der Schädigung, das hierarchisch über dem Einzelorganismus steht. Von außen wirkt es wie Hormesis, im Inneren dagegen gibt es Gewinner und Verlierer.

Wie funktioniert diese Schichtung? Ein Baum hat viele Äste, die aussehen wie kleine Bäume; diese dickeren Äste haben jeweils wieder viele kleinere Zweige, die ihrerseits wie noch einmal kleinere Bäume aussehen. Es ist dies ein Beispiel für *fraktale Selbst-Ähnlichkeit*, eine Vision des Mathematikers Benoît Mandelbrot. Eine ähnliche Hierarchie haben viele

* Er veröffentlichte zusammen mit Kollegen in der Zeitschrift *Genes* einen Aufsatz über das Phänomen der Antifragilität in biologischen Systemen. Interessanterweise war der Artikel als Reaktion auf eine Vorstufe dieses Buchs entstanden; ich habe dann Passagen in diesem Buch als Reaktion auf Danchins Artikel verändert.

Dinge in sich, wobei wir von außen nur die oberste Schicht erkennen. Die Zelle beherbergt eine Population interzellulärer Moleküle, der Organismus trägt eine Population von Zellen in sich, und die Spezies besteht aus einer Population von Organismen. Ein Mechanismus, der die Spezies stärkt, vollzieht sich auf Kosten von einzelnen Organismen, und die Stärkung des Einzelorganismus vollzieht sich auf Kosten einzelner Zellen, was sich nach unten und nach oben weiter durchbuchstabieren lässt.

Wenn man beispielsweise jeweils kleine Mengen einer giftigen Substanz zu sich nimmt, sind die Mechanismen, durch die der Organismus stärker wird, ein evolutionärer Prozess *innerhalb* des Organismus: Schlechte (und schwache) Proteine in den Zellen werden durch stärkere – jüngere – ersetzt, und die stärkeren bleiben verschont (oder ähnliche Vorgänge). Wenn Sie nichts mehr essen, dann gehen die schlechten Proteine zuerst zugrunde und werden vom Körper recycelt – man nennt diesen Vorgang *Autophagie*. Es handelt sich hier um einen rein evolutionären Prozess: Selektion und Tötung der Schwachen mit dem Ziel, die Fitness zu steigern. Man muss die biologische Theorie (von alternden Proteinen und Autophagie) gar nicht übernehmen, um die generelle Vorstellung zu akzeptieren, dass der Überlebensdruck innerhalb eines Organismus eine Rolle spielt für die Gesamtverbesserung seines Zustands, wenn er von außen unter Druck gerät.

Wie gut, dass es Irrtümer gibt

Wir kommen jetzt zum Thema Irrtümer und zu der Frage, wie die Irrtümer der einen zum Vorteil der anderen gereichen können.

Die Beziehungen zwischen Fragilität, Irrtümern und Antifragilität lassen sich folgendermaßen zusammenfassen: Wenn jemand fragil ist, ist er davon abhängig, dass die Dinge genau so laufen wie geplant, mit so wenig Abweichungen wie möglich – denn Abweichungen sind eher schädlich für ihn als hilfreich. Daher *muss* der Fragile vorausschauend handeln, und umgekehrt verursachen vorausschauende Systeme Fragilität. Wer dagegen keine Umwege scheut und nichts gegen eine gewisse Streuung der Ergebnisse hat, die die Zukunft mit sich bringt, da man davon ausgehen kann, dass die meisten zu etwas dienen, der ist antifragil.

Außerdem ist das Zufallselement beim Versuch-und-Irrtum-Verfahren nicht blind zufällig, wenn man rational vorgeht und der Irrtum als Informationsquelle genutzt wird. Jeder Versuch enthält eine Information bezüglich dessen, was *nicht* funktioniert, weshalb man der Lösung immer näher kommt – jeder einzelne Vorstoß wird also zunehmend wertvoller und ist weniger ein Irrtum als vielmehr eine gewisse Aufwendung. Und natürlich sind auf dem Weg zum Ziel weitere unerwartete Entdeckungen zu machen.

Von den Fehlern der anderen lernen

Aber es soll in diesem Kapitel ja um Schichten, Einheiten, Hierarchien, fraktale Strukturen und den Unterschied zwischen dem Interesse einer Einheit und den Interessen ihrer Untereinheiten gehen. Häufig nützen uns die Fehler, die andere machen, während diese anderen selbst betrüblicherweise nicht davon profitieren. Stressoren sind, wie ich gezeigt habe, im richtigen Kontext Information. Für den Antifragilen wird der Schaden aus Irrtümern geringer sein als der Nutzen. Natürlich geht es dabei um bestimmte Irrtümer, nicht prinzipiell um alle; Irrtümer, die ein System nicht zerstören, können helfen, größeres Unglück zu verhindern. Der Ingenieur und Technikhistoriker Henry Petroski hat eine sehr elegante These formuliert. Der Untergang der Titanic war eine Katastrophe, doch wenn sie nicht so spektakulär untergegangen wäre, dann hätte man unverdrossen auch weiterhin immer größere und größere Ozeanriesen gebaut, und das Unglück, das dann passiert wäre, wäre noch schlimmer gewesen. Die Menschen, die bei der Katastrophe ums Leben kamen, wurden also für ein größeres Ganzes geopfert; zweifellos retteten sie mehr Menschenleben, als beim Untergang der Titanic verloren gingen. Die Geschichte illustriert den Unterschied zwischen dem Gewinn für das System und der Schädigung einiger seiner Teile.

Dasselbe gilt für die Katastrophe von Fukushima: Man kann mit Sicherheit sagen, dass sie uns die Problematik von Kernreaktoren (und geringen Wahrscheinlichkeiten) bewusst machte und damit größere Katastrophen verhinderte. (Die Irrtümer naiver Stresstests und des blinden Vertrauens auf Risikomodelle waren zu der Zeit, da sich die Katastrophe in Fukushima ereignete, bereits ziemlich gut zu erkennen; aber wie bei der Wirtschaftskrise wollte ja keiner hören.)

Jeder Flugzeugabsturz trägt zu mehr Sicherheit bei, verbessert das System und macht den nächsten Flug sicherer – diejenigen, die bei einem Flugzeugabsturz ums Leben kommen, leisten einen Beitrag zur Sicherheit der anderen. Der Swissair-Flug 111, der TWA-Flug 800 und der Flug 447 der Air France ermöglichten die Verbesserung des Systems. Diese Systeme lernen, weil sie antifragil und so angelegt sind, dass sie von kleinen Irrtümern profitieren, was von Zusammenbrüchen der Wirtschaft nicht behauptet werden kann – das Wirtschaftssystem ist in seiner heutigen Verfassung keineswegs antifragil. Warum? Es gibt Hunderttausende Flüge pro Jahr, und der Absturz eines Flugzeugs zieht keine anderen Maschinen mit hinein. Irrtümer bleiben also begrenzt und haben einen hohen Erkenntniswert – wohingegen die globalisierten Wirtschaftssysteme agieren, als wären sie ein einziges System: Irrtümer breiten sich global aus und verschlimmern die Gesamtsituation.

Auch hier geht es wieder um partielle und kleine Fehler, nicht um generelle, gravierende und tödliche. Damit lässt sich eine Trennung zwischen guten und schlechten Systemen begründen. Gute Systeme wie Fluggesellschaften verkraften kleine, voneinander unabhängige Irrtümer – beziehungsweise Irrtümer, die effektiv negativ miteinander korrelieren, da begangene Fehler die Wahrscheinlichkeit zukünftiger Fehler reduzieren. Das ist eine Möglichkeit, eine antifragile Umgebung wie die Luftfahrt von einer fragilen Umgebung (dem modernen Wirtschaftsleben mit seiner Vernetztheit à la »Die Erde ist ein Dorf«) zu unterscheiden.

Jeder Flugzeugabsturz verringert die Wahrscheinlichkeit des nächsten Flugzeugabsturzes, wohingegen jeder Bankenzusammenbruch die Wahrscheinlichkeit des nächsten Bankenzusammenbruchs erhöht. Wir müssen die zweite Irrtumsvariante – diejenige, die sich durch Ansteckung verbreitet – aus unserer Konstruktion eines idealen sozio-ökonomischen Systems entfernen. Werfen wir noch einen Blick auf Mutter Natur.

Das Natürliche hat sich in einem Prozess aufgebaut, in dem ein nichtsystemischer Fehler auf den nächsten folgte: Wenn ich ein gutes Gleichgewichtsgefühl habe, übersetzen sich meine Irrtümer beim Gewichtheben in kleine Verletzungen, die mir beim nächsten Training, indem ich Schmerz zu vermeiden suche, die Bewegungsrichtung vorgeben – darin liegt ja letztlich der Sinn von Schmerz. Leoparden, die sich wie eine Symphonie der Natur bewegen, werden nicht von einem Personal Trainer angeleitet, wie ein Tier auf »korrekte Weise« auf einen Baum kommt. Menschliche Ratschläge mögen nützlich sein bei künstlichen Sportarten wie Tennis, Bowling oder Schießen, nicht aber bei natürlichen Bewegungen.

Manche Berufszweige lieben Fehler. Rückversicherungsgesellschaften, deren Hauptgeschäft darin besteht, Katastrophenrisiken zu versichern (und deren Kunden Versicherungsgesellschaften sind, die bei solchen Gesellschaften nicht streuungsfähige Risiken »rückversichern«), schaffen es, sich *nach* einer Katastrophe oder einem Extremereignis (einem »tail event«), bei dem sie einen großen Verlust hinnehmen mussten, schnell wieder zu erholen. Wenn sie weiter im Geschäft sind und »ihr Pulver trocken ist« (nur wenige haben Pläne für derartige Extremfälle), dann gleichen sie den Ausfall dadurch aus, dass sie ihre Prämien disproportional stark erhöhen – die Kunden reagieren über und bezahlen den höheren Versicherungsbeitrag anstandslos. Sie geben an, keine Vorstellung von einem fairen Gegenwert, das heißt angemessener Preisgestaltung für eine Rückversicherung, zu haben, aber sie wissen mit Sicherheit, dass der Preis in schwierigen Zeiten überzogen ist, was es ihnen ermöglicht, auf lange Sicht sattsam Geld zu scheffeln. Alles, was sie tun müssen, ist, ihre Fehler so klein zu halten, dass sie sie überleben können.

Wie man Mutter Teresa wird

Variabilität verursacht Fehler und Anpassungen; zudem lässt sich mit ihrer Hilfe herausfinden, wer die wahren Freunde sind. Sowohl Ihre Fehlschläge als auch Ihre Erfolge liefern Ihnen Informationen. Aber, und das ist eine der guten Seiten des Lebens, manchmal lernen Sie den Charakter eines Mitmenschen erst kennen, wenn Sie ihn durch ein Fehlverhalten verletzt haben, für das Sie ganz allein verantwortlich sind – ich war erstaunt, mit welcher Großzügigkeit mir manche Personen meine Fehler vergaben.

Und natürlich kann man aus den Irrtümern der anderen lernen. Man kann nie etwas über den Charakter von jemandem wissen, bevor er nicht die Möglichkeit hatte, moralische Regeln zu verletzen. Ich erinnere mich an eine Klassenkameradin, ein Mädchen in der High School, die einen netten, aufrichtigen Eindruck machte und zu der Gruppe jugendlicher antimaterialistischer Utopisten gehörte, bei der ich auch mitmachte. Später erfuhr ich, dass ganz gegen meine Erwartungen (und ihr unschuldiges Aussehen) keine Mutter Teresa oder Rosa Luxemburg aus ihr geworden war. Vielmehr gab sie ihrem ersten (reichen) Ehemann den Laufpass wegen eines anderen, reicheren Mannes, den sie bei den ersten Andeutungen von finanziellen Schwierigkeiten ebenfalls verließ und sich einen weiteren, noch reicheren, mächtigeren (und großzügigen) Liebhaber zulegte. In einem stabilen Umfeld hätte ich sie fälschlich für eine Utopistin und Heilige gehalten (und ihr selbst wäre es wohl nicht anders gegangen). Einige Mitglieder der Gesellschaft – diejenigen, die sie nicht heirateten – erhielten wertvolle Informationen, während andere, ihre Opfer, den Preis zahlten.

Ein Loser ist für mich jemand, der, nachdem er einen Fehler gemacht hat, nicht in sich geht, daraus lernt und dankbar ist für die neue Information, sondern sich vielmehr peinlich berührt und in der Defensive fühlt und zu erklären versucht, warum er diesen Fehler gemacht hat, anstatt den nächsten Schritt zu tun. Diese Art Mensch sieht sich gern als »Opfer« irgendeiner groß angelegten Verschwörung, eines bösen Chefs oder der schlechten Wetterlage.

Ein Gedanke zum Abschluss: Wer nie gesündigt hat, ist weniger verlässlich als der, der einmal gesündigt hat. Und jemand, dem viele Irrtümer – aber nie derselbe zweimal – unterlaufen sind, ist verlässlicher als jemand, der sich noch nie geirrt hat.

Warum das Aggregat das Individuum hasst

Wie wir gesehen haben, funktioniert Antifragilität in der Biologie aufgrund von Schichten. Die Rivalität zwischen Suborganismen bringt die Evolution voran: In unserem Körper rivalisieren Zellen; innerhalb der Zellen rivalisieren Proteine und so weiter. Lassen Sie uns diesen Punkt auf das menschliche Verhalten übertragen. Die Wirtschaft ist ähnlich geschichtet: Individuen, Handwerksbetriebe, kleine Firmen, Abteilungen innerhalb von Unternehmen, Unternehmen, Industrien, die regionale Wirtschaft und schließlich an der Spitze die Gesamtwirtschaft – man könnte die Schnitte auch enger legen und käme auf entsprechend mehr Schichten.

Damit die Wirtschaft antifragil sein, damit hier Evolution stattfinden kann, muss jedes einzelne individuelle Unternehmen notwendigerweise fragil sein, vom Scheitern bedroht. Die Evolution hängt, damit Verbesserungen sich durchsetzen können, davon ab, dass Organismen (oder ihre Gene) sterben, wenn sie von anderen verdrängt werden, oder dass ihre Fortpflanzung verhindert wird, wenn sie weniger fit sind als andere. Entsprechend setzt Antifragilität auf einer höheren Ebene Fragilität – und das Opfer – auf einer niedrigeren Ebene voraus. Jedes Mal, wenn Sie sich mit einer Kaffeemaschine Ihren Morgencappuccino zubereiten, profitieren Sie vom Scheitern – von der Fragilität – desjenigen Kaffeemaschinenherstellers, der sich nicht durchsetzen konnte. Er scheiterte, damit es der bessere Artikel in Ihre Küche schaffte.

Oder denken Sie an traditionelle Gesellschaften. Auch dort stoßen wir auf diese Schichtenstruktur: Individuen, Kernfamilien, Großfamilien, Stämme, Menschen, die denselben Dialekt sprechen, Ethnien, Gruppen.

Nun ist das Opfern als Verhaltensweise vielleicht bei Ameisenkolonien eine Selbstverständlichkeit, doch ich bin mir sicher, dass der einzelne Geschäftsmann nicht übermäßig daran interessiert ist, für das größere Wohl der Gesamtwirtschaft Harakiri zu begehen; deshalb ist er selbstverständlich darum bemüht, Antifragilität oder zumindest ein gewisses Ausmaß an Robustheit für sich selbst zu suchen. Das aber ist nicht unbedingt vereinbar mit dem Interesse der Gesamtheit, der Wirtschaft als Ganzes. Wir haben hier also das Problem, dass eine Eigenschaft der Summe (des Aggregats) sich unterscheidet von derjenigen jedes einzelnen ihrer Teile – faktisch zielt das Aggregat darauf, die Teile zu schädigen.

Es ist kein schöner Gedanke, dass Rücksichtslosigkeit ein Antriebsmotor für Verbesserungen ist.

Und wie sieht die Lösung aus? Leider gibt es keine Lösung, die alle zufriedenstellen könnte – allerdings doch immerhin Methoden, wie man die Schädigung der sehr Schwachen abmildern kann.

Das Problem ist gravierender, als es zunächst den Anschein hat. Die Leute besuchen die Business School, um zu lernen, wie sie gut abschneiden und ihr Überleben sichern können – was aber die Wirtschaft als Ganzes braucht, ist, dass diese Leute gerade *nicht* überleben, sondern eine Menge unkluger Risiken auf sich nehmen und vernünftige Warnungen in den Wind schlagen. Denn der Industriezweig, zu dem sie gehören, wird mit jedem Konkurs eines Einzelunternehmens besser. Die Natur und naturähnliche Systeme brauchen auf der Seite der individuellen ökonomischen Vertreter ein gewisses Maß an Selbstüberschätzung, die Überschätzung der eigenen Erfolgsaussichten und die Verkennung der Konkursrisiken in ihren jeweiligen Geschäftsbereichen – vorausgesetzt, ihr Scheitern hat keine Auswirkungen auf andere. Es geht also um Selbstüberschätzung auf lokaler, nicht auf globaler Ebene.

Wir haben gesehen, dass das Restaurantgewerbe genau aus dem Grund so grandios effektiv ist, dass jede Minute Restaurants aufgrund ihrer Verwundbarkeit schließen müssen und Unternehmer das ignorieren, weil sie davon ausgehen, dass sie selbst es entgegen aller Wahrscheinlichkeit schaffen werden. Mit anderen Worten: Gewisse tollkühne, geradezu selbstmörderische Risiken sind für die Wirtschaft gesund – unter der Bedingung, dass nicht alle Beteiligten dieselben Risiken eingehen und dass diese Risiken klein und lokal begrenzt bleiben.

Nun wird aber das Modell durch staatliche Rettungsaktionen durcheinandergebracht, wobei Regierungen typischerweise eine ganz bestimmte Art von Firmen favorisieren, diejenigen nämlich, die groß genug sind, dass sie verlangen können, gerettet zu werden, weil sie sonst andere Betriebe mit in den Abgrund ziehen. Das ist das Gegenteil von gesunder Risikopolitik; es ist die *Übertragung von Antifragilität von der Gesamtheit auf denjenigen, der nicht fit ist.* Es fällt schwer nachzuvollziehen, dass die Lösung darin liegt, ein System einzurichten, in dem es ausgeschlossen ist, durch den Zusammenbruch des einen, andere mit zu beeinträchtigen – da kontinuierliche Misserfolge die Wirkung haben, das System aufrechtzuerhalten. Paradoxerweise beeinträchtigen viele Interventionen und sozialpolitische Maßnahmen von Regierungsseite letztlich die Schwachen und stärken die Etablierten.

Was mich nicht umbringt, bringt andere um

Es ist Zeit, einen Mythos zu entzaubern. Als Befürworter von Antifragilität muss ich davor warnen, sie dort zu sehen, wo sie nicht ist. Man kann die Antifragilität des Systems mit der des Individuums verwechseln, und zwar in Fällen, wo sie sich in Wahrheit *auf Kosten* des Individuums durchgesetzt hat (der Unterschied zwischen Hormesis und Selektion).

Nietzsches berühmte Formulierung »Was mich nicht umbringt, macht mich stärker« kann leicht als Mithridatisation oder Hormesis missverstanden werden. Es ist durchaus nicht ausgeschlossen, dass es sich dabei um eines dieser beiden Phänomene handelt, aber es könnte ebenso gut heißen: »Was mich nicht umbringt, hat mich *nicht* stärker *gemacht*, sondern es hat mich verschont, *weil* ich bereits stärker *bin* als andere; andere dagegen hat es umgebracht, und die Durchschnittspopulation ist jetzt stärker, weil die Schwachen ausgeschaltet sind.« Mit anderen Worten: Ich habe eine potentiell tödliche Abschlussprüfung bestanden. Ich bin auf dieses Problem bereits im Zusammenhang mit der Herstellung falscher Kausalitäten zu sprechen gekommen; unter anderem ging es dabei um einen Zeitungsartikel, der behauptete, die Mitglieder der neuen Mafia, Exilanten aus der ehemaligen Sowjetunion, seien »gestählt durch die Zeit im Gulag«. Da der Aufenthalt im Gulag die Schwächsten umbrachte, entstand der falsche Eindruck einer Stärkung. Es geschieht hin und wieder, dass Menschen bestimmte Widrigkeiten überleben, und da die überlebende Bevölkerung stärker ist als die ursprüngliche, meinen wir, diese Widrigkeiten hätten sich letztlich positiv auf die einzelnen Überlebenden ausgewirkt. Doch auch solche widrigen Umstände können die Funktion einer schonungslosen Prüfung haben, in der diejenigen, die scheitern, umgebracht werden. Man hat womöglich nichts anderes vor sich als den bereits oben angesprochenen Transfer von Fragilität (beziehungsweise besser gesagt Antifragilität) vom Individuum auf das System. Anders gefasst: Die überlebende Kohorte ist eindeutig stärker als die Ausgangskohorte – allerdings gilt das nicht unbedingt für die Individuen, da lediglich die Schwächeren gestorben sind.

Jemand musste den Preis dafür zahlen, dass das System besser geworden ist.

Diese sichtliche Spannung zwischen dem Individuum und den Interessen des Kollektivs ist ein neues historisches Phänomen: In der Vergangenheit trat es nicht auf, da der Einzelne fast vollständig bedeutungslos war. Aufopferung zum Wohl der Gruppe steht hinter der Vorstellung von Heldentum; Heldentum ist gut für den Stamm und schlecht für diejenigen, die im Eifer des Gefechts zugrunde gehen. Dieser Hang zum Heroismus, bei dem sich die individuellen Interessen zugunsten des Gemeinwohls auflösen, wurde durch die Selbstmordattentäter verzerrt und verlor seinen ursprünglichen Sinn. Solche Nahtod-Terroristen geraten in einen ekstaseähnlichen Trancezustand, in dem ihnen die eigene Sterblichkeit gleichgültig wird. Es ist übrigens ein Irrtum zu meinen, die Belohnung eines islamischen Paradieses mit Jungfrauen und anderen Annehmlichkeiten würde diese Selbstmordattentäter antreiben; der Anthropologe Scott Atran wies darauf hin, dass die ersten Selbstmordattentäter in der Levante Revolutionäre mit griechisch-orthodoxem Hintergrund – also Angehörige meines Stamms – waren und keine Islamisten.

In unserem Inneren gibt es eine Art Schalter, der das Individuelle zugunsten der Gesamtheit ausknipst, etwa wenn sich Menschen bei Volkstänzen, Aufständen oder im Krieg zusammentun. Die eigene innere Verfassung entspricht dann vollkommen der der Herde. Man ist Teil dessen, was Elias Canetti die *rhythmische und stockende Masse* nennt. Eine weitere Spielart dieser Massenerfahrung könnte sich Ihnen bei Ihrer nächsten Teilnahme an einer Straßenschlacht eröffnen, bei der die Furcht vor den Autoritäten im Begeisterungstaumel der Gruppe voll und ganz untergeht.

Lassen Sie uns diesen Gedanken allgemeiner fassen. Aus einer gewissen Distanz erkenne ich eine immense Spannung zwischen dem Menschen und der Natur, eine Spannung in der Verteilung der Fragilitäten. Die Natur strebt ihr eigenes Überleben, das Überleben der Gesamtheit an, nicht dasjenige jeder einzelnen Gattung – und jede einzelne Gattung ist ihrerseits daran interessiert, dass die Individuen fragil sind (besonders wenn die Aufgabe der Reproduktion erledigt ist), damit sich die evolutionäre Selektion vollziehen kann. Der Transfer von Fragilität von den Individuen auf die Gattung ist für das Überleben des Ganzen notwendig: Gattungen sind potentiell antifragil, denn DNA ist Information, die Mitglieder einer Gattung aber sind vergänglich, sie sind potentiell und faktisch Opfer für das Wohl der Gesamtheit.

Zum Teufel mit der Antifragilität. Einige der hier vorgetragenen Ideen zu Fitness und Selektion bereiten mir tiefes Unbehagen, und die Abfassung bestimmter Passagen ist daher alles andere als angenehm – ich verabscheue die Erbarmungslosigkeit des Selektionsprozesses, die unerbittliche Treulosigkeit von Mutter Natur. Ich verabscheue die Vorstellung, dass Verbesserung nur dadurch zustande kommt, dass andere geschädigt werden. Als Humanist empöre ich mich über die Antifragilität von Systemen auf Kosten von Individuen, denn wenn man den Gedanken konsequent zu Ende denkt, dann spielen wir Menschen als Individuen keine Rolle.

Die große Leistung der Aufklärung bestand darin, das Individuum in den Vordergrund gerückt zu haben, mitsamt seinen Rechten, seiner Freiheit, seiner Unabhängigkeit, seinem »Streben nach Glück« (was auch immer »Glück« heißen mag) und vor allem seiner Privatsphäre. Antifragilität wurde zwar geleugnet, doch die Aufklärung und die darauf folgenden politischen Systeme befreiten uns (in gewissem Umfang) von der Vorherrschaft der Gesellschaft, des Stamms und der Familie, die die Geschichte zuvor bestimmt hat.

Die maßgebliche Einheit in traditionellen Kulturen ist das Kollektiv, und das Kollektiv kann durch das Verhalten eines Individuums geschädigt werden – die Ehre der Familie wird befleckt, wenn beispielsweise eine Tochter schwanger wird, wenn ein Familienmitglied sich an ausgedehnten finanziellen Betrügereien und Ponzi-Schemata beteiligt oder – schlimmer noch – wenn es gar Seminare in der Augenwischer-Disziplin der Finanzwissenschaften abhält.

Und diese Konventionen haben Bestand. Im ländlichen Frankreich war es beispielsweise sogar im späten 19. und frühen 20. Jahrhundert noch üblich, dass jemand seine gesamten Ersparnisse drangab, um die Schulden eines entfernten Vetters zu tilgen (man nannte diese Praxis *passer l'éponge*, also den Schwamm herüberreichen, damit die Schuld von der Tafel gewischt werden konnte), und er tat das, damit die Würde und der gute Name der Großfamilie nicht beschädigt wurden. Das galt als Pflicht. (Ich gestehe, selbst etwas Derartiges sogar noch zu Beginn des 21. Jahrhunderts getan zu haben!)

Natürlich liegt ein Zweck des Systems auch darin, dass das Individuum überlebt. Man muss also vorsichtig sein, wenn man in komplexen und vernetzten Zusammenhängen ein bestimmtes Interesse im Vergleich zu anderen allzu stark herausstreicht.*

In der Cosa Nostra, dem sizilianischen Teil der Mafia, bedeutet »Ehrenmann« *(uomo d'onore)*, dass derjenige, der von der Polizei festgenommen wird, seinen Mund hält und seine Freunde nicht verpfeift, ungeachtet der Vorteile, die ihm selbst daraus erwachsen könnten; eher geht man ins Gefängnis, als dass man durch Absprachen mit Vertretern der Staatsgewalt anderen Mitgliedern der Gruppe Schaden zufügt. Die Sippe (Cosa Nostra) steht über dem Individuum. Was der Mafia das Genick brach, war die Bereitschaft einer neuen Generation von Mitgliedern, sich als Kronzeugen zur Verfügung zu stellen. (Es bleibt festzuhalten, dass sich die »Ehre« der Mafia auf die Solidarität innerhalb der Gruppe beschränkt – ansonsten wird gelogen, und überhaupt gibt es in jeder anderen Hinsicht an ihrem Verhalten nichts, was Achtung verdiente. Und sie tötet Menschen von hinten, ein Akt, der im östlichen Mittelmeerraum als außerste Form von Feigheit gilt.)

Womöglich müssen wir Menschen, wo es unser Überleben sichert, uns ganz ähnlich selbstbezogen auf Kosten anderer Arten verhalten, indem wir beispielsweise das ökologische Gleichgewicht fragilisieren. Unsere Interessen – als Gattung Mensch – haben einen höheren Stellenwert als die Interessen der Natur, und wir nehmen ein gewisses Maß an Ineffizienz, an Fragilität hin, um Individuen zu schützen, obwohl wir, wenn wir zu viel von der Natur opfern, irgendwann uns selbst verletzen.

Zwischen dem Kollektiv und dem Einzelnen findet also eine Interessenabwägung statt. Eine Volkswirtschaft kann nicht überleben, ohne

* Viele glauben zunächst einmal, das schlimmste vorstellbare Ereignis im Sinn eines Schwarzen Schwans wäre ihr eigener Tod. Das stimmt nicht. Jeder, der nicht zu tief in die moderne Wirtschaftswissenschaft eingestiegen ist, wird zustimmen, dass der eigene Tod *plus* der Tod derer, die man liebt, *plus* die Auslöschung der gesamten Menschheit ein sehr viel schlimmeres Ereignis wäre. Man erinnere sich an meine Bemerkung zu komplexen Systemen. Wir sind lediglich Teil einer großen Kette, und wir müssen sowohl um unser eigenes Wohl besorgt sein wie auch um das des Gesamtsystems und den Erhalt von Teilen dieser großen Kette.

dass einzelne Individuen darunter zu leiden hätten; Schutzmaßnahmen sind schädlich, und offenbar ist es nicht erwünscht, zum Wohle von Individuen die Evolutionsdynamik einzuschränken. Aber es steht in unserer Macht, die Individuen vor dem Hungertod zu bewahren, sie in gewissem Umfang sozial in Schutz zu nehmen. Und wir können ihnen Respekt erweisen. Oder – womit ich zum nächsten Punkt komme – auch noch etwas mehr tun.

Nationaler Unternehmer-Gedenktag

Als Utopist (doch, wirklich) widerstrebt mir zwar, was ich hier ausführe, doch habe ich den Eindruck, dass es auch Grund zur Hoffnung gibt.

Heroismus und der Respekt, den er verlangt, ist eine Art Ausgleich der Gesellschaft für Menschen, die sich für andere in Gefahr begeben. Und Unternehmertum ist eine riskante, heroische Aktivität, die für das Wachstum, ja für das schiere Überleben der Wirtschaft unabdingbar ist.

Es dient zudem aus epistemologischen Gründen notwendigerweise der Gemeinschaft. Jemand, der etwas *nicht* herausfindet, versorgt andere mit Wissen, eigentlich dem besten Wissen, nämlich dem einer *Abwesenheit* (bezüglich dessen, was *nicht* funktioniert) – doch das dankt ihm (fast) keiner. Eine solche Person spielt in dem Prozess, bei dem die produktiven Impulse auf die anderen übergehen, eine zentrale Rolle – und sie bekommt dafür, schlimmer noch, nicht einmal Anerkennung.*

Ich verhalte mich undankbar gegenüber dem Mann, dessen Selbstüberschätzung ihn dazu veranlasste, ein Restaurant zu eröffnen, und der damit keinen Erfolg hatte – ich genieße ein köstliches Menü, während er wahrscheinlich Dosenthunfisch isst.

Um des Fortschritts willen sollte die moderne Gesellschaft gescheiterte Unternehmen so behandeln, wie wir tote Soldaten ehrten, vielleicht nicht mit ganz so viel Ehre, aber doch ausgehend von derselben Logik (der Unternehmer musste nicht sterben, allerdings fristet er möglicherweise sein Dasein als moralisch gebrochene und sozial stigmatisierte

* Der Korrespondent Jean-Louis Rheault bemerkte: »Ich habe festgestellt, je mehr die Menschen den Unternehmer als abstrakte Person glorifizieren, desto tiefer verachten sie ihn, wenn sie ihm als realer Person gegenüberstehen.«

Person, vor allem wenn er in Japan lebt). Denn es gibt nichts, das sich mit einem gescheiterten Soldaten vergleichen lässt, sei er nun tot oder lebendig (vorausgesetzt natürlich, er verhielt sich nicht feige) – ähnlich wie es nichts gibt, das sich mit einem gescheiterten Unternehmer oder einem gescheiterten Forscher vergleichen lässt – jedenfalls steht seinesgleichen turmhoch über einem erfolgreichen Schwätzer, Philosophaster, Kommentator, Berater, Lobbyisten oder Wirtschaftswissenschaftler, der keine persönlichen Risiken auf sich nimmt. (Sorry.)

Psychologen bezeichnen »Selbstüberschätzung« als Krankheit, die die Menschen blind dafür macht, Erfolgsaussichten realistisch einzuschätzen, wenn sie sich auf irgendwelche gewagten Projekte einlassen. Aber es gibt einen Unterschied zwischen der gutartigen, heroischen Variation der Risikobereitschaft, die für andere nützlich ist (im antifragilen Fall), und der üblen, modernen Art, die mit negativen Schwarzen Schwänen zusammenhängt, wie etwa die Selbstüberschätzung von »Wissenschaftlern«, die die Schadenswahrscheinlichkeiten des Reaktors von Fukushima berechneten. Die Selbstüberschätzung im ersten Fall ist positiv und kein Symptom, das medikamentös behandelt werden sollte.

Und man vergleiche außerdem Unternehmer mit den erbsenzählenden Managern großer Firmen, die die Hierarchieleiter hochkrabbeln, ohne dass sie je mit irgendwelchen Nachteilen rechnen müssten. Deren Kohorte setzt sich kaum irgendwelchen Risiken aus.

Im Zeitalter der Globalisierung und des Internet breitet sich das Phänomen, das Erasmus als *ingratitudo vulgi*, die Undankbarkeit der Massen, bezeichnet hat, immer weiter aus.

Mein Traum und die Lösung des Problems wäre die Einführung eines Nationalen Gedenktags für Unternehmer, dessen Botschaft folgendermaßen lauten müsste:

> Die meisten von euch werden scheitern, euch steht Armut und Verachtung bevor, wir aber sind dankbar für die Risiken, die ihr auf euch nehmt, und für die Opfer, die ihr zum Wohl des globalen Wirtschaftswachstums bringt und mit denen ihr andere vor Armut bewahrt. *Ihr seid die Quelle unserer Antifragilität.* Unsere Nation dankt euch.

Buch II

Die Moderne und die Verleugnung von Antifragilität

In Baudelaires traurigem Gedicht über den Albatros wird deutlich, dass es einem Geschöpf, das dafür bestimmt ist zu fliegen, gar nicht gut tut, wenn es gezwungen ist, sich über die soliden Planken eines Schiffs zu schleppen.

Dazu passt der Umstand, dass »Volatilität« vom lateinischen *volare* (»fliegen«) kommt. Werden politische (und andere) Systeme ihrer Volatilität beraubt, dann führt das irgendwann zu noch größerer, kaskadierender Volatilität.

Buch II handelt von der Fragilität, die sich aus der Verleugnung von Hormesis – der natürlichen Antifragilität der Organismen – ergibt, und davon, dass wir mit den besten Absichten Systeme schwächen, indem wir uns als Dirigenten aufspielen. Wir fragilisieren soziale und wirtschaftliche Systeme, indem wir ihnen Stressoren und Zufälligkeit entziehen und sie in das Prokrustesbett einer kuscheligen, gemütlichen – allerdings letztlich schädlichen – Modernität packen.

Prokrustes, eine Figur der griechischen Mythologie, war Besitzer eines Gasthauses, der Reisende dadurch an die Größe seines Betts anpasste, dass er denen, die zu groß für das Bett waren, die Gliedmaßen abschnitt und die zu kleinen auf die erforderliche Länge dehnte. Das hatte ganz ohne Zweifel zur Folge, dass Gast und Bett perfekt zusammenpassten.

Wenn man einen Organismus wie eine Maschine behandelt, nimmt man eine Vereinfachung, eine Angleichung oder eine Reduktion vor, die einem solchen Prokrustesbett entspricht; das habe ich im dritten Kapitel gezeigt. Häufig handeln wir so aus hehrsten Beweggründen – wir fühlen uns gedrängt, die Dinge zu »regeln« und zu »richten«, bewirken allerdings aufgrund unserer Angst vor Zufälligkeit und unserem Hang zu allem, was glatt und reibungslos läuft, genau das Gegenteil, das heißt wir bringen das System zum Einsturz.*

Weitere Themen von Buch II: die Konkurrenz zwischen Mensch und Naturgewalt, das Verlangen nach Volatilität mancher antifragiler Systeme und die Art und Weise, wie wir soziale, politische (und andere) Systeme angreifbar für Schwarze Schwäne machen, indem wir sie überstabilisieren.

* Den größten Schaden richten Vereinfachungen der Art an, dass Nichtlineares durch Lineares ersetzt wird. Das ist das am weitesten verbreitete Prokrustesbett.

Kapitel 5
Der Suk und das Bürohochhaus

Die Roten und die Weißen, alle kommen nach Zürich – Krieg ist kein Gefängnis – Die Vereitelung der Pläne des Truthahns – Denken Sie daran: Wir befinden uns in Extremistan

Zwei Arten von Beruf

Ioannis (John) und Georgios (George) sind Zwillingsbrüder, eineiige, geboren auf Zypern, derzeit beide wohnhaft im Großraum London. John ist seit 25 Jahren im Personalbüro einer großen Bank angestellt, sein Aufgabengebiet sind die Wohnortwechsel von Angestellten seiner Bank weltweit. George ist Taxifahrer. John hat ein Einkommen, mit dem er sicher rechnen kann (jedenfalls glaubt er das), mit Gratifikationen, einem jährlichen vierwöchigen Urlaub und einer goldenen Uhr anlässlich des 25-jährigen Dienstjubiläums. Jeden Monat fließen 3082 englische Pfund auf sein Girokonto bei der NatWest-Bank. Damit stottert er die Hypothek ab, die auf seinem Haus westlich von London liegt, bezahlt die sonstigen Neben- und Haushaltskosten (unter anderem den Fetakäse), und einen gewissen Teil legt er auf die hohe Kante. Er pflegte samstagmorgens, wenn andere sich noch im Bett räkeln, angstfrei aufzuwachen mit dem Gefühl »Das ist ein gutes Leben« – bis zu dem Tag, als die Bankenkrise ausbrach und er feststellen musste, dass seine Stelle plötzlich überflüssig werden könnte. Arbeitslosigkeit würde ihn schwer treffen. Als Experte in Personalfragen hatte er die Implosion von langen Karrieren miterlebt, wenn Menschen im Alter von fünfzig Jahren entlassen wurden und danach nie wieder auf die Beine kamen.

George, der in derselben Straße lebt wie sein Bruder, fährt ein schwarzes Taxi – das heißt, er hat eine Lizenz, die er sich dadurch erwarb, dass er drei Jahre lang seine Frontalhirnlappen erweiterte, indem er sich den Stadtplan des Großraums London einprägte, was ihn dazu berechtigt, Kunden direkt von der Straße mitzunehmen. Sein Einkommen unterliegt großen Schwankungen. Manche Tage sind »gut«, er verdient mehrere Hundert Pfund; manche sind schlechter, und er deckt nicht einmal seine Kosten ab; doch in all den Jahren hat er im Durchschnitt ungefähr so viel verdient wie sein Bruder. Bis heute gab es nur einen einzigen Tag in seiner 25-jährigen Karriere, an dem er überhaupt keine Fahrt hatte. Da sein Einkommen so stark schwankt, beklagt er hin und wieder, dass er nicht dieselbe berufliche Sicherheit genießt wie sein Bruder – aber faktisch ist das eine Illusion, denn er hat sogar etwas mehr davon.

Eine zentrale Illusion im Leben besteht darin, anzunehmen, Zufälligkeit sei riskant und schlecht; und Zufälligkeit könne beseitigt werden, indem man Zufälligkeit beseitigt.

Handwerker, Freiberufler, beispielsweise Taxifahrer oder Prostituierte (ein sehr, sehr alter Beruf), Schreiner, Klempner, Schneider und Zahnärzte haben zwar eine gewisse Volatilität, was ihr Einkommen betrifft, aber sie sind ziemlich robust gegen einen kleineren Schwarzen Schwan, der ihr Einkommen völlig zum Stillstand bringen würde. Ihre Risiken sind sichtbar. Bei Angestellten ist das nicht der Fall. Volatilität kennen sie nicht – bis sie eines Tages womöglich vom Anruf aus der Personalabteilung überrascht werden, in dessen Folge ihr Einkommen auf Null absinkt. Die Risiken eines Angestellten sind versteckt.

Mit der Variabilität bringen Berufe wie der von George ein gewisses Maß an Antifragilität mit sich: Kleine Variationen regen dazu an, sich immer wieder anzupassen und zu verändern, indem man von der Umgebung lernt, da man ständig unter dem Druck steht, fit sein zu müssen. Stressoren sind Informationen; Menschen in solchen Berufen haben kontinuierlich mit Stressoren zu tun, die sie zu immer neuen Anpassungen an die gerade gegebene Situation nötigen. Außerdem sind sie offen für Geschenke und positive Überraschungen, für freie Optionen – das typische Kennzeichen von Antifragilität, wie ich im IV. Buch zeigen werde. Es kam immer wieder vor, dass Georges Kunden Ungewöhnliches verlangten, was er auch hätte ablehnen können: Während der Panik wegen des Vulkanausbruchs in Island, als der gesamte Flugverkehr lahmlag, bat ihn eine reiche alte Dame, sie zu einer Hochzeit nach Südfrankreich zu fahren – über dreitausend Kilometer Fahrt hin und zurück. Für eine Prostituierte besteht eine gewisse, wenn auch geringe Wahrscheinlichkeit, einen reichen Kunden so betören zu können, dass er ihr einen teuren Diamanten schenkt oder sie sogar bittet, seine Frau zu werden – für einen womöglich überschaubaren Zeitraum, bevor sie Witwe wird.

Und George hat die Freiheit, seinen Job so lange zu machen, bis er wirklich nicht mehr kann (es gibt Taxifahrer, die arbeiten, bis sie über achtzig sind, hauptsächlich, um die Zeit totzuschlagen), denn er ist ja sein eigener Boss – ganz anders dagegen sein Bruder, der, wenn er seinen fünfzigsten Geburtstag erst hinter sich hat, praktisch nicht mehr vermittelbar ist.

Der Unterschied zwischen den beiden Einkommens-Volatilitäten lässt sich auf politische Systeme erweitern und, wie ich in den nächsten beiden Kapiteln zeige, auf so ziemlich alle Lebensbereiche. Menschengemachte Glättung von Zufälligkeit führt zum Äquivalent des Einkommens von John: Es ist gleichförmig, beständig, aber fragil. Ein solches Einkommen ist verwundbarer für große Schocks, die es womöglich auf Null reduzieren (zuzüglich vielleicht einer gewissen Arbeitslosenunterstützung, wenn der Gekündigte in einem der wenigen Wohlfahrtsstaaten der Welt lebt). Natürliche Zufälligkeit hat mehr Ähnlichkeit mit Georges Einkommen: Sehr große Schocks sind seltener, stattdessen variiert die Situation täglich. Diese Variabilität trägt zur Verbesserung des Systems bei (und hat Antifragilität zur Folge). Wenn bei einem Taxifahrer oder einer Prostituierten eine Woche lang die Einkünfte zurückgehen, liefert das Informationen über das Umfeld, in dem sie arbeiten, und gibt die Notwendigkeit zu verstehen, einen neuen Stadtteil zu finden, in dem sich mehr potentielle Kunden aufhalten; ein Monat ohne Einkünfte treibt sie dazu an, ihre Fähigkeiten zu überprüfen und zu verbessern.

Für einen Selbstständigen ist ein kleiner (nicht weiter tragischer) Fehler eine wertvolle Information, die ihn im Sinne einer besseren Anpassung in die richtige Richtung dirigiert; für einen Angestellten wie John ist ein Fehler ein Umstand, der, abgelegt in seiner Akte in der Personalabteilung, aus seinem Lebenslauf nicht mehr zu tilgen ist. Yogi Berra meinte einmal: »Wir haben den falschen Fehler gemacht« – und für John sind alle Fehler falsche Fehler. Die Natur liebt kleine Irrtümer (ohne sie gäbe es keine genetischen Variationen), die Menschen haben Angst davor – verlässt man sich also auf das menschliche Urteilsvermögen, dann liefert man sich einer mentalen Voreingenommenheit zum Nachteil der Antifragilität aus.

Wir Menschen fürchten uns leider vor der zweiten Art von Variabilität und machen naiverweise unsere Systeme fragil beziehungsweise verhindern ihre Antifragilität, indem wir sie schützen. Mit anderen Worten – dieser Punkt muss einfach immer wieder unterstrichen werden –: Die Vermeidung von kleinen Fehlern verschlimmert die größeren.

Der Zentralstaat ähnelt dem Einkommen Johns; das Stadtstaaten-Modell demjenigen von George. John hat einen einzigen großen Arbeitgeber, George dagegen viele kleine; George kann sich also diejenigen aussuchen, die ihm am meisten entgegenkommen, hat mithin jederzeit »mehr Optionen«. Der eine Bruder hat die Illusion von Stabilität, ist aber fragil; der andere hat die Illusion von Variabilität, ist aber robust, ja sogar antifragil.

Je mehr Variabilität man in einem System beobachtet, desto weniger anfällig ist es für Schwarze Schwäne. An der Geschichte der Schweiz lässt sich studieren, inwiefern das für politische Systeme gilt.

Lenin in Zürich

Kürzlich war ich in einem teuren Restaurant in Zürich, einem ehemaligen Café, und grübelte über der Speisekarte, die mit Preisen aufwartete, die mindestens dreimal so hoch waren wie die Preise an vergleichbaren Lokalitäten in den USA. Die aktuelle Weltwirtschaftskrise hatte den Status der Schweiz als sicherer Hafen noch einmal bekräftigt und verstärkt und zu einem dramatischen Kursanstieg der Landeswährung geführt – die Schweiz ist der antifragilste Ort unseres Planeten; sie profitiert von den Erschütterungen, die sich außerhalb ihrer Grenzen zutragen. Mein Freund, ein Schriftsteller, wies mich darauf hin, dass Lenin, der eine Zeitlang in Zürich gelebt hatte, in diesem Café mit dem dadaistischen Dichter Tristan Tzara Schach zu spielen pflegte. Eben jener russische Revolutionär Wladimir Iljitsch Uljanow, später bekannt als Lenin, verbrachte einige Jahre in der Schweiz und heckte dort sein Projekt des großen modernistischen Top-down-Staates aus, dem ausgedehntesten Menschenexperiment im Bereich zentralisierter Staatskontrolle. Es schauderte mich bei dem Gedanken, dass Lenin hier gewesen war, denn nur wenige Tage zuvor hatte ich an einer Konferenz in Montreux am Genfer See teilgenommen, die im selben Hotel am Seeufer stattfand, in dem Vladimir Nabokov, emigrierter russischer Aristokrat und Opfer Lenins, die letzten Jahre seines Lebens verbrachte.

Ich fand es interessant, dass es offensichtlich mit zur Hauptbeschäftigung der Schweizer Eidgenossenschaft gehörte, den Roten und den Weißen, sowohl den Bolschewiken als auch den meist aristokratischen Mitgliedern der »Weißen Bewegung«, die die Bolschewiken dann später vertrieben, Aufnahme zu gewähren. In den großen Städten wie Zürich, Genf oder Lausanne gibt es noch Spuren der politischen Flüchtlinge, die dort Zuflucht suchten: emigrierte Mitglieder der iranischen Königsfamilie, die von den Islamisten aus dem Land vertrieben wurden, bis hin zu dem erst kürzlich exilierten afrikanischen Potentaten, der seinen »Plan B« in die Tat umsetzte. Sogar Voltaire hielt sich hier eine Zeitlang auf, und zwar in Ferney, einem französischen Vorort von Genf in der Nähe der Schweizer Grenze (noch bevor Genf der Eidgenossenschaft beitrat). Voltaire, der perfekt protegierte Unruhestifter, floh nach Genf, nachdem er den König von Frankreich, die katholische Kirche oder eine andere Autorität beleidigt hatte, und – was man übrigens meistens nicht weiß –: Er hatte auch finanzielle Gründe, hier Schutz zu suchen. Voltaire war ein Selfmademan, ein wohlhabender Kaufmann, Investor und Aktienspekulant. Man darf nicht vergessen, dass sich ein beträchtlicher Teil seines Reichtums der Antifragilität von Stressoren verdankt. Mit dem Aufbau seines Vermögens begann er in der ersten Zeit seines Exils.

Und es gibt auch Flüchtlinge anderer Art, die aus ähnlichen Gründen hier sind wie Voltaire: Finanzflüchtlinge, die aus politischen Unruhegebieten kommen und an ihrer teuren, langweiligen Bekleidung, ihrem nichtssagenden Vokabular, dem gekünstelten Benehmen und den teuren (glitzernden) Armbanduhren zu erkennen sind – mit anderen Worten, alles andere als Personen vom Format eines Voltaire. Wie so viele reiche Menschen halten sie sich für berechtigt, über ihre eigenen Witze zu lachen. Diese (faden) Leute brauchen selbst keinen Schutz für Leib und Leben – schutzbedürftig sind vielmehr ihre Vermögen. Manche politisch verfolgten Personen würden sich vor den Gefahren, die von den Machthabern in ihrem Land ausgehen, lieber in Frankreich und England verstecken, wo samstagabends sicher mehr los ist; ihr Bankkonto dagegen fühlt sich in der Schweiz am wohlsten. Die Schweiz ist in ökonomischer Hinsicht der robusteste Ort auf dem Planeten – und das bereits seit einigen Jahrhunderten.

Dieses breite Spektrum an Menschen und ihrer Brieftaschen befindet sich in der Schweiz, da sich das Land als sicherer, stabiler Zufluchtsort anbietet. Doch all diese Flüchtlinge bemerken das Offensichtliche nicht: Das stabilste Land der Welt *hat keine Regierung*. Und es ist nicht stabil, obwohl, sondern *weil* es keine Regierung hat. Fragen Sie Menschen auf der Straße, denen Sie zufällig begegnen, wie ihr Präsident heißt, und berechnen Sie den Anteil derer, die dazu in der Lage sind – die Namen der Präsidenten von Frankreich oder der USA wissen die meisten, nicht aber den ihres eigenen Landes. Der Schweizer Franken ist die stabilste (und zur Zeit der Abfassung dieses Buchs die sicherste) Währung weltweit, dabei ist die Zentralbank winzig, selbst im Verhältnis zur Größe ihrer Gebäude.

Sind sich die Politiker, die hier einen günstigen Moment abwarten, um (wie sie hoffen) wieder an die Macht zu kommen, darüber im Klaren, dass es hier keine Regierung gibt? Bringen sie die Tatsache, dass sie in der Schweiz sind, mit der Abwesenheit einer Regierung in Zusammenhang und modifizieren ihre Vorstellungen von Nationalstaaten und politischen Systemen dementsprechend? Natürlich nicht.

Es ist übrigens nicht ganz korrekt, dass die Schweizer keine Regierung haben. Sie haben keine große *Zentral*regierung oder eine Institution, die umgangssprachlich als »die« Regierung bezeichnet werden könnte – vielmehr ist das Herrschaftssystem durchgehend von unten nach oben strukturiert; kleine Gemeinwesen, die so genannten Kantone, nahezu souveräne Mini-Staaten sind in einem Bündnis zusammengeschlossen. Es herrscht ein hohes Maß an Volatilität, dazu gehören auch Feindseligkeiten zwischen Anwohnern, die sich auf der Ebene von Streitigkeiten um Quellen oder ähnlich uninspirierende Themen bewegen. Angenehm ist das nicht unbedingt, da Nachbarn sich in Wichtigtuer verwandeln können – zwar keine Diktatur von oben, sondern von unten, aber doch trotzdem eine Diktatur. Allerdings liefert diese Bottom-up-Diktatur Schutz gegen die romantische Verblendung durch Utopien, denn in einer derart unintellektuellen Atmosphäre können keine großen Ideen gedeihen – um das nachzuprüfen, muss man nur eine Zeitlang in einem Café in der Altstadt von Genf sitzen, vorzugsweise an einem Sonntagnachmittag, und man wird merken, dass das, was hier abläuft, hochgradig unintellektuell ist, frei von jeglicher Grandiosität, bis hin zur Spießigkeit. (Es gibt den berühmten Spruch darüber, dass die größte Leistung der Schweizer die Erfindung der Kuckucksuhr war, während andere Nationen weltgeschichtlich umwälzende Taten vollbrachten. Zweifellos eine nette Geschichte, allerdings waren es nicht die Schweizer, die die Kuckucksuhr erfunden haben.) Aber das System erzeugt Stabilität, langweilige Stabilität, auf jeder denkbaren Ebene.

Man darf auch nicht vergessen, dass die abscheuliche Glamourwelt, die man an manchen Orten in der Schweiz antrifft – in Genf, in einigen Teilen von Zürich (Zentrum) und vor allem in Wintersportorten wie Gstaad und Sankt Moritz –, weder das direkte Produkt des Landes noch Ausdruck seines Selbstverständnisses ist, sondern dass vielmehr der Erfolg der Schweiz eine magnetische Wirkung auf hässliche Reiche und Steuerflüchtlinge ausübt.

Festzuhalten ist: Die Schweiz ist das letzte größere Land, das kein Nationalstaat ist, sondern ein Zusammenschluss kleiner, weitgehend sich selbst überlassener Gemeinwesen.

Bottom-up-Variationen

Als Bottom-up-Variationen – oder Störgeräusche – bezeichne ich die Art politischer Volatilität, die innerhalb eines kleineren Gemeinwesens anzutreffen ist, die kleinlichen Streitigkeiten und Reibereien des Alltags. Dergleichen ist nicht skalierbar (es ist bei Skalentransformation *invariant*). Mit anderen Worten, vergrößert man das Ganze, indem man etwa die Anzahl der Mitglieder einer Gemeinschaft um das Hundertfache erhöht, hat das markant veränderte Dynamiken zur Folge. Ein großer Staat funktioniert nicht wie eine riesige Gemeinde, so wie ja auch ein Baby nicht das Aussehen eines kleinen Erwachsenen hat. Der Unterschied ist qualitativer Art: Die Erhöhung der Personenzahl in einer Gemeinschaft verändert die Qualität der Beziehungen zwischen den einzelnen Gruppen. Sie erinnern sich an die Beschreibung von Nichtlinearität im Prolog. Verzehnfacht man die Anzahl von Personen einer gegebenen Gruppe, dann lassen sich die Eigenschaften der Gruppe nicht aufrechterhalten, vielmehr findet eine Transformation statt. Der Austausch untereinander wechselt vom Banalen, aber Effektiven zu abstrakten Zahlen, die vielleicht interessanter, vielleicht akademischer sind, aber leider weniger effektiv.

Eine Gruppe von kleineren Gemeinwesen mit charmant-provinziellen Streitigkeiten, ihren inneren Kämpfen und Menschen, die sich gegenseitig auf die Nerven gehen, verbindet sich zu einem recht gutartigen, stabilen Staatswesen. Die Schweiz hat, wie ich gezeigt habe, strukturell Ähnlichkeit mit dem Einkommen des zweiten Bruders: Sie ist stabil aufgrund der Variationen und Störgeräusche auf der lokalen Ebene. Das Einkommen des Taxifahrers ist im Blick auf den einzelnen Tag instabil, aufs Jahr umgerechnet jedoch stabil; ebenso ist die Schweiz insgesamt stabil, da die Gesamtheit der Kantone ein solides System ergibt.

Menschen gehen mit lokalen Finanzangelegenheiten vollkommen anders um als mit großen abstrakten öffentlichen Ausgaben: Wir haben früher in kleinen Einheiten und Stämmen gelebt, und das lief recht gut.*

Außerdem spielt in einem überschaubaren Gemeinwesen die Biologie eine Rolle, nicht aber in einem größeren System. Ein Regierungsbeamter ist gegen das Gefühl von Scham (das sich als Röte in seinem Gesicht manifestieren würde – eine biologische Reaktion auf Überschuldung und andere Missgriffe wie etwa die Ermordung von Menschen in Vietnam) immun. Augenkontakt mit den Menschen meiner Umgebung verändert mein Verhalten. Für einen an den Schreibtisch geketteten Lurch allerdings ist eine Zahl einfach nur eine Zahl. Ein Mensch, den man sonntags in der Kirche trifft, empfindet Unbehagen wegen seiner Fehler – und entwickelt ein stärkeres Verantwortungsgefühl. In einem kleinen, lokalen Kontext würde er körperlich, aufgrund seiner physiologischen

* Das ökonomische Argument, dass autonome Stadtstaaten wirtschaftlich besonders erfolgreich waren, das – nicht ohne einen gewissen verklärenden Unterton – von Henri Pirenne oder Max Weber vorgebracht wurde, übergehe ich; mein (mathematisches) Argument lautet, dass eine Reihe kleiner Einheiten mit halb-unabhängigen Variationen ganz andere Risikomerkmale erzeugt als eine einzige große Einheit.

Reaktionen davon abgehalten, anderen zu schaden. In groß angelegten Systemen sind die anderen nichts als abstrakte Elemente; da ein Beamter keinen direkten Kontakt mit den betreffenden Menschen hat, lässt er sich mehr von seinem Gehirn, anstatt von seinen Gefühlen leiten und stützt sich nur auf Zahlen, Tabellen, Statistiken, noch mehr Tabellen und Theorien.

Als ich diesen Gedanken meinem Koautor Mark Blyth erläuterte, platzte aus ihm heraus: »In einem kleineren Gemeindewesen wäre also eine Person wie Stalin undenkbar gewesen!«

Small is beautiful – das gilt noch in vielerlei anderer Hinsicht. Halten wir im Moment fest, dass das Kleine (in der Summe, also eine Ansammlung kleiner Einheiten) antifragiler ist als das Große – das Große ist faktisch zum Scheitern verurteilt, eine mathematische Eigenschaft, auf die ich später noch zu sprechen komme. Sie ist offensichtlich allgemeingültig und tritt bei großen Wirtschaftsunternehmen, sehr großen Säugetieren und großen Verwaltungsapparaten auf.*

Ein weiteres Problem mit dem abstrakten Staat ist psychologischer Natur. Das Unkonkrete lässt uns Menschen kalt. Ein weinendes Baby erregt in uns größeres Mitleid als Tausende von Menschen, die irgendwo sterben und deren Tod nicht übers Fernsehen in unsere Wohnzimmer gelangt. Ersteres ist eine Tragödie, Letzteres lediglich eine Statistik. Unsere emotionale Energie ist blind gegenüber Wahrscheinlichkeiten. Die Medien verschlimmern diesen Umstand, indem sie unseren Hang zu Anekdoten und unsere Sensationsgier bedienen, womit sie viel Ungerechtigkeit verursachen. Gegenwärtig stirbt alle sieben Sekunden ein Mensch an Diabetes, aber in den Nachrichten wird mit Bildern von Häusern, die durch die Luft fliegen, lediglich von Hurrikanopfern berichtet.

Durch die Einrichtung von Bürokratien bringen wir Beamte in eine Position, in der sie, ausgehend von abstrakten und theoretischen Daten, Entscheidungen fällen; und wir wiegen uns dabei in der Illusion, sie

* Quälend nutzlos sind Diskussionen um politische Systeme, in denen Länder verglichen werden, deren Größe nicht annähernd gleich ist, wenn man etwa Singapur neben Malaysia stellt. Die Größe einer Einheit spielt eine wichtigere Rolle als das System.

würden diese Entscheidungen auf rationale, verantwortliche, nachvollziehbare Weise fällen.

Und dann halten Sie sich vor Augen, dass es Lobbyisten – die unerfreuliche Gattung der Lobbyisten – in einer überschaubaren Gemeinde oder einer kleineren Region nicht geben kann. Aufgrund der Zentralisation der Macht (in gewissem Umfang) machen die Europäer in der Europäischen Kommission in Brüssel mit Schrecken Bekanntschaft mit diesen Mutanten, deren Existenzzweck darin besteht, die Demokratie zugunsten einiger Großunternehmer zu manipulieren. Indem ein einzelner Lobbyist eine einzige Entscheidung oder Bestimmung in Brüssel beeinflusst, kann er den großen Reibach machen. Das zahlt sich (bei geringem Einsatz) in einem viel größeren Ausmaß aus, als es in überschaubaren Gemeinwesen möglich wäre, wo man, um die Menschen zu überzeugen, Heerscharen von Lobbyisten brauchen würde.*

Nicht zu vergessen der Effekt am anderen Ende der Skala: Bei kleinen Unternehmen ist es weniger wahrscheinlich, dass sie Lobbyisten haben.

Derselbe Bottom-up-Effekt gilt in der Rechtsprechung. Der italienische Politik- und Rechtsphilosoph Bruno Leoni sprach sich für die Einführung eines richterbasierten Rechts aus, da es – im Vergleich zu expliziten, rigiden Kodifizierungen – aufgrund höherer Diversität robuster ist. Zwar käme die Wahl des Gerichtshofs dann unter Umständen einem Lotteriespiel gleich – andererseits würde man Fehlern im großen Maßstab vorbeugen.

Ich arbeite mit dem Beispiel der Schweiz, um die natürliche Antifragilität politischer Systeme zu belegen und um zu zeigen, wie Stabilität dadurch erreicht wird, dass man ein gewisses Grundrauschen zulässt und

* Glücklicherweise ist die EU vor Überzentralisation dank des Subsidiaritätsprinzips gesetzlich geschützt: Regelungen müssen in einem Rahmen getroffen werden, der groß genug ist, dass effizient agiert werden kann, aber nicht größer. Die Idee stammt aus der katholischen Kirche: Philosophisch gesehen sollte der Umfang einer Einrichtung weder sehr groß (der Staat) noch sehr klein (das Individuum) sein, sondern irgendwo dazwischen. Das ist ein sehr triftiger philosophischer Grundsatz, vor allem im Hinblick einerseits auf die Übertragungen von Fragilität, die ich im vierten Kapitel angesprochen habe, und andererseits auf die Vorstellung, dass Größe fragilisiert, worauf ich später noch ausführlich zu sprechen komme.

managt und auf diese Weise über einen Mechanismus verfügt, mit dem man den Dingen ihren natürlichen Lauf lassen kann, ohne zu versuchen, dieses Grundrauschen zu minimieren.

Bemerkenswert ist übrigens noch ein weiteres Spezifikum der Schweiz: Obwohl es womöglich das erfolgreichste Land in der Geschichte der Menschheit ist, spielt akademische Bildung dort im Vergleich mit den anderen reichen Nationen eine untergeordnete Rolle. Sein Ausbildungssystem, auch das der Banken, beruht gegenwärtig vor allem auf praktischen Unterrichtsmodellen, auf Lehrverhältnissen, die stark am Beruf selbst und nicht an Theorien ausgerichtet sind. Mit anderen Worten, auf *téchne* (Handwerk und *know how*), nicht auf *epistéme* (Buchwissen, *know what*).

Raus aus Extremistan

Schauen wir uns nun die technische, eher statistische Seite davon an, wie sich menschliches Handeln auf die Volatilität von Prozessen auswirkt. Der Bottom-up-Volatilität liegt eine bestimmte mathematische Eigenschaft zugrunde, die auch die Volatilität natürlicher Systeme besitzt. Diese Volatilität erzeugt die Art von Zufälligkeit, die ich als Mediokristan bezeichne – viele Variationen, die zwar für sich genommen beängstigend wirken können, sich aber im Ganzen gesehen gegenseitig aufheben (im Lauf der Zeit oder wenn man die Gesamtheit der Gemeinwesen betrachtet, die ein größeres Bündnis oder eine größere Einheit bilden) – im Gegensatz zu dem ungebärdigen Extremistan, wo ganz überwiegend Stabilität vorherrscht und nur gelegentlich ungeheures Chaos ausbricht; hier haben Irrtümer weitreichende Konsequenzen. Das eine fließt, das andere springt. Im einen kommen viele kleine Variationen vor, im anderen treten sie geballt auf. Der Unterschied zwischen diesen beiden Arten von Zufälligkeit entspricht dem zwischen dem Einkommen eines Taxifahrers und dem eines Bankangestellten, und er ist qualitativer Natur.

In Mediokristan gibt es zahlreiche Variationen, keine vereinzelte extreme Variation; in Extremistan gibt es nur wenige Variationen, die dann allerdings extrem ausfallen.

Der Unterschied lässt sich gut an einem Vergleich zwischen der täglichen Kalorienaufnahme und den Zahlen des Buchhandels verdeutlichen: Ihre tägliche Kalorienaufnahme gehört nach Mediokristan. Wenn Sie die Kalorien addieren, die Sie sich in einem Jahr zuführen, macht die Kalorienanzahl eines einzelnen Tages – selbst ohne Ihre Schummeleien – keinen sehr großen Bruchteil der gesamten Jahressumme aus (nicht mehr als sagen wir 0,5 Prozent der Gesamtsumme – also 4000 Kalorien, wenn Sie 800 000 Kalorien im Jahr zu sich nehmen). Die Ausnahme, das seltene Ereignis, ist also für die Gesamtheit und auf Dauer nicht von Belang. Sie können nicht an einem Tag Ihr Gewicht verdoppeln, das schaffen Sie nicht einmal in einem Monat oder einem Jahr – aber Sie können Ihren Nettowert in einem einzigen Moment verdoppeln oder halbieren.

Anders sieht es aus, wenn es um die Verkaufszahlen von Romanen geht: Mehr als die Hälfte der Verkäufe (und rund 90 Prozent der Gewinne) resultiert aus den obersten 0,1 Prozent, hier dominiert also die Ausnahme, das Ereignis, das in einem von 1000 Fällen vorkommt. Finanzielle und andere wirtschaftliche Vorgänge stammen eher aus Extremistan, und das gilt auch für die Geschichte, deren Bewegung diskontinuierlich ist und von einem Zustand in den anderen springt.*

Abbildung 3 zeigt, dass antifragile Systeme verletzt werden, wenn man sie ihrer natürlichen Variationen beraubt (hauptsächlich im Zusammenhang mit naiven Eingriffen). Diese Logik findet außer beim Grundrauschen eines Gemeinwesens auch Anwendung bei: einem Kind, das ins Freie darf, nachdem es eine Zeitlang in einer sterilen Umgebung gelebt hat; einem System mit von oben vorgegebener diktatorischer Stabilität; den Auswirkungen von Preiskontrollen; den Vorteilen einer bestimmten Größe für ein Unternehmen und vielem mehr. Wir wechseln von einem System, das beständige, kontrollierbare Volatilität erzeugt (Mediokristan) und eher der statistischen »Glockenkurve« entspricht (aus der ungefährlichen, gutartigen Familie der Gauß'schen Normalverteilung), zu einem in hohem Maße unvorhersehbaren System, das sich

* Wenn Zufälligkeit in Form von kleinen wiederkehrenden politischen Störungen über eine große Anzahl kleiner Einheiten verteilt auftritt, gelangt man zum ersten Typ, dem ungefährlichen Mediokristan. Wo Zufälligkeit konzentriert auftritt, hat das den zweiten Typ zur Folge, das tückische Extremistan.

in Sprüngen, den so genannten Fat Tails, bewegt. Fat Tails – ein Synonym für Extremistan – sind Ereignisse, die sich an den Enden, den so genannten »Tails« der Kurve ereignen und eine unverhältnismäßig große Rolle spielen. Das erste System (erster Graph) ist volatil, es schwankt, sackt aber nicht ab. Das zweite System (zweiter Graph) sackt ab, ohne dass außerhalb der Turbulenzzone nennenswerte Schwankungen auftreten. Auf Dauer ist das zweite System weitaus volatiler – allerdings tritt die Volatilität schubweise auf. Wenn wir das erste System beschränken, wird das sehr wahrscheinlich einen Umschlag in das zweite System zur Folge haben.

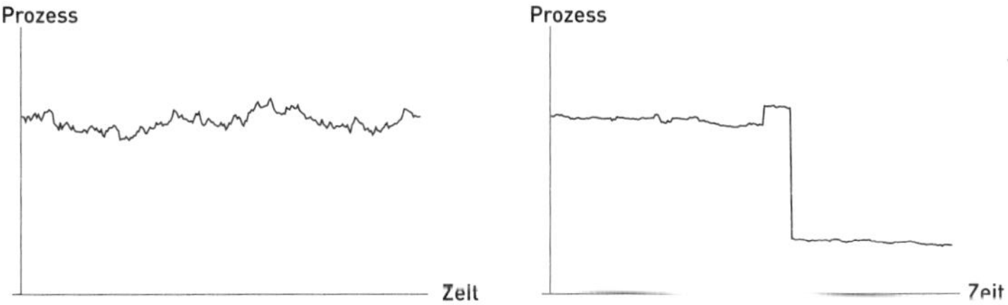

Abbildung 3. Das Rauschen in einem Gemeinwesen, etwa die breit gestreuten Variationen in den Suks (erster Graph), verglichen mit der Variabilität zentralisierter oder von Menschen gemanagter Systeme (zweiter Graph) – oder auch das Einkommen eines Taxifahrers (erster Graph) und das eines Angestellten (zweiter Graph). Der zweite Graph zeigt eine Bewegung, die sich von Kaskade zu Kaskade, von einem Schwarzen Schwan zum nächsten bewegt. Wenn Menschen zu stark eingreifen, um Prozesse einzuebnen oder zu kontrollieren, bewirkt das das Umspringen vom einen System – Mediokristan – auf das andere – Extremistan. Dieser Effekt tritt in allen Systemen gebändigter Volatilität auf – sei es im Gesundheitswesen, in der Politik oder in der Wirtschaft, sogar in der individuellen Befindlichkeit mit oder ohne Prozac. Oder im Unterschied zwischen dem Privatunternehmergeist in Silicon Valley (erster Graph) und dem Bankensystem (zweiter Graph).

Hinzu kommt, dass die Entwicklung in Extremistan kaum vorhersagbar ist. In der zweiten, pseudo-glatten Art von Zufälligkeit sind Fehler scheinbar selten, aber wenn sie auftreten, sind sie riesig, ja möglicherweise verheerend. Genau genommen hat alles, was Planungsmaßnahmen unterworfen ist, die Tendenz, aufgrund genau dieser Eigenschaften zu scheitern – ich werde dieses Argument im IV. Buch noch genauer erläutern. Dass Planung für Wirtschaftsunternehmen hilfreich sein kann, ist letztlich nichts als ein Mythos: Ich habe ja bereits gezeigt, dass die Welt zu zufällig und unvorhersehbar ist, als dass sich eine Strategie auf der Erkennbarkeit der Zukunft gründen ließe. Das, was überlebt, ist das Ergebnis des Zusammenwirkens einer gewissen Fitness mit bestimmten Umgebungsbedingungen.

Das große Truthahn-Problem

Lassen Sie mich nun aus der fachspezifischen Sphäre der Graphen von Fat Tails und Extremistan ins umgangssprachliche Libanesisch zurückkehren. In Extremistan neigt man dazu, sich von Eigenschaften aus der Vergangenheit blenden zu lassen und Geschichte rückwärts zu verstehen. Kurz vor dem Absturz im zweiten Graph von Abbildung 3 liegt es nahe zu glauben, das System sei sicher – vor allem wenn es sich zunehmend vom »beängstigenden« Typ sichtbarer, volatiler Zufälligkeit im linken Bereich zu einem scheinbar sicheren im rechten entwickelt hat. Es mutet an wie ein Rückgang an Volatilität, aber der Eindruck trügt.

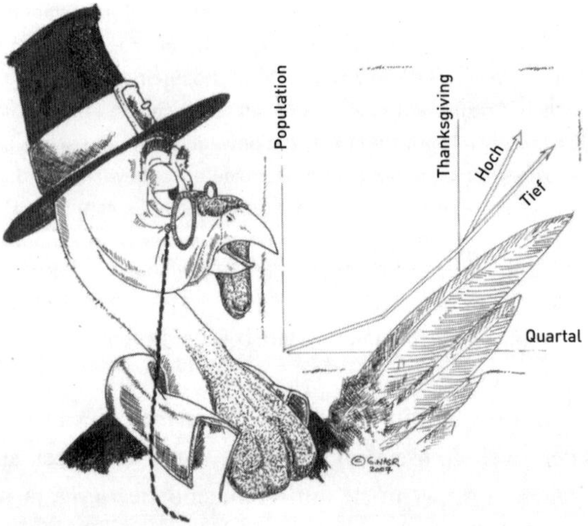

Abbildung 4. Ein Truthahn arbeitet mit »Beweisen«; da er nicht weiß, was es heißt, dass Thanksgiving vor der Tür steht, nimmt er, ausgehend von den Daten der Vergangenheit, »schlüssige« Projektionen in die Zukunft vor. [Abbildung: George Nasr.]

Ein Truthahn wird tausend Tage lang von einem Metzger gefüttert; jeden Tag verkündet der Truthahn seinem Analystenstab »mit wachsender statistischer Zuversicht«, dass Metzger Truthähnen wohlgesonnen sind. Der Metzger wird den Truthahn weiterfüttern, und zwar bis kurz vor Thanksgiving. Dann kommt der Tag, an dem es gar nicht schön ist, ein Truthahn zu sein. Der Metzger wartet mit seiner Überraschung auf, der Truthahn muss seine Überzeugungen revidieren – und das ausgerechnet im Moment größtmöglicher Sicherheit bezüglich der Aussage, dass *der Metzger Truthähne mag,* dass im Leben des Truthahns »alles seinen ruhigen Gang geht« und völlig vorhersehbar ist. Dieses Beispiel ist die Adaption einer Metapher von Bertrand Russell. Entscheidend ist hier, dass eine solche Überraschung ein Ereignis im Sinne eines Schwarzen Schwans ist, allerdings nur für den Truthahn, nicht für den Metzger.

Man kann an der Truthahn-Geschichte auch die Urform aller fatalen Fehlschlüsse ablesen: das Verwechseln der Abwesenheit eines Beweises (für eine Gefahr) mit dem Beweis für die Abwesenheit, das heißt die Nichtexistenz (dieser Gefahr); ein Fehler, der, wie ich noch zeigen werde, in intellektuellen Kreisen grassiert und aus den Sozialwissenschaften stammt.

Unsere Lebensaufgabe besteht also einfach darin zu lernen, »wie man vermeidet, ein Truthahn zu werden« oder, wenn möglich, wie man ein umgekehrter Truthahn, also antifragil wird. »Kein Truthahn sein« fängt damit an, dass man sich den Unterschied zwischen echter und künstlich hergestellter Stabilität vor Augen führt.

Der Leser kann sich unschwer ausmalen, was geschieht, wenn Zwangssysteme, in denen jegliche Volatilität erstickt wurde, explodieren. Es gibt dafür das passende Beispiel: Die Absetzung der Baath-Partei und der abrupte Sturz Saddam Husseins und seines Regimes durch die Vereinigten Staaten im Jahr 2003. Über einhunderttausend Menschen starben, und zehn Jahre später ist in dem Land immer noch keine Ruhe eingekehrt.

Zwölftausend Jahre

Ich habe die Diskussion um Staatsformen mit dem Beispiel der Schweiz begonnen. Gehen wir jetzt etwas weiter Richtung Osten.

Die nördliche Levante, grob gesprochen der heutige nördliche Teil von Syrien und Libanon, war über den langen, sehr langen Zeitraum vom präkeramischen Neolithikum bis in die Mitte des 20. Jahrhunderts, also die allerjüngste Zeit hinein, die wohlhabendste Provinz in der Geschichte der Menschheit. Das sind zwölftausend Jahre – verglichen etwa mit England, das seit etwa vierhundert Jahren prosperiert, oder Skandinavien, das erst seit weniger als dreihundert Jahren ökonomisch erfolgreich ist. Wenige Regionen auf der Erde haben es geschafft, sich mit so großer Kontinuität über einen derart langen Zeitraum hinweg – was Historiker die *longue durée* nennen – zu behaupten. Andere Städte kamen und gingen; Aleppo, Emesa (das heutige Homs) und Laodikeia (Lattakia) blieben immer vergleichsweise wohlhabend.

In der nördlichen Levante dominierten von alters her einerseits die Händler, was vor allem auf die geographische Lage der Levante als wichtige Station an der Seidenstraße zurückzuführen ist; andererseits die Großgrundbesitzer, da die Provinz einen Großteil der mediterranen Welt, vor allem Rom, mit Weizen versorgte. Von hier stammten einige römische Kaiser, einige katholische Päpste in der Zeit vor den Schismen, über dreißig griechischsprachige Schriftsteller und Philosophen (darunter mehrere Vorsteher in Platons Akademie) und schließlich auch die Vorfahren des amerikanischen Visionärs und Unternehmers Steve Jobs, der uns den Apple Computer bescherte, auf deren einem ich gerade diese Zeilen überarbeite (sowie das iPad, auf dem Sie diese Zeilen womöglich jetzt lesen). Von Aufzeichnungen aus römischer Zeit wissen wir, dass die Provinz autonom war und seinerzeit von lokalen Eliten geleitet wurde, also unter einer dezentralen Regierung durch Ortsansässige stand, die die Osmanen später beibehielten. Die Städte prägten ihre eigenen Münzen.

Dann ereignete sich zweierlei. Zum einen wurde nach dem Ersten Weltkrieg ein Teil der nördlichen Levante in die neu geschaffene Nation Syrien integriert und abgetrennt vom anderen Teil, der jetzt zum Libanon gehört. Bis dahin war das gesamte Gebiet Teil des Osmanischen Reichs gewesen, hatte aber als quasi autonome Region agiert – die Osmanen übertrugen ebenso wie die Römer vor ihnen lokalen Eliten die Verantwortung, solange genügend Steuern bezahlt wurden, und konzentrierten sich auf ihre eigenen Kriegshändel. Die osmanische Art von Reichsfrieden, die *Pax Ottomana*, war wie ihre Vorgängerin, die *Pax*

Romana, günstig für den Handel. Es wurde für die Durchsetzung von Verträgen gesorgt, was letztlich der wichtigste Existenzgrund für Regierungen ist. In seinem kürzlich erschienenen nostalgischen Buch *Levant* dokumentiert Philip Mansel, wie die Städte im östlichen Mittelmeerraum als vom Hinterland unabhängige Stadtstaaten operierten.

Dann, wenige Jahrzehnte nach der Gründung Syriens, machte sich die modernistische Baath-Partei daran, ihre Visionen von Utopia durchzusetzen. Sobald die Baathisten die Region zentralisierten und ihre staatlichen Gesetze durchdrückten, begann in Aleppo und Emesa der Niedergang.

Die Baath-Partei mit ihrem »Modernisierungsprogramm« beseitigte das archaische Durcheinander der Suks und ersetzte es durch den nüchtern-klaren Modernismus von Bürogebäuden.

Der Effekt wurde sofort sichtbar: Über Nacht verließen die handeltreibenden Familien das Land. Die Juden siedelten nach New York und New Jersey über, die Armenier nach Kalifornien, die Christen nach Beirut. Beirut bot eine dem Handel aufgeschlossene Atmosphäre, und der Libanon war ein harmloser, kleinerer, unorganisierter Staat ohne eigentliche Zentralregierung. Der Libanon war klein genug, um ein in sich geschlossenes Gemeinwesen zu bilden, kleiner als eine Großstadtregion mittlerer Größe.

Krieg, Gefängnis oder beides

So hatte der Libanon zwar alle richtigen Eigenschaften, doch der Staat ließ *zu viel* Freiraum, und indem er den verschiedenen palästinensischen Lagern erlaubte, Waffen zu besitzen, verursachte er ein Wettrüsten zwischen den Gemeinden und sah tatenlos zu, wie sich das Unheil zusammenbraute. Desorganisation kann stärkend wirken, der Libanon allerdings war etwas zu desorganisiert. Es war, als würde man jedem Mafiaboss in New York erlauben, eine größere Truppe zu haben als die Joint Chiefs of Staff, also alle Polizeistabschefs zusammen (man stelle sich John Gotti mit Raketen vor). Und so begann 1975 im Libanon ein verheerender Bürgerkrieg.

Es gibt einen Satz, der mich bis heute verfolgt; er stammt von einem Freund meines Großvaters, einem reichen Kaufmann aus Aleppo, der vor dem Baath-Regime geflohen war. Als mein Großvater während des libanesischen Kriegs seinen Freund fragte, warum er nicht nach Aleppo zurückkomme, gab dieser die kategorische Antwort: »Wir Bürger von Aleppo ziehen Krieg dem Gefängnis vor.« Ich nahm zuerst an, er rechne damit, dass sie ihn in Syrien ins Gefängnis stecken würden, aber dann ging mir auf, dass er mit »Gefängnis« den Verlust politischer und wirtschaftlicher Freiheiten meinte.

Auch das Wirtschaftsleben scheint Krieg dem Gefängnis vorzuziehen. Der Libanon und Nordsyrien ähnelten sich noch vor einem Jahrhundert im Hinblick auf das Vermögen der Bürger (dem von Wirtschaftswissenschaftlern so genannten Bruttoinlandsprodukt) sehr stark, und sie hatten dieselbe Kultur, dieselbe Sprache, dieselben Ethnien, Speisen, ja sogar Witze. Alles war gleich bis auf die Herrschaft der »modernisierenden« Baath-Partei in Syrien und die wohlwollende Haltung des libanesischen Staates. Trotz eines Bürgerkriegs, der die Bevölkerungszahl drastisch reduzierte, der eine Abwanderung hochqualifizierter Arbeitskräfte verursachte und den allgemeinen Wohlstand um mehrere Jahrzehnte zurückwarf, und trotz des Chaos, das die Region erschüttert, hat der heutige Libanon einen entschieden höheren Lebensstandard – das Land ist drei- bis sechsmal so reich wie Syrien.

Auch Machiavelli erkannte diese Zusammenhänge. Jean-Jacques Rousseau zitierte ihn: »Allem Anschein nach, so Machiavelli, wurde unsere Republik inmitten all der Morde und Bürgerkriege stärker, die Bürger tugendhafter… Ein gewisses Ausmaß an Unruhe gibt den Seelen zusätzliche Kraft, und die Menschheit wächst nicht aufgrund von Frieden, sondern von Freiheit.«

Pax Romana

Der zentralisierte Nationalstaat ist kein neuzeitliches Phänomen. Faktisch hat er in fast identischer Form bereits im alten Ägypten existiert. Allerdings war das ein Einzelfall in der Geschichte, der noch dazu nicht lange Bestand hatte: Durch den Kontakt mit den verrückten, unbändigen, barbarischen, desorganisierten, lästigen Eindringlingen aus Kleinasien mit ihren Streitwagen – buchstäblich eine Killer-App – begann sich der ägyptische Staat aufzulösen.

Die altägyptischen Dynastien organisierten ihre Herrschaft nicht nach Art eines Imperiums, sondern wie einen ganzheitlichen Staat, was etwas ganz anderes ist – da damit andere Variationstypen erzeugt werden, wie ich bereits gezeigt habe. Nationalstaaten stützen sich auf eine zentralisierte Bürokratie, wohingegen Imperien wie das Römische Reich und die Dynastie der Osmanen auf lokale Eliten setzten; die Stadtstaaten konnten sich eigenständig entwickeln, prosperieren und faktisch eine gewisse Autonomie aufrechterhalten – und diese Autonomie war kommerzieller, nicht militärischer Natur, was eine ideale Voraussetzung für friedliche Zustände ist. Indem die Osmanen ihre Lehnsmänner und Vasallen davor bewahrten, in Kriege verwickelt zu werden, taten sie ihnen geradezu einen Gefallen – militaristische Versuchungen blieben ihnen erspart, was einer gedeihlichen Entwicklung nur nützen konnte; oberflächlich betrachtet mochte das System ungerecht wirken, doch es ermöglichte den Menschen, sich auf den Handel zu konzentrieren statt auf Krieg. Es beschützte sie vor sich selbst. David Hume führt dieses Argument zugunsten kleiner Staaten in seiner *Geschichte von England* an: Große Staaten sind ständig versucht, in einen Krieg einzutreten.

Natürlich ließen weder die Römer noch die Osmanen diese lokale Autonomie aus selbstloser Liebe zur Freiheit ihrer Untertanen zu; es war einfach zweckdienlicher. Eine Kombination aus Imperium (für bestimmte Angelegenheiten) und halb-unabhängigen Regionen (die in Freiheit ihre eigenen Angelegenheiten regeln können) erzeugt mehr Stabilität als das Gebilde, das in der Mitte liegt: der zentralisierte Nationalstaat mit seinen Fahnen und klar gezogenen Grenzen.

Allerdings unterschieden sich in dieser Hinsicht die Staaten, selbst wenn es sich, wie in Ägypten und China, um zentralisierte Staaten handelte, in der Praxis wenig vom Römischen und Osmanischen Reich – abgesehen von der Bündelung der intellektuellen Instanzen im System der Schreiber und der Mandarine, also einer Monopolisierung des Wissens. Einige von uns werden sich sicher noch an die Tage erinnern, da es kein Internet gab, keine Möglichkeit, die Steuereinnahmen elektronisch zu überwachen. In der Zeit vor der Entstehung der Netzwerke neuzeitlicher Kommunikation (in Form von Telegrammen, Zügen, später Telefonen) mussten Staaten mit Botendiensten arbeiten. Ein lokaler Provinzherrscher war daher in vielen Fragen faktisch ein König, selbst wenn er nicht als solcher bezeichnet wurde. Bis in die jüngste Geschichte hinein entfielen etwa fünf Prozent der Wirtschaft auf den Zentralstaat – dieser Anteil hat sich mittlerweile im modernen Europa verzehnfacht. Außerdem waren die Regierungen hinreichend durch Kriege abgelenkt, sodass sie die wirtschaftlichen Belange den Geschäftsleuten überlassen konnten.*

Krieg oder kein Krieg

Wie sah Europa vor der Schaffung der Nationalstaaten Deutschland und Italien aus? (Bei beiden spricht man von »Wiedervereinigung«, als ob diese Nationen in irgendeiner romantisch verklärten Vergangenheit klar umrissene Einheiten gewesen wären.) Bis zur Bildung dieser idealisierten Einheiten gab es eine sich ständig verändernde, amorphe Masse kleiner Staaten und Stadtstaaten mit dauernd wechselnden Spannungsherden und wechselnden Bündnisverhältnissen. Den längsten Teil ihrer Geschichte zankten sich Genua und Venedig um den östlichen und südlichen Mittelmeerraum wie zwei Huren um ein Stück Bürgersteig. Doch es liegt etwas Beruhigendes in Streitigkeiten zwischen Kleinstaaten: Gebilde mittlerer Größe werden mit mehr als einem Feind nicht fertig, ein Krieg gegen die eine Seite bringt also immer notwendigerweise auf der anderen Seite eine Allianz mit sich. Gewisse Spannungen waren immer irgendwo gegeben, doch hatten sie keine größeren Folgen, ganz so wie die Niederschlagsbedingungen auf den Britischen Inseln: Leichter Regen und kein Hochwasser lassen sich besser handhaben als das Gegenteil, lange Dürreperioden gefolgt von intensiven Regenfällen. Mit anderen Worten: lieber Mediokristan als Extremistan.

Die verhängnisvolle Gründung von Nationalstaaten im späten 19. Jahrhundert führte dann zu den beiden Weltkriegen mitsamt ihren verheerenden Folgen: Über sechzig Millionen (womöglich bis zu achtzig Millionen) Opfer waren zu beklagen. Der Unterschied zwischen Krieg

* Man beachte, dass mit dem Terminus »Balkanisierung« ein bestimmter Eindruck hervorgerufen wird: der Eindruck des Durcheinanders, das mehrere fragmentierte Staaten erzeugen, als ob Fragmentierung etwas Schlechtes wäre und als ob es im Balkan eine Alternative gäbe –, aber keiner spricht von »Helvetisierung«, um die Erfolge eines solchen Systems zu beschreiben.

und *kein Krieg* wurde ausgesprochen groß, die Diskontinuität war markant. Und ist damit nichts anderes als der Umschlag zu dem Effekt, dass »der Gewinner alles bekommt«, im Bereich der Wirtschaft also zu der Herrschaft seltener Ereignisse. Eine größere Anzahl kleiner Staaten gleicht dem Restaurantsektor, über den ich schon gesprochen habe: Sie ist volatil, aber eine alle mit sich reißende Krise, wie sie etwa das Bankenwesen heimgesucht hat, ist hier ausgeschlossen. Das liegt daran, dass sich dieser Verbund aus vielen unabhängigen, miteinander konkurrierenden kleinen Einheiten zusammensetzt, die jeweils nicht das gesamte System bedrohen und die Macht hätten, es von einem Stadium ins andere umkippen zu lassen. Zufälligkeit ist verteilt, nicht konzentriert.

Manche Menschen geben sich der naiven Truthahn-Illusion hin, die Welt werde mit jedem Tag sicherer, und natürlich schreiben sie das naiverweise der Existenz des heiligen »Staates« zu (obwohl die von unten nach oben organisierte Schweiz ungefähr die niedrigste Kriminalitätsrate weltweit hat). Mit dem gleichen Recht könnte man behaupten, Atombomben seien sicherer, weil sie seltener explodieren. Es ereignen sich weltweit immer weniger Gewaltakte, doch das, was Kriege anzurichten imstande sind, wird immer entsetzlicher. In den 1960er Jahren, als die Vereinigten Staaten mit einem Atombombenangriff auf die Sowjetunion drohten, stand die Menschheit unmittelbar am Rand der schlimmsten aller denkbaren Katastrophen. Wenn wir uns mit den Risiken in Extremistan befassen, suchen wir nicht nach Hinweisen (Hinweise kommen zu spät), sondern nach dem möglichen Schaden: Einem verheerenderen Schaden war die Welt nie zuvor näher als damals.* Es ist schwer, datenhörigen Menschen zu erklären, dass die Risiken sich in der Zukunft befinden, nicht in der Vergangenheit.

* Eine gründliche Analyse der Daten – mit angemessener Berücksichtigung des Unbemerkten – zeigt, dass ein Krieg, der den Planeten auslöschen würde, voll und ganz in Übereinstimmung mit der Statistik stünde – er wäre nicht einmal ein Sonderfall. Wie wir sehen werden, ließ sich Ben Bernanke bei seiner These von der *Great Moderation* (der großen Mäßigung) genauso täuschen. Es handelt sich hier um ein typisches Truthahn-Problem; bei jedem Prozess, bei dem Volatilität unterdrückt wird, sind die Eigenschaften irreführend. Steven Pinker und andere interpretierten die Beschaffenheit des statistischen Prozesses falsch und hielten eine zur »großen Mäßigung« im Finanzwesen analoge These aufrecht.

Das chaotische, multiethnische Imperium, die so genannte Österreichisch-Ungarische Doppelmonarchie, verschwand nach dem Ersten Weltkrieg ebenso wie sein osmanischer Nachbar und Rivale (und in vielerlei Hinsicht auch sein Bruder – aber nicht weitersagen), und beide wurden durch klare, sauber abgegrenzte Nationalstaaten ersetzt. Das Osmanische Reich mit seinen wirren Nationalitäten – oder besser gesagt das, was davon übrig war – wurde zum Staat Türkei, der nach dem Vorbild der Schweiz aufgebaut wurde, ohne dass jemandem die Widersprüchlichkeit aufgefallen wäre. Wien sah sich auf einmal vom Staat Österreich vereinnahmt, mit dem es – abgesehen von der Sprache – nur wenig gemein hatte. Man stelle sich vor, New York City würde nach Texas verpflanzt und nach wie vor New York heißen. Stefan Zweig, der jüdische Romancier aus Wien, der damals als einflussreichster Schriftsteller der Welt galt, brachte seinen Schmerz in seiner ergreifenden Autobiographie *Die Welt von Gestern* zum Ausdruck. Wien reihte sich in die Gruppe multikultureller Städte wie Alexandria, Smyrna, Aleppo, Prag, Thessaloniki, Konstantinopel (später Istanbul) und Triest ein, die heute in das Prokrustesbett eines Nationalstaats gezwängt sind und deren Bürger nach wie vor im Schatten einer generationenübergreifenden Nostalgie leben. Zweig war außerstande, mit dem Verlust fertigzuwerden und sich andernorts zu integrieren, er beging später in Brasilien Selbstmord. Ich las seinen Bericht zum ersten Mal, als ich mich in einer ähnlichen Situation des physischen und kulturellen Exils befand – damals, als meine levantinische christliche Welt im libanesischen Krieg in Scherben fiel, und ich fragte mich, ob Zweig wohl am Leben geblieben wäre, wenn er nicht nach Brasilien, sondern nach New York ausgewandert wäre.

Kapitel 6

Zufälligkeit ist SO super!

Maxwell in Extremistan – Die komplizierte Art, einen Esel zu füttern – Vergil hat gesagt, tu es, und zwar gleich

Das vorherige Kapitel sollte zeigen, wie stark sich die Risikoeigenschaften des ersten Bruders (des fragilen Bankangestellten) von denen des zweiten (dem vergleichsweise antifragilen, selbstständigen Taxifahrer) unterscheiden. Ebenso deutlich unterscheidet sich die Risikocharakteristik eines zentralisierten politischen Systems von der einer eher nachlässig geführten Städte-Konföderation. Der zweite Typ ist *aufgrund eines gewissen Maßes* an Volatilität auf Dauer stabil.

James Clerk Maxwell, der berühmte Theoretiker des Elektromagnetismus, hat systematisch belegt, wie zu engmaschige Kontrollen das Gegenteil des angestrebten Ziels bewirken und Schäden verursachen können. »Governors« (Regulatoren) sind Vorrichtungen, mit denen die Geschwindigkeit von Dampfmaschinen kontrolliert wird, indem abrupte Variationen ausgeglichen werden. Sie hatten die Funktion, die Maschinen zu stabilisieren, und das taten sie auch, allerdings verursachten sie paradoxerweise hin und wieder unberechenbares Verhalten und Zusammenbrüche. Ein geringes Maß an Kontrolle funktioniert; penibles Kontrollieren dagegen hat Überreaktionen zur Folge, wobei manchmal die ganze Maschinerie zu Bruch geht. In einem berühmten, 1867 veröffentlichten Aufsatz *On Governors* stellte Maxwell diese Mechanismen dar und belegte mathematisch, dass die enge Kontrolle der Geschwindigkeit einer Lokomotive zu Instabilität führt.

Es ist bemerkenswert, auf wie viele Bereiche Maxwells sauberen mathematischen Ableitungen und die Gefahren strenger Kontrolle generalisiert werden können und wie hilfreich sie sind, wenn es darum geht,

Pseudo-Stabilisierungen und verborgene Langzeit-Fragilitäten aufzudecken.*

Auf den Märkten führt die Festlegung von Preisen oder analog die Ausschaltung von Spekulanten, den so genannten Rauschhändlern mitsamt der moderaten Volatilität, die sie mit sich bringen, zu einer Illusion von Stabilität: Lange Perioden, in denen nichts geschieht, werden unterbrochen von heftigen Ausschlägen. Da die Akteure an Volatilität nicht gewöhnt sind, führen sie schon die geringste Preisvariation auf Insider-Informationen zurück oder auf Veränderungen im Zustand des Gesamtsystems, was eine allgemeine Panik zur Folge hat. Wenn eine Währung sich nie verändert, glauben die Leute schon bei der leisesten Bewegung, dass die Welt untergeht. Dabei führt es zur Stabilisierung des Systems, wenn man ihm ein gewisses Maß an Unordnung hinzufügt.

Tatsächlich ist es nützlich, wenn man die Menschen ab und an ein wenig durcheinanderbringt – es ist gut für einen selbst und gut für die anderen. Stellen Sie sich den Alltag mit einem extrem pünktlichen und zuverlässigen Menschen vor, der seit fünfzehn Jahren täglich um Punkt sechs nach Hause kommt. Man kann die Uhr nach ihm stellen. Seine Familie wird sich, wenn er auch nur wenige Minuten später kommt, garantiert Sorgen machen. Ganz anders bei einer Person mit einem volatileren, das heißt weniger berechenbaren Zeitplan, die mit einem Spielraum von plus minus einer Viertelstunde nach Hause kommt.

Variationen haben auch die Funktion von Säuberungsaktionen. Kleinere Waldbrände befreien das System periodisch von einem Großteil des entzündlichen Materials, sodass es sich nicht zu einer gefährlichen Menge anhäufen kann. Werden Waldbrände aus »Sicherheitsgründen« systematisch verhindert, verschlimmert das die großen Brände beträchtlich. Aus ähnlichen Gründen ist Stabilität nicht gut für die Wirtschaft: Firmen werden während längerer Perioden beständigen Erfolgs und ohne Rückschläge sehr schwach, und unter der Oberfläche sammeln

* Der Finanzspezialist George Cooper hat Maxwells Argument in seinem Aufsatz *The Origin of Financial Crises* (Der Ursprung finanzieller Krisen) aufgegriffen und neu formuliert – Maxwells Argument ist derart hellsichtig und immer noch so aktuell, dass Peter Nielsen, ein alter Trader-Freund, den Text an alle seine Bekannten verteilt hat.

sich immer mehr verborgene Schwachstellen an – Krisen aufzuschieben ist also keine sehr sinnvolle Maßnahme. Das Fehlen von Fluktuationen am Markt hat zur Folge, dass verborgene Risiken sich ungehindert vermehren können. Je länger der Markt frei bleibt von Erschütterungen, desto größer ist der Schaden, wenn dann tatsächlich eine Erschütterung eintritt.

Dieser nachteilige Effekt von Stabilität kann wissenschaftlich zweifelsfrei belegt werden. Doch als ich anfing, als Trader zu arbeiten, lernte ich ihn als Heuristik kennen, die von Veteranen angewendet wird: Wenn der Markt einen »neuen Tiefpunkt« erreicht, also auf einen Stand abfällt, wie man ihn seit längerer Zeit nicht erlebt hat, wird »viel Blut fließen«, da massenhaft Menschen in Richtung Ausgang drängen. Diejenigen, die an den Verlust von Schekeln nicht gewöhnt sind, werden viel verlieren und stark in Bedrängnis geraten. Wenn ein solcher Tiefpunkt seit Jahren nicht vorkam, sagen wir seit zwei Jahren, dann spricht man von einem »Zweijahres-Tief«, das größeren Schaden anrichtet als ein Einjahres-Tief. Bezeichnenderweise wird dafür auch der Begriff »Säuberungsaktion« benutzt – die »schwachen Hände« werden aus dem Weg geräumt. Eine »schwache Hand« ist jemand, der fragil ist, ohne sich dessen bewusst zu sein, und sich in falscher Sicherheit wiegt. Wenn viele »schwache Hände« zum Ausgang rennen, verursachen sie kollektiv Unfälle. Ein volatiler Markt lässt es nicht zu, dass längere Zeit ohne eine »Säuberungsaktion« der Risiken gearbeitet wird, und verhindert dadurch den Zusammenbruch des Markts.

Fluctuat nec mergitur (Es schwimmt mit dem Strom, geht aber nicht unter) lautet ein lateinisches Sprichwort.

Hungrige Esel

Bis jetzt lief meine Argumentation darauf hinaus, dass es nicht immer sinnvoll ist, ein antifragiles System vor Zufälligkeit in Schutz zu nehmen. Schauen wir uns nun die Situation an, in der die *Hinzufügung* von Zufälligkeit eine übliche Vorgehensweise ist – wo also Zufälligkeit den dringend notwendigen Treibstoff für ein antifragiles System darstellt, das permanent nach ihm hungert.

Ein Esel, der sowohl hungrig als auch durstig ist und von Futter und Wasser gleich weit entfernt steht, würde unweigerlich an Hunger oder Durst sterben. Gerettet werden kann er mit einem zufälligen Stups in die eine oder andere Richtung. Man bezeichnet eine solche Situation mit der Metapher »Buridans Esel«, nach dem mittelalterlichen Philosophen Jean Buridan, der außer diesem Gedankenexperiment auch noch andere, komplizierte Dinge ersonnen hat. Wenn bestimmte Systeme einen toten Punkt erreicht haben, dann ist dieser Zustand einzig und allein durch Zufälligkeit wieder aufzulösen. Wie man sieht, ist die Abwesenheit von Zufälligkeit hier gleichbedeutend mit dem sicheren Tod.

Die Methode, zufällige Störgeräusche in ein System einzubringen, um seine Arbeitsweise zu verbessern, fand in vielen Bereichen Anwendung. Aufgrund des Phänomens der so genannten *stochastischen Resonanz* macht die Hinzufügung von zufälligem Rauschen zum Hintergrund den Klang (etwa von Musik) deutlicher hörbar. Und der psychologische Mechanismus der Überkompensation ermöglicht es, Signale inmitten von Lärm zu empfangen; hier geht es nun allerdings nicht um eine psychologische, sondern um eine physikalische Eigenschaft des Systems. SOS-Signale, die zu schwach sind, als dass sie von entfernten Empfängern aufgenommen werden könnten, können in Verbindung mit Hintergrundrauschen und zufälligen Interferenzen hörbar gemacht werden. Indem man dem Signal ein zufälliges Zischgeräusch hinzufügt, kann es sich so weit über die Wahrnehmungsschwelle erheben, dass es hörbar wird – in einer solchen Situation ist nichts so nützlich wie Zufälligkeit, die noch dazu kostenlos ist.

Man denke außerdem an die Methode des Ausglühens in der Metallurgie, eine Technik, mit der Metall stärker und homogener gemacht wird. Das Material wird dabei erhitzt und kontrolliert wieder abgekühlt, um die Anzahl der Kristalle zu erhöhen und deren Defekte zu reduzieren. Genau wie bei Buridans Esel hat die Hitze zur Folge, dass die Atome aus ihrer ursprünglichen Lage gelöst werden und in eine zufällige Bewegung durch höhere Energiezustände versetzt werden; das Ausglühen bietet ihnen dann mehr Möglichkeiten, sich in neue, bessere Strukturen einzugliedern.

Als Kind wurde ich immer wieder Zeuge einer Variante dieses Ausglüheffekts: Mein Vater, ein Mann mit festen Gewohnheiten, klopfte jeden Tag, wenn er nach Hause kam, gegen ein hölzernes Barometer. Er versetzte ihm einen leichten Stoß und las dann die hausgemachte Wettervorhersage ab. Der Schubs, den das Barometer abbekam, lockerte die Nadel und machte es möglich, dass sie ihre eigentliche Gleichgewichtsposition fand – eine häusliche Variante von Antifragilität. Inspiriert von der Technik aus der Metallurgie arbeiten Mathematiker mit einer Methode der Computersimulation, dem so genannten simulierten Ausglühen, um generellere optimale Lösungen von Problemen und Situationen einzubringen, Lösungen, die nur Zufälligkeit liefern kann.

Auch bei Suchaktionen kann Zufälligkeit hilfreich sein – manchmal mehr als von Menschen ersonnene Methoden. Nathan Myhrvold machte mich auf einen kontrovers diskutierten Aufsatz aufmerksam, der 1975 in *Science* veröffentlicht und in dem gezeigt wurde, dass zufällige Bohrungen jeder damals eingesetzten Methode überlegen waren.

Und ironischerweise lassen sich so genannte chaotische Systeme, die einer *Chaos* genannten Art von Variationen unterworfen werden, dadurch stabilisieren, dass man Zufälligkeit hinzufügt. Ich war einmal Zeuge einer unheimlichen Demonstration dieser Effekte. Ein Doktorand ließ zunächst auf einem Tisch, dessen Oberfläche ständig vibrierte, chaotisch Bälle hüpfen. Die gleichmäßigen Stöße ließen die Bälle in ungeordneter, unschöner Weise durcheinanderhüpfen. Dann bewegte er einen Schalter, und wie durch Zauberhand wurden die Sprünge geordnet und gleichmäßig. Der Zauber bestand darin, dass dieser Verlaufswechsel vom Chaos zur Ordnung nicht dadurch zustande kam, dass man das Chaos wegnahm, sondern indem zufällige, ganz und gar zufällige Schocks niedriger Intensität hinzugefügt wurden. Nach diesem wunderschönen Experiment war ich derart begeistert, dass ich am liebsten wildfremden Passanten auf der Straße verkündet hätte: »Zufälligkeit ist SO super!«

Das Ausglühverfahren in der Politik

Echten Menschen zu erklären, dass Stressoren und Ungewissheit im Leben eine wichtige Rolle spielen, war schon schwer genug – man kann sich vorstellen, welche Verständnisprobleme dann erst bei Politikern auftreten. Allerdings wäre gerade hier ein gewisses Maß an Zufälligkeit am nötigsten.

Mir wurde einmal das Skript eines Films gezeigt, das auf der Geschichte einer Stadt beruht, welche vollständig vom Zufall beherrscht wird – es erinnerte stark an Geschichten von Borges. In festgesetzten Abständen weist der Herrscher den Bewohnern zufällig neue Rollen zu. So wurde etwa der Metzger dann Bäcker, der Bäcker Gefängnisinsasse und so weiter. Letztlich rebellieren die Menschen gegen den Herrscher und fordern Stabilität als ihr unveräußerliches Recht ein.

Ich dachte spontan, man müsse doch vielleicht eine umgekehrte Geschichte schreiben: Statt dass die Herrscher die Aufgaben der Bürger nach dem Zufallsprinzip verteilen, sollten umgekehrt die Bürger dasselbe mit den Regierungsposten machen – die Herrschenden sollten durch Los bestimmt und nach demselben Zufallsprinzip auch wieder abgesetzt werden. Das entspricht dem simulierten Ausglühen – und es ist nicht weniger effektiv. Die Menschen in der Antike – immer diese Alten! – waren sich dessen offenbar bereits bewusst: Die Mitglieder der Athener Volksversammlung wurden durch Los bestimmt, mit dieser Methode sollte einer Degenerierung des Systems vorgebeugt werden. Glücklicherweise wurde dieser Effekt auch für moderne politische Systeme untersucht. In einer Computersimulation zeigten Alessandro Pluchino und seine Kollegen, dass die Arbeitsweise des parlamentarischen Systems durch die Hinzufügung einer bestimmten Anzahl zufällig ausgewählter Politiker verbessert werden kann.

Manchmal profitiert das System auch von einer anderen Art von Stressoren. Voltaire vertrat die Auffassung, die beste Regierungsform sei diejenige, die durch politische Morde reguliert werde. Der Königsmord ist in gewisser Hinsicht das Äquivalent des kleinen Stoßes am Barometer. Auch Königsmord hat eine manchmal bitter notwendige Umstrukturierung zur Folge – die freiwillig nie vorgenommen worden wäre. Die so entstandene Leere an der Spitze löst den Ausglüheffekt aus, in dem sich der neue Herrscher herauskristallisieren kann. Der allgemeine Rückgang vorzeitiger Todesfälle in der Gesellschaft hat uns einen solchen naturalistischen Wechsel in Führungspositionen genommen. Mord ist in der Mafia das Standardverfahren zur Klärung von Nachfolgefragen (der letzte öffentlich bekannt gewordene Ausglühprozess fand statt, als

John Gotti, um selbst Chef der Familie zu werden, seinen Vorgänger vor einem Steakhouse in New York ermordete). Außerhalb der Mafia haben Chefs und Aufsichtsratsmitglieder heutzutage eine längere Verweildauer, ein Umstand, der auf vielen Gebieten hinderlich ist: Vorstandsvorsitzende, Lehrstuhlinhaber, Politiker, Journalisten – man sollte diesen Umstand mit der Einführung von Losverfahren ausgleichen.

Fatalerweise ist es nicht möglich, eine politische Partei mit einem Zufallsverfahren abzuschaffen. In den USA ist nicht das Zweiparteiensystem als solches ein Problem, sondern der Umstand, dass sich das Land zwischen den immer *gleichen* Parteien festgefahren hat. Parteien haben kein organisches, eingebautes Verfallsdatum.

Die Alten perfektionierten die Anwendung von Zufallsverfahren in mehr oder weniger schwierigen Situationen – und machten sie zum Bestandteil von Prophezeiungen. Dabei ging es darum, ein zufälliges Ergebnis zu ermitteln, ohne dass eine Entscheidung gefällt werden musste und man später mit der Last der Konsequenzen zu leben hatte. Man tat das, was die Götter einem sagten, und musste sich nicht anschließend im Nachhinein in Selbstkritik üben. Zu diesen Methoden gehörten unter anderem die *sortes virgilianae* (das Schicksal, wie es der Ependichter Vergil vorgab). Dafür schlug man eine zufällige Seite in Vergils *Aeneis* auf und interpretierte die so gefundene Zeile als Handlungsanweisung. Man sollte sich dieser Methode bei jeder schwierigen geschäftlichen Entscheidung bedienen. Ich wiederhole es, bis mir die Stimme wegbleibt: Die Alten verfügten über verborgene und ausgeklügelte Wege und Tricks, Zufälligkeit in ihr Handeln mit einzubeziehen. Ich arbeite mit dieser zufallsorientierten Heuristik beispielsweise in Restaurants. Der Umfang und die Komplexität von Speisekarten versetzen mich immer wieder in den Zustand, der von Psychologen als die »Tyrannei der Wahl« bezeichnet wird: Ich werde nach der Bestellung das nagende Gefühl nicht los, dass ich etwas anderes hätte nehmen sollen, weshalb ich mich einfach blindlings und systematisch an dem orientiere, was der dickste männliche Tischgenosse bestellt; ist keine solche Person anwesend, tippe ich einfach auf irgendetwas in der Speisekarte, ohne die jeweilige Bezeichnung zur Kenntnis zu nehmen, und kann mich in der zufriedenen Gewissheit wiegen, dass Baal für mich gewählt hat.

Das Ausbleiben kleinerer Feuer hat, wie wir gesehen haben, zur Folge, dass sich immer mehr leicht entflammbares Material ansammelt. Wenn ich erwähne, dass das Fehlen von politischer Instabilität bis hin zu Kriegen zur Folge hat, dass sich explosive Tendenzen unter der Oberfläche akkumulieren, sind meine Zuhörer meistens schockiert und empört.

Der zweite Schritt: Können (kleine) Kriege Leben retten?

Von dem Anti-Aufklärungsphilosophen Joseph de Maistre stammt die Bemerkung, Konflikte würden Länder stärker machen. Eine höchst fragwürdige These – Krieg ist kein positiver Wert, und als Opfer eines brutalen Bürgerkriegs weiß ich nur zu gut um die Schrecken des Krieges. Was ich allerdings an seiner Argumentation interessant – und elegant – finde, ist der Hinweis darauf, dass man zwar die negativen Aspekte eines gegebenen Ereignisses analysiert, dabei aber fälschlicherweise alles andere unbeachtet lässt. Des Weiteren ist interessant, dass die meisten Menschen das Gegenteil leichter begreifen – also den Irrtum bemerken, der darin besteht, dass man den unmittelbaren Nutzen analysiert, ohne die langfristigen Nebenwirkungen zu bedenken. Denn wir betrachten Ausfälle als Verluste, ohne den zweiten Schritt zu tun, also das, was danach kommt, in den Blick zu nehmen – im Unterschied zum Gärtner, der genau weiß, dass es einen Baum stärkt, wenn er beschnitten wird.

Und Friede – erzwungener, unnatürlicher Friede – kann Menschenleben kosten: Man denke nur an die weit verbreitete Selbstzufriedenheit, die nach fast einem Jahrhundert vergleichsweise friedlicher Verhältnisse in Europa, während derer sich die schwer bewaffneten Nationalstaaten herausbildeten, in den Ersten Weltkrieg mündete.

Natürlich legen wir alle großen Wert auf Frieden und auf wirtschaftliche und emotionale Stabilität – aber wir wollen auf lange Sicht auch nicht als Dummköpfe dastehen. Zu Beginn jedes neuen Schuljahrs lässt man sich impfen, versieht sich also zum Zweck der Immunsteigerung mit einer kleinen Menge eines schädlichen Stoffs, aber die Übertragung dieses Mechanismus auf den Bereich der Politik und Wirtschaft findet nicht statt.

Das Problem mit künstlich unterdrückter Volatilität besteht nicht nur darin, dass das System äußerst fragil zu werden droht, sondern dass es gleichzeitig keine *sichtbaren* Risiken mehr aufweist. Man darf nicht vergessen, dass Volatilität immer auch Information bedeutet. Diese Systeme sind meistens zu stark beruhigt, sie weisen nur noch minimale Variabilität auf, während unter der Oberfläche die stillen Risiken immer weiter anwachsen. Die erklärte Absicht politischer Führer und Wirtschaftspolitiker besteht zwar darin, durch Unterdrückung von Schwankungen das System zu stabilisieren, aber erreicht wird tendenziell das Gegenteil. Künstlich beschränkte Systeme werden immer anfälliger für Schwarze Schwäne. In solchen Umgebungen kommt es irgendwann zu massiven Zusammenbrüchen der Art, wie sie in Abbildung 3 dargestellt ist; die Katastrophe trifft alle Beteiligten vollkommen unerwartet und macht Jahre der Stabilität zunichte oder, was für die meisten Fälle gilt, der Endzustand ist schlimmer als der immerhin noch volatile ursprüngliche Zustand. Denn je länger der Zusammenbruch auf sich warten lässt, desto schlimmer wirkt er sich auf das wirtschaftliche und politische System aus.

Stabilität anzustreben, indem Stabilität hergestellt (und der zweite Schritt ausgelassen) wird, ist bis heute ein in der Wirtschafts- und Außenpolitik grassierendes Dummkopf-Problem. Die Liste ist deprimierend lang: angeschlagene Regierungen wie die in Ägypten vor den Aufständen des Jahres 2011, die von Amerika vier Jahrzehnte lang unterstützt wurden, um »Chaos zu vermeiden«, was unter anderem die Entstehung eines Klüngels von privilegierten Plünderern zur Folge hatte, denen die Supermächte als Rückversicherung dienten – nichts als eine Spielart der Banker, die ihr Prädikat »zu groß, um zu scheitern« ausnutzen, um die Steuerzahler zu betrügen und sich selbst hohe Prämienzahlungen zuzuschustern.

Saudi-Arabien bereitet mir derzeit die größte Sorge und stößt mich am stärksten ab; das Land ist der Standardfall einer von oben nach unten verordneten Stabilität, die von einer Großmacht aufgezwungen wurde, bei der jeglicher moralische und ethische Maßstab verlorengegangen war – und natürlich geschah das alles letztlich auf Kosten der Stabilität.

Eine totale Monarchie ohne eigene Verfassung schaffte es, mit den Vereinigten Staaten »verbündet« zu sein. Aber das ist nicht der Kern des moralischen Skandals. Eine Gruppe von 7000 bis 15 000 Mitgliedern der königlichen Familie herrscht über die Region und pflegt einen aufwendigen und genusssüchtigen Lebensstil, der in offenem Widerspruch zu den puristischen Ideen steht, die ihr zu dieser Position verholfen haben. Welche Heuchelei: Die Angehörigen von strengen Wüstenstämmen, deren Legitimität sich aus einer Form von Entsagung und Nüchternheit ähnlich jener der Amischen ableitet, können mit Hilfe einer Supermacht ein Leben in Saus und Braus führen – der König unternimmt unverfroren Vergnügungsreisen mit einem Gefolge, das vier Jumbojets füllt. Womit er sich von seinen Vorfahren doch sehr krass absetzt. Die Familie häufte ein Vermögen an, das überwiegend in Safes in Westeuropa lagert. Ohne die USA hätte das Land seine Revolution gehabt, einen regional begrenzten Zusammenbruch erlebt, einige Unruhen, und vielleicht wäre mittlerweile ein gewisses Maß an Stabilität erreicht. Indem man aber die Störungen unterdrückt, verschlimmert man auf Dauer das Problem.

Natürlich war Stabilität der Sinn und Zweck dieser »Allianz« zwischen der saudischen Königsfamilie und den Vereinigten Staaten. Aber mit welcher Art von Stabilität hat man es hier zu tun? Wie lang kann man ein System in die Irre führen? Die Frage »wie lang« spielt letztlich keine Rolle: Diese Stabilität gleicht einem Darlehen, das man irgendwann zurückzahlen muss.

Hinzu kommen moralische Gesichtspunkte, die ich in Kapitel 24 ansprechen werde, vor allem die spitzfindige Rechtfertigung, man tue etwas »um einer anderen Sache willen«, wenn man eigentlich unantastbare moralische Regeln verletzt.* Nur wenige Menschen sind sich darüber im Klaren, dass die Iraner den Vereinigten Staaten gegenüber deswegen so verbittert sind, weil diese – immerhin eine Demokratie – im Iran einen Monarchen, den repressiven iranischen Schah, auf den Thron setzten, der das Land ausbeutete, aber den USA die »Stabilität« eines

* Bezeichnend ist die Doppelmoral westlicher Regierungen: Ich als Christ darf bestimmte Teile von Saudi-Arabien nicht betreten, da ich die Reinheit des Ortes verletzen würde. Für saudische Bürger gibt es in den USA oder in Westeuropa kein vergleichbares Tabu.

Zugangs zum Persischen Golf sicherte. Das theokratische Regime im heutigen Iran ist ganz überwiegend das Resultat dieser Unterdrückung. Wir müssen lernen, in zweiten Schritten zu denken, in Wirkungsketten und Nebenwirkungen.

Noch besorgniserregender: Die Nahostpolitik der USA hat historisch und vor allem seit dem 11. September 2001 unter dem Vorzeichen der Unterbindung von »islamistischem Fundamentalismus« (ein Schlagwort, das fast jede Regierung benutzt hat) unverhältnismäßig viel Gewicht auf die Unterdrückung sämtlicher politischen Strömungen gelegt. Abgesehen von dem Umstand, dass das Umbringen von Islamisten ihre Anzahl vergrößert, haben der Westen und seine autokratischen arabischen Verbündeten die islamistischen Fundamentalisten gestärkt, indem sie sie in den Untergrund zwangen.

Es ist an der Zeit, dass amerikanische Politiker endlich eines verstehen: Je mehr sie in anderen Ländern mit der Absicht intervenieren, die Stabilität zu erhöhen, desto mehr Instabilität verursachen sie (abgesehen von Notfall-Situationen). Oder vielleicht ist es auch einfach an der Zeit, den Einfluss von Politikern auf die Politik einzuschränken.

Eines der vom Leben selbst geschnürten Bündel: Stabilität ist ohne Volatilität nicht zu haben.

Mein Begriff von Modernität

Ich verstehe unter Modernität die weit ausgreifende Beherrschung der Umwelt durch den Menschen, die systematische Abstumpfung der Ecken und Kanten der Welt, das Abwürgen von Volatilität und Stressoren.

Modernität bedeutet – in körperlicher und sozialer, ja sogar in erkenntnistheoretischer Hinsicht – die systematische Entfernung der Menschen aus ihrer mit Zufällen gespickten Umwelt. Modernität ist nicht lediglich die in Soziologie-Lehrbüchern dargestellte postmittelalterliche, postagrarische und postfeudale historische Periode. Es handelt sich vielmehr um ein Zeitalter, das vom Geist eines naiven Rationalismus geprägt ist, von der Vorstellung, die Gesellschaft sei verstehbar und müsse daher von Menschen durchgeplant werden. Damit geht die Geburt der Statistik einher, also die grässliche Glockenkurve. Und die lineare Wissenschaft. Und die Vorstellung von »Effizienz« beziehungsweise Optimierung.

Modernität ist, im guten oder schlechten Sinne, ein Prokrustesbett – eine Reduzierung des Menschen auf das scheinbar Effiziente und Nützliche. Dabei sind manche Aspekte möglicherweise sinnvoll: Prokrustesbetten müssen nicht unbedingt negative Reduktionen sein, manche – aber nur wenige – sind unter Umständen nützlich.

Man denke nur an das behagliche, berechenbare Leben eines Löwen im Zoo (und an die Sonntagnachmittagsbesucher, die sich um seinen Käfig herum versammeln und ihn mit einer Mischung aus Neugier, Ehrfurcht und Mitleid anstaunen) und vergleiche es mit dem seiner freien Vettern. Irgendwann einmal, bevor das goldene Zeitalter der Übermuttis anbrach, waren wir Freiland-Menschen mit Freiland-Kindern.

Wir erreichen eine Phase der Moderne, die gekennzeichnet ist durch den Lobbyisten, die Gesellschaft mit sehr, sehr beschränkter Haftung, den graduierten Betriebswirt, durch Dummkopfprobleme und die Säkularisierung (oder besser gesagt die Erfindung neuer heiliger Werte wie etwa Fahnen, die an die Stelle von Altären treten); eine Phase, die gekennzeichnet ist durch den Steuereintreiber, die Furcht vor dem Chef, das Wochenende an interessanten (und die Arbeitswoche an vermeintlich weniger interessanten) Orten; eine Phase der Trennung zwischen »Arbeit« und »Freizeit« (obwohl die beiden Bereiche für einen Menschen aus einem weiseren Zeitalter wohl identisch aussehen würden), des Rentenplans, streitsüchtiger Intellektueller, die dieser Definition der Moderne widersprechen würden; eine Phase eindimensionalen Denkens, induktiver Inferenz, Wissenschaftsphilosophie, der Erfindung der Sozialwissenschaften, glatter Oberflächen und egozentrischer Architekten. Gewalt wird von Individuen auf Staaten verlagert. Dasselbe geschieht mit finanzieller Disziplinlosigkeit. Im Zentrum all dieser Merkmale steht die Verleugnung von Antifragilität.

Es gibt eine Abhängigkeit von Erzählmustern und eine Intellektualisierung von Aktionen und Projekten. Staatsbetriebe und Funktionäre und selbst Angestellte von großen Unternehmen können nur Dinge anpacken, die in eine Erzählung passen, im Unterschied zu Unternehmern, die sich einfach an den Profiten orientieren, sei es mit oder ohne eine gut klingende Geschichte. Man braucht einen Namen für die Farbe Blau, wenn man eine Geschichte erzählen will; wenn man handelt, ist der Name überflüssig – eingeschränkt ist der Denker, dem das Wort für »Blau« fehlt, nicht aber der Macher. (Ich hatte einige Mühe, Intellektuellen die *intellektuelle* Überlegenheit der Praxis beizubringen.)

In der Moderne wurde die Kluft zwischen dem Sensationellen und dem Relevanten immer größer – in einer natürlichen Umgebung ist das Sensationelle aus triftigen Gründen sensationell; heutzutage sind wir für derartige essentiell uns Menschen betreffende Dinge wie Klatsch und Anekdoten von Zeitungen abhängig, und wir interessieren uns für die Privatsphäre von Menschen, die weit von uns entfernt leben.

In der Vergangenheit waren wir uns der Existenz von Antifragilität, Selbstorganisation und Selbstheilungskräften nicht bewusst, aber trotzdem respektierten wir diese Phänomene, indem wir Religionen konstruierten, die den Zweck hatten, mit Unsicherheit umgehen und sie überleben zu können. Wir gaben die Verantwortung für Verbesserungen an Gott oder die Götter ab. Möglicherweise glaubten wir schon damals nicht daran, dass die Dinge sich von allein regeln, ohne dass jemand eingreift. Aber damals waren es die Götter, die eingriffen, und keine Schiffskapitäne mit Harvard-Studium.

Die Ausbildung des Nationalstaats fällt also direkt mit dieser Entwicklung – der Übertragung der Handlungsgewalt an endliche Menschen – zusammen. Die Geschichte des Nationalstaats ist zugleich die Geschichte der Konzentration und Vervielfältigung menschlicher Irrtümer. Die Moderne beginnt mit dem Monopol des Staats auf Gewalt, und sie endet mit dem Monopol des Staats auf steuerliche Verantwortungslosigkeit.

Ich komme im Folgenden auf zwei zentrale Elemente der Moderne zu sprechen. *Primo*, im siebten Kapitel, auf naiven Interventionismus: den Preis, der dafür zu entrichten ist, dass Dinge repariert werden, die man besser in Ruhe lassen sollte. *Secundo*, im achten Kapitel und als Überleitung zu Buch III, dass die Vorstellung von einem oder mehreren Göttern, die die Zukunft bestimmen, durch eine religiös weitaus fundamentalistischere Vorstellung ersetzt wurde: den bedingungslosen Glauben an die Idee wissenschaftlicher Vorhersagbarkeit, ganz gleich, um welchen Kontext es sich handelt; und das Ziel, die Zukunft in numerische Reduktionismen zu pressen, seien diese nun verlässlich oder nicht. Denn wir haben es geschafft, religiösen Glauben in Leichtgläubigkeit gegenüber all dem zu übertragen, was sich als Wissenschaft verkleiden kann.

Kapitel 7

Naives Intervenieren

Eine Mandeloperation zum Zeitvertreib – Was du morgen kannst besorgen, das lass heute lieber liegen – Vorhersage von Revolutionen nach ihrem Eintreten – Lektionen in Blackjack

Dieser Drang, »etwas zu tun«, lässt sich mit einem vielsagenden Beispiel belegen. In den 1930er Jahren wurden 389 Kinder New Yorker Ärzten vorgestellt; bei 174 wurde die Empfehlung ausgesprochen, die Mandeln zu entfernen. Die restlichen 215 Kinder wurden erneut Ärzten vorgestellt, 99 erhielten die Empfehlung einer Mandeloperation. Als die verbleibenden 116 Kinder einem dritten Team von Ärzten vorgestellt wurden, erhielten 52 die besagte Empfehlung. Die Morbiditätsrate bei dieser Krankheit liegt bei 2 bis 4 Prozent (heute, nicht damals; damals waren die Operationsrisiken sehr hoch), und in einem von 15 000 Fällen stirbt die Person an der Operation – so erhält man eine gewisse Vorstellung von der Rentabilitätsschwelle zwischen medizinischem Nutzen und Schaden.

Dieser Fall illustriert die Reinform von wahrscheinlichkeitsorientierter Menschenvernichtung in Aktion. Bei jedem Kind, das einer unnötigen Operation unterzogen wird, verringert sich die Lebenserwartung. Das Beispiel vermittelt nicht nur eine Vorstellung von dem Schaden, der durch Eingreifen angerichtet wird, sondern, schlimmer noch, es illustriert, dass kein Bewusstsein da ist für die Notwendigkeit, eine Rentabilitätsschwelle zwischen Nutzen und Schaden zu ermitteln.

Ich bezeichne diesen Drang zu helfen als »naiven Interventionismus«. Schauen wir uns nun die Kosten genauer an.

Im Fall der Mandeloperationen ist der Schaden, den die Kinder durch eine unnötige Behandlung erlitten, an den herausposaunten Nutzen, den ein paar wenige andere möglicherweise davon hatten, gekoppelt. Die Bezeichnung für derartige Nettoverluste, für den (normalerweise versteckten oder erst spät enthüllten) Schaden, der aufgrund einer Behandlung angerichtet wird und der den Nutzen übersteigt, lautet Iatrogenik – wörtlich: »vom Heiler verursacht« (Iatros ist die griechische Bezeichnung für Heiler). Ich werde in Kapitel 21 zeigen, dass man bei jedem Arztbesuch, der eine bestimmte Behandlung zur Folge hat, das Risiko eingeht, Opfer eines solchen medizinischen Schadens zu werden. Es empfiehlt sich also, hier genauso vorzugehen wie bei jeder anderen Güterabwägung: indem man vom wahrscheinlichen Nutzen die wahrscheinlichen Kosten abzieht.

Ein klassisches Beispiel für Iatrogenik ist der Tod von George Washington im Dezember 1799 – es gibt mehr als genug Hinweise darauf, dass die Ärzte seinen Tod mit verursachten, ihn in jedem Fall stark beschleunigten, indem sie ihren Patienten der damaligen Standardbehandlung unterzogen und zur Ader ließen (was eine Entnahme von 5 bis 9 Pounds Blut bedeutete).

Die Risiken durch den vom Arzt verursachten Schaden werden normalerweise übersehen, weshalb es auch kaum jemandem bewusst ist, dass die Medizin vor der Einführung von Penicillin eine weitgehend negative Bilanz hatte – wer zum Arzt ging, erhöhte seine Wahrscheinlichkeit zu sterben. Und bezeichnenderweise nahmen die iatrogenen Effekte in der Medizin mit der Zeit parallel zur Erweiterung des Wissens zu, um irgendwann gegen Ende des 19. Jahrhunderts einen Gipfelpunkt zu erreichen. Wie haben wir es doch in der Moderne so herrlich weit gebracht: Der »wissenschaftliche Fortschritt«, die Geburt der Klinik und in ihrer Folge die Verdrängung von Hausmitteln führten dazu, dass die Sterberaten in die Höhe schossen, was vor allem auf das damals so genannte Hospitalfieber zurückzuführen war – Leibniz hatte Krankenhäuser als *seminaria mortis*, Saatbeete des Todes, bezeichnet. Der Umstand, dass die Sterberaten in die Höhe gingen, machte sich mit brutaler Eindeutigkeit bemerkbar, da jetzt alle Opfer an einem Ort versammelt waren: Menschen, die außerhalb überlebt hätten, starben in den Krankenhäusern. Der berühmte, verkannte österreichisch-ungarische Arzt Ignaz Semmelweis hatte beobachtet, dass es mehr Todesfälle bei gebärenden Frauen in Krankenhäusern gab als unter den Frauen, die ihr Kind auf der Straße bekamen. Er bezeichnete die Ärzte seiner Zeit als eine Bande Krimineller – womit er recht hatte; allerdings konnten die Ärzte, die reihenweise ihre Patienten umbrachten, seine Fakten nicht akzeptieren oder ihr Handeln ändern, da er »keine Theorie« für seine Beobachtungen vorlegen konnte. Semmelweis wurde depressiv – er war außerstande, das aufzuhalten, was er als Mord einschätzte, und zutiefst abgestoßen von der Haltung seiner Zunft. Er wurde später in eine Nervenheilanstalt eingewiesen, wo er ironischerweise an eben dem Hospitalfieber starb, vor dem er gewarnt hatte.

Die Geschichte von Semmelweis ist traurig: Ein Mann wurde dafür, dass er die Wahrheit herausschrie, um andere zu retten, bestraft, erniedrigt und kam sogar zu Tode. Die schlimmste Bestrafung war seine Hilflosigkeit angesichts der Risiken und dem unfairen Umgang mit seinen Beobachtungen. Doch hat die Geschichte auch eine gute Seite: Die Wahrheit kam doch noch an den Tag, und seine Bemühungen führten, wenn auch verspätet, zum Erfolg. Die Moral aus der Geschichte: Man sollte keine Lorbeeren erwarten, wenn man die Wahrheit verkündet.

Auf dem Gebiet der Iatrogenik ist die Medizin vergleichsweise harmlos, steht damit aber allein. Hier ist das Problem deutlich erkennbar, da man heute versucht, es zu kontrollieren; man bezieht den Kostenaspekt mit ein, und doch kommen durch ärztliche Behandlungsfehler in den Vereinigten Staaten immer noch drei- (nach Angaben der Ärzte) bis zehnmal mehr Menschen um als durch Autounfälle. Es ist allgemein anerkannt, dass von Ärzten angerichtete Schäden mehr Todesfälle verursachen als irgendeine einzelne Krebsart, wobei die von Krankenhauskeimen ausgehenden Risiken noch gar nicht mitgerechnet sind. Die Methodik, nach der das ärztliche Gewerbe bei der Entscheidungsfindung vorgeht, ist noch frei von ordentlichen Risikomanagementprinzipien, doch sie wird besser. Was Sorgen bereitet, ist die Tatsache, dass von Pharmazieunternehmen, Lobbyisten und speziellen Interessengruppen ein Anreiz geschaffen wird, mehr Behandlungen als nötig vorzunehmen; und dass es zu Schädigungen kommt, die nicht unmittelbar auffallen und daher auch nicht als »Irrtum« gewertet werden. Die Pharmaindustrie setzt auf verschleierte und gestreute iatrogene Effekte, in ständig zunehmendem Ausmaß. Es ist leicht, etwas als iatrogenen Effekt zu identifizieren, wenn ein Chirurg das falsche Bein amputiert oder die falsche Niere operiert, oder wenn ein Patient als Reaktion auf ein Medikament stirbt. Wenn allerdings ein Kind aufgrund einer eingebildeten oder erfundenen psychischen Erkrankung wie beispielsweise ADHS oder Depression medikamentös behandelt wird, anstatt dass man es aus seinem Käfig entlässt, wird der damit angerichtete langfristige Schaden meistens nicht registriert und berücksichtigt.

Iatrogenik hängt mit dem »Agency-Problem« oder »Prinzipal-Agent-Problem« zusammen. Es tritt auf, wenn eine Seite (der »Agent«, der Beauftragte) persönliche Interessen verfolgt, die mit den Interessen desjenigen, der seine Dienste in Anspruch nimmt (des »Prinzipals«, des Auftraggebers), nicht übereinstimmen. Ein Agency-Problem liegt beispielsweise bei einem Börsenmakler oder Arzt vor, deren eigentliches Interesse ihr persönliches Bankkonto ist und nicht das finanzielle oder gesundheitliche Wohlergehen ihrer Kunden; die also entsprechend Ratschläge geben, die letztlich ihnen selbst und nicht ihren Kunden nützen. Eine weitere Gruppe, auf die das zutrifft, sind Politiker, die an ihrer Karriere arbeiten.

Oberste Regel: Keinen Schaden anrichten

Die Medizin ist sich über das Prinzip der Iatrogenik seit mindestens dem 4. Jahrhundert vor unserer Zeitrechnung im Klaren – *primum non nocere* (»Vor allem nicht schaden«) lautet die erste Regel, die Hippokrates zugeschrieben wird und zum so genannten Hippokratischen Eid gehört, den jeder Arzt zu Beginn seiner Berufslaufbahn ablegen muss. Etwa 24 Jahrhunderte brauchte die Medizin, um diese brillante Idee wirklich umzusetzen. Obwohl der Merkspruch des *non nocere* in jedem Zeitalter unzählige Male wiederholt wurde, tauchte der Terminus »Iatrogenik« erst sehr spät auf, vor wenigen Jahrzehnten – nachdem schon enormer Schaden angerichtet worden war. Ich selbst lernte den Begriff erst kennen, als mich der Schriftsteller Bryan Appleyard darauf aufmerksam machte (ich hatte davor von »nicht beabsichtigten schädlichen Nebenwirkungen« gesprochen). Verlassen wir also den Bereich der Medizin (in ungefähr zwölf Kapiteln komme ich noch einmal darauf zurück) und übertragen diese in der Heilkunst entstandene Vorstellung auf andere Lebensbereiche. Da der Verzicht auf Eingreifen es notwendig mit sich bringt, dass auch keine Nebenwirkungen entstehen, liegt die Wurzel des Übels in der Verleugnung von Antifragilität und in dem Eindruck, wir Menschen wären ach so unentbehrlich dafür, dass die Dinge ihren geregelten Gang gehen.

Man nimmt sich eine gewaltige Aufgabe vor, wenn man ein allgemeines Bewusstsein für iatrogene Effekte wecken will. Eine Vorstellung davon, was Iatrogenik ist, existiert in den Diskursen außerhalb der Medizin nicht (und auch die Medizin hat sich hier, wie gesagt, als ein langsamer Schüler erwiesen). Aber es ist wie mit der Farbe Blau: Wenn man einmal ein Wort dafür hat, ist das für die Verbreitung einer Vorstellung sehr nützlich. Ich möchte die Idee der iatrogenen Effekte in die Politikwissenschaft einbringen, in die Wirtschaftswissenschaften, in die Stadtplanung, die Erziehung und anderes. Nicht einer der Berater und Wissenschaftler, mit denen ich versuchte, darüber zu sprechen, wusste, was ich meinte, ganz zu schweigen davon, dass er sich vorstellen konnte, selbst womöglich die Ursache irgendwelcher Schäden zu sein. Wenn Sie sich Leuten dieses Schlags mit einer solchen Form von Skepsis nähern, bekommen Sie wahrscheinlich zu hören, dass Sie »wissenschafts- und fortschrittsfeindlich« sind.

Allerdings lässt sich Ähnliches auch in religiösen Texten finden. Der Koran spricht von denen, »die ungerecht sind, sich selbst aber für gerecht halten«.

Kurzum: Alles, was mit naivem Interventionismus einhergeht – überhaupt alles, was mit Interventionismus einhergeht –, hat schädliche Nebenwirkungen.

Auf den Kopf gestellte Iatrogenik

Es gibt nun zwar mit dem Begriff Iatrogenik ein Wort dafür, dass Schaden angerichtet wird, indem man etwas Nützliches tun will, aber für das Gegenteil findet sich keine Bezeichnung: dass jemand etwas Nützliches erreicht, indem er auf Schädliches abzielt. Wir erinnern uns: Attackiert man etwas Antifragiles, kann das nach hinten losgehen. So machen Hackerangriffe ein System stärker. Oder zwanghafte, erbitterte Kritiken tragen (wie im Fall von Ayn Rand) zur Verbreitung eines Buchs bei.

Inkompetenz ist zweischneidig. In dem Film *Frühling für Hitler* von Mel Brooks bringen sich zwei Typen aus der New Yorker Theaterszene dadurch in Schwierigkeiten, dass sie mit ihrem Stück nicht, wie beabsichtigt, beim Publikum durchfallen, sondern erfolgreich sind. Sie hatten an mehrere Investoren dieselben Anteile an einem Broadway-Stück verkauft in der Absicht, bei ausbleibendem Erfolg dieses Geld einfach zu behalten – ihre Intrige würde nicht auffliegen, wenn die Investoren nicht mit Gewinnen rechnen konnten. Das Problem war nur: Sie versuchten so vehement, ein schlechtes Stück – mit dem Titel *Frühling für Hitler* – zu produzieren, und vermasselten es so gründlich, dass es ein Riesenhit wurde. Indem sie nicht in ihre üblichen Vorannahmen eingezwängt waren, gelang ihnen die Fertigstellung eines interessanten Produkts. Eine ähnliche Ironie beobachtete ich beim Aktienhandel: Ein Trader war über seine Jahresabschlussprämie derart verärgert, dass er mit dem Portfolio seines Auftraggebers riesige Wetten abschloss – was zur Folge hatte, dass er gewaltige Gewinne einfuhr, mehr, als wenn er gezielt vorgegangen wäre.

Vielleicht ist die Idee, die hinter dem Kapitalismus steckt, ein umgekehrt iatrogener Effekt: unbeabsichtigte, aber doch letztlich durchaus wünschenswerte Konsequenzen. Das System ermöglicht die Verwandlung von auf der individuellen Ebene egoistischen (oder um genauer zu sein nicht unbedingt dem Allgemeinwohl zuträglichen) Zielen in für das Kollektiv nützliche Resultate.

Iatrogenik an höheren Stellen

Insbesondere zwei Bereiche wurden Opfer des fehlenden Bewusstseins von iatrogenen Effekten: der sozial-ökonomische Sektor und (wie gerade im Zusammenhang mit dem Schicksal von Professor Semmelweis gezeigt) der menschliche Körper; Bereiche also, in denen im Lauf der Geschichte immer wieder geringe Kompetenz mit einem hohen Ausmaß an Eingriffen und fehlendem Respekt vor spontan ablaufenden Prozessen und Heilungsverläufen gepaart war – vom fehlenden Respekt vor spontanen Wachstums- und Verbesserungsprozessen ganz zu schweigen.

Ich habe im dritten Kapitel gezeigt, dass es einen Unterschied zwischen Maschinen und (biologischen oder nicht-biologischen) Organismen gibt. Menschen, die technisch orientiert denken, neigen dazu, alles um sich herum als technisches Problem wahrzunehmen. Das ist im Bereich der Technik ganz großartig, wenn es aber um Katzen geht, ist es viel besser, anstelle eines Schaltkreis-Ingenieurs einen Tierarzt anzusprechen – oder noch besser, dafür zu sorgen, dass das Tier von allein wieder gesund werden kann.

Tabelle 3 wirft einen Blick auf derartige Versuche, in verschiedenen Bereichen »Verbesserungen vorzunehmen«, sowie die damit verbundenen Auswirkungen. Man wird bemerken: Sämtliche Fälle hängen ganz eng mit der Leugnung von Antifragilität zusammen.

Tabelle 3 – Fragilisierendes Eingreifen und seine Folgen in verschiedenen Disziplinen

Feld	*Interventionsbeispiel*	*Iatrogenik / Kosten*
Medizin, Gesundheit	Überbehandlung	Fragilität
	Dem menschlichen Körper wird Zufälligkeit vorenthalten durch regelmäßige Ernährung, gleichbleibende Temperaturen etc.	Behandlungsfehler
		Kränkere Menschen (bei gleichzeitiger Verlängerung der Lebensdauer), reichere Pharmaindustrie, Gefahr antibiotikaresistenter Bakterien
	Pharmazeutisch additiv statt subtraktiv	
Ökologie	Mikromanagement kleiner Waldbrände	Erhöhung des totalen Risikos – verheerendere »große Brände«
Politik	Zentralplanung	Opakheit beim Informationsfluss
	Die USA unterstützen korrupte Regimes »um der Stabilität willen«	Chaos nach einer Revolution

Feld	*Interventionsbeispiel*	*Iatrogenik / Kosten*
Wirtschaft	»Schluss mit Boom and Bust« (raschem Aufschwung und direkt anschließendem Zusammenbruch) (Greenspan (USA), Labour Party (Großbritannien)), Great Moderation (Große Mäßigung) (Bernanke)	Fragilität Die Krisen sind, wenn sie auftreten, schlimmer
	Staatlicher Interventionismus	Unterstützung von alteingesessenen, staatsfreundlichen Unternehmen; Entmutigung von Existenzgründern
	Optimierung	Verwundbarkeit, Pseudo-Effizienz
	Illusion der Taxierung seltener Ereignisse, Value-at-Risk-Strategien, Illusion von Skaleneffekten, Verkennung von Effekten zweiter Ordnung	Gewaltige Zusammenbrüche
Geschäftsleben	Positive Ratschläge (Scharlatane), Konzentration auf den Ertrag, nicht auf das Risiko (das, was zu vermeiden wäre)	Reichere Scharlatane, Konkurse
Urbanismus	Stadtplanung	Verfall der Innenstädte, Depressionen, Kriminalität
Vorhersagen	Vorhersagen im Bereich des Schwarzen Schwans (Vierter Quadrant) trotz der miserablen Erfolgsbilanz früherer Vorhersagen	Versteckte Risiken (Menschen nehmen mehr Risiken auf sich, wenn Vorhersagen vorliegen)
Literatur	Lektoren, die es darauf anlegen, den Text eines Autors zu verändern	Farblose Allerweltsprosa à la *New York Times*

Feld	*Interventions-beispiel*	*Iatrogenik / Kosten*
Kindererziehung	Übermuttis (oder -vatis): Entfernung jeglicher Zufallsmomente aus dem Leben von Kindern	Touristifizierung des kindlichen Denkens
Bildung	Das gesamte Konzept wurzelt im Interventionismus	Ludifizierung / Verformung der Gehirne von Kindern
Technologie	Neomanie	Fragilität, Entfremdung, Nerdifizierung
Medien	Hochfrequente, sterile Informationen	Störung des Filter-mechanismus zwischen Geräusch und Signal Interventionismus

Kann ein Wal fliegen wie ein Adler?

Sozial- und Wirtschaftswissenschaftler haben kein angeborenes Bewusstsein von Iatrogenik und natürlich auch keine Bezeichnung dafür. Als ich beschloss, ein Seminar über Modellirrtümer in Wirtschaft und Finanzwesen zu halten, nahm kaum einer der Anwesenden mich oder meine Idee ernst; die wenigen, die es doch taten, versuchten, mich abzublocken, indem sie nach »einer Theorie« verlangten (was ja auch Semmelweis widerfahren war). Sie verstanden nicht, dass es eben genau die Schwachpunkte und Irrtümer von Theorie an sich waren, die ich ansprach und aufzählte; dass es mir um die Problematik ging, überhaupt mit einer Theorie zu arbeiten, ohne den Einfluss der qua Theorie implizierten Irrtümer in Betracht zu ziehen.

Es ist nämlich sehr gefährlich, eine Theorie zu haben.

Und selbstverständlich ist es möglich, streng wissenschaftlich zu arbeiten, ohne sich an einer Theorie zu orientieren. Was Wissenschaftler Phänomenologie nennen, ist die Beobachtung einer empirischen Regelmäßigkeit ohne eine dazugehörige erkennbare Theorie. In der Triade habe ich Theorien in die Kategorie »Fragil« eingeordnet, Phänomenologie in die Kategorie »Robust«. Theorien sind superfragil; sie kommen und gehen, dann kommen und gehen sie, dann kommen und gehen sie wieder; Phänomenologien bleiben, und ich kann es nicht nachvollziehen, was so schwer daran zu verstehen ist, dass Phänomenologien »robust« und für den praktischen Einsatz gut geeignet sind, wohingegen Theorien zwar hochgejubelt werden, aber völlig unzuverlässig bei Entscheidungsfindungen sind – es sei denn, es geht um die Physik.

Der Bereich der Physik ist privilegiert und bildet die Ausnahme; wenn sich andere Disziplinen in dieser Hinsicht an der Physik ausrichten, gleichen sie einem Wal, der versucht zu fliegen wie ein Adler. Die Irrtümer in der Physik werden von Theorie zu Theorie kleiner – die Behauptung »Newton hat sich geirrt« ist nichts als die Aufmerksamkeitshascherei sensationsgieriger Wissenschaftsjournalisten, eine völlig verzerrte Aussage; entschieden zutreffender wäre die Feststellung: »Newtons Theorie ist in einigen spezifischen Fällen ungenau.« Die Vorhersagen, die die Newton'sche Mechanik trifft, sind von erstaunlicher Präzision, abgesehen lediglich von Einheiten, die fast mit Lichtgeschwindigkeit unterwegs sind – etwas, das Sie wohl kaum für Ihren nächsten Urlaub ins Auge fassen dürften. Und wir lesen diesen Unfug von Schlagzeilen, die verkünden, Einstein habe sich in Bezug auf die Lichtgeschwindigkeit »geirrt« – dabei sind die Instrumente, mit denen gearbeitet wurde, um ihn zu widerlegen, derart kompliziert und präzise, dass allein durch sie schon demonstriert wird, wie folgenlos dieser Umstand in der näheren und ferneren Zukunft für unsereiner ist.

Die Sozialwissenschaften dagegen entwickeln sich offenbar mit jeder neuen Theorie in eine neue Richtung. Während des Kalten Krieges arbeitete die Universität von Chicago mit Laissez-faire-Theorien, wohingegen an der Universität von Moskau das genaue Gegenteil gelehrt wurde – die jeweiligen Fachbereiche für Physik dagegen waren sich in dem, was sie lehrten, relativ nahe, wenn nicht sogar in Übereinstimmung. Deshalb habe ich sozialwissenschaftliche Theorien in die linke Spalte eingeordnet als etwas, das sich auf Entscheidungen in der Realität superfragilisierend auswirkt und für Risikoanalysen unbrauchbar ist. Allein schon der Begriff »Theorie« ist irreführend. In den Sozialwissenschaften sollten derartige Konstrukte zutreffender als »Schimären« und nicht als Theorien bezeichnet werden.

Es muss eine Methode ausgearbeitet werden, um mit diesen Defekten umzugehen. Wir können es uns nicht leisten, weitere 24 Jahrhunderte zu warten. Im Unterschied zur Medizin, wo die iatrogenen Effekte sich breit über die Bevölkerung verteilten (wo sich also alles in Mediokristan abspielte), kann uns die Iatrogenik in den Sozialwissenschaften und in der Politik aufgrund der in diesen Bereichen konzentrierten Machtfülle alle hochgehen lassen (denn das ist Extremistan).

Nicht nichts tun

Eine Hauptursache der im Jahr 2007 einsetzenden Wirtschaftskrise ist darin zu sehen, dass der Superfragilist Alan Greenspan (garantiert der ausgeprägteste Iatrogenist im Bereich der Wirtschaft, den die Welt je gesehen hat) versuchte, den »Boom and bust«-Zyklus (rascher Aufschwung und direkt folgender Zusammenbruch) einzuebnen, was dazu führte, dass Risiken unter den Teppich gekehrt wurden und sich dort bis zu dem Zeitpunkt akkumulierten, wo sie die Wirtschaft hochgehen ließen. Am deprimierendsten ist der Umstand, dass Greenspan im Grunde liberal eingestellt und scheinbar von der Idee überzeugt ist, dass man Systeme sich selbst überlassen sollte; die menschliche Fähigkeit zur Selbsttäuschung ist grenzenlos. Derselbe naive Interventionismus kam in Großbritannien in Gestalt des Fragilisten Gordon Brown zum Einsatz, einem Schüler der Aufklärung, der erklärtermaßen seine Mission darin sah, die Konjunkturzyklen »zu eliminieren«. Der Fragilist und Premierminister Brown, seines Zeichens ein Meister-Iatrogenist, obwohl nicht annähernd in derselben Liga wie Greenspan, versucht mittlerweile, die Welt über die Themen »Ethik« und »nachhaltige« Finanzpolitik zu belehren – allerdings stellte sich heraus, dass seine Politik, die Informationstechnologie zu zentralisieren (was massive Budgetüberschreitungen und Umsetzungsverzögerungen zur Folge hatte), statt dezentrale kleine Einheiten einzurichten, nur schwer umkehrbar ist. Der National Health Service in Großbritannien war nach dem Prinzip strukturiert, dass man eine Nadel, die in einem abgelegenen Krankenhaus auf den Boden fällt, in Whitehall hören sollte. Das technische Argument zu den Gefahren der Konzentration folgt in Kapitel 18.

Derartige Versuche, Konjunkturzyklen auszuschalten, sind der direkte

Weg zur Mutter aller Fragilitäten. Ein kleines Feuer hier und da beseitigt das leicht entzündliche Material aus einem Wald, ein kleiner Schaden hier und da sortiert wacklige Firmen früh genug aus der Wirtschaft aus, er ermöglicht ihnen, »früh zu scheitern« (sodass sie wieder neu anfangen können), und minimiert den langfristigen Schaden für das Gesamtsystem.

Ein moralisches Problem entsteht, wenn jemandem Verantwortung übertragen wird. Greenspans Aktionen waren schädlich, aber selbst wenn er sich darüber im Klaren gewesen wäre, hätte es ein gehöriges Maß an Heldenmut gebraucht, um Nicht-Handeln zu rechtfertigen – in einer Demokratie, in der der Hauptansporn darin besteht, grundsätzlich und ohne Rücksicht auf die langfristigen Folgen ein besseres Ergebnis in Aussicht zu stellen als der Konkurrent.

Einfältiger Interventionismus kommt in allen möglichen Berufssparten vor. Wenn Sie etwa als Autor einem typischen Lektor einen Text geben, wird er eine bestimmte Anzahl von Korrekturen vorschlagen, sagen wir im Schnitt fünf Veränderungen pro Seite. (Das läuft im Prinzip ganz ähnlich wie bei dem Beispiel mit den Mandeloperationen.) Jetzt übernehmen Sie seine »Korrekturen« und geben den Text einem zweiten Lektor, der mit ungefähr derselben durchschnittlichen Eingreifquote arbeitet (Lektoren unterscheiden sich hinsichtlich ihres Eingreifdrangs), und Sie werden feststellen, dass dieser zweite Lektor eine entsprechende Anzahl von Änderungen vorschlägt, unter anderem auch die eine oder andere Veränderung rückgängig macht, die der vorige Lektor angebracht hatte. Und mit einem dritten Lektor werden Sie noch einmal dasselbe erleben.

Übrigens tun diejenigen, die an einer Stelle zu stark eingreifen, an anderer Stelle zu wenig – und gerade das, was man mit Lektoren erlebt, bietet dafür vielsagende Beispiele. Seit ich Texte verfasse, habe ich festgestellt, dass diejenigen, die zu akribisch korrigieren, die gravierenden Tippfehler übersehen (was auch umgekehrt gilt). Ich habe einmal einen Kommentar, den ich für die *Washington Post* verfasst hatte, wieder zurückgezogen, da mein Text nur so wimmelte von völlig unnötigen Verbesserungen; man hatte den Eindruck, jedes Wort sei durch ein Synonym aus dem Wörterbuch ersetzt worden. Ich gab den Artikel stattdessen der *Financial Times*. Der zuständige Redakteur veränderte nur eine einzige Stelle: Aus 1989 machte er 1990. Die *Washington Post* hatte sich so viel Mühe gegeben, dass sie den einzigen wirklich gravierenden Fehler übersah. Interventionismus zehrt geistige und wirtschaftliche Ressourcen auf, und wenn man sie dann am nötigsten braucht, sind sie erschöpft. (Also überlegen Sie sich gut, was Sie sich wünschen: Eine schlanke Verwaltung agiert im Endeffekt womöglich wirkungsvoller. Durch Reduzierung ihrer Größe und ihres Geltungsbereichs wird sie unter Umständen mächtiger als eine große Verwaltung.)

Nicht-naiver Interventionismus

Es sei hier vor einer Fehlinterpretation des Gesagten gewarnt. Ich argumentiere nicht gegen jede Form von Intervention; wie das gerade angeführte Beispiel zeigt, ist zu wenig Intervention in Fällen, wo sie wirklich nötig wäre, genauso besorgniserregend. Ich warne hier lediglich vor *naiver* Intervention und davor, dass man den Schaden, der dadurch angerichtet wird, nicht sieht und anerkennt.

Ich mache jede Wette, dass meine Botschaft – eine Zeitlang – falsch interpretiert werden wird. Als mein Buch *Narren des Zufalls* auf den Markt kam, das besagte, wir Menschen tendierten dazu, die Rolle des Zufalls in unseren Tätigkeiten und Beziehungen zu unterschätzen – kurz: »Der Zufall ist mächtiger, als man gemeinhin annimmt« –, wurde die Botschaft in den Medien verkürzt zu »alles ist Zufall« oder »alles nur reine Glückssache« – ein prägnantes Beispiel für ein Prokrustesbett, das verändert, indem es reduziert. Während eines Radiointerviews, bei dem ich dem Journalisten den Unterschied zwischen den beiden Sätzen klarmachen wollte, beschied er mir, ich sei »zu kompliziert«, woraufhin ich ohne weiteren Kommentar aus dem Studio ging und ihn sitzen ließ. Deprimierend daran ist, dass die Leute, denen solche Fehler unterlaufen, für ihren Job ausgebildet wurden; es handelt sich um Journalisten, die die Aufgabe haben, uns Laien die Welt zu erklären. Und hier sage ich lediglich, dass wir uns hüten sollten, die Augen vor der natürlichen Antifragilität von Systemen zu verschließen, vor ihrer Fähigkeit, sich selbst zu regulieren, und dass wir gegen unsere Neigung ankämpfen sollten, sie zu schädigen und zu fragilisieren, indem wir ihnen die Möglichkeit der Selbstregulierung vorenthalten.

An dem übereifrigen Lektor wurde deutlich, dass zu heftiges Eingreifen verbunden ist mit zu zögerlichem Eingreifen. Es gibt die Tendenz, in

Bereichen mit minimalem Nutzen (und hohem Risiko) zu viel zu tun, während man in Bereichen, in denen Eingreifen nötig wäre, wie etwa bei Notfällen, zu wenig unternimmt; darauf werde ich im Zusammenhang mit ärztlichem Handeln noch eingehen. Ich spreche mich hier für beherztes Eingreifen in bestimmten Bereichen aus, etwa in der Ökologie oder in der Begrenzung ökonomischer Verzerrungen und moralischen Fehlverhaltens, die durch große Unternehmen verursacht werden.

Was sollten wir kontrollieren? Als Grundsatz kann gelten, dass sich Interventionen bei der Begrenzung von Größen (etwa von Gesellschaften, Flughäfen oder Verschmutzungsquellen), von Konzentrationsprozessen und von Geschwindigkeit vorteilhaft für die Reduzierung von Schwarzer-Schwan-Risiken auswirken können. Solche Vorstöße sind wahrscheinlich frei von schädlichen Nebenwirkungen – allerdings dürfte es schwerfallen, Regierungen dazu zu bewegen, die Größe ihres Verwaltungsapparats zu begrenzen. Beispielsweise gibt es seit den 1970er Jahren das Argument, ein Tempolimit auf der Autobahn (und seine konsequente Umsetzung) habe einen markanten Anstieg an Sicherheit zur Folge. Das leuchtet ein, denn das Unfallrisiko erhöht sich disproportional (also *nichtlinear*) im Verhältnis zur Geschwindigkeit, und wir Menschen haben dafür von Natur aus kein Gespür. Wenn jemand in seinem Riesenschlitten mit rücksichtsloser Geschwindigkeit angefahren kommt, dann bedroht er meine Sicherheit und muss gestoppt werden, bevor er mit meinem kleinen Mini-Cabriolet zusammenknallt – oder er muss in eine Situation gebracht werden, in der er derjenige ist, der den Genpool verlässt, und nicht ich. Geschwindigkeit ist ein Phänomen der Moderne, und ich empfinde grundsätzlich Argwohn gegenüber den verborgenen Fragilitäten, die aus diesem post-natürlichen Zustand resultieren – in den Kapiteln 18 und 19 werde ich dazu einen technischen Beweis liefern.

Allerdings kann ich das gegenteilige Argument ebenso gut nachvollziehen: dass nämlich einschränkende Straßenschilder die Risiken nicht zu reduzieren scheinen, da die Verkehrsteilnehmer dann teilnahmsloser werden. Experimente zeigen, dass die Wachsamkeit nachlässt, wenn man die Kontrolle einem System übergeben kann (auch hier fehlende Überkompensation). Autofahrer brauchen die Stressoren und die Spannung, die aus dem Gefühl von Gefährdung resultieren, um permanent aufmerksam zu sein und die Risiken unter Kontrolle zu behalten, und kein externes Regulierungssystem – so sterben weniger Fußgänger bei verkehrswidriger Überquerung einer Straße als bei der Benutzung eines Fußgängerüberwegs. Liberale Politiker führen gern das Beispiel von Drachten an, einer Stadt in den Niederlanden, in der im Rahmen eines Experiments ein Traum Wirklichkeit wurde: Man entfernte sämtliche Straßenschilder. Die Deregulierung führte zu größerer Sicherheit; angeregt durch das Gefühl von Gefahr und Eigenverantwortung erhöhte sich die antifragile Aufmerksamkeit. Infolge dieses Experiments wurde in vielen deutschen und holländischen Städten die Anzahl der Straßenschilder reduziert. Ich habe eine Variation des Drachten-Effekts im zweiten Kapitel erwähnt, wo es um die Automatisierung von Steuervorgängen im Flugzeug ging: Man hatte beabsichtigt, dadurch die Leistung der Piloten zu verbessern, und erreichte genau den gegenteiligen Effekt, nämlich eine Reduzierung der Wachsamkeit. Allerdings darf man den Drachten-Effekt nicht vorschnell verallgemeinern und den Schluss ziehen, es sei effektiver, wenn man eine Gesellschaft von sämtlichen Regeln befreien würde. Wie schon erwähnt, folgt die Geschwindigkeit auf der Autobahn einer anderen Dynamik, und auch die Risiken sind andere.

Leider war es sehr schwer für mich, diese Ideen zu Fragilität und Antifragilität in den gegenwärtigen politischen Diskurs in den USA – dieses verflixte Zwei-Fossilienparteien-System – einzupassen. Meistens setzt sich die demokratische Seite für übertriebene Interventionen, bedingungslose Regulierungsmaßnahmen und einen großen Verwaltungsapparat ein, während die republikanische Seite große Unternehmen favorisiert, bedingungslose Deregulierungsmaßnahmen und Militarismus – in dieser Hinsicht sind in meinen Augen beide Seiten gleich. Noch mehr gilt das für den Bereich der Schulden: Beide Seiten neigen dazu, sowohl die Bürger als auch die Unternehmen und die Regierung zu ermutigen, immer mehr Schulden zu machen (was zu Fragilität führt und Antifragilität erstickt). Ich glaube, dass sowohl die Märkte als auch die Regierungen bei Ereignissen von der Art des Schwarzen Schwans unklug vorgehen – ganz im Unterschied zu Mutter Natur oder zu Märkten anderen, älteren Stils (wie etwa den Suks).

Meine Haltung zu Interventionen lässt sich etwas vereinfacht wie folgt umreißen. Es kommt vor allem darauf an, ein systematisches Protokoll zu haben, in dem festgelegt ist, wann Intervention sinnvoll ist und wann es besser ist, ein System sich selbst zu überlassen. Um die iatrogenen Effekte der Moderne in den Griff zu bekommen, wird es wahrscheinlich notwendig sein zu intervenieren – vor allem hinsichtlich der immensen Schäden, die der Umwelt zugefügt werden, und der Konzentration eines potentiellen – noch nicht manifesten – Unheils, von Entwicklungen der Art, die wir erst bemerken, wenn es zu spät ist. Die Ideen, die ich hier vortrage, sind nicht politischer Natur, sondern basieren auf Risikomanagement; ich fühle mich keiner einzelnen politischen Partei zugehörig, ich möchte vielmehr einfach die Vorstellung von Schädigung und Fragilität in das Vokabular einbringen, damit wir Strategien formulieren können, die sicherstellen, dass wir nicht zu guter Letzt den Planeten und uns selbst zerstören.

Es lebe das Zaudern (nach fabianischer Manier)

Beim Interventionismus gibt es ein irreführendes Element, das in einer durchprofessionalisierten Gesellschaft schnell an Bedeutung gewinnt. Es ist viel einfacher, sich mit dem Hinweis »Schauen Sie nur, was ich für Sie getan habe« zu verkaufen als mit »Schauen Sie nur, was ich für Sie vermieden habe«. Natürlich verschärft sich das Problem noch durch ein Prämiensystem, das auf »Leistung« aufbaut. Ich habe in der Geschichte nach Helden gesucht, deren Heldentum in dem bestand, was sie *nicht* taten, allerdings ist *Nichthandeln* schwer auszumachen; ich konnte kaum ein Beispiel finden. Der Arzt, der darauf verzichtet, eine Rückenoperation (einen äußerst lukrativen Eingriff) vorzunehmen, und dem Patienten Zeit lässt, von allein wieder gesund zu werden, wird nicht so reichlich entlohnt und honoriert wie sein Kollege, der vorgibt, der Eingriff sei unvermeidlich, der also dem Patienten Erleichterung verschafft, indem er ihn den Risiken einer Operation aussetzt, und sich selbst dafür fürstlich entlohnen lässt. Im rosafarbenen Rolls-Royce wird der Letztere fahren. Der Geschäftsführer, der einen Verlust vermeidet, bekommt nur selten eine Belohnung. Der echte Held in der Welt des Schwarzen Schwans ist derjenige, der eine Katastrophe verhindert und natürlich, da die Katastrophe nicht eintrat, keine Anerkennung oder Bonuszahlung erhält. In Buch VII, in dem es um moralische Fragen geht, werde ich diese Idee von der Ungerechtigkeit des Prämiensystems, die durch die Komplexität des Systems noch vergrößert wird, vertiefen.

Allerdings zeigt es sich auch hier wieder einmal, dass die Menschen der Antike offenbar sehr viel weiser waren als wir Modernen – und dass ihre Weisheit gleichzeitig sehr viel schlichter ausfiel; die Römer verehrten einen Mann, der sich der Versuchung einzugreifen widersetzte und eine Intervention immer wieder aufschob. Fabius Maximus, ein General, erhielt den Beinamen Cunctator, »der Zögernde«. Indem er Kampfhandlungen ständig aus dem Weg ging, trieb er Hannibal, der militärisch eindeutig überlegen war, in den Wahnsinn. Und es bietet sich geradezu an, Hannibals Militarismus als eine Spielart des Interventionismus zu interpretieren (in der Art eines George W. Bush, nur dass Hannibal selbst in den Kampf zog und nicht in seinem komfortablen Büro saß) und ihn gegen die Weisheit des Cunctator abzugrenzen.

In England wurde von einer Gruppe hochintelligenter, revolutionär gesinnter Menschen eine politische Bewegung namens Fabian Society gegründet, die nach dem Cunctator benannt ist und die Idee vertritt, dass eine Revolution nach opportunistischen Gesichtspunkten aufgeschoben werden sollte. Zu der Gesellschaft gehörten George Bernard Shaw, H.G. Wells, Leonard und Virginia Woolf, Ramsay MacDonald und für kurze Zeit sogar Bertrand Russell. Ihre Idee erwies sich im Rückblick als äußerst effektive Strategie – weniger als Methode, ihre Zielvorstellungen umzusetzen, als vielmehr um dem Umstand Rechnung zu tragen, dass es sich bei diesen Vorstellungen um bewegliche Ziele handelte. Mit der Taktik des Aufschiebens und Zögerns war es möglich, dass die Ereignisse ihren Lauf nehmen und die Aktivisten ihren Standpunkt ändern konnten, bevor sie sich auf nicht wiedergutzumachende politische Strategien einließen. Und natürlich änderten sie ihre Ansichten, als sie sahen, welche Gräuel der Stalinismus und ähnliche Systeme anrichteten.

Die Römer prägten den Ausspruch *festina lente*: »Eile mit Weile«. Und sie waren nicht das einzige Volk der Antike, das den Akt bewusster Unterlassung kannte. Der chinesische Philosoph Laozi schuf die Lehre vom *Wu-Wei*, dem »passiven Handeln«.

Nur wenige begreifen, dass Prokrastination ein natürliches Abwehrsystem ist, das dafür sorgt, dass die Dinge ihren eigenen Gang gehen und ihre Antifragilität entfalten; Prokrastination wurzelt in einer Art ökologischer, natürlicher Weisheit und ist nicht immer schlecht – auf der existentiellen Ebene rebelliert mein Körper gegen seine Vereinnahmung. Meine Seele lehnt sich gegen das Prokrustesbett der Moderne auf. Zugegeben, meine Steuererklärung macht sich nicht von allein – wenn ich aber einen Besuch beim Arzt, bei dem es nicht um lebensnotwendige Fragen geht, aufschiebe, oder die Abfassung eines Abschnitts vertage, bis mein Körper mir zu verstehen gibt, dass ich dafür bereit bin, dann benutze ich wahrscheinlich einen sehr wirksamen natürlichen Filter. Ich schreibe nur, wenn mir danach ist; ich schreibe nur über Themen, die mir wirklich liegen – und der Leser ist kein Narr. Für mich ist Prokrastination eine Information meines inneren Selbst und meiner weit zurückreichenden evolutionären Vergangenheit, die mich davor bewahrt, bei meinem Schreiben interventionistisch vorzugehen. Allerdings gibt es Psychologen und Verhaltensökonomen, die meinen, Prokrastination sei eine *Krankheit*, die behandelt und geheilt werden muss.*

Prokrastination wurde bislang noch nicht hinreichend pathologisiert: Manche bringen sie in einen Zusammenhang mit Akrasia, einer Form von fehlender Selbstkontrolle oder Willensschwäche, die schon Platon thematisierte; andere mit Abulie, dem Fehlen von Willensimpulsen. Und die Pharmaindustrie wird womöglich eines Tages eine Pille dagegen auf den Markt bringen.

Auch bei medizinischen Behandlungsmethoden ist Prokrastination von Nutzen: Wie wir gesehen haben, schützt sie uns vor Irrtümern, indem sie der Natur die Möglichkeit gibt, ihren Job zu machen – und man kommt um die lästige Tatsache nun einmal nicht herum, dass die Natur nicht so fehleranfällig ist wie Wissenschaftler. Psychologen und

* Psychologen kennen das Gegenteil von Interventionismus, sie bezeichnen es als den *Status-quo-Bias*, die Voreingenommenheit zugunsten des Bestehenden. Offensichtlich können aber beide – Interventionismus und Prokrastination – nebeneinander bestehen, einerseits im Beruf (wo man gezwungen ist, etwas zu tun) und andererseits im Privatleben (wo das Gegenteil der Fall sein kann). Es handelt sich um ein kontextabhängiges Phänomen, also letztlich um ein gesellschaftliches und wirtschaftliches Problem, das mit Normen und Anreizen zusammenhängt (auch wenn die Ärzte, die die Kinder auf entzündete Mandeln untersuchten, keinen direkten Anreiz hatten), und weniger um eine geistig-seelische Eigenschaft.

Ökonomen, die sich mit »Irrationalität« beschäftigen, bemerken nicht, dass Menschen nur dann zur Prokrastination neigen, wenn die Situation nicht lebensbedrohlich ist. Ich zaudere nicht, wenn ich sehe, dass ein Löwe in mein Schlafzimmer eindringt oder die Bibliothek meines Nachbarn in Flammen steht. Ich zaudere nicht, wenn ich mir eine schwere Verletzung zugezogen habe. Ich zaudere nur im Zusammenhang mit unnatürlichen Verpflichtungen und Abläufen. Einmal habe ich eine Wirbelsäulenoperation aufgeschoben, zu der mir nach einer Rückenverletzung geraten worden war. Nach einem Wanderurlaub in den Alpen und anschließendem Gewichtstraining war ich meine Rückenprobleme vollständig los. Mein Instinkt (der innere Bullshit-Detektor) ermöglichte mir, diese nicht unmittelbar notwendige Operation aufzuschieben und die Risiken zu minimieren, aber Psychologen und Ökonomen verlangen von mir, dass ich diesen Instinkt abwürge – ein Ansinnen, das sich frontal gegen die Antifragilität meines Körpers richtet. Da Prokrastination eine Botschaft unserer naturgegebenen Willenskraft ist, die sich in Form geringer Motivation äußert, kann sie nur durch eine Veränderung der Umgebung oder des Berufs geheilt werden, indem man also Bedingungen schafft, unter denen man nicht gegen seine Impulse ankämpfen muss. Nur wenige ziehen die logische Schlussfolgerung, stattdessen so zu leben, dass Prokrastination als natürliche, risikobasierte Form der Entscheidungsfindung sinnvoll wird.

Ich richte die Abfassung der Absätze dieses Buchs an Prokrastinationskriterien aus. Wenn ich zögere, einen bestimmten Abschnitt zu schreiben, muss er eben wegfallen. Es handelt sich dabei um eine ganz schlichte moralische Frage: Warum sollte ich die Leute zum Narren halten, indem ich über ein Thema schreibe, zu dem es mich nicht innerlich drängt?*

Wenn ich das Problem unter ökologischen Kriterien bedenke, dann handelt ein Mensch, der Dinge vor sich herschiebt, nicht irrational; es ist seine Umgebung, die irrational ist. Und noch irrationaler verhält sich

* Ein ebenfalls Bücher schreibender Freund meinte einmal, Maler würden den Akt des Malens genießen, während Autoren es eher genießen, »geschrieben zu *haben*«. Ich empfahl ihm, zu seinem eigenen Besten und dem seiner Leser, das Schreiben doch lieber sein zu lassen.

der Psychologe oder Ökonom, der einen solchen Menschen als irrational bezeichnet.

Wir Menschen sind einfach nicht sehr gut im Filtern von Informationen, vor allem bei Kurzzeitinformationen, und Prokrastination könnte für uns eine Möglichkeit sein, besser zu filtern und dem Drang zu widerstehen, uns auf eine Information zu stürzen, wie wir gleich sehen werden.

Diese Idee des »Natürlichen« hat zu einiger Verwirrung geführt. Philosophen beziehen sich auf eine Form des Irrtums, den so genannten *naturalistischen Fehlschluss*, der besagt, dass das Natürliche auch notwendigerweise das moralisch Richtige sei – auch ich sehe das als Irrtum an; man erinnere sich an das vierte Kapitel, wo es um die Problematik ging, die entsteht, wenn das darwinistische Selektionsprinzip auf die moderne Gesellschaft übertragen wird: Die Notwendigkeit, sich um die Schwachen und Gescheiterten zu kümmern, ist etwas, das der Natur zuwiderläuft. (Problematisch wird es allerdings, wenn der naturalistische Fehlschluss aus dem Bereich der Moral herausgenommen und fälschlicherweise auf die Vorstellung übertragen wird, dass man seinem natürlichen Instinkt in Zweifelsfällen folgt.) Welche Kriterien auch immer man hier ansetzt, es handelt sich nicht um einen Fehlschluss, wenn es um die Erwägung von Risiken geht. Die Zeit ist der beste Fragilitäts-Test – sie umfasst ein hohes Maß an Unordnung –, und nur die Natur hat von der Zeit das Siegel »Robust« erhalten. Einige Philosophaster wollen nicht verstehen, dass Risiken und Überleben wichtiger sind als Philosophieren, sie sollten irgendwann den Genpool verlassen – wahre Philosophen würden meiner Aussage zustimmen. Es gibt noch einen schlimmeren Fehlschluss: Manche begehen den entgegengesetzten Fehler, indem sie behaupten, *das Natürliche sei ein Fehlschluss*.

Haufenweise Neurosen

Stellen Sie sich jemanden vor, den man umgangssprachlich als neurotisch bezeichnen würde. Er ist dünn, hat eine verspannte Haltung, und seine Stimme klingt unsicher. Er macht seltsame Bewegungen mit dem Hals, wenn er versucht, sich zu äußern. Sobald er an seinem Körper einen kleinen Pickel entdeckt, nimmt er an, dass er Krebs hat, dass er daran sterben wird und dass der Krebs bereits gestreut hat. Seine Hypochondrie beschränkt sich nicht auf den medizinischen Bereich: Wenn er in seinem Job einen kleinen Rückschlag hinnehmen muss, reagiert er, als stünde der Konkurs unmittelbar bevor. Im Büro beißt er sich an allen möglichen Kleinigkeiten fest und verwandelt systematisch jeden Maulwurfshügel in einen Berg.

Das Letzte, was man sich wünschen würde, wäre, mit einem solchen Menschen im selben Auto zu sitzen, wenn man zu einer wichtigen Verabredung unterwegs ist und im Stau steckt. Das Verb »überreagieren« entstand aufgrund dieses Prototyps: Er kennt keine Reaktionen, sondern nur Überreaktionen.

Nun vergleiche man einen solchen Menschen mit dem Unerschütterlichen, dem es auch unter widrigen Umständen gelingt, Ruhe zu bewahren – eine unabdingbare Voraussetzung, um Anführer, militärischer Befehlshaber oder Pate bei der Mafia zu werden. Normalerweise immun gegen unbedeutende Informationen, beeindruckt er durch seine Selbstbeherrschung in schwierigen Situationen. Als Beispiel für einen gelassenen, ruhigen und bedachten Tonfall höre man sich Interviews mit »Sammy the Bull« Salvatore Gravano an, der in die Ermordung von 19 Männern (lauter rivalisierende Gangsterbosse) verwickelt war. Er spricht ohne jede Anstrengung, als wäre das, worüber er redet, »keine große Sache«. Dieser zweite Typus reagiert im Unterschied zum ersten nur ab und an, und nur wenn unbedingt nötig; wenn er außer sich gerät, was in seltenen Situationen vorkommt, registriert das – anders als bei dem neurotischen Typus – jeder und nimmt es ernst.

Der Informationsüberfluss, dem die Menschen in der Moderne ausgesetzt sind, verwandelt sie aus dem gleichmütigen zweiten Typ in den neurotischen ersten. Wichtig für unsere Diskussion: Während der zweite lediglich auf echte Informationen reagiert, reagiert der erste ganz überwiegend auf Geräusche. Der Unterschied zwischen den beiden Charakteren markiert den Unterschied zwischen Geräusch und Signal. Ein Geräusch ist etwas, das man ignorieren sollte; Signale sind das, worauf es zu achten gilt.

Ich habe das Thema »Geräusch« in diesem Buch bereits kurz gestreift; Zeit, genauer darauf einzugehen. In der Wissenschaft bezeichnet

Geräusch beziehungsweise Rauschen mehr als nur ein akustisches Phänomen, es bezieht sich ganz allgemein auf zufällige Informationen, die in jeder Hinsicht überflüssig sind und beiseitegeschoben werden müssen, um verstehen zu können, was man eigentlich hört. Man denke beispielsweise an Bestandteile einer kodierten Nachricht, an zufällig eingestreute Buchstaben, die keinerlei Bedeutung haben und lediglich Spione in die Irre führen sollen; oder an das Zischeln, das man gelegentlich bei Telefongesprächen hört und das man auszublenden versucht, um sich auf die Stimme des Gesprächspartners konzentrieren zu können.

Und genau diese persönliche oder intellektuelle Unfähigkeit, Geräusche von Signalen zu unterscheiden, liegt dem Interventionismus zugrunde.

Eine legale Methode, Leute umzubringen

Wenn Sie den Tod eines Mitmenschen beschleunigen wollen, bezahlen Sie ihm einen Leibarzt. Das muss nicht einmal ein schlechter Leibarzt sein: Stellen Sie Ihrem Bekannten einfach frei, sich einen Arzt auszusuchen. Irgendeinen.

Wahrscheinlich ist das die einzige Möglichkeit, wie man jemanden umbringen kann, ohne ein einziges Gesetz zu übertreten. An dem Beispiel mit den Mandeloperationen wurde deutlich, dass der Zugang zu Daten die Eingreifwahrscheinlichkeit erhöht – auf einmal fängt man an, sich wie der neurotische Typ zu benehmen. Rory Sutherland wies mich darauf hin, dass Menschen, zu deren Personal ein Leibarzt gehört, der Gefahr eines naiven Interventionismus, also iatrogenen Effekten, besonders stark ausgesetzt sind; Ärzte müssen ihr Gehalt rechtfertigen und sich selbst beweisen, dass sie ein Mindestmaß an Arbeitsmoral aufbringen, was dadurch, dass man »nichts unternimmt«, einfach nicht zu bewerkstelligen ist. Der Leibarzt von Michael Jackson wurde bekanntlich wegen einer Handlungsweise verklagt, die einer Überreaktion, also der Unterdrückung von Antifragilität gleichkam (allerdings wird es eine Weile dauern, bis die Gerichte mit dieser Vorstellung wirklich etwas anfangen können). Haben Sie sich je gefragt, warum Staatsoberhäupter und sehr reiche Leute, die zu jeder nur denkbaren Form von ärztlicher Versorgung Zugang haben, auch nicht länger leben als der Durchschnittsbürger? Es sieht ganz so aus, als wäre Übertherapierung und exzessive ärztliche Betreuung der *Grund* dafür.

Ganz ähnlich verhält es sich bei Wirtschaftsbossen oder Politikern (beispielsweise dem Fragilisten Greenspan), denen eine ausgefeilte Datenerfassungsabteilung zur Verfügung steht und die daher massenhaft mit »zeitnahen« Statistiken versorgt werden: Sie haben den Hang, überzureagieren und etwas als Information zu interpretieren, was lediglich ein Geräusch ist. Greenspan hatte ein Auge auf Vorgänge wie die Schwankungen der Verkaufszahlen von Staubsaugern in Cleveland, wie man hört, »um eine genaue Vorstellung davon zu gewinnen, wohin die Wirtschaft sich bewegt«, und natürlich hat er uns mit genau dieser Art von Mikromanagement ins Chaos gesteuert.

In der Geschäftswelt und bei ökonomischen Entscheidungsprozessen verursacht die Abhängigkeit von Daten gravierende Nebenwirkungen – Daten gibt es heute dank der allgemeinen Vernetzung im Überfluss, und der Anteil an Störgeräuschen nimmt zu, je tiefer man in den Informationsfluss eindringt. Eine eher selten aufgegriffene Eigenschaft von Daten: Sie sind in großen, ja schon in durchschnittlichen Mengen toxisch.

Die beiden vorigen Kapitel zeigten, wie man Rauschen und Zufälligkeit benutzen und davon profitieren kann; doch umgekehrt vermag Rauschen und Zufälligkeit auch von einem selbst Besitz zu ergreifen, vor allem die ganz und gar unnatürlichen Daten, die aus dem Netz oder überhaupt den Medien stammen.

Je häufiger man sich mit Daten befasst, desto unverhältnismäßig mehr *Geräusche* bekommt man ab (anstelle des wertvollen Teils, dem *Signal*); desto höher also das Verhältnis von Geräusch zu Signal. Und nun gibt es eine bezeichnende Verwirrung, die mit Psychologie gar nichts zu tun hat, sondern eine Eigenschaft der Daten selbst ist. Nehmen wir an, Sie studieren einmal im Jahr die Aktienkurse oder die Verkaufszahlen der Düngerfabrik Ihres Schwiegervaters oder die Inflationsrate in Wladiwostok. Nehmen wir außerdem an, dass das Verhältnis von Signal zu Geräusch für das, was Sie einmal pro Jahr beobachten, eins zu eins beträgt (also eine Hälfte Geräusch, die andere Hälfte Signal) – dann heißt das, dass ungefähr die Hälfte der Veränderungen echte Verbesserungen oder Verschlechterungen sind und die andere Hälfte auf Zufall beruht. Dieses

Verhältnis erhalten Sie, wenn Sie Ihre Beobachtung einmal pro Jahr anstellen. Wenn Sie sich genau dieselben Daten nun täglich anschauen, würde sich das Verhältnis verschieben auf 95 Prozent Geräusch zu 5 Prozent Signal. Und wenn Sie die Daten schließlich jede Stunde studieren, wie Menschen das nun einmal machen, die völlig eingetaucht sind in die Welt der Nachrichten und Marktpreisschwankungen, dann ergibt sich eine Aufteilung von 99,5 Prozent Geräusch zu 0,5 Prozent Signal. Das wäre zweihundertmal so viel Geräusch wie Signal – und darauf ist es zurückzuführen, dass jeder, der sich den Nachrichten aussetzt (abgesehen von denen über wirklich sehr, sehr wichtige Ereignisse), noch eine Stufe unter den Dummköpfen rangiert.

Zeitungen sind iatrogen, das heißt sie haben schädliche Nebenwirkungen. Sie müssen jeden Tag ihre Seiten in einem bestimmten Umfang mit einer Reihe von Nachrichten füllen – vor allem mit solchen, die auch in anderen Zeitungen vorkommen. Um die Sache wirklich richtig zu machen, müssten sie lernen, sich zurückzuhalten, wenn es keine signifikanten Nachrichten gibt. Zeitungen wären idealerweise an einigen Tagen zwei Zeilen, an anderen zweihundert Seiten lang – je nach Intensität des Signals. Aber die Zeitungsverlage wollen natürlich Geld verdienen und müssen uns deshalb Junkfood verkaufen. Und Junkfood hat schädliche Nebenwirkungen.

Die Sache hat auch eine biologische Seite. Ich habe bereits verschiedentlich darauf hingewiesen, dass in einer natürlichen Umgebung Stressoren gleichbedeutend sind mit Information. Zu viel Information wäre also zu viel Stress, die Schwelle der Antifragilität würde überschritten. In der Medizin entdeckt man gegenwärtig die heilende Wirkung des Fastens, die mit dem Ausfall des Hormonschubs zusammenhängt, der mit der Nahrungsaufnahme einhergeht. Hormone übermitteln an die unterschiedlichen Teile unseres Systems Information, und zu viel Information bringt unseren Organismus durcheinander. Es ist dasselbe wie bei den in zu hoher Frequenz rezipierten Nachrichten: Zu viel Information wird schädlich – tägliche Nachrichten und Zucker irritieren unser System auf genau dieselbe Weise. Im vierundzwanzigsten Kapitel (über Moral) werde ich zeigen, wie es kommt, dass zu viel Information (vor allem zu viel sterile Information) dazu führen kann, dass Statistiken überhaupt nichts mehr aussagen.

Hinzu kommt noch ein psychologischer Faktor: Wir verstehen diesen Umstand nicht ohne Weiteres und reagieren deshalb auf bedeutungsfreies Rauschen zu heftig. Am besten wäre es, *ausschließlich* auf die sehr großen Daten oder Umstände zu achten, nie auf die kleinen.

Ebenso wie wir sehr wahrscheinlich nicht einen Bären für einen Felsbrocken halten (dann schon eher einen Felsbrocken für einen Bären), ist es für einen vernunftbegabten Menschen mit klarem Verstand, der nicht in Daten ertrinkt, fast ausgeschlossen, ein vitales, für sein Überleben wichtiges Signal fälschlich für ein unbedeutendes Geräusch zu halten – es sei denn, er ist überängstlich, übersensibel und neurotisch und also abgelenkt und verwirrt aufgrund anderer Botschaften. Signifikante Signale machen sich normalerweise unmissverständlich bemerkbar. In der Geschichte mit den Mandeloperationen wäre der beste Filter gewesen, lediglich die Kinder zu behandeln, die sehr krank waren und immer wieder unter Halsentzündung litten.

Mediengesteuerte Neurosen

Von der in den Medien üblichen Verherrlichung von Anekdoten geht sehr viel Rauschen aus. Deshalb leben wir zunehmend in einer virtuellen Realität, abgeschnitten von der wirklichen Welt, jeden Tag etwas mehr, und wir bemerken es immer weniger. Täglich sterben 6200 Menschen in den USA, darunter viele aus Gründen, die vermeidbar gewesen wären. Die Medien berichten aber lediglich über die anekdotenhaften, sensationellen Fälle (Hurrikans, außergewöhnliche Unfälle, Flugzeugabstürze), was unsere innere Landkarte hinsichtlich der tatsächlichen Risiken vollkommen verzerrt. Früher, bei unseren Vorfahren, war die Anekdote, das »Interessante«, wirklich Information; heute ist das nicht mehr so. Außerdem erzeugen die Medien, indem sie uns mit Erklärungen und Theorien versorgen, in uns die Illusion, wir würden die Welt verstehen.

Die Art und Weise, wie Presseleute Ereignisse (und Risiken) verstehen, ist allerdings derart retrospektiv, dass sie die Sicherheitschecks *nach* dem Flug anordnen würden – also im Sinn des *post bellum auxilium* handeln würden, die Truppen schicken, wenn die Schlacht vorüber ist. Aufgrund von Kontextabhängigkeit vergessen wir, wie notwendig es ist, unsere innere Landkarte mit der Realität abzugleichen. Daher leben wir in einer immer fragileren Welt und haben gleichzeitig den Eindruck, wir verstünden sie immer besser.

Am wirkungsvollsten lässt sich Interventionismus abmildern, indem man die Versorgung mit Informationen rationiert, sie so naturalistisch wie möglich gestaltet. Im Zeitalter des Internet ist das gar nicht so einfach. Immer wieder fällt es mir äußerst schwer zu erklären, dass man desto weniger weiß, was vor sich geht, je mehr Daten man bekommt – und dass entsprechend desto mehr schädliche Nebenwirkungen erzeugt werden. Noch heute ist die Illusion weit verbreitet, »Wissenschaft« sei gleichbedeutend mit »mehr Daten«.

Der Staat kann helfen – wenn er unfähig ist

Die Hungersnot in China, bei der zwischen 1959 und 1961 30 Millionen Menschen starben, lässt aufschlussreiche Rückschlüsse darauf zu, was ein Staat anrichtet, wenn er sich »Mühe gibt«. Xin Meng, Nancy Qian und Pierre Yared untersuchten, wie unterschiedlich sich in einzelnen Regionen die Notlage auswirkte. Ihr Ergebnis: In Gebieten, in denen vor der Hungersnot die Lebensmittelproduktion höher gewesen war, fiel die Hungersnot schlimmer aus, was darauf schließen lässt, dass die Lebensmittel-Verteilungspolitik der Regierung aufgrund des starren Beschaffungssystems einen Großteil des Problems verursacht hatte. Überhaupt ereignete sich eine unerwartet hohe Anzahl an Hungersnöten des vergangenen Jahrhunderts in Staaten mit Zentralwirtschaft.

Häufig ist es die Unfähigkeit des Staats, die uns vor den fatalen Folgen der Staatlichkeit und der Moderne bewahrt – Iatrogenik, auf den Kopf gestellt. Dmitri Orlov zeigte, wie nach dem Zusammenbruch des Sowjetstaates Katastrophen verhindert werden konnten, weil die Lebensmittelproduktion ineffizient gewesen war und voller unbeabsichtigter Redundanzen, was sich letztlich zugunsten der Stabilität auswirkte. Stalin experimentierte mit der Landwirtschaft herum und trug so seinen Teil zu den Hungersnöten bei. Allerdings gelang es ihm und seinen Nachfolgern nie, die Landwirtschaft wirklich »effizient« zu machen, also so zu zentralisieren und zu optimieren wie heute in den USA der Fall, und so wuchs alles und jedes überall. Das war zwar aufwendiger, da kein Ort von einer Spezialisierung profitieren konnte, doch die fehlende lokale Spezialisierung gewährte den Menschen dann nach dem Zusammenbruch der Institutionen Zugriff auf verschiedene Arten von Lebensmitteln. In den Vereinigten Staaten werden zwölf Kalorien für den Transport jeder einzelnen Nahrungsmittelkalorie verbraucht; in der Sowjetunion betrug das Verhältnis eins zu eins. Man kann sich vorstellen, was in den USA (oder Europa) los wäre, wenn die Lebensmittelversorgung zusammenbräche. Zudem lebten die Menschen in der Sowjetunion aufgrund der Ineffizienz des staatlichen Wohnungsbaus über drei Generationen in sehr beschränkten Wohnverhältnissen und hatten enge persönliche Beziehungen zueinander, was – wie im Libanonkrieg – zur Folge hatte, dass sie zusammenhielten und sich gegenseitig unterstützten. Sie waren – anders als in den so genannten sozialen Netzwerken – wirklich miteinander verbunden, sie teilten ihre Nahrungsmittel mit den Freunden und Bekannten, die nichts hatten, und konnten erwarten, dass irgendein Bekannter (sehr wahrscheinlich dann ein anderer) seinerseits ihnen helfen würde, wenn sie in Not gerieten.

Und der Top-down-Staat hält auch nicht notwendigerweise, was er verspricht.

Frankreich ist chaotischer als sein Ruf

Ich werde nun den Mythos entlarven, dass Frankreich so erfolgreich ist, weil es ein cartesianisch-rationalisierend-rationalistischer Top-down-Staat ist. Ähnlich wie die Russen hatten die Franzosen das Glück, dass die staatlichen Zielvorstellungen lange Zeit nicht erreicht wurden.

Ich habe mich zwei Jahrzehnte lang gefragt, warum Frankreich als ein Land, das von einem überdimensionierten Staat strikt zentral organisiert wird, in vielen Bereichen so erfolgreich ist. Immerhin ist es das Land eines Jean-Baptiste Colbert, der von einem alles durchdringenden Staat träumte. Der momentane Regierungsstil ist ultra-interventionistisch – nach dem Motto: »Wenn es nicht kaputt ist, reparier es.« Und doch läuft es irgendwie sehr gut in Frankreich, teilweise besser als anderswo; kann Frankreich also als Beleg dafür herhalten, dass eine zentralisierte Bürokratie, die das chaotische Klein-Klein von Kommunen unterdrückt, sich förderlich auswirkt auf Wachstum, Glück, Produktivität in Wissenschaft und Literatur, ausgezeichnetes Wetter, eine vielfältige, sogar ein Stück Mittelmeer umfassende Flora, hohe Berge, ein großartiges Transportsystem, schöne Frauen und gute Küche? Dann aber stieß ich bei der Lektüre von Graham Robbs *The Discovery of France* auf einen hoch bedeutsamen Sachverhalt, der mich lehrte, Frankreich mit vollkommen anderen Augen zu sehen, und den Anstoß gab, die Literatur nach einer Neufassung der Geschichte des Landes zu durchforsten.

Eigentlich liegt es ja auf der Hand: Der französische Nationalstaat war überwiegend eine Behauptung, trotz der Versuche von Ludwig XIV., Napoleon und dem nationalen Erziehungsprogramm von Jules Ferry, sich überall einzumischen. Im Frankreich des Jahres 1863 wurde nicht Französisch gesprochen (das beherrschte nur ein Fünftel der Bevölkerung), sondern eine ganze Reihe von Sprachen und Dialekten. (Erstaunlich: Der Nobelpreis für Literatur ging im Jahr 1904 an den Franzosen Frédéric Mistral, der seine Werke in der in Südfrankreich gesprochenen Sprache Provenzalisch schrieb.) Das Fehlen einer sprachlichen Einheit wie die große Bandbreite an Käsesorten (Es gibt ungefähr vierhundert verschiedene) bringen zum Ausdruck, wie schwer es ist, dieses Land zu zentralisieren. Jenseits des Umstands, dass es Eigentum eines Königs und einer schwachen Aristokratie war, gab es keine ethnische oder sprachliche Komponente, die das Land zusammengehalten hätte. Die Straßen befanden sich in einem furchtbaren Zustand, und das Land war ganz überwiegend unzugänglich für Reisende. Die Eintreibung von Steuern war ein gefährliches Geschäft und erforderte Zähigkeit und Scharfsinn. Faktisch wurde das Land nur nach und nach von Paris aus »entdeckt«, teilweise erst nach der Kolonisierung von Nordafrika und anderer Weltregionen. In seinem umfangreichen, fesselnden Buch *La Rébellion Française* zeigt der Historiker Jean Nicolas, dass es eine sehr differenzierte, hochkomplexe Kultur des Aufstands gab – historisch gesehen gilt der Aufruhr als der eigentliche französische Nationalsport.

Paris selbst stand nur in geringem Ausmaß unter der Kontrolle Frankreichs – nicht mehr als die Favelas in Rio gegenwärtig unter der Kontrolle des brasilianischen Zentralstaats stehen. Der Sonnenkönig Ludwig XIV. hatte seinen Hof nach Versailles verlegt, um sich von dem Gewimmel in Paris zu distanzieren. Paris wurde erst im 19. Jahrhundert kontrollierbar, nachdem Georges-Eugène Haussmann in den 1860er Jahren die kleinen Häuser und engen Straßen planieren ließ, um Platz für die großen Avenuen zu schaffen, die es der Polizei endlich ermöglichten, die Menge in den Griff zu bekommen. Faktisch bestand Frankreich in erster Linie aus Paris und »der Wüste«, denn Paris kümmerte sich nicht um das übrige Frankreich. Das Land wurde erst nach ausgedehnten Programmen und »Fünf-Jahres-Plänen«, durch die Anlage von Straßen, Eisenbahnnetzen, Schulen und die Verbreitung des Fernsehens zentralisiert – ein letztlich auf Napoleon zurückgehender Integrationstraum, den de Gaulle nach dem Krieg umzusetzen begann und der während der Regierungszeit von Valéry Giscard d'Estaing in den späten 1970er Jahren vollendet wurde, als die Dezentralisierung einsetzte.* Möglicherweise hat Frankreich von den beiden Jahrzehnten als großer Zentralstaat profitiert, aber man könnte ebenso gut sagen, es habe von dem glücklichen Umstand profitiert, dass der übermächtige Staat sein Wachstum beförderte, ohne seine Gastfreundschaft überzubeanspruchen.

Schweden und der große Staat

Abgesehen von Frankreich war ich auch über den Zustand von Schweden und anderen skandinavischen Staaten erstaunt, die häufig als Paradebeispiele für ein mächtiges Staatswesen angeführt werden, »das funktioniert« – die Regierung macht einen Großteil der Gesamtwirtschaft aus. Wie ist ein monströs ausgedehntes Staatswesen mit dem Umstand vereinbar, dass Dänemark als glücklichste Nation der Welt gilt (nimmt

* Eine weitere Entdeckung: die Kontrolle der Sprache, also des organischsten, unordentlichsten Bereichs, den es überhaupt gibt. Frankreich hat mit der Institution der Académie française einen offiziellen Stempel für das, was als korrektes Französisch gelten darf und was nicht, welche Wendungen also von einem Schüler in einem Aufsatz benutzt werden dürfen oder im Brief an den Bürgermeister, in dem man sich über die Einsatzzeiten der lärmintensiven Müllabfuhr beschwert. Das Resultat ist klar erkennbar: ein im Vergleich mit dem Englischen gewundenes, kompliziertes, formal enges Vokabular – und das verbreitete gesprochene Französisch, das als »Slang« abqualifiziert wird, obwohl es genauso reich ist wie das Englische; es gibt sogar Schriftsteller wie Céline oder Dard, die ein Parallelvokabular benutzen, in dem sich auf einzigartige Weise die Hochsprache mit der Umgangssprache, einem herrlich präzisen und reichen Slang, mischt.

man einmal an, Glück sei zum einen mess-, zum anderen wünschbar)? Liegt es daran, dass all diese Länder kleiner sind als der Großraum New York? Dann wies mich aber mein Koautor, der Politikwissenschaftler Mark Blyth, darauf hin, dass auch hier die falsche Geschichte erzählt wird: Es ist fast dasselbe wie mit der Schweiz (nur dass in Skandinavien die klimatischen Verhältnisse schlechter und die Wintersportmöglichkeiten nicht so grandios sind). Der Staat fungiert als Steuereintreiber, doch das Geld wird in den Gemeinden ausgegeben, nach den Vorgaben der Gemeinde, zum Beispiel für berufliche Fortbildungen, die von den Verantwortlichen dort für notwendig erachtet werden, um auf die örtliche Nachfrage nach Arbeitnehmern zu reagieren. Die Wirtschaftseliten haben einen größeren Handlungsspielraum als in den meisten anderen Demokratien – ein Umstand, der weit entfernt ist von einem Dirigismus des Staates, den man von außen vermuten würde.

Außerdem – ein typischer Fall eines nützlichen Effekts ungeordneter Verhältnisse – setzte in Schweden und anderen skandinavischen Ländern beim Ende des Kalten Krieges um 1990 herum eine ernsthafte Rezession ein, auf die man hier auf bewundernswerte Weise mit einer Politik steuerlicher Strenge reagierte und sich so schlussendlich gegen die heftige Finanzkrise wappnete, die rund zwei Jahrzehnte später eintrat.

Die Verwechslung von Auslöser und Ursache

Wenn eingeschränkte Systeme, die nach natürlicher Unordnung lechzen, zusammenbrechen, was früher oder später passieren muss, da sie fragil sind, wird das Versagen nie als Folge von Fragilität gesehen. Stattdessen schiebt man es auf die mangelnde Qualität der Prognosen. Man starrt bei einem Sandhaufen, der sich auflöst, nicht auf einzelne Körner, und ebenso töricht wäre es, den Zusammenbruch einer wackligen Brücke auf den letzten LKW zu schieben, der sie benutzte; noch törichter wäre es, vorhersagen zu wollen, welcher LKW sie zum Einsturz bringt. Und trotzdem wird nur zu oft so verfahren.

Im Jahr 2011 machte Präsident Barack Obama den Geheimdienst dafür verantwortlich, dass die Regierung die Revolution in Ägypten nicht kommen sah, die im Frühling desselben Jahres ausbrach (schon der ehemalige Präsident Jimmy Carter hatte den Geheimdienst dafür verantwortlich gemacht, dass seine Regierung die islamische Revolution des Jahres 1979 im Iran nicht hatte kommen sehen). Dabei wurde völlig ignoriert, dass der wahre Auslöser das unterdrückte Risiko an den statistischen »Tails« ist, nicht der Umstand, dass man das letzte Körnchen Sand nicht gesehen hat. Eine Analogie in der Wirtschaft: Nach dem Beginn der Finanzkrise in den Jahren 2007/2008 dachten viele, es hätte etwas genützt, wenn der Zusammenbruch des Hypothekensystems prognostiziert worden wäre (der nach weit verbreiteter Auffassung die Krise angestoßen hatte). Um Baals willen – das hätte gar nichts gebracht, denn dabei handelte es sich um ein Symptom der Krise, nicht um den Grund. Dasselbe gilt für die Aufstände in Ägypten: Obama machte die »schlechte Arbeit der Sicherheitsdienste« dafür verantwortlich, dass es der Regierung nicht gelungen war, diese Ereignisse vorherzusagen. Das ist symptomatisch: einerseits für das fehlende Verständnis komplexer Systeme, andererseits für die daraus resultierenden unzulänglichen Strategien. Großmächte sind in dieser Hinsicht schlicht und einfach Truthähne.

Obamas Fehleinschätzung ist ein Beispiel für die Illusion lokaler Kausalketten – für die Verwechslung von Auslösern mit Gründen und der Annahme, es sei möglich zu wissen, welcher Auslöser welchen Effekt zur Folge hat. Die letzte Episode des Umbruchs in Ägypten war für sämtliche Beobachter nicht vorhersehbar, vor allem für diejenigen, die unmittelbar involviert waren. Daher ist es nicht nur unklug, der CIA oder anderen Geheimdiensten die Schuld daran zu geben, sondern es ist ebenso unklug, diese Institutionen zu finanzieren, damit sie derartige Ereignisse vorhersehen. Regierungen verschwenden Milliarden von Dollar für den Versuch, Ereignisse vorherzusagen, die von interdependenten Systemen produziert werden und daher auf individueller Ebene statistisch vollkommen unverständlich sind.

Die meisten Erklärungen, die für vergleichbare Situationen politischer Unruhen angeboten werden, folgen dieser Verwechslung von Auslöser und Ursache. Man denke nur an den »Arabischen Frühling« 2011. Die Aufstände in Tunesien und Ägypten wurden anfänglich steigenden Rohstoffpreisen zugeschrieben, nicht den erdrückenden, vom Volk abgelehnten diktatorischen Regierungen. Bahrain und Libyen aber waren wohlhabende Länder, die es sich leisten konnten, Weizen und andere Rohstoffe zu importieren. Außerdem waren die Rohstoffpreise wenige Jahre zuvor um einiges höher gewesen, ohne dass es zu irgendwelchen Unruhen gekommen wäre. Auch hier wird das Augenmerk auf die falsche Stelle gelenkt, auch wenn sich daraus eine beruhigende Logik ableiten lässt. Analysiert werden müssen das System und seine Fragilität, keine Einzelereignisse – es geht um das, was die Physiker »Perkolationstheorie« nennen, in der die Eigenschaften der Zufälligkeit eines Bereichs studiert werden und nicht ein einzelnes Element des Bereichs.

Mark Abdollahian von der Sentia Group, einer der Firmen, die die US-Regierung mit Vorhersageanalysen beliefern (und von denen fatalerweise keine Warnung kam), meinte im Hinblick auf Ägypten, Politiker müssten sich das »so ähnlich wie Las Vegas« vorstellen. »Wenn Sie beim Blackjack vier Prozent besser abschneiden als der Durchschnitt, dann können Sie richtig absahnen.« Allerdings ist das lediglich eine Scheinanalogie, und sie drückt eine Grundhaltung aus, der ich nur mit allem Nachdruck widersprechen kann. Es gibt im Fall von Ägypten keine »vier Prozent besser«. Hier wurde nicht nur Geld verschwendet, sondern unangebrachtes Vertrauen aufgebaut, das auf einer Fehlinterpretation basierte. Es ist bezeichnend, dass Analysten des Geheimdiensts denselben Fehler begingen wie die Risikomanagementsysteme, die die Wirtschaftskrise nicht kommen sahen – und dass sie für ihr Scheitern genau dieselben Ausflüchte vorbrachten. Politische und wirtschaftliche Extremereignisse sind nicht vorhersagbar, und ihre Wahrscheinlichkeiten sind wissenschaftlich nicht erfassbar. Es spielt überhaupt keine Rolle, wieviel Geld in die Forschung fließt – die Vorhersage von Revolutionen ist etwas ganz anderes als das Zählen von Karten; Menschen werden nie dazu in der Lage sein, Politik und Wirtschaft in die überschaubare Zufälligkeit von Blackjack zu verwandeln.

Kapitel 8

Prognostik als typisches Phänomen der Moderne

Man sollte nie auf Französisch brüllen –
Ms. Bré verdient Respekt –
Der Bereich des Schwarzen Schwans

Im Herbst 2009 hielt ich mich mit einigen Fachleuten (in Anzug und Krawatte) in Korea auf. In einem Team befand sich ein gewisser Takatoshi Kato, damals stellvertretender Geschäftsführer einer mächtigen internationalen Institution. Bevor die Diskussion begann, stellte er uns in einer schnellen PowerPoint-Präsentation die Wirtschaftsprognosen seiner Abteilung für die Jahre 2010, 2011, 2012, 2013 und 2014 vor.

Es war in den Tagen, bevor ich beschloss, auf den Berg zu steigen, langsam und salbungsvoll zu sprechen und den Versuch zu unternehmen, die Menschen lieber zu umgarnen als zu beschimpfen. Während ich Katos Vortrag zuhörte, verlor ich plötzlich die Kontrolle und bekam vor zweitausend Koreanern einen Wutanfall – ich war derart zornig, dass ich fast auf Französisch angefangen hätte zu brüllen, weil mir für einen Moment sogar entfallen war, dass ich mich in Korea befand. Ich stürmte auf das Podium und forderte die Zuhörer auf, das nächste Mal, wenn ihnen jemand in Anzug und Krawatte Prognosen auf zukünftige Daten lieferte, ihn aufzufordern, ihnen seine früheren Prognosen zu zeigen – in diesem Fall, was für die Jahre 2008 und 2009 (die Krisenjahre) zwei bis fünf Jahre davor, also 2004, 2005, 2006 und 2007, vorhergesagt worden war. Dann würden sie feststellen können, dass der Sehr Ehrwürdige Kato-san und seine Kollegen im Bereich Prognosen gelinde gesagt nicht sehr gut sind. Und das gilt nicht nur für Herrn Kato. Unsere Bilanz im Hinblick auf die Vorhersage bedeutsamer seltener Ereignisse in Politik und Wirtschaft ist nicht fast Null, sie *ist gleich* Null. Ich entwickelte sofort und auf der Stelle meine Lösung. Wir können nicht sämtliche Prognostiker ins Gefängnis stecken; wir können niemanden daran hindern, Prognosen anzufordern; wir können den Menschen nicht verbieten, jemand neuen anzuheuern, der Zukunftsversprechungen macht. »Mein einziges Ziel: Ich möchte in einer Welt leben, in der Prognosen wie die von Herrn Kato Ihnen nichts anhaben können. Und diese Welt hat vor allem eine Eigenschaft: Robustheit.«

Aus meiner Frustration dort und damals entstand die Idee mit der Triade Fragilität – Robustheit – Antifragilität als Ersatz für Prognosemethoden.

Ms. Bré hat Konkurrenten

Der eigentliche Grund für meine Wut lag darin, dass mir aufgegangen war, dass Vorhersagen nicht neutral sind. Sie haben Nebenwirkungen. Sie können sich auf Risikonehmer ganz direkt schädlich auswirken – ganz so, als würde man kranken Menschen anstelle einer Krebsbehandlung irgendwelche Quacksalberarzneien verabreichen. Oder man denke an den Aderlass bei George Washington. Und dafür gab es Belege. Danny Kahneman rügte mich – zu Recht – dafür, dass ich mich vor (noch…) angesehenen Mitgliedern des Establishments so hatte gehenlassen, was einem klugen Mitglied der Intelligenzija, für das ich ja mittlerweile gehalten wurde, gar nicht gut anstand. Allerdings heizte er durch diesen Hinweis auf Nebenwirkungen meine Frustration und Empörung eher noch an. Es gibt zahlreiche empirische Belege für den Effekt, dass jemand, dem eine zufällige numerische Prognose angeboten wird, eine erhöhte Risikobereitschaft an den Tag legt, und zwar selbst dann, wenn er weiß, dass die Hochrechnungen zufällig sind.

Ich höre immer nur Klagen über Prognostiker, wo doch der nächste Schritt offensichtlich ist, auch wenn er kaum einmal wirklich getan wird: Man muss die schädlichen Nebenwirkungen der Prognoseverfahren gänzlich meiden. Das Prinzip der Kindersicherung leuchtet uns ein, warum dann nicht das von Sicherungen gegen Prognosen-Hybris?

Vorhersagen

Was die Sache vereinfacht: Das Robuste und das Antifragile brauchen kein so penibel-akkurates Weltverständnis wie das Fragile – und sie brauchen keine Vorhersagen. Um nachzuvollziehen, dass Redundanz ein prognosefreier oder besser gesagt weniger prognoseabhängiger Handlungsmodus ist, erinnere man sich an das Argument im zweiten Kapitel: Wenn Sie (außer Vorräten an handelbaren Gütern wie Dosenfleisch und Hummus und Goldbarren im Keller) noch zusätzliche Finanzmittel auf der Bank haben, dann muss es Sie nicht im Detail interessieren, welches Ereignis womöglich Probleme mit sich bringen wird.* Es könnte ein Krieg kommen, eine Revolution, ein Erdbeben, eine Rezession, eine Epidemie, ein Terroranschlag, die Abspaltung des Staates New Jersey, irgendetwas – Sie sind nicht groß auf Vorhersagen angewiesen, im Unterschied zu denen, die sich in der entgegengesetzten Situation befinden, vor allem, wenn sie verschuldet sind. Letztere brauchen aufgrund ihrer Fragilität sehr viel genauere Prognosen.

Schlechte Zähne hin oder her

Man kann Fragilität weitaus stärker kontrollieren, als man zunächst annehmen würde. Auf drei Punkte möchte ich detaillierter eingehen:

1. Es ist sehr viel einfacher, Antifragilität aufzuspüren – sie geradezu zu riechen, wie wir an Fat Tony in den nächsten Kapiteln sehen werden –, als Vorhersagen zu treffen und die Dynamik von Ereignissen zu verstehen. Aus diesem Grund reduziert sich die Aufgabe darauf, das zentrale Prinzip zur Minimierung der Schäden (und Maximierung des Gewinns) von Prognose-Irrtümern herauszuarbeiten, sich also auf Bereiche zu konzentrieren,

* Aufgrund meiner Erfahrungen im Libanonkrieg und bei mehreren Stürmen mit Stromausfall in Westchester County, New York, empfehle ich vor allem die Einlagerung von Romanen; man unterschätzt, wie langweilig mehrere Stunden des Wartens darauf sind, dass die Lage sich wieder entspannt. Und Bücher – robust! – sind immun gegen Stromausfall.

die nicht scheitern, sondern im Gegenteil womöglich sogar davon profitieren, wenn wir einen Fehler machen.

2. Vorerst möchten wir die Welt nicht verändern (das überlassen wir den Sowjet-Harvard-Utopisten und anderen Fragilisten); zunächst geht es darum, die Verhältnisse robuster gegen Störungen und Prognose-Irrtümer zu machen oder diese Irrtümer sogar auszunutzen, also aus Zitronen Limonade herzustellen.
3. Stichwort Limonade: Es hat ganz den Anschein, als herrsche in der Geschichte das Prinzip vor, sie aus Zitronen zu gewinnen; Antifragilität hängt eng mit der Art und Weise zusammen, wie sich die Verhältnisse unter dem Einfluss der Zeit, der Mutter aller Stressoren, vorwärtsentwickeln.

Des Weiteren sollten wir nach dem Eintreten eines Ereignisses (einem Tsunami, dem arabisch-semitischen Frühling oder vergleichbaren Aufständen; einem Erdbeben, einem Krieg oder einer Finanzkrise) nicht mehr die Schuld bei denen suchen, die unfähig waren, es vorherzusehen, sondern vielmehr darin, dass seine (Anti-)Fragilität nicht verstanden wurde, dass man vor allem die Frage nicht gestellt hat: »Wie konnten wir nur etwas bauen, das hinsichtlich solcher Ereignisse derart fragil ist?« Es ist entschuldbar, dass ein Tsunami oder ein gravierendes Ereignis im Wirtschaftsleben nicht vorhergesagt wird; nicht entschuldbar aber ist, etwas zu bauen, das solchen Zwischenfällen gegenüber fragil ist.

Und was eine bestimmte naive Form von Utopie, von Blindheit gegenüber der Geschichte angeht, so können wir es uns nicht leisten, auf die vernunftgeleitete Eliminierung von Habgier und anderen menschlichen Schwächen zu setzen, die die Gesellschaft fragilisieren. Obwohl die Menschheit dies seit Tausenden von Jahren versucht, bleiben sich die Menschen in dieser Hinsicht (schlechte Zähne hin oder her) gleich. Das Letzte, was wir brauchen, sind also noch mehr von diesen gefährlichen Moralisierern (denjenigen, die aussehen, als litten sie unter einer chronischen Magendarmstörung). Intelligenter (und praktikabler) ist es, die Verhältnisse so zu gestalten, dass ihnen Habgier nichts anhaben kann, oder vielleicht sogar die Gesellschaft so umzuformen, dass sie von Habgier und anderen menschlichen Unvollkommenheiten profitieren kann.

Trotz ihrer schlechten Presse scheint manch einer in der Atomwirtschaft das verstanden und zu Ende gedacht zu haben. Anstatt ein Scheitern und die Wahrscheinlichkeit einer Katastrophe zu prognostizieren, haben sie nach der Katastrophe von Fukushima gemerkt, dass man das Ausmaß der Gefährdung durch eine Katastrophe in den Blick nehmen muss, wodurch die Vorhersage oder Nichtvorhersage einer Katastrophe letztlich irrelevant wird. Das hat die Errichtung von Reaktoren zur Folge, die eine gewisse Größe nicht überschreiten, tief genug in der Erde verankert und mit massiven Schutzschichten umgeben sind, sodass eine Störung, wenn sie denn eintritt, keine allzu großen Auswirkungen auf uns hat – eine aufwendige Lösung, aber immer noch besser als keine.

Ein weiteres Beispiel, in diesem Fall aus dem Bereich der Wirtschaft, liefert die schwedische Regierung, die nach ihren Finanzproblemen im Jahr 1991 auf totale steuerliche Haftung setzte – wodurch sie von wirtschaftlichen Prognosen weitgehend unabhängig wurde. So konnte das Land die Krisen, die später kamen, gelassen handhaben.*

Von der Idee, ein Nicht-Truthahn zu werden

Für jeden, der nicht gar zu viel getrunken hat, ist klar ersichtlich, dass wir in der Lage sind, einen Menschen, eine Familie oder ein Dorf mit einem winzigen Rathaus auf den Mond zu versetzen und die Laufbahn von Planeten oder die winzigsten Vorgänge der Quantenphysik vorherzusagen; Regierungsinstitutionen mit gleichermaßen ausgeklügelten Modellen hingegen können keine Revolutionen, Krisen, Haushaltsdefizite oder Klimawechsel voraussagen. Das fängt schon bei den Werten an, mit denen der Aktienmarkt in ein paar Stunden schließen wird.

Wir haben es also mit zwei unterschiedlichen Bereichen zu tun, dem einen, in dem wir (bis zu einem gewissen Grad) Vorhersagen treffen

* Eine verwandte Idee ist im (möglicherweise apokryphen) Statement des Finanzmanns Warren Buffett formuliert: Er investiere, wenn irgend möglich, nur in Betriebe, die »so fantastisch sind, dass eine Idiot sie leiten kann. Denn früher oder später wird dieser Fall eintreten.«

können, und einem anderen – dem Bereich des Schwarzen Schwans –, in dem wir nur Truthähne und Truthahn-ähnliche Menschen agieren lassen sollten. Dabei ist die Trennungslinie (für Nicht-Truthähne) so sichtbar wie jene zwischen der Katze und der Waschmaschine.

Das soziale, wirtschaftliche und kulturelle Leben liegt im Bereich des Schwarzen Schwans, die physikalische Realität hingegen sehr viel weniger. Außerdem muss man eine Unterscheidung treffen zwischen Bereichen, in denen diese Schwarzen Schwäne sowohl unvorhersehbar als auch folgenreich sind, und solchen, in denen seltene Ereignisse nicht weiter ins Gewicht fallen, weil sie entweder vorhersagbar oder folgenlos sind.

Im Prolog habe ich erwähnt, dass die Zufälligkeit im Bereich der Schwarzen Schwäne nicht handhabbar ist. Und ich werde das wiederholen, bis mir die Stimme versagt. Die Grenze ist mathematischer Natur, Punkt, und daran führt auf diesem Planeten kein Weg vorbei. Was nicht messbar und nicht vorhersagbar ist, wird nicht messbar und nicht vorhersagbar bleiben; da spielt es keine Rolle, wie viele promovierte Spezialisten mit russischen und indischen Namen man mit diesen Fragen betraut – und es ist auch völlig egal, wie viele Hassmails ich bekomme. In der Zone des Schwarzen Schwans gibt es eine Grenze des Wissens, die nicht erreicht werden kann, ganz gleich wie ausgefuchst die Statistik- und Risikomanagementmethoden je sein werden.

Mir geht es weniger darum, die Unmöglichkeit darzustellen, jemals etwas über diese Dinge zu wissen – dieses zentrale Problem des Skeptizismus wurde von einer langen Reihe von Philosophen formuliert, darunter Sextus Empiricus, al-Ghazali, Hume und viele andere –, als sie zu formalisieren und zu modernisieren als Hintergrund und Fußnote zu meinem Anti-Truthahn-Argument. Ich möchte mit diesem Buch vielmehr zeigen, *wo* Skepsis *angebracht* ist und wo nicht. Mit anderen Worten, ich konzentriere mich auf die Frage, wie man aus diesem verdammten Vierten Quadranten herauskommt – als »Vierten Quadranten« bezeichne ich den Bereich des Schwarzen Schwans, wo man in hohem Maß seltenen »Tail«-Ereignissen ausgesetzt ist *und* diese Ereignisse unberechenbar sind.*

Was nun aber unter den Bedingungen der Moderne noch schlimmer ist: Der Anteil von Extremistan wächst. Das Phänomen, dass der Gewinner alles bekommt, wird immer offensichtlicher: Der Erfolg eines einzigen Autors, einer Firma, einer Idee, eines Musikers, eines Athleten ist entweder global oder nicht existent. Die Vorhersehbarkeit wird immer geringer, denn mittlerweile wird so ziemlich alles in Gesellschaft und Wirtschaft von Schwarzen Schwänen dominiert. Unsere ausgeklügelten Methoden schieben uns ständig an einen Platz, der vor uns liegt, und lassen Dinge entstehen, die wir immer weniger verstehen können.

Schluss mit den Schwarzen Schwänen

Mittlerweile, in den letzten paar Jahren, hat die Welt als Reaktion auf die Idee des Schwarzen Schwans einen anderen Weg eingeschlagen. Opportunisten sagen nun Schwarze Schwäne mit immer noch komplizierteren Modellen aus der Chaos-Komplexitäts-Katastrophen-Fraktal-Theorie voraus. Dabei ist die Antwort doch so einfach: *Weniger ist mehr*; das Thema muss (Anti-)Fragilität heißen.

* Dazu eine fachspezifische Anmerkung (die man überspringen kann): Was hat es mit den Quadranten auf sich? Kombiniert man das Maß des Ausgesetztseins mit den Arten von Zufälligkeit, erhält man vier Kombinationen: Zufälligkeit in Mediokristan, man ist Extremereignissen in geringem Maß ausgesetzt (Erster Quadrant); Zufälligkeit in Mediokristan, man ist Extremereignissen in hohem Maß ausgesetzt (Zweiter Quadrant); Zufälligkeit in Extremistan, man ist Extremereignissen in geringem Maß ausgesetzt (Dritter Quadrant); Zufälligkeit in Extremistan, man ist Extremereignissen in hohem Maß ausgesetzt (Vierter Quadrant). In den ersten drei Quadranten führen Wissen oder fehlendes Wissen nicht zu folgenschweren Irrtümern. Eine Veränderung des Zustands des Ausgesetztseins, eine Art »Robustifizierung«, kann einen Wechsel vom Vierten in den Dritten Quadranten ermöglichen.

Buch III

Eine prognosefreie Sicht der Welt

Willkommen, Leser, zur prognosefreien Sicht der Welt.

Das zehnte Kapitel stellt Senecas Stoizismus als Ausgangspunkt für das Verständnis von Antifragilität vor, mit Anwendungsbeispielen aus Philosophie, Religion und Technik. Im elften Kapitel komme ich auf die Hantelstrategie zu sprechen und erkläre, warum die duale Strategie – hohe Risiken mit äußerst konservativen Verfahren zu mischen – einer Herangehensweise vorzuziehen ist, bei der man von einem schlichten Durchschnittsrisiko ausgeht.

Am Anfang von Buch III aber soll die Geschichte unserer beiden Freunde stehen, die sich einen großen Spaß daraus machen und obendrein noch ihren Lebensunterhalt damit verdienen, Fragilität aufzudecken und mit dem Missgeschick der Fragilisten zu spielen.

Kapitel 9
Fat Tony und die Fragilisten

Olfaktorische Methoden bei der Wahrnehmung von Fragilität – Probleme mit dem Mittagessen – Einfach schnell den Umschlag öffnen – Eine gewisse Umverteilung der Welt, wahrgenommen von New Jersey aus – Das Meer wird immer tiefer, je weiter man sich hineinbegibt

Man sieht sich zum Lunch

Vor der Weltwirtschaftskrise im Jahr 2008 wäre es nicht einfach gewesen, einem Außenstehenden die Beziehung zwischen Nero Tulip und Tony DiBenedetto, auch »Fat Tony« oder, politisch korrekter, »Tony Horizontal« genannt, zu erklären.

Die Hauptbeschäftigung in Neros Leben ist das Lesen von Büchern, unterbrochen von sporadischen Zusatzaktivitäten. Fat Tony liest so wenig, dass Nero, als Fat Tony eines Tages die Absicht kundtat, seine Memoiren zu schreiben, witzelte: »Dann hätten Sie genau ein Buch mehr geschrieben als gelesen« – woraufhin Fat Tony, der Nero immer ein paar Schritte voraus ist, Nero zitierte: »Sie sagten ja selbst einmal, wenn Sie das Bedürfnis hätten, einen Roman zu lesen, würden Sie einen schreiben.« (Nero hatte irgendwann den britischen Premierminister und Romancier Benjamin Disraeli zitiert, der Romane schrieb, sie aber nicht lesen wollte.)

Tony wuchs in Brooklyn auf und verlegte seinen Wohnsitz dann nach New Jersey, und er hat genau den Akzent, den man aus dieser Kombination erwarten darf. Unbelastet von zeitfressenden (und seiner Ansicht nach »nutzlosen«) Lektüreaktivitäten und im höchsten Maß allergisch gegen strukturierte Büroarbeit verbrachte Fat Tony viel Zeit damit, nichts zu tun, ein Zustand, der nur von gelegentlichen kommerziellen Transaktionen unterbrochen wurde. Und natürlich ausführlichen Mahlzeiten.

Die zentrale Rolle des Mittagessens

Während die meisten Menschen in ihrer Umgebung herumhasteten und mit den verschiedenen Varianten von Misserfolg kämpften, hatten Nero und Fat Tony eines gemeinsam: Es graute ihnen vor Langeweile, vor allem vor der Perspektive, morgens aufzuwachen und einen leeren Tag vor sich zu haben. Der unmittelbare Grund für ihre Zusammenkünfte vor der Krise war also, wie Fat Tony es formulierte, »doing lunch«. Wenn Sie in einer betriebsamen Stadt wie beispielsweise New York leben und ein umgänglicher Zeitgenosse sind, werden Sie kein Problem damit haben, nette Begleiter für das Abendessen zu finden, Menschen, mit denen eine gepflegte, entspannte Konversation von einigem Interesse möglich ist. Das Mittagessen ist im Unterschied dazu ein entschieden komplizierterer Fall, vor allem in Phasen der Vollbeschäftigung. Natürlich findet man unter den Insassen der Büros in der Nachbarschaft immer einen Begleiter, aber glauben Sie mir – mit diesen Leuten wollen Sie nichts zu tun haben. Aus ihren Poren sickern Stresshormone in flüssiger Form, ängstlich vermeiden sie Themen, die sie womöglich von dem ablenken könnten, was sie für ihre »Arbeit« halten, und wenn Sie im Zuge der Erkundung Ihres Gegenübers auf eine nicht ganz so uninteressante Mine stoßen, werden Sie abgewürgt mit einem »Ich muss los« oder »Um Viertel nach zwei habe ich meinen nächsten Termin«.

Hinzu kam, dass Fat Tony an genau den richtigen Orten mit größtem Respekt empfangen wurde. Im Gegensatz zu Nero, dessen philosophische Grübeleien, in die er von Zeit zu Zeit versank, seine soziale Präsenz faktisch ausradierten und ihn für Kellner unsichtbar machten, schlugen Tony warme, geradezu enthusiastische Reaktionen entgegen, wenn er in einem italienischen Restaurant auftauchte. Seine Ankunft löste einen Aufmarsch der gesamten Belegschaft aus; er wurde vom Eigentümer theatralisch umarmt, und sein Aufbruch nach dem Essen war eine ausgedehnte Prozedur, bei der ihn der Besitzer und manchmal auch dessen Mutter hinausbegleitete, nicht ohne ihm noch ein Geschenk wie den hausgemachten Grappa (oder irgendeine seltsame Flüssigkeit in einer

Flasche ohne Etikett) in die Hand zu drücken, ihn noch einmal herzlich zu umarmen und ihm das Versprechen abzunehmen, am Mittwoch zum Spezialmenü da zu sein.

Nero musste sich also, wenn er sich in New York aufhielt, keine Sorgen wegen des Mittagessens machen, mit Tony konnte er immer rechnen. Er traf ihn üblicherweise im Fitnesscenter, wo sich unser horizontaler Held seinem Triathlon (Sauna, Jacuzzi und Dampfbad) unterzog, und von dort brachen sie auf, um die Verehrung von Restaurantbesitzern entgegenzunehmen. Tony erklärte Nero irgendwann, an den Abenden habe er keine Verwendung für ihn – da würde er bessere, witzigere, italienischere Freunde aus New Jersey treffen, die ihn, im Unterschied zu Nero, auf »nützliche« Ideen brachten.

Die Antifragilität von Bibliotheken

Nero führte ein Leben gemischter (vorübergehender) Formen des Asketentums. Er ging möglichst um neun ins Bett, im Winter manchmal sogar noch früher. Partys verließ er, wenn der Alkoholkonsum bei den Leuten so weit fortgeschritten war, dass sie anfingen, Fremden ihre Lebensgeschichte zu erzählen oder – schlimmer noch – metaphysisch zu werden. Nero ging seinen Tätigkeiten am liebsten bei Tageslicht nach, er wachte gern früh am Morgen auf, wenn die Sonne sanft in sein Schlafzimmer schien und Streifen an die Wände zeichnete.

Seine Zeit verbrachte er damit, bei Internetbuchhändlern Bücher zu bestellen, die er dann sehr oft auch las. Er hatte – ähnlich wie Sindbad der Seefahrer oder Marco Polo, der venezianische Reisende – turbulente, äußerst turbulente Abenteuer hinter sich und war nun entschlossen, ein stilles, beschauliches, post-turbulentes Leben zu führen.

Nero war Opfer einer ästhetischen Indisposition, die sich als Abscheu, ja Phobie gegenüber den folgenden Phänomenen äußerte: Menschen in Flip-Flops, Fernsehen, Bankern, Politikern (der Rechten, der Linken, der Mitte), New Jersey, reichen Menschen aus New Jersey (wie Fat Tony), reichen Menschen, die Kreuzfahrten unternehmen (und in Venedig Station machen und Flip-Flops tragen), Universitätsverwaltern, grammatikalischen Erbsenzählern, Name-Droppern, Aufzugmusik und gepflegt gekleideten Händlern und Geschäftsleuten. Fat Tony hatte andere

Allergien: den *leeren Anzug* – eine Person, die sämtliche überflüssigen und administrativen Details einer Sache beherrscht, aber das Wesentliche übersieht (und sich dessen nicht einmal bewusst ist). Eine Konversation mit Menschen dieses Schlags ist also lediglich Reden um den heißen Brei herum, ohne dass man je auf das Eigentliche zu sprechen käme.

Und Fat Tony konnte Fragilität wittern. Buchstäblich. Er behauptete, eine Person aufgrund der Art und Weise, wie sie ein Restaurant betritt, auf Anhieb durchschauen zu können – was in den meisten Fällen auch zutraf. Nero hatte aber außerdem festgestellt, dass Fat Tony, wenn er das erste Mal mit jemandem sprach, sehr nah an ihn herantrat und ihn beschnüffelte, genau wie ein Hund – eine Gewohnheit, derer sich Fat Tony selbst gar nicht bewusst war.

Nero gehörte zu einer Gesellschaft von sechzig ehrenamtlichen Übersetzern, die für den französischen Verlag Les Belles Lettres an der Übersetzung bislang unpublizierter antiker Texte in griechischer, lateinischer oder aramäischer (syrischer) Sprache arbeiteten. Die Gruppe ist nach freilassenden Richtlinien strukturiert, eine ihrer Regeln besagt, dass akademische Titel und akademisches Ansehen keinen automatischen Vorrang in den Debatten bedeuten. Eine weitere Regel ist die Pflicht, an zwei »ehrwürdigen« Gedenkfeiern in Paris teilzunehmen: am 7. November zum Todestag Platons, am 7. April zum Geburtstag Apollos. Außerdem ist Nero Mitglied in einem örtlichen Gewichtheberverein, der sich samstags in einer umgebauten Garage trifft. Der Club setzt sich überwiegend aus New Yorker Portiers, Hausmeistern und finster aussehenden Gangstertypen zusammen, die im Sommer in ärmellosen Wife-Beater-Shirts aufzutreten pflegen.

Fatalerweise werden Menschen, die einem der Muße geweihten Lebensstil frönen, zu Sklaven von Unzufriedenheitsgefühlen und von Interessen, über die sie nur wenig Kontrolle haben. Je mehr Freizeit Nero hatte, desto mehr fühlte er sich gedrängt, verlorene Zeit dadurch aufzuwiegen, dass er die Lücken in seinen natürlichen Interessen auffüllte, Dinge, die er tiefer ergründen wollte. Dabei entdeckte er: Das Schlimmste, was man tun kann, um das Gefühl zu bekommen, man habe eine Sache tiefer ergründet, ist zu versuchen, sie tiefer zu ergründen. Ein venezianisches Sprichwort lautet: *Das Meer wird immer tiefer, je weiter man sich hineinbegibt.*

Neugier ist antifragil, wie eine Sucht, und sie vergrößert sich mit jedem Versuch, sie zu stillen – Bücher tragen eine geheime Mission und Fähigkeit in sich, sich zu vermehren, wie jeder weiß, dessen Wände mit Bücherregalen überzogen sind. Nero lebte zur Zeit der Abfassung dieses Texts mit fünfzehntausend Büchern und dem damit verbundenen Stress, jeden Tag nach der Ankunft seiner Bücherlieferung leere Schachteln und Verpackungsmaterial entsorgen zu müssen. Ein Thema, zu dem Nero aus reinem Vergnügen las und nicht aus dem sonderbaren Pflichtgefühl heraus, zu lesen, um gelehrter zu werden, waren medizinische Texte; dafür besaß er eine natürliche Neugier. Die Neugier rührte daher, dass er zwei Begegnungen mit dem Tod hinter sich hatte: die erste aufgrund von Krebs, die zweite im Zusammenhang mit einem Hubschrauberabsturz, was ihm sowohl die Fragilität der Technik als auch die Selbstheilungskräfte des menschlichen Körpers vor Augen geführt hatte. Einen Teil seiner Zeit verbrachte er also damit, Fachbücher (keine Aufsätze – Bücher) über medizinische Themen zu lesen.

Nero hatte eine Ausbildung auf dem Gebiet der Statistik und Wahrscheinlichkeit hinter sich – für ihn ein Spezialgebiet der Philosophie. Sein gesamtes Erwachsenenleben hatte er damit zugebracht, ein philosophisch-technisches Buch mit dem Titel *Wahrscheinlichkeit und Meta-Wahrscheinlichkeit* zu verfassen. Er hatte die Tendenz, das Projekt alle zwei Jahre aufzugeben und zwei Jahre später die Arbeit daran wieder aufzunehmen. Seiner Meinung nach war die herkömmliche Vorstellung von Wahrscheinlichkeit zu eng und unvollständig, als dass sie dazu in der Lage gewesen wäre, die wahre Natur von Entscheidungen in der Ökologie der realen Welt zum Ausdruck zu bringen.

Nero liebte es, in alten Städten ohne Stadtplan lange Spaziergänge zu unternehmen. Um seine Reisen von jeder Ähnlichkeit mit touristischen Unternehmungen zu befreien, wandte er folgende Methode an: Er versah sein Reiseprogramm mit einem ordentlichen Schuss Zufälligkeit, indem er sich grundsätzlich nie Gedanken über sein nächstes Ziel machte, bevor er nicht eine gewisse Zeit an seinem ersten Ziel verbracht hatte, womit er seine Reiseagentur in den Wahnsinn trieb – nehmen wir an, er war in Zagreb, dann hing sein nächstes Ziel von seinem Gemütszustand in Zagreb ab. Im Großen und Ganzen war es der Geruch von Orten, der ihn zu ihnen brachte – Gerüche lassen sich in Katalogen nicht wiedergeben.

Wenn er in New York war, saß Nero meistens in seinem Arbeitszimmer am Schreibtisch am Fenster, schaute ab und an versonnen nach New Jersey auf der anderen Seite des Hudson hinüber und dachte, wie gut es sich doch traf, dass er dort nicht leben musste. Daher gab er Fat Tony (ähnlich undiplomatisch formuliert) zu verstehen, dass das mit dem »keine Verwendung haben« auf Gegenseitigkeit beruhe, was, wie wir sehen werden, so nicht stimmte.

Über Dummköpfe und Nicht-Dummköpfe

Nach der Krise des Jahres 2008 wurde klar, was die beiden gemeinsam hatten: Sie hatten eine Krise prognostiziert, die auf der Fragilität von Dummköpfen beruhte. Was sie verband: Beide waren überzeugt gewesen, dass eine Krise von solcher Dimension zwingend kommen musste und dass sie eine lawinenartige Zerstörung des modernen Wirtschaftssystems mit sich bringen würde, in einer Art und einem Ausmaß, die beispiellos waren – und zwar einfach aufgrund des Umstands, dass es Dummköpfe gab. Allerdings kamen unsere beiden Helden aus zwei vollständig unterschiedlichen Denkschulen.

Fat Tony war der Meinung, dass Nerds, Vermögensverwalter und vor allem Banker Dummköpfe der übelsten Art waren (und er vertrat diese Überzeugung auch schon zu einer Zeit, da jeder sie noch für Genies gehalten hatte). Mehr noch: Er glaubte, dass sie zusammengenommen noch größere Dummköpfe waren als jeder für sich. Und er hatte eine Art Begabung, diese Dummköpfe zu erkennen, bevor sie zusammenklappten. Fat Tony bezog aus dieser Tätigkeit sein Einkommen, während er, wie wir gesehen haben, ein Leben des Müßiggangs führte.

Neros Interessen waren ganz ähnlich wie die Tonys, allerdings kamen sie im Gewand tradierter Denkweisen daher. Nero war der Auffassung, ein System, das auf der Illusion aufbaut, man könne Wahrscheinlichkeit verstehen, müsse notwendigerweise zusammenbrechen.

Indem sie Wetten gegen Fragilität abschlossen, waren sie antifragil.

Tony machte also im Lauf der Krise einen Haufen Geld, irgendwo im oberen acht- beziehungsweise unteren neunstelligen Bereich – alles andere als ein Haufen Geld ist für Tony sowieso nichts anderes als »Geschwätz«. Auch Nero machte einen gewissen Profit, wesentlich weniger als Tony, aber er war allein schon aufgrund des Umstands zufrieden, dass er gewonnen hatte – wie schon erwähnt, war er sowieso finanziell unabhängig und betrachtete Geld als Zeitverschwendung. Der Reichtum in Neros Familie hatte bereits 1804 seinen Höchststand erreicht, Nero blieb also von der sozialen Unsicherheit anderer Abenteurer verschont, und auch Geld als Statussymbol bedeutete ihm nichts – es ermöglichte ihm lediglich ein Leben als Privatgelehrter, jetzt und vielleicht, wenn er dann alt war, als Weiser. Übermäßiger Reichtum ist, wenn man ihn nicht braucht, eine schwere Last. Nichts war in Neros Augen abstoßender als übertriebene Vornehmheit – ob in der Kleidung, dem Essen, im Lifestyle oder Auftreten –, und Reichtum war nichtlinear. Jenseits einer gewissen Höhe zwingt er einem endlose Komplikationen auf, beispielsweise den Argwohn, dass der Hausverwalter in einem der Landhäuser einen über den Tisch zieht und seine Arbeit nicht richtig macht und ähnliche Sorgen, die sich mit der Menge des Geldes vervielfachen.

Den ethischen Aspekt von Wetten gegen Dummköpfe diskutiere ich in Buch VII, hier sei nur vermerkt, dass es zwei Denkrichtungen gibt. Nach Neros Meinung sollte man die Menschen zunächst einmal darauf hinweisen, dass sie Dummköpfe sind, wohingegen Tony von der Idee einer Warnung nichts hielt. »Sie werden Sie auslachen«, sagte er. »Wörter sind was für Feiglinge.« Ein System, das auf verbalen Warnungen beruht, wird von Schwätzern dominiert, die nicht bereit sind, ein Risiko einzugehen. Diese Leute werden Ihnen und Ihren Ideen keine Achtung zollen, es sei denn, Sie nehmen ihnen ihr Geld ab.

Außerdem bestand Fat Tony darauf, dass Nero doch einmal unter rituellem Gesichtspunkt einen Blick auf die Verkörperung der Ausbeute werfen sollte, etwa einen Bankauszug – wie bereits erwähnt, hat das rein symbolischen Wert und nichts zu tun mit dem finanziellen Wert oder der Kaufkraft dieser Gegenstände. Fat Tony konnte verstehen, warum Julius Caesar keine persönlichen Kosten scheute, um Vercingetorix, den Anführer des Aufstands der Gallier, nach Rom bringen und in Ketten vorführen zu lassen – so manifestierte sich der Sieg des römischen Feldherrn in Fleisch und Blut.

Und es gibt noch einen weiteren Grund, warum man besser auf Handlungen setzt und Worte vermeidet: die der Gesundheit höchst abträgliche Abhängigkeit von äußerer Anerkennung. Die Menschen sind, wenn es um die Äußerung von Anerkennung geht, grausam und unfair, es ist also am besten, sich ganz aus diesem Spiel herauszuhalten. Seien Sie robust gegenüber der Art und Weise, wie andere Sie behandeln. Nero war eine Zeitlang mit einem geradezu legendären Wissenschaftler befreundet, einem Giganten seines Fachs, vor dem er enormen Respekt hatte. Er war zwar schon ungefähr so berühmt, wie man es auf seinem Gebiet (in den Augen der anderen) überhaupt nur werden konnte, trotzdem verbrachte er seine Zeit damit, zu analysieren, welchen Rang er jede Woche in der Scientific Community innehatte. Er konnte vor Zorn außer sich geraten über Autoren, die ihn nicht zitierten, oder über Komitees, die einen Preis, den er noch nicht hatte, an jemanden vergaben, den er für schlechter hielt – ausgerechnet an diesen Hochstapler!

Damals erfuhr Nero, dass Koryphäen, die von Wörtern abhängig sind, Tonys Gelassenheit fehlte, ganz gleich wie zufrieden sie mit ihrer Arbeit sein konnten; sie blieben fragil im Hinblick auf den emotionalen Preis, den sie für die Komplimente bezahlten, die andere, aber nicht sie selbst bekamen, und für das, was Menschen geringerer Intelligenz ihnen wegnahmen. Nero schwor sich daher, all dem mit einem kleinen Ritual zu entgehen – nur für den Fall, dass er in Gefahr geriet, dieser Koryphäen-Versuchung zu erliegen. Neros Gewinne aus dem, was er als die »Fat-Tony-Wette« bezeichnete, waren – nach Abzug der Kosten für ein neues Auto (einen Mini) und eine neue Swatch-Uhr für sechzig Dollar – schwindelerregend; sie ruhten in einem Portfolio, dessen Bestand ihm monatlich von (ausgerechnet) einer Adresse in New Jersey zusammen mit drei weiteren Auszügen aus Ländern auf der anderen Seite des Atlantiks mitgeteilt und zugeschickt wurde. Es kam dabei nicht auf den Betrag, sondern auf die Handfestigkeit der Aktion an – die Höhe der Beträge hätte zehn-, ja hundertmal so groß sein können, der Effekt wäre derselbe geblieben. Seine Selbstschutzmethode vor den Auswirkungen von Anerkennungsspielchen bestand also darin, den Umschlag mit dem Kontoauszug zu öffnen und dann weiter seinem Tagwerk nachzugehen; die Existenz der grausamen, unfairen Wörterbenutzer konnte ihm egal sein.

Um allerdings diese moralische Haltung konsequent zu Ende zu denken, hätte Nero ebenso stolz – und zufrieden – sein müssen, wenn sich in dem Umschlag Verlustmeldungen befunden hätten. Ein Mann ist nur insoweit ein Ehrenmann, als er bereit ist, die Risiken für seine Haltung auf sich zu nehmen – mit anderen Worten, auch die Nachteile in Kauf zu nehmen, denen er ausgesetzt ist. Kurzum, Nero glaubte an Belesenheit, Ästhetik, Risikobereitschaft – und darüber hinaus an nicht sehr viel mehr.

Was nun die Verwendung der Gelder anging, so folgte Nero, um der Wohltätigkeitsfalle zu entgehen, Fat Tonys Regel, systematisch Geld zu spenden, allerdings nicht denjenigen, die direkt darum baten. Und er gab keinen Penny an irgendwelche Wohltätigkeitsorganisationen, abgesehen vielleicht nur von solchen Vereinen, bei denen nicht eines der Mitglieder ein regelmäßiges Gehalt empfing.

Einsamkeit

Noch ein Wort zu Neros Einsamkeit. Nero bereitete es in den dunklen Tagen vor der Wirtschaftskrise 2008 manchmal Schmerzen, mit seinen Gedanken so allein zu sein – hin und wieder, besonders sonntagabends, fragte er sich, ob irgendetwas ausgerechnet mit ihm nicht stimmte – oder ob mit der Welt etwas nicht stimmte. Wenn er sich dann mit Fat Tony zum Mittagessen treffen konnte, war das, als würde er nach einer Durststrecke endlich ein Glas Wasser bekommen; sofort konnte er mit Erleichterung feststellen, dass er entweder nicht verrückt – oder jedenfalls nicht *der einzige* Verrückte war. Was da draußen geschah, machte *wirklich* keinen Sinn, aber es war unmöglich, andere davon zu überzeugen, vor allem jene nicht, die allgemein für intelligent gehalten werden.

Man stelle sich doch nur einmal vor, dass von den nahezu eine Million Profis, die im Wirtschaftssektor beschäftigt sind – sei es in der Regierung (von Kamerun bis Washington, D.C.), der Universität, den Medien, Banken und Unternehmen oder als private Wirtschafts- oder Investmentberater –, dass von all diesen Personen weniger als eine Handvoll sah, was auf uns zukam – und eine noch kleinere Anzahl vermochte sich das volle Ausmaß des Schadens auszumalen.

Und von denen, die es kommen sahen, erkannte nicht ein Einziger, dass es sich bei dieser Krise um ein Produkt der Moderne handelte.

Nero konnte in Downtown New York in der Nähe des Platzes stehen, wo sich früher das World Trade Center erhoben hatte, gegenüber der riesigen Gebäude, in denen überwiegend Banken und Maklergesellschaften residierten und wo Hunderte von Menschen herumhetzten, die mit ihrem Hin und Her zwischen hier und New Jersey gigawattweise Energie verbrauchten; die Millionen Bagel mit Frischkäse verzehrten und damit eine Insulinreaktion anstießen, die ihre Arterien anheizte; und die gigabyteweise Informationen produzierten, einfach nur dadurch, dass sie redeten und Mails austauschten und Artikel schrieben.

Dabei war alles nur Geräusch: Vergeblicher Aufwand, Kakophonie, unästhetisches Verhalten, verschärfte Entropie, ein Energieausstoß, der zu einer lokalen Erwärmung der New Yorker Ökozone führt, und eine gigantische Wahnvorstellung bezüglich dieses Phänomens »Reichtum«, das darauf programmiert war, sich irgendwie in Luft aufzulösen.

Man könnte alle Bücher zum Thema zusammentragen und bekäme ein ganzes Gebirge. Leider ist für Nero alles in diesen Büchern, das sich um Wahrscheinlichkeit, Statistiken oder mathematische Modelle dreht, einfach nur *heiße Luft*, wie oft auch immer dort von Evidenzen und Beweisen die Rede ist. Und man lernt sicherlich während einiger weniger Mittagessen mit Fat Tony mehr als aus sämtlichen Büchern der sozialwissenschaftlichen Abteilungen in den Harvard-Bibliotheken,* mit fast zwei Millionen Büchern und Forschungspapieren, die für 33 Millionen Stunden Lektüre ausreichen würden – das entspricht nahezu neuntausend Jahren Lesen, wenn es als Fulltime-Job betrieben wird.

Wir haben es hier also mit einem wirklich großen Dummkopf-Problem zu tun.

Was der Nicht-Prognostiker vorhersagen kann

Fat Tony glaubte nicht an Prognosen. Aber er strich eine Menge Geld dafür ein, dass er vorhersagte, dass manche Leute – diejenigen, die mit Vorhersagen arbeiten – pleitegehen würden.

Ist das nicht paradox? Bei Konferenzen traf Nero immer wieder mit

* Die einzige Ausnahme in der Bibliothek der Sozialwissenschaften bilden einige kleine Abteilungen mit Literatur zu den Kognitionswissenschaften – das eine oder andere funktioniert.

Physikern des Santa Fe Institute zusammen, die viel Wert auf Prognosen legten und mit ausgeklügelten Prognosemodellen arbeiteten, wobei ihre Unternehmen, die auf Prognosen beruhten, gar nicht gut liefen – Fat Tony dagegen, der nicht an Prognosen glaubte, wurde durch Prognosen reich.

Ganz allgemein ist es nicht möglich, Prognosen vorzunehmen, aber Sie können vorhersagen, dass diejenigen, die sich auf Prognosen verlassen, größere Risiken eingehen, also in Schwierigkeiten kommen und vielleicht sogar scheitern werden. Warum? Derjenige, der Vorhersagen macht, ist anfällig für Prognose-Irrtümer. Ein übertrieben zuversichtlicher Pilot wird das Flugzeug irgendwann zum Absturz bringen. Und numerische Prognosen verleiten dazu, größere Risiken einzugehen.

Fat Tony ist antifragil, weil das, was ihm geschieht, das Gegenteil dessen ist, was seine fragile Beute ereilt.

Fat Tonys Modell ist recht einfach. Er identifiziert Fragilitäten, setzt auf den Zusammenbruch des fragilen Elements, belehrt Nero und tauscht mit ihm Grobheiten aus über sozio-kulturelle Themen und Neros Sticheleien gegen das Leben in New Jersey, sahnt nach dem Zusammenbruch gewaltig ab. Dann begibt er sich zum Mittagessen.

Kapitel 10
Senecas Gewinne und Verluste

Wie man Ratschläge überlebt –
Nichts verlieren oder nichts gewinnen –
Tipps für den nächsten Schiffbruch

Einige Jahrtausende vor Fat Tony hatte bereits ein anderer Sprössling der italienischen Halbinsel das Problem der Antifragilität gelöst. Abgesehen davon, dass er mehr einem Intellektuellen glich als unser horizontaler Freund, bediente er sich auch einer gepflegteren Sprache. Darüber hinaus war er in der rauen Wirklichkeit nicht weniger erfolgreich – tatsächlich hatte er als Geschäftsmann sogar um einiges mehr Erfolg als Fat Tony, und er war mindestens so sehr ein Intellektueller wie Nero. Ich spreche von dem Stoiker Seneca, den ich bereits einmal als angeblichen Liebhaber der Mutter von Nero (was allerdings nicht stimmt) erwähnt habe. Seneca löste mit Hilfe der stoischen Philosophie das Problem der Antifragilität – die Frage, was die Elemente der Triade miteinander verbindet.

Und so etwas soll man ernst nehmen?

Lucius Annaeus Seneca war ein Philosoph und gleichzeitig der reichste Mann im Römischen Imperium, was er teilweise seiner Geschäftstüchtigkeit zu verdanken hatte und teilweise dem Umstand, dass er der Hauslehrer des schillernden Kaisers Nero gewesen war, demselben, der vor wenigen Kapiteln versucht hatte, seine eigene Mutter umzubringen. Seneca verstand sich als Stoiker und war einer der prominentesten Vertreter dieser Richtung, die eine gewisse Gleichgültigkeit gegenüber dem Schicksal auszeichnete. Sein Werk ist verführerisch für Menschen wie mich und die meisten meiner Freunde, die ich mit seinen Büchern bekannt machte; Seneca setzte seine Gedanken in die Tat um. Ihm ging es um den praktischen Aspekt des Stoizismus bis hin zu der Frage, wie sich eine Reise am besten gestalten lässt, wie man sich verhält, während man Selbstmord begeht (wozu er gezwungen wurde); oder sehr häufig auch zu dem Problem, wie man mit Widrigkeiten und Armut umgeht und – noch wichtiger – mit Reichtum.

Da Seneca viele praktische Entscheidungen zu fällen hatte, wurde er – von Akademikern – als nicht theoretisch oder philosophisch genug abgetan. Aber nicht ein einziger seiner Kommentatoren entdeckte bei Seneca die Ideen zur Asymmetrie, die für dieses Buch und für das Leben so wichtig sind – den Schlüssel zu Robustheit und Antifragilität. Nicht einer. Mir geht es darum, dass Weisheit im Zusammenhang mit Entscheidungen nicht nur praktisch, sondern auch philosophisch sehr viel wichtiger ist als Wissen.

Andere Philosophen gingen, wenn sie handelten, von der Theorie aus und kamen von da zur Praxis. Als Aristoteles versuchte, praktische Ratschläge zu geben, und als Platon wenige Jahrzehnte zuvor seine Vorstellungen vom Staat und seine Ratschläge für Herrscher, speziell für den Herrscher von Syrakus, formulierte, waren sie damit entweder ineffektiv oder verursachten Katastrophen. Um als Philosophenkönig erfolgreich zu sein, ist es viel besser, als König anzufangen und nicht als Philosoph, wie folgende Geschichte aus der Jetztzeit illustriert.

Moderne Angehörige der Disziplin der Entscheidungstheorie halten leider den Weg von der Theorie zur Praxis für eine Einbahnstraße. Charakteristischerweise werden sie von den kompliziertesten und zugleich ungeeignetsten Problemen angezogen; diesen Prozess nennen sie »wissenschaftlich arbeiten«. Es gibt da eine Anekdote über einen gewissen Professor Triffat (ich verändere den Namen, da die Geschichte möglicherweise apokryph ist, allerdings äußerst charakteristisch, wie meine Erfahrung besagt). Er ist einer der »viel zitierten« Wissenschaftler auf dem Gebiet der Entscheidungstheorie; er verfasste das wichtigste Grundlagenwerk und war mit daran beteiligt, etwas Großartiges und Nutzloses namens »rationale Entscheidungsfindung« zu entwickeln, das eine Menge großartige und nutzlose »Axiome« enthielt sowie großartige und noch nutzlosere Wahrscheinlichkeiten und ähnlichen Firlefanz. Triffat, der damals an der Columbia University lehrte, plagte sich mit der Entscheidung ab, einen Ruf nach Harvard anzunehmen – viele Leute, die über Risikomanagement reden, begegnen in ihrem Leben keinen komplexeren Risiken als solchen Fragen. Ein Kollege schlug vor, er solle eine seiner breit beachteten, viel beklatschten und hoch dekorierten wissenschaftlichen Techniken anwenden, mit Kriterien wie der »größten zu erwartenden Nützlichkeit«, denn, so der Kollege, »darüber schreiben Sie ja immer«. Triffat erwiderte ärgerlich: »Ach hören Sie doch auf, das hier muss man ernst nehmen!«

Im Unterschied dazu gibt es bei Seneca nur Dinge, die man »ernst nehmen« muss. Einmal überlebte er einen Schiffbruch, bei dem einige Mitglieder seiner Familie starben, und schrieb Briefe mit praktischen und weniger praktischen Ratschlägen an seine Freunde. Als er sich dann selbst das Leben nahm, folgte er treu und würdevoll den Prinzipien, die er in seinen Schriften verbreitet hatte. Während der Harvard-Wirtschaftswissenschaftler nur von Leuten gelesen wird, die versuchen, Texte zu schreiben, die ihrerseits dann von Leuten gelesen werden, die versuchen, Texte zu schreiben, die dann schließlich (hoffentlich) irgendwann vom unerbittlichen Bullshit-Detektor der Geschichte verschlungen werden, wird Lucius Annaeus, auch bekannt als Seneca der Jüngere, noch heute, zweitausend Jahre nach seinem Tod, von wirklichen Menschen gelesen.

Schauen wir uns seine Botschaft näher an.

Weniger Schattenseiten

Fangen wir an mit einer Problematik. Ich habe Seneca als reichsten Mann im Römischen Imperium vorgestellt. Sein Vermögen belief sich auf dreihundert Millionen Denare (um sich einen Begriff von den Dimensionen zu machen: Zu etwa dieser Zeit bekam Judas dreißig Denare, etwa einen Monatslohn, dafür, dass er Jesus verriet). Es ist zugegebenermaßen nicht gerade überzeugend, abfällige Bemerkungen über materiellen Wohlstand von einem Mann zu lesen, der seine Texte auf einem seiner vielen Hundert Holztische mit einem Untergestell aus Elfenbein schrieb.

Traditionellerweise versteht man unter Stoizismus eine gewisse *Indifferenz* gegenüber dem Schicksal – auch bestimmte Vorstellungen einer

Harmonie mit dem Kosmos gehören noch dazu, die ich hier aber auslasse. Es geht darum, den Wert irdischer Besitztümer immer geringer zu schätzen. Als Zenon von Kition, der Begründer der Stoa, während einer Seereise verunglückte (es gibt ziemlich viele Schiffbrüche in alten Texten), pries er sich glücklich, seine Lasten losgeworden zu sein und sich nun ganz der Philosophie widmen zu können. Der Schlüsselsatz in Senecas Schriften lautet (nach einem widrigen Ereignis) *nihil perdidi*, »Ich habe nichts verloren«. Stoizismus macht es möglich, sich die Herausforderung eines Schicksalsschlags zu wünschen. Auf Luxus schauen Stoiker verächtlich herab – Seneca schrieb über einen Mann, der ein verschwenderisches Leben führte: »Er ist in jedem Fall verschuldet, sei es gegenüber einer anderen Person oder gegenüber dem Schicksal.«*

So interpretierter Stoizismus ist dasselbe wie Robustheit – denn wer immun gegen äußere Zustände wird, seien diese nun gut oder schlecht, wer nicht fragil ist in schicksalhaften Wendungen, der ist robust. Zufällige Ereignisse können uns in keiner Weise treffen (wir sind zu stark, um zu verlieren, und nicht habgierig genug, um einen Gewinn zu genießen), also bleiben wir in der mittleren Spalte der Triade.

Wenn man allerdings Seneca selbst liest und ihn nicht nur über seine Kommentatoren studiert, ergibt sich ein anderes Bild. Senecas Version von Stoizismus ist Antifragilität dem Schicksal gegenüber – keine Nachteile von Frau Fortuna, aber jede Menge Vorteile.

Es stimmt schon – Senecas Ziel auf dem Papier war ein philosophisches; er versuchte, der oben umrissenen stoischen Tradition treu zu bleiben: Eigentlich sollte es beim Stoizismus nicht um Gewinne und Vorteile gehen, auf dem Papier wurde die Ebene der Antifragilität also nicht erreicht, hier wurde nur die Reduktion psychischer Fragilität und die zu erringende Kontrolle über das eigene Schicksal thematisiert. Allerdings gibt es einen Umstand, der von den Interpreten völlig übersehen wurde. Wenn Reichtum eine solche Bürde bedeutete und gleichzeitig so überflüssig war, war es dann nicht sinnlos, ihn zu behalten? Warum trennte Seneca sich nicht davon?

* Auf die Frage, worin sich Buddhismus und Stoizismus unterscheiden, gibt es eine einfache Antwort. Ein Stoiker ist ein Buddhist mit Haltung, einer, der zum Schicksal sagt: »Rutsch mir den Buckel runter.«

Intellektuelle haben irgendwie einen inneren Widerstand gegen Antifragilität; darauf habe ich schon im zweiten Kapitel, im Zusammenhang mit jenen Psychologen hingewiesen, die posttraumatisches Wachstum ignorieren und sich ausschließlich auf posttraumatische Schädigungen konzentrieren – für sie scheint es nichts über die Robustheit hinaus zu geben. Ich weiß nicht, woran es liegt, aber sie mögen keine Antifragilität. Das hinderte sie daran, in Erwägung zu ziehen, dass Seneca die Vorteile vom Schicksal haben wollte – woran ja auch nichts Verwerfliches ist.

Lernen wir von dem großen Meister zuerst, wie er es schaffte, die Nachteile abzumildern – also die Standardbotschaft der Stoiker: Wie wird man robust, wie wappnet man sich gegen die Verletzung durch Emotionen, wie kommt man aus der ersten Spalte der Triade heraus. Im zweiten Schritt zeige ich dann, dass Seneca tatsächlich die Antifragilität thematisierte. Und als dritten Schritt werde ich (in Kapitel 18 und 19) seinen Kunstgriff zu einer generellen Methode zur Aufdeckung von Antifragilität ausbauen.

Der stoische Weg zu emotionaler Robustheit

Erfolg bringt Asymmetrie mit sich: Man hat jetzt sehr viel mehr zu verlieren als zu gewinnen. Also ist man fragil. Kehren wir noch einmal zum Damoklesschwert zurück. Hier steht nichts Gutes zu erwarten, nur jede Menge Unheil. Wenn man reich wird, ist der Schmerz, den Reichtum zu verlieren, größer als der emotionale Gewinn, wenn weiterer Reichtum hinzukommt, man lebt also unter einer ständigen emotionalen Bedrohung. Ein reicher Mensch ist in seinen Besitztümern gefangen, sie beherrschen ihn, stören seinen Schlaf, erhöhen seine Stresshormonwerte, verringern seinen Sinn für Humor, womöglich haben sie sogar neben weiteren Unpässlichkeiten zur Folge, dass ihm Haare auf der Nasenspitze wachsen. Seneca erkannte, dass Besitztümer dazu führen, dass wir uns wegen möglicher Verluste und Nachteile Sorgen machen, und sie somit wie eine Bestrafung fungieren, da wir von ihnen abhängig sind. Nur Nachteile, keine Vorteile. Mehr noch: Man ist von den Umständen abhängig oder vielmehr von den Emotionen, die sich aus den Umständen ergeben, was eine Art Sklaverei zur Folge hat.

Diese Asymmetrie zwischen den Auswirkungen von Gut und denen von Böse, von Nutzen und Nachteil war den Alten offenbar geläufig – eine frühere Version davon fand ich bei Livius: »Die Menschen empfinden das Gute weniger intensiv als das Schlechte« (*segnius homines bona quam mala sentiunt*), schrieb er eine halbe Generation vor Seneca. Die Alten waren, hauptsächlich dank Seneca, Lichtjahre von modernen Psychologen und Entscheidungstheoretikern à la Triffat entfernt, die um die Vorstellung der »Risiko-(oder Verlust-)Aversion« herum Theorien entwickelten – die Alten waren philosophisch tiefer, mehr an der Praxis orientiert, und bewegten sich weit jenseits vulgärer moderner Therapievorstellungen.

Lassen Sie es mich noch einmal in heutiger Sprache formulieren. Stellen Sie sich eine Situation vor, in der Sie viel zu verlieren und wenig zu gewinnen haben. Wenn Ihnen zusätzlicher Reichtum, sagen wir tausend phönizische Schekel, nichts nützt, Sie sich aber wegen des Verlusts desselben Betrags schwer geschädigt fühlen würden, dann liegt eine Asymmetrie vor. Und zwar keine gute Asymmetrie: Sie wären fragil.

Seneca begegnete dieser Fragilität mit mentalen Übungen, in denen er seine Besitztümer abschrieb. Wenn es dann tatsächlich zu Verlusten kam, fühlte er keinen Schmerz, und es gelang ihm mit dieser Methode, seine Freiheit dem Zugriff der Umstände zu entwinden. Vergleichbar ist das mit dem Abschluss einer Versicherung gegen Verluste. Beispielsweise brach Seneca häufig mit fast denselben Besitztümern auf seine Reisen auf, die ihm auch nach einem Schiffbruch geblieben wären, wozu unter anderem eine Decke gehörte, um auf dem Boden zu schlafen, da es zu jener Zeit nur wenige Gasthäuser gab (allerdings muss ich, um die Dinge in den korrekten historischen Zeitrahmen einzuordnen, hinzufügen, dass er sich »nur von einem oder zwei Sklaven« begleiten ließ).

Um zu zeigen, wie eminent modern das ist, möchte ich als Nächstes beschreiben, wie ich selbst diese Form von Stoizismus umgesetzt habe, um mir die psychische Kontrolle über die Zufälligkeit des Lebens zurückzuerobern. Festanstellungen und die damit verbundene Abhängigkeit von der willkürlichen Meinung irgendwelcher Leute habe ich immer gehasst, vor allem weil vieles von dem, was in großen Firmen vor sich geht, mein moralisches Empfinden verletzte. Ich war daher fast immer freiberuflich tätig, abgesehen von einer Phase von acht Jahren. Bevor ich diesen Job antrat, verfasste ich mein Kündigungsschreiben, verschloss es in einer Schublade und fühlte mich so die ganze Zeit, die ich dort arbeitete, frei. Auch später als Trader, ein Beruf voller Zufälligkeiten und permanenter psychischer Schädigungen, die sich tief in die Seele bohren können, unterzog ich mich der mentalen Übung, jeden Morgen anzunehmen, dass das Schlimmste wirklich passiert war – so wurde der Rest des Tages zum Bonus. Die Methode, sich mental »auf das Schlimmste« einzustellen, brachte außerdem Vorteile mit sich, die über das Therapeutische weit hinausgingen. Sie veranlasste mich nämlich dazu, eine bestimmte Klasse von Risiken einzugehen, bei der der schlimmste Fall eindeutig und klar umrissen ist, mit begrenztem und bekanntem Verlustrisiko. Es ist gar nicht so einfach, an der gesunden Disziplin der mentalen Abschreibung festzuhalten, wenn alles glattläuft, allerdings braucht man sie gerade dann am nötigsten. Ich reise auch immer wieder einmal im Stil von Seneca, also ohne Komfort (obwohl ich im Unterschied zu ihm nicht von »einem oder zwei Sklaven« begleitet werde).

In einem intelligenten Leben geht es einzig darum, sich emotional so einzurichten, dass der Stachel der Schädigung ausgemerzt wird. Das gelingt, wenn man die Zugehörigkeiten mental abschreibt, sodass einen Verluste nicht mehr schmerzen. Die Volatilität der Welt kann sich auf den Menschen dann nicht länger negativ auswirken.

Die Domestizierung der Emotionen

Betrachtet man die Sache so, dann geht es dem Stoizismus um die Domestizierung, aber nicht notwendigerweise um die Eliminierung von Emotionen. Ziel ist nicht die Verwandlung des Menschen in Gemüse. Nach meiner Vorstellung ist ein moderner stoischer Weiser *jemand, der Furcht in Klugheit verwandelt, Schmerz in Information, Fehler in Anstöße und Begehren in Unternehmungen.*

Seneca schlägt ein komplettes Trainingsprogramm für eine gute Lebensgestaltung und einen sinnvollen Umgang mit Emotionen vor, das mit kleinen, aber effektiven Tricks arbeitet. Wenn beispielsweise ein römischer Stoiker eine im Prinzip gerechtfertigte Handlung nicht durch seinen Zorn beeinträchtigen will, wodurch er womöglich einen Schaden anrichten würde, den er später bereuen müsste, dann wartet er mindestens einen Tag, bevor er einen Sklaven bestraft, der sich irgendeines Vergehens schuldig gemacht hat. Wir empfinden das vielleicht nicht gerade als gerecht, aber man sollte die Handlungsweise des sonst eher maßvollen Kaisers Hadrian zum Vergleich heranziehen, der einem Sklaven in einem Anfall unkontrollierbarer Wut ein Auge ausstach. Als Hadrians Wut abgeklungen war und er seine Tat bedauerte, war der Schaden nicht mehr gutzumachen.

Zudem versorgt uns Seneca mit einem ganzen Katalog von Möglichkeiten, sich im Sozialen zu betätigen: Investieren Sie in gute Taten. Dinge können uns weggenommen werden, nicht aber gute Taten und tugendhaftes Handeln.

Wie man Herrschaft erlangt

Bis hierher war uns die Geschichte wohlbekannt – wir haben erfahren, wie wir uns von der linken (der fragilen) Seite der Triade in die Mitte (zum Robusten hin) bewegen können. Seneca aber ging noch weiter. Er sagte, Reichtum sei der Sklave des Weisen und der Herrscher über den Narren. Damit brach er in Teilen mit der angeblichen stoischen Grundhaltung: *Die Vorteile behielt er durchaus bei.*

Meiner Ansicht nach ist gegenüber den Behauptungen früherer Stoiker, dass sie die Armut dem Wohlstand vorziehen, Argwohn angebracht – dabei könnte es sich letztlich um nichts als leeres Gerede gehandelt haben. Da die meisten Stoiker arm waren, bastelten sie sich vielleicht einfach eine passende Interpretation zusammen (wir werden im Zusammenhang mit der Geschichte des Thales von Milet die kognitiven Spielchen mit den Trauben kennenlernen, mit denen man sich selbst davon überzeugt, dass die Trauben, an die man nicht herankommt, sauer sind). Seneca war durch und durch ein Mann der Tat, und man kann den Umstand, dass er seinen Reichtum behielt, nicht einfach ignorieren. Entscheidend ist, dass er offensichtlich den Reichtum der Armut vorzog, sich dabei aber nicht vom Reichtum beeinträchtigen ließ.

Seneca bezeichnete seine Strategie in *De Beneficiis* in gewisser Weise sogar explizit als Kosten-Nutzen-Analyse, indem er das Wort »Buchführung« benutzte: »Die Buchführung der Vorteile ist einfach: Es sind alles Ausgaben; wenn sie zurückerstattet werden, ist es klar ein *Gewinn* (meine Hervorhebung); wenn nicht, ist es kein Verlust, weil ich um des Gebens willen gab.« Moralische Buchführung, aber trotz allem Buchführung.

Seneca schlug also dem Schicksal ein Schnippchen: Er bewahrte das Gute und befreite sich vom Schlechten; das Negative beseitigte er und behielt das Positive. In gewissem Sinne verhielt er sich eigennützig, indem er dem Schicksal das Schädigende nahm und in gänzlich unphilosophischer Manier das Nützliche einbehielt. Eine derartige Kosten-Nutzen-Analyse ist nicht der Stoizismus, wie er gemeinhin rezipiert wird (wer sich wissenschaftlich mit dem Stoizismus auseinandersetzt, hat offenbar die Wunschvorstellung, Seneca und andere Stoiker sollten so denken wie er selbst). Hier liegt ganz klar eine Nutzen-Nachteil-Asymmetrie vor.

Das ist Antifragilität in Reinkultur.*

Die grundlegende Asymmetrie

Ich fasse Senecas Asymmetrie in einer einzigen Regel zusammen.

Die bereits angesprochene Vorstellung lautet, dass man unter widrigen Umständen *mehr zu verlieren* hat. Wenn man durch schicksalhafte Ereignisse mehr zu verlieren als zu gewinnen hat, liegt eine ungute Asymmetrie vor. Und eine solche Asymmetrie ist universell. Inwiefern hat sie Fragilität zur Folge?

Sie erinnern sich an das Paket aus dem ersten Kapitel: Es verträgt keine Erschütterungen und verabscheut alle aus der Chaosfamilie – somit ist es fragil (äußerst fragil, da es nichts gewinnen kann, die Asymmetrie ist also besonders ausgeprägt). Das antifragile Paket dagegen profitiert von Erschütterungen mehr, als dass sie ihm schaden. Einfacher Test: Wenn ich »nichts zu verlieren« habe, kann ich nur gewinnen und bin antifragil.

* Denjenigen, die meinen, der Begründer der Stoa, Zeno, sei jeglicher Form materiellen Reichtums abgeneigt gewesen, habe ich etwas Interessantes mitzuteilen: Zufällig stieß ich auf eine Erwähnung von Zenos Aktivitäten im Zusammenhang mit der Finanzierung von Seefahrtsunternehmungen, an denen er als Investor beteiligt war – nicht unbedingt das, was man von einem wohlstandskritischen Utopisten erwarten würde.

Die gesamte Tabelle 1 mit den Triaden aus den unterschiedlichsten Bereichen kann mit diesen Kriterien erklärt werden. Voll und ganz.

Um zu sehen, inwiefern asymmetrische Ergebnisse von Volatilität profitieren, mache man sich Folgendes bewusst: Wenn Sie weniger zu verlieren als zu gewinnen haben, mit mehr positiven als negativen Aspekten rechnen können, dann ist Ihnen Volatilität willkommen (da sie unterm Strich Vorteile mit sich bringt), und Sie sind außerdem antifragil.

Die Aufgabe, vor die ich mich jetzt gestellt sehe, besteht also darin, die vier Elemente folgendermaßen mit der fundamentalen Asymmetrie in Verbindung zu bringen:

> *Fragilität impliziert mehr Verlust als Gewinn, das heißt mehr Nachteile als Vorteile, entspricht also der nicht wünschenswerten Asymmetrie,*

und

> *Antifragilität impliziert mehr Gewinn als Verlust, das heißt mehr Vorteile als Nachteile, entspricht also der wünschenswerten Asymmetrie.*

Antifragil gegenüber einer Quelle von Volatilität ist man, wenn die potentiellen Gewinne größer sind als die potentiellen Verluste (und umgekehrt).

Des Weiteren: Wenn man mehr Vorteile als Nachteile hat, dann richtet ein Mangel an Volatilität und Stressoren womöglich Schaden an.

Wie lässt sich nun diese Idee – Reduktion von Nachteilen, Zunahme von Vorteilen – in die Praxis übertragen? Mit der Hantelstrategie, wie das nächste Kapitel zeigen soll.

Kapitel 11
Den Rockstar sollten Sie auf keinen Fall heiraten

Eine präzise Darstellung, wie und mit wem man seinen Ehegatten betrügen sollte – Einführung in die Hantelstrategien – Die Verwandlung von Diplomaten in Schriftsteller und umgekehrt

Die Hantel-(oder bimodale)strategie ist eine Methode, um Antifragilität zu erreichen, also auf die rechte Seite der Triade zu kommen. Monogame Ehefrauen praktizieren sie, indem sie eine Affäre mit dem lokalen Rockstar eingehen; Schriftstellern empfiehlt es sich, zum Broterwerb einen Job auszuüben, der nichts mit Schreiben zu tun hat.

Die Irreversibilität kaputter Pakete

Der erste Schritt in Richtung Antifragilität besteht darin, die Nachteile abzubauen, bevor man sich an den Aufbau der Vorteile macht; zunächst muss also die Gefährdung durch negative Schwarze Schwäne reduziert und dafür gesorgt werden, dass die natürliche Antifragilität sich entfalten kann.

Die Entschärfung von Fragilität ist keine Option, sondern eine Notwendigkeit. Das hört sich wie eine Selbstverständlichkeit an, allerdings wird der Punkt gern übersehen. Fragilität ist so gnadenlos wie eine tödliche Krankheit. Ein Paket geht nicht erst unter widrigen Umständen kaputt und repariert sich später selbst, wenn die Umstände sich zum Positiven verändert haben. Fragilität ähnelt darin einem Sperrrad, das sich (beispielsweise bei Ratschen) nur in eine Richtung drehen lässt – ein Schaden ist irreversibel. Der Weg, den man nimmt, die Reihenfolge der Ereignisse ist entscheidend, und nicht lediglich das Ziel – der fachwissenschaftliche Ausdruck für diese Eigenschaft lautet *Pfadabhängigkeit*. Sie lässt sich folgendermaßen veranschaulichen: Die Erfahrung, zuerst einer Nierensteinoperation unterzogen zu werden und danach die Narkose verabreicht zu bekommen, dürfte sich deutlich unterscheiden von der eines Prozederes mit umgekehrter Abfolge. Ähnlich wäre der Genuss einer Mahlzeit, die mit Kaffee und Dessert beginnt und mit Tomatensuppe endet, nicht mit dem Reiz der umgekehrten Reihenfolge zu vergleichen. Berücksichtigt man die Pfadabhängigkeit, dann ist die Vorgehensweise klar: Es ist einfach, das Fragile zu identifizieren und in die linke Spalte der Triade einzuordnen, ungeachtet seiner positiven Aspekte – da etwas Kaputtes dazu tendiert, kaputt zu bleiben.

Die Fragilität, die als Folge einer Pfadabhängigkeit auftritt, wird häufig von Geschäftsleuten ignoriert, welche aufgrund ihres soliden Trainings in statischem Denken zu der Überzeugung neigen, ihre oberste Mission bestehe darin, Profit zu machen, und Überleben und Risikokontrolle seien etwas, das man vielleicht irgendwann einmal in Betracht ziehen könnte – sie übersehen, dass Überleben dem Erfolg logisch unbedingt vorgeordnet ist. Um Gewinne einstreichen und sich einen BMW zulegen zu können, wäre es eine gute Idee, erst einmal zu überleben.

Begriffe wie Geschwindigkeit und Wachstum – alles, was irgendwie mit Bewegung zusammenhängt – sind leer und bedeutungslos, wenn sie ohne Berücksichtigung von Fragilität verwendet werden. Ein Autofahrer, der mit 400 Stundenkilometern durch New York City braust, kommt mit sehr großer Wahrscheinlichkeit nirgendwo hin – die effektive Geschwindigkeit wird exakt null Kilometer pro Stunde betragen. Es liegt zwar auf der Hand, dass man sich an der effektiven und nicht an der nominellen Geschwindigkeit orientieren sollte, allerdings scheint irgendetwas im gesellschaftspolitischen Diskurs dieses grundlegende Faktum zu verschleiern.

Unter dem Gesichtspunkt der Pfadabhängigkeit ist es nicht mehr möglich, Wirtschaftswachstum von Rezessionsrisiken, Einnahmen von Verlustrisiken und »Effizienz« von der Gefährdung durch Zwischenfälle einfach abzutrennen. Der Begriff »Effizienz« selbst wird für sich genommen relativ bedeutungslos. Wenn sich ein Spieler in die Gefahr begibt, seinen gesamten Gewinn wieder zu verlieren, dann sind die

»potentiellen Einnahmen« seiner Strategie nicht mehr von Belang. Vor einigen Jahren prahlte ein Universitätsdirektor mir gegenüber mit dem Umstand, dass seine Universität mit dem universitätseigenen Stiftungsfonds um die zwanzig Prozent Zinsen einnahm. Was er übersah: Diese Gewinne waren mit Fragilitäten verbunden, die schnell in katastrophale Verluste umschlagen konnten – prompt machte dann ein schlechtes Jahr sämtliche Einkommen zunichte, und das Fortbestehen der gesamten Universität war in Frage gestellt.

Mit anderen Worten, wenn etwas fragil ist, dann wird aufgrund des Risikos, dass es ganz zu Bruch geht, alles, was man unternimmt, um es zu verbessern oder »effizient« zu machen, nutzlos sein, wenn man nicht als Erstes dieses Risiko reduziert. Publilius Syrus bemerkte: Nichts lässt sich zugleich hastig und sicher erledigen – fast nichts.

So kann ein Wachstum des Bruttoinlandsprodukts ganz einfach dadurch erreicht werden, dass man Schulden auf die kommenden Generationen abwälzt – und die zukünftige Wirtschaft bricht dann womöglich unter dem Zwang, diese Schulden zurückzuzahlen, zusammen. Ein Wachstum des Bruttoinlandsprodukts scheint wie Cholesterin eine Prokrustesbett-Konstruktion zu sein, mit der sich das System abgreifen lässt. Und genau wie für ein Flugzeug, das stark absturzgefährdet ist, der Begriff »Geschwindigkeit« keine Rolle spielt, da bekannt ist, dass es seinen Bestimmungsort sowieso womöglich nicht erreicht, kann Wirtschaftswachstum mit Fragilitäten nicht Wachstum genannt werden – Regierungen haben diese Tatsache allerdings bislang noch nicht verstanden. Während der goldenen Jahre der Industriellen Revolution, also in der Zeit, die Europa in seine dominierende Position katapultierte, betrug das Wachstum nicht einmal bescheidene ein Prozent pro Kopf. Trotz dieses niedrigen Wertes handelte es sich um ein robustes Wachstum – ganz im Unterschied zu dem gegenwärtig stattfindenden närrischen Wettrennen der Staaten, die dem Wachstum hinterherspurten wie von ihrer eigenen Geschwindigkeit berauschte Jugendliche am Steuer.

Senecas Hantel

Damit komme ich zu meiner Hantellösung – nahezu alle Lösungen des Ungewissheitsproblems sind hantelförmig.

Was verstehe ich unter Hantel? Die Hantel (eine von Gewichthebern benutzte Stange mit Gewichten an beiden Enden) soll die Vorstellung einer Kombination von Extremen illustrieren, die jeweils für sich einen eigenen Bereich bilden, während die Mitte ausgespart bleibt. In unserem Kontext ist das nicht notwendigerweise eine symmetrische Angelegenheit: Es geht nur um die Verbindung von zwei Extremen ohne Mitte. Man könnte es auch technischer als bimodale Strategie bezeichnen, da mit zwei sehr unterschiedlichen Vorgehensweisen und nicht mit einem einzigen zentralen Modus gearbeitet wird.

Ursprünglich benutzte ich das Bild von der Hantel, um eine duale Vorgehensweise zu beschreiben, mit der ich in manchen Bereichen auf Nummer sicher gehen (also robust gegen negative Schwarze Schwäne sein) kann, in anderen Bereichen viele kleine Risiken (die für positive Schwarze Schwäne offen sind) eingehe und so einen antifragilen Zustand erreiche. Extreme Risikoscheu auf der einen Seite steht also extremer Risikobereitschaft auf der anderen Seite entgegen; und das »mittlere« oder verflixte »moderate« Risikoverhalten, das letztlich nichts anderes ist als ein Dummkopf-Spiel, wird ausgelassen (denn mittlere Risiken können gewaltigen Berechnungsirrtümern unterliegen). Die Hantelstrategie reduziert, ja eliminiert aufgrund ihrer Struktur das Verlustrisiko.

Lassen Sie mich ein Beispiel aus der vulgären Welt des Finanzwesens anführen; in diesem Bereich ist es am einfachsten zu erklären und wird am häufigsten missverstanden. Wenn Sie 90 Prozent Ihres Kapitals in langweiligen Sparformen, beispielsweise in Bundeswertpapieren oder auf Tagesgeldkonten anlegen (vorausgesetzt, Sie sind vor der Inflation geschützt), und 10 Prozent auf sehr riskante, maximal riskante Wertpapiere setzen, dann können Sie gar nicht mehr verlieren als diese 10 Prozent und eröffnen sich zugleich die Möglichkeit großer Gewinne. Ein Anleger dagegen, der mit 100 Prozent im Bereich des mittleren Risikoprofils anlegt, lässt sich auf das Risiko eines totalen Ruins aufgrund Falschberechnung der Risiken ein. Die Hanteltechnik behebt das Problem, dass die Risiken seltener Ereignisse nicht berechenbar sind und fragil hinsichtlich Schätzungsfehlern; die finanzielle Hantel hat ein bekanntes Verlustmaximum.

Denn Antifragilität ist eine Kombination aus *Aggressivität und Paranoia* – man beseitigt das Risiko des Kursrückgangs, schützt sich gegen extreme Schädigungen und überlässt die Möglichkeit des Kursgewinns, also positiver Schwarzer Schwäne, sich selbst. Man erinnere sich an Senecas Asymmetrie: Das Überwiegen der Vorteile vor den Nachteilen war einfach die Folge davon, dass die extremen Nachteile (emotionale Beeinträchtigung) reduziert, nicht aber die Verhältnisse in der Mitte verbessert wurden.

Eine Hantel kann jede duale Strategie sein, die sich unter Auslassung der korrumpierenden Mitte aus Extremen zusammensetzt – auf die eine oder andere Weise führen alle derartigen Vorgehensweisen zu günstigen Asymmetrien.

Eine weitere Veranschaulichung des Unterschieds zwischen Hanteln und Nicht-Hanteln: In Restaurants wird der Hauptgang, beispielsweise das Minutensteak vom Weiderind und Salat (mit Malbec), vor dem und getrennt vom Dessert, bestehend aus Ziegenkäsekuchen (mit Muskateller), serviert. Man nimmt nicht erst Ihre Bestellung entgegen, schneidet dann Kuchen und Steak in kleine Stückchen und mixt alles mit einer dieser Maschinen, die so viel Krach machen, zusammen. Aktivitäten »in der Mitte« sind mit einer solchen Vermengung zu vergleichen. Sie werden sich erinnern, dass Nero im neunten Kapitel mit Hausmeistern und Wissenschaftlern verkehrte, aber kaum einmal mit Angehörigen der Mittelschicht.

In riskanten Situationen sehe ich es gar nicht gern, wenn alle Mitglieder des Flugpersonals »vorsichtig optimistisch« oder sonst irgendetwas in mittlerer Gefühlslage sind. Ich ziehe dann Flugbegleiter vor, die extrem optimistisch sind, und einen Piloten, der extrem pessimistisch, ja idealerweise paranoid ist.

Der Buchhalter und der Rockstar

In biologischen Systemen treten Hantelstrategien häufig auf. Man nehme als Beispiel das Paarungsverhalten. Ich bezeichne es als »90 Prozent Buchhalter, 10 Prozent Rockstar« (und gebe nur Fakten wieder;

nicht dass Sie meinen, ich würde das billigen). Im Tierreich haben die Weibchen bei einigen monogamen Gattungen (darunter der Homo sapiens) die Tendenz, etwas Ähnliches wie einen Buchhalter oder, noch farbloser, einen Wirtschaftswissenschaftler zu heiraten, ein Männchen zuverlässigen Zuschnitts, das für den Lebensunterhalt sorgen kann; und hin und wieder haben sie ein Techtelmechtel mit dem aggressiven Alphatypen, dem Rockstar. Ganz klar eine duale Strategie. Die Weibchen begrenzen die möglichen Nachteile, indem sie sich auf Kopulation außerhalb des Paarverbunds einlassen, um sich die genetischen Vorteile zu sichern oder einen Heidenspaß zu haben, oder beides. Sogar das Timing der Seitensprünge scheint nicht zufällig zu sein, korrespondiert es doch mit Perioden einer hohen Schwängerungswahrscheinlichkeit. Belegen lässt sich diese Strategie mit Beobachtungen bei den so genannten monogamen Vögeln: Offensichtlich finden die Weibchen Gefallen am Fremdgehen, denn über ein Zehntel des Nachwuchses stammt von einem anderen als dem vermeintlichen Vater. Das Phänomen existiert, die Theorien dazu variieren. Evolutionstheoretiker vertreten die These, es gehe den Weibchen einerseits um ökonomische und soziale Stabilität und andererseits um gute Gene für ihre Kinder. Man kann nicht erwarten, dass ein Vertreter der Mitte all diese Tugenden in sich vereinigt (Lieferanten von guten Genen, also Alphamännchen, sind sehr wahrscheinlich nicht zuverlässig und umgekehrt). Warum aber sollte man nicht den Kuchen behalten und gleichzeitig verzehren? Einen gesicherten Lebenswandel kombinieren mit guten Genen? Es gibt aber auch die andere Theorie, dass es den Weibchen nur um ihr Vergnügen geht – sie wollen sowohl ein gesichertes Leben führen als auch ihren Spaß haben.*

Im zweiten Kapitel habe ich bereits darauf hingewiesen, dass funktionierende Überkompensation nicht ohne Schädigungen und Stressoren

* Diese Spielart der Hantelstrategie ist zwar nachgewiesen, aber bezüglich der dahinter liegenden Theorie besteht keine Einigkeit – Evolutionstheoretiker lieben Geschichten, ich ziehe Belege vor. Wir können nicht mit Sicherheit sagen, dass die Strategie der Kopulation außerhalb des Paarverbunds im Tierreich tatsächlich zur Steigerung der Fitness der gesamten Gattung beiträgt. Die Hantel – Buchhalter plus Seitensprung – ist also zwar beobachtbar, aber vielleicht zielt sie gar nicht auf die Verbesserung der Gattung; vielleicht geht es einfach nur um »Spaß« mit niedrigem Risikopotential.

auskommt, die als Entdeckungs- und Erkenntnisinstrumente fungieren. Also sollte man Kinder ein wenig – aber nicht sehr viel mehr als ein wenig – mit Feuer spielen lassen, nur so, aus Verletzungen, lernen sie etwas für ihre zukünftige Sicherheit. Auch sollte man Menschen die Möglichkeit eröffnen, ein gewisses Maß – nicht zu viel – an Belastung zu erfahren, um sie ein wenig aufzuwecken. Aber gleichzeitig müssen sie vor großen Gefahren in Schutz genommen werden – kleine Gefahren kann man getrost ignorieren, man sollte seine Energie vielmehr in den Schutz vor Folgeschäden stecken. In nichts anderes. Diese Vorgehensweise lässt sich übertragen auf die Sozialpolitik, auf die Gesundheitspolitik und viele andere Bereiche.

Das findet sich schon in alten Sprichwörtern. So gibt es im Jüdischen die Aufforderung: »Triff Vorsorge für das Schlimmste; das Beste erledigt sich von selbst«, was weitaus weniger banal ist, als es klingt: Man muss sich nur umsehen, wie die Menschen im Allgemeinen für das Beste Vorsorge treffen und hoffen, dass sich das Schlimmste schon von selbst erledigen werde. Es gibt mehr als genug Hinweise darauf, dass die Menschen zwar kleinen Verlusten abgeneigt sind, aber sehr große Risiken, also Schwarze Schwäne, unterschätzen – sie versichern sich gegen kleine, wahrscheinliche Verluste, nicht aber gegen riesige, nicht sehr häufig auftretende Schäden. Dabei sollte man genau andersherum vorgehen.

Raus aus der goldenen Mitte

Fahren wir fort mit unserer Erkundung der Hantelstrategie. Es gibt sehr, sehr viele Bereiche, bei denen die Mitte alles andere als »golden« ist, wo man also am besten nach der bimodalen Strategie (äußerst sicher plus äußerst spekulativ) vorgeht.

Man denke beispielsweise an die Literatur, die kompromissloseste, spekulativste, anspruchsvollste und riskanteste aller beruflichen Tätigkeiten. Es gibt unter französischen und anderen europäischen Literaten die Tradition, sich nach einem ruhigen Arbeitsverhältnis umzusehen, etwa die angstfreie Position eines Beamten anzustreben, bei der intellektuelle Anspruchslosigkeit einhergeht mit hoher Sicherheit – die Art von Job, die in dem Moment zu existieren aufhört, da man das Büro verlässt; in ihrer freien Zeit können die Literaten dann schreiben, was sie wollen, und sind ganz ihr eigener Herr. Unter französischen Autoren finden sich schockierend wenige Akademiker. Amerikanische Autoren sind im Unterschied dazu häufig in den Medien oder an der Universität tätig, was sie allerdings zu Gefangenen des Systems macht und ihr Schreiben korrumpiert. Wer in Forschung und Lehre arbeitet, lebt in beständiger Angst und unter fortgesetztem Druck, was gravierende seelische Deformationen zur Folge hat. Jede Zeile, die man unter Vorgabe fremder Standards zu schreiben gezwungen ist, tötet tief im eigenen Inneren ein korrespondierendes Element ab.

Das Schreiben in Verbindung mit einem ruhigen Job zum Broterwerb hingegen ist eine recht komfortable Angelegenheit, fast so gut, wenn nicht sogar besser als völlige finanzielle Unabhängigkeit. Die großen französischen Autoren Paul Claudel und Saint-John Perse etwa sowie der Romancier Stendhal waren Diplomaten; etliche englische Schriftsteller waren Beamte (Trollope arbeitete bei der Post); Kafka war bei einer Versicherungsgesellschaft angestellt. Das schönste Beispiel: Spinoza verdiente sich seinen Lebensunterhalt mit dem Schleifen optischer Gläser und schaffte es so, seine Philosophie vollstandig gegen den Einfluss irgendwelcher Formen von akademischer Korrumpierung zu immunisieren.

Als Teenager war ich überzeugt, der natürliche Zugang zu einer echten literarischen oder philosophischen Karriere bestehe darin, ebenso wie viele Mitglieder meiner Familie den bequemen, erquicklichen und anspruchslosen Beruf eines Diplomaten zu ergreifen. Unter den Osmanen gab es die Tradition, orthodoxe Christen als Gesandte und Botschafter, ja sogar als Außenminister einzusetzen, eine Sitte, die von den Staaten der Levante beibehalten wurde (mein Großvater und mein Urgroßvater waren Außenminister). Was mich von einer ähnlichen Karriere abhielt, war die Sorge, dass die Stimmung gegen die christliche Minderheit umschlagen würde, wie es ja in der Folgezeit auch tatsächlich geschah. Ich wurde dann Trader und schrieb in meiner Freizeit und, wie der Leser wohl bemerken dürfte, ausschließlich nach meinen eigenen Vorgaben. Die Hantel Geschäftsmann – Gelehrter erwies sich als ideal; wenn ich nachmittags nach drei oder vier Stunden das Büro verließ, hörte mein Beruf bis zum darauffolgenden Tag auf zu existieren, und es stand mir vollkommen frei, meinen eigenen Prioritäten und Interessen nachzugehen. Als ich es eine Zeitlang mit einer akademischen Tätigkeit versuchte, fühlte ich mich wie ein Gefangener, der gezwungen war, sich den lascheren, nur der jeweiligen Eigenwerbung dienenden Programmen anderer anzupassen.

Es ist auch möglich, phasenweise unterschiedliche Berufe zu ergreifen: eine Zeitlang in einer ganz sicheren und anschließend in einer eher gefährdeten Sparte zu arbeiten. Einer meiner Freunde baute sich eine sichere Existenz als Verleger auf, eine Tätigkeit, mit der er sehr erfolgreich war. Dann, nach ungefähr zehn Jahren, gab er das Verlegen von Büchern auf und fing etwas ganz anderes, Hochriskantes an. Hier hat man eine Hantel in Reinform vor sich: Falls seine Spekulation fehlschlägt, oder wenn sie ihm nicht die erhoffte Befriedigung verschafft, kann er in seinen vorigen Beruf zurückkehren. Auch Seneca hatte sich für einen solchen Weg entschieden: Zunächst war sein Leben betriebsam und abenteuerlich, dann zog er sich in die Abgeschiedenheit einer Philosophenexistenz zurück, um zu schreiben und zu meditieren. Einen »Mittelweg«, eine Mischung von beidem gab es nicht. Viele »Macher«, die später zu »Denkern« wurden, beispielsweise Montaigne, haben eine solche Hantelstrategie verfolgt, in der eine Phase die andere ablöste: erst reine Aktion, dann reine Reflexion.

Wenn ich zu arbeiten habe, ziehe ich es vor (und finde es viel weniger mühsam), ein paar wenige Stunden lang intensiv zu arbeiten und den Rest der Zeit nichts zu tun (und mit Nichtstun meine ich wirklich nichts tun), so lange, bis ich mich vollständig erholt habe und mich darauf freue, meine Arbeit wieder aufnehmen zu können. Das kommt mir deutlich mehr entgegen als diese grässlichen endlosen Bürostunden auf Sparflamme mit Schlafentzug nach japanischer Manier. Hauptgericht und Dessert sollten fein säuberlich getrennt bleiben.

Georges Simenon, einer der produktivsten Autoren des 20. Jahrhunderts, schrieb lediglich sechzig Tage pro Jahr, dreihundert Tage brachte er damit zu, »nichts zu tun«. Er verfasste über zweihundert Romane.

Die Domestizierung der Unsicherheit

Ich werde im weiteren Verlauf dieses Buchs noch viele Hanteln vorstellen, die genau diese Asymmetrie aufweisen und auf die eine oder andere

Weise, wenn es um Risiken geht, dieselbe Art von Schutz bieten und bei der Nutzung von Antifragilität helfen. Sie ähneln sich alle in bemerkenswerter Weise.

Werfen wir auf einige Bereiche einen genaueren Blick. Was persönliche Risiken angeht, so kann man sich unschwer mit der Hantelstrategie von Schädigungsrisiken in jedem beliebigen Bereich befreien. Ich für meinen Teil bin komplett paranoid hinsichtlich bestimmter Risiken und gegenüber anderen extrem offensiv. Die Regeln lauten: nicht rauchen, kein Zucker (vor allem keine Fruktose), keine Motorräder, keine Fahrräder in Städten oder besser gesagt außerhalb von verkehrsfreien Zonen wie etwa der Sahara, keine Kontakte zu osteuropäischen Mafiafamilien, kein Flugzeug benutzen, das nicht von einem professionellen Piloten geflogen wird (es sei denn, es gibt einen Kopiloten). Darüber hinaus bin ich bereit, alle möglichen beruflichen und persönlichen Risiken einzugehen, vorzugsweise allerdings solche, bei denen die Gefahr einer tödlichen Verletzung ausgeschlossen ist.

In der Sozialpolitik sollte man die wirklich Schwachen beschützen und die Starken sich selbst überlassen, jedenfalls aber nicht der Mittelschicht helfen, ihre Privilegien zu sichern, und so die Evolution blockieren und alle möglichen Probleme schaffen, unter denen die Armen am schlimmsten zu leiden haben.

Bevor das Vereinigte Königreich ein bürokratisch geführter Staat wurde, war es nach Hantelmanier in (sowohl ökonomische als auch ganz handfeste) Abenteurer einerseits und Aristokraten andererseits aufgeteilt. Die Aristokratie spielte keine größere Rolle, abgesehen vielleicht nur davon, dass sie ein gewisses Gefahrenbewusstsein aufrechterhielt, während die Abenteurer auf der Suche nach ergiebigen Märkten in alle Welt ausschwärmten oder zu Hause blieben und an irgendwelchen Apparaturen herumbastelten. Heute leben in der City of London nur noch bourgeoise Bonus-Einstreicher und Pseudo-Bohemiens.

Die Grundstruktur meines Schreibens sieht folgendermaßen aus: Einerseits verfasse ich allgemeinverständliche Essays, andererseits fachspezifische Texte, dazwischen gibt es nichts – also keine Interviews mit Journalisten oder Zeitungsartikel oder Kommentare jenseits dessen, was von den Verlagen vorgegeben wird.

Vielleicht erinnert sich der Leser an meine im zweiten Kapitel dargestellte Trainingsmethode: so viel zu heben, wie man auf einmal schaffen kann, und dann strikt zu pausieren, anstatt sich stundenlang auf moderatem Niveau im Fitnessstudio abzuarbeiten. Ergänzt man solches Gewichtheben mit anstrengungsfreien langen Spaziergängen, ergibt das die perfekte Trainings-Hantelstrategie.

Weitere Hanteln: Verrückte Sachen machen (hin und wieder Möbel kurz und klein schlagen), so wie die Griechen in fortgeschritteneren Phasen ihrer Symposien; dafür bei Entscheidungen von größerer Tragweite »rational« bleiben. Die Regenbogenpresse lesen und andererseits die Klassiker und wirklich anspruchsvolle Werke; nichts aus der breiten Schicht dazwischen. Ich unterhalte mich entweder mit Studenten im Grundstudium, Taxifahrern und Gärtnern, oder mit hochkarätigen Wissenschaftlern, nie mit mittelmäßigen, karrierebewussten Akademikern. Wenn Ihnen eine Person unsympathisch ist, dann meiden Sie sie oder entlassen Sie sie aus Ihrem Leben; greifen Sie sie nicht verbal an.*

Halten wir an dieser Stelle fest: Die Hantelstrategie im Zusammenhang mit Zufälligkeit hat Antifragilität zur Folge, denn einerseits wird Fragilität entschärft, Schadensrisiken werden gekappt, und widrige Ereignisse können keinen großen, schmerzlichen Einfluss mehr ausüben, während andererseits die Vorteile möglicher Gewinne beibehalten werden.

Um zu Finanzfragen zurückzukehren: Die Hantel muss nicht unbedingt die Form von Investitionen in größtenteils inflationssichere Spareinlagen und ein paar wenige spekulative Wertpapiere annehmen. Alles, was das Untergangsrisiko mindert, ergibt letztlich eine solche Hantel. Der legendäre Investor Ray Dalio formulierte als Regel für Spekulationsgeschäfte: »Stellen Sie sicher, dass die Wahrscheinlichkeit des Nicht-

* Im Jahr 2008 sprach ich mich dafür aus, Banken zu verstaatlichen, statt ihnen mit staatlichen Entschuldungsmaßnahmen beizuspringen, andere Spekulationsformen, die die Steuerzahler nicht belasteten, dagegen unbehelligt zu lassen. Niemand verstand meine Hantelidee – den einen ging der liberale, den anderen der nationalistische Teil gegen den Strich. Warum? Weil der Mittelweg – hier die Regulierung von beiden – nicht funktioniert, das kann von jedem guten Rechtsanwalt ausgehebelt werden. Hedgefonds müssen unreguliert bleiben, Banken sind zu verstaatlichen – im Sinn der Hanteltheorie. Das wäre auf jeden Fall besser als die grauenhafte Situation, die wir jetzt haben.

Hinnehmbaren (Ruin) gleich Null ist.« Mit einer solchen Regel landet man direkt bei der Hantelstrategie.*

Eine weitere Idee von Rory Sutherland: Die Richtlinien in Großbritannien bei Personen mit leichteren Alkoholproblemen sehen vor, die Tagesdosis unter einem bestimmten Wert an Gramm des konsumierten Alkohols festzusetzen. Die optimale Vorgehensweise aber wäre, an drei Tagen pro Woche Alkohol gänzlich zu meiden (der Leber also ausgedehnte Möglichkeit zur Erholung zu geben), und an den vier übrigen Tagen nach Belieben zu konsumieren. Die Mathematik hinter dieser und weiteren Hantelvorstellungen werde ich später im Zusammenhang mit der Jensen'schen Ungleichung besprechen.

Die meisten Einträge in der rechten Spalte der Triade beinhalten – notwendig, aber nicht hinreichend – ein Hantelelement.

So wie der Stoizismus auf die Domestizierung, nicht aber die Eliminierung von Gefühlen zielt, so bedeutet die Hantelstrategie eine Domestizierung und keine Eliminierung von Ungewissheit.

* Wieder einmal Kontextabhängigkeit. Die meisten Menschen sehen es als notwendig an, ihr Haus zu versichern, bemerken aber nicht die Vergleichbarkeit mit finanziellen Strategien: Wenn es um ihren Wertpapierbestand geht, dann haben sie wegen der Art und Weise, wie die Dinge in der Presse dargestellt werden, einen ganz anderen Zugang. Sie meinen, meine Hantelidee sei eine Strategie, die man qua Investierung nach dem *Rendite-Potential* beurteilen müsste. Aber darum geht es gar nicht. Die Hantel ist schlicht eine Überlebensversicherung; eine Notwendigkeit, keine Option.

Buch IV

Optionalität, Technik und die Intelligenz von Antifragilität

Und nun zum Thema Innovation, zum Begriff der Option und der Optionalität. Wie erlangt man Zugang zum Unzugänglichen, und wie gelingt es, das Unzugängliche zu erobern und zu beherrschen?

Wissen Sie wirklich, wohin Sie unterwegs sind?

Die *Summa Theologiae* des heiligen Thomas von Aquin ist eine Art von Buch, die es heute nicht mehr gibt, ein Buch als Denkmal: Eine *Summa* ist die umfassende Behandlung einer bestimmten Disziplin mit der Absicht, diese Disziplin aus der Struktur zu befreien, in die frühere Autoritäten sie gefasst haben – gewissermaßen also eine Art Anti-Lehrbuch. In diesem Fall ist die Disziplin, um die es geht, die Theologie, also alles, was damals an philosophischen Fragen virulent war, und die *Summa* äußert sich zu jedem Wissensbereich, insofern er mit den in ihr vorgetragenen Argumenten zusammenhängt. Sie reflektiert und bestimmt gleichzeitig weitgehend das Denken des Mittelalters.

Ein ziemlicher Unterschied zu einem Lehrbuch, das einen sauber abgegrenzten Lernstoff behandelt.

Die Abwertung der Antifragilität durch den Gelehrten lässt sich am besten mit einem Satz belegen, der in der *Summa* immer wieder auftaucht; eine seiner Varianten lautet: »Ein Handelnder bewegt sich nicht, außer aus dem Streben nach einem Zweck heraus«, *agens autem non movet nisi ex intentione finis*. Mit anderen Worten, Handelnde wissen angeblich, wohin sie gehen – ein teleologisches Argument (vom griechischen Wort *telos,* Zweck, Ziel oder Ende), das auf Aristoteles zurückgeht. Abgesehen von den Skeptikern fielen alle, auch die Stoiker, gedanklich auf dieses teleologische Argument herein – allerdings nicht, wenn es um ihr Handeln ging. Übrigens zitiert Thomas von Aquin hier nicht Aristoteles, den er »den Philosophen« nennt, sondern den arabischen Übermittler des aristotelischen Denkens Ibn Rushd, auch bekannt als Averroës, den von Thomas so genannten Kommentator. Und dieser Kommentator hat großen Schaden angerichtet. Das abendländische Denken ist sehr viel stärker arabisch geprägt, als gemeinhin angenommen wird, während die postmittelalterlichen arabischen Denker dem mittelalterlichen Rationalismus entkommen konnten.

In dem gesamten Erbe des Denkens, das in der Wendung »bewegt sich nur aus dem Streben nach einem Zweck heraus« begründet ist, wurzelt der am weitesten verbreitete menschliche Irrtum, und er vermischte sich später zwei oder mehr Jahrhunderte lang mit der Illusion des bedingungslosen wissenschaftlichen Verstehens. Dieser Irrtum trägt zugleich auch am meisten zur Fragilisierung bei.

Die teleologische Täuschung

Ich bezeichne als teleologische Täuschung die Illusion, genau zu wissen, wohin man geht; auch in der Vergangenheit genau gewusst zu haben, wohin man unterwegs war; und schließlich, dass auch andere in der Vergangenheit in der Lage waren zu wissen, wohin sie gingen.

Der Rationale Flaneur ist ein Mensch, der im Unterschied zum Touristen bei jedem Schritt die Entscheidung fällt, ob er seinen Plan beibehält oder ändert. Er kann also bei seiner Wahrnehmung der Realität neu hinzugekommene Informationen sofort mit verarbeiten. Nero verfuhr nach diesem Prinzip auf seinen Reisen – häufig ließ er sich dabei von seinem Geruchssinn leiten. Der Flaneur ist nicht der Gefangene eines Plans. Tourismus, sowohl als Vorstellung wie als Realität, lebt von der teleologischen Illusion; er setzt die Vollständigkeit einer Vision voraus und sperrt den Menschen in ein kaum zu revidierendes Programm. Der Flaneur verändert im Unterschied dazu mit dem Hinzukommen von neuen Informationen kontinuierlich – und, was entscheidend ist, auf rationale Weise – seine Ziele.

An dieser Stelle ist allerdings eine Warnung angebracht: Der Opportunismus des Flaneurs ist eine fantastische Sache im öffentlichen Leben und wenn es um Geschäfte geht – nicht aber im Privatleben und in Angelegenheiten, die auch andere Menschen miteinbeziehen. Das Gegenteil von Opportunismus in menschlichen Beziehungen ist das edle Gefühl der Loyalität – es muss allerdings an den richtigen Stellen zum Einsatz kommen, also in menschlichen Beziehungen und bei moralischen Verpflichtungen.

Mit dem Irrtum zu meinen, Sie wüssten genau, wohin Sie gehen, und anzunehmen, Sie wüssten *heute*, welche Vorlieben Sie *morgen* haben werden, hängt ein weiterer Irrtum eng zusammen, nämlich die Illusion zu glauben, dass auch *andere* wüssten, wohin sie gehen, und dass sie Ihnen sagen würden, was sie wollen, wenn Sie sich nur bei ihnen danach erkundigten.

Fragen Sie nie jemanden, was er will oder wohin er gehen will oder wohin er seiner Meinung nach gehen sollte oder – noch schlimmer – was er glaubt, morgen für Wünsche zu haben. Die Stärke des Computerunternehmers Steve Jobs lag genau darin, dass er den Markt- und Zielgruppenforschungen über die Wünsche der Menschen misstraute und nur seiner eigenen Vorstellung folgte. Er handelte nach der Maxime, dass die Menschen nicht wissen, was sie wollen, bevor man es ihnen gibt.

Diese Fähigkeit, von einem Handlungsablauf abzuweichen, ist gleichbedeutend mit einer *Option*, etwas zu verändern. Optionen – und Optionalität, das Wesen einer Option – sind das Thema von Buch IV. Mit Optionalität lassen sich mehrere Themen ansprechen, doch im Kern geht es immer darum, dass eine Option etwas ist, das Antifragilität verleiht und die Möglichkeit schafft, von der positiven Seite der Ungewissheit zu profitieren, ohne von der negativen Seite mit ernsthaften Schädigungen rechnen zu müssen.

Amerikas größter Vorzug

Genau diese Optionalität in Verbindung mit einem bestimmten Menschenschlag lässt die Dinge funktionieren und wachsen. Viele Menschen beklagen das niedrige Niveau der Schulbildung in den Vereinigten Staaten (das beispielsweise an den Mathematiknoten abgelesen wird). Allerdings bemerken sie nicht, dass von hier das *Neue* ausgeht, das dann in anderen Weltregionen imitiert wird. Und dieses Neue stammt nicht von den Universitäten, die sich selbst viel mehr Verdienst zuschreiben, als sich durch ihre Leistungen rechtfertigen lässt.

Ähnlich wie im Großbritannien der Industriellen Revolution liegt der große Vorteil der USA schlicht und einfach in der Offenheit für das Risiko und in der Bereitschaft, mit Optionalität zu arbeiten – dieser bemerkenswerten Fähigkeit, sich ohne Furcht vor Scheitern, Neuanfang und erneutem Scheitern rationaler Formen von Versuch und Irrtum zu bedienen. Im modernen Japan ist im Unterschied dazu Scheitern mit Scham verbunden, weshalb die Menschen Risiken, seien sie finanzieller oder nuklearer Natur, unter den Teppich kehren; sie machen kleine Fortschritte, während sie gleichzeitig auf Dynamit sitzen. Diese Einstellung hebt sich befremdlich ab von dem traditionellen Respekt der Japaner für gefallene Helden und den so genannten Adel des Scheiterns. Buch IV führt diese Idee zu ihrem natürlichen Schluss und wird (ausgehend von mittelalterlicher Architektur über Medizin, Technik und Innovationen) belegen, dass unser größter Vorzug vielleicht in einer Eigenschaft besteht, der wir am meisten misstrauen: der eingebauten Antifragilität bestimmter Systeme der Risikobereitschaft.

Kapitel 12

Die süßen Trauben des Thales

Es reicht zu wissen, dass man es notfalls könnte – Die Idee der freien Option – Kann man einen Philosophen neureich nennen?

In Aristoteles' *Politik* taucht eine Anekdote über den vorsokratischen Philosophen und Mathematiker Thales von Milet auf. Die kaum eine halbe Seite einnehmende Geschichte bringt sowohl Antifragilität wie auch deren Abwertung durch die Philosophie zum Ausdruck, und sie gibt eine erste konkrete Vorstellung von Optionalität. Bemerkenswert daran ist, dass Aristoteles, wohl der einflussreichste Denker aller Zeiten, den zentralen Punkt seiner Geschichte diametral falsch verstand. Seinen Nachfolgern ging es nicht anders, vor allem nach der Epoche der Aufklärung und der wissenschaftlichen Revolution. Ich sage das nicht, um den großen Aristoteles zu verunglimpfen, sondern um zu zeigen, dass Intelligenz zur Folge hat, dass Antifragilität unterschätzt und die Macht der Optionalität ignoriert wird.

Thales war ein Philosoph, ein Griechisch sprechender Ionier phönizischen Ursprungs aus der Küstenstadt Milet in Kleinasien, und wie manche (nicht alle) Vertreter seines Standes war er mit seinem Leben zufrieden. Milet war ein wichtiges Handelszentrum; hier wehte der für phönizische Städte charakteristische Händlergeist. Thales jedoch – typisch Philosoph – war mittellos. Eines Tages hatte er genug vom Spott seiner Freunde, die als Händler ein aufregenderes Leben führten und ihn damit aufzogen, dass »diejenigen, die es können, es auch machen, und die anderen eben philosophieren«. Er ließ sich auf folgende kühne Unternehmung ein: Er leistete eine Anzahlung auf den saisonalen Gebrauch jeder Olivenpresse in der Nachbarschaft von Milet und Chios, die er zu einem niedrigen Preis anmieten konnte. Als die Ernte dann besonders gut ausfiel, war der Bedarf an Olivenpressen hoch. Thales vermietete nun die Pressen nach seinen eigenen Bedingungen und machte damit ein stattliches Vermögen. Dann wandte er sich wieder der Philosophie zu.

Seine Einnahmen waren beträchtlich; vielleicht nicht unbedingt genug, um ihn steinreich zu machen, aber doch so viel, um klarzustellen, worum es ihm – gegenüber anderen, aber, wie ich glaube, auch sich selbst gegenüber – gegangen war: dass er meinte, was er sagte, und dass er über materiellem Reichtum stand und nicht darunter. Es geht um einen Umfang an Reichtum, den ich als »fuck you«-Money bezeichne – also um eine Summe, die groß genug ist, dass einem die meisten, wenn nicht gar alle Vorteile des Wohlstands offenstehen (die wichtigsten: Unabhängigkeit und die Freiheit, sich geistig nur mit solchen Dingen abzugeben, die einen auch wirklich interessieren), dass einem die Nebenwirkungen aber erspart bleiben (beispielsweise die Notwendigkeit, an einer Wohltätigkeitsveranstaltung mit Smokingzwang teilzunehmen und der höflich-umständlichen Darlegung der Details der notwendigen Renovierung eines von Marmor strotzenden Gebäudes lauschen zu müssen). Die schlimmste Nebenwirkung von Reichtum ist das soziale Umfeld, das er seinen Opfern aufzwingt – Menschen mit großen Häusern neigen dazu, mit anderen Menschen mit großen Häusern zu verkehren. Jenseits einer gewissen Grenze von Überfluss und Unabhängigkeit werden reiche Leute immer unsympathischer und Gespräche mit ihnen immer langweiliger.

Aus der Geschichte von Thales lassen sich mehrere Lehren ableiten, und alle haben mit Asymmetrie (und der Erzielung eines antifragilen Ergebnisses) zu tun. Ganz zentral ist die Schlussfolgerung von Aristoteles: *»Aufgrund seiner Kenntnisse auf dem Gebiet der Astronomie hatte er, als es noch Winter war, beobachtet, dass die Olivenernte sehr reichhaltig ausfallen würde …«* Für Aristoteles war der offensichtliche Grund für den Erfolg von Thales also dessen überlegenes Wissen.

Überlegenes Wissen?

Thales brachte sich in eine Position, in der er im Gegenteil von seinem *Mangel* an Wissen profitieren konnte sowie von der verborgenen Eigenschaft Asymmetrie. Der Schlüssel zu dem, was ich an dieser Vorteil-Nachteil-Symmetrie zeigen möchte, ist gerade der Umstand, dass

Thales ein vertieftes Verständnis dessen, was die Sterne sagen, gar nicht nötig hatte.

Er hatte schlicht und einfach einen Vertrag, und ein Vertrag ist quasi der Archetyp von Asymmetrie, vielleicht die einzige ausgesprochene Asymmetrie – Asymmetrie in Reinform. Ein Vertrag ist eine Option, also »das Recht, aber nicht die Pflicht« für den Käufer und natürlich »die Pflicht, aber nicht das Recht« für die andere Partei, den so genannten Verkäufer. Thales hatte das Recht, aber nicht die Pflicht, die Olivenpressen zu benutzen, wenn die Nachfrage stieg – die andere Partei hatte die Pflicht, aber nicht das Recht. Thales bezahlte für dieses Privileg einen kleinen Preis, der Verlust war also begrenzt, der Gewinn dagegen potentiell beträchtlich. Wir haben hier die historisch erste schriftlich festgehaltene Option vor uns.

Eine Option ist ein Mittel zur Erlangung von Antifragilität.

Option und Asymmetrie

Die Geschichte mit den Olivenpressen trug sich etwa sechshundert Jahre bevor Seneca auf seinen von Elfenbein getragenen Tischplatten seine Texte verfasste zu, und dreihundert Jahre vor Aristoteles.

Die Formel aus dem zehnten Kapitel lautete: *Antifragilität* impliziert *mehr Gewinn als Verlust,* das heißt *mehr Vorteile als Nachteile*, entspricht also der *(wünschenswerten) Asymmetrie* und *profitiert von Volatilität*. Und falls man mehr davon profitiert, wenn man recht hat, als dass es einem schadet, wenn man nicht recht hat, dann wird einem Volatilität auf die Dauer nützen (und umgekehrt). Man ist nur dann verletzbar, wenn man für die Option wiederholt zu viel bezahlt hat. Im Fall von Thales war es offensichtlich ein guter Handel – und in den letzten Abschnitten von Buch IV werden wir sehen, dass wir für die Optionen, die uns die Natur und der technische Fortschritt zur Verfügung stellen, nichts zu bezahlen haben. Finanzielle Optionen sind möglicherweise teuer, weil alle wissen, dass es sich um Optionen handelt, und weil *irgendjemand* sie verkauft und dafür einen Preis berechnet – aber die interessantesten Optionen kosten nichts oder schlimmstenfalls nur wenig.

Ganz wichtig: Wir müssen nicht *wissen*, was vor sich geht, wenn wir etwas billig einkaufen – für den Fall, dass die Asymmetrie für uns arbeitet. Und es geht noch darüber hinaus: Wir müssen die Umstände nicht verstehen, wenn wir überlegen sind. Des Weiteren besteht die Überlegenheit, die auf Optionalität basiert, darin, dass Sie ein besseres Ergebnis erzielen, wenn Sie recht haben, es ist daher nicht nötig, allzu oft recht zu behalten.

Die Option der süßen Trauben

Die Option, von der ich spreche, unterscheidet sich nicht von dem, was auch umgangssprachlich als Option bezeichnet wird – der Urlaubsort mit den meisten Optionen wird Ihnen mit größerer Wahrscheinlichkeit die Aktivität ermöglichen, die Ihrem Geschmack entspricht, wohingegen das in einem Ort mit nur wenigen Auswahlmöglichkeiten eher unwahrscheinlich ist. Sie brauchen also über den Urlaubsort mit dem breiteren Angebot *weniger Informationen*, das heißt weniger Wissen.

In der Geschichte über Thales stecken noch weitere verborgene Optionen. Finanzielle Unabhängigkeit, wenn sie intelligent benutzt wird, kann zu Robustheit verhelfen; sie eröffnet Optionen und erlaubt uns, die richtigen Entscheidungen zu treffen. Die ultimative Option ist die Freiheit.

Weiterhin werden Sie nie sich selbst und Ihre wahren Neigungen kennenlernen, wenn Sie keine Optionen, keine Wahlmöglichkeiten haben. Ich habe bereits darauf hingewiesen, dass die Volatilität des Lebens sehr nützlich ist, wenn es um Informationen über andere, aber auch über uns selbst geht. Viele Menschen sind entgegen ihren ursprünglichen Wünschen arm und werden nur robust, indem sie sich die Geschichte zusammenfabulieren, es sei ihre Entscheidung gewesen, arm zu sein – als hätten sie tatsächlich eine Wahl gehabt. Bei manchen mag das zutreffen; viele aber hatten nicht wirklich eine Option, ihre Begründung ist ein reines Konstrukt. Die Moral der Aesopschen Fabel von den sauren Trauben liegt darin, dass sich jemand selbst davon überzeugt, dass die Trauben, an die er nicht herankommen kann, sauer sind. Der Essayist Michel de Montaigne interpretiert die Thales-Anekdote im Sinne einer Immunität gegen saure Trauben: Es ist gut zu wissen, ob man das Streben nach materiellem Reichtum ablehnt, weil man es *wirklich* ablehnt oder weil man lediglich die eigene Unfähigkeit, erfolgreich zu sein, rationalisiert – indem man etwa darauf hinweist, dass es mit dem Reichtum nicht weit her sein kann, da er der Verdauung schadet oder zu Schlaflosigkeit führt oder andere Argumente dieser Stoßrichtung vorbringt. Die Episode klärte Thales also über seine Lebensentscheidungen auf, darüber, dass sein Engagement für die Philosophie tatsächlich echt war. Er hatte andere *Optionen*. Und um es noch einmal zu sagen: Indem sie mehr Vor- als Nachteile mit sich bringen, sind Optionen welcher Art auch immer Vektoren von Antifragilität.*

Indem Thales sich sein Philosophieren selbst finanzieren konnte, wurde er sein eigener Maecenas – womöglich die höchste Stufe, die man erklimmen kann: sowohl unabhängig als auch geistig produktiv zu sein. Er hatte jetzt noch mehr Optionen. Er musste nicht mehr anderen, die ihn finanzierten, Rechenschaft ablegen, in welche Richtung er weiterarbeitete – vielleicht wusste er selbst manchmal nicht, worauf er gerade abzielte, aber dank der Optionen, die ihm zur Verfügung standen, war das auch gar nicht nötig.

Die nächsten Skizzen sollen einen tieferen Einstieg in die Vorstellung von Optionalität geben, die Eigenschaft optionsabhängiger Ergebnisse und optionsnaher Situationen.

Samstagabend in London

Samstagnachmittag in London. Ich kämpfe mit einer nicht unerheblichen Stressquelle: der Frage, wie ich den Abend verbringen soll. Ich mag das Überraschungsmoment, das Partys an sich haben (der Besuch von Partys bringt Optionen mit sich; vielleicht der beste Rat für jemanden, der von Ungewissheit mit geringen Nachteilen profitieren möchte: Partys besuchen). Meine Sorge, ich müsse allein in einem Restaurant zu

* Ich glaube, der größte Vorteil von Reichtum liegt, abgesehen von der Unabhängigkeit, darin, dass man reiche Leute verachten kann (von denen man eine ordentliche Menge in schicken Wintersportorten antrifft), ohne dass einem der Gedanke an saure Trauben dieses Vergnügen vergällen könnte. Noch reizvoller ist es, wenn diese Säcke nicht wissen, dass man selbst reicher ist als sie.

Abend essen und wieder einmal dieselbe Passage von Ciceros *Gesprächen in Tusculum* lesen – ich habe eine Ausgabe, die in meine Jackentasche passt und die ich seit einem Jahrzehnt mit mir herumtrage (ich lese ungefähr dreieinhalb Seiten pro Jahr) –, wurde durch einen Anruf abgemildert. Ein Bekannter, kein Freund, lud mich, nachdem er erfahren hatte, dass ich in der Stadt war, zu einem Treffen in Kensington ein; ich musste mich nicht festlegen, es war eine Einladung im Stil von »kommen Sie einfach vorbei, wenn Sie Lust haben«. Auf eine Party zu gehen ist ganz klar besser als allein, nur in der Begleitung von Ciceros *Gesprächen in Tusculum*, zu speisen, aber auf der Party würde ich wahrscheinlich keine sonderlich interessanten Leute treffen (viele arbeiten in der City, und Leute, die in Finanzinstituten arbeiten, sind selten interessant und noch seltener sympathisch); ich weiß, der Abend könnte auch besser laufen, bin mir aber nicht sicher, ob das klappen wird. Ich kann also einen Rundruf starten: Wenn sich etwas Besseres ergibt als die Party in Kensington, beispielsweise ein Abendessen mit einem meiner wirklichen Freunde, würde ich mich dafür entscheiden. Andernfalls nehme ich eben ein Taxi nach Kensington. Ich habe eine *Option*, keine Verpflichtung. Gekostet hat es mich gar nichts, denn ich musste mich nicht irgendwie darum bemühen. Ich habe also einen geringen – ach, eigentlich überhaupt keinen Nachteil und einen großen Vorteil.

Es handelt sich um eine freie Option, da mit dem Privileg keine realen Kosten verbunden sind.

Ihre Miete

Zweites Beispiel: Stellen Sie sich vor, Sie sind offiziell Mieter eines mietpreisgebundenen Apartments in New York City (natürlich mit Bücherregalen von Wand zu Wand). Sie haben dann die *Option*, so lange es Ihnen beliebt, dort wohnen zu bleiben, *müssen* das aber nicht. Wenn Sie beschließen sollten, nach Ulan Bator in der Mongolei umzuziehen und dort ein neues Leben zu beginnen, können Sie einfach Ihrem Vermieter ein paar Tage im Voraus Bescheid geben und sind dann eben weg. Andernfalls ist der Vermieter verpflichtet, Sie gewissermaßen endgültig dort wohnen zu lassen, und das zu einer Miete, die er nicht willkürlich verändern darf. Falls die Mietpreise in der Stadt in enorme Höhen schießen sollten und sich auf dem Grundstücksmarkt eine blasenartige Explosion ereignet, sind Sie weitgehend geschützt. Wenn andererseits die Mieten zusammenbrechen, können Sie ohne Weiteres die Wohnung wechseln und so Ihre monatlichen Mietzahlungen reduzieren – oder Sie können sich sogar ein neues Apartment kaufen mit einer Hypothek, bei der die monatlichen Zahlungen ebenfalls niedriger sind. Auch hier kommt Asymmetrie zum Tragen. Sie profitieren von niedrigeren Mieten, sind aber durch höhere Mieten nicht verletzbar. Wie kommt das? Weil Sie auch hier wieder eine Option haben und keine Verpflichtung. Und Unsicherheit erhöht in gewisser Weise den Wert eines solchen Privilegs. Sollten Sie mit hoher Unsicherheit der zukünftigen Entwicklungen konfrontiert werden, mit womöglich enormen Rückgängen der Grundstückspreise oder enormen Steigerungen, dann würde Ihre Option noch an Wert gewinnen. Je mehr Unsicherheit, desto wertvoller die Option.

Und auch hier handelt es sich um eine implizite, verborgene Option, da mit dem Privileg keine Kosten verbunden sind.

Asymmetrie

Werfen wir einen weiteren Blick auf die Asymmetrie des Thales, die Asymmetrie überhaupt jeder Option. In Abbildung 5 repräsentiert die horizontale Achse die Miete, die vertikale Achse den entsprechenden Profit in Thekeln. Die Asymmetrie ist klar ablesbar: In dieser Situation

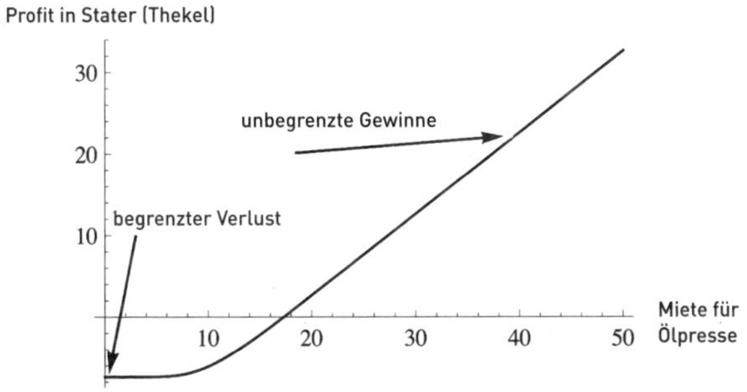

Abbildung 5. Die Antifragilität des Thales. Er zahlt wenig und bekommt dafür ein gewaltiges Potential. Die Asymmetrie zwischen Vor- und Nachteilen ist klar erkennbar.

ist der Ertrag auf der einen Seite größer (wenn Sie recht haben, »sahnen Sie ordentlich ab«) als auf der anderen (wenn Sie sich täuschen, halten sich die Verluste in Grenzen).

Die vertikale Achse in Abbildung 5 stellt eine Funktion der Miete aus den Ölpressen dar (den Ertrag aus der Option). Das Wichtigste ist hier die Nichtlinearität (also die Asymmetrie mit mehr Vor- als Nachteilen; Asymmetrie ist eine Form von Nichtlinearität).

Dinge, die von Streuung profitieren

Eine Eigenschaft von Optionen besteht darin, dass sie nur von günstigen, nicht aber von durchschnittlichen Ergebnissen tangiert werden (denn unterhalb eines bestimmten Punkts zählen die Nachteile nicht mehr). Es ist für Autoren, Künstler, ja sogar für Philosophen viel vorteilhafter, wenn sie eine kleine Gruppe von fanatischen Anhängern hinter sich haben als eine große Zahl von Menschen, die ihr Werk schätzen. Die Anzahl derer, die ihre Arbeit ablehnen, ist unerheblich – es gibt kein *Gegenteil* vom Kauf Ihres Buches oder ein Äquivalent des Verlusts von Punkten in einem Fußballspiel, und dieses Fehlen eines negativen Verkaufszahlen-Bereichs verschafft einem Autor ein gewisses Maß an Optionalität.

Außerdem ist es von Vorteil, wenn die Menschen, die einen unterstützen, nicht nur begeistert, sondern auch einflussreich sind. So wurde beispielsweise Wittgenstein von weiten Teilen der Öffentlichkeit, deren Meinung nicht zählte, als Verrückter, als Sonderling oder einfach nur als Schwätzer abgetan (seine Person und sein Werk wurden fast nicht wahrgenommen). Dafür hatte er eine kleine Anzahl von Anhängern, die ihn über alles stellten, und manche davon wie etwa Bertrand Russell und J.M. Keynes waren sehr einflussreich.

Man kann sich über den Bereich des Buchmarkts hinaus folgende schlichte Heuristik merken: Ihre Arbeit und Ihre Ideen, sei es nun in der Politik, in der Kunst oder auf anderen Gebieten, sind antifragil, falls Sie mehr davon profitieren, wenn ein hoher Prozentsatz des Publikums Sie und Ihre Botschaft ablehnt (das kann ruhig auch heftige Ablehnung sein) und einige wenige Menschen Sie treu und enthusiastisch unterstützen, als wenn alle Ihre Mission akzeptieren oder mäßig empfehlenswert finden. Optionen werden begünstigt durch die Streuung von Ergebnissen und bleiben andererseits vom Durchschnitt meist unbeeindruckt.

Ein anderer Geschäftsbereich, in dem der Durchschnitt keine Rolle spielt, sondern eher die Streuung um den Durchschnitt herum, ist die Luxusgüterindustrie – Juwelen, Uhren, Kunst, exklusive Apartments in angesagten Orten, teure Sammlerweine, probiotisches Feinschmeckerhundefutter aus Zuchtbetrieben und so weiter. Solche Erwerbszweige zielen ausschließlich auf das Finanzreservoir der Superreichen. Wenn die Bevölkerung der westlichen Welt ein Durchschnittseinkommen von fünfzigtausend Dollar hätte, das vollkommen gleichmäßig verteilt wäre, dann würden die Hersteller von Luxusgütern nicht überleben. Wenn andererseits bei gleichbleibendem Durchschnitt die Ungleichheit größer wäre, wenn manche Einkommen mehr als zwei Millionen, womöglich sogar mehr als zehn Millionen Dollar betrügen, dann hätte der Geschäftszweig viele Kunden – selbst wenn diese hohen Einkommen durch eine große Anzahl an Menschen mit niedrigeren Einkommen aufgewogen würden. Die »Tails« der Verteilung am oberen Ende der Einkommensschicht, die Extreme, sind wesentlich stärker beeinflussbar von Veränderungen der Ungleichheit als von Veränderungen des Durchschnitts. Das Gewerbe profitiert von Streuung, ist also antifragil. Damit erklärt sich auch die Blase bei den Grundstückspreisen in der Londoner Innenstadt, die von der Ungleichheit in Russland und am Arabischen Golf diktiert werden und mit der Entwicklung der Grundstückspreise in Großbritannien nichts zu tun haben. Einige Apartments dort, diejenigen für die Superreichen, lassen sich für zwanzigmal höhere Quadratmeterpreise verkaufen als eine Wohnung ein paar Blocks weiter.

Der ehemalige Präsident von Harvard, Larry Summers, handelte sich stürmischen Protest ein, als er seine Version dieses Umstands vortrug, und verlor infolge der dadurch ausgelösten Empörung seinen Job. Was er sagen wollte, war, dass Männer und Frauen zwar im Schnitt gleich intelligent sind, dass allerdings die männliche Intelligenz variabler verteilt (also volatiler) ist – es gibt sowohl mehr extrem unintelligente als auch mehr hochintelligente Männer als Frauen. Für Summers war das die Erklärung dafür, dass Männer in der Wissenschafts- und Intellektuellengemeinschaft überrepräsentiert sind (wie auch in Gefängnissen und bei Geschäftspleiten). Die Anzahl erfolgreicher Wissenschaftler hängt weniger vom Durchschnitt als vielmehr von den »Tails«, den Extremen ab. So wie für eine Option negative Resultate unerheblich sind und sich ein Autor nicht um diejenigen kümmert, die ihn ablehnen.

Keiner wagt es gegenwärtig, sich dem Offensichtlichen zu stellen: Das Wachstum einer Gesellschaft lässt sich vielleicht gar nicht so sehr dadurch erreichen, dass man, wie es in Asien geschieht, darauf hinarbeitet, das Durchschnittsniveau anzuheben, sondern viel eher durch die Vermehrung derjenigen in den »Tails«, dieser kleinen, sehr kleinen Anzahl an Menschen, die bereit sind, Risiken auf sich zu nehmen, die verrückt genug sind, eigene Ideen zu entwickeln; Menschen, die mit der sehr seltenen Fähigkeit der Fantasie ausgestattet sind und der noch selteneren Eigenschaft namens Mut – kurzum diejenigen, die dafür sorgen, dass sich wirklich etwas bewegt.

Das Thalesianische und das Aristotelische

Und nun etwas Philosophie. Ich habe in der Darstellung des Themas Schwarzer Schwan im achten Kapitel gezeigt, dass es dem Entscheidungsträger auf das Ergebnis, die Auswirkung von Handlungen ankommt (dass er also Asymmetrien und nichtlineare Effekte mit einbezieht). Für den Aristoteliker dagegen geht es um die Frage wahr oder falsch – mit anderen Worten, um blanke Logik. Beides hat weniger miteinander zu tun, als man zunächst vermuten würde.

Aristoteles ging von der falschen Annahme aus, das Wissen über ein Ereignis (die zukünftige Ernte oder der Mietpreis für Ölpressen, das, was in der horizontalen Achse auftaucht) und der daraus zu erzielende Gewinn (vertikal) seien ein und dasselbe. Aufgrund der Asymmetrie trifft das aber nicht zu, wie aus dem Diagramm klar ersichtlich wird. Fat Tony wird uns im vierzehnten Kapitel unmissverständlich klarmachen, dass »das zwei Paar Stiefel sind«.

Die Kunst, dumm zu sein

Wenn Sie »Optionen haben«, brauchen Sie nicht viel von dem, was gemeinhin als Intelligenz, Wissen, Einsicht, Erkenntnis bezeichnet wird –

all diese komplizierten Sachen, die in den Hirnzellen stattfinden. Denn Sie müssen gar nicht allzu häufig recht haben. Sie brauchen lediglich die Weisheit, keine *unintelligenten* Dinge zu tun, mit denen Sie sich selbst verletzten könnten (bestimmte Unterlassungshandlungen); und die Weisheit, günstige Resultate, wenn sie sich ergeben, zu erkennen. (Entscheidend ist, dass Ihre Beurteilung der Situation nicht im Vorhinein stattfinden muss, sondern erst, wenn ein Resultat vorliegt.)

Diese Eigenschaft erlaubt es uns, dumm zu sein oder anders gesagt, mehr Ergebnisse zu erzielen, als es mit dem uns zur Verfügung stehenden Wissen möglich wäre. Ich bezeichne diese Eigenschaft zunächst einmal als »Stein der Weisen« oder »Konvexitäts-Bias«, das Ergebnis einer mathematischen Funktion namens Jensen'sche Ungleichung. Was es damit genau auf sich hat, werde ich in Buch V erläutern, wenn es um die theoretischen Details geht; hier genügt es zu wissen, dass die Evolution ganz ohne den Einsatz von Intelligenz erstaunlich komplexe Produkte hervorbringen kann, einfach nur durch eine Kombination aus Optionalität und Selektionsfilter plus einem gewissen Maß an Zufälligkeit.

Optionen in der Natur

Der große französische Biologie François Jacob führte in die Naturwissenschaft die Vorstellung der Option (oder optionsartiger Eigenschaften) in natürlichen Systemen ein, die auf Versuch und Irrtum beruhen. Er bezeichnete das Phänomen mit dem französischen Begriff *bricolage*. Bricolage ist eine Form von Versuch und Irrtum, die viel mit Optimierung und Feinjustierung zu tun hat – man versucht, mit dem zurechtzukommen, was man hat, und fügt Teile zu etwas zusammen, die ansonsten keine Verwendung finden würden.

Jacob wies nach, dass die Natur sogar schon im Mutterschoß anfängt zu selektieren: Etwa die Hälfte aller Embryos erleben eine spontane Abtreibung – das ist einfacher, als das perfekte Baby auf dem Reißbrett zu entwerfen. Die Natur behält, was ihr gelegen kommt, wenn es ihren Standards entspricht, und handelt gewissermaßen nach dem kalifornischen Leitspruch »Scheitere früh« – sie hat eine Option und macht von ihr Gebrauch. Die Natur versteht Optionalitätseffekte weitaus besser als wir Menschen und mit Sicherheit besser als Aristoteles.

In der Natur ist die Ausnutzung von Optionalität oberstes Prinzip; daran lässt sich sehr klar zeigen, dass Optionalität als Ersatz für Intelligenz fungieren kann.*

Die Erzielung kleiner Irrtümer und großer Erträge bezeichne ich als Tüfteln im Stil von Versuch und Irrtum. Auf den Begriff, der eine solche positive Asymmetrie präziser bezeichnet, nämlich auf Konvexität, gehe ich im achtzehnten Kapitel ein.**

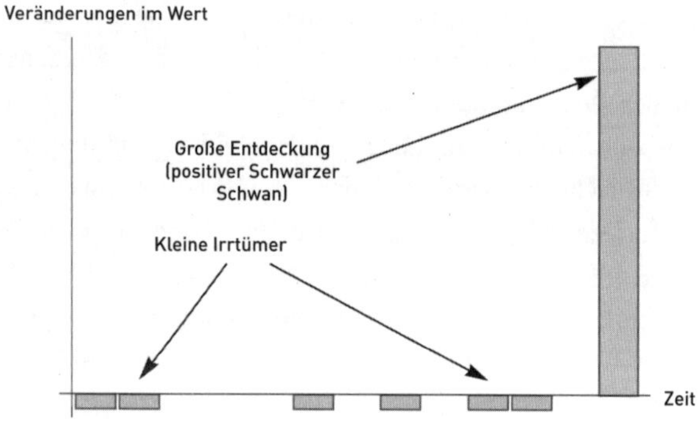

Abbildung 6. Der Mechanismus optionalen Versuchs und Irrtums (das Modell »Frühes Scheitern«), alternative Bezeichnung: konvexes Tüfteln. Fehler verursachen geringe Kosten, Verlustmaximum ist bekannt, potentieller Ertrag groß (unbegrenzt). Zentrales Merkmal eines positiven Schwarzen Schwans: Der Gewinn ist (im Unterschied zu einem Lotterielos) unbegrenzt, oder besser gesagt die Obergrenze ist nicht bekannt; die Verluste aus Irrtümern hingegen sind begrenzt und bekannt.

* An der Natur zeige ich modellhaft, dass Überbietungsleistungen ein Resultat von Optionalität, nicht von Intelligenz sind – allerdings darf man nicht auf den naturalistischen Trugschluss hereinfallen: Moralische Regeln lassen sich aus Optionalität nicht unbedingt ableiten.

** Jeder redet von Glück und von Versuch und Irrtum, aber dadurch hat sich so wenig verändert. Warum? Weil es nicht um Glück geht, sondern um Optionalität. Glück kann per definitionem nicht ausgenutzt werden; Versuch und Irrtum kann Irrtümer zur Folge haben. Optionalität bedeutet, sich die obere Hälfte des Glücks zu sichern.

Das Diagramm in Abbildung 7 illustriert die kalifornische Leitvorstellung, die Steve Jobs in einer berühmten Rede mit den Worten: »Bleibt hungrig, bleibt verrückt« umriss. Wahrscheinlich meinte er: »Seid verrückt, aber haltet insofern an der Rationalität fest, als dass die Obergrenze erkennt, wenn ihr sie seht.« Jede Form von Versuch und Irrtum kann als Ausdruck einer Option verstanden werden, solange es möglich ist, ein günstiges Resultat zu identifizieren und auszunutzen, wie wir gleich sehen werden.

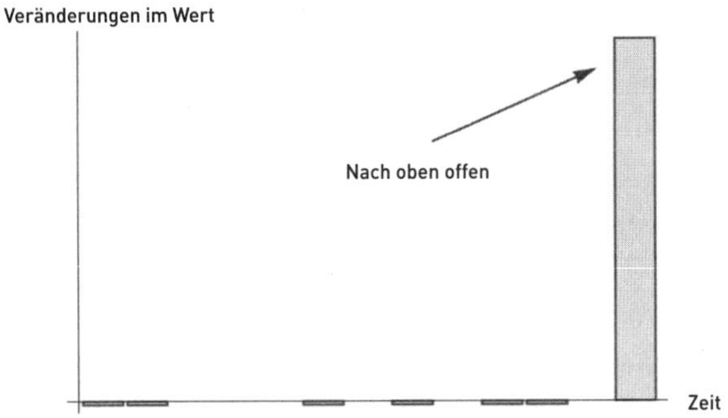

Abbildung 7. Dieselbe Situation wie in Abbildung 6, allerdings kann in Extremistan der Ertrag monströs ausfallen.

Rationalität

Eine zusammenfassende Formel für Optionalität lautet:

Option = Asymmetrie + Rationalität

Die Rolle der Rationalität besteht darin zu behalten, was gut ist, das Schlechte zu eliminieren und Vorteile zu erkennen und zu ergreifen. Die Natur hat wie gesagt einen Filter, das gute Baby zu behalten und sich des schlechten zu entledigen. Darin besteht der Unterschied zwischen dem Antifragilen und dem Fragilen. Das Fragile hat keine Option. Und das Antifragile muss auswählen, was das Beste – die beste Option – ist.

Es ist wert zu betonen: Die wunderbarste Eigenschaft der Natur ist die Rationalität, mit der sie – dank des Prüfprozesses, der die Evolution bestimmt – ihre Optionen auswählt und die besten nutzt. Im Unterschied zu einem Forscher, dem Alternativen Angst einjagen, erkennt die Natur eine Option – die Asymmetrie –, wenn sie vorliegt. Dann rastet es ein: Biologische Systeme arretieren in einem Zustand, der besser ist als der Zustand zuvor; das hat mit der Pfadabhängigkeit zu tun, die oben bereits erwähnt wurde. Beim Versuch-und-Irrtum-Verfahren besteht die Rationalität darin, nicht etwas zu verwerfen, das markant besser ist als das, was man zuvor hatte.

Wie gesagt: Im Geschäftsleben bezahlen die Menschen für eine Option, wenn sie als solche bezeichnet und im Rahmen eines Vertrags umrissen ist. Der Erwerb von ausgewiesenen Optionen ist daher – ähnlich wie der von Versicherungsverträgen – eher kostspielig. Sie werden häufig überschätzt. Und da unser Geist kontextabhängig ist, sind wir in anderen Kontexten, wo Optionen kaum etwas oder gar nichts kosten, blind dafür.

Ich erwarb mir Kenntnisse über die Asymmetrie von Optionen während meiner Ausbildung an der Wharton School, in der Vorlesung über finanzielle Optionen, die meiner Karriere den Anstoß gab, und mir wurde sofort klar, dass der Professor selbst sich der Implikationen nicht bewusst war. Er hatte kein Verständnis von Nichtlinearitäten und wusste nicht, dass Optionalität in einer bestimmten Asymmetrie wurzelt! Kontextabhängigkeit: Er übersah die Asymmetrie in Bereichen, die das Lehrbuch nicht explizit anführte – er verstand Optionalität mathematisch, aber nicht außerhalb der Gleichungen. Er verstand Versuch und Irrtum nicht als Optionen. Er verstand Modellirrtümer nicht als negative Optionen. Und dreißig Jahre später hat sich nur wenig daran geändert, dass diejenigen, die ironischerweise ausgerechnet über das Thema Optionen dozieren, kaum ein Verständnis von Asymmetrien haben.*

* Normalerweise spreche ich nicht gern über meine berufliche Laufbahn als Optionstrader, da ich befürchte, der Leser wird das, was ich hier vorstelle, dann eher mit dem finanziellen Sektor in Verbindung bringen und nicht mit den wissenschaftlicheren Anwendungen. Ich raste aus, wenn ich fachspezifische Erkenntnisse formuliere, die ich im Derivatehandel erworben habe, und die Leute missverstehen sie dann als finanztechnische Argumente – das sind lediglich Techniken, übertragbare Techniken, äußerst übertragbare Techniken, um Baals willen!

Eine Option verbirgt sich dort, wo es uns ungelegen kommt. Ich sage es noch einmal: Optionen profitieren von Variabilität, aber auch von Situationen, in denen Irrtümer geringe Kosten zur Folge haben. Diese Irrtümer sind also wie Optionen – auf längere Sicht führen glückliche Irrtümer zu Gewinnen, unglückliche zu Verlusten. Von genau diesem Umstand profitierte Fat Tony: Bei bestimmten Modellen, allen voran die derivativen Modelle und andere fragilisierende Situationen, können die Irrtümer nur fatal ausfallen.

Auffallend ist außerdem die Optionsblindheit von uns Menschen, allen voran den Intellektuellen. Dabei liegen die Optionen, wie ich im nächsten Abschnitt zeige, offen auf der Hand.

Das Leben ist lang gamma

Tatsächlich – für jeden sichtbar.

Mein Freund Anthony Glickman, vormals Rabbi und Talmudgelehrter, dann Optionstrader, dann wieder Rabbi und Talmudgelehrter (so der gegenwärtige Stand), verkündete nach einem unserer Gespräche über die Allgegenwart von Optionalität – vielleicht nach einer meiner Tiraden über den Stoizismus – eines Tages in bedächtigem Tonfall: »Das Leben ist lang gamma.« (In der Fachsprache bedeutet »lang« »profitiert von« und »kurz« »leidet unter«. »Gamma« ist eine Bezeichnung für die Nichtlinearität von Optionen, »lang gamma« bedeutet also, dass etwas von Volatilität und Variabilität profitiert. Anthony integrierte den Ausdruck sogar in seine E-Mail-Adresse »@longgamma.com«.)

Eine ausufernde Anzahl wissenschaftlicher Veröffentlichungen versucht uns davon zu überzeugen, dass es nicht vernünftig ist, Optionen zu besitzen, da *einige* Optionen überteuert sind, und sie werden auf der Grundlage von Business-School-Methoden für überteuert erachtet, die nicht mit der Möglichkeit von seltenen Ereignissen rechnen. Außerdem beschwören Wissenschaftler ein Phänomen herauf, das als »longshot bias« oder Lotterieeffekt bezeichnet wird, für das Menschen finanziell bis an die Grenze gehen und beim Glücksspiel in Casinos oder anderswo spekulative Wetten auf Außenseiter abschließen und dabei letztlich zu viel bezahlen. Selbstverständlich sind diese Erkenntnisse nichts als in Wissenschaftlichkeit gewandeter Scharlatanismus, formuliert von

Leuten, für die im Triffat-Stil das Thema Risiko nur im Zusammenhang mit Casinos eine Rolle spielt. Wie andere wirtschaftswissenschaftliche Abhandlungen über Unsicherheit kranken sie daran, dass sie die Zufälligkeit des Lebens mit der überschaubaren, handhabbaren Zufälligkeit verwechseln, die für Casinos typisch ist. Ich bezeichne das als »ludische Verzerrung« (nach *ludes*, dem lateinischen Wort für »Spiel«); es handelt sich um denselben Fehler, der bereits im Zusammenhang mit dem Blackjack-Typen im siebten Kapitel auftauchte. Sämtliche Wetten auf seltene Ereignisse aufgrund des Umstands zu kritisieren, dass Lotterielose überteuert sind, ist genauso töricht, als würde man *jegliche* Form von Risikobereitschaft aufgrund des Umstands abqualifizieren, dass Casinos auf lange Sicht mit Glücksspielern Geld verdienen, und den Umstand völlig aus dem Auge verlieren, dass es uns ausschließlich um die Risiken *außerhalb* der Casinos geht. Hinzu kommt, dass Wetten in Casinos und Lotterielose eine bekannte Obergrenze haben – im wirklichen Leben ist die Grenze oft nach oben offen, und der Unterschied zwischen beidem kann erheblich ausfallen.

Risikobereitschaft *ist kein* Glücksspiel, und Optionalität *ist kein* Lotterielos.

Darüber hinaus sind die Argumente für spekulative Wetten (»longshots«) aberwitzig selektiv. Erstellt man eine Liste der Geschäftszweige, die historisch am meisten zur Vermehrung des Wohlstands in den USA beigetragen haben, wird man feststellen, dass jeder von ihnen über Optionalität verfügte. Verwerflich ist die Optionalität derjenigen, die von anderen Menschen und vom Steuerzahler Optionen stehlen (wie wir in Buch VII sehen werden), beispielsweise Firmenbosse, die die Vorteile genießen, ohne die Nachteile mitzutragen. Die bedeutendsten Wohlstandsgeneratoren in den USA waren historisch gesehen erstens der Immobiliensektor (Investoren haben eine Option auf Kosten der Banken) und zweitens der Technologiesektor (der fast ausschließlich auf Versuch und Irrtum beruht). Außerdem blicken Geschäftszweige mit negativer Optionalität (die also keine Optionalität haben) wie etwa Banken auf eine eher abschreckende historische Leistungsbilanz zurück: Banken verlieren in Zusammenbrüchen periodisch immer wieder jeden Penny, den sie im Lauf ihrer Geschichte verdient haben.

Allerdings wird all das völlig in den Schatten gestellt von der Rolle der Optionalität in den beiden großen Evolutionen: der natürlichen und der wissenschaftlich-technischen Evolution. Letztere soll in diesem Buch IV genauer unter die Lupe genommen werden.

Die Vorliebe der römischen Politik für Optionalität

Selbst politische Systeme gehen nach einer Art rationalen Tüftelns vor, wenn die Menschen so vernünftig sind, sich für die bessere Option zu entscheiden: Das politische System der Römer beruhte auf Tüfteln, nicht auf »Vernunft«. Polybios vergleicht den griechischen Gesetzgeber Lykurg, der sein politisches System »unbelehrt durch Widrigkeiten« konstruierte, mit den eher empirisch vorgehenden Römern, die wenige Jahrhunderte später ihre Verfassung »nicht aufgrund *irgendwelcher rationaler Prozesse* errichtet haben (meine Hervorhebung), sondern mit Hilfe der in vielen Kämpfen und Fehlschlägen erworbenen Disziplin; immer entschieden sie sich im Licht der Erfahrungen, die sie in schlimmen Situationen gesammelt hatten, für das Beste«.

Ich fasse zusammen. Im zehnten Kapitel ging es um die fundamentale Asymmetrie in Senecas Ideen: mehr Vorteile als Nachteile und umgekehrt. Das wurde in diesem Kapitel differenziert; ich habe außerdem die Manifestation einer solchen Asymmetrie in Form einer Option vorgestellt, bei der es einem freisteht, sich der Vorteile zu bedienen, ohne mit Nachteilen rechnen zu müssen. Eine Option ist die Waffe der Antifragilität.

Der andere Schwerpunkt des Kapitels und von Buch IV ist die Erkenntnis, dass eine Option ein Ersatz für Wissen ist – mir ist unbegreiflich, was steriles Wissen sein soll, Wissen an sich ist notwendigerweise vage und steril. Ich stelle also die kühne Behauptung auf, dass viele Dinge, von denen wir meinen, sie gingen auf Kenntnisse zurück, in Wahrheit zu einem großen Teil aus gut genutzten Optionen stammen, ganz ähnlich wie in der Thales-Episode und ganz ähnlich wie in der Natur, dass sie also mit dem, was wir für Erkenntnis halten, eher wenig zu tun haben.

Was daraus folgt, ist nicht trivial. Sollten Sie annehmen, dass Bildung zu Wohlstand führt und nicht vielmehr ihrerseits eine Folge von Wohlstand ist, oder dass intelligentes Handeln und Entdeckungen das Resultat intelligenter Ideen sind, dann wartet eine Überraschung auf Sie. Schauen wir sie uns genauer an.

Kapitel 13
Flugunterricht für Vögel

Endlich: das Rad! –
Erste Ansätze von Fat-Tony-Gedanken –
Das zentrale Problem:
Vögel schreiben selten mehr als Ornithologen –
Man sollte besser Einfältigkeit mit Weisheit kombinieren als andersherum

Haben Sie schon einmal über die Geschichte des Rollkoffers nachgedacht? Ich nehme auf fast all meine Reisen einen riesigen Rollkoffer mit, der fast ausschließlich mit Büchern gefüllt ist. Dieser Koffer ist schwer (die Bücher, die mich interessieren, wenn ich unterwegs bin, sind fatalerweise ganz überwiegend Hardcoverausgaben).

Im Juni 2012 schob ich also wieder einmal solch einen typischen, schweren, mit Büchern vollgepackten Koffer aus dem International Terminal des John F. Kennedy-Flughafens, und beim Anblick der kleinen Räder unter dem Koffer und des Metallgriffs fielen mir plötzlich die Zeiten ein, als ich mein mit Büchern vollgestopftes Gepäck durch genau dasselbe Terminal bugsieren musste, wobei ich immer wieder anhielt, um auszuruhen und die Milchsäure aus meinen geschundenen Armen fließen zu lassen. Einen Gepäckträger konnte ich mir nicht leisten, und selbst wenn ich es gekonnt hätte, hätte es mir widerstrebt. Drei Jahrzehnte lang bin ich immer wieder durch dieses selbe Terminal gegangen, mit und ohne Räder, und der Kontrast war geradezu gruselig. Mir ging plötzlich auf, wie fantasielos wir doch sind: Wir haben unsere Koffer auf Karren mit Rädern gestellt, aber niemand kam auf den Gedanken, kleine Räder direkt unter den Koffer zu montieren.

Können Sie sich vorstellen, dass fast sechstausend Jahre vergehen mussten zwischen der Erfindung des Rads (wahrscheinlich durch die Mesopotamier) und dieser grandiosen Anwendung (erfunden von irgendeinem Gepäckhersteller in einem tristen Industriegebiet)? Und nicht nur sechstausend Jahre – sondern auch Milliarden von Stunden, die von Reisenden wie mir damit zugebracht wurden, ihr Gepäck durch abweisende Flughafenkorridore an unhöflichen Zollbeamten vorbei zu schleppen.

Erschwerend kommt hinzu, dass wir es ungefähr vier Jahrzehnte vor dieser grandiosen Erfindung geschafft haben, einen Mann auf den Mond zu bugsieren. Man denke an die intellektuelle Leistung, die erforderlich ist, um jemanden in den Weltraum zu schicken, und den absolut zu vernachlässigenden Einfluss, den dieser Aufwand auf mein Leben hat; und man vergleiche das mit der Milchsäure in meinen Armen, den Kreuzschmerzen, den wund gescheuerten Handflächen und der überwältigenden Hilflosigkeit, die man angesichts eines langen Korridors empfindet. Es geht hier um etwas extrem Folgenreiches, aber auch äußerst Triviales: eine ganz schlichte Technik.

Aber die Technik erscheint erst im Nachhinein trivial, im Vorgriff dagegen durchaus nicht.

All die brillanten, normalerweise recht zerzaust und zerknittert auftretenden Geister, die Konferenzen in aller Welt besuchen, um über Gödel, Schmödel, die Riemann'sche Vermutung, Quarks und Schmarks nachzudenken, mussten ihre Koffer durch Flughafenterminals tragen, und nie kamen sie auf den Gedanken, ihre Gehirnkapazität in den Dienst eines unbedeutenden Transportproblems zu stellen. (Ich erwähnte bereits, dass in der Welt der Intellektuellen »schwierige« Ableitungen honoriert werden, im Unterschied zum praktischen Leben, wo Einfachheit nicht bestraft wird.) Und selbst wenn diese brillanten Köpfe ihre wahrscheinlich überdurchschnittliche Gehirnkapazität auf ein so offensichtliches und triviales Problem gerichtet hätten, wären sie sehr wahrscheinlich zu keinem Ergebnis gekommen.

Man kann daraus einiges über die Art und Weise lernen, wie wir die Zukunft kartographieren. Den Menschen mangelt es an Fantasie; wir können uns nicht vorstellen, wie die wichtigen Dinge von morgen aussehen. Wir brauchen den Zufall, der uns häppchenweise mit Entdeckungen füttert – deswegen ist Antifragilität so notwendig.

Die Geschichte des Rads ist sogar noch beschämender als die des Koffers: Wir meinen immer, die Ureinwohner Mittelamerikas hätten das Rad nicht erfunden. Aber das stimmt nicht. Sie hatten Räder. Allerdings befanden sich diese Räder an Kinderspielzeugen. Es war so ähnlich wie die Sache mit dem Koffer: Die Mayas und die Zapoteken machten nicht den Schritt zur Anwendung. Sie setzten Unmengen an menschlicher Mühe, an Mais, an Milchsäure ein, um riesige Steinplatten zu den Orten zu bewegen, wo sie ihre Pyramiden errichteten – über Ebenen, die für Hand- und Pferdewagen ideal gewesen wären. Teilweise rollten sie die Steine auf Baumstämmen vorwärts. Gleichzeitig schoben ihre Kinder ihr Spielzeug über die glatten Lehmböden (aber vielleicht war nicht einmal das der Fall, es kann auch sein, dass diese Spielzeuge nur als Grabbeigaben dienten).

Dasselbe gilt für die Dampfmaschine. Die Griechen besaßen eine funktionierende Version, die lediglich dem Zeitvertreib diente: die von Heron von Alexandria beschriebene Aeolipile, eine Turbine, die sich dreht, wenn sie erhitzt wird. Allerdings musste erst die Industrielle Revolution kommen, damit die Menschen diese ältere Entdeckung wirklich entdeckten.

So wie große Genies sich ihre Vorläufer erfinden, erschaffen sich praktische Neuerungen ihre theoretische Abstammung.

Im Prozess der Entdeckung und ihrer Anwendung ist ein hinterhältiges Moment am Werk – etwas, das gemeinhin als Evolution bezeichnet wird. Wir werden gelenkt von kleinen (oder großen) zufälligen Veränderungen – Veränderungen, die zufälliger sind, als wir es uns eingestehen. Wir schwingen große Reden, haben aber nur selten eine Ahnung von der Optionalität der Dinge, abgesehen von einigen wenigen Visionären unter uns. Wir brauchen den Zufall, der uns aus der Klemme hilft – und eine doppelte Dosis Antifragilität. Denn Zufälligkeit spielt auf zwei Ebenen eine wichtige Rolle: auf der Ebene der Erfindung und auf der der Anwendung. Ersteres überrascht wenig, obwohl die Rolle des Glücks häufig heruntergespielt wird, vor allem, wenn es um eine Erfindung geht, die man selbst gemacht hat.

Aber ich habe mein ganzes Leben gebraucht, um auf den zweiten Punkt zu kommen: Die Anwendung folgt nicht notwendigerweise direkt auf eine Erfindung. Auch hier spielen Glück und Umstände eine Rolle. Die Geschichte der Medizin ist voll von Beispielen für die Entdeckung eines Heilmittels, auf die dann erst sehr viel später die Anwendung folgt, als handelte es sich dabei um zwei vollständig voneinander abgetrennte Unternehmungen, wobei die zweite sogar um einiges schwerer ist als die erste. Will man etwas auf den Markt bringen, muss man gegen eine ganze Phalanx von Miesmachern, Verwaltern, leeren Anzügen, Formalisten und Berge von Details ankämpfen, angesichts derer man am liebsten alle Hoffnung fahren lassen möchte. Mit anderen Worten, es ist alles andere als einfach, eine Option als solche zu identifizieren (auch hier das Phänomen der Optionsblindheit). In einer solchen Situation braucht man vor allem die Weisheit, zu erkennen, was man in der Hand hält.

Das Halb-Erfundene. Es gibt eine Kategorie von Dingen, die ich als »halb-erfunden« bezeichnen möchte, und der eigentliche Durchbruch besteht häufig darin, aus dem Halb-Erfundenen Erfundenes zu machen. Manchmal ist ein Visionär nötig, damit offenbar wird, was mit einer Entdeckung gemacht werden kann – eine Vision, die er und nur er hat. Nehmen Sie als Beispiel die Computermaus oder auch die so genannte grafische Benutzeroberfläche – ein Steve Jobs musste kommen, damit so etwas auf Ihrem Desktop und später auf Ihrem Laptop erscheinen konnte; er war der Einzige, der eine Vision von der Dialektik zwischen Bildern und Menschen hatte (die er dann später, indem er noch den Sound hinzufügte, zu einer Trilektik erweiterte). Die Dinge »starren uns an«, wie es so schön heißt, beziehungsweise »liegen auf der Hand«.

Außerdem sind es die einfachsten »Technologien« (vielleicht sollte man nicht einmal diesen hochtrabenden Begriff verwenden, sondern lieber von Werkzeugen sprechen) wie das Rad, die offenbar dafür sorgen, dass sich die Welt weiter dreht. Man macht zwar viel Aufhebens um sie, dennoch hat die so genannte Technik eine sehr hohe Sterblichkeitsrate, wie ich in Kapitel 20 zeigen werde. Trotz all der Transportmittel, die in den vergangenen dreitausend Jahren entworfen wurden, angefangen bei den Angriffswaffen der Hyksos und den Entwürfen des Heron von Alexandria, umfasst der heutige Bestand an Transportmitteln für Individuen lediglich Fahrräder und Autos (und einige wenige Varianten dazwischen). Und selbst da scheinen sich die technischen Verfahren vor und zurück zu bewegen, und das Natürlichere, weniger Fragile scheint das Technischere wieder zu verdrängen. Das Rad, erfunden im Vorderen Orient, verschwand offenbar wieder, nachdem mit der Invasion der

Araber der Einsatz von Kamelen üblicher wurde und die Menschen dort feststellten, dass das Kamel robuster – also auf Dauer effizienter – ist als die fragile Technik des Rads. Außerdem kann eine einzige Person zwar sechs Kamele, aber nur einen Wagen lenken, die Regression weg von der Technik war also auch wirtschaftlich sinnvoll.

Und noch einmal: Weniger ist mehr

Die Geschichte mit dem Koffer ging mir immer noch nach, als mir, während ich versonnen auf eine Kaffeetasse aus Porzellan starrte, dämmerte, dass es eine einfache Definition von Fragilität gibt, also eine geradlinige, praxisnah einsetzbare Heuristik: Je simpler und offensichtlicher eine Entdeckung ist, desto weniger sind wir dazu in der Lage, mit komplizierten Methoden darauf zu kommen. Entscheidend ist, dass die Bedeutung nur in der praktischen Anwendung offenbar wird. Wie viele solcher einfachen, trivial einfachen Heuristiken liegen eigentlich derzeit auf der Hand und lachen uns aus?

Die Geschichte des Rads illustriert außerdem den springenden Punkt dieses Kapitels: Sowohl Regierungen als auch Universitäten haben sehr, sehr wenig geleistet, was Innovationen und Entdeckungen angeht, und zwar – über ihren die Sicht verstellenden Rationalismus hinaus – aus dem Grund, dass sie nach dem Komplizierten suchen, dem Spektakulären, dem, was sich gut als Sensation verkaufen lässt, dem Erzählbaren, dem Wissenschaftlichen und dem Pompösen, aber kaum einmal nach dem Rad am Koffer. Ich habe festgestellt, dass man sich mit Schlichtheit keine Lorbeeren verdient.

Mind the Gaps

Die Geschichten über Thales und über das Rad haben uns vor Augen geführt, dass Antifragilität (aufgrund der asymmetrischen Effekte von Versuch und Irrtum) der Intelligenz überlegen ist. Ganz *ohne* Intelligenz geht es aber auch nicht. In der Diskussion von Rationalität hat sich gezeigt, was nötig ist: dass alles, was wir dazu brauchen, die Fähigkeit ist zu akzeptieren, dass das, was wir in der Hand haben, besser ist als das, was wir vorher hatten – mit anderen Worten, die Existenz der Option als solche anerkennen (oder, wie es im Business-Bereich heißt, »die Option ausüben«, also den Vorteil aus einer nützlichen Alternative ziehen, die dem Vorhergehenden überlegen ist; zu erkennen, dass der Wechsel vom einen zum anderen einen gewissen Gewinn bringt – nur in diesem Teil des Prozesses ist Rationalität gefragt). Die Geschichte der Technik lehrt, dass die Fähigkeit, die Option zu nutzen, die durch Antifragilität nahegelegt wird, nicht unbedingt gegeben ist: Die Dinge liegen manchmal lange auf der Hand, ohne dass wir merken, wie sie uns anstarren. Man denke nur an den zeitlichen Abstand zwischen der Erfindung des Rads und seiner Anwendung. Medizinforscher bezeichnen diese Verzögerung, die Zeit zwischen der Entdeckung im engeren Sinn und ihrer ersten Anwendung, als »translatorischen Abstand« (»translational gap«). Contopoulos-Ioannidis und ihre Kollegen haben nachgewiesen, dass sich dieser Abstand in der Moderne wegen übermäßiger Störgeräusche und akademischer Interessen eher vergrößert hat.

Der Historiker David Wootton zeigte, dass zwischen der Entdeckung der Keime und der Anerkennung des Umstands, dass Keime Krankheiten verursachen, zwei Jahrhunderte verstrichen; die Theorie, dass Keime an Zersetzungsprozessen schuld sind, führte erst dreißig Jahre später zur Einführung von Antiseptika; und zwischen der Einführung von Antiseptika und medikamentösen Behandlungen verstrichen noch einmal sechzig Jahre.

Es kann allerdings auch richtig schlecht laufen. In den finsteren Jahrhunderten der Medizin pflegten die Doktoren von der naiven rationalistischen Idee des Gleichgewichts der Säfte im Körper auszugehen, und man nahm an, dass Krankheit aus einem Ungleichgewicht entsteht, was zu einer Reihe von Behandlungsmethoden führte, die, so glaubte man, nötig waren, um das Gleichgewicht wiederherzustellen. Noga Arikha führt in ihrem Buch über Körperflüssigkeiten aus, dass man, nachdem William Harvey in den 1620er Jahren den Mechanismus des Blutkreislaufs aufgezeigt hatte, eigentlich hätte erwarten können, dass sich derartige Theorien und die damit verbundenen Behandlungsmethoden erübrigten. Und doch blieben Stimmungen und Körperflüssigkeiten beherrschende Größen in der Medizin, und es wurden ungerührt noch jahrhundertelang Phlebotomie (Aderlass), Enema (möchte ich nicht näher erläutern) und Kataplasma (das Auflegen eines feuchten Stücks Brot oder Getreidebreis auf entzündetes Gewebe) verordnet. Selbst nachdem Pasteur gezeigt hatte, dass Keime die Ursache dieser Infektionskrankheiten waren, ließ man von dieser Praxis nicht ab.

Als skeptischer Empirist vertrete ich selbstverständlich nicht die Auffassung, Widerstand gegen ein neues Verfahren sei *notwendigerweise* irrational: Es ist durchaus sinnvoll, eine Zeitlang abzuwarten, um zu sehen, ob das neue Verfahren sich bewährt, vor allem wenn der Verdacht besteht, dass es auf unrichtigen Voraussetzungen beruht. Um nichts anderes geht es im natürlichen Risikomanagement. Es ist allerdings komplett irrational, wenn man an einer alten Verfahrensweise festhält, die nicht nur völlig unnatürlich, sondern auch nachweislich schädlich ist, oder wenn das Umschalten auf eine neue Technologie (wie das Rad am Koffer) offensichtlich frei von Nebenwirkungen ist, was man von dem vorherigen Zustand nicht behaupten konnte. Und sich der Abschaffung als schädlich erkannter Methoden zu widersetzen, ist nichts anderes als inkompetent und kriminell (ich kann nur wieder einmal betonen, dass die Abschaffung von etwas nicht Natürlichem nicht iatrogen ist, also langfristig keine schädlichen Nebenwirkungen hat).

Mit anderen Worten: Der Widerstand gegen die Einführung derartiger Entdeckungen hat nichts mit intellektueller Glaubwürdigkeit zu tun, ich würde ihn auch nie als Beleg für irgendeine verborgene Weisheit oder für den zweckmäßigen Umgang mit Risiken sehen: Da würde man mich ganz und gar falsch verstehen. Diese Art von Widerstand gehört zur Feigheit der Fachleute, dem chronischen Fehlen von Heroismus: Kaum jemand will um einer Veränderung willen seinen Job und seinen Ruf aufs Spiel setzen.

Sinnvolles Suchen – Die Einträglichkeit von Irrtümern

Eine entscheidende wertvolle Eigenschaft des Versuch-und-Irrtum-Verfahrens wird normalerweise nicht gesehen: Es ist nicht willkürlich, sondern bedarf wegen der ihm innewohnenden Optionalität einer gewissen Rationalität. Man muss intelligent sein, um das günstige Ergebnis zu erkennen und zu wissen, was verworfen werden kann.

Und man muss rational vorgehen, damit das Verfahren nicht komplett willkürlich verläuft. Wenn Sie in Ihrem Wohnzimmer mit dem Versuch-und-Irrtum-Verfahren nach Ihrem verlegten Geldbeutel suchen, gehen Sie rational vor, indem Sie nicht am selben Platz zweimal suchen. Jeder Versuch und jeder Irrtum liefert zusätzliche Informationen, von denen jede wertvoller ist als die vorherige – Sie wissen, was nicht funktioniert oder wo der Geldbeutel nicht ist. Mit jedem Versuch kommt man dem Gesuchten näher, vorausgesetzt, man bewegt sich in einer Umgebung, in der man genau weiß, wonach man sucht. Aus dem Versuch, der nicht zum gewünschten Ergebnis führt, lässt sich zunehmend klarer erschließen, in welcher Richtung weitergesucht werden muss.

Ich kann das am besten an der Vorgehensweise von Greg Stemm veranschaulichen, der sich darauf spezialisiert hat, Schiffswracks vom Meeresgrund zu bergen. Da seinen Projekten die Vorstellung zugrunde liegt, nach positiven Extremergebnissen zu suchen, nannte er im Jahr 2007 seinen (bis dahin) größten Fund »Schwarzer Schwan«. Es handelte sich tatsächlich um einen recht beträchtlichen Fund, einen Schatz an Edelmetallen, der mittlerweile eine Milliarde Dollar wert ist. Stemms Schwarzer Schwan ist eine spanische Fregatte, sie trägt den Namen *Nuestra Señora de las Mercedes* und war 1804 von den Engländern vor der Südküste Portugals versenkt worden. Stemm erwies sich als der ideale Jäger nach positiven Schwarzen Schwänen, jemand, der demonstrieren kann, dass eine solche Suche eine äußerst kontrollierte Form der Zufälligkeit ist.

Ich traf mich mit ihm, und wir tauschten unsere Ideen aus: Seine Investoren waren (ganz ähnlich wie die meinen – zu der Zeit war ich noch in dieser Branche tätig) überwiegend zunächst nicht dazu in der Lage zu verstehen, dass für einen Schatzjäger ein »schlechtes« Quartal (in dem man lediglich Geld für Suchaktionen ausgibt, ohne etwas zu finden) kein Indikator für eine Notlage ist, also nicht vergleichbar mit Berufen, in denen ständig Zahlungen fließen, wie etwa bei Zahnärzten oder Prostituierten. Aufgrund gewisser Kontextabhängigkeiten können Leute ja durchaus Geld für beispielsweise Büromöbel ausgeben und das als Investition anstatt als »Verlust« bezeichnen, wohingegen sie die Kosten für eine Suche unter »Verlust« verbuchen.

Stemm geht folgendermaßen vor: Er erstellt eine umfangreiche Analyse des gesamten Gebiets, in dem sich das Schiff befinden könnte. Diese Daten werden in eine Karte übertragen, die in Wahrscheinlichkeitsquadrate aufgeteilt ist. Dann wird ein Suchgebiet festgelegt, wobei immer sicherzustellen ist, dass das Schiffswrack sich nicht in einem bestimmten, bereits durchsuchten Gebiet befindet, bevor man sich auf eine niedrigere Wahrscheinlichkeitsebene begibt. Es sieht zufällig aus, ist es aber nicht. Ganz ähnlich gehen Sie vor, wenn Sie in Ihrem Haus nach einem Schatz suchen: Mit jeder Suchetappe erhöht sich die Wahrscheinlichkeit, dass Sie etwas finden werden, allerdings nur dann, wenn Sie wirklich sicher sein können, dass sich der Schatz nicht dort befindet, wo Sie bereits gesucht haben.

Vielleicht sind einige Leser nicht sonderlich angetan von den moralischen Aspekten der Suche nach untergegangenen Schiffen und möchten einwenden, diese Schätze seien kein Privateigentum, sondern gehörten dem jeweiligen Land. Wechseln wir also den Bereich. Die Methode, mit der Stemm arbeitet, wird auch, vor allem auf dem Grund unerforschter Ozeane, zur Erkundung von Öl- und Gasvorräten angewendet, allerdings mit einem Unterschied: In einem gesunkenen Schiff ist die obere Marge des Profits begrenzt auf den Wert des Schatzes, während Ölfelder und andere natürliche Ressourcen nach oben nahezu unbegrenzt sind (oder jedenfalls eine sehr weit oben liegende Grenze aufweisen).

Schließlich möchte ich noch einmal auf das im sechsten Kapitel angesprochene Verfahren der Zufallsbohrungen hinweisen, das strukturierteren Techniken überlegen zu sein schien. Solche Suchmethoden sind nicht sinnlos oder willkürlich. Dank der Optionalität handelt es sich dabei um gezähmten Zufall, in Dienst genommene Willkür.

Kreative und unkreative Zerstörungen

Ein Mann, der die Tatsache immerhin ansatzweise erkannte, dass Irrtümer ein notwendiger Bestandteil des Versuch-und-Irrtum-Verfahrens sind, allerdings ohne größeres Verständnis der Asymmetrie (beziehungsweise dessen, was ich seit dem zwölften Kapitel als Optionalität bezeichne), war der Wirtschaftswissenschaftler Joseph Schumpeter. Er bemerkte, dass manche Dinge entzweigehen müssen, damit sich das System verbessert. Üblicherweise wird das als *kreative Zerstörung* bezeichnet – die zugrunde liegende Vorstellung wurde wie so viele andere auch von dem Philosophen Karl Marx entwickelt; entdeckt wurde sie außerdem, wie ich im siebzehnten Kapitel zeige, von Friedrich Nietzsche. Allerdings dachte Schumpeter nicht in den Kategorien Unsicherheit und Opakheit; er war ganz und gar vom Interventionismus verblendet und hing der Illusion an, es sei Aufgabe der Regierungen, Erneuerungen per Anordnung anzustoßen, eine Auffassung, die ich weiter unten widerlegen werde. Auch die Vorstellung der Schichtung evolutionärer Spannungen entging ihm. Ganz entscheidend aber: Sowohl er als auch seine Kritiker (Wirtschaftswissenschaftler in Harvard, die meinten, Schumpeter verstünde nichts von Mathematik) begriffen nicht die Idee von Antifragilität qua Asymmetrie-(Optionalitäts-)Effekten, also den Stein der Weisen (dazu später mehr) als Wachstumsmotor. Das heißt, die Hälfte allen Lebens blieb ihnen verborgen.

Die Sowjet-Harvard-Abteilung für Ornithologie

Technisches Know-how geht zu einem bedeutenden Anteil auf Antifragilität zurück, auf Optionalität, auf Versuch und Irrtum. Manche Leute und gewisse Institutionen wollen diesen Umstand allerdings vor uns (und sich selbst) verbergen oder zumindest herunterspielen.

Es gibt zwei Arten von Wissen. Die erste ist im strengen Sinn kein »Wissen«; aufgrund ihres mehrdeutigen Charakters lässt sie sich nicht mit strengen Definitionen von Wissen umschreiben. Es ist eine Art und Weise, etwas zu tun, das wir in klarer, direkter Sprache nicht ausdrücken können – manchmal fällt der Begriff *apophatisch* – und doch praktizieren wir es, und wir machen es gut. Der zweite Typ entspricht mehr dem, was wir herkömmlicherweise als »Wissen« bezeichnen: Er umfasst das, was man in der Schule lernt, wofür man Noten bekommt, was man kodifzieren kann, was erklärbar ist, akademisierbar, rationalisierbar, formalisierbar, theoretisierbar, sowjetifizierbar, bürokratisierbar, harvardifizierbar, beweisbar und so weiter.

Der Irrtum des naiven Rationalismus führt zur Überschätzung der Rolle und Notwendigkeit des zweiten Typs, des akademischen Wissens, in unserem Leben – und zur Geringschätzung des nicht kodifizierbaren, komplexeren, intuitiven, erfahrungsbasierten Typs.

Dieses erklärbare Wissen spielt allerdings für das Leben eine derart geringfügige Rolle, dass es schon nicht mehr witzig ist. Für diese Feststellung gibt es keinen Gegenbeweis.

Sehr wahrscheinlich glauben wir, dass Fähigkeiten und Ideen, die wir uns in Wahrheit durch antifragiles *Handeln* angeeignet haben oder die wir von Natur aus (aufgrund unserer angeborenen Instinkte) hatten, aus Büchern, Ideen und logischem Denken stammen. Wir lassen uns davon blenden; womöglich gibt es ja sogar etwas in unserem Gehirn, das uns in dieser Hinsicht zu Dummköpfen macht. Schauen wir, was da vor sich geht.

Kürzlich suchte ich nach Definitionen für den Begriff Technik. In den meisten Texten wird Technik definiert als *die Anwendung wissenschaftlicher Erkenntnisse auf praktische Maßnahmen* – wir werden also dazu verleitet, an einen Wissensstrom zu glauben, der überwiegend, wenn nicht gar ausschließlich von der erhabenen »Wissenschaft« ausgeht (die um eine priesterliche Gruppe von Personen mit Titeln vor ihren Namen organisiert ist) und sich in die Niederungen der Praxis ergießt (in der uneingeweihte Menschen herumwerkeln, die nicht über die intellektuelle Leistungsfähigkeit verfügen, welche ihnen einen Zugang zur Priesterkaste ermöglichen würde).

Zumeist wird der Prozess der Wissensvermittlung folgendermaßen dargestellt: Grundlagenforschung erzeugt theoretisches Wissen, das seinerseits Techniken erzeugt, die dann zu verschiedenen praktischen Anwendungen führen, welche ihrerseits Wirtschaftswachstum und andere Angelegenheiten von anerkanntem öffentlichem Interesse zur Folge haben. Der Ertrag aus den »Investitionen« in die Grundlagenforschung wird teilweise umgewandelt in weitere Investitionen in die Grundlagenforschung, und die Bürger profitieren davon und genießen die Segnungen dieses wissens-generierten Wohlstands in Form von Volvos, Skiferien, Mittelmeerdiäten und langen Sommerspaziergängen in sauber gewarteten öffentlichen Parks.

So sieht das Bacon'sche Linearmodell aus, benannt nach dem Wissenschaftsphilosophen Francis Bacon; der Wissenschaftler Terence Kealey (der übrigens Biochemiker, also praktischer Wissenschaftler, ist und kein Wissenschaftshistoriker!) hat diesen Prozess folgendermaßen dargestellt:

Universität → Angewandte Wissenschaft und Technik → Praxis

Auf einige wenige eng begrenzte (dafür um so heftiger beworbene) Bereiche wie den Bau der Atombombe mag dieses Modell zutreffen, doch für die meisten Bereiche, die ich untersucht habe, scheint das genaue Gegenteil zu gelten. Oder zumindest kann niemand gewährleisten, dass das Modell richtig ist – vor allem aber haben wir schockierenderweise keinen zwingenden Beleg für seine Richtigkeit. Es kann sein, dass die Universität für Wissenschaft und Technologie eine hilfreiche Rolle spielt und dass Wissenschaft und Technologie dann in Praxis übergehen, doch geschieht das auf nicht zielgerichteten, nicht teleologischen Wegen, wie ich später noch zeigen werde (mit anderen Worten, möglicherweise ist auch der Gedanke von *zielgerichteter Forschung* eine Illusion).

Kommen wir zurück zur Vogelmetapher. Stellen Sie sich folgende Begebenheit vor: Eine Gruppe würdevoller Herren (aus Harvard oder einem anderen Ort ähnlichen Rangs) bringt Vögeln das Fliegen bei. Da stehen jetzt also glatzköpfige Männer über sechzig im schwarzen Anzug, die ihrer Aufgabe in einer mit Fachbegriffen gespickten Sprache nachkommen und zusätzlich noch hier und da eine mathematische Gleichung einstreuen. Der Vogel fliegt. Welch ein schöner Erfolg! Sie eilen zurück in die Abteilung für Ornithologie und verfassen Bücher, Artikel und Meldungen, dass der Vogel ihren Anleitungen Folge geleistet hat. Eine makellose kausale Schlussfolgerung. Hinfort ist die Abteilung für Ornithologie der Universität Harvard unverzichtbar für den Vogelflug, und sie wird für ihre Leistung staatliche Forschungsmittel erhalten.

Mathematik → Ornithologische Navigation, Flattertechniken →(undankbare) Vögel fliegen

Dazu kommt, dass Vögel nie derartige Aufsätze und Bücher verfassen, wohl weil sie nur Vögel sind, ihre Version der Geschichte bleibt uns also verborgen. Die Hohepriester der Wissenschaft aber bringen unverdrossen ihre Version der Geschichte unters Volk, irgendwann infiltrieren sie damit auch eine neue Generation, die nichts über die Zeit vor den Harvard-Lehren weiß. Niemand zieht die Möglichkeit in Erwägung, dass Vögel vielleicht gar keinen Unterricht brauchen – und keiner fühlt sich bemüßigt, sich um die große Zahl von Vögeln zu kümmern, die ohne die Hilfe des fabelhaften akademischen Establishments fliegen.

Was ich hier skizziert habe, wirkt lächerlich, aber sobald man den Bereich wechselt, sieht es ganz anders aus. Natürlich glaubt niemand, dass Vögel fliegen lernen, weil es Ornithologen gibt – und wenn es doch jemand täte, würde es ihm schwerfallen, die Vögel davon zu überzeugen. Wenn wir allerdings »Vögel« durch »Personen« ersetzen, wird die Vorstellung, Leute würden sich dank Unterricht Fähigkeiten erwerben, plötzlich plausibel. Wie ist das möglich? Wenn es um menschliche Handlungsweisen geht, bringen wir die Dinge plötzlich durcheinander.

Die Illusion greift immer mehr um sich: Fördermaßnahmen der Regierung, Steuergelder, der anschwellende (sich selbst bedienende) Beamtenapparat in Washington – alles steht im Dienst der Aufgabe, den Vögeln zu helfen, besser zu fliegen. Schwierig wird es, wenn Fördermittel gekürzt werden – sofort erhebt sich eine Flut von Beschuldigungen, man würde die Vögel umbringen, wenn man ihnen nicht auch weiterhin beim Fliegen hilft.

Es gibt ein jiddisches Sprichwort: »Wenn der Schüler klug ist, hält das der Lehrer für sein Verdienst.« Derartige Illusionen gehen weitgehend auf Bestätigungstäuschungen zurück: Zu dem traurigen Umstand, dass Geschichte denen gehört, die über sie schreiben können (seien es die Gewinner oder die Verlierer), kommt eine zweite Verzerrung, insofern als diejenigen, die darüber schreiben können, zwar bestätigende Fakten (was funktioniert hat) anführen, aber nicht das Gesamtpanorama dessen wiedergeben, was funktioniert *und* was nicht funktioniert hat. Beispielsweise erwähnt die gezielte Forschung, welche Ziele mit Hilfe von Fördermitteln erreicht wurden (wie etwa die Entwicklung von AIDS-Medikamenten oder manchen modernen Designer-Medikamenten), nicht aber, wobei man gescheitert ist – man bekommt also den Eindruck, dass besser abgeschnitten wurde, als es tatsächlich (würden neben den Erfolgen auch die Misserfolge angeführt) der Fall ist.

Und selbstverständlich kommen iatrogene Effekte in solchen Diskursen nie vor. Dass Ausbildung eventuell sogar geschadet haben könnte, wird geflissentlich ausgeklammert.

Daher sind wir blind für die Möglichkeit des alternativen Prozesses beziehungsweise der Rolle eines solchen Prozesses, einer Schleife:

Willkürliches Herumprobieren (Tüfteln – antifragil) → Heuristiken (Techniken) → Praxis und Übung, Weitergabe von Wissen im Rahmen von Lehrverhältnissen → Willkürliches Herumprobieren (Tüfteln – antifragil) → Heuristiken (Techniken) → Praxis und Übung …

Und parallel zur Schleife oben:

Praxis und Übung → Akademische Theorien → Akademische Theorien → Akademische Theorien → Akademische Theorien … (Es gibt hin und wieder Ausnahmen, zufällige Lecks, sie sind allerdings selten, werden unverdient hochgejubelt und in ihrer Bedeutung extrem verallgemeinert.)

Man kann allerdings den Betrug im so genannten Bacon'schen Modell durchaus aufdecken, wenn man sich die Situation in der Zeit anschaut, da es noch keine Harvard-Veranstaltungen für das Spezialgebiet »Flugunterricht für Vögel in Theorie und Praxis« gab. Das fand ich zufällig (tatsächlich zufällig) heraus, als ich in meinem Beruf vom Praktiker zum Volatilitätsforscher wurde, dank einer günstigen Entwicklung der Ereignisse. Aber lassen Sie mich zuvor Epiphänomene erläutern und den Kausalitätspfeil in der Erziehung.

Epiphänomene

Die Sowjet-Harvard-Illusion (Vögeln Flugunterricht geben und annehmen, dass der Unterricht die Ursache für die grandiosen Fähigkeiten der Vögel ist) gehört zu einer Sparte kausaler Illusionen, die als *Epiphänomene* bezeichnet werden. Was hat es mit diesen Illusionen auf sich? Wenn man eine Zeitlang auf der Brücke eines Schiffs oder im Navigationsraum des Steuermanns vor einem großen Kompass steht, kann leicht der Eindruck entstehen, der Kompass gebe dem Schiff seine Richtung vor und reflektiere sie nicht lediglich.

Der Flugunterricht-für-Vögel-Effekt ist ein Beispiel epiphänomenalen Glaubens: Wir sehen in wohlhabenden, fortschrittlichen Ländern ein hohes Maß an universitärer Forschung, was uns zu dem unkritischen Gedanken verleitet, Forschung wäre die Ursache für Wohlstand. Bei einem Epiphänomen beobachtet man normalerweise A nur in Verbindung mit B, man ist also versucht anzunehmen, A verursache B oder B verursache A, je nach kulturellem Rahmen oder je nachdem, was dem lokalen Berichterstatter plausibel erscheint.

Man wird kaum auf den Gedanken kommen, dass angesichts der Tatsache, dass viele Jungen kurze Haare haben, kurzes Haar das Geschlecht bestimmt, oder dass man Geschäftsmann wird, indem man eine Krawatte trägt. Auf andere Epiphänomene fällt man leichter herein, vor allem wenn man in einer von den Medien dominierten Kultur lebt.

Es ist unschwer zu erkennen, dass man dazu verleitet wird, zunächst anzunehmen, diese Epiphänomene würden bestimmte Aktionen anstoßen, um sie dann im Nachhinein zu rechtfertigen. Ein Diktator wird sich – genau wie eine Regierung – für unersetzlich halten, da die Alternative nur schwer auszumachen ist oder sogar von speziellen Interessengruppen bewusst verborgen wird. So kann beispielsweise die amerikanische Federal Reserve Bank in der Wirtschaft verheerende Schäden anrichten, ohne dass sich an ihrer Überzeugung von der eigenen Effektivität etwas ändert. Die Allgemeinheit fürchtet sich vor der Alternative.

Gier als ein Grund

Bei jeder Wirtschaftskrise wird Gier als Grund genannt, was bei der Allgemeinheit den Eindruck hervorruft, man müsse nur die Gier mit Stumpf und Stiel ausrotten, und es gäbe keine Krisen mehr. Darüber hinaus neigen wir zu der Auffassung, früher habe es keine Gier gegeben, da es früher auch keine so ungezügelten Wirtschaftskrisen gegeben habe. Doch das ist ein Epiphänomen: Gier ist viel älter als Systemfragilität. Es gibt sie, so weit das Auge in die Geschichte zurückreicht. Aus Vergils Erwähnung der *Gier nach Gold* und aus der Wendung *radix malorum est cupiditas* (aus der lateinischen Version des Neuen Testaments) – beide über zwanzig Jahrhunderte alt – lässt sich unschwer erschließen, dass die immer gleichen Probleme mit der Gier immer wieder formuliert wurden, natürlich ohne dass je ein Heilmittel dagegen gefunden worden wäre, trotz der sehr unterschiedlichen politischen Systeme, die seither kamen und gingen. Trollopes Roman *The Way We Live Now* ist vor fast eineinhalb Jahrhunderten erschienen und erzählt von genau jenen Klagen über das Wiederaufleben der Gier und ihrer Handlanger, die mir 1988 mit dem Schlagwort von der »Gier-Dekade« oder dann 2008 als »Gier des Kapitalismus« zu Ohren gekommen sind. Mit erstaunlicher Regelmäßigkeit wird Gier a) als etwas Neues und b) als heilbar angesehen. Eine typische Prokrustesbett-Interpretation; es ist wesentlich schwerer, die Menschen zu ändern, als Systeme zu schaffen, die gegen Gier abgesichert sind, und niemand kommt auf einfache Lösungen.*

Häufig wird auch »mangelnde Wachsamkeit« als Grund für einen Irrtum angeführt (wie ich im Zusammenhang mit der Geschichte der Société Générale in Buch V zeigen werde, war der Grund die Größe und die Fragilität). Mangelnde Wachsamkeit ist nicht der Grund für den Tod eines Mafiabosses; der Grund ist der Umstand, dass er sich Feinde gemacht hat – und das Gegenmittel wäre, sich Freunde zu machen.

Die Entlarvung von Epiphänomenen

Es ist möglich, Epiphänomene im kulturellen Diskurs und im allgemeinen Bewusstsein aufzudecken, indem man die Abfolge von Ereignissen bedenkt und prüft, ob das eine dem anderen immer vorausgeht. Diese Methode wurde von dem erst kürzlich verstorbenen Clive Granger entwickelt, einem wahren Gentleman und würdigen Empfänger des Nobelpreises für Wirtschaftswissenschaften – einem Preis, den die Bank von Schweden (Sveriges Riksbank) zu Ehren von Alfred Nobel allerdings auch bereits einer ganzen Reihe von Fragilisten verliehen hat. Grangers Methode ist die einzige konsequent wissenschaftliche Technik, die

* Ist Demokratie ein Epiphänomen? Angeblich funktioniert Demokratie aufgrund der hochheiligen rationalen Entscheidungsfindungen auf Seiten der Wähler. Aber könnte Demokratie nicht auch ein zufälliges Nebenprodukt von etwas ganz anderem sein, die Nebenwirkung des Umstands, dass Menschen aus völlig obskuren Gründen gern ihre Stimme abgeben, so wie Menschen sich gern zu etwas äußern, weil sie sich gern zu etwas äußern? (Ich habe diese Frage einmal bei einer Konferenz im Fach Politikwissenschaft gestellt, ich erntete lediglich ausdruckslose stumpfe Blicke, nicht einmal ein Lächeln.)

Wissenschaftstheoretiker anwenden können, um Kausalitäten festzustellen, denn mit ihr kann man, indem man Sequenzen analysiert, die so genannte Granger-Kausalität festmachen, wenn nicht sogar messen. So kommt man schließlich darauf, in epiphänomenalen Situationen A und B nebeneinander zu sehen. Wenn man allerdings die Analyse verfeinert, indem man die Abfolge mit bedenkt, also eine zeitliche Dimension einführt – was war zuerst da, A oder B – und dann den Befund analysiert, kann man feststellen, ob A tatsächlich B verursacht.

Außerdem hatte Granger die großartige Idee, Unterschiede zu studieren, also *Veränderungen* in A und B, und nicht lediglich den Wert von A und B. Ich glaube zwar nicht, dass ich mit Grangers Methode zu der sicheren Annahme kommen kann, dass »A die Ursache für B ist«, aber sie kann sehr wahrscheinlich helfen, falsche Kausalitäten zu entlarven und die Behauptung aufzustellen, dass »die Aussage, B verursache A, falsch ist«, oder zu belegen, dass sich aus einer Abfolge kein hinreichender Beweis ableiten lässt.

Der wichtige Unterschied zwischen Theorie und Praxis liegt exakt in der Aufdeckung der Abfolge der Ereignisse und darin, diese Abfolge im Gedächtnis zu behalten. Wenn das Leben vorwärts gelebt, aber rückwärts verstanden wird, wie Kierkegaard beobachtete, verschärfen Bücher diesen Effekt noch – unsere Erinnerungen, unser Wissen und unser Instinkt enthalten Sequenzen. Ein Betrachter, der vom Standpunkt des Heute auf vergangene Ereignisse blickt, *ohne sie selbst erlebt zu haben*, wäre geneigt, Kausalitätsillusionen zu entwickeln, und zwar überwiegend aus dem Grund, dass er die Abfolge der Ereignisse durcheinanderbringt. Im wirklichen Leben haben wir es trotz aller möglichen Verzerrungen nicht mit einer so hohen Anzahl von Ungleichzeitigkeiten zu tun wie ein Student der Geschichte. Böse Geschichte, so viele Lügen, so viele Verzerrungen!

Ein Beispiel für die Widerlegung einer Kausalität: Ich bin zwar noch nicht tot, stelle aber schon fest, wie mein Werk verfälscht wird. Gewisse Interpreten theoretisieren über die Herkunft meiner Ideen, als ob Menschen Bücher lesen und dann Ideen entwickeln; sie kommen nicht auf den Gedanken, dass es genau andersherum laufen kann: Menschen halten Ausschau nach Büchern, die ihr geistiges Konzept stützen. Ein Journalist (Anatole Kaletsky) identifizierte einen Einfluss von Benoît Mandelbrot auf mein Buch *Narren des Zufalls*. Das Buch kam 2001 auf den Markt, als ich noch nicht einmal wusste, wer Mandelbrot war. Es ist ganz einfach: Kaletsky erkannte Ähnlichkeiten in unserem Denken in einem bestimmten Bereich, außerdem einen Altersvorsprung, und schon zog er den falschen Schluss. Er kam nicht auf die Idee, dass ähnlich gesinnte Menschen ähnliche Argumente vorbringen und dass die intellektuelle Nähe der Beziehung vorausging und nicht umgekehrt. Was mich argwöhnisch werden lässt hinsichtlich der Lehrer-Schüler-Beziehungen, die man aus der Kulturgeschichte kennt: Womöglich waren diejenigen, die als Schüler eines Denkers bezeichnet werden, gar nicht im engeren Sinn dessen Schüler, sondern vertraten einfach nur denselben Standpunkt.

Rosinenpicken oder: Der Bestätigungsfehler

Sie kennen die Broschüren, mit denen Touristengebiete ihre Vorzüge anpreisen: Man kann davon ausgehen, dass die Fotos sehr, sehr viel besser aussehen als alles, was man vor Ort dann antrifft. Die Verzerrung, der Unterschied (den der Betrachter mit Hilfe seines gesunden Menschenverstands durchaus erkennt) kann bestimmt werden als Differenz zwischen *der Region, wie sie in einem Werbeprospekt dargestellt wird, und der Region, die der Tourist dann mit eigenen Augen sieht*. Der Unterschied kann klein oder auch beträchtlich sein. Ähnlich gehen wir bei Dingen des täglichen Bedarfs vor, indem wir den Versprechungen der Werbung kein allzu großes Vertrauen entgegenbringen.

Ganz anders in den Naturwissenschaften, in der Medizin, in der Mathematik; hier versagt unser kritischer Blick, und zwar aus demselben Grund, aus dem wir auch iatrogene Effekte übersehen. Wir sind gerade da Dummköpfe, wo es um kompliziertere Wissensgebiete geht.

In der institutionalisierten Forschung kann man selektiv die Fakten offenlegen, die die eigene Geschichte bestätigen, ohne die widersprechenden oder nicht passenden Fakten zu liefern. Die öffentliche Wahrnehmung der Wissenschaft wird also dahingehend verbogen, dass die Öffentlichkeit gar nicht anders kann, als an die Notwendigkeit der hoch konzeptualisierten, klaren, entschlackten, harvardisierten Methoden zu glauben. Die statistische Forschung wird nicht selten geschädigt durch diese Einseitigkeit – ein weiterer Grund, warum man der Falsifikation mehr trauen sollte als der Bestätigung.

Die akademische Forschung ist also hervorragend dazu in der Lage, uns zu erzählen, was sie für uns getan hat; das unter den Tisch fallen zu lassen, was sie unterlassen hat; und so zu belegen, wie unentbehrlich ihre Methoden sind. Das gilt für vieles im Leben. Trader reden über ihre Erfolge, sodass man zu der Annahme verführt wird, sie seien intelligent – die Fehlschläge bekommt man nicht zu sehen. Und was die institutionalisierte Wissenschaft angeht: Vor wenigen Jahren besuchte der große anglo-libanesische Mathematiker Michael Atiyah (bekannt für seine Stringtheorie) New York, um Fördermittel für ein Mathematik-Forschungszentrum im Libanon einzuwerben. In seiner Ansprache zählte er beispielhaft Fälle auf, in denen die Mathematik für die Gesellschaft und das moderne Leben nützliche Beiträge geliefert hatte, etwa für die Konstruktion von Ampelanlagen. Schön und gut. Aber wie steht es mit den Bereichen, in denen Mathematik uns in Katastrophen gestürzt hat (wie etwa in der Wirtschaft und im Finanzwesen, wo sie das System in seinen Grundfesten erschütterte)? Und wie sieht es mit den Bereichen außerhalb der Reichweite der Mathematik aus? Mir kam damals spontan ein anderes Projekt in den Sinn: ein Katalog der Fälle, in denen es der Mathematik nicht gelang, zu sinnvollen Resultaten zu kommen, und sie stattdessen Schaden angerichtet hat.

Rosinenpicker verfügen über Optionen: Wer eine Geschichte erzählt (und veröffentlicht), ist in der günstigen Situation, die bestätigenden Beispiele vorführen und den Rest ignorieren zu können – und je volatiler und breiter gestreut die Daten sind, desto glänzender wird die beste Geschichte ausfallen (und desto düsterer die schlimmste). Wer über Optionen verfügt, über das Recht zu entscheiden, was er weitergibt, wird nur das erzählen, was seinem Zweck dient. Man bedient sich der Vorteile der Geschichte und verbirgt die Nachteile, nur das Sensationelle kommt zum Tragen.

Die reale Welt ist auf die Intelligenz der Antifragilität angewiesen, was allerdings keine Universität schlucken würde – ebenso wie Interventionisten nie akzeptieren würden, dass etwas ohne ihre Intervention besser werden kann. Ich komme zurück zu der Vorstellung, Universitäten würden in einer Gesellschaft zu Wohlstand und einem Wachstum nützlichen Wissens beitragen. Dabei handelt es sich um eine kausale Illusion. Zeit, sie zu zerstören.

Kapitel 14
Zwei Paar Stiefel

Grünholz: eine Variation von »blau« –
Der Verlauf des Pfeils der Entdeckung –
Die Verpflanzung des Irak in die Mitte von Pakistan –
Prometheus schaute nie zurück

Ich verfasse diese Zeilen an einem Ort, der äußerst geeignet ist, sich über den Pfeil des Wissens Gedanken zu machen: in Abu Dhabi, einer Stadt, die, üppig genährt von den Ölreserven des Landes, aus der Wüste emporschoss.

Es bereitet mir Unbehagen, die riesigen Universitätsgebäude zu sehen, die mit den Einkünften aus Ölgeschäften errichtet wurden. Dabei verfolgte man die Vision, Ölvorräte könnten in Wissen verwandelt werden, und man müsste dafür lediglich Professoren von namhaften Universitäten anwerben und den eigenen Nachwuchs in den Bildungsprozess einfädeln (oder besser gesagt: Man wartet darauf, dass der eigene Nachwuchs das Bedürfnis verspürt, die Universität zu besuchen – viele Studenten in Abu Dhabi, wo es keine Studiengebühren gibt, kommen aus Bulgarien, Serbien oder Makedonien). Noch besser: Mit einem einzigen Scheck kann eine ganze Hochschule aus Übersee importiert werden, etwa (neben vielen anderen) die Sorbonne und die New York University. In wenigen Jahren werden also die Angehörigen der dortigen Gesellschaft die Früchte einer gewaltigen technologischen Verbesserung ernten.

Das alles wäre ja eine vernünftige Investition, wenn man der Überzeugung zustimmen könnte, dass *akademisches Wissen wirtschaftlichen Wohlstand erzeugt.* Allerdings ist das eine Überzeugung, die sehr viel stärker auf Aberglauben als auf Empirie beruht. Man erinnere sich an die im fünften Kapitel beschriebenen Verhältnisse in der Schweiz, wo das durchschnittliche Schulbildungsniveau vergleichsweise niedrig ist. Ich frage mich, ob mein Unbehagen von dem Eindruck herrührt, dass diese Wüstenstämme vom Establishment ihres Geldes beraubt werden – einem Establishment, das ihnen ihre Ressourcen ausgesaugt und auf die Verwalter westlicher Universitäten umverteilt hat. Der Wohlstand der Einheimischen stammte aus den Ölreserven, nicht aus irgendeinem beruflichen Know-how. Ich bin daher auch überzeugt, dass die Ausgaben des Landes für Bildung vollkommen nutzlos sind, nichts weiter als ein gewaltiger Ressourcentransfer (anstatt ihre Antifragilität auszunutzen, indem sie ihre Bürger zwingen, ihr Geld auf natürliche Weise, angepasst an die Lebensumstände, zu verdienen).

Wo sind die Stressoren?

Etwas fehlt im Abu-Dhabi-Modell. Es kommen keine Stressoren darin vor.

Man erinnere sich an die Worte Senecas und Ovids zu dem Umstand, dass Klugheit aus Not und Erfolg aus Schwierigkeiten entsteht; viele Variationen dieser Wahrheit, die aus dem Mittelalter stammen (etwa *necessitas magistra* von Erasmus), sind heute noch sprichwörtlich: »Not ist die Mutter der Erfindung«, »Aus Schaden wird man klug« und noch einige mehr. Die beste Formulierung stammt wieder einmal vom Meisteraphoristiker Publilius Syrus: »Armut führt zu Erfahrungen« (*hominem experiri multa paupertas iubet*). Aber die Vorstellung taucht in der einen oder anderen Form schon bei zahlreichen Autoren der Antike auf, etwa bei Euripides, Pseudo-Theoktitus, Plautus, Apuleius, Zenobios, Juvenal, und wird heute natürlich unter dem Label »posttraumatisches Wachstum« gefasst.

Wie sich diese alte Weisheit auswirkt, erfuhr ich in einer Situation, die derjenigen in Abu Dhabi konträr entgegengesetzt ist. Amioun, meine levantinische Heimatstadt, wurde während des Krieges geplündert und evakuiert, die Einwohner zerstreuten sich ins Exil über den gesamten Planeten. Fünfundzwanzig Jahre später war die Stadt, nachdem sie sich aus eigener Kraft wieder hochgearbeitet hatte, so reich wie zuvor: Mein Haus, das im Krieg zerstört wurde, ist jetzt *größer* als vor dem Krieg.

Als mein Vater mir die vielen neu gebauten Villen in der ländlichen Umgebung zeigte und sich über all die Neureichen beklagte, sagte er zu mir: »Wenn du hiergeblieben wärst, wäre aus dir auch einer von diesen Strandgammlern geworden. Die Menschen von Amioun werden nur dann etwas, wenn sie Erschütterungen erleben.« Das ist Antifragilität.

L'Art pour l'Art, Lernen um des Lernens willen

Werfen wir nun einen genaueren Blick auf die Belege für die Richtung, in der die Kausalwirkung läuft: Ist es wahr, dass das Wissen, welches auf Schul- und Universitätsbildung beruht, eine Vermehrung von Wohlstand zur Folge hat? Eingehende empirische Recherchen (durchgeführt zum großen Teil von einem gewissen Lant Pritchett, damals Ökonom bei der Weltbank) lieferten keine Hinweise darauf, dass eine Erhöhung des Bildungsniveaus in einem bestimmten Land eine Erhöhung des Einkommensniveaus zur Folge hat. Man weiß vielmehr, dass das Umgekehrte zutrifft, dass Reichtum zur Erhöhung der Bildungsbemühungen führt – und das ist keine optische Täuschung. Man braucht keine Zahlen der Weltbank, um das zu erkennen. Die möglichen Wirkungsrichtungen sind die folgenden:

Bildung → Wohlstand und Wirtschaftswachstum

oder

Wohlstand und Wirtschaftswachstum → Bildung

Was zutrifft, ist unschwer zu erkennen, ablesbar an den Verhältnissen in Ländern, die einerseits wohlhabend sind und andererseits ein bestimmtes Bildungsniveau haben, und der Überlegung, was zuerst da war. Von dem Schurken-Ökonomen Ha-Joon Chang stammt das folgende triftige Argument im Sinne von »Weniger ist mehr«: Im Jahr 1960 hatte Taiwan eine sehr viel niedrigere Alphabetisierungsrate als die Philippinen, das Pro-Kopf-Einkommen war halb so groß; heute ist das Einkommen in Taiwan zehnmal höher. Zur selben Zeit hatte Korea eine sehr viel niedrigere Alphabetisierungsrate als Argentinien (wo sie weltweit mit am höchsten ist) und ungefähr ein Fünftel des Einkommens pro Person; heute ist es dreimal so hoch. Währenddessen wurde in Schwarzafrika die Lese- und Schreibfähigkeit entscheidend verbessert, und gleichzeitig sank der Lebensstandard. Die Beispiele lassen sich vermehren (Pritchetts Studie ist recht umfassend), und ich frage mich, warum man die schlichte Wahrheit nicht bemerkt, nämlich den Umstand, vom *Zufall genarrt worden zu sein*: Dass beides in relativer Nachbarschaft zueinander auftritt, verwechselt man mit einer Kausalität; wenn reiche Länder einen hohen Bildungsgrad haben, dann zieht man sofort den Schluss, dass Bildung ein Land reich macht, ohne dass man sich der Mühe unterziehen würde, das nachzuprüfen. Auch hier liegt ein Epiphänomen vor. (Der Irrtum hat etwas mit Wunschdenken zu tun, da Bildung als etwas »Gutes« angesehen wird; ich frage mich, warum keine epiphänomenale Zuordnung hergestellt wird zwischen dem Reichtum eines Landes und etwas »Schlechtem«, beispielsweise der Dekadenz, woraus man dann schließen könnte, dass Dekadenz oder andere unangenehme Begleiterscheinungen von Wohlstand wie etwa die hohe Selbstmordrate ebenfalls Wohlstand zur Folge haben.)

Ich sage nicht, dass Bildung für die Einzelperson wertlos wäre: Man erwirbt hilfreiche Qualifikationen für die eigene Karriere – aber derartige Effekte nivellieren sich auf Landesniveau. Bildung stabilisiert generationenübergreifend das Einkommen von Familien. Ein Kaufmann verdient gut, schickt seine Kinder auf die Sorbonne, und diese werden dann Ärzte und Richter. Die Familie behält ihren Wohlstand, weil die Familienmitglieder aufgrund ihrer Universitätsabschlüsse auch noch lange, nachdem der Reichtum ihrer Vorfahren sich verbraucht hat, in der Mittelschicht verbleiben können. Aber auch diese Effekte zählen aufs ganze Land bezogen nicht.

Alison Wolf weist außerdem darauf hin, dass sich aus der Aussage, Microsoft oder British Aerospace seien ohne hoch entwickeltes Wissen nicht denkbar, nicht notwendigerweise die Vorstellung ableiten lässt, mehr Bildung sei gleichbedeutend mit mehr Wohlstand. »Die schlichte Einbahn-Beziehung, die so fest in den Köpfen unserer Politiker und Kommentatoren verankert ist – wenn man vorne Bildungsausgaben reinsteckt, kommt hinten Wirtschaftswachstum heraus –, existiert einfach nicht. Überhaupt werden die Bezüge zur Produktivität immer undurchsichtiger, je größer und komplexer der Bildungssektor ist.« Und ähnlich wie Pritchett führt Wolf die Verhältnisse etwa in Ägypten an und belegt, dass der gigantische Bildungsschub, der sich dort vollzog, keine Auswirkungen auf das Wachstum des ach so geschätzten goldenen Bruttoinlandsprodukts hatte, das den Ländern ihren Wichtigkeitsgrad in den Rankinglisten zuweist.

Dieses Argument richtet sich nicht gegen den Einsatz von bildungspolitischen Strategien im Dienste hehrer Ziele wie etwa der Reduzierung der Ungleichheit in der Bevölkerung oder auch jenem, den Armen Zugang zu guter Literatur zu ermöglichen und sie zu befähigen, Dickens, Victor Hugo oder Julien Gracq zu lesen, oder die Rechte der Frauen in armen Ländern zu stärken (was eine Abnahme der Geburtenrate zur Folge hat). Aber man sollte bei solchen Bestrebungen weder »Wachstum« noch »Wohlstand« als Vorwand anführen.

Ich traf eines Abends Alison Wolf auf einer Party (Partys sind ein fantastischer Ort für Optionalität). Auf meine Bitte hin erzählte sie anderen Gästen von ihren Belegen für die Ineffektivität von Schulbildung. Einer der Zuhörer zeigte sich frustriert über unsere Skepsis. Wolf erwiderte: »Wahre Bildung ist das hier«, und sie deutete auf den Raum voller Menschen, die sich miteinander unterhielten. Ich sage also nicht, dass Wissen nicht wichtig wäre; meine Skepsis bezieht sich auf das standardisierte, abgepackte, mit rosa Zuckerguss überzogene Wissen, das Zeug, das man käuflich erstehen und als Eigenwerbung verwenden kann. Außerdem sei der Leser noch daran erinnert, dass Gelehrsamkeit nicht dasselbe ist wie organisierte Bildung.

Eine weitere Partyepisode. Bei einer hochvornehmen Dinnereinladung beklagte einer der Gäste in einer kurzen Rede das Bildungsniveau in den USA und schlug den üblichen Alarm wegen der schlechten Mathematiknoten. Obwohl ich mit seinen sonstigen Auffassungen einverstanden war, unterbrach ich ihn mit der Bemerkung, Amerikas wertvollste Qualität sei seine konvexe Risikobereitschaft, und wie froh ich sei, nicht in einer dieser Übermutti-Kulturen zu leben, auf die ich hier hin und wieder zu sprechen komme. Alle waren schockiert, entweder verwirrt oder äußerst, wenn auch versteckt, empört, abgesehen nur von einer Person, die bereit war, meine Position zu stützen. Diese Person entpuppte sich als Chefin der New Yorker Schulbehörde.

Ich will nicht sagen, dass Universitäten überhaupt kein Wissen generieren, keinerlei Beitrag zum Wachstum leisten würden (abgesehen natürlich von einem Großteil der Wirtschaftswissenschaften und anderen den Fortschritt hemmenden Aberglaubenslehren); ihre Rolle wird einfach nur kolossal überschätzt, und Akademiker nutzen wohl auch zum Teil unsere Leichtgläubigkeit aus, indem sie unzutreffende kausale Beziehungen herstellen, die überwiegend auf Scheinzusammenhängen beruhen.

Tadellose Tischpartner

Bildung wirkt sich außer auf die Stabilisierung des Familieneinkommens auch noch anderweitig nützlich aus. Sie macht die Menschen zu besseren Tischpartnern, eine nicht zu unterschätzende Eigenschaft. Die Vorstellung, Bildung solle die Wirtschaft befördern, ist relativ neu. Die britische Regierung formulierte vor nicht einmal fünfzig Jahren ein anderes Bildungsziel, als wir es heute verfolgen: Es gehe darum, das Bewusstsein für Werte zu steigern, die Menschen zu guten Bürgern zu machen sowie um das »Lernen«, nicht aber um Wirtschaftswachstum (damals waren die Leute keine Dummköpfe) – ein Umstand, auf den auch Alison Wolf verweist.

Auch in der Antike lernte man um des Lernens willen, um aus einem Menschen einen guten Menschen zu machen, der es wert war, dass man sich mit ihm unterhielt, und nicht, um die Goldvorräte in den schwer bewachten städtischen Schatztruhen zu vermehren. Unternehmer, vor allem diejenigen in technischen Berufen, sind nicht unbedingt die prickelndsten Gesprächspartner. Ich erinnere mich an eine Heuristik, die ich in meinem früheren Beruf anwandte, wenn es darum ging, jemanden einzustellen (sie lautete: »Trenne diejenigen, die, wenn sie ein Museum besuchen, den Cézanne an der Wand anschauen, von denen, die sich auf den Inhalt der Mülleimer konzentrieren«). Je interessanter ihre Konversationsbeiträge, je kultivierter sie selbst sind, desto mehr werden sie in der Vorstellung befangen sein, dass sie auch in dem, was ihr eigentlicher Beruf ist, gut sind. (Psychologen bezeichnen das als *Halo-Effekt*: Man nimmt an, die Fähigkeit, zum Beispiel Ski zu fahren, habe zwingend zur Folge, dass man eine Töpferwerkstatt betreiben oder die Abteilung einer

Bank leiten kann, oder ein guter Schachspieler sei im wirklichen Leben ein guter Stratege.*)

Es liegt auf der Hand, dass es töricht wäre, *praktische Fertigkeiten* mit *Eloquenz* gleichzusetzen. Meiner Erfahrung nach können echte Fachleute in ihren Äußerungen völlig unverständlich sein – sie betreiben nicht den Aufwand, ihre Einsichten und innere Kohärenz in einen elegant stilisierten Erzählfluss zu verwandeln. Die Qualität von Unternehmern besteht im Machen, nicht im Denken, und Macher handeln, sie reden nicht, daher wäre es unfair, falsch, ja geradezu beleidigend, sie aufgrund ihrer Konversationskompetenz zu beurteilen. Dasselbe gilt für Handwerker: Die Qualität steckt in dem, was sie machen, nicht in ihren Redebeiträgen. Es spielt auch gar keine Rolle, wenn sie falsche Auffassungen haben – wenn diese Irrtümer (umgekehrte Iatrogenik) zu besseren Produkten führen, was macht das? Bürokraten andererseits werden, da ein objektiver Erfolgsmaßstab nicht existiert und die Kräfte des Marktes keine Rolle spielen, aufgrund des Halo-Effekts nach ihrer oberflächlichen Eleganz ausgewählt. Was die Nebenwirkung hat, dass sie bessere Konversationspartner sind. Ich bin mir ziemlich sicher, dass bei einem Dinner mit einem UNO-Mitarbeiter interessantere Themen zur Sprache kommen würden als bei einem Dinner mit einem der Vetter von Fat Tony oder einem Unternehmer aus der Computerbranche, der völlig besessen ist von Schaltkreisen.

Schauen wir uns diesen Umstand noch etwas genauer an.

Die Grünholztäuschung

In einem der wenigen, nicht von einem Scharlatan verfassten Bücher aus der Finanzbranche mit dem deskriptiven Titel *What I Learned Losing a Million Dollars* macht der Protagonist eine wichtige Entdeckung. Ein Mann namens Joe Siegel, einer der erfolgreichsten Trader in einer Rohstoffklasse namens »Grünholz«, sei überzeugt gewesen, bei der Ware handle es sich um grün angestrichenes Holz (und nicht um frisch geschla-

* Der Halo-Effekt ist im Großen und Ganzen das Gegenteil von Kontextabhängigkeit.

genes Holz, das als grün bezeichnet wird, weil es noch nicht getrocknet ist). Und ausgerechnet dieser Joe Siegel spezialisierte sich darauf, mit diesem Produkt zu handeln! Der Autor erging sich derweil in wohlformulierten intellektuellen Theorien und Darstellungen der Gründe für die Schwankungen der Rohstoffpreise und ging bankrott.

Nun waren dem erfolgreichen Holzexperten zentrale Sachverhalte – etwa die Bedeutung von »grün« – zwar nicht bekannt. Dafür wusste er Dinge über Holz, die Nicht-Experten für unwichtig erachten würden. Menschen, die wir dumm nennen, sind vielleicht alles andere als dumm.

Tatsache ist, dass der Warenfluss von Holz und die Art, wie darüber gesprochen wird, nur wenig mit den Eigenschaften zu tun haben, die man für wichtig halten würde, wenn man die Sache von außen betrachtet. Menschen, die praktisch tätig sind, müssen kein Examen ablegen; sie werden auf die denkbar unnarrativste Art und Weise ausgewählt – wohlformulierte Argumente spielen kaum eine Rolle. Die Evolution stützt sich im Gegensatz zu Menschen nicht auf die Art, wie über Dinge gesprochen wird. Die Evolution braucht kein Wort für die Farbe Blau.

Ich werde also eine Situation als *Grünholztäuschung* bezeichnen, in der man die Quelle eines notwendigen Wissens – die Grünheit von Holz – fälschlich für etwas anderes hält, etwas, das von außen weniger sichtbar, weniger handhabbar, weniger gut in Worte zu fassen ist.

Mit meinem Eintritt ins Berufsleben brach meine intellektuelle Welt zusammen. Ich hatte den Eindruck, alles, was ich studiert hatte, sei nicht nur nutzlos, sondern ausgefuchste Augenwischerei. Die Ereignisse entwickelten sich wie folgt: Als ich mich beruflich auf Derivate beziehungsweise »Volatilitäten« (genauer auf Nichtlinearitäten) spezialisierte, konzentrierte ich mich auf Devisenkurse, ein Bereich, in dem ich mehrere Jahre tätig war. Ich musste mich mit Devisenhändlern zusammentun, mit Menschen, denen die theoretischen Instrumente nicht zur Verfügung standen, die ich mir während meines Studiums angeeignet hatte; ihr Job bestand schlicht und einfach im Kauf und Verkauf von Währungen. Geldwechsel ist eine sehr alte Zunft mit langer Tradition; man erinnere sich an die Geschichte von Jesus Christus und den Geldwechslern. Ich kam frisch von einer piekfeinen Ivy-League-Universität und war schockiert. Man sollte annehmen, dass Leute, die sich auf den Devisenhandel spezialisiert haben, etwas von Wirtschaft verstehen, von Geopolitik und Mathematik, von den Unterschieden zwischen den Preisen in einzelnen Ländern. Oder dass sie eifrig die Wirtschaftsberichte studieren, die von diversen Instituten in Hochglanzzeitschriften veröffentlicht werden. Man hat vielleicht auch weltgewandte Typen vor Augen, die samstagabends im Smoking in der Oper auftauchen, Sommeliers das Fürchten lehren und mittwochnachmittags Tangokurse besuchen. Und verständliches Englisch sprechen. Doch von all dem keine Spur.

Mein erster Arbeitstag eröffnete mir die völlig neue Welt der Realität. Der Devisenhandel wurde damals hauptsächlich von Italoamerikanern aus New Jersey und Brooklyn bestritten. Das waren einfache Leute von der Straße, die irgendwann ihre Laufbahn im Hinterzimmer einer Bank mit der Ausführung von telegrafischen Überweisungen begonnen hatten und sich im Zuge der Erweiterung und Explosion des Markts, mit der Ausdehnung des Geschäftsverkehrs und den frei schwankenden Wechselkursen zu Tradern und wichtigen Personen im Geldgeschäft entwickelt hatten. Und reich geworden waren.

Der erste Experte, mit dem ich mich unterhielt, war ein Typ namens B. Irgendwas-mit-Vokal-am-Ende in einem maßgeschneiderten Anzug von Brioni. Man hatte mir mitgeteilt, er sei der weltweit bedeutendste Trader für Schweizer Franken, seinerzeit eine Legende in seiner Sparte – er hatte den Dollarzusammenbruch in den 1980er Jahren vorhergesagt und kontrollierte immense Geldmittel. Aber bereits nach wenigen Worten wurde klar, dass er nicht wusste, wo auf der Landkarte die Schweiz zu verorten war – in meiner Blauäugigkeit hatte ich angenommen, er komme ursprünglich aus der italienischsprachigen Schweiz, aber er wusste noch nicht einmal, dass es in der Schweiz Menschen gibt, die Italienisch sprechen. Er war nie da gewesen. Als mir klar wurde, dass er durchaus keine Ausnahme darstellte, brach ich innerlich fast zusammen, denn ich sah vor meinem inneren Auge, wie sich all die Jahre des Studiums einfach in nichts auflösten. Noch am selben Tag hörte ich auf, Wirtschaftsmeldungen zu lesen. Eine Zeitlang wurde mir von diesem Prozess der »Deintellektualisierung« immer wieder regelrecht übel – womöglich habe ich mich bis heute nicht davon erholt.

Wenn ich es in New York mit Arbeitern zu tun hatte, dann begegneten mir in London Leute, die noch eine Klasse tiefer standen und noch mehr Erfolg hatten. Die Akteure waren alle Cockneys, also noch etwas weiter entfernt von der Gemeinschaft Sätze bildender Lebewesen. Sie stammten aus East London: extrem bodenständige Männer mit einem unverwechselbaren Akzent, die ein ganz eigenes Zählsystem verwendeten. Fünf ist »Lady Godiva« oder »ching«, fünfzehn ist ein »Commodore«, fünfundzwanzig ein »Pony« und so weiter. Ich musste Cockney lernen, damit ich mich überhaupt unterhalten konnte, überwiegend aber, um mit meinen Kollegen in den Pub gehen zu können, wenn ich in London war; damals waren die Trader in London fast jeden Tag um die Mittagszeit schon betrunken, vor allem freitags, bevor die Börse in New York öffnete. »Bier verwandelt dich in einen Löwen«, erklärte mir einer von ihnen, als er vor der Eröffnung der New Yorker Börse noch schnell sein Glas leertrank.

Am komischsten war es immer, über Lautsprecher die transatlantischen Gespräche zwischen den Leuten aus dem New Yorker Viertel Bensonhurst und den Cockney-Brokern mitzuverfolgen, vor allem wenn der Typ aus Brooklyn sich richtig Mühe gab, einen gewissen Cockney-Akzent zustande zu bekommen (diese Cockneys sprachen streckenweise *nicht ein Wort* Standard-Englisch mehr).

Auf diese Weise lernte ich die Lektion, dass Preis und Realität, wie Wirtschaftswissenschaftler sie sehen, *ganz und gar nicht dasselbe sind.* Das eine ist möglicherweise eine Funktion des anderen, doch die Funktion ist zu komplex, als dass sie mathematisch erfasst werden könnte. Stellenweise tritt in dieser Relation Optionalität auf – ein Umstand, den diese sprachlos cleveren Leute instinktiv erfassten.*

* Ich hatte anfänglich angenommen, Wirtschaftstheorien seien nicht nötig, um kurzfristige Kursschwankungen zu verstehen, aber es stellte sich heraus, dass das auch auf die langfristigen Veränderungen zutrifft. Viele Wissenschaftler, die mit Devisen herumspielen, arbeiten mit der Vorstellung der »Kaufkraftparität«, um Wechselkurse auf der Grundlage vorherzusagen, dass auf lange Sicht »Gleichgewichts«-Preise nicht allzu stark voneinander abweichen können und dass sich die Währungskurse einander annähern müssten, sodass ein Pfund Schinken irgendwann einmal in London und Newark, New Jersey, dasselbe kosten würde. Bei genauerem Hinsehen scheint diese Theorie keinerlei praktische

Wie Fat Tony reich (und fett) wurde

Die Phase, in der Fat Tony zu Fat Tony (im »engeren« Sinn) wurde, also an finanziellem und körperlichem Umfang zunahm, war die Zeit während und nach dem Kuwaitkrieg (die Abfolge war die übliche: erst reich, dann fett). Im Januar 1991 griffen die Vereinigten Staaten Bagdad an, um das vom Irak besetzte Kuwait zu befreien. Jeder intelligente Mensch aus dem sozio-ökonomischen Sektor hatte seine Theorien, Wahrscheinlichkeiten, Szenarien – die ganze Palette. Jeder, außer Fat Tony. Er wusste nicht einmal, wo der Irak lag, ob er eine Provinz von Marokko war oder irgendein Emirat mit scharf gewürzten Speisen östlich von Pakistan – er kannte das Essen nicht, also existierte der Ort für ihn nicht.

Alles, was er wusste, war: Es gibt Dummköpfe.

Hätten Sie irgendeinen intelligenten »Analysten« oder Journalisten damals befragt, er hätte Ihnen einen Anstieg des Ölpreises *im Fall eines Krieges* prognostiziert. Und genau dieser kausale Zusammenhang war für Tony alles andere als selbstverständlich. Also setzte er dagegen: Alle bereiteten sich darauf vor, dass der Ölpreis aufgrund des Krieges steigt und sich der Preis diesem Umstand anpassen würde. Ein Krieg mag zu einem Anstieg der Ölpreise führen, aber nicht ein *planmäßiger* Krieg – denn Preise passen sich an Erwartungen an. Es muss »im Preis« sein, so formulierte es Fat Tony.

Und tatsächlich – als die Nachricht vom Krieg dann kam, brach der Ölpreis von rund 39 Dollar pro Barrel auf ungefähr die Hälfte ein, und Tony verwandelte seine Investition von 300 000 Dollar in 18 Millionen Dollar. »Es gibt so wenige Gelegenheiten im Leben, die darf man nicht verpassen«, belehrte er Nero später während einem gemeinsamen Mit-

Gültigkeit zu haben – Währungen, die teuer werden, haben die Tendenz, noch teurer zu werden, und die meisten Fat Tonys dieser Welt machten ihr Vermögen damit, dass sie der genau umgekehrten Regel gefolgt sind. Theoretiker aber belehren einen, dass es »auf lange Sicht« doch funktionieren müsste. Welche lange Sicht denn? Es ist ausgeschlossen, auf eine solche Theorie eine Entscheidung aufzubauen, und trotzdem lehren sie das ihre Studenten nach wie vor – sie sind nun einmal Akademiker, die nicht über Heuristiken verfügen und etwas Kompliziertes brauchen, und bislang haben sie einfach nichts gefunden, was sich als Lehrstoff besser eignen würde.

tagessen, bei dem er versuchte, seinen Freund davon zu überzeugen, auf den Zusammenbruch des Finanzmarkts zu wetten. »Gute spekulative Wetten kommen zu einem, aber nur, wenn man nicht ständig Nachrichten schaut.« Ganz wichtig ist die zentrale Feststellung von Fat Tony: »Kuwait und Öl sind zwei Paar Stiefel.« Davon ausgehend möchte ich meine Idee der Vermengung entwickeln. Tony hatte mehr Vorteile als Nachteile, und für ihn war die Sache damit erledigt.

Viele verloren ihr letztes Hemd, als der Ölpreis fiel – obwohl sie den Krieg *richtig vorhergesagt* hatten. Sie hatten einfach angenommen, dass es sich hier um *ein und dasselbe Paar Stiefel* handelte. Aber es war zu viel gehortet, zu viel gelagert worden. Ich erinnere mich, dass ich damals das Büro eines bedeutenden Fondsmanagers aufsuchte. An der Wand seines Büros, das eher einer Einsatzzentrale glich, hatte er eine Karte vom Irak hängen. Die Mitglieder seines Teams wussten alles über Kuwait, Irak, Washington, die UNO. Nur eine schlichte Tatsache übersahen sie: dass all das nichts mit Öl zu tun hatte – es waren zwei Paar Stiefel. Die Analysen waren alle schön und gut, aber sie hatten keinen Bezug zur Realität. Natürlich war der Mann durch den Kurssturz ruiniert, und wie ich später erfuhr, ging er dann wohl zurück in die juristische Fakultät.

Neben der nüchternen Sicht der Dinge lehrt diese Geschichte noch etwas: Menschen, deren Gehirn von komplizierten Tricks und Methoden vernebelt ist, neigen dazu, ganz elementare Dinge zu übersehen. Menschen in der wirklichen Welt können es sich nicht leisten, solche Dinge zu übersehen, sonst stürzen sie ab. Im Unterschied zu den Forschern vollzog sich deren Selektion nach Überlebenskriterien, nicht nach ihrer Fähigkeit, die Dinge komplizierter zu machen. Ich hatte also einen Paradefall der »Weniger ist mehr«-Maxime vor Augen: Je mehr Studien, desto stärker geraten die elementaren, fundamentalen Dinge aus dem Blick; Aktivität hingegen reduziert die Dinge auf das einfachst mögliche Modell.

Vermengung

Natürlich gibt es im Leben zahllose Dinge, die in die Kategorie »Zwei Paar Stiefel« gehören. Lassen Sie uns das Konzept der Vermengung verallgemeinern.

Die Lektion »Zwei Paar Stiefel« ist recht umfassend. Wenn Optionalität oder Antifragilität vorliegt und man Investitionsmöglichkeiten mit großem Gewinn- und geringem Verlustpotential identifizieren kann, dann hat das, was man hier unternimmt, nur noch sehr entfernt etwas mit dem zu tun, was Aristoteles unter Urteilen versteht.

Es gibt ein *Etwas* (hier: eine Wahrnehmung, Ideen, Theorien) und eine *Funktion von Etwas* (hier: ein Preis oder etwas Reales). Das Vermengungsproblem tritt auf, wenn man das eine mit dem anderen verwechselt, wenn man vergisst, dass es sich um eine »Funktion« handelt und dass eine solche Funktion andere Eigenschaften hat.

Je mehr Asymmetrien nun zwischen dem *Etwas* und der *Funktion von Etwas* auftreten, desto größer ist der Unterschied zwischen beiden. Letztlich kann es darauf hinauslaufen, dass sie gar nichts mehr miteinander zu tun haben.

Das klingt trivial, hat aber gewichtige Folgen. Die Wissenschaft (natürlich nicht die »Sozial«-Wissenschaften, sondern die wirklich clevere Wissenschaft) begreift das normalerweise. Der große Mathematiker Jim Simons, der ein Vermögen damit verdiente, eine riesige, Märkte übergreifende Maschine zu konstruieren, entging dem Vermengungsproblem. Seine Maschine repliziert die Kauf- und Verkaufsmethoden der bodenständigen Trader und hat einen höheren statistischen Stellenwert als irgendetwas sonst auf dem Planeten. Simons meint, er würde nie einen Wirtschaftswissenschaftler oder Finanzspezialisten anstellen, sondern lediglich Physiker und Mathematiker, die sich mit Mustererkennung befassen und die, ohne zu theoretisieren, Zugriff auf die interne Logik der Dinge haben. Er lehnt es generell ab, Wirtschaftswissenschaftlern zuzuhören oder ihre Artikel überhaupt zur Kenntnis zu nehmen.

Der großartige Wirtschaftswissenschaftler Ariel Rubinstein begreift die Grünholztäuschung – es bedarf einer Menge Intelligenz und Aufrichtigkeit, um die Dinge so zu sehen. Rubinstein ist einer der führenden Wissenschaftler auf dem Bereich der Spieltheorie, wozu auch Gedankenexperimente gehören; außerdem ist er einer der profundesten Experten in der Frage, in welchen Cafés auf unserem Planeten es sich am besten denken und schreiben lässt. Rubinstein würde nie behaupten, sein theoretisches Wissen ließe sich – von ihm – direkt in irgendwelche praktischen Anweisungen umsetzen. Seiner Auffassung nach sind wirtschaftswissenschaftliche Theorien Fabeln vergleichbar – der Autor von Fabeln hat die Aufgabe, Ideen anzuregen, indirekt vielleicht auch die Praxis zu inspirieren, aber ganz sicher sollte er nicht die Praxis lenken oder in einer bestimmten Weise festlegen wollen. Die Theorie sollte unabhängig bleiben von der Praxis und umgekehrt – und wir sollten nicht die Wirtschaftswissenschaftler aus ihren Universitäten holen und sie auf Positionen mit Entscheidungsbefugnissen hieven. Die Wirtschaftswissenschaften sind im strengen Sinn keine Wissenschaft und sollten nicht als beratende Instanz in der Politik herangezogen werden.

In seinen intellektuellen Memoiren erzählt Rubinstein, wie er einmal einen Verkäufer in einem levantinischen Suk dazu überreden wollte, anstelle der überlieferten Verhandlungsmethoden Elemente aus der Spieltheorie in sein Verkaufsverhalten mit einzubauen. Es gelang mit der von Rubinstein vorgeschlagenen Methode nicht, einen Preis zu ermitteln, der für beide Parteien gestimmt hätte. Der Verkäufer sagte ihm anschließend: »Seit Generationen handeln wir auf unsere Weise, und Sie kommen einfach so daher und versuchen, das alles umzukrempeln?« Rubinstein beschloss die Episode mit den Worten: »Ich verließ ihn mit schamrotem Gesicht.« Hätten wir doch in diesem Gewerbe nur noch zwei weitere Menschen wie Rubinstein! Die Erde wäre ein besserer Ort.

Selbst wenn eine wirtschaftswissenschaftliche Theorie sinnvoll ist, kann ihre Umsetzung nicht vom Modell weg von oben nach unten verordnet werden; man braucht den organischen, der eigenen Dynamik folgenden Prozess aus Versuch und Irrtum, um dorthin zu gelangen. Beispielsweise zerstört das Konzept der Spezialisierung, das Wirtschaftswissenschaftler seit David Ricardo (und auch schon früher) umtreibt, ein Land, wenn es von Politikern übergestülpt wird, da es die Volkswirtschaft irrtumsanfällig macht; andererseits funktioniert es gut, wenn es auf evolutionäre Weise schrittweise erreicht wird, mit den erforderlichen Pufferzonen und Redundanzschichten. Ein weiterer Fall also, in dem die Wirtschaftswissenschaftler zwar inspirieren können, aber nie vorgeben sollten, was wir zu tun haben – Näheres dazu in der Darstellung des Ricardianischen komparativen Vorteils und der Modellfragilität im Anhang.

Der Unterschied zwischen einem narrativen Konstrukt und der Praxis – den wichtigen Dingen, die nicht ohne Weiteres dargestellt werden können – besteht hauptsächlich in der Optionalität beziehungsweise in der verfehlten Optionalität der Dinge. Das »Richtige« ist hier typischerweise ein antifragiles Ergebnis. Mein Argument: Man besucht die Schule nicht, um Optionalität zu lernen, sondern im Gegenteil, um das Gespür dafür zu verlieren.

Prometheus und Epimetheus

In der griechischen Mythologie gibt es die beiden titanischen Brüder Prometheus und Epimetheus. Prometheus bedeutet »Vorausdenker«, Epimetheus dagegen ist der »Hinterherdenker«, der auf die retrospektive Verzerrung hereinfällt und sich zu Ereignissen der Vergangenheit im Nachhinein narrative Theorien zurechtzimmert. Prometheus brachte den Menschen das Feuer und steht für zivilisatorischen Fortschritt, Epimetheus dagegen repräsentiert ein rückwärtsgewandtes Denken, das Abgestandene, Schale, das Fehlen von Intelligenz. Epimetheus war derjenige, der – mit nicht wiedergutzumachenden Konsequenzen – Pandoras Gabe entgegennahm.

Optionalität ist prometheisch, narrative Interpretationen sind epimetheisch – Ersteres hat harmlose, reparable Fehler zur Folge; Letzteres symbolisiert die massiven unumkehrbaren Konsequenzen, die das Öffnen der Büchse der Pandora mit sich brachte.

Ausgriffe auf die Zukunft geschehen aufgrund von Opportunismus und Optionalität. Bis jetzt haben wir in Buch IV die Macht der Optionalität als alternative Methode kennengelernt, auf opportunistische Weise, Dinge anzupacken, die sich durch ihre Asymmetrie aus großen Vorteilen und harmlosen Nachteilen auszeichnen. Optionalität ist eine Möglichkeit – faktisch die einzige Möglichkeit –, Ungewissheit zu domestizieren und rational vorzugehen, ohne die Zukunft zu verstehen – das genaue Gegenteil ist das Vertrauen auf narrative Erklärungsmuster. Man wird von der Ungewissheit domestiziert und ironischerweise, anstatt weiterzukommen, zurückgeworfen. Man kann der Zukunft nicht mit der naiven Projektion der Vergangenheit begegnen.

Damit komme ich zum Unterschied zwischen Tun und Denken. Vom Standpunkt der Intellektuellen aus ist die Sache schwer zu verstehen. Yogi Berra sagte einmal: »In der Theorie gibt es keinen Unterschied zwischen Theorie und Praxis; in der Praxis dagegen durchaus.« Ich habe mehrere Argumente zu dem Umstand angeführt, dass der Intellekt eng mit Fragilität zusammenhängt und Vorgehensweisen begünstigt, die dem Verfahren des Tüftelns im Weg stehen. Ich habe gezeigt, dass eine Option als Ausdruck von Antifragilität verstanden werden kann. Wissen habe ich in zwei Kategorien aufgeteilt: das formale Wissen und die Fat-Tony-Art von Wissen, die sicher in der Antifragilität von Versuch und Irrtum verankert ist und in einer Risikobereitschaft mit geringen potentiellen Verlusten im Hantelstil: eine ent-intellektualisierte (oder besser gesagt auf ihre eigene Art intellektuelle) Form der Risikobereitschaft. In einer undurchschaubaren Welt ist das die einzig mögliche Vorgehensweise.

Tabelle 4 fasst die einzelnen Aspekte des Gegensatzes zwischen Narration und Tüfteln, dem Thema der nächsten drei Kapitel, zusammen.

Tabelle 4 – Der Unterschied zwischen dem Teleologischen und Optionalität

Narratives Wissen	*Antifragil: Optionalitätsgesteuertes Tüfteln, Versuch und Irrtum*
Hasst Ungewissheit (fragil gegenüber Veränderungen oder falsches Verständnis der Vergangenheit im Truthahn-Stil)	Domestiziert Ungewissheit (antifragil gegenüber dem Unbekannten)
Schaut nur auf die Vergangenheit, Überanpassung an die Vergangenheit	Schaut in die Zukunft
Epimetheus	Prometheus
Teleologische Handlungsweise	Opportunistische Handlungsweise

Narratives Wissen	*Antifragil: Optionalitätsgesteuertes Tüfteln, Versuch und Irrtum*
Tourist	Flaneur
Fragile, naive Rationalität	Robuste Rationalität
Psychologisch bequem	Psychologisch unbequem, dafür das prickelnde Gefühl von Freiheit und Abenteuer
Konkav (sichtbare bekannte Gewinne, unbekannte Irrtümer)	Konvex (kleine bekannte Irrtümer, größtmögliche Gewinne)
Opfer des Truthahn-Problems (Verwechslung des Beweises einer Nicht-Existenz mit Nicht-Existenz)	Kann von Dummkopf- und Truthahn-Problemen profitieren
Opfer von Epiphänomenen, Opfer der Grünholztäuschung	Entkommt der Grünholztäuschung
Einziger Mechanismus im akademischen Bereich außerhalb von Laboren und der Physik	Wichtigster Mechanismus in der Praxis
Erzählmuster sind erkenntnistheoretisch	Erzählmuster sind Instrumente
In einer Geschichte gefangen	Keine entscheidende Abhängigkeit von einer Geschichte – das Narrativ kann, muss aber nicht als Motivation herhalten
Enger Bereich, abgeschlossener Handlungsspielraum	Breiter Bereich, offener Handlungsspielraum
Muss die Logik der Dinge verstehen	Wenig Verstehen vonnöten, lediglich Rationalität beim Vergleichen zweier Ergebnisse (Gebrauch der besseren Option)
Profitiert nicht vom Stein der Weisen (auch bekannt als Konvexitätsverzerrung, siehe Kapitel 19)	Baut auf den Stein der Weisen

Das heißt nicht, dass Tüfteln und Versuch und Irrtum frei sind von narrativen Elementen: Sie sind nur einfach nicht abhängig davon – das Narrative hat keine erkenntnistheoretische Funktion, sondern stellt lediglich ein mögliches Instrument dar. Beispielsweise haben religiöse Geschichten vielleicht keinen Wert als Berichte, trotzdem können sie einen dazu motivieren, etwas Konvexes, Antifragiles zu tun, das man andernfalls unterlassen würde, wie etwa Risiken zu entschärfen. Eltern in Großbritannien übten Kontrolle über ihre Kinder aus, indem sie ihnen die erfundene Geschichte erzählten, dass Boney (Napoleon Bonaparte) oder irgendein wildes Tier kommen und sie mitnehmen würde, wenn sie sich nicht anständig benähmen oder ihren Teller leer essen würden. Religionen gehen oft genauso vor, um Erwachsenen zu helfen, aus Schwierigkeiten herauszukommen oder Schulden zu vermeiden. Intellektuelle andererseits glauben an den Unsinn, den sie fabrizieren, und nehmen ihre Ideen allzu wörtlich, und das ist außerordentlich gefährlich.

Man denke nur an die Rolle des heuristischen Wissens (der Faustregeln), die auf Traditionen beruhen. So wie die Evolution sich auf jeden Einzelnen auswirkt, so beeinflusst sie auch diese unausgesprochenen, nicht erklärbaren Faustregeln, die über Generationen hinweg weitergegeben wurden – Karl Popper bezeichnete diesen Prozess als evolutionäre Erkenntnistheorie. Aber erlauben Sie mir, Poppers Gedankengang ein wenig (oder besser gesagt doch recht beträchtlich) zu modifizieren: Meiner Meinung nach konkurrieren bei dieser Evolution keine Ideen, sondern Menschen und Systeme, die auf den entsprechenden Ideen beruhen. Eine Idee überlebt nicht, weil sie selbst als Konkurrent besser wäre, sondern weil die Person, die sie vertritt, überlebt hat! Entsprechend dürften die Weisheiten, die Sie von Ihrer Großmutter lernen, den Inhalten, die Ihnen in den Kursen von Business Schools vermittelt werden, empirisch, also wissenschaftlich haushoch überlegen sein (noch dazu sind sie bedeutend billiger). Wir haben uns von den Großmüttern immer weiter wegbewegt, was mir großen Kummer bereitet.

Expertenprobleme entstehen, wenn ein Experte zwar ein gewisses Maß an Wissen hat, aber nicht so viel, wie er meint zu haben. Diese Art von Problem führt häufig zu Fragilitäten; das genau Umgekehrte gilt für die Anerkennung des Umstands, dass man manches nicht weiß.* Expertenprobleme befördern Sie auf die falsche Seite der Asymmetrie. Was bedeutet das im Zusammenhang mit Risiken? Wenn man fragil ist, muss man sehr viel mehr wissen, als wenn man antifragil ist. Umgekehrt gilt:

Wer annimmt, er wüsste mehr, als er tatsächlich weiß, ist fragil (hinsichtlich Irrtümern).

Ich habe bereits gezeigt, dass Schulbildung nicht notwendigerweise materiellen Wohlstand zur Folge hat – Schulbildung ist ihrerseits die Folge von Wohlstand (es handelt sich also um ein Epiphänomen). In ganz ähnlicher Weise ist eine antifragile Risikobereitschaft – nicht aber Schul- und Universitätsbildung oder formale, organisierte Forschung – zum großen Teil verantwortlich für Innovation und Wachstum, während die Verfasser von Lehrbüchern die Verhältnisse genau umgekehrt darstellen. Das heißt nicht, dass Theorien und Forschungsbemühungen keine Rolle spielen. Aber wir werden eben nicht nur vom Zufall genarrt, sondern auch davon, dass wir den Einfluss gut klingender Ideen überschätzen. Ich werde im Folgenden einen Blick auf die Fabulierprodukte werfen, welche von Historikern des wirtschaftswissenschaftlichen Denkens, der Medizin, der Technik und anderer Bereiche stammen und die starke Tendenz haben, Praktiker und Macher herunterzustufen: Sie fallen auf die Grünholztäuschung herein.

* Übermäßiges Vertrauen verleitet zu Prognosegläubigkeit, woraufhin man sich für die Aufnahme eines Kredits entscheidet und dann fragil wird, weil verschuldet. Außerdem gibt es überzeugende Belege dafür, dass ein Doktorgrad in Wirtschafts- oder Finanzwissenschaft die Kunden dazu verführt, sehr viel fragilere Portfolios aufzubauen. George Martin und ich erstellten eine Liste aller größeren Finanzwissenschaftler, die mit Fonds zu tun hatten, errechneten die Zusammenbrüche pro Fonds und beobachteten ein proportional weitaus höheres Vorkommen solcher Zusammenbrüche, wenn Professoren der Finanzwissenschaften beteiligt waren – der berühmteste Fall war der Zusammenbruch des Long Term Capital Management, an dem Fragilisten wie Robert Merton, Myron Scholes, Chi-fu Huang und andere beteiligt waren.

Kapitel 15

Die Geschichte wird von Losern verfasst

Ob die Vögel wohl zuhören? – Einfältigkeit mit Weisheit paaren, und nicht umgekehrt – Wo wir den Entdeckungspfeil suchen – Eine Verteidigung des Versuch-und-Irrtum-Prinzips

Aufgrund einer ganzen Reihe von Voreingenommenheiten neigen Historiker dazu, für Epiphänomene und illusionäre Kausal- und Wirkungszusammenhänge anfällig zu sein. Um die Geschichte der Technik zu verstehen, brauchen wir daher Darstellungen von Nicht-Historikern oder von Historikern mit dem richtigen Bewusstsein – also von solchen, die ihre Ideen entwickelten, indem sie die Entstehung einer Technik beobachteten und nicht lediglich irgendwelche Berichte darüber lasen. Terence Kealey habe ich bereits erwähnt, der aufgedeckt hat, was es mit dem so genannten linearen Modell auf sich hat – er war ein Wissenschaftler, der praktisch arbeitete.* Ein praktisch arbeitender Laborwissenschaftler oder ein Ingenieur kann die Entstehung von beispielsweise pharmakologischen Innovationen oder dem Düsentriebwerk direkt mitverfolgen und wird nicht auf Epiphänomene hereinfallen, es sei denn, er wurde einer Gehirnwäsche unterzogen, bevor er mit der praktischen Arbeit begann. Ich war selbst unmittelbarer Zeuge beim Zustandekommen von Ergebnissen, die der akademischen Wissenschaft *rein gar nichts zu verdanken haben, sondern vielmehr aus evolutionärem Tüfteln entstanden waren, dem erst im Nachhinein eine akademische Herkunft verpasst wurde.*

* David Edgerton weist darauf hin, dass man zu Beginn des 20. Jahrhunderts kaum an das so genannte lineare Modell glaubte; erst *heute* glauben wir, wir hätten *damals* an die Überlegenheit teleologischer Wissenschaft geglaubt.

Tabelle 5 – Der Flugunterricht-für-Vögel-Effekt in verschiedenen Bereichen: Beispiele für Fehlzuschreibungen von Ergebnissen in Lehrbüchern

Bereich	*Ursprung und Entwicklung gemäß der Darstellung von Vogeldozenten*	*Wahrer Ursprung, tatsächliche Entwicklung*
Düsentriebwerk	Physiker (entlarvt von Scranton)	Ingenieure, die herumtüfteln, ohne zu verstehen, »warum es funktioniert«
Architektur	Euklidische Geometrie, Mathematik (entlarvt von Beaujouan)	Heuristiken, von Gildenmeistern an Gesellen weitergegebene Geheimrezepte
Kybernetik	Norbert Wiener (entlarvt von Mindell)	Programmierer à la »Wiki«
Derivatformeln	Black, Scholes und der Fragilist Merton (entlarvt von Haug und Taleb)	Trader und Praktiker, Regnauld, Bachelier, Thorp
Medizin	Biologisches Verständnis (entlarvt von mehreren Generationen von Ärzten)	Glück, Versuch und Irrtum, Nebenwirkungen anderer Heilmittel, manchmal Vergiftungen (Senfgas)
Industrielle Revolution	Wissenszuwachs, wissenschaftliche Revolution (entlarvt von Kealey)	Abenteurer, Hobbybastler
Technik	Formale Wissenschaften	Technologie, alltägliches Geschäftsleben

Lange bevor mir die Zusammenhänge in Tabelle 5 klar waren, bevor ich wusste, dass der Flugunterricht-für-Vögel-Effekt von anderen Fachleuten bereits entlarvt worden war, stieß ich, es war ungefähr 1998, plötzlich auf das Problem. Ich saß mit dem mittlerweile verstorbenen Fred A., der, obwohl Wirtschaftswissenschaftler, doch auch ein wahrer nachdenklicher Gentleman war, in einem Restaurant in Chicago.

Er war Chefökonom einer der lokalen Börsen und sollte sie über neue, komplizierte Finanzprodukte beraten, und er interessierte sich für meine Meinung zu diesem Bereich – ich hatte mich darauf spezialisiert und eine Art Lehrbuch über die so genannten sehr komplizierten »exotischen Optionen« verfasst. Er sah, dass die Nachfrage nach diesen Produkten enorm sein würde, fragte sich jedoch, »wie Trader mit diesen sehr komplizierten Exoten zurechtkommen können, wenn sie noch nie etwas vom Girsanov-Theorem gehört haben«. Das Girsanov-Theorem ist ein mathematisch hochkomplexes Gebilde, das damals nur sehr wenige kannten. Wir aber sprachen von Parkett-Tradern, die – wie wir im letzten Kapitel gesehen haben – Girsanov wohl eher für eine Wodkasorte halten würden. Die zumeist ziemlich ungebildeten Trader gelten schon als überqualifiziert, wenn sie ihre Adressen richtig buchstabieren können, und der Professor, mit dem ich hier zusammensaß, hatte tatsächlich die epiphänomenale Meinung, sie hätten, um einen Optionspreis festlegen zu können, Mathematik studiert. Was mich betraf, so hatte ich durch Versuch und Irrtum gelernt, wie man diese komplizierten Berechnungen anstellt, und indem ich das Wissen von erfahrenen Leuten anzapfte. Erst später hörte ich, dass es diese Theoreme gab.

Damals ging mir ein Licht auf. Keiner würde behaupten, dass ein Kind, das die verschiedenen Aerodynamik-Theorien nicht kennt und außerstande wäre, eine Bewegungsgleichung zu lösen, nicht lernen könnte, wie man Fahrrad fährt. Warum also übertrug mein Gegenüber diese Erkenntnis nicht einfach von einem Bereich auf andere? Offenbar war ihm nicht klar, dass die Hauptbeschäftigung dieser Parkett-Trader in Chicago darin besteht, auf Angebot und Nachfrage zu reagieren, und dass jeder für sich Geld machen will, wozu er das Girsanov-Theorem genauso wenig braucht wie ein Pistazienhändler im Suk von Damaskus, der ja auch keine Gleichgewichtsgleichungen lösen können muss, um einen Preis für sein Produkt festzulegen.

Einen Moment lang fragte ich mich, ob ich auf einem anderen Stern lebe, oder ob der Doktortitel und die Forschungslaufbahn des Gentleman zu dieser Blindheit und diesem auffälligen Mangel an gesundem Menschenverstand geführt hatten – oder ob womöglich gar nur Menschen ohne praktische Vernunft Energie und Interesse dafür übrig haben, einen Doktortitel in der fiktionalen Welt der Wirtschaftswissenschaften zu erwerben. Haben wir es hier mit einem Auswahlfehler zu tun?

Ich roch Lunte und war ganz aufgeregt, aber mir war klar, dass ich dieser Spur nicht allein nachgehen konnte; ich musste jemanden finden, der sowohl über Forschungs- als auch, wichtiger noch, über Praxiserfahrung verfügte. Ich kannte nur eine Person, die dafür in Frage kam, einen Trader, der sich dann ebenfalls der Forschung zugewandt hatte: Espen Haug. Ihm musste dieser Mechanismus doch auch aufgefallen sein. Er hatte wie ich seinen Doktortitel erst *nach* seiner Zeit in den Handelsräumen erworben. Wir fingen also sofort an, den Ursprung der Optionspreisformel aufzuspüren, mit der wir arbeiteten: Was hatte man davor benutzt? Können wir dank der akademisch abgeleiteten Formel agieren, oder entwickelte sich die Formel aus irgendeinem antifragilen, evolutionsgesteuerten Entdeckungsprozess, der auf Versuch und Irrtum beruhte und den sich die Akademiker erst im Nachhinein angeeignet hatten? Aus meiner eigenen Zeit als Parkett-Trader in Chicago hatte ich bereits eine Ahnung, wie die Antwort aussehen würde – damals hatte ich Trader mit langjähriger Erfahrung beobachtet, die die Verwendung mathematischer Formeln strikt ablehnten. Sie arbeiteten mit einfachen Heuristiken und gingen nach dem Grundsatz vor: »Echte Männer benutzen kein Papier« – als »Papier« bezeichneten sie die Computerausdrucke mit den Ergebnissen komplexer Formeln. Und genau solche Leute haben sich durchgesetzt. Ihre Preisgestaltung war hoch komplex und effizienter als diejenige, die sich aufgrund von Formeln ergab, und es lag auf der Hand, was zuerst dagewesen war. Beispielsweise bezogen diese Preise auch die Existenz von Extremistan und die »Fat-Tail-Verteilung« mit ein, die bei den Standardformeln außen vor blieben.

Haugs Interessen gehen in eine etwas andere Richtung als die meinen: Er beschäftigte sich mit dem Gegenstand des Finanzwesens und sammelte historische Aufzeichnungen von Praktikern. Er bezeichnete sich selbst als »Der Sammler«, benutzte das sogar als Unterschrift, wenn er Bücher und Artikel über Optionstheorie zusammentrug, die vor dem Ersten Weltkrieg verfasst worden waren. Davon ausgehend konnten wir sehr präzise darstellen, was geschehen war. Wir fanden überraschend viele Belege dafür, dass das Wissen der Trader sehr viel differenzierter und ausgereifter war als die Formel. Außerdem war ihre Erfahrung mindestens ein Jahrhundert älter als die Formel. Ihr Wissen bildete sich durch natürliche Selektion heraus, durch Weitergabe von einer Generation an die nächste, durch Lernen von erfahrenen Praktikern und nicht zuletzt durch die eigene Erfahrung.

Trader treiben Handel → Trader bilden Techniken aus → Wirtschaftswissenschaftler entwickeln Formeln und behaupten, Trader würden damit arbeiten → junge Trader glauben den Wissenschaftlern → alles fliegt in die Luft (da die Theorie Fragilität zur Folge hat)

Unser Aufsatz blieb fast sieben Jahre lang liegen, bevor er von einem wirtschaftswissenschaftlichen Fachblatt veröffentlicht wurde – und was bis dahin kaum einmal vorgekommen war: Er entwickelte sich zu einem der am häufigsten aus dem Internet heruntergeladenen Aufsätze in der Geschichte der Wirtschaftswissenschaften, wurde jedoch in den ersten paar Jahren nicht ein einziges Mal zitiert. Keiner wollte schlafende Hunde wecken.*

Praktiker schreiben nicht, sie handeln. Vögel fliegen, und diejenigen, die ihnen das Fliegen beibringen wollen, sind dieselben, die ihre Geschichte aufzeichnen. Man kann also unschwer erkennen, dass Geschichte tatsächlich von Losern geschrieben wird, die über viel Zeit und einen sicheren akademischen Posten verfügen.

Die größte Ironie aber besteht darin, dass wir sozusagen aus erster Hand beobachten konnten, wie die Geschichte des Denkens entsteht. Wir hatten das Glück, ganz unmittelbar ein weiteres Beispiel für unverfrorene intellektuelle Ausbeutung geliefert zu bekommen: Man lud uns ein, in der renommierten *Wiley Encyclopedia of Quantitative Finance* von unserer Warte als Praktiker aus unsere Sicht der Dinge darzustellen. Wir verfassten also eine Version des bereits vorliegenden Aufsatzes, in

* Wir konnten unter anderem feststellen, dass zwei Fragilisten – Myron Scholes und Robert Merton – den Memorial Prize in Economics, den so genannten Wirtschafts-Nobelpreis, für die Darstellung einer Formel erhielten, die vor ihnen in sehr viel differenzierterer Form von anderen entwickelt worden war. Darüber hinaus machten sie Gebrauch von fiktionaler Mathematik. Das Ganze ist ziemlich beunruhigend.

die wir auch unsere eigenen Erfahrungen einarbeiteten. Und dann der Schock: Wir ertappten den verantwortlichen Herausgeber der historischen Abteilung, einen Professor des Barnard College, auf frischer Tat dabei, wie er versuchte, unsere Darstellung abzuändern. Er, ein Spezialist auf dem Bereich der Entwicklung der theoretischen Grundlagen der Wirtschaftswissenschaften, war im Begriff, unsere Geschichte umzuschreiben, um ihre Quintessenz herunterzuspielen, wenn nicht gar umzukehren, und die Entwicklungsrichtung der Wissensentstehung in ihr Gegenteil zu verkehren. Wir erlebten sozusagen das »Making of« von Wissenschaftsgeschichte aus erster Hand. Dieser Typ in seinem Büro im Barnard College gab also jetzt uns vor, was wir als Trader sahen, und erwartete von uns, dass wir das, was wir mit eigenen Augen gesehen hatten, mit seiner Logik überschrieben.

Dann stieß ich im Bereich der Wissensbildung auf einige weitere Umkehrungen dieser Art. Beispielsweise leitete der Berkeley-Professor und amtlich beglaubigte Fragilist Mark Rubinstein in einem Ende der 1990er Jahre entstandenen Buch bestimmte Techniken und Heuristiken von Publikationen ab, die Professoren des Finanzwesens verfasst hatten. Dabei ging es um Heuristiken, die für uns Praktiker seit den 1980er Jahren, als ich in das Geschäft einstieg, vollkommen selbstverständliche Praxis waren.

Es stimmt einfach nicht, dass wir Theorien auf die Praxis übertragen. Von der Praxis ausgehend, erstellen wir Theorien. So sieht unsere Geschichte aus, und aus ihr und ähnlichen Geschichten lässt sich leicht ableiten, dass sich die Verwirrung nicht nur auf den Finanzmarkt beschränkt. Die Theorie ist das Kind des Verfahrens, nicht umgekehrt – *ex cura theoria nascitur*.

Der Beweis liegt auf der Hand

Auch Ingenieure wurden von Historikern vereinnahmt. Nur kurze Zeit nach der beschriebenen üblen Episode stellte ich im Institut für Wissenschaftssoziologie an der London School of Economics einen Aufsatz vor, den ich zusammen mit Espen Haug über das Thema »Flugunterricht für Vögel« und seinen Zusammenhang mit dem Finanzwesen verfasst hatte. Natürlich erntete ich herbe Kritik (ich war damals allerdings schon ziemlich geübt darin, von Wirtschaftswissenschaftlern in die Zange genommen zu werden). Dann kam die Überraschung: Nach Abschluss der Sitzung erfuhr ich von den Organisatoren, dass genau eine Woche zuvor Phil Scranton, Professor an der Rutgers University, exakt dieselbe Geschichte erzählt hatte. Dabei war es nicht um die Optionsformel, sondern um das Düsentriebwerk gegangen. Scranton hatte gezeigt, dass Düsentriebwerke in einer von Versuch-und-Irrtum-Prozessen bestimmten, experimentellen Weise entwickelt und gebaut wurden, ohne dass je jemand die Theorie richtig verstanden hätte. Die Konstrukteure waren auf die Ingenieure angewiesen, die wussten, wie die einzelnen Teile zu handhaben und zu verbinden waren, damit die Maschine funktionierte. Die Theorie hinkte der Praxis hinterher; sie kam erst später, um die intellektuellen Erbsenzähler zu befriedigen. In den Standardwerken zur Technikgeschichte bekommen Sie das allerdings nicht zu lesen: Meinem Sohn, der Luftfahrttechnik studiert, war es völlig neu. Der höfliche Scranton stellte lediglich Zusammenhänge dar, in denen Innovationsprozesse undurchschaubar verlaufen, »im Unterschied zu den uns vertrauteren analytischen und synthetischen Innovationsvorstößen« – als wären Letztere die Norm, was offensichtlich nicht der Fall ist.

Ich hielt Ausschau nach weiteren Fällen, und der Technikhistoriker David Edgerton berichtete mir von einem ziemlich schockierenden Beispiel. Wir glauben zu wissen, die Kybernetik – von der der Begriff »cyber« in »Cyberspace« abgeleitet ist – sei eine Erfindung von Norbert Wiener aus dem Jahr 1948. Der Historiker für Ingenieurswissenschaften David Mindell widerlegte diese Geschichte; er zeigte, dass Wiener Ideen über Feedback-Kontrolle und digitales Rechnen aufzeichnete, die in der Welt der Ingenieure schon längst in Gebrauch waren. Aber immer noch sind die meisten Menschen – und nicht zuletzt die heutigen Ingenieure – der irrigen Auffassung, dass wir dieses Feld den mathematischen Theorien Wieners verdanken.

Dann kam mir folgender Gedanke. Wir alle lernen Geometrie aus Lehrbüchern, die auf Axiomen basieren – beispielsweise aus Euklids *Elementen* –, und wir glauben, wir hätten es diesen Lehrbüchern zu verdanken, dass wir heute an Gebäuden so wunderbare geometrische Formen vorfinden, angefangen bei Häusern bis zu Kathedralen; etwas anderes anzunehmen wäre fast blasphemisch. Ich vermutete daher, dass die Menschen der Antike deshalb ein Interesse an der euklidischen Geometrie und anderen Bereichen der Mathematik entwickelten, weil sie diese Methoden, die sich aus Tüfteleien und erfahrungsgeneriertem Wissen ableiteten, bereits anwandten – ansonsten hätte keiner danach gefragt. Das ähnelt der Geschichte mit dem Rad: Wir erinnern uns, dass die Dampfmaschine bereits gut zweitausend Jahre vor der Industriellen Revolution von den Griechen erfunden und entwickelt worden war. Es ist einfach so, dass konkrete Handlungsverläufe lieber aus der Praxis als aus der Theorie geboren werden.

Schauen Sie sich jetzt einmal die architektonischen Erzeugnisse in unserer Umgebung an: Sie machen einen geometrisch äußerst ausgeklügelten Eindruck, angefangen bei den Pyramiden bis zu den herrlichen Kathedralen in Europa. Ein Dummkopf würde uns glauben machen, dass diese wunderbaren Bauwerke aus der Mathematik geboren wurden – abgesehen von einigen wenigen Ausnahmen wie den Pyramiden, die entstanden, bevor uns Euklid und andere griechische Theoretiker die formale Mathematik schenkten. Aber hier sind die Fakten: Architekten (die damals als *Werkmeister* bezeichnet wurden) arbeiteten mit Heuristiken und empirischen Methoden und Hilfsmitteln; kaum jemand verstand etwas von Mathematik – nach Auffassung des auf das Mittelalter spezialisierten Wissenschaftshistorikers Guy Beaujouan wussten vor dem 13. Jahrhundert nicht mehr als fünf Personen in ganz Europa, wie man eine Division durchführte. Es gab weit und breit keine Theoreme. Doch die Baumeister kannten die Widerstandsfähigkeit von Materialien auch ohne die Gleichungen, mit denen heute gearbeitet wird – die Bauten von damals stehen zu einem großen Teil immer noch. Villard de Honnecourt, ein französischer Architekt des 13. Jahrhunderts, dokumentiert in mehreren Zeichnungen und Notizensammlungen in pikardischer Sprache (der Sprache der französischen Region Picard), wie Kathedralen gebaut wurden: Man arbeitete mit versuchsgestützten Heuristiken, kleinen Tricks und Regeln, die dann später von Philibert de l'Orme in seinen architektonischen Abhandlungen festgehalten wurden. Beispielsweise wurde ein Dreieck durch einen Pferdekopf visualisiert. Experimentieren lässt Menschen sehr viel umsichtiger vorgehen als die Umsetzung von Theorien.

Des Weiteren können wir ziemlich sicher sein, dass die grandiosen römischen Baumeister ihre Aquädukte ohne die Anwendung mathematischer Regeln bauten (die römischen Zahlen waren für eine quantitative Analyse keine sehr gute Grundlage). Andernfalls würden diese Bauwerke nicht mehr stehen, denn eine offenkundige Nebenwirkung der Mathematik besteht darin, dass Winkel zu stark optimiert und abgeschnitten werden, was Fragilität zur Folge hat. Man sieht ja, wie viel vergänglicher das Neue im Vergleich zum Alten ist.

In Vitruvs Handbuch *De architectura*, der Bibel der Architekten, die etwa dreihundert Jahre nach Euklids *Elementen* entstand, findet sich kaum formale Geometrie, und natürlich wird Euklid namentlich überhaupt nicht erwähnt; das Werk versammelt in erster Linie Heuristiken, die Art von Wissen, die ein Meister an seine Schüler weitergibt. (Bezeichnenderweise ist der wichtigste mathematische Befund, den Vitruv erwähnt, der Satz des Pythagoras – der Autor zeigt sich verblüfft von der Tatsache, dass ein rechter Winkel »ohne die Instrumente eines Handwerkers« konstruiert werden kann.) Mathematik war bis zur Renaissance nichts weiter als eine Grundlage für Denkspiele.

Damit will ich nicht sagen, dass nicht doch hinter einigen praktischen Techniken akademisches Wissen oder Theorien stehen, die zur Erreichung des zentralen Ziels (nicht für irgendwelche peripheren Zwecke) unmittelbar aus der Wissenschaft abgeleitet worden wären – der Wissenschaftler Joel Mokyr nennt das eine »epistemische Grundlage« oder propositionales Wissen, eine Art Sammlung formalen »Wissens«, das theoretische und empirische Entdeckungen umfasst und sich zu etwas wie einem Regelwerk entwickelt, welches seinerseits dazu verwendet wird, mehr Wissen und (seiner Auffassung nach) mehr Anwendungen hervorzubringen. Mit anderen Worten: Ein Bestand an Theorien, aus dem weitere Theorien direkt abgeleitet werden können.

Aber lassen Sie uns keine Dummköpfe sein: Wenn man Herrn Mokyr Glauben schenkt, müsste man Wirtschaftsgeographie studieren, um Prognosen zur Entwicklung der Devisenkurse anstellen zu können (zu gern hätte ich ihn dem Grünholz-Experten vorgestellt). Ich stelle die Existenz einer epistemischen Grundlage nicht in Abrede, aber ich glaube nicht, dass sie in der Geschichte der Technikentwicklung eine große Rolle gespielt hat. Es gibt keine Hinweise darauf, dass sie einen starken Einfluss ausgeübt hätte, und ich warte nach wie vor darauf, dass mir dieser Einfluss von irgendjemandem belegt wird. Mokyr und die Anhänger seiner Sicht können nicht beweisen, dass es sich nicht um Epiphänomene handelt – und sie verstehen auch offenbar die Implikationen asymmetrischer Effekte nicht. Welche Rolle spielt hier die Optionalität?

Es gibt einen Bestand an Know-how, der von Meister zu Schüler weitergegeben und *nur auf diese Art und Weise* überliefert wurde – mit graduellen Unterschieden zum Zweck der Selektion oder um den Berufsstand respektabler zu machen oder um hier und da zu helfen, was aber nicht systematisch geschah. Die Rolle dieses formalen Wissens wird einfach aus dem Grund überschätzt, weil sie in hohem Maße sicht- und begreifbar ist.

So ähnlich wie Kochen?

Kochen scheint eine Tätigkeit zu sein, die ganz und gar auf Optionalität beruht. Sie fügen eine Zutat hinzu und haben die Option, das Ergebnis zu behalten, wenn es den Geschmacksknospen von Fat Tony behagt, oder »fuhgetaboudit«, wenn nicht. Und wir betreiben eine Art kollektives Experimentierfeld à la Wiki, aus dem ein fester Bestand an Rezepten erwächst. Diese Rezepte haben sich vollkommen außerhalb von Spekulationen über die Chemie der Geschmacksknospen entwickelt, sie entbehren jeglicher »epistemischen Grundlage«, mit der sich Theorien aus Theorien ableiten ließen. Bislang wurde noch niemand von diesem Prozess aufs Glatteis geführt. Von Dan Ariely stammt die Beobachtung, dass der Geschmack von Lebensmitteln nicht aus dem Studium der Nährwerttabellen ableitbar ist. Und wir können unmittelbar den Einfluss der Heuristiken unserer Vorfahren erkennen: Generationenlanges kollektives Tüfteln mündet in der Evolution von Kochrezepten. Diese Rezepte sind Bestandteil einer jeden Kultur. Kochschulen beruhen voll und ganz auf der direkten Weitergabe von Wissen vom Meister an seine Lehrlinge.

Auf der anderen Seite steht die reine Physik, in der Theorien zu weiteren Theorien führen, die einen gewissen empirischen Niederschlag haben. Hier kann die »epistemische Grundlage« eine gewisse Rolle spielen. Die Entdeckung des Higgs-Teilchens ist ein modernes Beispiel für etwas, das ausschließlich aus theoretischen Überlegungen abgeleitet wurde. Dasselbe gilt für Einsteins Relativitätstheorie. (Eine ähnlich spektakuläre Entdeckung aufgrund nur weniger externer Daten war die theoretische Herleitung der Existenz des Planeten Neptun durch den französischen Astronomen Le Verrier. Sie beruhte ausschließlich auf Berechnungen, die sich am Verhalten der umgebenden Planeten orientierten. Als der Planet dann tatsächlich gesichtet wurde, weigerte sich Le Verrier, ihn anzuschauen, da er sich seiner Berechnungen derart sicher war. Doch das sind Ausnahmen, sie gehören in die Physik und andere Bereiche, die ich als »linear« bezeichne; und die Irrtümer, die dort passieren, gehören nach Mediokristan, nicht nach Extremistan.)

Nehmen wir nun die Vorstellung des Kochens als Ausgangspunkt für andere Beschäftigungen: Gibt es Aktivitäten, die damit vergleichbar sind? Wenn wir einzelne Technologien genauer studieren würden, würden wir feststellen, dass die meisten dem Vorgang des Kochens viel näher stehen als der Physik, vor allem, wenn es um komplexe Technologien geht.

Selbst die Medizin funktioniert bis heute nach dem Modell der direkten Weitergabe praktischen Wissens, und die theoretische Wissenschaft spielt nur eine untergeordnete Rolle – und doch wird der Anschein erweckt, als ginge es um nichts als Wissenschaft. Dabei würde, ließe man die direkte Wissensweitergabe außer Acht, die »evidenzbasierte« Methode ausschlaggebend sein, die weniger auf physiologischen Theorien als auf einer Auflistung empirischer Gesetzmäßigkeiten beruht, also auf einer Art von Phänomenologie, wie ich sie im siebten Kapitel beschrieben habe. Woran liegt es, dass Wissenschaften kommen und gehen, Technologien hingegen stabil bleiben?

Hier zeigt sich, dass die Grundlagenwissenschaft unter Umständen eine Rolle spielt, allerdings anders als beabsichtigt.* Als Beispiel für

* Ich erinnere den Leser an den Streit in Buch IV um Teleologie und Richtungssinn. Während dieser Bereich von der formellen akademischen Wissenschaft weitgehend skeptisch betrachtet wird (also anti-universitär ist), erweist er sich als entschieden anti-pseudowissenschaftlich (nicht im kosmetischen Sinn wissenschaftlich), dafür höchst pro-wissenschaftlich. Was von vielen Wissenschaft genannt wird, ist im höchsten Maße unwissenschaftlich. Wissenschaft ist ein Problem von Anti-Dummköpfen.

nicht beabsichtigte Anwendungen beginnen wir mit Phase Eins: dem Computer. Die mathematische Fachrichtung der Kombinatorik – in diesem Fall die Grundlagenwissenschaft – hat sich aus dem propositionalen Wissen entwickelt, das zum Bau von Computern führte – jedenfalls wird die Geschichte so erzählt. (Und natürlich, um auch die Rosinenpicker zufriedenzustellen, müssen wir den Bestand an theoretischem Wissen in Rechnung stellen, der nirgendwohin führte.) Zunächst wusste niemand, was man mit diesen riesigen Schränken voller Schaltkreise anfangen sollte – sie waren sperrig, teuer, und abgesehen von der Verwaltung von Datenbanken kamen sie nur wenig zur Anwendung – aber sie waren gut darin, große Mengen von Daten zu verarbeiten. Es war, als hätte es erst einer Anwendung bedurft, um den Reiz der Technologie zu entdecken. Die Älteren unter uns werden sich an die sonderbaren Lochkarten erinnern, bevor jemand die Konsole einführte, um Daten mit Hilfe eines Monitors und einer Tastatur einzugeben. Daraus entwickelte sich dann die Textverarbeitung, und nun nahm die Entwicklung des Computers, vor allem mit dem Aufkommen von Kleincomputern in den frühen 1980er Jahren, Fahrt auf. Computer waren praktisch, aber auch nicht viel mehr, bis eine andere Entwicklung sich damit kreuzte.

Damit kommen wir zu Phase Zwei: dem Internet. Ursprünglich war es als robustes militärisches Kommunikationsnetzwerk gedacht, entwickelt von der DARPA (Defense Advanced Research Projects Agency), einer Forschungsabteilung des US-Verteidigungsministeriums, das zu der Zeit, da Ronald Reagan von der fixen Idee besessen war, ein Angriff der Sowjets stehe unmittelbar bevor, Auftrieb bekam. Das Netzwerk sollte die Vereinigten Staaten in die Lage versetzen, einen militärischen Großangriff zu überleben. Eine grandiose Idee, doch nimmt man den Personal Computer mit dem Internet zusammen, bekommt man soziale Netzwerke, gescheiterte Ehen, einen sprunghaften Anstieg an Nerdiness und die Möglichkeit, dass ein post-sowjetisches Individuum mit Bindungsproblemen den passenden Partner findet. All das verdanken wir den Steuergeldern (oder wohl eher dem Haushaltsdefizit) aus der Zeit des Reagan'schen Kreuzzugs gegen die Sowjets.

Schauen wir uns jetzt den Vorwärtspfeil der Entwicklung an: Zu keinem Zeitpunkt hat die akademische Wissenschaft dazu beigetragen, die Richtung zu bestimmen – wobei sie natürlich in gewisser Weise durchaus von Nutzen war, denn Computertechnologie beruht in der Hauptsache auf Wissenschaft; die Wissenschaft war eher ein Sklave zufälliger Entdeckungen in einer opaken Umgebung, in der College-Aussteiger und langhaarige Highschool-Studenten das Bild prägten. Der Prozess war und blieb in jeder Phase selbstgesteuert und unvorhersehbar. Und es wäre ganz falsch, wenn man damit einen Eindruck von Irrationalität erwecken würde – das Irrationale besteht vielmehr darin, eine freie Option nicht zu erkennen, wenn sie uns angeboten wird.

China könnte ein überzeugendes Beispiel abgeben, wie uns die Veröffentlichungen Joseph Needhams zeigen, eines genialen Beobachters, der viele Vorstellungen des Westens über China entzaubert und die Macht chinesischer Wissenschaft dargestellt hat. Als China ein Top-down-Mandarinat wurde (also ein Staat, der von zentralisierten Schreibern der Sowjet-Harvard-Spezies geleitet wurde, ähnlich wie zuvor schon Ägypten), kam den Menschen ihr Erfindergeist, ihre Lust an Versuch und Irrtum abhanden. Needhams Biograph Simon Winchester zitiert den Sinologen Mark Elvin, der feststellt, dass bei den Chinesen nicht – oder besser gesagt, nicht mehr – das vorkam, was er die »europäische Begeisterung für Tüfteleien und Verbesserungen« nennt. Alles, was nötig war, um die Spinnmaschine zu erfinden, war da, aber »keiner versuchte es« – ein weiteres Beispiel von Wissen, das Optionen im Weg steht. Wahrscheinlich hätten die Chinesen jemanden wie Steve Jobs gebraucht – jemanden, dem eine akademische Bildung erspart geblieben ist und der über das offensive Temperament verfügt, das man braucht, um die Einzelteile zu ihrem natürlichen Abschluss zu bringen. Im nächsten Abschnitt werden wir sehen, dass es genau dieser Typ des unbefangenen Machers ist, der die Industrielle Revolution in Gang setzte.

Wir wenden uns nun zwei Fallbeispielen zu, zunächst der Industriellen Revolution, anschließend der Medizin. Fangen wir an mit der Entzauberung eines Gründungsmythos der Industriellen Revolution: der Überbetonung wissenschaftlichen Denkens.

Die Industrielle Revolution

Die Entstehung von Wissen, auch von theoretischem Wissen, braucht Zeit, Langeweile und die Freiheit, die daraus erwächst, dass man noch eine andere Beschäftigung hat, mit der man sein Geld verdienen kann und die es einem erlaubt, sich dem an Journalismus erinnernden Druck, zu publizieren oder unterzugehen, wie er in der heutigen akademischen Welt herrscht, zu entziehen. Denn dieser Druck bringt nichts als kosmetisches Wissen hervor, das an jene nachgemachten Armbanduhren erinnert, die man im New Yorker Chinatown kaufen kann, von denen man weiß, dass es Fälschungen sind, auch wenn sie echt aussehen. Im 19. und frühen 20. Jahrhundert gab es zwei Quellen technischen Wissens und technischer Innovation: den Bastler und den englischen Gemeindepfarrer, die beide überwiegend in »hantelaffinen« Umständen lebten.

Außerordentlich produktiv waren die Gemeindepfarrer, die in einem großen oder jedenfalls behaglichen Haus relativ unbelastet ihr Gelehrtenleben führen konnten; sie hatten Dienstboten, die sich um sie kümmerten, immer genügend Tee und Scones mit klumpiger Sahne und freie Zeit im Überfluss. Und natürlich jede Menge Optionen. Wir haben hier den Prototyp des aufgeklärten Amateurs vor uns. Am berühmtesten sind Reverend Thomas Bayes (nach dem der Bayes'sche Wahrscheinlichkeitsbegriff benannt ist) und Thomas Malthus (auf den der Begriff der Überbevölkerung zurückgeht). Aber es gibt noch weitere Überraschungen. Bill Bryson hat sie in seinem Buch *Eine kurze Geschichte der alltäglichen Dinge* versammelt, er stellt fest, dass es zehnmal mehr Vikare und Kleriker gab, die in Form von Aufzeichnungen Spuren für die Nachwelt hinterlassen haben, als Wissenschaftler, Physiker, Wirtschaftswissenschaftler, ja sogar Erfinder. Außer den beiden bereits erwähnten Giganten seien noch einige weitere Beiträge von Landgeistlichen herausgegriffen: Rev. Edmund Cartwright erfand die Webmaschine, die einen gewichtigen Beitrag zur Industriellen Revolution leistete; Rev. Jack Russell züchtete den Terrier; Rev. William Buckland war die erste Autorität auf dem Gebiet der Dinosaurier; Rev. William Greenwell begründete die moderne Archäologie; Rev. Octavius Pickard-Cambridge war der berühmteste Spinnen-Spezialist; Rev. George Garrett erfand das U-Boot; Rev. Gilbert White war der renommierteste Naturforscher seiner Zeit; Rev. M.J. Berkeley war führend auf dem Gebiet der Pilze; Rev. John Michell war an der Entdeckung des Planeten Uranus beteiligt; und das sind längst nicht alle. Man beachte, dass hier – ähnlich wie bei der von Haug beschriebenen Episode – die etablierte Wissenschaft den Hinweis

»nicht hier gemacht« vornehm unterschlägt. Die Liste der als solche ausgewiesenen Beiträge von Hobbyforschern und Tüftlern ist also sehr wahrscheinlich kürzer als die der tatsächlichen; manche Akademiker haben sich womöglich eine Innovation zugeschrieben, die eigentlich auf jemanden vor ihnen zurückgeht.*

Erlauben Sie mir, an dieser Stelle poetisch zu werden. Selbstbestimmte Gelehrsamkeit hat eine ästhetische Dimension. Lange Zeit hing in meinem Arbeitszimmer folgendes Zitat von Jacques Le Goff, dem großen französischen Mittelalterspezialisten, der die Auffassung vertritt, die Renaissance sei nicht von professionellen Wissenschaftlern, sondern von unabhängigen Humanisten ausgegangen. Le Goff analysierte den frappierenden Unterschied zwischen Lehrern an mittelalterlichen Universitäten und Humanisten, wie ihn zeitgenössische Gemälde, Zeichnungen und Berichte darstellen:

> Ersterer ist ein Professor, umgeben und umlagert von Trauben von Studenten. Der andere: ein einsamer Gelehrter, der in der Ruhe und Abgeschiedenheit seiner Gemächer sitzt, vollkommen gelassen und entspannt in einem geräumigen, behaglichen Raum, in dem seine Gedanken sich frei entfalten können. Hier die Hektik von Schulen, der Staub von Klassenzimmern, die Blindheit für das Schöne, wie sie für Arbeitsplätze, die von vielen genutzt werden, typisch ist. Dort hingegen: Ordnung und Schönheit –
> *Luxe, calme et volupté.*

Was nun den Hobbyforscher im weiteren Sinn angeht, so deutet alles darauf hin, dass er es ist (und neben ihm noch der erlebnishungrige Abenteurer und der Privatinvestor), der am Ursprung der Industriellen Revolution steht. Kealey – wir erwähnten schon, dass er kein Historiker ist und Gott sei Dank auch kein Wirtschaftswissenschaftler – stellt in seinem Buch *The Economic Laws of Scientific Research* das herkömm-

* Bemerkenswerterweise war Johan Jensen, auf den die Jensen'sche Ungleichung zurückgeht, die eine zentrale Rolle bei der theoretischen Unterfütterung der Ideen dieses Buchs spielt, ein Amateurmathematiker, der nie eine akademische Stelle bekleidet hat.

liche »lineare Modell« in Frage (also den Glauben, Technologien hätten sich aus akademischem Wissen entwickelt). Nach Kealey ist das Prosperieren der Universitäten ein Resultat aus nationalem Wohlstand und nicht umgekehrt. Und er geht noch weiter mit seiner Behauptung, die von den Universitäten ausgehenden Impulse wirkten nachgerade schädlich. Er zeigt, dass in Ländern, in denen die Regierung eingreift, indem sie die Forschung mit Steuermitteln unterstützt, private Anleger eher mit Rückzug reagieren. So hat beispielsweise in Japan das allmächtige MITI (Ministry of International Trade and Industry) eine abschreckende Investmentbilanz. Ich führe diese Ideen nicht an, um ein politisches Programm gegen die Förderung der Wissenschaften zu propagieren, ich will lediglich die Kausalzusammenhänge bei der Entstehung wegweisender Erfindungen aufdecken.

Die Industrielle Revolution ging, um daran noch einmal zu erinnern, von »Technologien entwickelnden Technikern« aus beziehungsweise von dem Bereich, den Kealey als »Hobby-Wissenschaft« bezeichnet. Denken wir nur wieder an die Dampfmaschine, diese Konstruktion, die die Industrielle Revolution am prägnantesten verkörpert. Ich habe bereits erwähnt, dass der erste Konstruktionsentwurf für die Dampfmaschine von Hero von Alexandrien stammt. Etwa zwei Jahrtausende lang interessierte sich niemand für die Theorie. Der Grund für das Interesse an Heros Entwurf musste also in der Praxis liegen, nicht umgekehrt.

Nach Kealeys – sehr überzeugender – Darstellung entstand die Dampfmaschine aus Technologien, die bereits da waren; sie wurde von Leuten ohne akademische Bildung, häufig Sonderlingen, erfunden, die mit gesundem Menschenverstand, Praxiserfahrung und Intuition mechanische Probleme anpackten, die ihnen im Weg standen, und deren Lösung ganz offensichtlich greifbaren ökonomischen Gewinn versprach.

Zweites Beispiel: Die Textiltechnologien. Auch für diesen Bereich stellte Kealey fest, dass die wichtigsten Verfahren, die den Sprung in die Moderne nach sich zogen, der Wissenschaft rein gar nichts verdanken: »Im Jahr 1733«, schreibt er, »erfand John Kay das fliegende Schiffchen, wodurch das Weben mechanisiert wurde; 1770 erfand James Hargreaves die Spinning Jenny, die, wie der Name verrät, das Spinnen mechanisierte. Diese zentralen Entwicklungen in der Textiltechnologie sowie darüber hinaus die Erfindungen von Wyatt und Paul (Spinnrahmen, 1758) und Arkwright (Waterframe – durch Wasser angetriebene Spinnmaschine, 1769) waren Vorboten der Industriellen Revolution, auf die die Wissenschaft keinen Einfluss hatte; es handelte sich vielmehr um aus der Empirie geborene Entwicklungen, die auf Versuch, Irrtum und dem Experimentieren erfahrener Handwerker beruhten, denen es um Produktivitätssteigerung und um die Profitmaximierung ihrer Fabriken ging.«

David Edgerton untersuchte die Beziehung zwischen akademischer Wissenschaft und ökonomischem Erfolg, in Verbindung mit der weit verbreiteten Meinung, man hätte früher an das »lineare Modell« (also daran, dass eine Technologie grundsätzlich ihren Ausgang von der Wissenschaft nimmt) geglaubt. Die Menschen des 19. und 20. Jahrhunderts waren *keine Dummköpfe*; wir glauben heute, dass sie an besagtes lineares Modell geglaubt hätten, aber das trifft nicht zu. Es ist vielmehr so, dass Akademiker bis weit ins 20. Jahrhundert hinein in erster Linie Lehrer, nicht Forscher waren.

Um herauszufinden, ob die Schriften eines Gelehrten glaubwürdig sind oder nicht, empfiehlt es sich grundsätzlich zu überprüfen, was seine Kritiker zu sagen haben – sie werden mit Sicherheit den Finger auf den wunden Punkt legen. Ich begab mich also auf die Suche nach Gegnern Kealeys und Kritikern, die seine Ideen ablehnten, um herauszubekommen, ob sie etwas Stichhaltiges einzuwenden hatten – und um zu sehen, woher sie kamen. Außer einigen Kommentaren von Joel Mokyr, der, wie bereits erwähnt, das Phänomen der Optionalität noch nicht entdeckt hat, und der Attacke eines Wirtschaftswissenschaftlers von der Sorte, die nicht zählt angesichts der generellen gegenwärtigen Abwertung der Wirtschaftswissenschaften, wurde die wichtigste Kritik von einem Wissenschaftsbürokraten in der einflussreichen Zeitschrift *Nature* veröffentlicht; Kealey wurde darin vorgeworfen, er habe für sein Argument gegen aus Steuermitteln finanzierte Forschungen Daten von regierungsfinanzierten Behörden wie der OECD benutzt. Bislang also kein stichhaltiger Beleg dafür, dass Kealey falschliegt. Aber kehren wir die Beweislast doch einfach um: Für die Richtigkeit der gegenteiligen These gibt es *keinen einzigen* Beleg. Überwiegend sind diese Ansätze vielmehr von einem religiösen Glauben an die bedingungslose Macht der organisierten Wissenschaft geprägt, der den bedingungslosen religiösen Glauben an die organisierte Religion abgelöst hat.

Regierungen sollten a-teleologisches Tüfteln subventionieren, nicht die Forschung

Ich bin keineswegs der Meinung, aus diesen Überlegungen folge, dass eine Regierung in diesem Bereich überhaupt kein Geld mehr ausgeben sollte. Meine Argumentation zielt eher auf die Teleologie, anstatt auf Forschung generell. Es muss eine Art von Förderung geben, die funktioniert. Durch eine unglückliche Wendung der Dinge flossen aus der Forschung riesige finanzielle Erträge an die Regierungen zurück – man denke nur an das Internet. Oder an die Vorteile, die sich aus militärischen Aufwendungen für Innovationen und, wie wir sehen werden, aus medizinischen Heilmethoden ergaben. Das Problem besteht einfach darin, dass Funktionäre (besonders in Japan) bei der Suche nach Erkenntnissen zu teleologisch vorgehen; dasselbe gilt für große Firmen. Die schlimmsten Feinde der meisten großen Firmen wie etwa Big Pharma sind sie selbst.

In der nicht angewandten Forschung werden Forschungszuschüsse und Subventionierungsleistungen an Menschen vergeben, nicht an Projekte, und sie werden in jeweils begrenzter Höhe auf viele Forscher verteilt. Der Wissenschaftssoziologe Steve Shapin, der eine Zeitlang in Kalifornien die Vorgehensweise von Risikokapitalanlegern beobachtete, berichtete, dass Investoren zumeist Unternehmer unterstützen und nicht Ideen. Entscheidungen sind weitestgehend Ansichtssache, gepaart mit den Fragen: »Wen kennt man?« und »Wer hat was gesagt?« – denn, um es im Fachjargon dieser Leute zu formulieren, Sie wetten ja auf den Jockey und nicht auf das Pferd. Warum? Weil Innovationen driften und man die Fähigkeiten eines Flaneurs braucht, um die Gelegenheiten zu nutzen, wenn sie sich bieten; man darf nicht in einer vorgegebenen bürokratischen Struktur verhaftet bleiben. Shapin zeigte, dass die wirklich bedeutenden Risikokapitalentscheidungen ohne Geschäftsplan im engeren Sinn gefällt werden. Wenn es also überhaupt eine »Analyse« gäbe, müsste sie eine Art Stütze und Bestätigung darstellen. Ich habe selbst auch einige Zeit mit Risikokapitalanlegern in Kalifornien verbracht –

immer in der Gefahr, selbst auch einiges zu investieren –, und das war mit Sicherheit eine vorgegebene Struktur.

Das Geld sollte also zusehends an Tüftler gehen, und zwar an solche, die dynamisch genug sind, um jede Option auszunutzen.

Lassen Sie uns einige statistische Argumente prüfen und etwas technisch werden. Erträge aus Forschungen fallen in Extremistan an; sie folgen einer statistischen Verteilung in der Art eines Potenzgesetzes mit großen, fast unbegrenzten Vorteilen, aber aufgrund der Optionalität begrenzten Nachteilen. Der finanzielle Ertrag aus Forschungsunternehmen sollte konsequenterweise in einem linearen Bezug stehen zur Anzahl der Versuche, nicht zum in die Versuche investierten Gesamtkapital. Da, wie in Abbildung 7 gezeigt, der Erfolgreiche einen explosiven Ertrag ohne Obergrenze erzielen wird, empfiehlt sich als Vorgehensweise eine Art blinde Finanzierung. Sie bestünde in der »Eins geteilt durch n«- beziehungsweise »1/N«-Methode, wobei man die Einsätze auf so viele Versuche wie möglich streut: Wenn sich Ihnen *n* Optionen bieten, dann investieren Sie mit gleichen Beträgen in alle.* Kleine Beträge pro Versuch, viele Versuche, breitere Streuung, als es wünschenswert erscheint. Warum? Weil es in Extremistan wichtiger ist, mit kleinen Beiträgen an irgendetwas beteiligt zu sein, als eine Chance zu verpassen. Ein Anleger meinte mir gegenüber: »Der Gewinn ist unter Umständen so groß, dass du es dir nicht leisten kannst, nicht überall deine Finger drin zu haben.«

Der medizinische Bereich

Im Unterschied zur Technik hat die Medizin bereits eine lange Geschichte der Domestizierung des Glücks hinter sich; heute gilt als anerkannt, dass in der ärztlichen Praxis der Zufall eine Rolle spielt. Allerdings hat sich diese Erkenntnis noch nicht überall durchgesetzt.

* »1/N« ist die Formel, die Mandelbrot und ich im Jahr 2005 anwandten, um auf der Grundlage einfacher mathematischer Zusammenhänge optimierte Portfolios und moderne Finanztheorien zu widerlegen; unter Extremistan-Bedingungen favorisieren wir eine breite, sehr breite Streuung mit geringen, jeweils gleichen Kontingenten, im Unterschied zu dem, was aktuelle Finanztheorien vorschreiben.

Mit Zahlen aus dem medizinischen Sektor ist es möglich, die Leistung teleologisch ausgerichteter Forschung mit zufällig sich ergebenden Entdeckungen zu vergleichen. Die US-Regierung liefert dafür das ideale Datenmaterial: die Aktivitäten des National Cancer Institute, einer Einrichtung, die im Zuge von Nixons »Krieg gegen den Krebs« in den frühen 1970er Jahren gegründet wurde. Morton Meyers, ein niedergelassener Arzt und Forscher, schreibt in seinem großartigen Buch *Happy Accidents: Serendipity in Modern Medical Breakthroughs* (*Über die Rolle glücklicher Zufälle bei medizinischen Durchbrüchen*): »Nachdem 20 Jahre lang über 144 000 Pflanzenextrakte aus ungefähr 15 000 Gattungen analysiert wurden, schaffte es nicht ein einziges pflanzliches Krebsmedikament, als solches anerkannt zu werden. Dieser Misserfolg steht in völligem Kontrast zu der in den ausgehenden 1950er Jahren gemachten Entdeckung der Vinca-Alkaloide, einer wichtigen Gruppe pflanzlicher Arzneimittel gegen Krebs – einer Entdeckung, die sich nicht zielgerichteter Forschung, sondern dem Zufall verdankte.«

John LaMattina, ein Insider, der über seine Erfahrungen schrieb, nachdem er aus der Pharmabranche ausgestiegen war, führt Statistiken an, die die Kluft zwischen der öffentlichen Wahrnehmung des Beitrags wissenschaftlicher Forschung und den tatsächlichen Verhältnissen belegen: Neun von zehn Medikamenten wurden von der Privatindustrie entwickelt. Selbst die steuergeförderten National Institutes of Health stellten fest, dass von 46 Medikamenten auf dem Markt, die nennenswerte Umsätze erzielen, lediglich drei staatlichen Fördermaßnahmen geschuldet sind.

Wir haben die Tatsache, dass Heilmethoden gegen Krebs aus anderen Forschungszweigen stammen, noch nicht wirklich verdaut. Man sucht nach Medikamenten gegen andere Krankheiten als Krebs (oder vielleicht sogar nicht einmal nach Medikamenten) und findet etwas, wonach man nicht gesucht hat (und umgekehrt). Das Muster, das sich dabei interessanterweise durchhält: Wenn ein solches Forschungsergebnis zuerst von einem Akademiker entdeckt wird, dann wird er die Konsequenzen sehr wahrscheinlich außer Acht lassen, da es nicht das war, was er herausfinden wollte – ein Akademiker hat schließlich ein vorgegebenes Skript, an dem er sich orientiert. Um es in Options-Begriffen zu formulieren: Er macht von seiner Option trotz ihres Werts keinen Gebrauch – ein (wie auch immer man Rationalität definiert) eklatant irrationales Verhalten, verhält er sich doch wie jemand, der zwar geizig ist, aber trotzdem eine große Geldsumme, die er in seinem Garten findet, nicht aufhebt. Meyers kennt auch den »Flugunterricht-für-Vögel«-Effekt: Entdeckungen werden fälschlich im Nachhinein auf irgendwelche akademischen Forschungen zurückgeführt, was unserer Illusion weitere Nahrung gibt.

In einigen Fällen kann man nicht bis ins Letzte nachvollziehen, was passiert ist, da die Entdeckung im Zusammenhang mit militärischen Ereignissen gemacht wurde. Das gilt beispielsweise für die Chemotherapie bei Krebs, wie Meyers in seinem Buch beschreibt. Im Jahr 1942 wurde ein amerikanisches Schiff, das Senfgas an Bord hatte, vor Bari von einer deutschen Bombe getroffen. Dieses Ereignis gab den Anstoß zur Entwicklung der Chemotherapie, da das Gas sich positiv auf das Befinden von Soldaten mit Hodgkin-Lymphom auswirkte (das die weißen Blutkörperchen vernichtet). Allerdings war der Einsatz von Senfgas durch die Genfer Konvention untersagt, daher kam die Geschichte nicht an die Öffentlichkeit – Churchill ließ sämtliche Hinweise darauf aus den Berichten der britischen Regierung streichen; in den Vereinigten Staaten wurden die Informationen über das Zustandekommen zwar ebenfalls zurückgehalten, nicht aber die Erkenntnisse zur Auswirkung von Stickstofflosten.

James Le Fanu, ein Arzt und Schriftsteller, ist der Meinung, dass die therapeutische Revolution, also die Periode der Nachkriegsjahre, in der sich eine große Anzahl wirkungsvoller Therapien herausbildete, nicht von wissenschaftlichen Erkenntnissen bestimmt wurde. Sie ging auf das genaue Gegenteil zurück, nämlich »die Einsicht von Ärzten und Wissenschaftlern, dass es nicht nötig ist, detailliert zu verstehen, was nicht stimmte, sondern dass vielmehr die synthetische Chemie blind und zufällig genau die Mittel liefern würde, die Ärzten seit Jahrhunderten entgangen waren«. (Er führt als zentrales Beispiel die von Gerhard Domagk identifizierten Sulfonamide an.)

Die Erweiterung unseres theoretischen Wissens – die »epistemische Grundlage«, um mit Mokyr zu sprechen – hatte außerdem eine *Reduzierung* der Anzahl neuer Medikamente zur Folge. Etwas, das Fat Tony oder der Grünholz-Typ uns gleich hätten sagen können. Man könnte jetzt natürlich argumentieren, wir hätten eben die unten hängenden

Früchte abgeerntet, aber ich gehe noch weiter, wobei ich mich aus anderen Bereichen (wie dem Ertrag aus dem Humangenomprojekt oder der Drosselung medizinischer Heilverfahren in den vergangenen zwanzig Jahren angesichts der wachsenden Forschungskosten) bestätigt sehe: Wissen in komplexen Bereichen (beziehungsweise das, was man gemeinhin »Wissen« nennt) behindert die Forschung.

Oder, andersherum gesagt: Wenn man die chemische Zusammensetzung von Zutaten studiert, wird man weder ein besserer Koch noch ein besserer Verkoster – womöglich wird man sogar in beidem schlechter. (Besonders für Menschen mit einem Hang zur Teleologie ist Kochen eine demütigende Erfahrung.)

Man könnte eine Liste von Medikamenten erstellen, die das Ergebnis glücklicher Zufälle à la Schwarzer Schwan sind, und sie mit einer Liste jener Medikamente vergleichen, die gezielt entwickelt wurden. Ich war schon drauf und dran, etwas Derartiges anzulegen, musste dann aber feststellen, dass die echten Ausnahmen, also Wirkstoffe, die im Rahmen eines teleologischen Verfahrens entdeckt wurden, einfach zu selten vorkommen – es handelt sich in erster Linie um AZT, also um Medikamente gegen Aids. Designermedikamente haben eine Haupteigenschaft – sie sind vorsätzlich entwickelt worden (»designed«, also teleologisch). Aber wir sind offenbar nicht imstande, ein Arzneimittel vorsätzlich zu entwickeln und dabei die potentiellen Nebenwirkungen mit zu bedenken – für die Zukunft gezielt entwickelter Medikamente ein echtes Problem. Je mehr Medikamente auf dem Markt sind, desto unüberschaubarer werden die Wechselwirkungen – mit jedem neu eingeführten Medikament wächst die Anzahl möglicher Wechselwirkungen. Wenn es zwanzig verschiedene Medikamente gibt, muss man beim einundzwanzigsten Medikament zwanzig Wechselwirkungen in Betracht ziehen; das ist natürlich kein Problem. Aber wenn es tausend Medikamente gibt, müssen wir etwas weniger als tausend Wechselwirkungen untersuchen. Gegenwärtig werden mehrere zehntausend Medikamente angeboten. Außerdem weisen Untersuchungsergebnisse darauf hin, dass wir die Wechselwirkungen von *angebotenen* Medikamenten, also von denen, die bereits auf dem Markt sind, um den Faktor vier unterschätzen; die Zahl der angebotenen Medikamente sollte also eher zurückgehen als weiterwachsen.

Es gibt in diesem Geschäft ein offensichtliches Gefälle: Ein Medikament kann für den einen Zweck entwickelt worden sein und dann für ganz andere Zwecke angewendet werden, ein Phänomen, das der Wirtschaftswissenschaftler John Kay *obliquity* – Umweg – nennt. So veränderten sich beispielsweise wiederholt die Anwendungsbereiche von Aspirin; und die Erkenntnisse eines Judah Folkman, der postulierte, man müsse zur Behandlung von Tumoren mit Angiogenese-Hemmern arbeiten, also die Neubildung von Blutgefäßen verhindern, führten (in der Entwicklung von Bevacizumab, bekannt als Avastin) zur Behandlung von Makuladegeneration, einem effektiveren Einsatzgebiet als dem ursprünglich anvisierten.

Statt auf meine Wäscheliste von Medikamenten (schlicht zu unelegant) verweise ich den Leser an dieser Stelle auf das Buch von Meyers, auf Claude Bohuon und Claude Monneret: *Fabuleux hasards, histoire de la découverte des médicaments;* und Jie Jack Li: *Laughing Gas, Viagra and Lipitor.*

Matt Ridleys anti-teleologisches Argument

Der große mittelalterliche arabische Denker Algazel (Al-Ghazali) war Philosoph und Skeptiker. Er kritisierte die teleologische Orientierung des Averroës und dessen Rationalismus und führte in diesem Zusammenhang das berühmte Beispiel der Nadel an, das heute fälschlich Adam Smith zugeschrieben wird. Die Nadel wird nicht von einem Individuum hergestellt, sondern von fünfundzwanzig Personen; sie arbeiten zusammen, ohne dass ein zentraler Lenker direkt anwesend wäre – die Zusammenarbeit wird von einer unsichtbaren Hand geleitet. Auf sich allein gestellt wäre keiner von ihnen in der Lage, die Nadel herzustellen.

Nach Auffassung Algazels, eines skeptischen Fideisten (also eines Skeptikers, der einem religiösen Glauben anhängt), liegt Wissen nicht in der Hand der Menschen, sondern in der Hand Gottes – Adam Smith setzt an die Stelle Gottes das Gesetz des Marktes, moderne Theoretiker sehen hier Selbstorganisation am Werk. Wenn sich der Leser wundert, dass Fideismus hinsichtlich des menschlichen Wissens und der Auffassung, dass die Logik der Dinge verborgen ist, erkenntnistheoretisch denselben Effekt hat wie reiner Skeptizismus, dann setze er an die Stelle

Gottes die Natur, das Schicksal, das Unsichtbare, Opake und Unzugängliche, und er wird zu denselben Ergebnissen kommen. Die Logik der Dinge ist uns nicht zugänglich (sie liegt in der Hand Gottes oder der Natur oder spontaner Kräfte); und geht man davon aus, dass dieser Tage niemand in direkter Kommunikation mit Gott steht (nicht einmal in Texas), gibt es kaum einen Unterschied zwischen Gott und der Opakheit der Realität. Es existiert nicht ein einziges Individuum, das auch nur ansatzweise den großen Prozess versteht, und das ist es, worauf es eigentlich ankommt.

Der Autor Matt Ridley liefert vor dem Hintergrund seines Spezialgebiets, der Biologie, ein noch triftigeres Argument. Menschen unterscheiden sich von Tieren durch ihre Fähigkeit zur Zusammenarbeit, sie können sich gemeinsam für eine Sache einsetzen und ihre Ideen – entschuldigen Sie den Ausdruck – kopulieren lassen. Zusammenarbeit hat eine explosive Oberseite, der mathematische Fachausdruck lautet »superadditive Funktion«: Eins plus eins ergibt mehr als zwei, und eins plus eins plus eins ist sehr, sehr viel mehr als drei. Man hat hier Nichtlinearität – mit explosiven Vorteilen – in Reinkultur vor sich; eine Antwort auf die Frage, wie solche Verhältnisse vom Stein der Weisen profitieren, werde ich im Detail noch liefern. Natürlich ist das ein entscheidendes Argument für Unvorhersagbarkeit und Schwarzer-Schwan-Effekte: Da es nicht möglich ist, Zusammenarbeitsprozesse vorherzusagen und zu regulieren, kann man auch nicht sehen, wohin sich die Welt entwickelt. Das Einzige, was man tun kann, ist: eine Umgebung herstellen, die dieses Zusammenwirken begünstigt, und so eine Grundlage für Wohlstand schaffen. Und nein, zentralisieren kann man Innovationen nicht, das haben wir ja in Russland gesehen.

Bemerkenswerterweise – um kurz mit den Gedanken Algazels etwas tiefer in die Philosophie einzusteigen – hat Religion hier den Effekt, die Abhängigkeit von der Fehlbarkeit menschlicher Theorien und Handlungsweisen zu reduzieren, in gewisser Weise treffen sich hier also Algazel und Adam Smith. Für den einen ist die unsichtbare Hand der Markt, für den anderen ist sie Gott. Es war für die Menschen schon immer schwierig nachzuvollziehen, dass historisch gesehen der Skeptizismus überwiegend Skepsis gegenüber Expertenwissen, nicht Skepsis gegenüber abstrakten Wesenheiten wie Gott bedeutete; alle großen Skeptiker waren entweder selbst religiös oder standen zumindest der Religion nicht ablehnend gegenüber (das heißt, sie begrüßten es, wenn *andere* religiös waren).

Unternehmens-Teleologie

Während meiner Zeit als Student der Wirtschaftswissenschaften besuchte ich nur selten Seminare zum Thema strategische Planung, obwohl es sich dabei offiziell um Pflichtveranstaltungen handelte, und wenn ich doch einmal im Seminarraum auftauchte, hörte ich dem, was dort vorgetragen wurde, nicht eine Nanosekunde lang zu; nicht einmal die Bücher kaufte ich mir. Die Studentenkultur hat ihr ganz eigenes Gespür für Themen, wir wussten, dass es dort nur Geschwätz zu hören gab. Ich absolvierte die erforderlichen Managementkurse, indem ich die Professoren durcheinanderbrachte, mit komplizierten Logiken herumspielte, und ich hätte es für intellektuell unredlich gehalten, mehr Seminare zu besuchen, als unbedingt nötig war.

Wirtschaftsunternehmen sind von der Idee strategischer Planung besessen. Sie bezahlen dafür, sich vorstellen zu können, wohin sie sich entwickeln. Allerdings gibt es keinerlei Belege dafür, dass strategische Planung funktioniert – eher für das Gegenteil. William Starbuck, ein Managementspezialist, hat einige Aufsätze veröffentlicht, in denen er den Mythos von der Effektivität von Planungsmaßnahmen entzaubert – sie machen Unternehmen unfähig, Optionen zu erkennen, da sie auf eine nicht-opportunistische Verfahrensweise festgelegt werden.

Fast alle theoretischen Elemente im Management, vom Taylorismus bis zu den ganzen Produktivitätsgeschichten, wurden nach empirischen Testmethoden als Pseudowissenschaft entlarvt – wie bei den meisten wirtschaftswissenschaftlichen Theorien bewegt sich auch hier alles in einem evidenzfernen Paralleluniversum. Matthew Stewart, ein studierter Philosoph, war eine Zeitlang als Managementberater tätig und gibt davon in seinem Buch *The Management Myth* eine abstoßende, aber auch unterhaltsame Insiderdarstellung zum Besten. Sie erinnert stark an die Selbstbedienungsmentalität der Banker. Und auch Abrahamson und Friedman entzaubern in ihrem großartigen Buch *A Perfect Mess* viele dieser sauberen, knappen, teleologischen Vorgehensweisen. Ergebnis: Strategische Planung ist nichts anderes als abergläubisches Geschwätz.

Um die Verschiebungen im Geschäftswesen, also rationale, opportunistische Verschiebungen zu illustrieren, hier ein paar Beispiele. Coca-Cola war zunächst ein pharmazeutisches Produkt. Tiffany & Co., das exklusive Schmuckunternehmen, begann als einfacher Laden. Während bei diesen beiden die Nähe zum Ursprung noch erkennbar ist, stellte Raytheon, der Entwickler des ersten Raketenlenksystems, zunächst Kühlschränke her (einer der Gründer war kein anderer als Vannevar Bush, der das teleologisch-lineare Wissenschaftsmodell ersann, das wir bereits kennengelernt haben – ausgerechnet!). Und ein noch abenteuerlicherer Fall: Nokia, früher einmal führend in der Handy-Herstellung, fing als Papierfabrik an (irgendwann haben sie auch Gummistiefel hergestellt). DuPont, dessen Name für die Teflon-Antihaft-Pfannen steht, für Corian-Oberflächen und die hoch belastbaren Kevlar-Fasern, begann als Sprengstoffhersteller. Die spätere Kosmetikgesellschaft Avon betrieb zunächst einen Haustürverkauf von Büchern. Der kurioseste Fall ist Oneida Silversmiths: Der Besteckhersteller ging aus einer religiösen Gemeinschaft hervor, deren Angehörige sich wegen behördlicher Vorschriften eine Scheinidentität als Aktiengesellschaft zulegen mussten.

Das umgekehrte Truthahn-Problem

Einige Hintergrundinformationen zur Epistemologie statistischer Aussagen: Ich möchte zeigen, wie das Unbekannte, das man nicht sieht, im einen Fall positive, im anderen Fall negative Informationen enthalten kann, wobei im Bereich von Extremistan die Kontraste noch um einiges stärker ausgeprägt sind.

Um es noch einmal zu sagen (ich muss diesen Sachverhalt öfter wiederholen, Intellektuelle vergessen ihn zu gern): Beweise für eine Abwesenheit sind nicht dasselbe wie die Abwesenheit von Beweisen. Beim Antifragilen scheinen in Daten aus der Vergangenheit positive Informationen nicht vorhanden zu sein, beim Fragilen sind es die negativen Informationen, die nicht unbedingt in Erscheinung treten.

Stellen Sie sich vor, Sie gehen mit einem Notebook nach Mexiko, um aufgrund zufälliger Begegnungen mit den Menschen, die Ihnen gerade über den Weg laufen, das Durchschnittsvermögen der Bevölkerung zu ermitteln. Wenn Sie nicht auch Carlos Slim treffen, wird Ihr Ergebnis wenig aussagekräftig sein. Von allen etwa hundert Millionen Mexikanern dürfte Slim nach meiner Schätzung reicher sein als die unteren siebzig bis neunzig Millionen zusammengenommen. Wenn Sie also das »seltene Ereignis« verpassen, werden Sie das Gesamtvermögen völlig unterschätzen, selbst wenn Sie die Daten von fünfzig Millionen Menschen erheben.

Die Graphen in Abbildung 6 oder auch 7 illustrieren den Ertrag aus dem Versuch-und-Irrtum-Verfahren. Wenn Sie sich aufs Tüfteln einlassen, passieren Ihnen viele kleine Misserfolge, und dann und wann stoßen Sie auf etwas Bedeutendes. Diese Vorgehensweise sieht von außen gar nicht gut aus – die positiven Qualitäten bleiben im Gegensatz zu den Fehlschlägen verborgen.

> *Im Fall der Antifragilität (bei positiven Asymmetrien, in positiven Schwarzer-Schwan-Unternehmungen), etwa bei Versuch und Irrtum, wird man aufgrund der vorliegenden Daten den langfristigen Durchschnitt eher unterschätzen; verborgen bleiben die Qualitäten, nicht die Schwächen.*

(Im Anhang finden Sie ein Diagramm, falls Sie sich das Problem graphisch vor Augen führen wollen.)

Erinnern wir uns an unsere Mission: »Sei kein Truthahn!« Worauf es ankommt: Wenn man es mit einer großen Stichprobe zu tun hat, die Truthahn-Problemen ausgesetzt ist, neigt man dazu, die Anzahl ungünstiger Ereignisse eher *niedriger* einzuschätzen – seltene Ereignisse sind eben einfach selten und fallen in Datenreihen nicht sonderlich auf, und da *das Seltene hier meistens negativer Natur ist,* sieht die Darstellung der Realität schöner aus als die Realität selbst. Aber hier haben wir es mit dem Spiegelbild zu tun, der umgekehrten Situation. Im Rahmen von positiven Asymmetrien, also im Fall von Antifragilität, ist das »Unsichtbare« positiv. Die »empirische Evidenz« hat somit die Tendenz, positive Ereignisse zu übersehen und die Gesamtleistung zu unterschätzen.

Für das klassische Truthahn-Problem lautet die Regel folgendermaßen:

Im fragilen Fall negativer Asymmetrien (Truthahn-Problemen) wird man aufgrund der vorliegenden Daten den langfristigen Durchschnitt eher überschätzen; verborgen bleiben die Schwächen, während die Qualitäten herausgestrichen werden.

Was daraus folgt, kann das Leben entscheidend vereinfachen. Da aber die Standardmethoden Asymmetrien außen vor lassen, wird so ziemlich jeder, der nur ein herkömmliches Statistikstudium absolviert und sich nicht tief in die Materie hineinbegeben hat (sich also nur so viel angeeignet hat, dass er dazu in der Lage ist, in den Sozialwissenschaften herumzutheoretisieren oder Studenten zu unterrichten), das Truthahn-Problem nicht verstehen. Ich habe eine einfache Regel: Man darf von denen, die in Harvard unterrichten, deutlich weniger Einsicht in den Lauf der Welt erwarten als von Taxifahrern oder von Personen, die mit vorgestanzten Schlussfolgerungsmethoden erwiesenermaßen nichts zu tun haben (das ist eine Heuristik, sie kann falsch sein, aber sie funktioniert; ich bin darauf gestoßen, als die Harvard Business School den Fragilisten Robert C. Merton in den Lehrkörper aufnahm).

Gönnen wir uns also den Spaß, ein wenig auf Professoren der Harvard Business School herumzuhacken – sie haben es wirklich verdient! Als Beispiel für den ersten Fall (den Irrtum, positive Asymmetrien außer Acht zu lassen) nehmen wir eine Abhandlung von Gary Pisano über das Potential von Biotechnologien. Er beging den elementaren Fehler à la »umgekehrter Truthahn«: Er realisierte nicht, dass in einem Unternehmen mit begrenzten Verlusten und unbegrenztem Potential (dem genauen Gegenteil des Bankwesens) das, was man nicht wahrnehmen kann, einerseits wichtig, andererseits aus vergangenen Ereignissen nicht erschließbar sein kann. Pisano schreibt: »Trotz des kommerziellen Erfolgs mehrerer Unternehmen und der erstaunlichen Ertragssteigerungen für den gesamten Industriezweig erzielen die meisten Biotechnologiefirmen keinen Gewinn.« Das mag stimmen, allerdings ist die Schlussfolgerung daraus falsch – möglicherweise rückwärtsgewandt –, und das in doppelter Hinsicht; und angesichts der gravierenden Konsequenzen ist es hilfreich, die logischen Zusammenhänge noch einmal zu wiederholen. Erstens: Die »meisten Unternehmen« in Extremistan erzielen keinen Gewinn – das seltene Ereignis dominiert, und einige wenige Gesellschaften streichen sämtliche Schekel ein. Und so recht Pisano in Details haben mag – vor dem Hintergrund der Asymmetrie und Optionalität, die wir in Abbildung 7 gezeigt haben, ist seine Argumentation nicht beweiskräftig. Es wäre also besser, er würde sich ein anderes Thema suchen, etwas weniger Gefährliches, das Harvard-Studenten interessieren könnte, etwa wie man eine überzeugende Power-Point-Präsentation erstellt oder worin sich die japanische von der französischen Managerkultur unterscheidet. Und noch einmal: So recht er zum Beispiel hinsichtlich des beklagenswerten Potentials von Biotechnologieanlagen hat – die von ihm verwendeten Daten geben das nicht her.

Warum ist nun die Denkweise von Theoretikern wie Professor Pisano so gefährlich? Nicht aus dem Grund, dass er Forschungen auf dem Biotechnologiesektor verhindert. Das Problem ist, dass ein solcher Fehler alles auf dem ökonomischen Sektor verhindert, was antifragile Eigenschaften hat (in der Fachterminologie gesprochen: alles »Rechtsschiefe«). Und er würde der Fragilität Vorschub leisten, wenn er solche Bereiche begünstigt, die »sichere Wetten« bieten.

Bemerkenswerterweise machte ein anderer Professor aus Harvard, Kenneth Froot, genau denselben Fehler, allerdings in der entgegengesetzten Richtung, mit negativen Asymmetrien. Er analysierte Rückversicherungsgesellschaften (jene, die Versicherungen gegen Katastrophen anbieten) und meinte, eine Abweichung festgestellt zu haben. Sie machten im Verhältnis zu den Risiken, die sie eingingen, zu große Gewinne, denn Katastrophen ereigneten sich offenbar *weniger häufig*, als es sich in den Prämien niederschlug. Was er nicht sah, war der Punkt, dass große Katastrophen die Versicherungen ausschließlich im negativen Sinn treffen und dass sich diese Katastrophen aus Daten aus der Vergangenheit nicht erschließen lassen (denn, wie gesagt: Sie sind selten). Denken Sie an das Truthahn-Problem. Ein einziger Zwischenfall – die Verbindlichkeiten aufgrund von Asbestklagen – trieb mehrere Versicherergruppen von Lloyds in den Ruin, wobei über viele Generationen hinweg angesammelte Einkünfte verloren gingen. Ein einziger Zwischenfall!

Wir kommen noch einmal auf diese beiden unterschiedlichen Ertragsformen zu sprechen – mit der Variante »links begrenzt« (limitierte Verluste, wie bei der Wette des Thales) und »rechts begrenzt« (limitierte Gewinne, etwa bei Versicherungen oder Banken). Die Unterscheidung ist ausschlaggebend, da die meisten Erträge entweder in die eine oder in die andere Kategorie gehören.

Siebenmal Scheitern, plus oder minus zwei

Ich schließe diesen Abschnitt mit einigen Regeln, die sich aus dem bisher Gesagten ergeben. 1. Halten Sie nicht nur Ausschau nach Optionalität, sondern reihen Sie die Dinge entsprechend ihrer Optionalität auf, und zwar 2. indem Sie solche mit nach oben offenen, nicht begrenzten Erträgen bevorzugen; 3. investieren Sie nicht in Businesspläne, sondern in Menschen, und halten Sie Ausschau nach Personen, die in der Lage sind, sechs- oder siebenmal (oder sogar noch häufiger) im Lauf ihrer Karriere neu anzufangen (eine Strategie, die zum Modus Operandi des Risikokapitalanlegers Marc Andreessen gehört); in Menschen zu investieren macht immun gegen die im Nachhinein geschönten Erzählmuster von Businessplänen. Es ist einfach robuster, sich so zu verhalten. 4. Sorgen Sie dafür, dass Sie (am besten mit Hilfe von Hanteln) ausreichend trainiert sind – was auch immer das für Ihren Tätigkeitsbereich heißen mag.

Der Scharlatan, der Akademiker und der Showman

Ich beende dieses Kapitel mit einem traurigen Gedanken: unserer Undankbarkeit gegenüber den vielen, die dafür gesorgt haben, dass wir hier sind, indem sie unseren Vorfahren halfen zu überleben.

Unser fehlendes Verständnis für konvexes Tüfteln, für Antifragilität und für die Frage, wie wir mit dem Zufall zurechtkommen, ist untrennbar (natürlich nicht bewusst und explizit) mit der Beschaffenheit unserer Institutionen verwoben. Es gibt in der Medizin eine Kategorie von Leuten, die wir Empiriker, empirische Skeptiker, Macher nennen; sehr viel mehr Bezeichnungen gibt es nicht – wir haben nicht viele Namen für sie, weil sie nur wenige Bücher geschrieben haben. Viele ihrer schriftlichen Hinterlassenschaften wurden zerstört oder vor dem kulturellen Bewusstsein versteckt, oder sie sind auf natürliche Weise aus den Archiven verschwunden, und die Geschichtsschreibung hat die Erinnerung an sie äußerst stiefmütterlich behandelt. Formale Denker, theoretisierende Theoretiker haben den Drang, Bücher zu schreiben; die Praktiker, Menschen mit einem weniger engen Verhältnis zum Schreibtisch, suchen eher den Trubel und die Aufregung, sie sind zufrieden, wenn der Rubel rollt und sie im Wirtshaus Reden schwingen können. Ihre Erfahrungen werden dann häufig von Akademikern formalisiert, und Geschichte wurde von denen geschrieben, die uns weismachen wollen, dass logisches Denken und Erörtern bei der Entstehung von Wissen die zentrale Rolle spielen.

Am Ende dieses Kapitels soll es also um die so genannten Scharlatane gehen. Einige waren wohl tatsächlich Scharlatane, einige weniger; einige ganz und gar nicht; und es gab viele Grenzfälle. Über Jahrhunderte hinweg stand die offizielle Medizin in Konkurrenz zu marktschreierischen Quacksalbern, Kurpfuschern, Zauberern und Hexen – allen möglichen Praktikern ohne Lizenz. Einige zogen von Stadt zu Stadt und machten aus ihren Heilprozeduren großes Theater vor vielen Zuschauern. Während der Durchführung von Operationen wurden Zaubersprüche rezitiert.

Zu dieser Kategorie gehörten auch Ärzte, die sich nicht der herrschenden griechisch-arabischen Schule rationaler Medizin zugehörig fühlten, welche in der hellenistischen Welt Kleinasiens entstanden war und später in den arabischsprachigen Ausbildungszentren weitergeführt wurde. Die Römer waren ein theoriefeindlicher, pragmatischer Haufen; die Araber dagegen liebten alles Philosophische und »Wissenschaftliche« und stellten Aristoteles, der bis dahin nirgends auf größeres Interesse gestoßen war, auf einen Sockel. Wir wissen beispielsweise nur sehr wenig von der skeptisch-empirischen Schule des Menodotos von Nikomedeia, viel mehr dagegen über den Rationalisten Galen. Medizin war für die Araber eine Wissenschaft, sie gründete auf der Logik des Aristoteles und den Methoden Galens; Erfahrung war ihnen ein Greuel.* Heilkundliche Praktiker – das waren die anderen.

Die Regulierung des medizinischen Establishments ging aus ökono-

* Nur wenigen ist bewusst, dass die arabische Denkweise der Abstraktion und abstrakter Wissenschaft im theoretischsten Sinn des Wortes den Vorzug gibt – es ist eine Denkweise, die geradezu gewaltsam rationalistisch und weit entfernt von jedem Empirismus ist.

mischen Gründen Hand in Hand mit der Skepsis gegenüber den Empirikern, da diese Konkurrenten das Einkommen schmälerten. Es kann daher auch nicht erstaunen, dass sie mit Dieben in einem Atemzug genannt wurden, wie der folgende, außerordentlich lange Titel eines Texts aus elisabethanischer Zeit belegt: *A short discourse, or, discouery of certaine stratagems, whereby our London-empericks, haue bene obserued strongly to oppugne, and oft times to expugne their poore patients purses* (*Eine kurze Abhandlung, oder Aufdeckung gewisser Listen, mit denen, wie beobachtet wurde, die Empiriker hier in London die Geldbörsen ihrer armen Patienten kräftig erleichtern und häufig auch ganz plündern*).

»Scharlatan« galt als Synonym für »Empiriker«. Das Wort »Empiriker« bezeichnete eine Person, die sich auf Experiment und Erfahrung stützte, um die Richtigkeit von Aussagen und Verfahren zu überprüfen, die also mit Versuch und Irrtum und Tüfteln arbeitete. Das aber galt als berufsmäßig, gesellschaftlich und intellektuell minderwertig. Noch heute halten wir eine solche Vorgehensweise für nicht sonderlich »intelligent«.

Glücklicherweise genossen die Empiriker allerdings den starken Rückhalt der Bevölkerung und konnten nicht ausgerottet werden. Was sie vollbracht haben, können wir heute nicht mehr sehen, aber sie hinterließen deutliche Spuren in der Medizin.

Bemerkenswert ist der sprunghafte Anstieg ärztlicher Kunstfehler nach der Akademisierung und Institutionalisierung der Medizin als Wissenschaft zu Beginn der Moderne. Es ist noch gar nicht so lange her, dass diese Entwicklung abgeklungen ist. Außerdem waren die studierten Ärzte, betrachtet man sie im Licht der Geschichte, auch nicht besser als die von ihnen so genannten Scharlatane – sie versteckten ihren Betrug lediglich unter dem imposanten Deckmantel überzeugenderer Rationalisierungen. Sie waren schlicht *organisierte* Quacksalber. Ich hoffe, das wird sich bald ändern.

Zwar bin auch ich der Meinung, dass die meisten akademisch nicht geprüften Medizinpraktiker Halunken, Kurpfuscher, Quacksalber, häufig wohl noch Schlimmeres waren. Aber deshalb dürfen wir nicht die falschen Schlüsse ziehen. Mit dem logischen Trugschluss »Wenn es unter den Quacksalbern Leute ohne Medizinstudium gibt, sind alle Leute ohne Medizinstudium Quacksalber« haben Formalisten schon immer gearbeitet – aus dem einfachen Grund der Revierverteidigung. Und sie tun es nach wie vor: Die Behauptung (die man als Dummkopf womöglich sogar glaubt), *alles nicht schlüssig Begründbare ist nicht akademisch,* bedeutet nicht, dass *alles nicht Akademische nicht schlüssig begründbar* ist. Der Streit zwischen den »rechtmäßigen« Ärzten und den anderen ist aufschlussreich, vor allem wenn man bedenkt, dass die Ärzte heimlich (und widerwillig) einige der von den anderen entwickelten Heilmittel und Heilverfahren kopierten. Aus ökonomischen Gründen mussten sie das tun. Sie profitierten von dem kollektiven Versuch-und-Irrtum-Erfahrungsschatz der anderen, was dazu führte, dass deren Heilverfahren heute Bestandteil der offiziellen Medizin sind.

Und nun, lieber Leser, wollen wir einen Moment innehalten und diesen Menschen unseren Respekt zollen. Machen wir uns klar, wie undankbar wir gegenüber jenen sind, denen wir unsere Existenz verdanken und die dabei nicht einmal wussten, dass sie Helden waren.

Kapitel 16
Eine Lektion im Fach Chaos

Wo tobt der nächste Straßenkampf? –
Wie man entstandardisiert und detouristifiziert –
Der intelligente Student (und seine Umkehrung) –
Wer flaniert, hat Optionen

Die nächsten Themen sind Teleologie und Unordnung – im Privatleben und in der Ausbildung. Daran schließt sich eine autobiographische Vignette an.

Das Ökologische und das Ludische

Im siebten Kapitel trat der Fachmann auf, der die weit verbreitete, aber falsche Analogie zu Blackjack herstellte; ich habe in diesem Zusammenhang bereits darauf hingewiesen, dass es zwei Bereiche gibt: den des Ludischen, der wie ein Spiel strukturiert ist, bei dem also die Regeln im Vorfeld explizit definiert sind; und den Bereich des Ökologischen, bei dem man die Regeln nicht kennt und keine Variablen isolieren kann – wie im wirklichen Leben. Es ist nicht möglich, Fähigkeiten aus dem einen Bereich in den anderen zu übertragen, was in mir eine umfassendere Skepsis entstehen ließ gegenüber jedweder Fähigkeit, die innerhalb eines Klassenzimmers erlernt wird, also letztlich gegenüber allem, was man sich – im Unterschied zu Straßenkämpfen und Situationen im wirklichen Leben – auf nicht-ökologische Weise aneignet.

Ein Umstand, den nur wenige kennen: Es gibt keinen Beweis dafür, dass überragende Fähigkeiten im Schachspiel mit besseren Verstandesleistungen jenseits des Schachbretts einhergehen – sogar Spieler, die Blindschach gegen eine ganze Gruppe von Gegnern spielen, haben, wenn sie nicht am Brett sitzen, keine höhere Erinnerungskapazität als der Durchschnittsbürger. Die Bereichsspezifizität von Spielen ist uns bewusst, also die Tatsache, dass man damit nichts fürs Leben lernen kann, dass vielmehr bei der Übertragung vom einen auf den anderen Bereich sehr viel verloren geht. Aber es fällt uns schwer, diese Lektion auf das Fachwissen anzuwenden, das in Schulen vermittelt wird, das heißt die entscheidende Tatsache zu akzeptieren, dass das, was im Klassenzimmer vermittelt wird, auch weitgehend im Klassenzimmer *bleibt*. Schlimmer noch: Im Klassenzimmer kann sogar messbarer Schaden angerichtet werden; man hat hier eine Variante schädlicher Nebenwirkungen vor sich, die kaum einmal zur Sprache gebracht wird. Laura Martignon zeigte mir Untersuchungen ihrer Doktorandin Birgit Ulmer, aus denen klar hervorgeht, dass die Fähigkeit von Kindern zu zählen, *zurückgeht*, wenn der Rechenunterricht beginnt. Wenn Sie Kinder fragen, wie viele Zwischenräume sich zwischen fünfzehn Zaunpfosten befinden, dann wissen diejenigen, die keinen Rechenunterricht haben, dass es vierzehn sind. Die anderen dagegen kommen durcheinander und machen oft den Fehler zu sagen, es seien fünfzehn.

Die Touristifizierung der Übermutti

Der Biologe und Intellektuelle E. O. Wilson wurde einmal gefragt, was seiner Ansicht nach die Entwicklung von Kindern am meisten behindere; seine Antwort: die Übermutti. Er arbeitete nicht mit der Vorstellung des Prokrustesbetts, beschrieb aber genau dessen Wirkungsweise. Wilson ist der Auffassung, dass Übermuttis die Liebe ihrer Kinder zum Lebendigen unterdrücken, ihre natürliche Biophilie. Aber das Problem ist genereller; Übermuttis arbeiten darauf hin, aus dem Leben ihrer Kinder das Versuch-und-Irrtum-Moment, die Antifragilität zu eliminieren, sie bewegen sie vom Ökologischen, von der realen Welt weg und verwandeln sie in Nerds, die in vorgefertigte (Übermutti-kompatible) Realitätsentwürfe passen. Ihre Kinder werden gute Schüler, aber Nerds – wie Computer, nur langsamer. Sie erwerben auch keinerlei Erfahrung im Umgang mit Ambiguität. Als Kind eines Bürgerkriegs kann ich an strukturiertes Lernen nicht glauben – ich bin fest davon überzeugt, dass man kein Nerd sein muss, um ein Intellektueller zu sein, vorausgesetzt, es steht einem eine private Bibliothek anstelle eines Klassenzimmers zur Verfügung, man verbringt seine Zeit als zielloser (dabei rationaler) Flaneur und profitiert von dem, was Zufälligkeit einem innerhalb und außerhalb der Bibliothek zu geben vermag. Wenn wir die richtige Art von Strenge mitbringen, dann brauchen wir Zufälligkeit, Unordnung, Abenteuer, Unsicherheit, Selbstentdeckung, ans Traumatische grenzende Episoden, all das, was das Leben lebenswert macht und es abhebt von dem strukturierten, gefälschten und ineffektiven Dasein eines leeren Anzugs mit vorgegebenem Stundenplan und Wecker. Selbst seine Freizeit steht unter dem Diktat der Uhr: Squash zwischen vier und fünf; das ganze Leben ist zwischen Terminen eingequetscht. Es hat den Anschein, als habe der Sinn der Moderne darin bestanden, jeden Tropfen Variabilität und Zufälligkeit aus dem Leben zu pressen – mit dem, wie ich im fünften Kapitel gezeigt habe, ironischen Ergebnis, dass die Welt sehr viel unberechenbarer geworden ist, als ob die Schicksalsgöttinnen das letzte Wort behalten wollten.

Nur Autodidakten sind frei. Und das bezieht sich nicht lediglich auf Schulthemen – frei sind diejenigen, die ihr gesamtes Leben entstandardisieren und detouristifizieren. Sport versucht, Zufälligkeit in eine Schachtel zu verpacken, ähnlich denen, die in Gang sechs neben den Thunfischdosen stehen – eine Form von Entfremdung. Um nachzuvollziehen, wie kraftlos die gängigen modernistischen Argumente sind (und noch dazu die eigenen existenziellen Prioritäten zu verstehen), führe man sich den Unterschied zwischen Löwen, die in freier Natur leben, und den Löwen im Zoo vor Augen. Löwen in Gefangenschaft leben länger; sie sind rein äußerlich betrachtet reicher, und sie genießen lebenslange Jobsicherheit; wenn das also die Kriterien sind, auf die es Ihnen ankommt …

Wie üblich hat bereits ein antiker Philosoph, in diesem Fall Seneca, das Problem (und den Unterschied) identifiziert; von ihm stammt das Sprichwort: »Wir lernen nicht für das Leben, sondern lediglich für die Schule« – *non vitae, sed scolae discimus*, was zu meinem großen Entsetzen verderbt und zu Eigenwerbung verdreht wurde, um als Motto vieler Colleges in den Vereinigten Staaten herzuhalten: *Non scolae, sed vitae discimus*, also: »[Hier] lernen wir für das Leben und nicht für die Schule.«

Die größte Spannung im Leben entsteht, wenn die Instanz, die reduziert und fragilisiert (beispielsweise ein Politiker), sich auf Vernunft beruft.

Ein antifragiler (hantelförmiger) Bildungsweg

Es gibt einen Umstand, der mich von den Auswirkungen der Schulbildung geheilt und äußerst skeptisch gegenüber der Vorstellung standardisierten Lernens gemacht hat.

Denn ich bin – trotz meiner diversen Abschlüsse – reiner Autodidakt.

Mein Vater war im Libanon als der »intelligente Schüler Schüler Intelligent« bekannt, ein Wortspiel mit dem arabischen Ausdruck für »intelligenter Schüler« (oder Student) – *taleb nagib*, und er hieß Nagib Taleb. In dieser Form veröffentlichte die Zeitung seinen Namen, als er das Examen der Highschool im Libanon als Bester abschloss. Er war eine Art nationaler Jahrgangsbester, und die wichtigste Tageszeitung berichtete von seinem Tod im Jahr 2002 auf der Titelseite, indem sie ein Wortspiel mit seinem bezeichnenden Namen formulierte: DER INTELLIGENTE SCHÜLER SCHÜLER INTELLIGENT LEBT NICHT MEHR. Seine Schullaufbahn war allerdings eine Schinderei gewesen, denn er hatte die Eliteschule der Jesuiten besucht. Die Jesuiten hatten die Aufgabe, die künftigen Führungskräfte des Landes auszubilden, was dadurch geschah, dass sie am Ende jedes Schuljahrs die Schüler gnadenlos filterten. Ihrer Aufgabe kamen sie äußerst erfolgreich nach: Nicht nur hatten sie (trotz des Krieges) die weltweit höchste Erfolgsrate beim französischen Abitur, ihre Schule konnte sich auch mit einer weltweit einzigartigen Liste berühmter ehemaliger Schüler schmücken. Die Jesuiten vereinnahmten einen Großteil der Freizeit ihrer Schüler für den Unterricht, und so gaben viele freiwillig auf. Man darf – zu Recht – vermuten, dass mich dieser Vater, der landesweit der Jahrgangsbeste war, definitiv gegen Schule immun machte. Und tatsächlich maß mein Vater dem Schulunterricht keinen allzu großen Stellenwert bei und steckte mich nicht in die Jesuitenschule – er wollte mir ersparen, was er durchgemacht hatte. Das gab mir die Freiheit, mein Ego an anderer Stelle zu verwirklichen.

Indem ich meinen Vater aus nächster Nähe erlebte, ging mir auf, was es bedeutete, ein Jahrgangsbester, ein *intelligenter Schüler* zu sein, und zwar vor allem in negativer Hinsicht: Es gab Dinge, die intelligente Schüler einfach nicht verstehen konnten. Zu dieser Art von Intelligenz gehörte unweigerlich eine gewisse Blindheit. Diese Erkenntnis begleitete mich lange Zeit, auch dann noch, als ich in Trading Rooms arbeitete, wo man seine Zeit damit verbringt, herumzusitzen und darauf zu warten, dass etwas geschieht – ungefähr so wie Barbesucher oder auch Mafiosi. Ich dachte darüber nach, dass man die Leute eigentlich nach ihrer Fähigkeit auswählen müsste, mit anderen zurechtzukommen, während sie herumsitzen, nichts tun und die Unbestimmtheit genießen. Wenn man Menschen nach ihrer Fähigkeit selektiert, herumzuhängen, dann schneiden diejenigen, die studiert haben, nicht gut ab: Sie brauchen eine klar umrissene Aufgabe.

Als ich ungefähr zehn Jahre alt war, wurde mir klar, dass gute Schulnoten außerhalb der Schule weniger nützlich waren als in der Schule, denn sie hatten Nebenwirkungen. Sie waren nicht ohne eine Art intellektuelles Opfer zu haben. Eigentlich war es sogar mein Vater selbst, der mich auf das Problem mit den guten Noten aufmerksam machte: Der Schlechteste in seiner Klasse (ironischerweise der Vater eines meiner Klassenkameraden in Wharton) wurde später ein Selfmade-Kaufmann und der weitaus Erfolgreichste der gesamten Klasse (er besaß eine riesige Jacht, auf der markant seine Initialen prangten); ein anderer verdiente ein Vermögen, indem er in Afrika Holz kaufte, sich noch vor seinem vierzigsten Geburtstag zur Ruhe setzte, dann Amateurhistoriker wurde (mit dem Schwerpunkt Geschichte des Mittelmeerraums) und in die Politik ging. Mein Vater legte letztlich keinen allzu großen Wert auf Schulbildung, eher auf Kultur oder Geld – und er ermunterte mich, mich in diese Richtungen zu orientieren (anfänglich entschied ich mich für Kultur). Er selbst hatte großes Interesse am Umgang mit Gelehrten und Geschäftsleuten, Menschen, deren Position nicht von Zeugnissen abhängig war.

Ich hatte mir vorgenommen, mich rigoros auf dem freien Markt durchzusetzen. Daher konzentrierte ich mich auf das, was einen intelligenten Anti-Studenten ausmacht: Er muss Autodidakt sein, also ein Mann mit echtem Wissen, nicht einer dieser Schüler, die im libanesischen Dialekt »Schlucker« genannt werden, weil sie »Unterrichtsstoff schlucken«, und deren Wissen sich ausschließlich vom Lehrplan ableitet. Entscheidend war nicht der Stoff, der die Grundlage für die offiziellen Abituraufgaben bildete; die Themen, die alle mit lediglich kleinen Variationen kannten, die sich dann in große Unterschiede bezüglich der Noten umsetzten. Entscheidend war vielmehr genau das, was außerhalb lag.

Die einen sind in einer strukturierten Umgebung intelligenter als die anderen – faktisch muss man wohl im Bereich Schule von einer Selektionsverzerrung sprechen, denn dort werden diejenigen favorisiert, die in einer solchen Umgebung schneller sind, und wie alles, was unter Wettbewerbsbedingungen stattfindet, geht diese bessere Leistung innerhalb des schulischen Bereichs auf Kosten der Leistung außerhalb. Obwohl ich noch keine Erfahrung mit Fitnessstudios hatte, sah meine Vorstellung von Wissen folgendermaßen aus. Jemand, der Kraft aufbaut, indem er diese modernen teuren Fitnessgeräte benutzt, kann mehrmals hintereinander extrem große Gewichte heben und eindrucksvolle Muskeln entwickeln, schafft es aber nicht, einen schweren Stein aufzuheben; in einem Straßenkampf würde er von Leuten, die im Umgang mit unstrukturierteren Situationen trainiert sind, mit Sicherheit zusammengeschlagen. Die Kraft der Besucher eines Fitnessstudios ist ausgesprochen bereichsspezifisch, und dieser Bereich ist begrenzt auf ludische, also extrem organisierte Konstrukte. Faktisch ist ihre Stärke, ähnlich wie bei überspezialisierten Athleten, das Ergebnis einer Deformierung. Ich dachte, dass es sich ähnlich verhält mit Leuten, die dafür ausgewählt werden, in einigen wenigen Fächern Spitzennoten zu erzielen, anstatt ihrer eigenen Neugier zu folgen: Wenn man sie nur minimal von dem entfernt, was sie studiert haben, machen sich sofort Anzeichen von Auflösung, Verunsicherung und Verweigerung bemerkbar. (Ähnlich wie bei leitenden Angestellten, die aufgrund ihrer Fähigkeit ausgewählt werden, die Langeweile von Konferenzen auszuhalten, wurden viele dieser Personen aufgrund ihrer Fähigkeit ausgewählt, sich auf langweiligen Unterrichtsstoff zu konzentrieren.) Ich habe mit vielen Wirtschaftswissenschaftlern diskutiert, die sich angeblich auf Risiko und Wahrscheinlichkeit spezialisiert haben: Wenn man ihr begrenztes Spezialgebiet verlässt, dabei aber immer noch innerhalb des Fachs Wahrscheinlichkeit bleibt, dann brechen sie zusammen, mit dem unglücklichen Gesichtsausdruck eines regelmäßigen Fitnessstudiobesuchers, der sich mit einem Auftragskiller konfrontiert sieht.

Ein Autodidakt im strengen Sinn war ich nicht, denn ich schaffte meine Abschlüsse; ich war eher ein Hantelautodidakt: Ich studierte nur gerade so viel, um eine Prüfung zu bestehen, wobei ich hin und wieder etwas über das Ziel hinausschoss, andererseits nur wenige Male Schwierigkeiten bekam, weil ich hinter den Erwartungen zurückblieb. Aber ich verschlang massenhaft Bücher, zunächst aus den Geisteswissenschaften, später mathematische und naturwissenschaftliche Werke, heute Geschichte – außerhalb eines Lehrplans, also sozusagen ohne Fitnessgerät. Ich war sicher, das, was ich mir selbst aussuchte, tiefer und breiter lesen und verstehen zu können, da eine innere Verbindung zu meiner Neugier bestand. Außerdem profitierte ich, indem ich natürliche Stimulierung als Hauptantrieb des Lernens benutzte, von der psychischen Verfassung, die später als Aufmerksamkeitsdefizit-/Hyperaktivitätsstörung (ADHS) pathologisiert wurde. Damit ich es sinnvoll fand, bei einer Sache zu bleiben, musste das Vorgehen frei von Anstrengung sein. Sobald ich von einem Buch oder einem Thema gelangweilt war, schaltete ich auf ein anderes um, ohne mit dem Lesen aufzuhören – wenn man es nur mit dem Schulstoff zu tun hat und Langeweile empfindet, besteht die Gefahr, dass man ganz aufgibt und gar nichts mehr tut oder sogar aus dem Gefühl von Entmutigung heraus die Schule schwänzt. Der Trick besteht darin, zwar von einem bestimmten Buch gelangweilt zu sein, nicht aber vom Akt des Lesens an sich. Bei einem solchen Vorgehen wächst die Anzahl an gelesenen Seiten schneller, und man stößt gewissermaßen auf Gold, ganz ohne Anstrengung, genau wie in rationaler, aber nicht zielgerichteter, auf Versuch und Irrtum beruhender Forschung. Es ist wie mit Optionen: Man fährt sich nicht fest, da man, wenn es nötig ist, einen anderen Weg einschlägt, immer begleitet von dem Gefühl umfassender Freiheit und Opportunismus. Versuch und Irrtum ist Freiheit.

(Ich gestehe, dass ich, während ich dieses Buch schreibe, noch immer nach dieser Methode vorgehe. Vermeidung von Langeweile ist der einzig angemessene Handlungsmodus. Andernfalls ist das Leben nicht lebenswert.)

Meine Eltern hatten ein Konto bei der größten Buchhandlung in Beirut, und ich konnte mir dort Bücher in Mengen holen, die mir grenzenlos vorkamen. Der Unterschied zwischen den Regalen der Bibliothek und dem eng begrenzten Schulstoff war riesig; damals dämmerte mir, dass die Schule eine Veranstaltung sein muss, die es böswillig darauf anlegt, Menschen ihrer Gelehrsamkeit zu berauben, indem sie ihr Wissen in ein enges Korsett ausgewählter Autoren presst. Ungefähr im Alter von dreizehn Jahren begann ich, über meine Lektürestunden Buch zu führen. Ich zielte auf einen zeitlichen Umfang von dreißig bis sechzig Wochenstunden, eine Praxis, die ich lange Zeit beibehielt. Ich las Dostojewski, Turgenjew, Tschechow, den Bischof Bossuet, Stendhal, Dante, Proust, Borges, Calvino, Céline, Schultz, Zweig (mochte ich nicht), Henry Miller, Max Brod, Kafka, Ionesco, die Surrealisten, Faulkner, Malraux (neben anderen Abenteuerschriftstellern wie Conrad und Melville; das erste Buch, das ich auf Englisch las, war *Moby Dick*) und weitere Literaten, darunter auch viele weniger namhafte; dann Hegel, Schopenhauer, Nietzsche, Marx, Jaspers, Husserl, Lévi-Strauss, Levinas, Scholem, Benjamin und weitere Philosophen aufgrund ihrer unschätzbaren Eigenschaft, nicht im Lehrplan vorzukommen; und ich schaffte es, *nichts* von dem zu lesen, was die Schule vorgab, sodass ich bis heute keinen Racine, Corneille und andere Langweiler gelesen habe. Ich erinnere mich an einen Sommer, in dem ich mir vornahm, die zwanzig Romane von Émile Zola innerhalb von zwanzig Tagen zu lesen, jeweils einen pro Tag, und mit einiger Mühe gelang es mir auch. Möglicherweise wegen meines Eintritts in eine regimekritische Untergrundbewegung vertiefte ich mich in marxistische Studien; das meiste, was ich von Hegel weiß, eignete ich mir indirekt an, überwiegend über Alexandre Kojève.

Als ich beschloss, nach Amerika zu gehen, nahm ich mit etwa achtzehn Jahren meinen Lesemarathon wieder auf, indem ich mir ein paar Hundert Bücher in englischer Sprache kaufte (Autoren von Trollope bis Burke, Macaulay und Gibbon, außerdem Anaïs Nin und weitere Skandalautoren, die damals in Mode waren), dem Unterricht oftmals fernblieb und meine Dreißig-bis-sechzig-Stunden-Disziplin aufrechterhielt.

In der Schule hatte ich Folgendes festgestellt: Verfasst man Aufsätze mit reichem, literarischem, dabei präzisem Wortschatz (der natürlich auch zum vorgegebenen Thema passen sollte) und bleibt einigermaßen kohärent, dann wird das, worüber man schreibt, zweitrangig, und die Prüfer bekommen einen Eindruck vom eigenen Stil und davon, wie ernst man eine Sache nimmt. Endgültig freie Hand gab mir mein Vater, nachdem ich es als Teenager geschafft hatte, dass ein Artikel von mir in der örtlichen Zeitung veröffentlicht wurde – seine einzige Bedingung lautete: »Fall nicht durch!« Es war das klassische Hantelprinzip – in der Schule auf Nummer sicher gehen und die Lektüre nach eigenem Gutdünken auswählen; von der Schule *nichts* erwarten. Als ich dann später ins Gefängnis kam, weil ich während eines Studentenaufstands einen Polizisten angegriffen hatte, war mein Vater derart verstört, dass er mich machen ließ, was ich wollte. Als ich im Alter von gut zwanzig Jahren das Stadium erreichte, in dem mir Geld gleichgültig sein konnte – zu einer Zeit, da das noch sehr, sehr viel seltener war als heute, und obwohl in meiner Heimat ein Krieg tobte –, sah mein Vater den Grund dafür in der Breite an Bildung, die er mir ermöglicht hatte, was mich von Menschen mit seiner Geschichte und deren engem Horizont abhob.

Später in Wharton entdeckte ich dann, dass ich mich auf einen Beruf spezialisieren wollte, der mit Wahrscheinlichkeit und seltenen Ereignissen zu tun hat, und mich ergriff eine regelrechte Besessenheit von den Themen Wahrscheinlichkeit und Zufälligkeit. Ich witterte auch manche Schwachstellen in dem Statistik-Lehrstoff, für die der Professor keine Erklärung hatte und die er einfach beiseitewischte – und ich ahnte, dass es da anfing, interessant zu werden, wo der Professor aufhörte. Ich begriff, dass da irgendwo ein Betrug versteckt war, dass »Six Sigma«-Ereignisse (die Messung sehr seltener Ereignisse) grob falsch berechnet wurden und dass den Berechnungen jede Basis fehlte, aber ich konnte meine Ahnung nicht klar artikulieren und wurde von Leuten, die mich mit komplizierten Berechnungsmethoden einnebelten, ziemlich gedemütigt. Ich sah die Grenzen der Wahrscheinlichkeit deutlich vor mir, fand aber keine Worte, mit denen ich mein Problem hätte darstellen können. Ich ging also wieder einmal in eine Buchhandlung (das Internet gab es damals noch nicht) und bestellte nahezu sämtliche Bücher, die das Wort »Wahrscheinlichkeit« oder »Stochastik« im Titel führten. Einige Jahre lang las ich nichts anderes, keine Seminarunterlagen, keine Zeitung, keine Romane, nichts. Ich las im Bett, wechselte von einem Buch zum nächsten, wenn ich mich irgendwo festgefahren hatte mit etwas, das mir nicht sofort einleuchtete oder mich langweilte. Und ich hörte nicht auf, Bücher zu diesen Themen zu bestellen. Ich gierte danach, tiefer in das Problem geringer Wahrscheinlichkeiten vorzudringen. Es strengte mich nicht an. Das war meine beste Investition – der Risikobereich stellte sich als die Thematik heraus, die ich am besten beherrschte. Fünf Jahre später hatte ich ausgesorgt, und mittlerweile arbeite ich in der Forschung zu diversen Aspekten von Ereignissen geringer Wahrscheinlichkeit. Wenn ich das Thema in fertig abgepackten Häppchen studiert hätte, hätte ich jetzt die Gehirnwäsche hinter mir, die einen zu der Annahme verleitet, Ungewissheit sei ein Phänomen, das nur in Casinos auftritt, und anderes dieser Art. Es gibt so etwas wie angewandte Mathematik, die mit der Mathematik von Nerds nichts zu tun hat: Man finde zuerst ein Problem und mache sich dann auf die Suche nach der Mathematik, die dazu passt (so wie man eine Sprache erwirbt). Das ist bei weitem effektiver, als sich in einem Vakuum durch Theoreme und künstliche Beispiele hindurchzustudieren und später die Realität diesen Beispielen anzupassen.

In den 1980er Jahren saß ich einmal mit einem berühmten Spekulanten beim Dinner zusammen, einem sehr erfolgreichen Mann. Er murmelte eine Bemerkung vor sich hin, die den Nagel auf den Kopf traf: »Vieles von dem, was andere wissen, ist es nicht wert, gewusst zu werden.«

Bis heute sagt mir mein Instinkt, dass das wirklich wertvolle Wissen, das man für einen Beruf braucht, zwingend außerhalb des vorgegebenen Lehrstoffs liegt, so weit entfernt von dessen zentralen Inhalten wie möglich. Wenn ich bei der Auswahl meiner Lektüre meiner eigenen Richtung folge, führt das zu einem Zentrum eigener Art: Was man mir in der Schule als Lernstoff vorlegte, habe ich vergessen; was ich aufgrund eigener Entscheidung gelesen habe, erinnere ich noch.

Kapitel 17

Fat Tony diskutiert mit Sokrates

Frömmigkeit für die Unfrommen – Fat Tony trinkt keine Milch – Man sollte einen Dichter immer bitten, seine Dichtung zu erklären – Mystagogischer Philosophaster

Fat Tony ist fest davon überzeugt, dass es gerechtfertigt war, Sokrates zum Tod zu verurteilen.

In diesem Kapitel werde ich die Darstellung des Unterschieds zwischen erzähltem, unmittelbar nachvollziehbarem Wissen einerseits und andererseits der undurchschaubareren Art, die ganz auf Tüfteln beruht, abschließen – also der beiden Spalten von Tabelle 4, die den Unterschied zwischen narrativem und nicht-narrativem Handeln vorstellt. Es geht wieder einmal um den Denkfehler beziehungsweise die Annahme, alles habe einen *Grund*, der uns zugänglich ist und den wir ohne Weiteres verstehen könnten.

Doch die gravierendste Verwechslung im Leben besteht darin, das Nicht-Intelligible für nicht intelligent zu halten – etwas, das Nietzsche herausgefunden hat. In gewisser Weise ähnelt das dem Truthahn-Problem: Man hält das, was man nicht sieht, für nicht existent, was wiederum seinerseits verschwistert ist mit der Verwechslung der Abwesenheit eines Beweises mit dem Beweis einer Abwesenheit.

Seit dem Beginn des goldenen Zeitalters der Philosophie fallen wir auf das Grünholzproblem herein – Aristoteles interpretierte die Quelle des Erfolgs von Thales falsch; und nun kommen wir zu Sokrates, dem Größten unter den großen Meistern.

Euthyphron

Platon formulierte seine Ideen hauptsächlich durch die Darstellung einer Person, die unbestritten zum einflussreichsten Philosophen der Geschichte wurde: des Atheners Sokrates, des ersten Philosophen im modernen Sinn des Wortes. Sokrates hinterließ keine eigenen Schriften, wir kennen ihn fast ausschließlich aus denen von Platon und Xenophon. Und genau wie Fat Tony als selbsternannten Biographen meine Wenigkeit hat, der ich meine durchaus eigenen Absichten verfolge, was unvermeidlich Verzerrungen von Fat Tonys wahrem Charakter zur Folge hat und die eigennützige Darstellung gewisser Ideen, die nicht auf Fat Tony, sondern besagten Autor zurückgehen, so bin ich auch überzeugt davon, dass der Sokrates des Platon ein platonischerer Charakter ist als der tatsächliche Sokrates.*

In *Euthyphron*, einem der platonischen Dialoge, wartete Sokrates vor dem Gerichtsgebäude auf den Beginn des Prozesses, in dem er später zum Tod verurteilt werden sollte. Euthyphron, nach dem der Dialog benannt ist, war ein Wahrsager und Experte in religiösen Fragen; er eröffnete das Gespräch mit Sokrates. Sokrates erklärte zunächst, für die »Aktivitäten«, die das Gericht ihm zur Last legte (verderblicher Einfluss auf die Jugend und Einführung neuer Götter zu Lasten der älteren), verlange er nicht nur kein Geld, er sei sogar durchaus bereit, seinerseits die Leute zu bezahlen, die ihm zuhörten.

Es stellte sich dann heraus, dass Euthyphron unterwegs zum Gericht war, um seinen Vater wegen Totschlags zu verklagen – kein schlechter Ausgangspunkt für ein Gespräch. Sokrates begann also mit der Frage, wie Euthyphron seine religiösen Pflichten mit der Absicht vereinbaren konnte, seinen Vater vor Gericht des Totschlags zu beschuldigen.

* Xenophon, der zweite Biograph von Sokrates, zeichnet ein anderes Bild. Der Sokrates der *Memorabilia* hat einen klaren Kopf und steht mit beiden Beinen auf dem Boden der Realität; er verachtet steriles Wissen sowie die Experten, die irgendetwas ohne praktische Konsequenzen studieren, während gleichzeitig so viel Nützliches und Wichtiges vernachlässigt wird (anstatt in den Sternen nach Kausalzusammenhängen zu suchen, sollte man sich besser überlegen, wie man sie beim Navigieren einsetzen kann; Geometrie ist da angebracht, wo es um Landvermessung geht, nirgends sonst).

Sokrates' Technik sah folgendermaßen aus: Er brachte seinen Gesprächspartner, der von einer bestimmten These ausging, dazu, einer Reihe von Feststellungen zuzustimmen. Anschließend zeigte er seinem Gegenüber, dass die Feststellungen, denen er soeben zugestimmt hatte, mit der Anfangsthese nicht vereinbar waren, was dann den Schluss erlaubte, dass der andere keine Ahnung hatte, wovon er eigentlich sprach. Diese Taktik benutzte Sokrates überwiegend, um den Leuten zu zeigen, wie unscharf ihr Denken war, wie wenig sie letztlich von den Vorstellungen wussten, mit denen sie tagtäglich umgingen – und wie unentbehrlich daher die Philosophie war, die diese Vorstellungen aufhellte.

Zu Beginn des Euthyphron-Dialogs fängt Sokrates seinen Gesprächspartner mit dem Begriff der »Frömmigkeit« ein: Euthyphron hatte die Verfolgung seines Vaters als frommen Akt bezeichnet und so den Eindruck vermittelt, er habe seinen Vater aus Gründen der Frömmigkeit verfolgt. Allerdings konnte er keine Definition von Frömmigkeit geben, die Sokrates zufriedengestellt hätte. Sokrates ließ dem armen Kerl, der nicht imstande war, eine Definition von Frömmigkeit zu liefern, keine Ruhe. Der Dialog setzte sich in weiteren Definitionen fort (Was ist »moralische Rechtschaffenheit«?), bis Euthyphron eine höfliche Ausrede einfiel und er sich aus dem Staub machen konnte. Der Dialog hörte unvermittelt auf, allerdings hat man als Leser den Eindruck, er hätte genauso gut bis heute, fünfundzwanzig Jahrhunderte später, fortgesetzt werden können, ohne dass man einen Schritt weitergekommen wäre.

Steigen wir also einfach wieder ein.

Fat Tony versus Sokrates

Wie hätte Fat Tony das Kreuzverhör des unermüdlichen Atheners gehandhabt? Der Leser kennt ja unseren bodenständigen Helden schon, lassen wir also als Gedankenexperiment vor unserem geistigen Auge einen ähnlichen Dialog zwischen Fat Tony und Sokrates erstehen, korrekt übersetzt, versteht sich.

Zunächst einmal fallen zwischen den beiden Männern deutliche Ähnlichkeiten auf. Beide hatten Freizeit im Übermaß, die bei Fat Tony allerdings der Lohn produktiver Erkenntnisse war. Beide diskutieren gern, und für beide ist eine lebhafte Diskussion (und nicht die Passivität vor dem Fernsehgerät oder im Konzertsaal) eine Hauptquelle der Unterhaltung. Beide sind dem Schreiben abgeneigt: Sokrates, weil er den definitiven, unveränderlichen Charakter ablehnte, der mit dem geschriebenen Wort notwendigerweise verbunden ist. Für ihn waren Antworten nie etwas Endgültiges und sollten daher auch nicht festgeschrieben werden. Nichts sollte in Stein gehauen werden, nicht einmal im wörtlichen Sinn: Im Dialog *Euthyphron* brüstet sich Sokrates damit, von dem Bildhauer Dädalus abzustammen, dessen Statuen, sobald sie fertiggestellt waren, lebendig wurden. Wenn man eine von Dädalus geschaffene Statue ansprach, gab diese – im Unterschied zu den Statuen im Metropolitan Museum of Arts in New York City – eine Antwort. Was Tony anging, so hatte seine Abneigung gegen das Schreiben andere, nicht weniger respektable Gründe: In Bay Ridge, Brooklyn, war er seinerzeit fast von der Schule geflogen.

Aber irgendwo ist Schluss mit den Gemeinsamkeiten, andernfalls wäre es ja kaum möglich, einen Dialog zu eröffnen. Natürlich müssen wir, was Fat Tony angeht, mit einem gewissen Maß an Verblüffung rechnen, wenn er das erste Mal dem Mann gegenübersteht, der ihm von Nero als größter Philosoph aller Zeiten beschrieben wurde. Wir wissen, dass Sokrates mehr als unvorteilhaft aussah. Häufig wird sein Spitzbauch erwähnt, die dünnen Gliedmaßen, die hervorquellenden Augen, die stumpfe Nase. Alles in allem machte er einen abgerissenen Eindruck. Womöglich hatte er sogar Körpergeruch – es heißt, er habe sehr viel seltener gebadet als seine Begleiter. Man kann sich also vorstellen, wie Fat Tony schnaubend auf den Typen zeigt: »Also bitte, Nero, wollen Sie im Ernst von mir verlangen, dass ich mit … *so einem* rede?« Aber vielleicht wäre es auch ganz anders: Sokrates soll viel Ausstrahlung gehabt haben, Selbstvertrauen und eine geistige Gelassenheit, die bei manchen jungen Männern den Eindruck hervorrief, Sokrates sei geradezu schön gewesen.

Ganz sicher konnte Nero damit rechnen, dass Fat Tony zunächst einmal nahe an Sokrates herantreten und sich eine Meinung zu seinem Gegenüber mittels olfaktorischer Eindrücke bilden würde – dabei ist sich Fat Tony, wie gesagt, seiner Vorgehensweise nicht einmal bewusst.

Nehmen wir nun also an, Fat Tony sei von Sokrates gefragt worden, wie er Frömmigkeit definiere. Fat Tonys Antwort wäre wohl in Richtung »*Verzieh dich*« gegangen. Fat Tony wusste, dass Sokrates nicht nur kein Geld dafür verlangte, dass man sich mit ihm unterhalten durfte, sondern im Gegenteil sogar bereit war, seinerseits für die Konversation zu bezahlen; und mit jemandem, der Geld dafür hinlegte, dass man sich mit ihm stritt, redete Fat Tony nicht.

Fat Tonys große Stärke liegt andererseits darin, unter keinen Umständen zuzulassen, dass in einem Gespräch der andere den Rahmen vorgibt. Er hatte Nero gelehrt, dass in jeder Frage die Antwort bereits angelegt ist – man sollte also auf eine Frage, die einem sinnlos erscheint, nie eine direkte Antwort geben.

FAT TONY: Sie verlangen von mir, zu definieren, worin sich der Fromme und der Nicht-Fromme unterscheiden. Muss ich tatsächlich in der Lage sein, Ihnen das zu sagen, um fähig zu sein, fromm zu handeln?

SOKRATES: Wie können Sie ein Wort wie ›Frömmigkeit‹ verwenden, ohne zu wissen, was es bedeutet, während Sie vorgeben, seine Bedeutung zu kennen?

FAT TONY: Muss ich wirklich dazu in der Lage sein, Ihnen in plattbarbarischem, nicht griechischem Englisch, oder auch in reinstem Griechisch, zu sagen, was es bedeutet, um zu beweisen, dass ich weiß und verstehe, was es bedeutet? Ich kann es nicht mit Worten sagen, trotzdem weiß ich, was es ist.

Zweifellos würde Fat Tony seinem Gesprächspartner Sokrates von Athen auch weiterhin seine eigene Richtung vorgeben, indem er es nun übernahm, die Fragen zu formulieren:

FAT TONY: Sagen Sie mir eines, alter Mann. Muss ein Kind Muttermilch definieren können, um zu verstehen, dass es sie trinken muss?

SOKRATES: Nein, das muss es nicht.

FAT TONY (der sich derselben Wiederholungsmuster bedient wie Sokrates in den Dialogen Platons): Und, mein lieber Sokrates, muss ein Hund definieren, was ein Herrchen ist, um ihm treu zu sein?«

SOKRATES (etwas verwirrt aufgrund des Umstands, dass er derjenige ist, der gefragt wird): Ein Hund hat … Instinkte. Er denkt nicht über sein Leben nach. Er stellt sich dazu keine Fragen. Wir sind keine Hunde.

FAT TONY: Ganz richtig, mein lieber Sokrates, bemerken Sie, dass ein Hund Instinkte hat und wir keine Hunde sind. Aber sind wir Menschen denn so fundamental anders und so gänzlich frei von Instinkten, die es uns ermöglichen, Dinge zu tun, von denen wir keine Ahnung haben? Müssen wir unser Leben auf das begrenzen, was uns als Antwort in Proto-Brooklyn-Englisch vorgegeben wird?

Ohne die Antwort von Sokrates abzuwarten (nur Dummköpfe warten Antworten ab; Fragen sind nicht dazu da, um beantwortet zu werden):

FAT TONY: Außerdem, mein lieber Sokrates, warum sind Sie der Meinung, dass wir die Bedeutung der Dinge festlegen müssen?

SOKRATES: Mein lieber Mega-Tony, wenn wir reden, müssen wir wissen, wovon wir reden. Die gesamte Philosophie gründet auf unserer Fähigkeit zu reflektieren und zu verstehen, was wir tun – unser Leben in Frage zu stellen. Ein unhinterfragtes Leben ist es nicht wert, gelebt zu werden.

FAT TONY: Das Problem, mein armer alter Grieche, ist, dass Sie all die Dinge beseitigen, die wir wissen, aber nicht ausdrücken können. Wenn Sie jemanden, der auf einem Fahrrad sitzt und ausgezeichnet fahren kann, bitten würden, die Theorie hinter seiner Tätigkeit zu erklären, würde er herunterfallen. Indem Sie die Leute schikanieren und ausfragen, bringen Sie sie durcheinander und verletzen sie.

Dann, mit einem gönnerhaften Schmunzeln, sehr bedächtig:

FAT TONY: Mein lieber Sokrates … ist Ihnen klar, warum Sie zum Tod verurteilt werden? Das geschieht, weil Sie die Leute so weit bringen, dass sie sich dumm vorkommen, wenn sie Gewohnheiten, Instinkten und Traditionen folgen. Gelegentlich haben Sie ja vielleicht recht. Aber Sie bringen die Leute dort durcheinander, wo sie ausgezeichnet zurechtkamen, ohne dass es irgendwelche Probleme gab. Sie zerstören die Illusionen, die die Menschen in Bezug auf sich selbst haben. Sie berauben die Dinge, die wir nicht verstehen, der Freude des Nichtwissens. Und Sie haben keine Antwort; Sie haben nichts, was Sie den Menschen als Antwort anbieten könnten.

Das Primat definitorischen Wissens

Fat Tony zielt hier auf das innerste Wesen der Philosophie. Sokrates stellte tatsächlich als Erster die Hauptfragen dessen, was sich dann in der Folge bis heute als Philosophie entfaltete: »Was ist Existenz?«, »Was ist Moral?«, »Was ist ein Beweis?«, »Was ist Wissenschaft?«, »Was ist dieses?«, »Was ist jenes?« Die Frage, die in *Euthyphron* gestellt wird, durchdringt sämtliche von Platon niedergeschriebenen Dialoge. Sokrates suchte rastlos nach Definitionen der eigentlichen Natur des in Rede stehenden Gegenstands; Beschreibungen der Eigenschaften, aufgrund derer wir sie erkennen können, spielten keine so große Rolle.

Sokrates ging sogar so weit, Dichter zu befragen, und berichtete dann, dass sie über ihre eigenen Werke auch nicht mehr wüssten als ihr Publikum. In Platons Darstellung von der Verurteilung des Sokrates, der *Apologie*, berichtete Sokrates, wie er vergeblich Dichter ins Kreuzverhör nahm: »Ich legte ihnen einige der kunstvollsten Passagen aus ihren Schriften vor und fragte sie nach deren Bedeutung. Ich schäme mich fast, es zu erwähnen, aber ich muss es doch tun: In diesem Raum befindet sich kaum ein Mensch, der über ihre Dichtung nicht besser Auskunft geben könnte als sie selbst.«

Und diese Priorität definitorischen Wissens führte zu Platons These, dass man überhaupt nichts wissen kann, wenn man nicht die Formen kennt, die das sind, was Definitionen umreißen. Wenn wir Frömmigkeit nicht definieren können, indem wir von Einzelheiten ausgehen, dann müssen wir mit den Universalien beginnen, von denen diese Einzelheiten ausströmen. Mit anderen Worten: Wenn man keine Karte zu einem bestimmten Gebiet bekommen kann, erstelle man sich ein Gebiet aufgrund der Karte.

Zu Sokrates' Verteidigung sei gesagt, dass seine Fragen immerhin zu einem wichtigen Ergebnis führten: Wenn sie ihm schon nicht erlaubten, zu definieren, was ein Ding war, dann war es mit ihrer Hilfe immerhin möglich zu wissen, was ein Ding nicht war.

Die Verwechslung des Nichtverständlichen mit dem Unverständigen

Fat Tony hatte natürlich viele Vorläufer. Von vielen dieser Vorläufer wird man – aufgrund des Primats der Philosophie und der Art und Weise, wie sie von Christentum und Islam in den Alltag integriert wurde – nie etwas erfahren. Unter »Philosophie« verstehe ich theoretisches, begriffliches Wissen, sämtliches Wissen, die Dinge, die man aufschreiben kann. Denn bis vor kurzem bezog sich der Terminus vor allem auf das, was wir heute als Naturwissenschaft bezeichnen – auf die Naturphilosophie, den Versuch, die Natur zu rationalisieren, ihre Logik zu durchdringen.

Ein origineller moderner Angriff auf diesen Punkt stammt von dem jungen Friedrich Nietzsche, wenn auch verpackt in literarische Höhenflüge über Optimismus und Pessimismus und vermischt mit Halluzinationen über das Wesen des »Abendlandes«, eines »typischen Hellenen« und die »deutsche Seele«. Der junge Nietzsche schrieb sein erstes Buch, *Die Geburt der Tragödie*, als er nur wenig älter war als zwanzig Jahre. Sein Hauptgegner war Sokrates, den er den »Mystagogen der Wissenschaft« nannte, da er »das Dasein als begreiflich erscheinen« machte. Dieser brillante Abschnitt stellt dar, was ich die Dummkopf-Rationalisten-Täuschung nenne:

> Vielleicht – so musste er [Sokrates] sich fragen – ist das mir Nichtverständliche doch nicht auch sofort das Unverständige? Vielleicht gibt es ein Reich der Weisheit, aus dem der Logiker verbannt ist?

»Das mir Nichtverständliche ist nicht auch sofort das Unverständige« ist möglicherweise der großartigste Satz des gesamten 19. Jahrhunderts – ich habe bereits eine Variante davon im Prolog angeführt, in der Definition des Fragilisten, der das, was er nicht versteht, für Unsinn hält.

Nietzsche ist außerdem allergisch gegen die sokratische Version von Wahrheit, die ganz überwiegend von der Absicht zu verstehen geprägt ist, denn Sokrates zufolge handelt man nicht bewusst böse – ein Argument, das offenbar für die Aufklärung eine Rolle spielte; Denker wie Condorcet sahen in der Wahrheit die einzige und hinreichende Quelle des Guten.

Es war genau dieses Argument, gegen das Nietzsche so vehemente Einwände hatte: Wissen ist das Allheilmittel; Irrtum ist böse; Wissenschaft ist also ein durch und durch optimistisches Unternehmen. Die Herrschaft des wissenschaftlichen Optimismus, der Gebrauch des Denkens und Wissens im Dienst von Utopia irritierte Nietzsche. Die Optimismus-versus-Pessimismus-Debatte, die immer wieder angeführt wird, wenn es um Nietzsche geht, ist nicht so wichtig, denn der so genannte Nietzsche'sche Pessimismus lenkt von dem eigentlich zentralen Punkt ab: Es war der Glaube an Wissen als *etwas an sich Gutes*, was er in Frage stellte.

Es dauerte eine ganze Weile, bis ich das zentrale Problem begriff, das Nietzsche in der *Geburt der Tragödie* anspricht. Er sieht zwei Kräfte am Werk, das Apollinische und das Dionysische. Die eine Kraft ist maßvoll, ausbalanciert, rational, durch und durch Vernunft und Selbstbeherrschung; die andere ist dunkel, intuitiv, wild, ungezähmt, schwer zu verstehen, und sie steigt auf aus den innersten Schichten des Selbst. Die antike griechische Kultur beruhte ursprünglich auf einem Gleichgewicht der beiden Kräfte, bis der Einfluss von Sokrates auf Euripides den Anteil des Apollinischen vergrößerte und die Macht des Dionysischen störte, was einen zügellosen Aufstieg des Rationalismus zur Folge hatte. Der Vorgang ist mit der Störung des vorgegebenen chemischen Gleichgewichts in Ihrem Körper durch die Injektion von Hormonen vergleichbar. Das Apollinische ohne das Dionysische ist, wie die Chinesen sagen würden, Yang ohne Yin.

Nietzsches denkerische Kraft fasziniert mich bis heute: Er kam der Antifragilität auf die Spur. Während viele fälschlicherweise die Vorstellung von der »schöpferischen Zerstörung« dem Wirtschaftswissenschaftler Joseph Schumpeter zuschreiben (als ob eine derart brillante und tiefe Einsicht von einem Wirtschaftswissenschaftler kommen könnte!),* oder

* Adam Smith war letzten Endes Moralphilosoph. Marx war Philosoph. Kahnemann und Simon kommen aus der Psychologie respektive aus der Kognitionswissenschaft. Eine Ausnahme bildet natürlich Hayek.

die Kundigeren, wie ich gezeigt habe, Karl Marx als Urheber benennen, war es eigentlich Nietzsche, der den Begriff als Erster im Zusammenhang mit Dionysos verwendete, von dem er sagt, er sei »auf schöpferische Weise zerstörerisch« und »auf zerstörerische Weise schöpferisch«. Es war in der Tat Nietzsche, der – auf seine Weise – herausfand, was Antifragilität ist.

Ich habe Nietzsches *Geburt der Tragödie* zweimal gelesen, das erste Mal als Kind, damals verstand ich noch nicht sehr viel. Das zweite Mal las ich den Text, nachdem ich Jahrzehnte damit zugebracht hatte, über Zufälligkeit nachzudenken, und damals ging mir auf, dass Nietzsche etwas verstanden hatte, was sich allerdings in seinem Werk nicht ausformuliert findet: dass nämlich die Zunahme des Wissens – überhaupt Wachstum auf jedem Gebiet – ohne das Dionysische nicht möglich ist. Das Dionysische offenbart die Dinge, die wir an einem bestimmten Punkt auswählen können, vorausgesetzt, wir haben Optionalität. Mit anderen Worten, das Dionysische kann die Quelle stochastischen Tüftelns sein, und das Apollinische ist Teil der Rationalität im Selektionsprozess.

Lassen Sie mich noch den Big Boss Seneca mit ins Bild bringen. Auch er arbeitete mit dionysischen und apollinischen Charakteristika. Es hat den Anschein, als präsentiere er in einer seiner Schriften eine umfassendere Version unserer menschlichen Zielsetzungen. Er spricht über einen Gott (den er auch »Schicksal« nennt und mit der Wechselwirkung von Gründen gleichsetzt) und schreibt ihm drei Manifestationen zu: Er sieht in ihm erstens den »Liber Pater«, die bacchische Macht (Dionysos bei Nietzsche), der die für die Fortsetzung des Lebens notwendige befruchtende Energie spendet; zweitens Herkules, die Verkörperung der Stärke; und drittens Merkur, der (für Senecas Zeitgenossen) Handwerk, Wissenschaft und Vernunft verkörperte (bei Nietzsche Apollon). Seneca bereichert die Dichotomie Nietzsches um die dritte Dimension der Stärke.

Frühere Attacken auf die »Philosophie« im Sinne von rationalistischem Wissen in der Tradition eines Platon und Aristoteles stammen, wie ich bereits erwähnte, von einer Reihe von Leuten, die im Corpus der überlieferten Texte nicht unbedingt auftauchen; sie sind weitgehend vergessen oder werden in den Texten nur selten erwähnt. Warum wurden sie vergessen? Weil strukturierte Gelehrsamkeit von der Verknappung und Vereinfachung durch naiven Rationalismus lebt, die – im Unterschied zur reichen Textur der Empirie – leicht zu lehren ist. Und wie ich bereits erwähnte, hatten diejenigen, die die akademische Bildung angriffen, kaum ein Forum (ein Umstand, der, wie ich zeigen werde, besonders in der Geschichte der Medizin eine große Rolle spielt).

Ein im Vergleich mit Nietzsche noch gebildeterer und wesentlich aufgeschlossenerer Altphilologe war Ernest Renan, ein französischer Denker des 19. Jahrhunderts. Er beherrschte außer dem üblichen Griechisch und Latein auch noch Hebräisch, Aramäisch (Syrisch) und Arabisch. In seiner Kritik an Averroës formulierte er die berühmte Idee, dass Logik per definitionem Nuancen ausschließen muss; da aber Wahrheit ausschließlich in den Nuancen zu finden ist, hat es von vornherein keinen Sinn, »Wahrheit in der Moralphilosophie oder in der Politikwissenschaft zu suchen«.

Tradition

Fat Tony bemerkte richtig, dass Sokrates zum Tod verurteilt wurde, weil er etwas zerstörte, das nach Auffassung der Athener Bürgerschaft gut funktioniert hatte. Die Dinge sind zu kompliziert, um in Worten ausgedrückt zu werden; tut man es doch, kann das tödlich enden. Oder aber die Leute konzentrieren sich wie bei der Sache mit dem Grünholz womöglich auf das Richtige, sind aber außerstande, das Problem intellektuell zu lösen.

Tod und Märtyrertum sind gut für die Werbung, vor allem, wenn der Verurteilte sein Schicksal hinnimmt, ohne sich in seinen Überzeugungen beirren zu lassen. Ein Held ist jemand mit unerschütterlicher intellektueller Zuversicht und Selbstvertrauen, für den der Tod nur eine untergeordnete Rolle spielt. In den meisten Darstellungen ist Sokrates aufgrund seines Todes und seiner Bereitschaft, den Tod eines Philosophen zu sterben, ein Heros der Philosophie. Allerdings hatte er auch einige bedeutende Kritiker, die überzeugt waren, Sokrates habe die Fundamente der Gesellschaft – die Heuristiken, die uns von unseren Vorfahren überliefert wurden – zerstört. Denn möglicherweise haben wir einfach nicht die nötige Reife, sie in Frage zu stellen.

Cato der Ältere, dem wir im zweiten Kapitel schon begegnet sind, war gegen Sokrates hochallergisch. Cato besaß die gleiche nüchtern-pragmatische Geisteshaltung wie Fat Tony, allerdings war seine bürgerliche Gesinnung sehr viel ausgeprägter, und er hatte ein hohes Sendungsbewusstsein, tiefen Respekt vor der Tradition und ein ausgeprägtes Gespür für moralische Rechtschaffenheit. Außerdem war er gegen Einflüsse aus Griechenland allergisch, was in seiner Aversion gegen Philosophen und Ärzte zum Ausdruck kommt – ich werde in späteren Kapiteln noch zeigen, wie bemerkenswert modern die Gründe für seine Allergie waren. Catos Engagement für die Demokratie führte dazu, dass er sowohl an Freiheit als auch an überkommene Regeln glaubte, kombiniert mit einer ausgeprägten Furcht vor Tyrannei. Plutarch zitiert Cato folgendermaßen: »Sokrates war ein gewaltiger Schwätzer, der sich nach Kräften bemühte, seine Vaterstadt zu tyrannisieren, indem er die alten Sitten aufzulösen und die Bürger zu Ansichten zu verführen suchte, die gegen die Gesetze gerichtet waren.«

Damit zeichnet sich deutlich ab, welchen Stellenwert naiver Rationalismus in der Antike hatte: Indem er das Denken verarmt, anstatt es zu erweitern, führt er zu Fragilität. Die Menschen damals wussten, dass Unvollständigkeit – Halbwissen – immer gefährlich ist.

Auch später gab es noch viele, die diese andere Art des Wissens verteidigten und seine Respektierung einforderten. Da wäre zunächst Edmund Burke, der irische Politiker und Staatsphilosoph; auch er kritisierte die Französische Revolution, weil sie die »kollektive Vernunft der vergangenen Zeitalter« gestört habe. Er war der Meinung, große soziale Veränderungen setzten uns unabsehbaren und unvorhergesehenen Folgen aus, und plädierte aus diesem Grund in sozialen Systemen für kleine Experimente nach dem Versuch-und-Irrtum-Prinzip (faktisch also für konvexes Tüfteln), verbunden mit dem Respekt vor den komplexen Heuristiken der Tradition. Des Weiteren ist Michael Oakeshott zu nennen, der konservative Staats- und Geschichtsphilosoph des 20. Jahrhunderts, der glaubte, Traditionen stellten eine Sammlung gefilterten kollektiven Wissens bereit. Ein weiterer Denker in dieser Reihe ist Joseph de Maistre, den ich bereits im Zusammenhang mit dem Denken in »zweiten Schritten« anführte. Er war ein französischsprachiger Royalist und Denker der Gegenaufklärung, der die schlimmen Begleiterscheinungen der Revolution anprangerte und außerdem von der fundamentalen Verderbtheit der Menschen überzeugt war, die seiner Meinung nach durch irgendeine Form von Diktatur in Zaum gehalten werden müsse.

An der Spitze der Liste moderner antifragiler Denker müsste zweifellos Wittgenstein mit seiner bemerkenswerten Einsicht in die Unzulänglichkeit von Wörtern stehen. Er versteht auch von allen Denkern das Grünholzproblem am besten – möglicherweise war er mit seinem Gedanken, die Sprache sei nicht dazu in der Lage, die Wirklichkeit auszudrücken, der Erste, der eine Version des Grünholzproblems formulierte. Überhaupt war der Mann ein Heiliger: Er opferte sein Leben, seine Freundschaften, sein Vermögen, seinen Ruf, überhaupt alles der Philosophie.

Man könnte meinen, auch Friedrich Hayek habe in diese antifragile, antirationalistische Gruppe gehört. Er ist der Philosoph und Wirtschaftswissenschaftler, der sich im 20. Jahrhundert gegen Sozialplanung aussprach, und zwar mit dem Argument, dass das Preissystem vermittels Transaktionen das Wissen zum Vorschein bringt, das in der Gesellschaft eingebettet ist – ein Wissen, das den Sozialplanern nicht zugänglich ist. Hayek erkannte allerdings nicht den Stellenwert der Optionalität als Ersatz für Sozialplanung. Auch er glaubte in gewisser Weise noch an Intelligenz, und sei es in Gestalt von verteilter, kollektiver Intelligenz; Optionalität als Ersatz für Intelligenz kommt in seinem Denken nicht vor.*

Der Anthropologe Claude Lévi-Strauss zeigte, dass schriftlose Völker ihre ganz eigene »Wissenschaft des Konkreten« haben, dass sie ihre Umgebung in einem ganzheitlichen Denken erfassen, mit Begriffen für Objekte und deren »sekundäre«, sinnliche Qualitäten, die nicht zwingend weniger kohärent sind als viele unserer wissenschaftlichen Vorgehensweisen, sondern vielmehr in mancher Hinsicht genauso differenziert, ja sogar differenzierter sind als unsere Strategien. Ein weiterer Fall von Grünholz.

Schließlich noch John Gray, der zeitgenössische Staatsphilosoph und Essayist, der in seinen Texten die menschliche Hybris anprangert und

* Der Philosoph Rupert Read überzeugte mich davon, dass Hayek letztlich – ähnlich wie Popper – einer Art naivem Rationalismus anhing, und er belegte schlüssig, dass die beiden nicht zur Gruppe der antifragilen Denker gezählt werden können.

unermüdlich gegen die allgemein verbreitete Vorstellung von der Aufklärung als Allheilmittel anschreibt – eine bestimmte Kategorie von Denkern bezeichnet Gray als Aufklärungsfundamentalisten. Er zeigte wiederholt, dass sich der so genannte wissenschaftliche Fortschritt als reine Illusion entpuppen kann. Als er, ich und der Essayist Bryan Appleyard uns einmal zum Mittagessen trafen, stellte ich mich innerlich darauf ein, Ideen zu diskutieren und meine Position verteidigen zu müssen. Ich war angenehm überrascht, als sich das Zusammentreffen zum besten Mittagessen meines Lebens entwickelte. Da war diese Leichtigkeit zu wissen, dass wir alle drei stillschweigend etwas verstanden und also auch gleich den nächsten Schritt zur Erörterung der Umsetzbarkeit unserer Ideen tun konnten – etwa so etwas Banales wie den Umtausch unserer Devisenbestände in Wertmetalle, da Letztere nicht den Regierungen gehören. Gray arbeitete in einem Büro in der Nähe von Hayek und berichtete mir, Hayek sei ein ziemlich langweiliger Typ, dem alles Spielerische – also Optionalität – abging.

Die Unterscheidung Dummkopf – Nicht-Dummkopf

Es ist an der Zeit, den Stein der Weisen wieder ins Gespräch zu bringen. Sokrates geht es um Wissen, ganz im Gegensatz zu Fat Tony, der keine Ahnung hat, was das ist. Der entscheidende Unterschied im Leben ist für Tony nicht wahr oder falsch, sondern Dummkopf oder Nicht-Dummkopf. Bei ihm liegen die Dinge immer einfacher. Im wirklichen Leben ist, wie wir bei Seneca und Thales gesehen haben, die Frage des Ausgesetztseins wichtiger als Wissen; die Auswirkungen von Entscheidungen ersetzen die Logik. Dem »Wissen« aus Lehrbüchern fehlt eine Dimension, die verborgene Asymmetrie der Vorteile ebenso wie die Vorstellung des Durchschnitts. In der Geschichte des Denkens wurde die Notwendigkeit, sein Augenmerk auf das Ergebnis einer Tat zu richten, anstatt die Struktur der Welt zu studieren (oder das »Wahre« und das »Falsche« zu verstehen), weitgehend verkannt. Ganz entsetzlich verkannt. *Das Ergebnis, also das, was Ihnen widerfährt (der Nutzen oder der Nachteil eines Ereignisses), ist das Wichtigste, nicht das Ereignis selbst.*

Philosophen sprechen über das Wahre und das Falsche. Normale Leute reden über Ergebnisse, Ausgesetztsein und Konsequenzen (Risiken und Belohnungen), also über Fragilität und Antifragilität. Und manchmal vermischen Philosophen, Denker und Fachleute Wahrheit mit Risiken und Belohnungen.

Wenn ich meinen Ansatz weiterdenke, komme ich zu dem Schluss, dass wahr und falsch (also das, was wir eine »Überzeugung« nennen) eine unbedeutende, sekundäre Rolle bei menschlichen Entscheidungen spielen; bestimmend ist vielmehr das Ergebnis aus dem Wahren und dem Falschen – und dieses ist fast immer asymmetrisch, die eine Konsequenz sehr viel gravierender als die andere, es sind also positive und negative Asymmetrien (das heißt Fragilität oder Antifragilität) impliziert. Lassen Sie mich das näher ausführen.

Fragilität, nicht Wahrscheinlichkeit

Passagiere werden nach Waffen abgesucht, bevor sie ein Flugzeug besteigen. Wir glauben, dass sie Terroristen sind: Wahr oder falsch? Falsch, denn sie sind sehr wahrscheinlich keine Terroristen (es besteht nur eine winzige Wahrscheinlichkeit, dass sie es sind). Aber trotzdem werden sie überprüft, denn gegen Terrorismus sind wir fragil. Es liegt eine Asymmetrie vor. Wir haben ein Interesse an einem bestimmten Ergebnis, und die Konsequenzen oder das Ergebnis, also das Wahre (dass sich die Kontrollierten tatsächlich als Terroristen entpuppen), sind zu groß, die Kosten der Überprüfung andererseits zu gering. Glauben Sie, das Kernkraftwerk wird voraussichtlich im Lauf dieses Jahres explodieren? Falsch. Aber Sie werden sich so verhalten, als wäre es wahr, und Millionen in zusätzliche Sicherheitsvorkehrung stecken, da wir gegen nukleare Ereignisse fragil sind. Ein drittes Beispiel: Glauben Sie, dieses beliebig herausgepickte Medikament wird Ihnen schaden? Falsch. Schlucken Sie die Pille? Natürlich nicht, unter keinen Umständen.

Wenn Sie sich die Mühe machen würden, sämtliche Entscheidungen, die Sie in der letzten Woche getroffen haben, aufzulisten, oder, wenn Ihnen das möglich ist, sogar alle Entscheidungen, die Sie in Ihrem Leben je gefällt haben, dann könnten Sie feststellen, dass sie alle ein asymmetrisches Ergebnis haben. *Sie entscheiden grundsätzlich aufgrund von Fragilität, nicht aufgrund von Wahrscheinlichkeit.* Oder anders gesagt: *Sie entscheiden grundsätzlich aufgrund von Fragilität, nicht so sehr aufgrund der Dichotomie wahr-falsch.*

Schauen wir uns die Vorstellung der Unzulänglichkeit von wahr/falsch in der Entscheidungsfindung in der Realität an, vor allem, wenn auch noch Wahrscheinlichkeiten eine Rolle spielen. Wahr oder falsch sind Interpretationen, die in einem Bezug stehen zu hohen oder geringen Wahrscheinlichkeiten. Es gibt in der Wissenschaft das so genannte Konfidenzniveau; ein Resultat, das mit einem Konfidenzniveau von 95 Prozent erreicht wird, bedeutet, dass die Wahrscheinlichkeit, dass es falsch ist, nicht mehr als 5 Prozent beträgt. Aber selbstverständlich ist das Konzept nicht umsetzbar, da es das Ausmaß der Auswirkungen ignoriert, welches die Situation bei extremen Ereignissen natürlich verschlimmert. Wenn ich Ihnen sage, dass ein bestimmtes Resultat mit einem Konfidenzniveau von 95 Prozent wahr ist, würde Sie das weitgehend zufriedenstellen. Wenn ich Sie allerdings darüber aufkläre, dass ein Flugzeug mit einem Konfidenzniveau von 95 Prozent sicher ist? Selbst 99 Prozent Konfidenzniveau würden nicht ausreichen, da es doch eher beunruhigend wäre, mit einer Wahrscheinlichkeit von 1 zu 99 abzustürzen (heutzutage legen die Fluggesellschaften eine Absturzwahrscheinlichkeit von eins zu mehreren Hunderttausend zugrunde, und das Verhältnis verbessert sich auch ständig, da ja, wie oben gezeigt, jeder Irrtum zu einer Verbesserung der Gesamtsicherheit führt). Um es also noch einmal zu wiederholen: Die Wahrscheinlichkeit (also wahr/falsch) funktioniert in der Realität nicht; was zählt, ist das Ergebnis.

Sie haben in Ihrem Leben wahrscheinlich schon eine Milliarde Entscheidungen getroffen. Wie oft haben Sie da mit Wahrscheinlichkeiten gearbeitet? In Casinos können Sie das machen, aber nicht anderswo.

Vermengung von Ereignissen und Gefährdungen

Damit kommen wir noch einmal zur Grünholztäuschung. Ein Ereignis im Sinne eines Schwarzen Schwans und die Art und Weise, wie es sich auf Sie auswirkt – der Einfluss auf Ihre Finanzen, Gefühle, die Verheerungen, die es anrichtet –, *sind zwei Paar Stiefel.* Das Problem klingt in

Standardreaktionen immer wieder durch; die Antwort von Prognostikern, wenn ich sie auf ihre Irrtümer hinwies, ging typischerweise in die Richtung von »Wir brauchen bessere Berechnungsmethoden«, damit ein Ereignis besser vorausgesagt werden kann, damit die Wahrscheinlichkeiten besser berechenbar werden – anstatt dass man sich auf die entschieden effektivere Strategie einer »Veränderung des Zustands des Ausgesetztseins« verlegt und lernt, sich aus Schwierigkeiten zu befreien, eine Fähigkeit, die Religionen und traditionelle Heuristiken sehr viel besser vermitteln können als naive, oberflächliche Wissenschaft.

Fazit

Neben den Empirikern im medizinischen Bereich habe ich in Buch IV den Versuch unternommen, die tollkühnen Außenseiter, Techniker, selbstständigen Unternehmer, innovativen Künstler und anti-akademischen Denker zu rechtfertigen, die von der Geschichte geschmäht wurden. Einige von ihnen bewiesen außerordentliche Tapferkeit – nicht genug damit, dass sie sich mutig für ihre Ideen einsetzten, nahmen sie es auch noch unverdrossen hin, in einer Welt zu leben, die sie, wie ihnen durchaus bewusst war, nicht verstand. Und sie genossen ihr Leben.

Halten wir zum Schluss dieses Abschnitts fest, dass Handeln weiser ist, als man gemeinhin annimmt – und rationaler. Mir ging es darum, das »Flugunterricht für Vögel«-Epiphänomen sowie das lineare Modell zu zerpflücken, indem ich unter anderem mit den schlichten mathematischen Eigenschaften der Optionalität arbeitete, die weder Wissen noch Intelligenz erfordern, sondern lediglich Rationalität bei der Auswahl.

Man erinnere sich daran, dass es keinen empirischen Beleg gibt, mit dem sich die Behauptung stützen ließe, dass systematische Forschung in dem Sinn, wie sie derzeit betrieben wird, zu den großartigen, von den Universitäten verheißenen Errungenschaften führt. Und die Vertreter der Sowjet-Harvard-Richtung arbeiten nicht mit Optionalität oder Auswirkungen zweiter Ordnung – und da Optionalität in ihren Berechnungen keine Rolle spielt, fehlt ihren Stellungnahmen zur Rolle teleologischer Wissenschaft von vornherein das Fundament. Die Geschichte der Technik muss umgeschrieben werden.

Was geschieht nun?

Als ich das letzte Mal mit Alison Wolf zusammentraf, unterhielten wir uns über das schlimme Bildungsproblem und die Augenwischerei, die bezüglich der Rolle der Universitäten betrieben wird – Eliteuniversitäten haben ja mittlerweile in den Augen der neuen asiatischen und amerikanischen Oberschicht den Status von Luxusgütern. Harvard ist wie eine Tasche von Louis Vuitton oder eine Uhr von Cartier. Es wird ein gewaltiger Druck auf Mittelschichteltern ausgeübt, die immer größere Anteile ihres Ersparten in diese Institutionen schaufeln und ihr Geld Verwaltern, Immobilienhändlern, Professoren und anderen Vermittlern übertragen. In den Vereinigten Staaten findet eine Akkumulation von Studienkrediten statt, die automatisch auf diese Rentenabschöpfer übergehen. In gewisser Hinsicht ähnelt es einer Erpressung: Man braucht den Abschluss von einer namhaften Universität, um im Leben weiterzukommen; dabei wissen wir, dass die Gesellschaft insgesamt keine Fortschritte macht, die auf das organisierte Bildungssystem zurückzuführen wären.

Alison Wolf bat mich, ihr meine Gedanken zur Zukunft der Bildung schriftlich zusammenzufassen – ich hatte ihr gesagt, dass ich der Sache eigentlich optimistisch gegenüberstehe. Meine Antwort: Bullshit ist fragil. Welche Betrügerei hatte in der Geschichte auf Dauer Bestand? Ich habe enormes Vertrauen in die Zeit und in die Geschichte – sie werden Fragilität früher oder später aufdecken. Bildung ist eine Institution, die ohne externe Stressoren gewachsen ist; irgendwann wird das Ganze zusammenbrechen.

Die nächsten beiden Bücher, V und VI, befassen sich mit der Vorstellung, dass fragile Dinge zusammenbrechen – wie vorherzusehen ist. Buch V zeigt (in eher fachwissenschaftlicher Manier), wie Fragilität aufgespürt werden kann, und stellt die Mechanik hinter dem Stein der Weisen vor. Buch VI geht von der Idee aus, dass Zeit eher auslöscht als aufbaut und dass sie gerade das Zerbrechen des Fragilen sehr gut beherrscht – seien es Gebäude oder Ideen.*

* Der Leser fragt sich vielleicht, welcher Zusammenhang zwischen Erziehung und Unordnung besteht. Erziehung ist teleologisch und hasst Unordnung. Tendenziell legt sie die Grundlage für die Entstehung von späteren Fragilisten.

Buch V

Das Nichtlineare und das Nichtlineare*

Zeit für eine weitere autobiographische Vignette. Charles Darwin machte in einem Abschnitt über die Entstehungsgeschichte seines Werks *Vom Ursprung der Arten* einige kurze Bemerkungen dazu, wie sich sein Standpunkt entwickelt hat: »Ich hoffe, man sieht mir die Erwähnung dieser persönlichen Details nach, die ich anführe, um zu belegen, dass ich meine Einschätzung nicht überstürzt getroffen habe.« Es ist nämlich nicht ganz korrekt, dass es kein treffendes Wort, keinen Begriff und keine Anwendung von Antifragilität gibt. Meine Kollegen und ich verfügten darüber, allerdings ohne es zu wissen. Und mich begleitete dieses Wort schon seit langer, sehr langer Zeit. Ich habe über genau dieses Problem eigentlich fast mein ganzes Leben nachgedacht – halb bewusst, halb ohne mir darüber im Klaren zu sein. Buch V stellt meine Reise dar und die Idee, die sich während dieser Reise herauskristallisierte.

Über die Vorteile einer Dachwohnung

Mitte der 1990er Jahre versenkte ich stillvergnügt meine Krawatte in der Mülltonne Ecke 45. Straße/Park Avenue in New York. Ich beschloss, mir einige Jahre Auszeit zu gönnen, und zog mich in eine Dachwohnung zurück. Dort versuchte ich, das zum Ausdruck zu bringen und zu formulieren, was mich umtrieb: das, was ich »verborgene Nichtlinearitäten« nannte, und deren Auswirkungen.

* Der an theoretischen Hintergründen nicht interessierte Leser kann Buch V ohne Weiteres überspringen: Die Definition von Antifragilität auf der Grundlage von Senecas Asymmetrie reicht für eine literarische Lektüre der letzten Kapitel vollauf aus. Dies hier ist eine eher fachspezifische Beschreibung des Sachverhalts.

Ich hatte streng genommen keine Idee, sondern lediglich eine Methode – die tiefer liegende zentrale Idee entzog sich mir. Indem ich nach dieser Methode vorging, produzierte ich eine fast sechshundert Seiten lange Darstellung über den Umgang mit nichtlinearen Effekten, inklusive Kurven und Tabellen. »Nichtlinearität« bedeutet, dass die Reaktion keine gerade Linie ist. Ich ging noch einen Schritt weiter und untersuchte den Zusammenhang mit Volatilität – ich werde noch näher darauf eingehen. Und ich beschäftigte mich mit der Volatilität der Volatilität und ähnlichen Effekten höherer Ordnung.

Das Buch, das in einsamer Forschungsarbeit über den Dächern von New York entstand, erhielt dann schließlich den Titel *Dynamic Hedging,* und es handelte von den »Techniken, mit komplizierten, nichtlinearen, derivativen Belastungen« umzugehen. Es war ein Fachbuch, das die Frage von Grund auf, *ab ovo,* behandelte, und während ich daran arbeitete, hatte ich ständig das sichere Gefühl, dass die Sache eine viel größere Tragweite hatte und nicht nur auf die Fälle beschränkt war, mit denen ich es in meinem Beruf zu tun hatte; ich wusste, dass mein Beruf der perfekte Ausgangspunkt gewesen war, um über diese Fragen nachzudenken. Allerdings war ich dann zu träge und zu festgefahren, um mich darüber hinaus zu wagen. Jenes Buch war (bevor ich anfing, an *Antifragilität* zu schreiben) mein liebstes Werk, und ich denke gern an die beiden strengen Winter in New York in der fast vollständigen Stille meiner Dachwohnung zurück, mit den Lichteffekten der Sonne, die auf den Schnee schien und nicht nur den Raum, sondern auch mein Vorhaben erwärmte. Jahrelang dachte ich an nichts anderes.

Und ich lernte etwas Amüsantes aus dieser Zeit. Irrtümlich wurde mein Buch nicht an »Quants« (quantitative Analysten, die im Finanzwesen mit mathematischen Modellen arbeiten) geschickt, sondern an vier Gutachter, die alle in der Wissenschaft als Finanzwirtschaftler tätig waren. Die Person, die die Begutachtungsexemplare verschickte, kannte den Unterschied nicht. Die vier Akademiker verrissen mein Buch interessanterweise aus vier völlig verschiedenen Begründungszusammenhängen; es gab zwischen ihren Argumenten keinerlei Überschneidungen. Wir Praktiker und Quants lassen uns von dem, was Akademiker zu sagen haben, nicht aus der Ruhe bringen – wir kämen uns sonst vor wie Prostituierte, die auf zweckdienliche Hinweise von Nonnen hören.

Hätte ich mich tatsächlich geirrt, dann hätten alle Gutachter ein und denselben Grund für ihren Verriss angeführt. Das ist wahre Antifragilität. Als der Verlag den Fehler bemerkte, wurde das Buch an Kritiker aus meiner Berufssparte geschickt und erblickte das Licht der Welt.*

Das Prokrustesbett im Leben besteht genau darin, das Nichtlineare zu vereinfachen, es linear zu machen – und diese Vereinfachung ist gleichbedeutend mit einer Verzerrung.

In der Folgezeit ließ mein Interesse an der Nichtlinearität von Belastungen nach, ich beschäftigte mich mit anderen Fragen rund um das Thema Ungewissheit, die ich als intellektueller und philosophischer empfand, beispielsweise mit dem Wesen des Zufalls, ohne allerdings der Frage nach der Reaktion auf zufällige Ereignisse nachzugehen. Vielleicht hing das damit zusammen, dass ich umzog und keine Dachwohnung mehr besaß.

Doch dann brachten mich einige besondere Ereignisse dazu, eine zweite Phase der Abgeschiedenheit einzuläuten.

Nach der Krise der Jahre 2007/2008 gab es eine Zeit, in der ich aufgrund der Kontakte mit den Medien durch die Hölle ging. Von heute auf morgen sah ich mich entintellektualisiert, korrumpiert, aus meiner Umgebung gerissen und als Produkt zur freien Verfügung der Allgemeinheit zu Markte getragen. Mir war nicht klar gewesen, dass es den Menschen in den Medien und der Öffentlichkeit kaum zu vermitteln ist, dass der Job eines Gelehrten darin besteht, unbedeutende aktuelle Vorkommnisse zu ignorieren, Bücher zu schreiben und keine E-Mails, und nicht auf irgendeiner Bühne herumzuhampeln und Vorträge zu halten; er hat weiß Gott anderes zu tun: morgens im Bett zu lesen, an seinem Schreibtisch am Fenster zu schreiben, lange (langsame) Spaziergänge zu machen, Espresso zu trinken (morgens), Kamillentee (nachmittags), libanesischen Wein (abends) und Muskateller (nach dem Abendessen), noch mehr lange (langsame) Spaziergänge zu unternehmen, mit Freunden und Familienmitgliedern zu reden (aber keinesfalls morgens) und vor dem

* Ein ähnlicher Test: Wenn mehrere Kritiker meinen, ein Buch biete nichts Neues, und jeder zitiert einen anderen wahren Urheber der Idee, dann darf man sicher sein, dass hier wirklich etwas Neues geboten wird.

Schlafen (wieder) im Bett zu lesen – und nicht sein Buch und seine Ideen neu zu formulieren zugunsten von Fremden und Mitgliedern des Ortsverbands von Networking International, die sein Buch überhaupt nicht gelesen haben.

Und dann stieg ich aus dem öffentlichen Leben einfach aus. Als es mir endlich gelang, die Kontrolle über meinen Tagesablauf und mein Gehirn wieder selbst zu übernehmen, als ich mich von meinen tiefen seelischen Blessuren erholt hatte, mich mit dem Gebrauch von E-Mail-Filtern und Autodelete-Funktionen vertraut gemacht und mein Leben neu gestartet hatte, schenkte mir Frau Fortuna zwei Einsichten, und ich war, wie ich zu meiner Schande entdecken musste, so töricht gewesen, nicht bemerkt zu haben, dass diese Einsichten schon die ganze Zeit in meinem Inneren geschlummert hatten.

Es liegt auf der Hand, dass die Instrumente für die Analyse nichtlinearer Effekte universell einsetzbar sind. Der traurige Aspekt dabei ist: Ich hatte bis zu jenem Tag in meinem neu-neuen Leben als einsamer Flaneur und Kamillenteetrinker, da ich in den Anblick einer Porzellantasse versunken war, nicht bemerkt, dass einfach alles, was meine Umgebung an Nichtlinearitäten aufzuweisen hatte, genau den Untersuchungstechniken unterzogen werden konnte, die ich in meiner ersten Phase der Abgeschiedenheit entdeckt hatte.

Was ich damals herausfand, ist in den nächsten beiden Kapiteln festgehalten.

Kapitel 18

Der Unterschied zwischen einem großen Stein und tausend Kieselsteinchen

Über den Einsatz von Steinen beim Bestrafen – Ich bin zu früh gelandet (ein einziges Mal) – Warum eine Dachwohnung immer nützlich ist – Warum es ratsam ist, Heathrow zu umfahren, es sei denn, man hat eine Gitarre dabei

Abbildung 8. Einlass begehrender Bittsteller in (links) konkaver und (rechts) konvexer Haltung. Der Mann illustriert die beiden Ausprägungen von Nichtlinearität; wäre er »linear«, würde er in gerader Haltung aufrecht stehen. Dieses Kapitel entwickelt Senecas Asymmetrie weiter und zeigt, wie die eine (die konvexe) Haltung Antifragilität in all ihren Formen repräsentiert, die andere (die konkave) Haltung dagegen Fragilität, und wie man auf einfache Weise Fragilität entdecken und sogar messen kann, indem man analysiert, wie breitbrüstig (konvex) oder gebeugt (konkav) der Höfling steht.

Während ich über der Porzellantasse meditierte, ging mir auf, dass sie keine Volatilität oder Variabilität oder Aktivität welcher Art auch immer mochte. Für die Tasse ist es am bekömmlichsten, wenn sie einfach in der Stille meines heimischen Arbeitszimmers in Frieden gelassen wird. Die Erkenntnis, dass Fragilität nichts ist als *die Verletztlichkeit durch die Volatilität der Dinge, die mit einer Sache in Berührung kommen*, stellte eine große persönliche Beschämung für mich dar, denn mein Spezialgebiet war ja genau die Beziehung zwischen Volatilität und Nichtlinearität – schon gut, ich weiß, ein reichlich exotisches Spezialgebiet. Ich beginne mit dem Ergebnis.

Eine einfache Regel, um das Fragile aufzuspüren

Eine Geschichte aus der rabbinischen Tradition (dem *Midrasch Tehillim),* wahrscheinlich ursprünglich aus dem Vorderen Orient, erzählt Folgendes. Ein König, der über das Verhalten seines Sohns erbost war, schwor, er werde ihn mit einem Felsbrocken zermalmen. Nachdem er sich beruhigt hatte, stellte er fest, dass er sich in einer Zwickmühle befand, denn ein König, der seinen Eid bricht, ist als Herrscher ungeeignet. Sein weiser Ratgeber wusste einen Ausweg: Zerschlagt den Brocken in viele winzige Kieselsteinchen und bewerft damit den nichtsnutzigen Sohn.

Der Unterschied zwischen tausend Kieselsteinchen und einem großen Felsbrocken gleichen Gewichts ist eine gute Illustration dafür, dass Fragilität auf nichtlineare Effekte zurückzuführen ist. Nichtlinear? Noch einmal: »Nichtlinear« bedeutet, dass die Reaktion nicht direkt ist, dass sie keine gerade Linie ergibt; wenn man also beispielsweise die Dosis verdoppelt, dann erzielt man damit einen Effekt, der sehr viel mehr oder sehr viel weniger als das Doppelte beträgt – wenn ich jemandem einen zehn Pfund schweren Stein an den Kopf werfe, verursacht das einen mehr als doppelt so großen Schaden wie ein fünf Pfund schwerer Stein, der seinerseits mehr als fünfmal so viel Schaden anrichten wird wie ein zwei Pfund schwerer Stein und so weiter. Es ist ganz einfach: Wenn Sie in einem Koordinatenkreuz den Schaden auf der vertikalen und die Größe des Steins auf der horizontalen Achse festhalten, dann bekommen Sie eine Kurve, keine Gerade. Das ist eine Weiterentwicklung der Asymmetrie.

Nun der sehr einfache Punkt, der die Entdeckung von Fragilität ermöglicht:

> *Dem Fragilen fügen Schocks desto größeren Schaden zu, je mehr die Intensität ansteigt (bis zu einer bestimmten Grenze).*

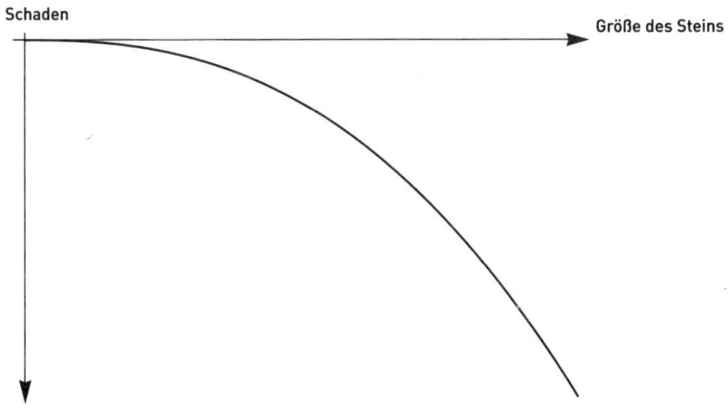

Abbildung 9. Der König und sein Sohn. Der durch die Größe des Steins hervorgerufene Schaden als Funktion der Größe des Steins (bis zu einer gewissen Grenze). Bei jeder Zunahme des Gewichts des Steins ist der Schaden größer als beim vorherigen Wert. Deutlich erkennbar ist die Nichtlinearität (die Kurve biegt sich nach innen, die Neigung wird immer steiler).

Eine graphische Darstellung des Beispiels sehen Sie in Abbildung 9. Das Prinzip lässt sich verallgemeinern. Ihr Auto ist fragil. Wenn Sie es mit 80 Stundenkilometern gegen eine Mauer fahren, richten Sie größeren Schaden an, als wenn Sie es zehnmal mit 8 Stundenkilometern gegen dieselbe Mauer fahren. Der Schaden bei 80 Stundenkilometern ist mehr als zehnmal so groß wie der Schaden bei 8 Stundenkilometern.

Weitere Beispiele. Sieben Flaschen Wein (Bordeaux) auf einmal zu sich zu nehmen und dann sechs Tage reines Wasser mit einem Zitronenschnitz zu trinken ist schädlicher, als über sieben Tage verteilt eine Flasche Wein pro Tag (verteilt auf zwei Gläser pro Mahlzeit) zu trinken.

Jedes weitere Glas Wein schadet Ihnen mehr als das vorhergehende, Ihr Körper reagiert auf Alkoholkonsum also fragil. Lässt man eine Porzellantasse aus einer Höhe von dreißig Zentimetern auf den Boden fallen, erzeugt das einen größeren Schaden als zwölfmal der Schaden, der entsteht, wenn man sie aus einer Höhe von zweieinhalb Zentimetern fallen lässt.

Springt man aus einer Höhe von zehn Metern auf festen Boden, fügt man sich mehr als zehnmal so viel Schaden zu, wie wenn man aus einer Höhe von einem Meter springt – zehn Meter ist offenbar der Grenzwert, ab dem ein freier Fall tödlich endet.

Das alles ist lediglich eine schlichte Erweiterung der grundlegenden Asymmetrie, die ich zwei Kapitel zuvor beschrieben habe, als ich die Gedanken Senecas als Vorwand benutzte, um über Nichtlinearität zu sprechen. Asymmetrie ist notwendigerweise Nichtlinearität. Mehr Schaden als Nutzen: Eine Erhöhung der Intensität verursacht mehr Schaden, als ein entsprechender Rückgang Nutzen bringt.

Warum ist Fragilität nichtlinear?

Und nun zum zentralen Punkt, dem Grund, warum Fragilität generell in den Bereich des Nichtlinearen und nicht in den des Linearen gehört. Das war die Eingebung, die ich beim Betrachten der Porzellantasse hatte. Die Antwort hängt mit der Struktur von Überlebenswahrscheinlichkeiten zusammen: Gesetzt den Fall, etwas ist unverletzt (oder hat überlebt), dann ist es eher durch einen einzigen Felsbrocken verletzbar als durch tausend Kieselsteinchen, also eher durch ein einziges seltenes Ereignis als durch den kumulativen Effekt kleinerer Schocks.

Wenn sich auf einen Menschen der Sprung von einem Millimeter Höhe (Einwirkung einer minimalen Kraft) in einem exakt linearen Bruchteil des Schadens von beispielsweise einem Sprung aus zehn Metern Höhe auswirken würde, dann wäre der Betreffende aufgrund der Kumulation der Schädigungen bereits tot. Schon eine einfache Berechnung zeigt, dass er innerhalb weniger Stunden, nur durch das Berühren von Gegenständen oder das Durchschreiten seines Wohnzimmers, die damit verbundene Vielzahl von Stressoren und die Summe ihrer Auswirkungen das Zeitliche gesegnet hätte. Die Fragilität, die aus Linearität resultiert, ist unmittelbar sichtbar, wir schließen sie von vornherein aus, da ein Objekt in diesem Fall bereits zerbrochen wäre. Woraus zu schließen ist: Fragil ist etwas, das einerseits nicht zerbrochen, andererseits nichtlinearen Effekten unterworfen ist – und extremen, seltenen Ereignissen, denn die Auswirkungen von großer Dimension (oder hoher Geschwindigkeit) sind seltener als diejenigen kleiner Dimensionen (und niedriger Geschwindigkeit).

Im Zusammenhang mit Schwarzen Schwänen und Extremereignissen kann man Folgendes formulieren: Gewöhnliche Ereignisse treten sehr viel häufiger auf als extreme Ereignisse. Auf dem Finanzmarkt gibt es mindestens zehntausendmal mehr Ereignisse mit einer Größe von 0,1 Prozent als Ereignisse mit einer Größe von 10 Prozent. Täglich finden rund um den Globus etwa achttausend Mikro-Erdbeben statt, also Erdbeben, die unterhalb der Stärke 2 auf der Richterskala bleiben – ungefähr drei Millionen pro Jahr. Sie sind vollkommen harmlos, und angesichts dieser drei Millionen, die sich pro Jahr ereignen, ist das auch gut so. Erschütterungen von einer Intensität ab Stärke 6 dagegen schaffen es in die Schlagzeilen. Man nehme nur das Beispiel der Porzellantassen. Sie bekommen sehr viel öfter Stöße von einer Stärke von, sagen wir, einem Hundertstel Pfund pro Quadratzentimeter (als Durchschnittsmaß) ab als Stöße von hundert Pfund pro Quadratzentimeter. Wir sind also notwendigerweise immun gegen den kumulativen Effekt kleiner Abweichungen oder Schocks kleinen Ausmaßes, was impliziert, dass diese uns unverhältnismäßig weniger (das heißt nichtlinear weniger) schaden als größere Abweichungen.

Ich formuliere die obige Regel noch einmal pointierter:

Für das Fragile ist der kumulative Effekt kleiner Schocks kleiner als der Einzeleffekt eines gleichwertigen einzelnen großen Schocks.

Daraus folgt: Fragil ist das, was sehr viel stärker durch Extremereignisse verletzbar ist als durch eine Abfolge von durchschnittlichen Vorkommnissen. Finito – es gibt *keine andere Art*, fragil zu sein.

Was bedeutet das für das Gegenstück des Fragilen, das Antifragile? Auch Antifragilität beruht auf Nichtlinearitäten, auf nichtlinearen Reaktionen.

Für das Antifragile sind Schocks umso nützlicher (also umso weniger schädlich), je mehr sie (bis zu einer gewissen Grenze) an Intensität zunehmen.

Ein einfacher Fall und eine Heuristik, die unter Gewichthebern allgemein bekannt ist. In meiner im zweiten Kapitel geschilderten Bodyguard-Nacheiferungsphase habe ich mich lediglich auf das von mir erreichbare Maximum konzentriert. Einmal hundert Pfund zu heben bringt mehr, als zweimal fünfzig Pfund zu heben, und mit Sicherheit sehr viel mehr, als wenn man hundertmal ein Pfund hebt. Nach den Kriterien von Gewichthebern besteht der Nutzen darin, dass der Körper gestärkt, die Muskelmasse vermehrt und die Kneipenschläger-Aura erhöht wird, es geht also weniger um Widerstandsfähigkeit und die Ausdauer, einen Marathon zu laufen. Die zweiten fünfzig Pfund spielen eine größere Rolle, es handelt sich folglich um einen nichtlinearen (das heißt, wie wir sehen werden, Konvexitäts-) Effekt. Jedes zusätzliche Pfund bringt mehr Nutzen, und zwar so lange, bis man in der Nähe des Limits ist, das Gewichtheber als »Failure« (Versagen) bezeichnen.*

Halten wir für den Moment nur fest, dass diese schlichte Kurve eine enorme Reichweite hat: Sie ist praktisch überall anwendbar, wo Ungewissheit auch nur die geringste Rolle spielt, selbst bei ärztlichen Behandlungsfehlern, bei der Größe von Regierungen und bei Innovationsbemühungen. Und sie dient zur theoretischen Unterfütterung dessen, was ich in Buch II zu Größe und Konzentration ausgeführt habe.

Ein lächelndes und ein trauriges Gesicht

Nichtlinearität tritt in zwei Variationen auf: als konkave Kurve (nach innen gekrümmt), wie im Fall des Königs und des Felsbrockens, oder als ihr Gegenteil, die konvexe Kurve (nach außen gekrümmt). Und na-

* Es gibt faktisch zwei unterschiedliche Arten von Muskelfasern, die auf jeweils unterschiedliche Beanspruchungen verschieden asymmetrisch reagieren. Die so genannten schnell kontrahierenden Fasern, die eingesetzt werden, wenn es um das Heben schwerer Gewichte geht, sind sehr antifragil, da konvex im Verhältnis zum Gewicht. Und sie verkümmern bei abnehmender Beanspruchungsintensität.

türlich gibt es Mischformen mit sowohl konkaven als auch konvexen Abschnitten.

Die Abbildungen 10 und 11 geben eine vereinfachte Darstellung von Nichtlinearität wieder: Das Konvexe und das Konkave ähneln einem lächelnden und einem traurig nach unten gezogenen Mund.

Abbildung 10. Die beiden Typen von Nichtlinearität, das Konvexe (links) und das Konkave (rechts). Das Konvexe biegt sich nach außen, das Konkave nach innen.

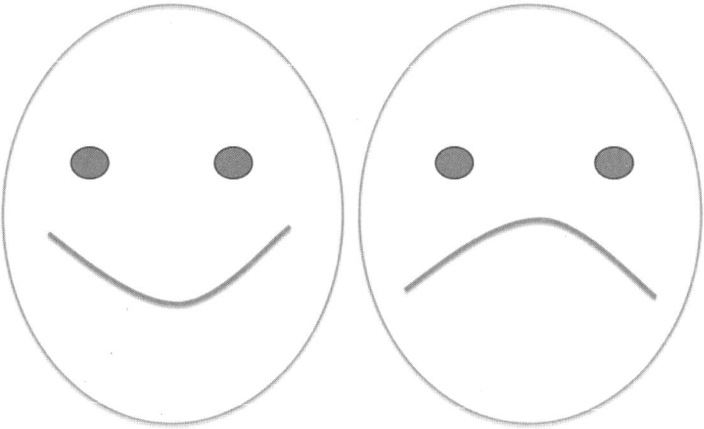

Abbildung 11. Smile! Eine einfache Eselsbrücke zur Unterscheidung von konvex und konkav. Was sich nach außen biegt, sieht aus wie ein Lächeln – was nach innen gekrümmt ist, ähnelt einem traurigen Gesicht. Das Konvexe (links) ist antifragil, das Konkave (rechts) ist fragil (hat negative Konvexitätseffekte).

Der Einfachheit halber benutze ich den Begriff »Konvexitätseffekt« für beide Bereiche, spreche also von »positiven Konvexitätseffekten« und »negativen Konvexitätseffekten«.

Warum prägt sich Asymmetrie als Konvexität oder Konkavität aus? Ganz einfach: Gibt es für eine bestimmte Variation mehr Vorteile als

Nachteile, und setzt man das in eine Kurve um, dann wird die Kurve konvex ausfallen; im gegenteiligen Fall konkav. Abbildung 12 zeigt die Asymmetrie umgesetzt in Nichtlinearitäts-Begriffe. Außerdem zeigt sie die Magie des Mathematischen, die es uns erlaubt, Steak Tartar, Unternehmertum und finanzielles Risiko in einem Atemzug zu nennen: Die konvexe Kurve wird konkav, indem man einfach nur ein Minuszeichen davor setzt. So hatte Fat Tony etwa bei einer bestimmten Transaktion genau das umgekehrte Ergebnis wie eine Bank oder eine Finanzinstitution: Er verdiente einen Dollar, wenn die anderen einen verloren, und umgekehrt. Die Gewinne und Verluste sind letztlich Spiegelbilder voneinander, nur dass das eine eben das andere mit einem Minuszeichen davor ist.

Abbildung 12 zeigt außerdem, warum das Konvexe *von Volatilität profitiert*. Wenn Sie bei Fluktuationen mehr verdienen als verlieren, dann werden Ihnen viele Fluktuationen gelegen kommen.

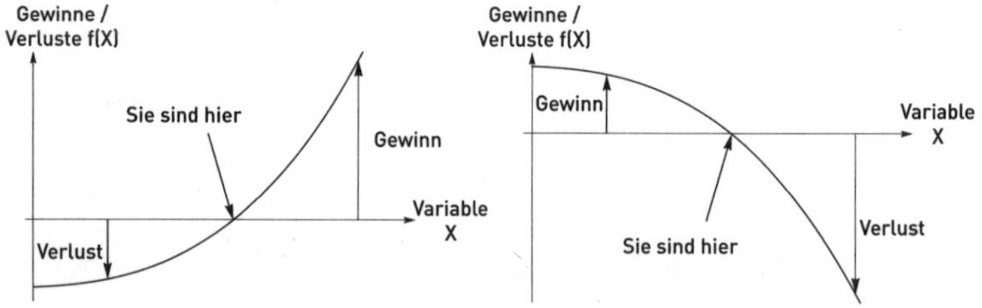

Abbildung 12. Mehr Verlust als Gewinn oder mehr Gewinn als Verlust. Angenommen, Sie beginnen beim markierten Ausgangspunkt. Wenn die Variable *X* im ersten Fall größer wird, sich also auf der horizontalen Achse nach rechts bewegt, sind die Gewinne (vertikale Achse) größer als die Verluste, die durch eine Bewegung nach links entstehen, also einen entsprechenden Rückgang der Variablen ***X***. Die Abbildung zeigt, wie positive Asymmetrie (linkes Diagramm) zu einer konvexen (nach außen gebogenen) Kurve führt und negative Asymmetrie (rechtes Diagramm) zu einer konkaven (nach innen gebogenen) Kurve. Noch einmal: Bei einer gegebenen Abweichung einer Variablen in identischem Umfang in beide Richtungen gewinnt das Konvexe mehr, als dass es verliert, und für das Konkave gilt das Gegenteil.

Warum wird das Konkave durch Ereignisse nach Art eines Schwarzen Schwans geschädigt?

Nie hätte ich gedacht, dass die Idee, die mich mein ganzes Leben lang verfolgt hatte, sich so luzide als Diagramm darstellen lässt. Abbildung 13 illustriert die Effekte von Schädigungen und Unerwartetem. Je konkaver eine Situation ist, desto größeren Schaden fügt ihr das Unerwartete zu, und der Anstieg ist disproportional. Die Auswirkung von sehr großen Abweichungen ist also disproportional groß.

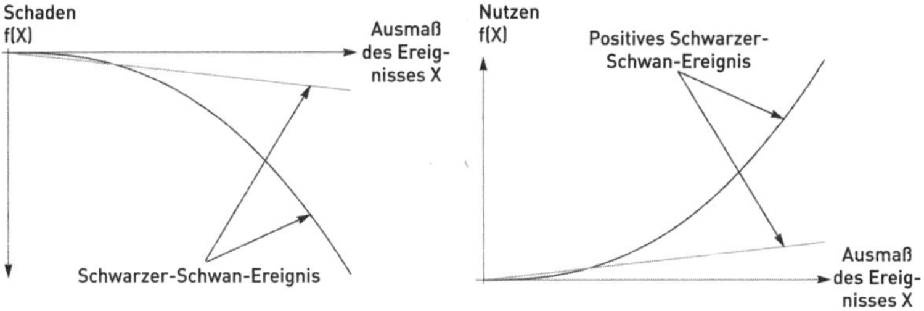

Abbildung 13. Zwei Situationen, die eine linear, die andere nichtlinear, mit negativer Konvexität, das heißt Konkavität, im ersten Diagramm und positiver Konvexität im zweiten. Ein unerwartetes Ereignis wirkt sich bei Nichtlinearität unverhältnismäßig viel stärker aus. Je größere Ausmaße das Ereignis hat, desto größer ist der Unterschied.

Als Nächstes möchte ich diese sehr einfache Technik bei der Aufdeckung von Fragilität einsetzen sowie der Verortung einzelner Phänomene in der Triade.

Die Verkehrssituation in New York

Übertragen wir also diese »Konvexitätseffekte« auf Situationen in unserem Alltag. Der Autoverkehr ist in hohem Maße nichtlinear. Wenn ich den Tagesflug von New York nach London nehme und zu Hause um fünf Uhr morgens (schon gut, ich weiß) aufbreche, dann brauche ich ungefähr 26 Minuten bis zum Terminal von British Airways am JFK-Flughafen. Um diese Zeit ist New York geisterhaft leer, wie ausgestorben. Wenn ich zu Hause um sechs Uhr aufbreche und einen späteren Flug nehme, ist die Zeit, die ich brauche, fast gleich, obwohl der Verkehr schon etwas dichter ist. Man kann auf dem Highway immer noch Autos hinzufügen, ohne dass sich das sonderlich auf die Zeit auswirken würde, die man für die Strecke benötigt.

Und dann geschieht etwas Geheimnisvolles – die Anzahl der Autos erhöht sich um 10 Prozent, und die Fahrtzeit verlängert sich sprunghaft um 50 Prozent (ich arbeite mit Näherungswerten). Hier bekommt man den Konvexitätseffekt ganz unmittelbar zu spüren: Die Durchschnittszahl der Autos auf der Straße spielt für die Geschwindigkeit des Verkehrs keine Rolle. Wenn in der ersten Stunde 90 000 Autos auf der Straße sind und in der zweiten Stunde 110 000, wäre der Verkehr sehr viel langsamer, als wenn zwei Stunden lang 100 000 Autos unterwegs wären. Zu beachten ist, dass die Fahrtzeit negativ ist, ich setze sie somit als Kosten an, eine Art Aufwand eben, bei dem ein Zuwachs einer Verschlechterung gleichkommt.

Die Fahrtkosten reagieren also fragil auf die *Volatilität* der jeweiligen Gesamtzahl der PKWs auf dem Highway; sie hängen nicht so sehr von ihrem Durchschnitt ab. Jeder neu hinzukommende Wagen erhöht die Fahrtzeit um eine größere Spanne als der vorherige.

Das verweist auf ein zentrales Problem unserer heutigen Welt: Diejenigen, die mit der Aufgabe der »Effizienzsteigerung« und »Optimierung« von Systemen betraut sind, haben kein Verständnis für nichtlineare Reaktionen. Beispielsweise sind europäische Flughäfen und Eisenbahnstrecken bis an ihre Grenzen ausgelastet, offensichtlich übereffizient. Sie operieren nahezu am oberen Limit ihrer Kapazität, mit nur minimalen Redundanzen und ungenutzten Kapazitäten, was die Kosten in akzeptablen Grenzen hält; allerdings kann infolgedessen schon eine minimale Zunahme der Belastung, sagen wir fünf Prozent mehr Flugzeuge am Himmel aufgrund eines kleinen Rückstaus, zum Chaos auf Flughäfen führen und zu Szenen, in denen unglückliche Reisende gezwungen sind, auf dem Boden zu campieren, und ihr einziger Trost ist ein bärtiger Typ, der auf einer Gitarre französische Chansons zum Besten gibt.

Das Problem lässt sich quer durch die verschiedenen Bereiche der Wirtschaft verfolgen: Zentralbanken können Geld drucken; ohne irgendetwas zu bewirken, drucken sie unverdrossen immer weiter (und berufen sich zu allem Überfluss noch auf die »Sicherheit« einer solchen Maßnahme), und dann, »völlig unerwarteterweise«, hat das Gelddrucken eine sprunghafte Erhöhung der Inflationsrate zur Folge. Viele Ergebnisse auf dem Wirtschaftssektor werden durch Konvexitätseffekte vollständig zunichte gemacht – die gute Nachricht ist, dass wir wissen, warum es sich so verhält. Leider basieren die Strategien (und die Kultur) der Politiker ganz überwiegend auf Linearität und der Verkennung dieser verborgenen Effekte. Man bezeichnet sie gemeinhin als »Annäherung« *(approximation)*. Wenn der Begriff »Sekundäreffekt« fällt, dann bedeutet das, dass es aufgrund von Konvexität mit Annäherung nicht gelingt, darzustellen, was wirklich geschehen ist.

In Abbildung 14 habe ich ein (sehr hypothetisches) Diagramm über die Reaktion des Verkehrs auf die Anzahl der Fahrzeuge erstellt. Man beachte den Verlauf der Kurve. Sie krümmt sich nach innen.

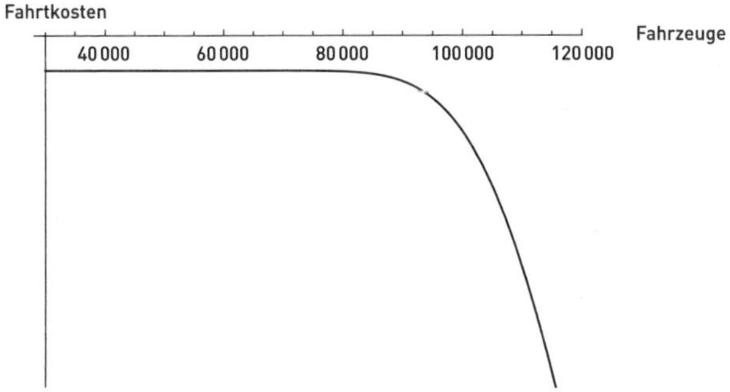

Abbildung 14. Die Kurve zeigt, inwieweit die Fahrtzeit (und Fahrtkosten) des Autors zum JFK-Flughafen jenseits eines bestimmten Punkts nichtlinear von der Anzahl der Autos auf der Straße abhängt. Die Fahrtkosten bilden eine nach innen gekrümmte Kurve – konkav, sprich: nicht gut.

Irgendjemand sollte den Verantwortlichen in New York Bescheid geben

Wie Konvexitätseffekte ein überoptimiertes System beeinflussen und wie sich die Fehleinschätzung großer Abweichungen auswirkt, wird durch die folgende kleine Episode sehr schön illustriert: Sie führt vor Augen, was geschah, als die Verantwortlichen für das Verkehrswesen in New York die Auswirkungen einer Streckensperrung auf die Verkehrsbelastung einmal voll und ganz unterschätzten. Der Irrtum ist weit verbreitet: Eine kleine Veränderung erzeugt in einem System, das extrem beansprucht, also fragil ist, eine unvorhergesehene Wirkungskette.

Eines Samstagabends im November 2011 fuhr ich nach New York City, um mich mit dem Philosophen Paul Boghossian zum Dinner im Village zu treffen – normalerweise brauche ich für diese Strecke vierzig Minuten. Ironischerweise traf ich mich mit ihm, um über mein Buch – dieses Buch – zu sprechen, und noch ironischer: über meine Vorstellung von Redundanz in Systemen. Ich habe mich dafür ausgesprochen, in das Leben der Menschen mehr Redundanz einzuführen, und hatte mich vor ihm und anderen damit gebrüstet, dass ich seit meinem am Neujahrstag des Jahres 2007 gefassten Entschluss nie zu irgendeinem Termin zu spät gekommen bin, nicht einmal um eine Minute (naja, sagen wir *fast* nie). Erinnern Sie sich an mein Plädoyer für die Einführung von Redundanzen als offensive Strategie. Eine solche persönliche Disziplin zwingt mich, Pufferzonen einzubauen, und da ich immer ein Notizbuch dabeihabe, war es mir möglich, einen ganzen Band Aphorismen zu verfassen. Ganz zu schweigen von langen Aufenthalten in Buchläden. Oder ich kann mich in ein Café setzen und Hassmails lesen. Natürlich alles ohne Stress, da ich nicht befürchten muss, zu spät zu kommen. Der größte Nutzen einer solchen Disziplin besteht darin, dass sie es mir nicht erlaubt, meinen Tag mit Terminen vollzustopfen (normalerweise sind Termine weder nützlich noch erfreulich). Tatsächlich mache ich aufgrund einer weiteren selbstdisziplinierenden Regel überhaupt keine Termine (abgesehen von Vorträgen), und wenn, dann frühestens am Morgen desselben Tages, denn ein im Kalender festgehaltener Termin vermittelt mir das Gefühl, ein Gefangener zu sein, aber das ist eine andere Geschichte.

Als ich gegen sechs Uhr Midtown erreichte, kam der Verkehr zum Erliegen. Nichts ging mehr. Bis acht hatte ich mich gerade einmal ein paar wenige Häuserblocks weiterbewegt. Da half auch mein »Redundanz-Puffer« nichts mehr; mein bis dato eingelöster Vorsatz war nicht mehr zu halten. Nachdem ich mir dann wieder einmal beigebracht hatte, wie man dieses lärmende, kakophonische Gerät namens Radio in Betrieb nimmt, erfuhr ich, was geschehen war: Die Verwaltung von New York City hatte – in der Annahme, das dürfte an einem Samstag keine Probleme bereiten – einer Filmgesellschaft die Genehmigung erteilt, auf der

Brücke an der 59. Straße zu drehen. Das kleine Verkehrsproblem aber verwandelte sich aufgrund der Vervielfältigungseffekte in ein Chaos. Die Zeit, von der man angenommen hatte, es würde sich schlimmstenfalls um eine Verzögerung von wenigen Minuten handeln, verhundertfachte sich; Minuten wurden zu Stunden. Die Verantwortlichen in der Stadtverwaltung von New York City hatten eben einfach keine Ahnung von Nichtlinearitäten.

Das ist das zentrale Problem von Komplexität: Derartige Irrtümer verschlimmern und multiplizieren sich, sie schwellen an, und alles, was sie bewirken, geht in eine Richtung – nämlich in die falsche.

Mehr ist anders

Eine weitere Möglichkeit, Konvexitätseffekte zu verstehen: Man denke an den Vorgang der Skalierung. Wenn man den Grad, in dem etwas etwas anderem ausgesetzt ist, verdoppelt, wird dann auch der dadurch verursachte Schaden mehr als doppelt so groß? Ist das der Fall, dann handelt es sich um eine fragile Situation. Andernfalls ist die Situation robust.

Dieser Punkt wurde von P. W. Anderson im Titel seines Aufsatzes treffend formuliert: »Mehr ist anders«. Und das, was Komplexitätsspezialisten als »emergente Eigenschaften« bezeichnen, ist das nichtlineare Resultat der Hinzufügung von Einheiten, insofern, als die Summe sich immer stärker von den Teilen unterscheidet. Man denke nur an den Unterschied zwischen dem großen Felsbrocken und den Kieselsteinchen: Letztere haben dasselbe Gewicht und im Prinzip dieselbe Form, aber das ist auch schon alles. Und im fünften Kapitel haben wir gesehen, dass eine Stadt kein großes Dorf ist, so wenig wie ein Großunternehmen ein größerer Kleinbetrieb ist. Wir haben auch gesehen, wie sich der Charakter von Zufälligkeit verändert, wenn sich das Feld von Mediokristan nach Extremistan verschiebt – ein Staat ist kein großes Dorf, und es gibt noch viele andere grundlegende Unterschiede, die auf Veränderungen der Größe sowie der Geschwindigkeit zurückgehen. In all diesen Fällen ist Nichtlinearität am Werk.

Eine »ausgewogene Mahlzeit«

Noch ein Beispiel für die verborgene Dimension der Variabilität: Uns wird gegenwärtig von der Sowjet-Harvard-Sparte der amerikanischen Gesundheitsautoritäten empfohlen, wir sollten täglich eine bestimmte Menge an Nährstoffen zu uns nehmen (soundso viele Kalorien insgesamt, soundso viele Proteine, Vitamine und so weiter). Häufig finden sich auf Nahrungsmittelpackungen Angaben zum »Anteil der empfohlenen Tagesdosis«. Abgesehen davon, dass es keine empirischen Grundlagen für die Ableitung dieser empfohlenen Werte gibt (ich komme darauf in den Abschnitten über das Gesundheitswesen noch zu sprechen), krankt die Empfehlung noch an einer weiteren Nachlässigkeit: dem Nachdruck, der auf die *Regelmäßigkeit* gelegt wird. Diejenigen, die uns solche Ernährungsstrategien empfehlen, verstehen nicht, dass es etwas ganz anderes ist, seine Kalorien und Nährstoffe »gleichmäßig verteilt« über den Tag zu sich zu nehmen, in »ausgewogener« Zusammensetzung und mit der Regelmäßigkeit eines Metronoms, oder beispielweise an einem Tag sehr viel Eiweiß aufzunehmen, an einem anderen Tag zu fasten und am dritten Tag richtig zu schlemmen.

Damit verkennt man völlig die Wirkung von Hormesis, dem geringfügigen Stressor, der sich aufgrund von episodischer Entbehrung einstellt. Lange Zeit war niemand daran interessiert, sich zu überlegen, ob eine Verteilungsvariabilität – also ein Effekt zweiter Ordnung – eine ähnlich große Rolle spielen könnte wie die langfristig stabile Zusammensetzung. Mittlerweile werden erste Forschungen auf diesem Gebiet unternommen, allerdings geschieht das noch sehr schleppend. Man beginnt zu erkennen, dass die Auswirkung von Variabilität in der Zusammensetzung der Nahrungsquellen sowie die Nichtlinearität in der Reaktion des Körpers für biologische Systeme von zentraler Bedeutung sind. Dadurch, dass ich am Montag überhaupt kein Eiweiß zu mir nehme und den Ausfall am Mittwoch ausgleiche, wird offensichtlich eine andere – bessere – physiologische Reaktion angestoßen, möglicherweise weil der Mangel als Stressor gewisse Leitbahnen aktiviert, die die nachfolgende Aufnahme der Nährstoffe erleichtern (so oder ähnlich kann man sich das wohl vorstellen). Außerhalb von ein paar wenigen aktuellen (nicht aufeinander bezogenen) empirischen Studien wurde dieser Konvexitätseffekt bis heute von der Wissenschaft völlig übersehen – ganz im Gegensatz zu Religionen, überkommenen Heuristiken und Traditionen. Und wenn Wissenschaftler auch manchmal ansatzweise einen Aspekt von Konvexitätseffekten erfassen (wie wir im Zusammenhang mit der Kontextabhängigkeit feststellten, verstehen Ärzte, ähnlich wie Gewichtheber, immer wieder einmal bruchstückhaft die Nichtlinearitäten bei Dosis-Wirkungs-Beziehungen), taucht die Vorstellung von Konvexitätseffekten als solche doch weder in der Sprache noch in den Methoden auf.

Rennen statt Gehen

Hier ein weiteres Beispiel, diesmal eine Situation, die von Variabilität, vom positiven Konvexitätseffekt, tatsächlich profitiert. Stellen Sie sich zwei Brüder vor, Castor und Pollux, die einen Weg von einer Meile zurückzulegen haben. Castor spaziert die Meile in entspanntem Tempo und kommt nach zwanzig Minuten am Ziel an. Pollux spielt vierzehn Minuten lang an seinem Handy herum und holt sich die letzten Updates von irgendwelchen Klatschgeschichten, dann rennt er los und braucht für dieselbe Meile sechs Minuten, trifft mithin zur selben Zeit ein wie Castor.

Beide haben folglich in exakt derselben Zeit, also mit demselben Schnitt, die gleiche Strecke zurückgelegt. Castor, der den ganzen Weg in gemächlichem Tempo gegangen ist, profitiert im Hinblick auf seine Gesundheit und seine Fitness wahrscheinlich sehr viel weniger als Pollux, der die Strecke rennend bewältigt hat. Der gesundheitliche Nutzen ist (bis zu einer bestimmten Grenze) im Verhältnis zur Geschwindigkeit *konvex*.

Der eigentliche Sinn körperlichen Trainings besteht darin, von der Antifragilität gegenüber Stressoren zu profitieren – ich habe bereits darauf hingewiesen, dass jede Form des Trainings letztlich darin besteht, Konvexitätseffekte auszunutzen.

Selbst wenn klein hässlich wäre – es ist auf jeden Fall weniger fragil

Man hört immer wieder den Satz »Small is beautiful« – eine charmante, wirkmächtige Aussage; viel wurde zu ihrer Bestätigung beigetragen – das meiste davon ist anekdotischer, romantischer oder existentieller Natur. Thematisieren wir die Idee im Zusammenhang mit unserem Ansatz, dass Fragilität gleich Konkavität gleich Abneigung gegen Zufälligkeit ist, und schauen wir, wie wir einen solchen Effekt messen können.

Wie man in die Klemme gerät

In der Klemme befindet man sich, wenn man etwas tun muss, ohne eine Wahl zu haben – und zwar sofort und auf der Stelle, ohne Rücksicht auf die Kosten.

Für Ihre bessere Hälfte steht die Verteidigung ihrer Doktorarbeit über die Geschichte des deutschen Tanzes an, und Sie müssen nach Marburg fliegen, um in einem so entscheidenden Augenblick anwesend zu sein, die Eltern kennenzulernen und offiziell die Verlobung bekanntzugeben. Sie leben in New York und ergattern einen Billigflug nach Frankfurt für vierhundert Dollar, und Sie sind ganz entzückt über den niedrigen Preis. Allerdings müssen Sie in London umsteigen. Sie treffen am JFK-Flughafen in New York ein, und dort werden Sie von einem Mitarbeiter der Airline davon in Kenntnis gesetzt, dass die Flüge nach London gestrichen wurden, tut uns leid, Verspätungen wegen Wetterproblemen, all diese Sachen eben. Irgendwas wegen Heathrows Fragilität. Sie können einen Last-Minute-Flug nach Frankfurt bekommen, aber Sie müssen viertausend Dollar bezahlen, fast zehnmal so viel wie für den anderen Flug, und Sie müssen sich schnell entscheiden, denn es gibt nur noch wenige Plätze. Sie schäumen vor Wut, schreien, fluchen, geben sich selbst die Schuld, Ihrer Erziehung, Ihren Eltern, die Ihnen beigebracht haben, sparsam mit Geld umzugehen, und dann blättern Sie die viertausend Dollar hin. Das ist eine klassische Klemme.

Klemmen werden verschärft durch Größe. Wenn man groß ist, wird man durch gewisse Irrtümer, vor allem aber durch grauenhafte Klemmen verletzbar. Klemmen werden nichtlinear umso kostspieliger, je mehr die Größe zunimmt.

Um zu verstehen, zu welch einer Verlegenheit sich das auswachsen kann, halten Sie sich die Gründe vor Augen, warum Sie keinen Elefanten als Haustier halten sollten, welche emotionale Nähe auch immer Sie zu dem Tier empfinden mögen. Nehmen wir an, Sie könnten sich von Ihrem Postdoktoranden-Budget einen Elefanten leisten, und er wird Ihnen in Ihren Hinterhof geliefert. Wenn es zu einer Wasserknappheit kommt – wenn Sie also in eine Klemme geraten, denn Sie haben ja keine andere Wahl, als für das Wasser zu blechen –, dann müssten Sie für jeden zusätzlichen Liter Wasser einen immer höheren Preis bezahlen. Genau das ist Fragilität, ein negativer Konvexitätseffekt, der sich daraus ergibt, dass etwas zu groß geworden ist. Die unerwarteten Kosten im Verhältnis zu den Gesamtausgaben wären monströs. Wenn Sie beispielsweise eine Katze oder einen Hund hätten, dann müssten Sie nicht mit so hohen unerwarteten Zusatzkosten rechnen – die zusätzlichen Kosten im Verhältnis zu den Gesamtausgaben wären sehr niedrig.

Im Widerspruch zu allem, was in den Wirtschaftswissenschaften zum Thema »Ertragssteigerung bei Großunternehmen« gelehrt wird, wirkt Größe sich in Belastungssituationen schädlich aus; es ist nicht gut, in schweren Zeiten groß zu sein. Einige Vertreter dieser Fachrichtung haben sich mit der Frage beschäftigt, warum die Fusion von Firmen sich offensichtlich nicht auszahlt. Die neu entstandene Einheit ist viel größer, also mächtiger, und den Ertragssteigerungs-Theorien zufolge müsste sie entschieden »effizienter« sein. Die Zahlen aber zeigen bestenfalls keinen Gewinn aus einem solchen Größenzuwachs. Das war bereits im Jahr 1978 der Fall, als Richard Roll die »Hybris-Hypothese« formulierte – seiner Ansicht nach handelten Gesellschaften, die fusionierten, irrational, wenn man sich die wenig erfolgreichen historischen Beispiele ansah. Aktuelle Daten von heute bestätigen immer noch sowohl die mageren Ergebnisse von Fusionen als auch die nach wie vor bestehende Hybris – Manager scheinen den schlechten wirtschaftlichen Aspekt einer solchen Transaktion einfach zu ignorieren. Offenbar hat Größe etwas an sich, das für Unternehmen schädlich ist.

Ähnlich wie bei der Idee mit dem Elefanten als Haustier ist es für große Unternehmen (im Verhältnis zu ihrer Größe) sehr, sehr viel kostspieliger, wenn sie in die Klemme geraten. Die Vorteile, die sich aus der Größe ergeben, sind sichtbar, die Risiken dagegen sind versteckt, und bestimmte verborgene Risiken scheinen Firmen zu schwächen.

Große Tiere wie Elefanten, Boa constrictors, Mammuts und andere Tiere ähnlicher Größe neigen dazu auszusterben. Zu der Klemme, die aufgrund von Ressourcenknappheit entsteht, kommen mechanische Gegebenheiten hinzu. Große Tiere reagieren auf Schocks fragiler als kleine – das ist so ähnlich wie bei dem Felsbrocken und den Kieselsteinen. Jared Diamond, der den anderen immer eine Nase voraus ist, erklärte diese Verwundbarkeit in seinem Aufsatz »Why Cats Have Nine Lives«. Wenn man eine Katze oder eine Maus aus einer Höhe fallen lässt, die ein Mehrfaches ihrer Körpergröße beträgt, wird sie sehr wahrscheinlich überleben. Elefanten dagegen brechen sich ihre Gliedmaßen vergleichsweise »leicht«.

Kerviel und Mikro-Kerviel

Schauen wir uns ein Fallbeispiel aus der vulgären Finanzwelt an, einem Bereich, in dem alle Beteiligten wahre Meister im Fehlermachen sind. Am 21. Januar 2008 verkaufte die Pariser Bank Société Générale überstürzt einen Aktienbestand im Wert von annähernd siebzig Milliarden Dollar, ein immenser Betrag für einen »Notverkauf«. Die Märkte waren nicht sehr aktiv (in der Fachsprache »seicht«), da in den USA der Martin Luther King Day gefeiert wurde, und sie stürzten weltweit jäh um fast zehn Prozent ab, was für das Unternehmen einen Verlust von fast sechs Milliarden Dollar bedeutete – einzig aufgrund dieses Notverkaufs. Der Grund für die Klemme: Sie konnten nicht warten, sie hatten keine andere Option, als den Verkauf als Notverkauf durchzuziehen. Denn sie hatten an jenem Wochenende einen Betrug aufgedeckt. Jérôme Kerviel, ein krimineller Angestellter der Bank, hatte mit enormen Summen auf dem Markt herumgespielt und diese Aktivitäten vor dem Hauptcomputer verborgen gehalten. Die Bank hatte also keine andere Wahl, als diese Aktien, von denen sie nichts gewusst hatte, sofort zu verkaufen.

Um sich den Effekt der aus Größe resultierenden Fragilität vor Augen zu halten, schaue man sich Abbildung 15 an, die die Verluste als Funktion der verkauften Quantität zeigt. Ein Notverkauf vom Umfang eines

Aktienwerts von siebzig Milliarden hat einen Verlust von sechs Milliarden zur Folge. Ein Notverkauf vom Umfang eines Zehntels, also von sieben Milliarden, hätte überhaupt keinen Verlust zur Folge, denn die Märkte würden diese Menge ohne Panik absorbieren, vielleicht würde es nicht einmal auffallen. Statt einer einzigen sehr großen Bank mit einem Monsieur Kerviel als Schurkentrader hätten wir zehn kleinere Banken, jede mit einem proportional geschrumpften Monsieur Micro-Kerviel; jede Bank hätte ihren Schurkentrader für sich unabhängig und zu verschiedenen Zeiten beschäftigt. In diesem Fall wären die Gesamtverluste für die zehn Banken kaum der Rede wert gewesen.

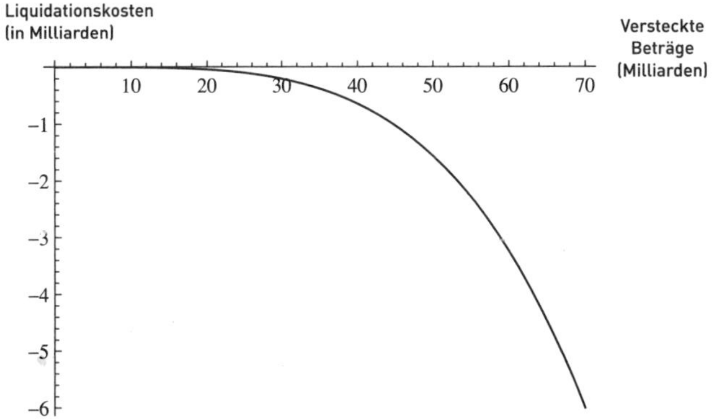

Abbildung 15. Selbst wenn klein hässlich wäre – es ist auf jeden Fall weniger fragil. Das Diagramm zeigt die Transaktionskosten als eine Funktion der Größe des Irrtums: Sie steigen nichtlinear an, und die Mega-Fragilität ist klar erkennbar.

Nur wenige Wochen vor der Kerviel-Geschichte hatte mich eine französische Business School engagiert, um dem Vorstand der Société Générale, der in Prag tagte, meine Gedanken zu Schwarzen Schwänen, zur Macht höchst unwahrscheinlicher Ereignisse vorzutragen. In den Augen der Banker glich ich einem Jesuitenprediger, der während der jährlichen Hadsch in Mekka auftaucht – ihre »Quants« und Risikospezialisten hassten mich inbrünstig, und ich bedauerte, nicht darauf bestanden zu haben, meinen Vortrag auf Arabisch zu halten (es wurde mit Simultanübersetzern gearbeitet). Ich sprach über Pseudo-Risiko-Techniken à la Triffat – Methoden, die üblicherweise eingesetzt werden, um Ereignisse zu messen und vorherzusagen, die allerdings, so meine Rede, noch nie funktioniert haben; und ich legte die Gründe dar, warum ich es als notwendig ansah, dass wir uns auf Fragilität und Hanteln konzentrieren müssen. Während meiner Ansprache wurde ich ständig von Kerviels Boss und seinem Kollegen, dem Chef der Abteilung für Risikomanagement, unterbrochen. Nach der Rede gingen mir alle aus dem Weg, als wäre ich ein Außerirdischer – spürbar hing die unausgesprochene Frage in der Luft: »Wer hat diesen Kerl bloß mitgebracht?« (Die Business School, nicht die Bank hatte mich ausgewählt.) Der Einzige, der nett zu mir war, war der Vorstandsvorsitzende – er hatte mich mit einer anderen Person verwechselt und außerdem keine Ahnung, worüber ich gesprochen hatte.

Der Leser kann sich also meine Stimmung vorstellen, als kurz nach meiner Rückkehr nach New York der Kerviel-Skandal aufflog. Prickelnd war außerdem, dass ich aus rechtlichen Gründen meinen Mund halten musste (was ich auch, abgesehen nur von ganz wenigen Ausrutschern, tat).

Natürlich waren die Postmortem-Analysen falsch: Sie schoben das Problem *mangelhaften* Kontrollen durch das *schlechte* kapitalistische System in die Schuhe und der fehlenden Wachsamkeit der Bank. Aber damit lagen sie völlig daneben. Es hatte auch nichts mit der »Habgier« zu tun, die in solchen Fällen häufig als Grund angeführt wird. Das zentrale Problem ist die Größe und die Fragilität, die sich aus der Größe ergibt.

Man erinnere sich immer wieder an den Unterschied zwischen einem Felsbrocken und einer gleich schweren Menge Kieselsteinchen. Die Kerviel-Geschichte ist beispielhaft, sie lässt sich generalisieren und auf andere Bereiche übertragen.

Für den Bereich des Projektmanagements hat Bent Flyvbjerg sichere Belege dafür geliefert, dass eine Zunahme der Größe von Projekten sich in schlechten Ergebnissen niederschlägt und in proportional zum Gesamtbudget immer höheren Verzugskosten. Allerdings ist dabei eine Besonderheit zu berücksichtigen: Es ist die Größe pro Segment des Projekts, die eine Rolle spielt, nicht die Größe des Gesamtprojekts – einige Projekte vertragen es durchaus, in Einzelteile aufgeteilt zu werden, andere dagegen nicht. Brücken- und Tunnelbauprojekte müssen monolithisch geplant werden, sie sind nicht in kleine Portionen unterteilbar; und ihre prozentualen Kostenüberschreitungen nehmen mit der Größe merklich zu. Das Gleiche gilt für Dämme. Bei Straßen, die in kleinen Abschnitten gebaut werden, tritt kein ernst zu nehmender Größeneffekt auf, da den Projektmanagern nur kleine Irrtümer unterlaufen, auf die man sich unschwer einstellen kann. Bei kleinen Abschnitten passieren jeweils kleine Irrtümer, aus denen sich keine großartige Klemme entwickeln kann.

Ein weiterer Aspekt von Größe: Große Unternehmen gefährden die Stabilität von Wohnvierteln. Ich habe das folgende Argument gegen eine große Supermarktkette ins Feld geführt, die versuchte, uns mit allen möglichen Versprechungen für einen Supermarktneubau zu ködern. Die Gesellschaft wollte ein großes Areal in der Nähe des Stadtteils aufkaufen, wo ich lebe, was zu einem Aufschrei der Empörung führte, da man befürchtete, der Charakter des gesamten Viertels werde sich verändern. Die Ladenkette versprach die Neubelebung des Gebiets und so weiter. Ich sprach mich mit folgender Begründung gegen den Vorschlag aus: Sollte das Unternehmen pleitegehen (und der statistische Elefant im Zimmer lässt darauf schließen, dass das irgendwann geschehen wird), dann sitzen wir in einem Trümmerfeld. Dasselbe Argument haben die englischen Berater Rohan Silva und Steve Hilton zugunsten von kleinen Läden ins Feld geführt, im Sinne des poetischen Leitspruchs »Small is beautiful«. Es ist vollkommen verfehlt, nur mit der Berechnung der Vorteile zu argumentieren, ohne die Wahrscheinlichkeit des Scheiterns mit einzubeziehen.*

* Eine differenzierende Nebenbemerkung: Die Begriffe »groß« und »klein« sind relativ in Bezug auf eine gegebene Ökologie oder Firmenstruktur. Für einen Flugzeugbauer bedeutet »klein« etwas anderes als für einen Bäcker. Wie beim Subsidiaritätsprinzip der EU bedeutet »klein« hier die kleinstmögliche Einheit für eine bestimmte Funktion oder Aufgabe, die noch mit einem gewissen Effizienzgrad agieren kann.

Wie man ein Kino verlässt

Ein weiteres Beispiel für die Kosten, die entstehen, wenn man in der Klemme sitzt: die Art und Weise, wie Menschen ein brennendes Kino verlassen. Irgendjemand ruft »Es brennt!«, und kurz darauf sterben zwölf Menschen im Gedränge am Ausgang. Das Kino ist also im Verhältnis zu seiner Größe fragil, was darauf zurückzuführen ist, dass jede zusätzliche Person, die das Kino verlassen will, die Verletzungswahrscheinlichkeit weiter erhöht (diese überproportionale Gefährdung ist ein negativer Konvexitätseffekt). Tausend Menschen, die in einer Minute das Kino verlassen (oder zu verlassen versuchen), sind nicht dasselbe wie die gleiche Anzahl, die innerhalb einer halben Stunde den Ausgang benützt. Wenn jemand mit der Materie nicht vertraut ist und die Größe einer Lokalität (beispielsweise des Flughafens Heathrow) auf naive Weise *optimiert*, dann übersieht er womöglich den Umstand, dass die reibungslose Funktionsweise in regulären Phasen etwas ganz anderes ist als die holprige Funktionsweise in Phasen von akutem Stress.

Fatalerweise verleitet uns unsere gegenwärtige wirtschaftlich optimierte Lebensweise dazu, immer größere Veranstaltungsstätten zu bauen, ohne auch die Ausgänge entsprechend zu vergrößern. Der Fehler wird beim Bau von Kinos und Stadien nicht mehr allzu häufig begangen, in anderen Bereichen jedoch kommt er durchaus noch vor, wie beispielsweise bei den natürlichen Ressourcen und auf dem Lebensmittelsektor. Man bedenke, dass sich der Preis für Weizen in den Jahren 2004 bis 2007 als Reaktion auf eine kleine Erhöhung der Nettonachfrage um ungefähr ein Prozent mehr als verdreifacht hat.*

Ein Flaschenhals ist die Mutter aller Engpässe.

* Problematisch ist auch, dass die Nichtlinearität natürlicher Ressourcen beziehungsweise aller Güter, die einerseits knapp und andererseits lebensnotwendig sind, missverstanden wird. Wirtschaftswissenschaftler arbeiten mit dem so genannten Knappheitsgesetz, demzufolge Dinge entsprechend der Nachfrage im Wert steigen, aber sie lassen die Folgen von Nichtlinearitäten außer Acht. Ich stelle momentan zusammen mit Hélyette Geman, der Professorin, bei der ich meine Doktorarbeit verfasst habe, Untersuchungen zu einem »Konvexitätsgesetz« an, nach dem Waren, vor allem lebensnotwendige Waren, teurer werden, als man ursprünglich angenommen hatte.

Projekte und Prognosen

Warum Flugzeuge nie zu früh landen

Beginnen wir wie üblich mit einem Beförderungsproblem, das wir anschließend auf andere Gebiete übertragen. Reisende mögen Ungewissheit im Allgemeinen gar nicht – vor allem, wenn sie an einen bestimmten Zeitplan gebunden sind. Warum? Weil man es hier mit einem Einbahneffekt zu tun hat.

Fast mein ganzes Leben benutze ich schon denselben Flug von London nach New York. Er dauert ungefähr sieben Stunden – so lange brauche ich, um ein kurzes Buch zu lesen, einige höfliche Worte mit dem Sitznachbarn zu wechseln und eine Mahlzeit bestehend aus Portwein, Stilton-Käse und Crackern zu mir zu nehmen. Einige wenige Male kam es vor, dass ich zu früh ankam, aber nicht mehr als zwanzig Minuten. Andererseits kam es häufig vor, dass ich mit einer mehr als zwei- oder dreistündigen Verspätung landete, und mindestens einmal habe ich über zwei Tage gebraucht, um an mein Ziel zu gelangen.

Da eine Reisezeit natürlich nicht negativ sein kann, verursacht Ungewissheit Verspätungen, die Ankunftszeit wird sich also nach hinten verschieben, und nur äußerst selten kommt ein Flugzeug früher an. Oder die Ankunftszeit verschiebt sich vielleicht um wenige Minuten nach vorne, aber um Stunden nach hinten, eine offensichtliche Asymmetrie. Alles Unerwartete, jeder Schock, jede Volatilität trägt mit sehr viel höherer Wahrscheinlichkeit dazu bei, dass sich die Gesamtflugzeit erhöht.

Das erklärt in gewisser Weise auch die Unumkehrbarkeit der Zeit, wenn Sie das Verstreichen von Zeit als Zunahme von Unordnung interpretieren.

Übertragen wir die Vorstellung jetzt auf die Planung von Projekten. So wie wenn bei einem Flug ein Unsicherheitsfaktor dazukommt und die Flugzeuge in aller Regel später, nicht früher landen (diese physikalischen Gesetze sind so universal, dass sie sogar in Russland gelten), so ergeht es auch einem Projekt: Fügt man einen Unsicherheitsfaktor hinzu, dann steigen die Kosten, und es dauert länger, bis es fertiggestellt ist. Das gilt für viele, eigentlich für alle Projekte.

Früher glaubte ich, hier spiele ein psychologischer Verzerrungseffekt eine Rolle, die Unterschätzung der zufälligen Struktur der Realität – Projekte brauchen länger als geplant, weil die Schätzungen zu optimistisch waren. Für derlei Einschätzungsfehler, die so genannte Selbstüberschätzung, gibt es hinreichend Belege. Entscheidungsforscher und Business-Psychologen haben mit Rückgriff auf psychologische Faktoren das Konzept des »Planungsfehlschlusses« entwickelt, mit dem sie den Umstand zu erklären versuchen, dass Projekte in der Regel mehr und selten weniger Zeit beanspruchen.

Das erklärt allerdings nicht, warum eine solche Fehleinschätzung bis ungefähr zum letzten Jahrhundert fast nie vorzukommen schien, obwohl wir es da mit derselben Sorte Mensch mit denselben Wahrnehmungsverzerrungen zu tun hatten. Viele Großprojekte wurden vor eineinhalb Jahrhunderten im vorgesehenen Zeitrahmen fertiggestellt; viele der imposanten Großbauten und Monumente, die wir heute noch bewundern, sind nicht nur eleganter als modernistische Bauwerke, sondern sie wurden auch innerhalb des ursprünglich veranschlagten Zeitraums, manchmal sogar früher zu einem Ende gebracht. Zu nennen wäre hier nicht nur das Empire State Building (das heute noch in New York steht), sondern auch der Crystal Palace in London, erbaut für die Weltausstellung 1851 in London, das Wahrzeichen des Viktorianischen Zeitalters, das auf den pfiffigen Ideen eines Gärtners beruhte. Die Fertigstellung des Palasts, in dem die Ausstellung stattfand, dauerte vom Planungsstadium bis zur großen Eröffnung gerade einmal neun Monate. Der Bau war ein gewaltiges, 560 Meter langes und 140 Meter breites Glashaus; er wurde aus Glas und gusseisernen Rahmenkomponenten hergestellt, die fast ausschließlich aus Birmingham und Smethwick stammten.

Doch was wirklich dahintersteckt, wird in der Regel übersehen: Das Crystal-Palace-Projekt arbeitete nicht mit Computern, und die benötigten Teile wurden unweit ihres Ursprungsortes zusammengebaut, die Zuliefererkette bestand also nur aus wenigen Zwischenstationen. Darüber hinaus gab es damals noch keine Business Schools, in denen so etwas wie »Projektmanagement« gelehrt wurde, das zu maßloser Selbstüberschätzung führt. Und es gab keine Beratungsfirmen. Das Agency-Problem (die Abweichung der Interessen des Agierenden von denen seines Kunden) spielte praktisch keine Rolle. Mit anderen Worten, die Wirtschaftssituation war weitaus linearer, weniger komplex als heute. In der heutigen Welt haben wir es viel mehr mit Nichtlinearitäten, Asymmetrien und Konvexitäten zu tun.

Aufgrund der Komplexität, der Vernetztheit der Teile, der Globalisierung und dieser garstigen Vorstellung von der »Effizienz«, die zur Folge hat, dass die Leute heutzutage viel zu nah am Wind segeln, nehmen Schwarzer-Schwan-Effekte zwingend zu. Und erschwerend kommen noch Berater und Business Schools hinzu. Ein Problem, das an irgendeiner Stelle auftritt, kann das gesamte Projekt zum Stillstand bringen – Projekte haben die Tendenz, so schwach zu sein wie ihr schwächstes Glied (ein akuter negativer Konvexitätseffekt). Die Welt wird zunehmend unvorhersagbar, und wir verlassen uns mehr und mehr auf Technologien, die irrtumsbehaftet sind und schwer abzuschätzende Wechselwirkungen hervorrufen, ganz zu schweigen davon, dass sie vorhersagbar wären.

Der Schuldige ist die Informationswirtschaft. Bent Flyvbjerg, der bereits im Zusammenhang mit den Brücken- und Straßenbauprojekten erwähnt wurde, weist noch auf eine weitere Folge hin. Die Problematik von Budgetüberschreitungen und Verspätungen ist in Zeiten der Informationstechnologien (IT) sehr viel drängender, da Computerprojekte für einen Großteil dieser Budgetüberschreitungen verantwortlich sind; es ist ratsam, sich vornehmlich darauf zu konzentrieren. Doch auch außerhalb von IT-lastigen Projekten kommt es zu gravierenden Verzögerungen.

Aber die Logik ist einfach: Wieder sind die Konvexitätseffekte die Hauptschuldigen, eine direkte, sichtbare Ursache. Der Art und Weise, wie sich Irrtümer auf einen auswirken, liegt eine Asymmetrie zugrunde – dieselbe wie beim Reisen.

Kein Psychologe, der mit dem Phänomen des »Planungsfehlschlusses« arbeitete, hat verstanden, dass es sich dabei in Wahrheit nicht um ein psychologisches Problem handelt, dass es gar nicht in erster Linie mit menschlichen Irrtümern zusammenhängt; es ist vielmehr untrennbar verbunden mit der nichtlinearen Struktur von Projekten. So wie Zeit nicht negativ sein kann, kann ein auf drei Monate veranschlagtes Projekt nicht in einem Zeitraum erledigt werden, der Null oder kleiner als Null ist. Wenn man sich also auf dem Zeitstrahl von links nach rechts bewegt, dann vermehren sich die Irrtümer nach rechts hin und nicht nach links. Wäre Ungewissheit linear, dann müssten wir beobachten können, dass einige Projekte extrem früh fertiggestellt werden (so wie wir mit dem Flieger manchmal sehr früh und manchmal sehr spät ankommen). Aber das ist nicht der Fall.

Kriegsbedingte Defizite und Defizite

Man hatte geglaubt, der Erste Weltkrieg würde nur wenige Monate dauern, doch als er dann vorüber war, waren Frankreich und Großbritannien schwer verschuldet; die finanzielle Belastung überstieg die ursprünglichen Planungen um mindestens das Zehnfache, ganz zu schweigen von dem Schrecken, dem Leid und der Zerstörung. Beim Zweiten Weltkrieg war es nicht anders. Die Verschuldung in Großbritannien war noch größer, was zur Folge hatte, dass Großbritannien sich – überwiegend bei den USA – schwer verschuldete.

Für die Vereinigten Staaten bleibt das Paradebeispiel der Irakkrieg, dessen Kosten George W. Bush und seine Freunde zunächst mit dreißig bis sechzig Milliarden veranschlagt hatten; diese Kosten dürften aber mittlerweile – rechnet man die indirekten Kosten hinzu – auf gut zwei Billionen angeschwollen sein. Indirekte Kosten multiplizieren sich, sie verursachen explosive Interaktionsketten, die sich sämtlich in Richtung Mehrkosten entwickeln, nie in Richtung Kostendezimierung. Auch hier haben Komplexität plus Asymmetrie (plus Typen wie George W. Bush) explosive Irrtümer zur Folge.

Je größer der Militärapparat, desto disproportional größer die Budgetüberschreitung.

Aber Kriege – mit zwanzigfachen Berechnungsirrtümern – sind nur ein Beispiel für das Maß, in dem Regierungen explosive Nichtlinearitäten (Konvexitätseffekte) unterschätzen, und einer der Gründe, warum man ihnen, wenn es um Finanzierungen oder andere Entscheidungen von großer Trageweite geht, nicht über den Weg trauen sollte. Doch Regierungen brauchen keine Kriege, um uns in Defizitprobleme zu stürzen: Die Unterschätzung der Kosten ihrer Projekte ist chronisch aus genau demselben Grund, aus dem 98 Prozent aller gegenwärtigen Projekte ihren Finanzrahmen überziehen. Es wird prinzipiell mehr ausgegeben, als zu Beginn veranschlagt und bekannt gegeben. Das hat mich dazu bewogen, eine goldene Regierungsregel aufzustellen: Kreditaufnahme streng verboten, der Haushalt *muss* ausgeglichen sein.

Wenn das »Effiziente« nicht effizient ist

Es reicht das bloße Auge, um zu erkennen, dass die Fragilität mehr und mehr Kosten verursacht. Umweltkatastrophen kosten heute – inflationsangepasst – mehr als dreimal so viel wie in den 1980er Jahren. Und dieser Effekt, der vor einiger Zeit von dem visionären Erforscher von Extremereignissen Daniel Zajdenweber konstatiert wurde, beschleunigt sich offenbar. Die Wirtschaft kann zunehmend »effizienter« werden, aber gleichzeitig steigen aufgrund der Fragilität die Kosten von Irrtümern immer mehr.

Die Börsen haben sich vom Verfahren des »offenen Ausrufs« wegentwickelt, bei dem ungestüme Trader sich direkt gegenüberstehen, sich anschreien und brüllen wie in einem Suk, und anschließend gemeinsam die nächste Bar aufsuchen. Trader wurden durch Computer ersetzt – mit nur sehr wenigen spürbaren Vorteilen und großen Risiken. Während die Irrtümer von Tradern begrenzt und verteilt sind, geraten die Irrtümer, die im Rahmen von computergesteuerten Systemen auftreten, völlig außer Kontrolle – im August 2010 ließ (im so genannten *flash crash*) ein Computerirrtum den gesamten Markt zusammenbrechen; im August 2012, als dieses Manuskript unterwegs zum Setzer war, stürzte in der Knight Capital Group der Computer ab und verursachte pro Minute einen Verlust von 10 Millionen Dollar, der sich schlussendlich auf insgesamt 480 Millionen Dollar erhöhte.

Außerdem können naive Kosten-Nutzen-Analysen einen gewissen Schaden anrichten, ein Effekt, der natürlich mit zunehmender Größe anschwillt. Beispielsweise haben die Franzosen in der Vergangenheit ganz auf Nuklearenergie gesetzt, da sie angeblich »sauber« und billig war. Und natürlich auf dem Computerbildschirm »optimal« aussah. Dann, nach dem Warnsignal der Fukushima-Katastrophe im Jahr 2011, stellten sie fest, dass zusätzliche Sicherheitsvorkehrungen nötig waren, und machten sich überstürzt – koste es, was es wolle – an deren Installierung. Das erinnert an die Klemme, die ich oben beschrieben habe: Sie waren gezwungen zu investieren, ganz gleich zu welchem Preis. Diese zusätzlichen Ausgaben waren natürlich nicht Bestandteil der anfänglichen Kosten-Nutzen-Analyse gewesen, die die Grundlage für die ursprüngliche Entscheidung für die Nutzung der Kernenergie gebildet und auf dem Computerbildschirm einen guten Eindruck gemacht hatte. Wenn wir uns also für eine bestimmte Art der Energiegewinnung zuungunsten einer anderen entscheiden oder ähnliche Vergleiche vorzunehmen haben, dann beziehen wir nicht in unsere Überlegungen mit ein, dass ein Modellirrtum sich auf die eine Seite stärker auswirken könnte als auf die andere.

Umweltverschmutzung und Schädigung der globalen Ökosysteme

Daraus lässt sich eine einfache Regel für die Umweltpolitik ableiten. Wir wissen, dass fossile Brennstoffe nichtlinear schädlich sind. Der Schaden ist notwendigerweise konkav (eine kleine Menge kann unschädlich sein, eine große Menge kann zu schädlichen Klimaverschiebungen führen). Zunächst einmal ist es, um ökologisch konservativ zu sein, gar nicht nötig, dass man an die These glaubt, der Klimawandel sei von Menschen verursacht (möglicherweise ist man aus erkenntnistheoretischen Gründen aufgrund der Undurchschaubarkeit der Verhältnisse dieser Auffassung eher abgeneigt). Wir können schlicht nur die besagten Konvexitätseffekte umsetzen, um eine Risikomanagementregel für den Umgang mit Luftverschmutzung aufzustellen. Wie in Zusammenhängen, bei denen es um Größe geht, ist es auch hier ratsam, die Verschmutzungsquellen auf viele natürliche Quellen aufzuteilen. Der Schaden, der durch die Verschmutzung aus zehn unterschiedlichen Quellen stammt, ist kleiner als jener bei entsprechender Verschmutzung aus einer einzigen Quelle.*

Werfen wir einen Blick auf der Natur angepasste Vorgehensweisen zur Regulierung von Konzentrationseffekten. Wir Menschen von heute kaufen im Lebensmittelgeschäft immer dieselben Dinge ein, etwa Thunfisch, Kaffee oder Tee, Reis, Mozzarella, Cabernet, Olivenöl und ande-

* Volatilität und Ungewissheit entsprechen sich, wie wir in der Aufzählung der Chaosfamilie gesehen haben. Demzufolge ist festzuhalten, dass Fragilität durch eine Zunahme von Ungewissheit beeinträchtigt wird.

res, was wir für unentbehrlich halten. Wegen unserer festgelegten Gewohnheiten, aufgrund zivilisatorischer Anpassungsprozesse und der Unbeweglichkeit der Hersteller bleibt uns fast nichts anderes übrig, als einzelne Produkte im Übermaß zu konsumieren. Diese Konzentration ist schädlich. Exzessiver Verzehr beispielsweise von Thunfisch kann anderen Tieren schaden, das Ökosystem durcheinanderbringen und sogar das Aussterben einer Tierart zur Folge haben. Und nicht genug damit, dass die Schädigung sich nichtlinear vergrößert – die Knappheit führt darüber hinaus zu einem unverhältnismäßig großen Anstieg der Preise.

Unsere Vorfahren verfuhren anders. Jennifer Dunne, eine Komplexitätsforscherin mit dem Spezialgebiet der Jäger-und-Sammler-Gesellschaften, hat Zeugnisse über das Verhalten der Aleuten analysiert, eines nordamerikanischen Ureinwohnerstamms, über dessen Entwicklung uns hinreichende Zeugnisse aus einem Zeitraum von fünf Jahrtausenden vorliegen. Sie waren in ihrem Jagdverhalten bemerkenswert wenig festgelegt und wechselten immer wieder von einer Beutetierart zur anderen. Sie waren weniger rigide als wir und klebten nicht so an Gewohnheiten, wie das für unsere Zivilisation typisch ist. Wenn eine Ressource anfing, knapp zu werden, stellten sie sich auf eine andere ein, ganz so, als wollten sie das Ökosystem erhalten. Sie hatten also ein Verständnis von Konvexitätseffekten, jedenfalls drückt sich ein solches Verständnis in ihrem Verhalten aus.

Die Globalisierung hat den Effekt, schädliche Entwicklungen weltweit auszubreiten – als wäre die ganze Welt ein einziger riesiger Raum mit engen Ausgängen geworden, die Leute rennen alle zu denselben Türen, und die Schäden werden immer größer und treten immer schneller ein. So wie ungefähr jedes Kind Harry Potter liest und sich (zumindest derzeit) bei Facebook registrieren lässt, so verlegen sich auch Leute, wenn sie reich werden, alle auf dieselben Aktivitäten und kaufen dieselben Produkte. Sie trinken Cabernet, hoffen, Venedig und Florenz besuchen zu können, träumen von einem Zweithaus in Südfrankreich und so weiter. Touristenorte werden unerträglich: Besuchen Sie nur einmal im nächsten Juli Venedig.

Die Nichtlinearität von Reichtum

Der fragilisierende Effekt der gegenwärtigen Globalisierung lässt sich zweifellos auf Komplexität zurückführen und darauf, dass Vernetztheit und zivilisatorische Ansteckungsprozesse die Rotationen von ökonomischen Variablen deutlich beschleunigen – das klassische Umschlagen von Mediokristan auf Extremistan. Aber es gibt noch einen weiteren Effekt: Reichtum. Reichtum bedeutet, mehr zu haben, und aufgrund des nichtlinearen Anstiegs ist mehr gleich anders. Wir neigen zu schwerwiegenderen Irrtümern, einfach weil wir reicher sind. So wie Projekte mit einem Umfang von einhundert Millionen Dollar unberechenbarer und anfälliger für Budgetüberschreitungen sind als Fünf-Millionen-Dollar-Projekte, so ist auch die Welt einfach dadurch, dass sie reicher geworden ist, noch mehr Unberechenbarkeit und Fragilität ausgesetzt. Geschuldet ist es dem Wachstum, dem – auf die Ebene der einzelnen Staaten bezogen – heiß ersehnten Wachstum des Bruttoinlandsprodukts. Auch für den Einzelnen führt Reichtum zu mehr Kopfzerbrechen; es kann sogar im Vergleich zum Erwerb von Reichtum größere Mühe machen, die Komplikationen, die sich mit dem Reichtum einstellen, zu entschärfen.

Zusammenfassung

Am Ende dieses Kapitels steht die Erkenntnis, dass Fragilität in jedem Bereich, sei es bei einer Porzellantasse, in einem Organismus, in einem politischen System, bei der Größe von Firmen oder bei Verspätungen auf Flughäfen, auf Nichtlinearität beruht. Darüber hinaus kann Entdeckergeist als Antidefizit gesehen werden. Man stelle sich das exakte Gegenteil von verspäteten Landungen oder Kostenüberschreitungen vor – etwas, das von Ungewissheit profitiert. Entdeckergeist repräsentiert das Spiegelbild von fragilen, den Zufall verabscheuenden Situationen.

Kapitel 19

Der Stein der Weisen und sein Gegenteil

Die werden es Ihnen schon sagen, wenn sie hochgehen –
Manchmal ist Gold eine besondere Art von Blei

Und nun, verehrter Leser, nach der Herkulesarbeit, die es mich gekostet hat, Ihnen in den letzten Kapiteln meine Ideen zu verdeutlichen, werde ich mich jetzt zurücklehnen und die Dinge sozusagen im fachsprachlichen Jargon darstellen. Dieses Kapitel – eine Vertiefung der Ideen aus dem vorherigen Kapitel – wird also dichter sein und sollte vom aufgeklärten Leser übersprungen werden.

Wie man herausfindet, was hochgeht

Es gibt eine Methode, Fragilität aufzuspüren – einen umgekehrten Stein der Weisen. Sie lässt sich schön mit der Geschichte von der riesigen regierungsnahen Hypothekenfirma Fannie Mae illustrieren, einem Unternehmen, das bei seinem Zusammenbruch den amerikanischen Steuerzahlern einen Verlust in Höhe von Hunderten von Milliarden Dollar bescherte.

Eines Tages im Jahr 2003 kam Alex Berenson, ein Journalist der *New York Times*, mit den geheimen Risikoberichten von Fannie Mae in mein Büro, die er von einem Überläufer erhalten hatte. Es handelte sich um einen Bericht, der wirklich ans Eingemachte ging, indem er die Methoden der Risikokalkulation offenlegte, wie sie sonst nur einem Insider zugänglich sind. Fannie Mae pflegte ihre Risikokalkulationen intern anzustellen und teilte ganz nach Belieben der Öffentlichkeit oder sonst jemandem lediglich das mit, was die Firma selbst für richtig hielt. Nur ein

Überläufer konnte uns also einen Einblick in die Interna der Risikokalkulationen verschaffen.

Wir schauten uns den Bericht an: Eine Aufwärtsbewegung in einer ökonomischen Variablen hatte massive Verluste zur Folge, eine Abwärtsbewegung kleine Gewinne. Weitere Aufwärtsbewegungen würden zu jeweils noch größeren zusätzlichen Verlusten führen, weitere Abwärtsbewegungen zu jeweils noch kleineren Gewinnen. Es sah genauso aus wie die Geschichte mit dem Stein in Abbildung 9. Die Beschleunigung des Schadens war deutlich erkennbar – und sie war gewaltig. Wir sahen sofort, dass der Zusammenbruch der Firma unvermeidlich war: Ihre Situation war im höchsten Maße »konkav«, ähnlich wie die Verkehrskurve in Abbildung 14. Es handelte sich um Verluste, die beim Abweichen ökonomischer Variablen zunehmen (ich musste gar nicht verstehen, um welche Variablen es sich im Einzelnen handelte, denn die Fragilität einer Variablen in dieser Größenordnung zieht die Fragilität sämtlicher anderer Parameter nach sich). Ich arbeitete nur mit meinen Emotionen, nicht mit meinem Gehirn, und mich traf fast der Schlag, noch bevor ich die vor mir liegenden Zahlen ganz verstanden hatte. Ich hatte hier die Mutter aller Fragilitäten vor mir, und mit Hilfe von Berenson konnte ich meine Sorge in der *New York Times* zum Ausdruck bringen. Es schloss sich eine Diffamierungskampagne gegen mich an, von der ich mich aber nicht weiter irritieren ließ. Ich hatte nämlich in der Zwischenzeit einige Verantwortliche bei Fannie Mae als Scharlatane bezeichnet, was bei den Betroffenen keine allzu große Begeisterung ausgelöst hatte.

Entscheidend ist der Umstand, dass das Nichtlineare durch Extremereignisse wesentlich stärker in Mitleidenschaft gezogen wird – und keiner interessierte sich für Extremereignisse, denn dagegen hatten alle eine mentale Blockade.

Ich erzählte jedem, der es hören wollte, sogar jedem zufällig meinen Weg kreuzenden Taxifahrer (naja, fast jedem), dass die Firma Fannie Mae »auf einer Tonne Dynamit sitzt«. Natürlich passieren Zusammenbrüche nicht jeden Tag (auch schlecht gebaute Brücken krachen nicht sofort zusammen), mir wurde also weiterhin vorgehalten, meine Meinung sei falsch und unbegründet (wobei dann das Argument angeführt wurde, dass die Aktie doch steigen würde, oder womöglich noch zirkulärerer Unsinn). Ich kam außerdem zu dem Schluss, dass weitere Institutionen, fast sämtliche Banken, in derselben Situation waren. Nachdem ich ähnliche Einrichtungen untersucht und festgestellt hatte, wie weit verbreitet das Problem war, kam ich zu der Erkenntnis, dass ein totaler Zusammenbruch des Bankensystems bevorstand. Ich war mir meiner Sache derart sicher, dass ich nicht mehr geradeaus sehen konnte und zur Börse zurückkehrte, um mich an den Truthähnen zu rächen. Ich kam mir vor wie der Pate im dritten Teil des gleichnamigen Films: »In dem Moment, als ich dachte, ich bin draußen, ziehen sie mich wieder rein.«

Der Gang der Ereignisse ließ in mir den Eindruck entstehen, es sei alles vom Schicksal geplant gewesen. Fannie Mae ging bankrott, und weitere Banken mit ihr. Es dauerte nur etwas länger, als ich angenommen hatte – aber das spielt ja keine Rolle.

Das Dumme an der Geschichte ist, dass ich das Verbindungsglied zwischen finanzieller und genereller Fragilität nicht erkannte – überhaupt, dass ich den Terminus »Fragilität« gar nicht benutzte. Vielleicht habe ich nicht genug Porzellantassen betrachtet. Jedenfalls hatte ich dank der Episode in meiner Dachwohnung einen Maßstab für Fragilität und damit auch für Antifragilität.

Es läuft auf Folgendes hinaus: Man muss herausfinden, ob unsere Fehlkalkulationen oder falschen Vorhersagen im Endeffekt eher schädlich oder eher nützlich sind, und wie groß die Beschleunigung des Schadens ausfällt. Wie in der Geschichte mit dem König, wo der Schaden, den ein Stein von zehn Kilogramm Gewicht anrichtet, mehr als doppelt so groß ist wie der Schaden eines Fünf-Kilogramm-Steins. Eine solche Schadensbeschleunigung bedeutet, dass ein großer Stein die Person irgendwann einmal umbringen wird. Genauso wird eine umfangreiche Marktabweichung eine Firma irgendwann in den Ruin treiben.

Als mir dann klar wurde, dass Fragilität sich unmittelbar aus Nichtlinearität und Konvexitätseffekten ableitet und dass Konvexität messbar ist, packte mich eine regelrechte Begeisterung. Diese Technik, die Schadensbeschleunigung aufzudecken, lässt sich auf alles anwenden, das mit Entscheidungsfindung unter ungewissen Umständen und Risikomanagement zusammenhängt. Im Bereich der Medizin und Technik ließen sich damit interessante Entdeckungen machen, doch am dringendsten wurde die Methode auf dem Wirtschaftssektor benötigt. Ich schlug also den Spezialisten vom Internationalen Währungsfonds als Ersatz für ihre

Instrumente zur Messung des Risikos, die, wie ihnen selbst ja durchaus bewusst war, nicht funktionierten, die Einführung eines Fragilitätsmaßes vor. Die meisten, die im Risikogeschäft tätig sind, waren frustriert von der beklagenswerten (oder besser gesagt der zufälligen) Leistung ihrer Modelle, aber was ihnen auch nicht behagte, war meine bereits erwähnte Forderung: »Arbeitet überhaupt nicht mit Modellen.« Sie wollten irgendetwas in der Hand haben. Und es gab ja eine Methode, Risiken zu messen.*

Hier kommt nun also etwas, mit dem man arbeiten kann. Die Technik, eine schlichte Heuristik namens *Fragilitäts-/Antifragilitäts-Erfassungs-Heuristik,* funktioniert folgendermaßen. Nehmen wir an, Sie wollen herausfinden, ob eine Stadt zu stark optimiert ist. Sie haben den Messwert, dass sich die Fahrtzeit im innerstädtischen Verkehr, wenn zehntausend Autos dazukommen, um zehn Minuten verlängert. Wenn nun allerdings noch einmal zehntausend Autos dazukommen, erhöht sich die Fahrtzeit um zusätzliche dreißig Minuten. Eine solche Beschleunigung der Zunahme der Fahrtzeit weist darauf hin, dass der Verkehr fragil ist, dass Sie zu viele Autos haben und den Verkehr reduzieren müssen, bis die Beschleunigung nur noch schwach ausgeprägt ist (um es noch einmal zu sagen: Beschleunigung ist akute Konkavität oder ein negativer Konvexitätseffekt).

Entsprechend konkav sind Staatsdefizite in Bezug auf Veränderungen der gesamtwirtschaftlichen Rahmenbedingungen. Jede neu hinzukom-

* Die Methode erfordert kein großartiges Modell zur Risikomessung. Stellen Sie sich einen Meterstab vor. Sie wissen, dass er falsch geeicht ist. Man kann damit nicht die Körpergröße eines Kindes messen. Aber was Sie auf jeden Fall feststellen können, ist, ob das Kind wächst. Der Fehler, den Sie bezüglich des Größenwachstums bekommen, ist außerdem sehr, sehr viel kleiner als der Fehler, der sich ergeben würde, wenn Sie die Größe als solche messen. Dasselbe gilt bei einer Waage: Wie altersschwach sie auch ist, sie wird in den meisten Fällen noch anzeigen können, ob Sie zugenommen haben, also hören Sie auf, ihr die Schuld zu geben. Konvexität hängt mit Beschleunigung zusammen. Bemerkenswert bei der Messung von Konvexitätseffekten zur Aufdeckung von Modellirrtümern ist der Umstand, dass selbst dann, wenn das Modell, das für die Berechnung benutzt wird, falsch sein sollte, es Ihnen trotzdem Aufschluss darüber geben kann, ob und in welchem Maß etwas fragil ist. Und mit dem defekten Maßstab betrachten wir eben ausschließlich Effekte zweiter Ordnung.

mende Abweichung, beispielsweise eine gestiegene Arbeitslosenquote, lässt die Defizite – vor allem, wenn die Regierung verschuldet ist – zunehmend stärker ansteigen. Auch in einem Unternehmen wirkt sich der finanzielle Leverage-Effekt aus: Man muss mehr und mehr Fremdkapital aufnehmen, um denselben Effekt zu erzielen. Genau wie bei einem Schneeballeffekt (Ponzi-Schema).

Dasselbe gilt für den operativen Leverage-Effekt bei einem fragilen Unternehmen. Sollten sich die Verkäufe um zehn Prozent erhöhen, würden die Gewinne weniger stark ansteigen, als sie sich bei einem Verkaufsrückgang um zehn Prozent verringern würden.

Das entsprach so ungefähr der Technik, die ich anwandte, um zu erklären, warum die Höchst Respektable Firma Fannie Mae sich auf dem schnurgeraden Weg in den Abgrund befand – und es war einfach, daraus eine Faustregel abzuleiten. Für den Internationalen Währungsfonds hatten wir jetzt also eine schlichte Vorgehensweise, die sich bewährt hatte. Die Methode sah einfach aus, zu einfach; die erste Reaktion von »Experten« bestand dann auch darin, dass sie sie als »trivial« einstuften (dabei handelte es sich um Leute, die erwiesenermaßen diese Risiken zuvor noch gar nicht entdeckt hatten – Akademiker und quantitative Analysten verachten alles, was sie zu schnell verstehen, und reagieren verärgert auf alles, worauf sie nicht selbst gekommen sind).

Eingedenk des wunderbaren Prinzips, dass man die Dummheit der Leute ausnutzen muss, wenn man seinen Spaß haben will, bat ich meinen Freund Raphael Douady um Hilfe bei der Ausformulierung dieser schlichten Idee, und wir arbeiteten mit äußerst unverständlichen mathematischen Ableitungen und undurchschaubaren Theoremen, die zu entschlüsseln (einen Profi) einen halben Tag Arbeit kosten würde. Raphael, Bruno Dupire und ich, wir hatten uns schon seit fast zwanzig Jahren in ständigem Austausch darüber befunden, dass alles, buchstäblich alles, was mit einem gewissen Risiko verbunden ist, aus der Sicht eines Optionsprofis mit sehr viel größerer Präzision und Klarheit beurteilt werden kann. Raphael und ich schafften es, das Verbindungsglied zwischen Fragilität, Nichtlinearität und Abneigung gegen Volatilität zu belegen. Wenn Sie nämlich etwas Einfaches auf komplizierte Weise mit komplexen Theoremen ausdrücken können, dann nehmen die Leute, selbst wenn durch Anwendung dieser komplizierten Gleichungen an Stichhaltigkeit nicht viel gewonnen ist, Ihre Idee erwiesenermaßen sehr ernst. Wir bekamen ausschließlich positive Reaktionen, uns wurde jetzt bescheinigt, es handle sich bei dieser schlichten Erfassungsheuristik um eine wirklich »intelligente« Methode (und das kam von denselben Leuten, die das Ganze zuvor trivial gefunden hatten). Mathematik kann fatalerweise zur Sucht werden.

Positive und negative Modellfehler

Und nun zu dem, was ich für mein Spezialgebiet halte: Fehler in Modellen.

Als ich noch im Transaktionsgeschäft tätig war, pflegte ich zahlreiche Ausführungsfehler zu machen. Man kauft tausend Einheiten und entdeckt dann am nächsten Tag, dass man in Wahrheit zweitausend gekauft hat. Wenn der Preis in der Zwischenzeit gestiegen ist, hat man einen schönen Gewinn. Andernfalls hat man einen großen Verlust. Solche Fehler neutralisieren sich auf lange Sicht, denn sie können sich auf zweierlei Art auswirken. Sie erhöhen die Varianz, beeinträchtigen aber die Geschäftssituation insgesamt nicht allzu sehr. Sie sind nicht einseitig. Und die Fehler bleiben dank ihrer begrenzten Größe unter Kontrolle – man nimmt viele kleine Transaktionen vor, daher bleiben auch die Fehler klein. Und am Jahresende heben sie sich normalerweise gegenseitig auf.

Das ist allerdings bei den meisten Konstrukten von Menschenhand nicht der Fall, und auch nicht bei Fehlern, die im Zusammenhang mit fragilen Dingen auftreten, wenn negative Konvexitätseffekte damit verbunden sind. Das Ergebnis dieser Fehler-Klasse ist einseitig, und zwar einseitig negativ – der Grund, warum Flugzeuge mit sehr viel größerer Wahrscheinlichkeit zu spät landen. Kriege haben die Tendenz, sich zum Schlimmeren hin zu entwickeln, nicht zum Besseren. Wie ich im Zusammenhang mit dem Straßenverkehr gezeigt habe, werden Variationen (respektive Störungen) die Fahrtzeit von South Kensington zum Piccadilly Circus wahrscheinlich erhöhen, nie aber abkürzen. Es gibt Bereiche, etwa den Straßenverkehr, bei denen das Äquivalent einer positiven Störung kaum einmal vorkommt.

Diese Einseitigkeit hat zur Folge, dass man nicht nur die Zufälligkeit, sondern auch die Schädlichkeit unterschätzt, da man der Schädigung durch Fehler stärker ausgesetzt ist als der Möglichkeit, von ihnen zu profitieren. Wenn auf lange Sicht als Quelle der Zufälligkeit in beide Richtungen gleich viel Variation aufträte, wäre der Schaden weitaus größer als der Nutzen.

Wir können also die Dinge aufgrund von drei einfachen Unterscheidungsmerkmalen klassifizieren (der Schlüssel zur Triade): Dinge, die auf lange Sicht Störungen (oder Fehler) mögen, Dinge, die neutral darauf reagieren, und Dinge, die Störungen oder Fehler nicht mögen. Ich habe bereits gezeigt, dass die Evolution ein positives Verhältnis zu Störungen hat, so wie auch Entdeckungen ein positives Verhältnis zu Störungen haben. Es gibt Vorhersagen, die durch Ungewissheit beeinträchtigt werden – und wie für die Fahrtzeit, so gilt auch hier, dass man Puffer einbauen muss. Fluggesellschaften haben das Problem gelöst, Regierungen allerdings, wenn sie Defizitschätzungen vornehmen, noch nicht.

Diese Methode ist universal einsetzbar. Ich habe sie sogar bei Berechnungen im Zusammenhang mit Fukushima verwendet und festgestellt, wie fragil deren Berechnung geringer Wahrscheinlichkeiten war – faktisch sind alle geringen Wahrscheinlichkeiten äußerst anfallig für Fehler, denn eine kleine Veränderung bei den Voraussetzungen kann dazu führen, dass die Wahrscheinlichkeit dramatisch ansteigt, von eins zu einer Million auf eins zu hundert. Also eine zehntausendfache Unterbewertung.

Schließlich kann diese Methode auch zeigen, an welcher Stelle Mathematik in Wirtschaftsmodellen fehl am Platz ist – welche Modelle fragil sind und welche nicht. Man nehme eine kleine Veränderung bei den Voraussetzungen vor und prüfe, in welchem Maß sich diese Veränderung auswirkt und ob die Auswirkung einer Beschleunigung unterliegt. Beschleunigung bedeutet – wie das Beispiel von Fannie Mae gezeigt hat –, dass derjenige, der sich auf ein solches Modell verlässt, von einem Schwarzen Schwan, also einem unwahrscheinlichen Ereignis, vernichtet wird. *Molto facile*. Eine detaillierte Vorgehensweise, mit der man ermitteln kann, welche Resultate in den Wirtschaftswissenschaften fehl am Platz sind, in Verbindung mit einer Diskussion geringer Wahrscheinlichkeiten, ist im Appendix beschrieben. Hier genügt die Anmerkung, dass man vieles von dem, was die Wirtschaftswissenschaften lehren und das eine Gleichung impliziert, ebenso wie einen Großteil der Ökonometrie, am besten sofort verwerfen sollte – was erklärt, warum die Wirtschaftswissenschaften weitestgehend ein Berufszweig von Scharlatanen sind. Lauter Fragilisten – *semper fragilisti!*

Wie man eine Großmutter verliert

Und nun zu folgendem Effekt der Nichtlinearität: Ich erläutere Umgebungen, in denen der Durchschnitt – der Effekt erster Ordnung – keine Rolle spielt. Dies als erster Schritt, bevor wir uns der Wirkungsweise des Steins der Weisen widmen.

Wie heißt es so schön:

Überqueren Sie nie einen Fluss, der im Schnitt einen Meter tief ist.

Ihnen wurde gerade mitgeteilt, dass Ihre Großmutter die nächsten beiden Stunden in der höchst wünschenswerten Durchschnittstemperatur von 21 Grad zubringen wird. Ihre Reaktion: Ausgezeichnet, denn 21 Grad sind die optimale Temperatur für Großmütter. Da Sie Wirtschaftswissenschaften studiert haben, gehören Sie zu den Leuten, die »das große Ganze« in den Blick nehmen und sich mit zusammengefassten Informationen abspeisen lassen.

Allerdings gibt es noch einen weiteren Datenbestand. Es stellt sich heraus, dass Ihre Großmutter in der ersten Stunde minus 18 Grad und in der zweiten 60 Grad ausgesetzt sein wird – was ja im Schnitt durchaus die höchst wünschenswerten mediterranen 21 Grad ergibt. Nun aber sieht es ganz so aus, als stünden Sie am Ende ohne Großmutter da, dafür mit einem Begräbnis und womöglich einer Erbschaft.

Natürlich werden Temperaturveränderungen immer schädlicher, je weiter sie sich von den 21 Grad wegbewegen. Es ist unschwer zu erkennen, dass der zweite Bestandteil der Information – die Variabilität – sehr viel wichtiger ist als der erste. Wenn man in Bezug auf Variationen fragil ist, ist der Begriff des Durchschnitts irrelevant – die Streuung möglicher Temperaturwerte ist dann viel ausschlaggebender. Ihre Großmutter reagiert fragil auf Temperaturunterschiede, auf die Volatilität des Wetters. Lassen Sie uns diesen zweiten Bestandteil der Information als *Effekt zweiter Ordnung* oder präziser als *Konvexitätseffekt* bezeichnen.

Der Begriff des Durchschnitts kann also unter Umständen die Dinge auf nützliche Weise vereinfachen, aber er kann sich auch als Prokrustesbett erweisen. Die Information, dass die Durchschnittstemperatur 21 Grad beträgt, erleichtert die Situation für Ihre Großmutter nicht. Es handelt sich um eine Information, die in ein Prokrustesbett gepresst wurde – und solche Prokrustesbetten werden vorzugsweise von fachwissenschaftlichen Modelleuren erstellt, denn ein Modell ist *per definitionem* eine Vereinfachung. Und es ist alles andere als wünschenswert, dass eine Vereinfachung die Situation bis zu dem Punkt verzerrt, dass ein Schaden entsteht.

Abbildung 16 zeigt, wie fragil die Gesundheit der Großmutter auf

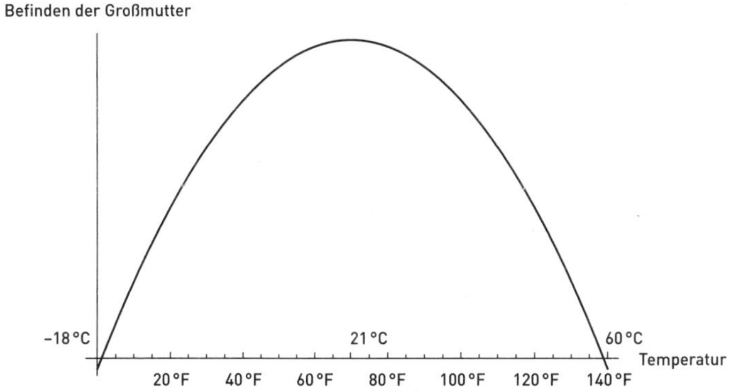

Abbildung 16 Megafragilität. Wohlbefinden als Funktion von Temperatur ergibt eine nach innen gekrümmte Kurve. Eine Kombination aus -18 °C (0 °F) und + 60 °C (140 °F) ist für Ihre Großmutter schädlicher als 21 °C (70 °C). Nahezu ***jede*** Kombination, die im Schnitt 21 °C (70 °F) ergibt, ist schlechter als einfach nur 21 °C.*
Das Diagramm zeigt Konkavität beziehungsweise negative Konvexität – die Kurve krümmt sich nach innen.

* Ich vereinfache hier etwas. Möglicherweise gibt es einige wenige Temperaturvariationen um den Wert von 21 Grad herum, bei denen es der Großmutter besser geht als bei genau 21 Grad, aber diese Nuance lasse ich jetzt außen vor. Jüngere Menschen sind gegen Temperaturunterschiede bis zu einem bestimmten Punkt antifragil, sie profitieren von einer gewissen Variabilität, allerdings geht diese Antifragilität mit zunehmendem Alter verloren (oder auch, weil sie nicht genutzt wird – ich vermute, dass zu komfortable Temperaturverhältnisse Alterungsprozesse begünstigen und die Menschen fragil machen).

Variationen reagiert. Wenn ich das großmütterliche Befinden auf der vertikalen Achse abbilde und die Temperatur auf der horizontalen, erhalte ich eine nach innen gekrümmte Kurve – eine »konkave« Form oder einen *negativen Konvexitätseffekt.*

Wenn die Reaktion der Großmutter »linear« wäre (also keine Kurve, sondern eine gerade Linie ergäbe), dann würde der Schaden einer Temperatur unterhalb von 21 Grad durch den Nutzen der höheren Temperatur aufgewogen. Faktisch muss die Gesundheit der Großmutter bei einem bestimmten Maximum gedeckelt werden, sonst würde sie nicht aufhören, sich zu verbessern.

So viel dazu an dieser Stelle. Kommen wir jetzt rasch zu den generelleren Eigenschaften; für das Beispiel der Großmutter und ihres gesundheitlichen Befindens gilt: a) Wir haben es mit Nichtlinearität zu tun (die Reaktion ist keine gerade Linie – nicht »linear«); b) die Kurve krümmt sich – zu sehr – nach innen; und schließlich c) je nichtlinearer die Reaktion, desto unwichtiger ist der Durchschnitt und desto wichtiger ist die Stabilität in unmittelbarer Nähe dieses Durchschnitts.

Und nun zum Stein der Weisen

Im Mittelalter wurde viel Denkarbeit darauf verwendet, den Stein der Weisen zu finden. Man sollte sich immer wieder vor Augen halten, dass die Chemie aus der Alchemie hervorgegangen ist, die zu einem Großteil darin bestand, den chemischen Energien von Substanzen auf die Spur zu kommen. Die größten Anstrengungen verwendete man darauf, vermittels der Methode der *Transmutation* Metalle in Gold zu verwandeln. Die Substanz, mit deren Hilfe das gelingen sollte, hieß Stein der Weisen – *lapis philosophorum.* Viele bedeutende Geister beschäftigten sich mit diesem Stein der Weisen, darunter Gelehrte wie Albertus Magnus, Isaac Newton und Roger Bacon sowie große Denker, die nicht primär Gelehrte waren, wie etwa Paracelsus.

Der Vorgang der Verwandlung wurde interessanterweise als *Magnum Opus* – das große (größte) Werk bezeichnet. Ich bin fest davon überzeugt, dass das Verfahren, welches ich im Folgenden – basierend auf bestimmten Eigenschaften der Optionalität – darstellen werde, uns in die größte vorstellbare Nähe zum Stein der Weisen zu bringen vermag.

Der folgende Abschnitt ermöglicht uns zu verstehen:

a) wie problematisch es ist, wenn Dinge vermengt werden (wenn etwa der Ölpreis mit Geopolitik oder ein profitabler Tipp mit einer guten Vorhersage verwechselt wird – Nicht-Konvexität des Ergebnisses und Optionalität);
b) warum alles, was über Optionalität verfügt, auf lange Sicht von Vorteil ist – und wie man das messen kann;
c) und schließlich kommt eine raffinierte Eigenschaft namens Jensen'sche Ungleichung hinzu.

Man erinnere sich an unser Verkehrsproblem in Kapitel 17: Eine Stunde lang im Schnitt 90 000 Fahrzeuge, anschließend eine Stunde lang 110 000 Fahrzeuge (also ein Schnitt von 100 000 Autos), und die Verkehrssituation wird fürchterlich sein. Nehmen wir andererseits an, wir hätten zwei Stunden lang 100 000 Fahrzeuge, dann läuft der Verkehr flüssig, die unterwegs verbrachte Zeit ist kurz.

Die Anzahl der Autos ist das *Etwas* – eine Variable; die Fahrtzeit ist die *Funktion von Etwas*. Das Verhalten der *Funktion* und das des *Etwas* ist nicht dasselbe – es handelt sich vielmehr, wie wir gesagt haben, um »zwei Paar Stiefel«. Das Beispiel zeigt, dass die *Funktion von Etwas* unter nichtlinearen Bedingungen anders wird als das *Etwas*.

a) Je nichtlinearer, desto stärker hebt sich die *Funktion von Etwas* von diesem *Etwas* selbst ab. Wäre der Verkehr linear, dann gäbe es keinen Unterschied in der Fahrtzeit zwischen diesen beiden Situationen: einerseits 90 000, dann 110 000 Autos; andererseits 100 000 Autos.
b) Je volatiler das *Etwas* – je höher die Ungewissheit – ist, desto stärker gehen *Funktion* und *Etwas* auseinander. Nehmen wir wieder das Beispiel mit dem durchschnittlichen Fahrzeugaufkommen. Die Funktion (Fahrtzeit) hängt stärker von der Volatilität um den Durchschnitt herum ab. Der Unterschied wird kleiner, je gleichmäßiger die Verteilung ist. Für ein und densel-

ben Durchschnitt wird man es vorziehen, in beiden Zeitperioden 100 000 Autos zu haben; und 80 000 und anschließend 120 000 Autos wäre noch schlimmer als 90 000 und danach 110 000.

c) Wenn die Funktion konvex (antifragil) ist, dann ist der Durchschnitt der Funktion *von Etwas* höher als die Funktion des Durchschnitts von Etwas. Das Umgekehrte gilt, wenn die Funktion konkav (fragil) ist.

Als Beispiel für (c), eine kompliziertere Version der Verzerrung, nehmen wir die Quadratfunktion (eine mit sich selbst multiplizierte Zahl). Die Quadratfunktion ist eine konvexe Funktion. Stellen Sie sich einen herkömmlichen Spielwürfel (mit sechs Seiten) vor. Je nachdem, was Sie würfeln, bekommen Sie einen Betrag ausgezahlt, der der gewürfelten Zahl entspricht – 1, wenn er 1 zeigt, 2, wenn er 2 zeigt, bis zu 6, wenn Sie die 6 würfeln. Wenn Sie das erwartete (durchschnittliche) Ergebnis ins Quadrat setzen, dann erhalten Sie $(1+2+3+4+5+6 \text{ geteilt durch } 6)^2$, also $3{,}5^2$, das ergäbe 12,25. Die *Funktion des Durchschnitts* ist also gleich 12,25.

Der Durchschnitt der Funktion unterscheidet sich davon wie folgt: Ermitteln Sie die Quadratzahl zu jedem einzelnen Ergebnis, das wäre $1^2+2^2+3^2+4^2+5^2+6^2$ geteilt durch 6, also das durchschnittliche quadrierte Ergebnis, dann erhalten Sie den *Durchschnitt der Funktion,* und der ist gleich 15,17.

Da Quadrieren eine konvexe Funktion ist, ist also der Durchschnitt des quadrierten Ergebnisses höher als das quadrierte durchschnittliche Ergebnis. Der Unterschied zwischen 15,17 und 12,25 ist das, was ich als den versteckten Nutzen der Antifragilität bezeichne – hier ein »Vorteil« von 24 Prozent.

Es gibt zwei Verzerrungen: einmal den elementaren Konvexitätseffekt, der dazu führt, dass die Eigenschaften des Durchschnitts von etwas (hier 3,5) als diejenigen einer (konvexen) Funktion von etwas (hier 15,17) missverstanden werden; und die zweite, tiefer greifende, bei der der Durchschnitt einer Funktion mit der Funktion eines Durchschnitts verwechselt wird, hier 15,17 mit 12,25. Letztere repräsentiert Optionalität.

Eine Person mit linearem Ergebnis muss in mehr als 50 Prozent der Fälle richtig liegen – eine Person mit konvexem Ergebnis sehr viel seltener. Der verborgene Nutzen der Antifragilität besteht darin, dass Sie sich bei zufälliger Auswahl vergleichsweise häufiger vertun können und trotzdem schlussendlich besser sind. Darin besteht die Macht der Optionalität: Ihre *Funktion von Etwas* ist sehr konvex, Sie können sich also irren und trotzdem noch profitieren – je mehr Ungewissheit, desto besser.

Das erklärt, warum ich behaupten kann, dass Sie dumm und antifragil sein und trotzdem gut abschneiden können.

Diese verstärkte »Konvexitätsverzerrung« geht auf eine mathematische Eigenschaft namens Jensen'sche Ungleichung zurück. Sie kommt im gegenwärtigen Diskurs über Innovationen nicht vor. Wenn man aber die Konvexitätsverzerrung außer Acht lässt, dann entgeht einem ein Großteil dessen, was die nichtlineare Welt regiert. Und es ist schlicht eine Tatsache, dass diese Vorstellung im Diskurs nicht vorkommt. So leid es mir tut.*

Wie man Gold in Dreck verwandelt: Der umgekehrte Stein der Weisen

Kehren wir zu dem vorigen Beispiel zurück, als Funktion nehmen wir diesmal die Quadratwurzel (das genaue Gegenteil der Quadratur; die Wurzel ist konkav, allerdings sehr viel weniger konkav, als die Quadratur konvex ist).

Die Wurzel aus dem erwarteten (durchschnittlichen) Ergebnis wäre

* Es geht der Großmutter bei 21 Grad besser als bei einem Durchschnitt von 21 Grad, wenn in der ersten Stunde -18 Grad herrschen und in der zweiten 60 Grad. Je stärker die Streuung um den Durchschnitt herum, desto schädlicher für sie. Schauen wir uns diesen nicht unmittelbar einleuchtenden Effekt in den Ausdrücken *x* und Funktion von *x*, *f(x)*, an. Das Wohlbefinden der Großmutter sei *f(x)*, *x* die Temperatur. Wenn wir eine Funktion der durchschnittlichen Temperatur nehmen, *f{(-18 + 60)/2}*, geht es der Großmutter blendend. Bei *{f(-18) + f(60)}/2* hingegen haben wir eine tote Großmutter bei *f(-20)* und eine tote Großmutter bei *f(60)* – also einen »Durchschnitt« von einer toten Großmutter. Das erklärt die Aussage, dass die Eigenschaften von *f(x)* und diejenigen von *x* sich auseinanderentwickeln, wenn *f(x)* nichtlinear ist. Der Durchschnitt von *f(x)* unterscheidet sich von *f(Durchschnitt von x)*.

dann √(1+2+3+4+5+6 geteilt durch 6) ist gleich √3,5, hier 1,87. Die *Funktion des Durchschnitts* ist gleich 1,87.

Der Durchschnitt der Funktion hingegen ergibt sich wie folgt: Zieht man die Wurzel aus jedem einzelnen Ergebnis (√1+√2+√3+√4+√5+√6) und teilt durch 6, errechnet man also das Ergebnis der durchschnittlichen Wurzel, dann erhält man als *Durchschnitt der Funktion* einen Wert von 1,80.

Der Unterschied wird als »negative Konvexitätsverzerrung« (oder wenn Sie es ganz genau haben wollen, als »Konkavitätsverzerrung«) bezeichnet: Der versteckte Nachteil der Fragilität besteht darin, dass Sie bei zufälliger Auswahl – nur um dem negativen Effekt zu entkommen – vergleichsweise sehr, sehr viel bessere Voraussagen treffen und sehr viel genauer wissen müssen, in welche Richtung Sie sich bewegen.

Ich fasse das Argument noch einmal kurz zusammen: Wenn Sie günstige Asymmetrien haben oder positive Konvexität (ein Spezialfall sind Optionen), dann wird es Ihnen auf Dauer vergleichsweise gut gehen, und Sie werden im Zusammenhang mit Ungewissheit besser sein als der Durchschnitt. Je mehr Ungewissheit, desto stärker kann sich Optionalität auswirken und desto besser werden Sie abschneiden. Diese Einsicht ist von sehr zentraler Bedeutung für das ganze Leben.

Buch VI

Via Negativa

Wir erinnern uns: Für die Farbe Blau hatten wir lange Zeit keine Bezeichnung, kamen aber auch ganz gut ohne zurecht – einen Großteil unserer Geschichte waren wir zwar nicht biologisch, aber kulturell farbenblind. Und vor der Abfassung des ersten Kapitels hatten wir keinen Begriff für Antifragilität, doch alle möglichen Systeme haben jenseits menschlicher Einmischung gemäß den Prinzipien der Antifragilität funktioniert. Es gibt viele Dinge ohne Wörter, Angelegenheiten, die wir kennen und mit denen wir interagieren, die wir aber nicht direkt beschreiben, nicht in menschliche Sprache fassen können oder in die engen Begriffe, die uns zur Verfügung stehen. Fast alles in unserer Umgebung, das irgendwie von Bedeutung ist, ist sprachlich schwer zu fassen – man kann sogar sagen, je mächtiger etwas ist, desto unbeholfener ist unser sprachlicher Zugriff.

Aber auch wenn wir nicht ausdrücken können, was genau etwas *ist*, können wir doch darüber eine Aussage treffen, was es *nicht ist* – also einen indirekten anstelle eines direkten Ausdrucks verwenden. Das »Apophatische« (vom griechischen apophasis – »Nein« sagen oder etwas nennen, ohne es zu nennen) zielt auf das, was in Worten nicht direkt ausgedrückt werden kann. Diese theologische Vorgehensweise ging aus dem Bestreben hervor, eine direkte Beschreibung zu vermeiden, indem man sich stattdessen auf die negative Beschreibung verlegte – im Lateinischen *Via Negativa*, den negativen Weg, nach theologischen Traditionen, die vor allem in der östlichen, orthodoxen Kirche verankert waren. Die *Via Negativa* versucht nicht auszudrücken, was Gott ist – das überlässt sie der primitiven Sorte zeitgenössischer wissenschaftsgläubiger Denker und Philosophaster. Sie zählt vielmehr auf, was Gott nicht ist, ihr Vorgehen ist also eliminativ. Diese Vorgehensweise wird meistens mit dem mystischen Theologen Pseudo-Dionysius Areopagita assoziiert.

Pseudo-Dionysius Areopagita war ein obskurer Denker aus dem Vorderen Orient, der wirkmächtige mystische Abhandlungen schrieb und lange mit Dionysos dem Areopagiten verwechselt wurde, einem Richter in Athen, der durch die Predigten des Apostels Paulus bekehrt wurde (daher auch der Namenszusatz »Pseudo«).

Die Denker, die sich an Platons Philosophie orientieren, werden als Neuplatoniker bezeichnet; sie befassten sich hauptsächlich mit den platonischen Formen, jenen abstrakten Objekten mit eigener, deutlich abgehobener Existenzform. Pseudo-Dionysius war ein Schüler des Neuplatonikers Proklos (dieser war seinerseits Schüler von Syrianus, einem weiteren syrischen Neuplatoniker). Von Proklos wird berichtet, er habe gern darauf hingewiesen, dass Statuen dadurch entstehen, dass man etwas wegnimmt. Mir begegnete häufig im Zusammenhang mit einer apokryphen Anekdote eine aktuellere Version dieser Idee: Michelangelo wurde vom Papst gefragt, worin das Geheimnis seines Genies bestehe; vor allem wollte der Papst wissen, wie Michelangelo seine David-Statue schuf, die allgemein als Krönung seiner Kunst angesehen wurde. Michelangelo antwortete: »Ganz einfach. Ich nehme eben alles weg, was nicht David ist.«

Der Leser wird die Logik hinter der Hantelstrategie erkennen. Man erinnere sich: Bei der Hantellogik besteht der erste Schritt darin, Fragilitäten zu entfernen.

Wo ist der Scharlatan?

Wir erinnern uns: Der Interventionist zielt auf die Tat – auf das *Handeln.* Wir haben gesehen, dass aktives Eingreifen – ähnlich wie positive Definitionen – von unserem primitiven Geist hochgeschätzt und glorifiziert wird. Der Impuls zu aktivem Eingreifen führt zu naiven Interventionen der Regierung, die in Katastrophen enden; darauf folgen allgemeine Klagen über naive Interventionen der Regierung, da diese, wie man nun gemerkt hat, zu Katastrophen führen; und darauf wiederum folgen weitere naive Interventionen der Regierung. Akte der Unterlassung dagegen, in denen bewusst etwas nicht getan wird, werden gar nicht erst als solche wahrgenommen und erwecken nicht den Anschein, Bestandteil einer bestimmten Strategie zu sein. Tabelle 3 zeigt deutlich, wie weit verbreitet dieser Effekt ist; er kommt im Geschäftsleben ebenso vor wie im Gesundheitswesen.

Zeit meines Lebens habe ich von einer wunderbar schlichten Heuristik Gebrauch gemacht: Scharlatane erkennt man daran, dass sie einem positive Ratschläge geben, einem also sagen, was man zu tun hat. Sie nutzen unsere Gutgläubigkeit aus und unsere einfältige Neigung zu Handlungsanweisungen, die einem im ersten Augenblick absolut einleuchtend vorkommen und dann im Lauf der Zeit einfach verpuffen, weil man sie schlicht vergisst. Denken Sie nur an all die Selbsthilfebücher mit der immer wiederkehrenden Titelfloskel »In zehn Schritten zu...« (beliebig auffüllbar mit: Reichtum, Gewichtsverlust, Freundschaften, Innovationen, Wahlsiegen, Muskelaufbau, Ehepartnern; der Fähigkeit, ein Waisenhaus zu leiten, und so weiter). Doch in der Praxis ist es das Negative, das sich die Profis, diejenigen, die von der Evolution begünstigt wurden, zunutze machen: Schach-Großmeister gewinnen, indem sie nicht verlieren; Leute werden reich, indem sie nicht bankrott gehen (vor allem dann, wenn andere bankrott gehen); im Zentrum von Religionen stehen Verbote; die wichtigste Lektion im Leben besteht darin, zu lernen, was es zu vermeiden gilt. Die meisten Risikofaktoren lassen sich mit einer Handvoll Maßnahmen ausschalten.

Darüber hinaus können wir, vom Zufall genarrt, in den meisten hochgradig vom Zufall geprägten Umständen letztlich nicht entscheiden, ob eine erfolgreiche Person neben ihrem Erfolg auch noch Fähigkeiten hat oder ob sie *aufgrund* dieser ihrer Fähigkeiten erfolgreich ist. Was wir aber mit ziemlicher Sicherheit vorhersagen können, ist die negative Kehrseite dieser Relation: dass nämlich ein Mensch, der überhaupt keine Fähigkeiten hat, auch irgendwann scheitern wird.

Subtraktives Wissen

Im Bereich des Wissens gilt dasselbe. Der wichtigste und robusteste Beitrag zum Wissen besteht darin, all das zu entfernen, was wir für falsch halten – subtraktive Epistemologie.

Im Leben wird Antifragilität dadurch erreicht, dass man *kein* Dummkopf ist. In *Peri mystikes theologias* benutzte Pseudo-Dionysius nicht genau diese Worte, weder ging es ihm um Falsifikation noch wird die

Idee klar konturiert, doch meines Erachtens kreiste er um diese Art subtraktiver Epistemologie und die Asymmetrien im Wissen. Ich habe die Neigung zu klaren, abstrakten, theoretischen Formen, zu Universalien, die uns blind machen für das Durcheinander der Realität und damit die Entstehung Schwarzer Schwäne verursachen, als »Platonität« bezeichnet. Dann stellte ich fest, dass hier eine Asymmetrie vorliegt. Ich glaube an platonische Ideen, wenn sie in umgekehrter Form auftreten – sozusagen als negative Universalien.

Mein zentraler epistemologischer Grundsatz lautet daher: Wir wissen wesentlich besser, was falsch, als was richtig ist, oder – formuliert vor dem Hintergrund der Fragil/Robust-Klassifikation – negatives Wissen (Was ist falsch? Was funktioniert nicht?) ist robuster gegen Irrtümer als positives Wissen (Was ist richtig? Was funktioniert?). Wissen wächst also wesentlich eher durch Subtraktion als durch Addition: Was wir heute wissen, kann sich morgen als falsch erweisen, aber etwas, von dem wir wissen, dass es falsch ist, kann sich nicht – jedenfalls nicht so ohne Weiteres – als richtig herausstellen. Wenn ich einen schwarzen (nicht Schwarzen) Schwan sehe, kann ich ziemlich sicher sein, dass die Behauptung »Alle Schwäne sind weiß« *falsch* ist. Andererseits: Selbst wenn ich noch nie einen schwarzen Schwan gesehen habe, kann ich nicht mit Sicherheit sagen, dass die Behauptung »Alle Schwäne sind weiß« *wahr* ist. Anders gesagt: Da eine einzige kleine Beobachtung eine Behauptung widerlegen kann, wohingegen nicht einmal eine Million Beobachtungen sie bestätigen können, ist Falsifikation schlüssiger als Bestätigung.

Dieser Gedanke wurde für unsere Gegenwart mit dem Philosophen Karl Popper in Verbindung gebracht, und ich nahm irrtümlich an, dass er auf ihn zurückgeht (wobei er allerdings eine noch wirkmächtigere Idee zur fundamentalen Unfähigkeit, den Lauf der Geschichte vorherzusagen, formulierte). Es stellte sich heraus, dass die Vorstellung wesentlich älter ist: Sie bildete einen zentralen Grundsatz einer skeptisch-empirischen Medizintradition in der nachklassischen Ära im östlichen Mittelmeerraum. Einer Gruppe französischer Gelehrter im 19. Jahrhundert, die diese Tradition wiederentdeckte, war sie ebenfalls wohlbekannt. Schließlich setzt sich die Vorstellung von der Macht der Widerlegung in den Methoden der modernen Naturwissenschaften fort.

Und wir können sie in das allgemeinere Schema positiv (additiv) und negativ (subtraktiv) einfügen: Negatives Wissen ist robuster. Aber auch negatives Wissen ist nicht perfekt. Popper wurde dafür kritisiert, dass er Falsifikation als zu fest umrissen, eindeutig und schwarz-weiß darstellte. Doch sie ist nicht so klar: Es ist nicht möglich, festzustellen, ob ein Experiment nicht zu den beabsichtigten Resultaten führte – also die Theorie »falsifizierte« –, weil die Instrumente versagten, weil man Pech hatte oder weil der Wissenschaftler ein Betrüger war. Nehmen wir einmal an, Sie haben einen schwarzen Schwan gesehen. Das würde zunächst einmal natürlich die Behauptung widerlegen, alle Schwäne seien weiß. Aber was, wenn Sie libanesischen Wein getrunken hätten oder unter Halluzinationen litten, weil Sie zu viel Zeit im Internet verbracht haben? Oder wenn die Nacht so dunkel war, dass alle Schwäne grau waren? Sagen wir es so: Im Allgemeinen sind Fehlschläge (und Falsifikationen) informativer als Erfolge und Bestätigungen, daher bezeichne ich negatives Wissen als »robuster«.

Vor der Abfassung dieses Kapitels habe ich mich in Poppers gesammelte Werke vertieft; mich trieb die Frage um, wie dem großen Denker, der von der Idee der Falsifikation derart besessen war, die Vorstellung der Fragilität so vollständig entgehen konnte. Sein Meisterstück, *Das Elend des Historizismus*, in dem er die Grenzen der Vorhersagbarkeit aufzeigt, weist die Unmöglichkeit einer brauchbaren Darstellung der Zukunft nach. Doch dabei verfehlte er den entscheidenden Punkt: Wenn ein unfähiger Chirurg eine Gehirnoperation durchführt, kann man mit Sicherheit prognostizieren, dass er ernsthaften Schaden anrichten, den Patienten womöglich sogar umbringen wird. Dabei liegt eine solche subtraktive Darstellung der Zukunft genau auf der Linie von Poppers Gedanken der Falsifikation, sie ist der logische nächste Schritt. Was er Falsifikation einer Theorie nennt, würde in der Praxis zur Zerstörung des betreffenden Objekts führen.

In politischen Systemen ist ein Mechanismus dann gut, wenn er dazu führt, dass man den Schurken beseitigen kann; was zu tun ist oder wen man stattdessen einsetzt, interessiert im Vergleich dazu sehr viel weniger. Denn ein einziger Schurke kann mehr Schaden anrichten als die Guten – selbst wenn man alle ihre suboptimalen Taten zusammennimmt.

Jon Elster geht noch einen Schritt weiter; kürzlich verfasste er ein Buch mit dem vielsagenden Titel *Preventing Mischief* (Schadensvorbeugung), in dem er negative Taten auf Benthams Idee gründet, dass »die Kunst des Gesetzgebers darauf begrenzt ist, alles zu verhindern, was der Entwicklung ihrer [der Mitglieder der Belegschaft] Freiheit und ihrer Intelligenz im Wege steht«.

Und wie nicht anders zu erwarten ist die *Via Negativa* Teil klassisch-antiker Weisheit. Für den arabischen Gelehrten und religiösen Führer Ali Ibn Abi-Taleb (nicht verwandt) ist es ebenso wertvoll, Distanz zu einer dummen Person zu wahren, wie die Gesellschaft eines Weisen zu suchen.

Von dieser Einsicht gibt es eine moderne Version, die von Steve Jobs stammt: »Die Leute meinen immer, Konzentration würde bedeuten, dass man sich auf das, um was es geht, konzentriert. Weit gefehlt! Es bedeutet, dass man sich von den hundert anderen guten Ideen, die auch noch da wären, verabschiedet. Man muss sorgfältig auswählen. Ich bin auf die Dinge, die wir nicht gemacht haben, genauso stolz wie auf die Dinge, die ich gemacht habe. Innovation bedeutet: zu tausend Dingen Nein sagen.«

Noch einmal: Hanteln

Auch subtraktives Wissen ist eine Art Hantel. Vor allem ist es konvex. Was falsch ist, ist ziemlich robust; was Sie nicht wissen, ist fragil und spekulativ, aber Sie nehmen es nicht ernst, also sorgen Sie dafür, dass es Ihnen – falls es sich als falsch herausstellt – nicht schadet.

Eine weitere Ausprägung der *Via Negativa* haben wir in dem Grundsatz »Weniger ist mehr«.

Weniger ist mehr

Auf die Entscheidungsfindung angewandt geht dieser Grundsatz auf Spyros Makridakis, Robyn Dawes, Dan Goldstein und Gerd Gigerenzer zurück, die in jeweils verschiedenen Kontexten auf den Umstand gestoßen sind, dass einfachere Prognose- und Folgerungsmethoden im Vergleich mit komplizierteren Vorgehensweisen womöglich sehr, sehr viel besser funktionieren. Ihre einfachen Faustregeln sind nicht perfekt, aber genau das wollen sie auch gar nicht sein; wer intellektuell bescheiden bleibt und sich von einer gewissen Spitzfindigkeit verabschiedet, kann beeindruckende Effekte erzielen. Goldstein und Gigerenzer prägten die Wendung von den »schnellen und sparsamen« Heuristiken *(fast and frugal heuristics)*, mit denen sich trotz enger Zeit-, Wissens- und Computerleistungsgrenzen gute Lösungen und Entscheidungen erzielen lassen.

Ich erkannte, dass sich eine Heuristik des »Weniger ist mehr« mit meiner Arbeit deckt, und zwar in zwei Bereichen. Erstens, extreme Auswirkungen: Es gibt Bereiche, in denen das seltene Ereignis (noch einmal: sei es guter oder schlechter Art) eine unverhältnismäßig große Rolle spielt, wir aber neigen dazu, ihm gegenüber blind zu sein; wenn man sich auf die Analyse eines solchen seltenen Ereignisses oder auch auf die Absicherung dagegen konzentriert, ist man ihm in sehr viel größerem Maße ausgeliefert. Machen Sie sich nur über die Auswirkungen von Schwarzen Schwänen Gedanken, und das Leben ist einfach.

Es war geradezu kinderleicht, auf den Grundsatz »Weniger ist mehr« zu kommen und ihn anzuwenden – und er ist »robust« gegen Fehler und Gesinnungsänderungen. Bei vielen Problemen mag es nicht einfach sein, eine Ursache zu finden, aber häufig gibt es eine einfache Lösung (vielleicht nicht aller Probleme – aber die Lösung ist trotzdem gut genug, wirklich gut genug), und eine solche Lösung erkennt man sofort, manchmal sogar mit bloßem Auge besser als mit komplizierten Analysen und hoch fragiler, irrtumsanfälliger, nach Ursachen schnüffelnder Kopflastigkeit.

Sie kennen sicher die Achtzig/Zwanzig-Idee, sie beruht auf der Entdeckung Vilfredo Paretos vor mehr als einem Jahrhundert, dass in Italien 20 Prozent der Menschen 80 Prozent des Landes gehören und umgekehrt. Von diesen 20 Prozent besitzen wiederum 20 Prozent (also 4 Prozent der Gesamtheit) rund 80 Prozent dieser 80 Prozent (also letztlich 64 Prozent). Man gelangt schließlich zu weniger als einem Prozent, das ungefähr 50 Prozent der Gesamtheit repräsentiert. Das ist der bekannte Extremistan-Effekt: Der Gewinner bekommt alles. Er lässt sich überall beobachten, von der Verteilung des Wohlstands bis hin zur Anzahl der verkauften Bücher pro Autor.

Nur wenigen dürfte bewusst sein, dass der allgemeine Trend in vielen Bereichen, für die bislang die 80/20-Regel galt, in Richtung der noch unverhältnismäßigeren Verteilung von 99/1 geht: 99 Prozent der Internetaktivitäten spielen sich auf weniger als einem Prozent der Websites ab, 99 Prozent der verkauften Bücher werden von weniger als einem Prozent aller veröffentlichten Autoren verfasst… ich höre lieber auf, dem emotionalen Gleichgewicht tun diese Zahlen nicht gut. Fast alles in der heutigen Zeit hat den Effekt, dass der Gewinner alles bekommt, und auch die Ursachen sowohl von Vor- wie von Nachteilen gehören dazu. Ich werde zeigen, dass analog dazu ein Prozent Veränderung an einem System die Fragilität um 99 Prozent vermindern (oder vergrößern) kann – es bedarf nur einiger sehr weniger Schritte, die finanziell nicht einmal sonderlich aufwendig sind, um Strukturen besser und sicherer zu machen.

Beispielsweise kosten einige wenige Obdachlose den Staat unverhältnismäßig viel, es ist also nicht schwer zu sehen, wo man Einsparungen machen könnte. Einige wenige Angestellte in einem Unternehmen verursachen die meisten Probleme und verschlechtern die Grundstimmung – und umgekehrt –; wenn man also diese wenigen loswird, hat man mit wenig Aufwand eine Menge Probleme gelöst. Einige wenige Kunden generieren einen Großteil der Einkünfte. 95 Prozent meiner Hassmails bekomme ich von immer denselben drei Personen, die alle ein und denselben Versagertyp repräsentieren (die Mails von einem der Verfasser haben meiner Schätzung zufolge einen Umfang von an die hunderttausend Wörter – er muss immer mehr schreiben und immer mehr Anstößiges in meinen Büchern finden, nur um immer denselben Effekt zu erzielen). Für das Gesundheitswesen hat Ezekiel Emanuel nachgewiesen, dass die Hälfte der Bevölkerung weniger als drei Prozent der Kosten verursacht, die zehn Prozent mit den schlimmsten Krankheiten hingegen 64 Prozent des Gesamtkuchens brauchen. Bent Flyvbjerg (Sie kennen ihn aus Kapitel 18) zeigte mit seiner Idee vom *Black-Swan Management*, dass der größte Teil der Kostenüberschreitungen in Unternehmen einfach großen Technologieprojekten zuzuschreiben ist – woraus man schließen kann, dass man sich darauf konzentrieren sollte, anstatt dauernd nur zu reden und hochkomplexe Papers abzufassen.

Bei der Mafia heißt es bezeichnenderweise: Sieh einfach zu, dass du das Steinchen aus deinem Schuh entfernst.

In bestimmten Bereichen, beispielsweise auf dem Immobilienmarkt, können Probleme und Lösungen kurz und bündig in einer Heuristik zusammengefasst werden, einer Faustregel, dass es nämlich darauf ankommt, sich an den drei wichtigsten Merkmalen zu orientieren: »Lage, Lage und Lage« – alles andere ist *überwiegend* Fliegendreck. Das stimmt nicht ganz und auch nicht immer, doch zeigt es den Punkt auf, um den es eigentlich geht, der Rest erledigt sich von allein.

Aber die Leute wollen einfach immer noch mehr Daten, um »Probleme zu lösen«. Im Zusammenhang mit der Gründung eines Projekts zur Erstellung von Krisenprognosen hatte ich einmal einen Auftritt im Kongress. Die Beteiligten wollten das Paradoxon nicht sehen, dass wir nie zuvor mehr Daten hatten, als uns gegenwärtig zur Verfügung stehen, und dass gleichzeitig die Lage nie zuvor weniger prognostizierbar war. Eine weitere Anhäufung von Daten – wenn man beispielsweise die Augenfarbe der anderen Passanten studiert, während man über die Straße geht – kann dazu führen, dass man den dicken Lastwagen nicht kommen sieht. Wenn Sie eine Straße überqueren, dann entfernen Sie Daten, Sie nehmen alles weg, was Sie daran hindert, sich ausschließlich auf das zu konzentrieren, was Sie unmittelbar gefährden könnte.* Paul Valéry bemerkte einmal, *que de choses il faut ignorer pour agir* – wie viele Dinge man doch außer Acht lassen muss, um handeln zu können.

Überzeugende – und selbstsichere – Wissenschaftszweige wie etwa die Physik ziehen zur Absicherung ihrer Aussagen nur selten statistische Daten heran, wohingegen die Politik- und Wirtschaftswissenschaften, die noch nie irgendetwas Bemerkenswertes hervorgebracht haben, eine Fülle von elaborierten Statistiken und statistischer »Evidenz« produzieren (und wenn der Rauch erst verflogen ist, stellt sich heraus, dass Evi-

* Sie erinnern sich an den redigierwütigen Interventionisten im siebten Kapitel, der den einzigen wirklichen Fehler übersah. Das 663 Seiten lange Dokument *Financial Crisis Inquiry Report,* erstellt von der Financial Crisis Inquiry Commission, übersah, was ich für die Hauptursachen der Krise halte: Fragilität und die fehlende Bereitschaft, sich selbst einzubringen. Stattdessen listeten sie selbstverständlich alle erdenklichen Epiphänomene auf, die als mögliche Gründe herhalten konnten.

denz hier mit Evidenz überhaupt nichts zu tun hat). Die Situation in der Wissenschaft ähnelt den Kriminalromanen, in denen sich letztlich derjenige, der die meisten Alibis vorzuweisen hat, als Schuldiger entpuppt. Und man muss keine Berge von Papier anfertigen, in denen es von Daten nur so wimmelt, um die Megatonnen von Papier voller wirtschaftswissenschaftlicher Statistiken zu widerlegen: Das schlichte Argument, dass Schwarze Schwäne und Ereignisse an den Rändern der Verteilung die sozioökonomische Welt bestimmen und dass solche Ereignisse nicht vorhergesagt werden können, reicht aus, um sämtliche Statistiken dieser Art zu entkräften.

Ein weiterer Beleg für die Gültigkeit der Weniger-ist-mehr-Regel ist folgendes Experiment. Christopher Chabris und Daniel Simons haben in ihrem Buch *Der unsichtbare Gorilla* gezeigt, dass jemand, der sich die Videoaufzeichnung eines Basketballspiels anschaut und aufgefordert wird, dabei auf so aufmerksamkeitsabsorbierende Details wie die Anzahl der Pässe zu achten, unter Umständen vollkommen übersieht, dass in der Mitte des Spielfelds ein Gorilla herumläuft.

Mir ist aufgefallen, dass ich mich intuitiv nach der Vorstellung »Weniger ist mehr« gerichtet habe, wenn ich Entscheidungen treffen musste (also gerade nicht nach der Methode vorging, auf dem Computer spaltenweise Pro- und Kontra-Argumente gegenüberzustellen). Wenn man mehr als einen Grund hat, etwas zu tun (einen bestimmten Arzt oder Tierarzt zu wählen, einen Gärtner oder einen Mitarbeiter zu engagieren, jemanden zu heiraten, eine Reise zu machen), dann sollte man es lassen. Das heißt nicht, dass ein Grund besser ist als zwei Gründe, aber wenn man mehr als einen Grund anführt, dann versucht man, sich selbst von etwas zu überzeugen. Klare Entscheidungen (die robust sind gegen Irrtümer) *brauchen* nicht mehr als einen einzigen Grund. In der französischen Armee galt die Regel, Entschuldigungen für Nichterscheinen zurückzuweisen, wenn mehr als eine Begründung (Tod der Großmutter, Grippe, Wildschweinbiss) gegeben wurde. Wenn jemand ein Buch oder eine Idee mit Hilfe von mehr als einem Argument angreift, dann wissen Sie, dass Sie das nicht ernst nehmen müssen – kein Mensch würde sagen: »Er ist ein Krimineller, er hat mehrere Menschen umgebracht, außerdem hat er keine Tischmanieren, Mundgeruch, und ist ein miserabler Autofahrer.«

Ich habe mich immer wieder nach einer Maxime gerichtet, die ich »Bergsons Rasiermesser« nenne: »Ein Philosoph sollte für nicht mehr als eine einzige Idee bekannt sein.« (Ich kann sie zwar nicht definitiv auf Bergson zurückführen, trotzdem ist die Regel ziemlich nützlich.) Der französische Essayist und Dichter Paul Valéry fragte einmal Einstein, ob er ein Notizbuch bei sich trage, um seine Ideen aufzuschreiben. Die Antwort lautete: »Ich habe nie Ideen« (will sagen: Er hatte einfach keine Fliegenschmutz-Ideen). Daraus folgt für mich die Heuristik: Wenn jemand einen langen Lebenslauf vorlegt, kann er gleich wieder gehen – während einer Konferenz luden mich Freunde ein, beim Lunch mit einem karrieresüchtigen Spitzenmann zusammenzusitzen, dessen Curriculum Vitae »leicht und locker auf zwei oder drei Leben verteilt werden könnte«; ich verzichtete dankend und gesellte mich zu den Praktikanten und Technikern.* Wenn ich höre, dass jemand zweiundzwanzig Ehrendoktorwürden verliehen bekommen und dreihundert Aufsätze verfasst hat, hinter denen aber nicht eine überzeugende Hauptidee steht, dann meide ich ihn wie die Pest.

* Man mag beklagen, dass der Nobelpreis all die unguten Elemente von Wettbewerb in einen so heiligen Bereich wie die Wissenschaft eingeführt hat, doch selbst er wird nicht für einen Stapel Aufsätze vergeben, sondern meistens für einen einzigen qualitativ herausragenden Beitrag.

Kapitel 20
Zeit und Fragilität

Prophezeiungen sind wie Wissen subtraktiv, nicht additiv – Der Lindy-Effekt, oder: Wie das Alte über das Neue siegt, was vor allem für Technologien gilt, was auch immer man aus Kalifornien dazu hört – Warum man von einer Karriere als Prophet tunlichst absehen sollte

Antifragilität impliziert – anders als uns unsere Intuition vermittelt –, dass das Alte dem Neuen überlegen ist, und zwar in einem weitaus größeren Maß, als man zunächst annehmen würde. Es spielt keine Rolle, wie etwas von unserem Denkapparat aufgenommen wird, wie gut oder jämmerlich es erzählt wird – die Zeit weiß mehr über seine Fragilitäten und wird es, wenn nötig, zerbrechen. Mir geht es hier um eine Krankheit unserer Zeit, die eng mit dem Interventionismus verbunden ist; es handelt sich um die *Neomanie*, die Fragilität begünstigt, aber heilbar ist. Man muss nur genug Geduld aufbringen.

Was fortbesteht, muss für einen (meist versteckten) Zweck gut sein, den die Zeit zwar kennt, der unseren Augen und unseren logischen Fähigkeiten allerdings verborgen ist. In diesem Kapitel werde ich die Idee der Fragilität als zentralen Motor für Zukunftsprognosen einsetzen.

Erinnern wir uns an die grundlegende Asymmetrie: Das Antifragile profitiert von Unbeständigkeit und Unordnung, das Fragile leidet darunter. Und Zeit ist eben dasselbe wie Unordnung.

Von Simonides zu Jensen

Um uns in der Umsetzung des Unterschieds zwischen Fragilität und Antifragilität zu üben, spielen wir Prophet – wobei mir bewusst ist, dass das nur dann eine gute Berufsentscheidung darstellt, wenn man eine dicke Haut hat, einen verlässlichen Freundeskreis, wenig Zugang zum Internet, eine Bibliothek mit einer ausreichenden Menge an Sprichwörtern aus der Antike und vielleicht noch die Möglichkeit, persönliche Vorteile aus der Tätigkeit des Prophezeiens zu ziehen. Die Erfolgsgeschichte der Propheten zeigt: Bevor sich herausstellt, dass man recht hat, wird man geschmäht; wenn sich die Vorhersagen bewahrheitet haben, wird man eine Zeitlang gehasst oder – was schlimmer ist – die Aussagen werden aufgrund retrospektiver Verzerrung als »trivial« empfunden. Das sind alles Gründe, sich eher der Methode von Fat Tony zu bedienen, also mehr Wert auf Schekel als auf Anerkennung zu legen. Und in der Moderne hat sich am Verhältnis zu Propheten kaum etwas geändert: Die Intellektuellen des 20. Jahrhunderts, die sich mit den falschen Ideen, etwa dem Kommunismus oder gar dem Stalinismus, identifiziert haben, sind immer noch in Mode – ihre Bücher stehen nach wie vor in den Buchläden –, wohingegen diejenigen, die (wie beispielsweise der politische Philosoph Raymond Aron) die Probleme kommen sahen, sowohl vorher schnöde ignoriert wurden als auch danach, nachdem sich herausstellte, dass sie die Entwicklung durchaus richtig vorhergesehen hatten.

Schließen Sie jetzt die Augen und versuchen Sie, sich Ihre zukünftige Umgebung vorzustellen – sagen wir in fünf, in zehn oder in fünfundzwanzig Jahren. Sehr wahrscheinlich wird Ihre Fantasie diese Realität mit *neuen* Dingen versehen, mit Dingen, die wir mit Begriffen wie *Innovation, Fortschritt, Killertechnologie* und anderen uneleganten, abgedroschenen Wörtern aus dem Jargon von Geschäftsleuten assoziieren. Diese weit verbreiteten Vorstellungen von Innovation sind, wie wir sehen werden, nicht nur ästhetisch abstoßend, sondern auch sowohl unter empirischen wie philosophischen Gesichtspunkten Unsinn.

Warum? Sie haben wahrscheinlich in Ihrer Zukunftsfantasie zur gegenwärtigen Realität Dinge hinzugefügt. Damit haben Sie aber, wie ich in diesem Kapitel zeigen möchte, genau die falsche Richtung eingeschlagen: Wenn man wirklich konsequent nach den Kriterien Fragilität und

Antifragilität vorgeht, muss man aus dem Zukunftsszenario *Sachen wegnehmen*, muss es reduzieren um Dinge, die in der zukünftigen Welt nicht mehr vorkommen werden. *Via Negativa*. Was fragil ist, wird irgendwann zerbrechen; und glücklicherweise können wir problemlos feststellen, was fragil ist. Positive Schwarze Schwäne sind weniger vorhersehbar als negative.

»Die Zeit hat scharfe Zähne, die alles zermalmen«, so der Dichter Simonides von Keos im 6. Jahrhundert (v. Chr.); vielleicht war er sogar der Erste in der langen Reihe von Dichtern des Abendlandes, die vom Motiv des erbarmungslosen Wirkens der Zeit umgetrieben wurden. Ich könnte eine Unmenge an eleganten klassischen Formulierungen anführen, von Ovid (*tempus edax rerum* – die Zeit verschlingt alles) bis zu der nicht weniger poetischen französisch-russischen Schriftstellerin Elsa Triolet (»Die Zeit verbrennt, hinterlässt aber keine Asche«). Natürlich regte diese Übung meine poetische Ader an, ich summe jetzt also die Vertonung eines französischen Gedichts vor mich hin: »Avec le temps« – die Zeit löscht alles aus, auch die schlimmen Erinnerungen (was hier unerwähnt bleibt: dass sie in ihrem Lauf auch uns selbst auslöscht). Dank der Konvexitätseffekte können wir diesen Sachverhalt mit etwas Wissenschaft anreichern und eigens eine Liste der Dinge aufstellen, die am schnellsten von der erbarmungslosen Zeit verschlungen werden. Das Fragile wird irgendwann zerbrechen – und glücklicherweise können wir erkennen, was fragil ist. Auch das, was wir für antifragil halten, wird irgendwann zugrunde gehen, doch wird das sehr, sehr viel länger dauern (Wein wird im Lauf der Zeit besser, doch das gilt nur für eine begrenzte Zeit; und ganz sicher ist es nicht der Fall, wenn Sie ihn in einem Vulkankrater lagern).

Die Zeile von Simonides, mit der der vorige Absatz begann, wird präzisiert mit den Worten »selbst das Solideste«. Simonides hatte also bereits eine Ahnung von der nützlichen Idee, dass das Solideste zwar nicht ohne Weiteres, aber letztlich doch ebenfalls verschlungen wird. Was ihm natürlich nicht in den Sinn kam, war, dass etwas antifragil, also unverschlingbar sein kann.

Ich bleibe dabei: Nur die *Via-Negativa-Methode* führt zu sinnvollen Prophezeiungen. Es gibt – vor allem in unserer heutigen komplexen Welt – keinen anderen Weg, eine Vorhersage zu treffen, will man nicht an irgendeiner Stelle zum Truthahn werden. Ich sage nicht, dass keine neuen Technologien entstehen werden – es wird sich immer irgendetwas Neues für einen begrenzten Zeitraum durchsetzen. Was zu einem bestimmten Zeitpunkt fragil ist, wird später durch etwas anderes ersetzt. Aber dieses »Etwas« ist eben nicht vorhersagbar. Sehr wahrscheinlich sind die Technologien, die Ihnen vorschweben, nicht identisch mit denen, die sich durchsetzen werden, ganz gleich, wie leistungsfähig und passend sie Ihnen vorkommen mögen – womit ich keineswegs Ihre Vorstellungskraft unterschätzen will.

Vergessen wir nicht: Das Fragilste ist das Vorhergesagte, das, was auf der Basis von Vorhersagbarkeit aufbaut – mit anderen Worten diejenigen, die Schwarze Schwäne unterschätzen, verschwinden irgendwann aus der Population.

Wir begegnen hier einem interessanten, offensichtlichen Paradoxon: Diesen Prinzipien zufolge sind langfristige Vorhersagen verlässlicher als kurzfristige, denn man kann ziemlich sicher sein, dass das, was für Schwarze Schwäne anfällig ist, irgendwann von der Geschichte verschluckt wird, und das wird umso wahrscheinlicher, je mehr Zeit vergeht. Andererseits vermindert sich der Wert typischer Vorhersagen (wenn sie sich nicht auf das gegenwärtig Fragile beziehen) mit dem Fortschreiten der Zeit; vor dem Hintergrund von Nichtlinearitäten wird die Genauigkeit einer Vorhersage immer schlechter, je weiter sie in die Zukunft ausgreift. Die Fehlerquote für eine Zehn-Jahres-Prognose beispielsweise der Verkaufszahlen einer Computerfirma oder der Gewinne eines Anbieters irgendwelcher Bedarfsgüter kann gut und gern tausendmal höher sein als die Fehlerquote einer Ein-Jahres-Prognose.

Lernen, wie man subtrahiert

Überlegen Sie einmal, welche Zukunftsentwürfe im Lauf der letzten eineinhalb Jahrhunderte entstanden sind. Sie schlugen sich nieder in den Romanen von Jules Verne, H.G. Wells und George Orwell oder auch in mittlerweile vergessenen Schilderungen von Wissenschaftlern oder Futuristen. Es ist bemerkenswert, dass sich von den Technologien, die heute die Welt beherrschen, wie etwa das Internet oder banalere Dinge wie der mit Rädern versehene Koffer aus Buch IV, in diesen Prognosen nicht die geringste Spur findet. Doch der größte Irrtum besteht nicht darin, all das nicht vorhergesehen zu haben. Das Problem ist, dass nahezu alles aus diesen Entwürfen nie Wirklichkeit wurde, sieht man einmal ab von ein paar ganz wenigen, sattsam ausgeschlachteten Beispielen (der Dampfmaschine des Heron von Alexandria oder Leonardo da Vincis Entwurf eines Panzers). Unsere Welt sieht ihrer Welt zu ähnlich, sehr viel ähnlicher, als es sich diese Propheten je vorstellen konnten oder wollten. Und wir neigen dazu, für diesen Umstand blind zu sein – offenbar gibt es keinen Korrekturmechanismus, der uns diese Tatsache vor Augen führen würde, denn nach wie vor entwerfen wir Bilder von einer hoch technisierten Zukunft.

Ein Auswahlfehler ist hier nicht auszuschließen: Diejenigen, die mit Hingabe solche Darstellungen der Zukunft erfinden, tendieren wohl zu (unverbesserlicher, untherapierbarer) *Neomanie*, der Leidenschaft für das Moderne um seiner selbst willen.

Heute Abend werde ich mich mit Freunden in einem Restaurant treffen (Tavernen gibt es seit mindestens fünfundzwanzig Jahrhunderten). Ich werde für meinen Spaziergang dorthin Schuhe anhaben, die sich kaum von denen unterscheiden, die vor dreiundfünfzig Jahrhunderten von dem mumifizierten Mann getragen wurden, der in einem Gletscher der österreichischen Alpen entdeckt wurde. Im Restaurant werde ich Besteck benutzen, eine mesopotamische Technologie, die als wahre »Killerapplikation« durchgehen kann, erlaubt sie mir doch, Fleischstücke von einer Lammkeule zu entfernen, ohne mir die Finger zu verbrennen. Ich werde Wein zu mir nehmen, ein Getränk, das seit mindestens sechs Jahrtausenden im Gebrauch ist. Der Wein wird in Gläsern ausgeschenkt – sie sind eine Innovation, von der meine libanesischen Landsleute behaupten, sie gehe auf ihre phönizischen Vorfahren zurück, und wenn Ihnen die Informationsquelle dubios erscheint, können wir uns darauf einigen, dass sie seit mindestens neunundzwanzig Jahrhunderten mit Gegenständen aus Glas, mit »Tand«, Handel trieben. Nach dem Hauptgericht werde ich das Produkt einer etwas jüngeren Technik genießen: Käse, bei dem ich für solche Sorten mehr bezahle, an deren Herstellungsweise sich seit mehreren Jahrhunderten nichts geändert hat.

Hätte sich jemand im Jahr 1950 ein solches relativ alltägliches Treffen ausgemalt, dann hätte seine Fantasie ihm eine ganz andere Szenerie eingegeben. Ich werde Gott sei Dank keinen schimmernden synthetischen Anzug im Raumfahrtstil tragen und werde keine nährwertoptimierten Pillen zu mir nehmen, während ich mich mit meinen Essensgefährten via Bildschirm austausche. Stattdessen werden sich von meinen Tischgenossen durch die Luft Bakterien auf mein Gesicht übertragen, denn sie befinden sich nicht in irgendwelchen abgelegenen Menschenkolonien am Rand der Galaxie. Das Essen wird mit Hilfe einer extrem archaischen Technologie (Feuer) zubereitet, und dabei kommen Küchengeräte zum Einsatz, die sich seit der Zeit der Römer nicht verändert haben (sieht man einmal ab von der Qualität bestimmter Metalle).

Abbildung 17: Küchenutensilien aus Pompeji, die sich nur unwesentlich von denen unterscheiden, die man heute in (guten) Küchen antrifft.

Ich werde auf einer (mindestens) dreitausend Jahre alten Vorrichtung sitzen, die gemeinhin als Stuhl bezeichnet wird (sie unterscheidet sich nur hinsichtlich der sparsameren Ausführung von ihrem majestätischen ägyptischen Vorläufer). Und ich werde mich nicht auf einem fliegenden Motorrad in das Restaurant begeben. Ich werde zu Fuß dorthin gehen oder, wenn ich spät dran bin, ein Taxi benutzen, an dessen Technik sich seit über einhundert Jahren nichts Wesentliches geändert hat. Der Taxifahrer wird ein Immigrant sein – Immigranten haben schon vor einem Jahrhundert als Taxifahrer in Paris gearbeitet (russische Aristokraten), heute tun sie es in Berlin und Stockholm (Iraker und kurdische Flüchtlinge), in Washington, D.C. (äthiopische Post-Doktoranden), in Los Angeles (hochmusikalische Armenier) und (verschiedenster Herkunft) in New York.

David Edgerton hat gezeigt, dass Anfang des 21. Jahrhunderts mehr als zweieinhalbmal so viele Fahrräder wie Autos hergestellt werden und dass wir den größten Teil unserer Technologieressourcen in die bereits vorhandene Ausrüstung stecken oder in die Verbesserung alter Technologien (das ist übrigens nicht nur ein chinatypisches Phänomen: Auch Städte der westlichen Welt unternehmen immer entschiedenere Vorstöße in Richtung Radfahrerfreundlichkeit). Außerdem ist eine der wichtigsten Technologien in einem Gegenstand umgesetzt, über den die Leute am wenigsten reden: das Kondom. Ironischerweise soll das Kondom gerade nicht den Anschein erwecken, ein technischer Gegenstand zu sein, und so wurden immer wieder Verbesserungen vorgenommen mit dem Ziel, seine Wahrnehmbarkeit weiter zu reduzieren.

Der grundlegende Irrtum besteht also in Folgendem: Wenn wir uns die Zukunft vorstellen sollen, neigen wir dazu, von der Gegenwart als Grundszenario auszugehen und uns dann ein spekulatives Tableau auszumalen, indem wir diesem Grundszenario neue Technologien und Produkte hinzufügen, die uns irgendwie, ausgehend von Entwicklungen in der Vergangenheit, sinnvoll erscheinen. Außerdem entwickelt sich unsere Vorstellung einer zukünftigen Gesellschaft aus unserer dem gegenwärtigen Augenblick geschuldeten Utopie und wird weitgehend von unseren Wünschen bestimmt – sieht man einmal ab von den wenigen so genannten Untergangspropheten, dann wird unser Bild von der Zukunft zum Großteil von unseren Wünschen bestimmt. Daher stammt unsere Tendenz zur Über-Technologisierung und zur Unterschätzung der Macht von Dingen wie den Rädchen an Koffern, die uns wohl auch noch die nächsten Jahrtausende begleiten werden.

Ein Wort zur Blindheit für diese Über-Technologisierung. Nachdem ich aus dem Finanzleben ausgeschieden war, besuchte ich einige dieser schicken Konferenzen, auf denen prä- und post-reiche Technologen und eine bestimmte neue Kategorie von Technik-Intellektuellen auftreten. Zunächst einmal war ich erfreut festzustellen, dass sie keine Krawatten trugen, denn während meiner Zeit unter den damals noch krawattentragenden Bankern hatte ich die Illusion entwickelt, ein Mann, der keine Krawatte trage, könne unmöglich einer dieser leeren Anzüge sein. Aber die Konferenzen waren, obwohl sie jede Menge bunt glänzende computerisierte Bilder und schicke Animationen boten, furchtbar deprimierend. Ich war hier eindeutig fehl am Platz. Mich störte nicht nur der additive Umgang mit der Zukunft, der dort üblich war (der Fehler, zur Zukunft etwas hinzuzufügen, anstatt das Fragile wegzunehmen), und auch nicht die völlige Blindheit ihrer kompromisslosen Neomanie. Ich brauchte eine Weile, bis mir der Grund aufging: Was dort vollkommen fehlte, war Eleganz. Vordenker im Bereich der Technologie entwickeln einen »Technikgeist« – um es weniger höflich zu formulieren: Sie haben einen deutlichen Hang zum Autismus. Diese Typen tragen zwar keine Krawatten, dafür weisen sie aber sämtliche Charakteristiken eines typischen Nerds auf, als da wären die fast vollständige Abwesenheit von Charme sowie ein Interesse an Dingen und nicht an Menschen, was auch ihr nachlässiges Äußeres erklärt. Es liegt ihnen mehr an Präzision als an Anwendbarkeit. Und schließlich ganz typisch: Ein Interesse an Literatur, überhaupt literarische Bildung geht ihnen völlig ab.

Diese Abwesenheit literarischer Bildung ist ein typisches Kennzeichen von Zukunftsblindheit, denn normalerweise geht sie einher mit einer Abwertung der Geschichte, einem Nebenprodukt bedingungsloser Neomanie. Abgesehen von der randständigen isolierten Gattung der Science-Fiction handelt Literatur immer von der Vergangenheit. Physik oder Biologie lernen wir nicht aus mittelalterlichen Büchern, aber wir lesen bis heute Homer, Platon oder den ganz und gar modernen Shakespeare. Wir können nicht über Skulpturen sprechen, ohne die Werke von Phidias, Michelangelo oder des großen Canova zu kennen. Sie alle gehören in die Vergangenheit, nicht in die Zukunft. Allein schon dadurch, dass er ein Museum betritt, nimmt der ästhetisch aufgeschlossene Mensch Verbindung mit den Älteren auf. Ob ausgesprochen oder unausgesprochen – er wird den Hang haben, historisches Wissen zu erwerben und zu respektieren, und sei es auch nur, um sich davon abzusetzen. Und wenn man mit der Vergangenheit richtig umgeht, ist sie, wie wir im nächsten Abschnitt sehen werden, ein weitaus besserer Führer zu den

Eigenschaften der Zukunft als die Gegenwart. Um die Zukunft zu verstehen, braucht man keinen techno-autistischen Jargon, man muss nicht von »Killer-Apps« und derlei Dingen besessen sein. Nötig ist vielmehr ein gewisser Respekt vor der Vergangenheit, Aufgeschlossenheit für historische Aufzeichnungen, Neugier auf die Weisheit der Älteren und ein gewisses Verständnis für »Heuristiken«, die häufig nicht schriftlich festgehaltenen Faustregeln, die für das Überleben so entscheidend sind. Mit anderen Worten: Man kann gar nicht anders, als Dingen, die es schon lange gibt, mit Wertschätzung zu begegnen und sie als Dinge, die überlebt haben, ernst zu nehmen.

Der ideale Einsatz von Technologie

Technologie hat nun allerdings die Fähigkeit, die Ergebnisse schlechter Technologien zu beseitigen – durch Selbstsubtraktion. Die ideale Technologie ist unsichtbar. Ich bin sicher: Der segensreichste Einsatz heutiger Technologie besteht darin, die schädliche, unnatürliche, entfremdende und vor allem von Natur aus fragile Art von Technologie zu ersetzen, die ihr vorausging. Viele der modernen Vorgehensweisen, die bis heute überlebt haben, haben die schädlichen Effekte einer philisterhaften Modernität, wie sie vor allem für das 20. Jahrhundert kennzeichnend war, überwunden: die riesigen multinationalen bürokratischen Großunternehmen mit ihren ausschließlich aus leeren Anzügen bestehenden Firmenleitungen; die isolierte Kleinfamilie mit ihrer Einbahnbeziehung zum Fernsehgerät, die aufgrund ihrer typischen Wohnsituation in ausschließlich auf die Bedürfnisse von Autofahrern zugeschnittenen Vororten noch mehr isoliert wird; die Bevormundung durch den Staat, vor allem in militaristischen Nationalstaaten mit ihren Grenzkontrollen; die destruktive Gedanken- und Kulturdiktatur der etablierten Medien; die penible Kontrolle der Veröffentlichung und Verbreitung volkswirtschaftlicher Ideen durch die Scharlatane des ökonomischen Establishments – mittlerweile ist die Kontrolle großer Firmen über ihre Märkte durch das Internet bedroht; Pseudostarre wurde durch das Web aufgesprengt, und es gibt noch viele weitere Beispiele. Ich muss nicht mehr »1 drücken für Englisch« oder in einer Warteschleife am Telefon ausharren, bis ein unhöflicher Mensch am anderen

Ende der Leitung die Buchung meiner Flitterwochen auf Zypern entgegennimmt. Bei aller Unnatürlichkeit des Internets hat es uns doch auch von diversen noch unnatürlicheren Elementen befreit. Beispielsweise macht der Umstand, dass immer weniger mit Papier gearbeitet wird, die Bürokratie – etwas ausgesprochen Modernistisches – handhabbarer, als sie es in den Tagen der Pappendeckelakten gewesen ist. Und mit ein bisschen Glück wischt ein Computervirus sogar noch sämtliche Daten weg und befreit die Menschen von den Fehlern, die sie in der Vergangenheit gemacht haben.

Auch jetzt gerade mache ich Gebrauch von einer Technologie zur Aufhebung von Technologie. Sie erinnern sich an meinen Spaziergang zum Restaurant, in Schuhen, die sich gar nicht so sehr von denen unterscheiden, die der in den Alpen gefundene Steinzeitmensch an den Füßen hatte. Nachdem die Schuhindustrie Jahrzehnte damit zugebracht hat, perfekte Geh- und Laufschuhe zu »designen«, mit allen möglichen »Stütz«-Mechanismen und Dämpfungsmaterialien, verkauft sie uns mittlerweile Schuhe, die das Barfußgehen simulieren – diese Schuhe sollen funktional so zurückhaltend sein, dass ihr einziger erklärter Zweck darin besteht, unsere Füße vor den Elementen zu schützen, nicht aber – im Gegensatz zur modernistischeren Absicht – uns vorzugeben, wie wir zu gehen haben. Sie verkaufen uns sozusagen die schwieligen Füße eines Jägers und Sammlers – wir können diese schwieligen Füße anziehen, herumspazieren und sie wieder ablegen, wenn wir in die Zivilisation zurückkehren. Es ist eine herrlich aufregende Erfahrung, bei Spaziergängen in der Natur solche Schuhe anzuhaben; man entdeckt eine ganz neue Dimension, wenn man die Dreidimensionalität der Erde unter den Füßen spürt. Normale Schuhe fühlen sich meistens an wie starre Gehäuse, die uns von unserer Umgebung abtrennen. Und Schuhe dieser neuen Art können sogar elegant sein: Die Technologie steckt in der Sohle, nicht im Schuh, die neue Art von Sohlen ist robust und gleichzeitig sehr dünn, sodass sich der Fuß an die Erde schmiegen kann, als wäre er nackt – meine schönste Entdeckung ist ein in Brasilien hergestellter Mokassin, der aussieht wie ein italienischer Schuh; solche Schuhe kann ich sowohl beim Waldlauf als auch bei Restaurantbesuchen tragen.

Vielleicht sollte man uns einfach verstärkte wasserdichte Socken verkaufen (also genau das, was der Typ in den Alpen getragen hatte), aber das wäre dann wohl für den Hersteller doch zu wenig profitabel.*

Und grandios an Tablet-Computern (besonders am iPad) ist, dass sie uns erlauben, zu den babylonischen und phönizischen Wurzeln des Schreibens zurückzukehren und genau wie zu Beginn der Schriftkultur auf Tafeln (englisch »tablets«) zu schreiben. Man kann auf dem Tablet hand- beziehungsweise fingerschriftlich Notizen festhalten, und wie viel angenehmer ist es doch, von Hand zu schreiben, als sich an die äußeren Vorgaben einer Tastatur anpassen zu müssen! Mein Traum wäre, irgendwann einmal alles mit der Hand schreiben zu können, so, wie es für Schriftsteller früher völlig normal war. Vielleicht ist es ja eine Eigenschaft der Technik, nur durch sich selbst ersetzt werden zu wollen.

Im nächsten Abschnitt möchte ich zeigen, inwiefern die Zukunft ganz überwiegend in der Vergangenheit enthalten ist.

Rückwärts altern: Der Lindy-Effekt

Es wird jetzt technischer, Zeit also für eine Differenzierung. Wir unterscheiden einen Bereich des Vergänglichen (Menschen, einzelne Gegenstände) von einem nicht vergänglichen Bereich potentiell für immer bestehender Phänomene. Unvergänglich ist alles, was kein organisch unausweichliches Ablaufdatum hat. Das Vergängliche ist üblicherweise ein Objekt, wohingegen das Unvergängliche eher informationeller Natur ist. Ein einzelnes Auto ist vergänglich, die Technologie des Automobils jedoch hat sich mittlerweile bereits seit ungefähr einem Jahrhundert gehalten (und ich nehme an, sie wird auch noch ein weiteres Jahrhundert überstehen). Menschen sterben, aber ihre Gene – also ein Code – nicht unbedingt. Ein Buch als physisches Objekt, beispielsweise eine Abschrift des Alten Testaments, ist vergänglich, nicht jedoch seine Inhalte, die sich in anderen Büchern, also anderen physischen Objekten, neu festhalten lassen.

* Immer wieder berichten Barfußläufer und Benutzer der »Five Fingers«-Laufschuhe – zu denen auch ich gehöre –, dass die Füße eine Erinnerung an das Terrain speichern, auf dem sie einmal unterwegs gewesen sind.

Lassen Sie mich meine Idee zunächst in libanesischer Mundart ausdrücken. Wenn Sie einen jungen und einen alten Menschen sehen, können Sie mit ziemlicher Sicherheit annehmen, dass der Jüngere den Älteren überleben wird. Bei unvergänglichen Dingen wie beispielsweise einer bestimmten Technologie ist das nicht der Fall. Es gibt zwei Möglichkeiten: Entweder haben beide dieselbe Lebenserwartung (in dem Fall würde die Wahrscheinlichkeitsverteilung als *exponentiell* bezeichnet werden), oder der Ältere hat – im Verhältnis zum jeweiligen *relativen Alter* – eine höhere Lebenserwartung als der Jüngere. In letzterem Fall – wenn der Ältere 80 und der Jüngere zehn Jahre alt ist – würde man sagen, dass der Ältere eine achtmal so hohe Lebenserwartung hat wie der Jüngere.

Tabelle 6 – Vergleich der Lebenserwartung von »Alt« und »Jung« in verschiedenen Bereichen

Verhältnis der Lebenserwartung	*Bereich*	*Wahrscheinlichkeitsverteilung*
Das Jüngere wird sehr wahrscheinlich länger leben als das Ältere	Vergängliches: Menschen, überhaupt Lebewesen	Gauß-Kurve (oder etwas Ähnliches, aus der gleichen Familie)
Das Junge und das Alte haben dieselbe Lebenserwartung	Unvergänglich-Informationelles: Lebenszeit biologischer Arten	Exponentiell
LINDY-EFFEKT: Das Alte wird sehr wahrscheinlich länger dableiben als das Junge, in Abhängigkeit von ihrem Alter	Unvergänglich-Informationelles: Geistesleben, Lebenszeit von Gattungen	Potenzgesetz

In Abhängigkeit davon, zu welcher Kategorie etwas gehört, schlage ich folgende Formel vor (sie basiert auf dem so genannten Lindy-Effekt in der später entwickelten Formulierung des großen Benoît Mandelbrot*):

Für Vergängliches gilt, dass jeder weitere Tag seiner Existenz zu einer

* Wenn etwas keine von der Natur vorgegebene Obergrenze hat, dann hängt das Eintreffen bestimmter Ereignisse lediglich von der jeweiligen Fragilität ab.

Verkürzung *der Lebenserwartung führt. Für Unvergängliches gilt, dass jeder weitere Tag seiner Existenz möglicherweise auf eine* Verlängerung *der Lebenserwartung schließen lässt.*

Je länger sich also eine bestimmte Technologie gehalten hat, desto länger wird sie sich wahrscheinlich auch weiterhin halten. Ich verdeutliche den Punkt noch etwas (wird man zum ersten Mal damit konfrontiert, ist er nicht ohne Weiteres nachzuvollziehen). Nehmen wir an, ich weiß über einen Mann lediglich, dass er 40 Jahre alt ist, und ich möchte eine Vorhersage treffen, wie lange er noch leben wird. Ich kann seine altersangepasste Lebenserwartung in Tabellen nachschlagen, wie sie von Versicherungsgesellschaften verwendet werden. Die Tabelle wird mir die Auskunft geben, dass er noch weitere 44 Jahre vor sich hat. Im nächsten Jahr, wenn er 41 wird (oder wenn wir heute die Untersuchung für eine 41-jährige Person durchführen), wird er noch etwas mehr als 43 Jahre vor sich haben. Mit jedem Jahr, das vergeht, reduziert sich also seine Lebenserwartung um ungefähr ein Jahr (beziehungsweise um etwas weniger als ein Jahr, wenn also seine Lebenserwartung bei seiner Geburt 80 Jahre beträgt, dann wird sie an seinem 80. Geburtstag nicht null sein, sondern ungefähr ein weiteres Jahrzehnt.)*

Das Gegenteil gilt für nicht vergängliche Dinge. Um die Sache nicht unnötig kompliziert zu machen, vereinfache ich hier die Zahlenverhältnisse. Wenn ein Buch über 40 Jahre hinweg immer wieder aufgelegt wurde, kann man davon ausgehen, dass es weitere 40 Jahre verlegt werden wird. Aber – und hier liegt nun der Hauptunterschied – wenn es sich dann noch ein weiteres Jahrzehnt behaupten kann, dann kann man erwarten, dass es noch weitere 50 Jahre im Druck sein wird. Diese Regel erklärt, warum Dinge, die es schon lange gibt, nicht wie Personen »altern«, sondern sozusagen »rückwärts altern«. Jedes weitere Jahr, das

* Die Formel geht allem Anschein nach auf einen Artikel in *The New Republic* vom 13. Juni 1964 zurück, obwohl darin der Fehler gemacht wurde, dass sie auf vergängliche Objekte angewandt wurde. Der Verfasser des Artikels schrieb, dass »die Karriereaussichten eines Fernsehkomikers in einem direkten Verhältnis stehen zum Gesamtumfang seiner bisherigen Fernsehauftritte«. Für einen jungen Komiker würde das zutreffen, für einen älteren hingegen nicht (leider gehören Komiker zur Kategorie »vergänglich«). Technologien und Bücher hingegen unterliegen nicht diesen Einschränkungen.

sie überstehen, verdoppelt die zusätzliche Lebenserwartung,* was auf ein hohes Maß an Robustheit schließen lässt. Die Robustheit einer Sache steht in einem proportionalen Verhältnis zu ihrer Lebensdauer!

Der Physiker Richard Gott brachte ein scheinbar völlig anderes Argument vor: Alles, was wir stichprobenartig beobachten, befindet sich mit großer Wahrscheinlichkeit gerade weder am Anfang noch am Ende seiner Existenz, sondern mit großer Wahrscheinlichkeit irgendwo in der Mitte. Dafür wurde er wegen Lückenhaftigkeit angegriffen, und in Verbindung mit einer Überprüfung seiner Argumentation kam auch mein oben skizzierter Fall ins Spiel, dass die zu erwartende zukünftige Lebensdauer eines Objekts in einer Beziehung zur Dauer seiner bisherigen Existenz steht. Gott erstellte eine Liste der Broadwayshows, die an einem bestimmten Tag – dem 17. Mai 1993 – auf dem Spielplan standen, und er prognostizierte, dass diejenigen, die bereits am längsten gegeben wurden, auch noch am längsten weitergespielt werden würden, und umgekehrt. Mit einer Genauigkeit von 95 Prozent wurde seine Prognose bestätigt. Als Kind hatte er sowohl die (5700 Jahre alten) Pyramiden als auch die (zwölf Jahre alte) Berliner Mauer besucht und korrekt vorausgesagt, dass die Pyramiden die Mauer überleben würden.

Die Proportionalität in der Lebenserwartung muss nicht ausdrücklich getestet werden – sie ist auch im Zusammenhang mit Langlebigkeit ein direktes Resultat des Effekts, dass der Gewinner alles bekommt.

Zwei Fehler unterlaufen häufig, wenn ich diese Idee vorstelle – viele Menschen haben Schwierigkeiten, mit den wahrscheinlichkeitstheoretischen Begriffen zurechtzukommen, vor allem wenn sie zu viel Zeit im Internet verbracht haben (wobei sie das Internet nicht einmal brauchen, um verwirrt zu sein; wir alle haben von Natur aus Probleme mit der Wahrscheinlichkeitsrechnung). Der erste Fehler besteht meistens darin, dass mir Gegenbeispiele von Technologien präsentiert werden, deren In-

* Hierin besteht meine Vereinfachung: Ich gehe davon aus, dass jedes zusätzliche Jahr die Lebenserwartung um zwei weitere Jahre verlängert. Das Verhältnis kann aber sogar noch besser ausfallen, indem jedes zusätzliche Jahr die Lebenserwartung um zweieinhalb oder mehr Jahre verlängert. Formuliert man das Ganze mathematisch, dann besagt der Lindy-Effekt, dass das Nicht-Vergängliche eine Lebenserwartung hat, die sich mit jedem Tag seiner Fortexistenz *erhöht.*

effizienz und Aussterben wir gegenwärtig beobachten können – etwa Überlandkabel für das Telefonnetz, Zeitungen in Papierform und öffentlich zugängliche Kästen mit Vordrucken für die Steuererklärung. Meistens werden diese Einwände mit einem gereizten Unterton vorgetragen, da neomanische Persönlichkeiten sich von meinen Ausführungen angegriffen fühlen. Aber mein Argument bezieht sich nicht auf *jede* Technologie, sondern auf die Lebenserwartung, die sich schlicht aus einem von Wahrscheinlichkeiten abgeleiteten Durchschnitt ergibt. Wenn ich weiß, dass ein 40-jähriger Mann Magenkrebs im Endstadium hat, werde ich selbstverständlich, wenn es um seine Lebenserwartung geht, keine bedingungsfreien Versicherungstabellen mehr zu Rate ziehen; es wäre völlig verfehlt anzunehmen, dass er noch 44 Jahre Lebenszeit vor sich hat wie eine durchschnittliche Person seiner Altersgruppe ohne Krebs. Und einmal interpretierte jemand (ein Technologie-Guru) meine Idee dahingehend, dass das World Wide Web, da es momentan noch keine 20 Jahre alt ist, *lediglich* weitere 20 Jahre fortexistieren werde – das ist nichts als eine Aufmerksamkeit heischende Schätzung, die mit dem Durchschnitt und nicht jedem einzelnen Fall arbeiten sollte. Doch im Großen und Ganzen gilt: Je älter eine Technologie ist, desto länger wird sie auch weiterhin Bestand haben, und mit umso größerer Sicherheit kann ich eine solche These aufstellen.*

Und nicht zu vergessen: Ich sage nicht, dass *sämtliche* Technologien nicht altern, sondern lediglich, dass die Technologien, die altersanfällig waren, bereits tot sind.

Der zweite Fehler – nicht nur ein logischer Irrtum, sondern auch ein Vorurteil – besteht darin, zu glauben, man würde sich »jung« verhalten, indem man sich einer »jungen« Technologie bedient. Er führt zur Umkehrung der Bedeutung generationsspezifischer Beiträge und erweckt die Illusion, die neue Generation habe im Vergleich zur älteren mehr zu geben – statistisch gesehen kommt von den »Jungen« allerdings fast

* Man beachte außerdem: Der Lindy-Effekt ist invariant hinsichtlich der Technologie. Man kann eine Technologie als »Kabrio« oder allgemeiner als »Auto« definieren, man kann von einem »gebundenen Buch« oder weiter gefasst von einem »Buch« sprechen (unter Letzteres würden auch elektronische Texte fallen); die Lebenserwartung bezieht sich auf den jeweils definierten Gegenstand.

nichts. Ein Fehler, den schon viele gemacht haben; erst kürzlich begegnete ich einem aufgebrachten »futuristischen« Berater, der Leuten, die sich nicht auf jedes Technologieangebot stürzten, vorwarf, sie würden »alt denken« (wobei dieser Berater älter ist als ich und wie die meisten Technikfanatiker, die ich kenne, krank aussieht und birnenförmig, und zwischen Kinn und Hals keinerlei klaren Übergang mehr erkennen lässt). Ich verstand nicht, warum man sich ausgerechnet »alt« verhält, wenn man historische Dinge schätzt. Wenn ich also am liebsten antike (»ältere«) Autoren lese, dann würde ich mich »älter« verhalten, als wenn ich mich für »jüngere« mittelalterliche Themen interessiere? Das ist ja, als würde man meinen, man würde zu einem Rind, wenn man Rindfleisch isst. Eigentlich ist es sogar ein noch gravierenderer Irrtum als der Vergleich aus dem Bereich Ernährung: Eine Technologie ist informationell und nicht physisch, sie altert im Unterschied zum Menschen nicht organisch, jedenfalls nicht notwendigerweise. Das Rad ist nicht »alt« im Sinn von degeneriert.

Diese Vorstellung von »jung« und »alt« ist, wenn man sie auf das Verhalten der Massen überträgt, sogar noch gefährlicher. Wenn Menschen, die keine vorgefertigten, aufgebauschten 18-Minuten-Referate im Web konsumieren, sich einmal die Teens und Twens genauer anschauen würden, die sich mit solchen Dingen abgeben und die angeblich den Schlüssel zur Zukunft in der Hand halten, dann würden sie sicher anders denken. Die Jungen tragen viel zum Fortschritt bei, da sie relativ systemunabhängig sind und den Mut haben zu handeln, einen Mut, der älteren Menschen, wenn sie erst einmal in den Zwängen des Lebens gefangen sind, abgeht. Aber eben diese Jungen schlagen auch Ideen vor, die fragil sind – nicht weil sie jung wären, sondern weil die meisten unausgereiften Ideen fragil sind. Und natürlich wird jemand, der »futuristische« Ideen verkauft, kaum etwas verdienen, wenn er den Wert der Vergangenheit anbietet! Neue Technologien lassen sich einfacher pushen.

Kürzlich erhielt ich einen interessanten Brief von Paul Doolan aus Zürich, der fragte, wie wir Kindern Fertigkeiten vermitteln können, die sie für das 21. Jahrhundert brauchen, wo wir doch gar nicht wissen, welche Fertigkeiten im 21. Jahrhundert nötig sein werden. Elegant verband er die Frage mit dem großen Problem, das Karl Popper den Irrtum des Historizismus nannte. Meine Antwort würde lauten: Sie sollen die

Klassiker lesen. Die Zukunft ist in der Vergangenheit. Es gibt für diesen Sachverhalt sogar ein arabisches Sprichwort: *Wer keine Vergangenheit hat, hat keine Zukunft.**

Einige mentale Fehlleistungen

Ich komme nun zu einem Beispiel dafür, wie uns der Zufall aufs Glatteis führen kann, zum *Narren-des-Zerfalls*-Effekt. Information hat eine unangenehme Eigenschaft: Sie bringt Fehlschläge zum Verschwinden. Viele fühlten sich gedrängt, auf dem Finanzmarkt aktiv zu werden, nachdem sie Erfolgsgeschichten von Leuten gehört hatten, die auf dem Aktienmarkt reich geworden sind und sich eine Prachtvilla bauen konnten – da aber Fehlschläge nie thematisiert werden, die natürlich auch vorkommen, werden Investoren dazu verführt, ihre Erfolgsaussichten zu überschätzen. Dasselbe gilt für das Schreiben von Romanen: Wir kennen all die fantastischen Romane einfach nicht, die heute nicht mehr verlegt werden; wir nehmen schlicht an, weil Romane, die erfolgreich sind, gut geschrieben sind (was immer das auch heißen mag), werden Romane, die gut geschrieben sind, Erfolg haben. Wir verwechseln also das Notwendige mit dem Kausalen: Da alle Technologien, die sich gehalten haben, irgendwelche offensichtlichen Vorteile haben, meinen wir, dass alle Technologien, die offensichtliche Vorteile haben, sich auch halten werden. Die Frage, welche undurchschaubare Eigenschaft dabei helfen kann, sich durchzusetzen, schiebe ich bis zum Abschnitt über den Hund des Empedokles auf. Hier sei nur auf die Voreingenommenheit hingewiesen, die uns Menschen dazu verführt, an die »Macht« irgendeiner Technologie nicht nur zu glauben, sondern ihr Potential womöglich völlig zu überschätzen.

Eine weitere mentale Fehlleistung, die der Überschätzung von Tech-

* Aufgrund desselben Lindy-Effekts sind Krankheiten und Zustände, von denen wir vor hundert oder mehr Jahren noch gar nicht wussten, dass es sich um Krankheiten handelt, entweder 1. Zivilisationskrankheiten, die mit den Methoden der *Via Negativa* heilbar sind, oder 2. überhaupt keine Krankheiten, sondern frei erfundene Zustände. Das gilt für die meisten psychologischen »Zustände« und für die abgedroschenen Begriffe, mit denen man Menschen in stumpfsinnige Kategorien einteilt: »Typ A«, »passiv-aggressiv« und so weiter.

nik zugrunde liegt, besteht darin, dass wir Veränderungen wahrnehmen und nicht das Gleichbleibende. Das klassische Beispiel hierfür haben Daniel Kahneman und Amos Tversky entdeckt, es bezieht sich auf Vermögensfragen. (Kahneman und Tversky formulierten die These, dass unser Gehirn getäuscht werden kann, da es nach dem Prinzip des geringsten Aufwands arbeitet, und sie waren die Ersten, die zufallsbedingte Voreingenommenheiten und Entscheidungsfindung unter unsicheren Bedingungen systematisch untersuchten). Wenn Sie jemandem mitteilen: »Sie haben 10 000 Dollar verloren«, bringt ihn das sehr viel mehr aus der Fassung, als wenn Sie ihm sagen: »Der Wert Ihres Portfolios, der ursprünglich 785 000 Dollar betrug, beläuft sich jetzt nur noch auf 775 000 Dollar.« Unser Gehirn neigt zu Abkürzungen, und eine Variation ist einfacher wahrzunehmen (und zu speichern) als ein Gesamtzusammenhang; sie benötigt weniger Speicherplatz in unserem Gedächtnis. Diese psychologischen Heuristiken (die häufig unterhalb der Wahrnehmungsschwelle ablaufen), der Irrtum, dass man nur die Variation anstelle des Gesamtzusammenhangs erfasst, ist weit verbreitet, selbst wenn es um sichtbare Dinge geht.

Wir nehmen Variationen und Veränderungen eher wahr als etwas, das zwar eine große Rolle spielt, sich aber nicht verändert. Von Wasser sind wir abhängiger als von Handys, aber weil Wasser sich im Gegensatz zu Handys nicht verändert, neigen wir zu der Auffassung, Handys spielten eine größere Rolle, als es tatsächlich der Fall ist. Zweitens: Da die jüngere Generation zu neuen Technologien ein dynamischeres Verhältnis hat, nehmen wir wahr, dass sie mehr Dinge ausprobiert, und ignorieren das Faktum, dass diese Anwendungen normalerweise nicht von Dauer sind. Die meisten »Innovationen« sind Fehlschläge, auch die meisten Bücher sind Misserfolge – was aber keinen davon abhalten sollte, selbst etwas auszuprobieren.

Neomanie und der Tretmühleneffekt

Sie sind in Ihrem zwei Jahre alten japanischen Wagen auf der Autobahn unterwegs, da werden Sie von einem Auto desselben Typs, allerdings neuester Bauart, überholt. Es sieht merklich anders aus. Und merklich besser. Merklich besser? Die Stoßstange ist etwas größer, und die Rücklichter sind breiter. Außer diesen kosmetischen Details (und vielleicht einigen verborgenen technischen Verbesserungen), die insgesamt eine Variation von nur wenigen Prozentpunkten ergeben, sieht das Auto genau gleich aus – aber das lässt sich nur aufgrund des Äußeren auch gar nicht feststellen. Sie sehen nichts außer den Rücklichtern – und schon sind Sie überzeugt davon, dass Sie das neue Modell brauchen. Das geplante Upgrade wird Sie, wenn Sie Ihren jetzigen Wagen verkaufen, ungefähr ein Drittel des Neuwagenpreises kosten – und hervorgerufen wird es durch kleine, überwiegend kosmetische Veränderungen. Sich ein neues Auto zu kaufen, ist dabei noch günstig im Vergleich zu einem Wechsel des Computers – der Restwert eines alten Computers ist bekanntlich verschwindend gering.

Sie arbeiten mit einem Mac-Computer von Apple. Es ist noch nicht einmal eine Woche her, dass Sie sich das neueste Modell gekauft haben. Ihr Sitznachbar im Flugzeug hat gerade das Vorläufermodell aus seiner Aktentasche gezogen. Es ähnelt zwar entfernt Ihrem Gerät, macht aber einen unglaublich minderwertigen Eindruck. Es ist dicker, der Bildschirm ist wesentlich uneleganter. Und Sie erinnern sich schon nicht mehr an die Zeit, als Sie mit genau diesem Modell arbeiteten und völlig begeistert davon waren.

Dasselbe gilt für Handys: Sie empfinden eine gewisse Geringschätzung für Leute mit älteren, größeren Geräten. Dabei hätten Sie selbst noch vor ein paar Jahren genau dieselben Geräte klein und schick gefunden.

Bei vielen modernistischen Dingen aus dem Technologiebereich – Ski, Autos, Computer, Computerprogrammen – fallen uns die Unterschiede zwischen den Versionen offensichtlich sehr viel stärker ins Auge als die Gemeinsamkeiten. Schnell sind wir dessen, was wir haben, überdrüssig; ständig suchen wir nach so etwas wie einer Version 2.0. Und dann beginnt die Suche nach einer »verbesserten« Version wieder von vorne. Solche Impulse, neue Gegenstände zu kaufen, deren Neuheitsfaktor in absehbarer Zeit verschwunden sein wird, vor allem wenn sie mit noch neueren Gegenständen verglichen werden, nennt man Tretmühleneffekt. Wie der Leser leicht erkennen kann, wurzelt er in derselben Fehlwahrnehmung wie die erwähnte besondere Auffälligkeit von Variationen: Was wir bemerken, sind die Unterschiede, und das erzeugt eine gewisse

Unzufriedenheit mit bestimmten Gegenständen und Waren. Dieser Tretmühleneffekt wurde von Danny Kahneman und seinen Kollegen im Zusammenhang mit ihrer Studie zur Psychologie von Gemeinwesen untersucht, die sie »hedonistische Staaten« nennen. Man kauft sich etwas Neues, fühlt sich nach der Anfangseuphorie auch für kurze Zeit zufriedener, kehrt dann aber schnell zurück zur Grundlinie des Wohlbefindens. Wenn Sie also »upgraden«, verschafft Ihnen der *Wechsel* in der Technologie ein Gefühl von Befriedigung. Wenn Sie sich allerdings erst daran gewöhnt haben, werden Sie nach *neuen* neuen Dingen Ausschau halten.

Aber offensichtlich befällt uns diese Techno-Unzufriedenheit nicht, wenn es um klassische Kunst geht, um alte Möbel – um alles, was nicht zur Kategorie des Technischen gehört. Vielleicht haben Sie im selben Raum Ihres Hauses, in dem das moderne Fernsehgerät mit Flachbildschirm steht, ein Ölgemälde hängen. Das Ölgemälde ist die Kopie einer klassischen flämischen Szenerie, entstanden vor ungefähr einem Jahrhundert: dunkel dräuender Himmel über Flandern, majestätische Bäume, eine eher beruhigende als inspirierende ländliche Szene. Ich bin mir sicher, dass Sie nicht den Drang verspüren, das Ölgemälde upzugraden, wohingegen der Flachbildschirmfernseher wahrscheinlich bald beim Ortsverband irgendeiner Nierenstiftung landen wird.

Dasselbe gilt für Haushaltsgegenstände – man erinnere sich daran, dass wir versuchen, Tischgewohnheiten aus dem 19. Jahrhundert zu imitieren. Es gibt also noch mindestens einen weiteren Bereich, in dem wir nicht versuchen, die Dinge zu optimieren.

Ursprünglich habe ich diese Zeilen mit der Hand geschrieben und dafür einen alten Füllfederhalter benutzt. Wegen des Zustands meiner Füller zerbreche ich mir nicht den Kopf. Einige sind schon zig Jahre alt; einen von ihnen (den besten) benutze ich seit mindestens dreißig Jahren. Und auch wegen kleinerer Veränderungen in der Beschaffenheit des Papiers mache ich mir keine Gedanken. Ich schreibe am liebsten auf Clairefontaine-Papier und in entsprechende Notizbücher, die sich seit meiner frühen Kindheit kaum verändert haben – wenn überhaupt, sind sie qualitativ etwas schlechter geworden.

Sobald es aber darum geht, das Geschriebene in elektronische Form zu bringen, beschäftigt es mich, ob mein Mac-Computer dafür wirklich das am besten geeignete Instrument ist. Irgendwo habe ich aufgeschnappt, dass die neue Version über eine längere Akku-Laufzeit verfügt, ich visiere also das Upgrade bereits an – wahrscheinlich im Zusammenhang mit meinem nächsten Spontankaufanfall.

Es gibt also eine seltsame Inkonsistenz in der Art und Weise, wie wir mit Dingen aus dem technischen oder dem realen Bereich umgehen. Immer wenn ich in einem Flugzeug neben einem Geschäftsmann sitze, der auf seinem E-Reader den üblichen Unsinn liest, den Geschäftsleute so zu lesen pflegen, wird dieser Geschäftsmann dem Drang nicht widerstehen können, abfällige Bemerkungen darüber zu machen, dass ich ein Buch lese, und die beiden Dinge miteinander zu vergleichen. Angeblich ist ein E-Book »effizienter«. Es liefert die Essenz eines Buchs, die, so die Annahme des Mannes, in Information besteht, und zwar in einer viel bequemeren Art und Weise – er kann eine Bibliothek auf seinem Gerät mit sich herumtragen und so die Zeit zwischen zwei Golfterminen »optimal nutzen«. Noch nie habe ich gehört, dass jemand über die enormen Unterschiede zwischen E-Books und papiernen Büchern gesprochen hat – den Geruch, die haptische Qualität, die Räumlichkeit (Bücher sind in 3-D), die Farbe, die Möglichkeit, darin herumzublättern, die Materialität eines Gegenstands im Vergleich zu einem Computerbildschirm, und die verborgenen Qualitäten wie das undefinierbare Wohlbehagen beim Lesen von Büchern, das sich bei E-Books einfach nicht einstellt. Die Diskussion dreht sich lediglich um Gemeinsamkeiten (also darum, wie sehr dieses wundervolle Gerät einem Buch ähnelt). Wenn Ihr Nachbar jedoch die Version seines eigenen E-Readers mit einem anderen E-Reader vergleicht, dann kommt er unweigerlich auf die winzigen Unterschiede zu sprechen. Dasselbe passiert, wenn Libanesen auf Syrer treffen: Man konzentriert sich auf die winzigen Unterschiede zwischen den jeweiligen levantinischen Dialekten; wenn aber Libanesen mit Italienern zusammenkommen, geht es um die Ähnlichkeiten.

Vielleicht lassen sich diese Beobachtungen mit Hilfe einer Heuristik kategorisieren. Erstens, der Ausschaltknopf. Was einen Ausschaltknopf hat, den ich betätigen muss, wenn ich mir nicht eine Rüge von der Flugbegleiterin einhandeln will, gehört mit Sicherheit in die Kategorie des Neomanischen (das Gegenteil gilt allerdings nicht, denn es gibt viele Dinge ohne Ausschaltknopf, die trotzdem anfällig sind für Neomanie).

Bei all diesen Dingen konzentriere ich mich – mit der damit einhergehenden Neomanie – auf Variationen. Erwägen Sie nun den Unterschied zwischen dem Handwerklichen – der anderen Kategorie – und dem Industriellen. In handwerklich hergestellte Dinge ist die Liebe und Sorgfalt des Herstellers eingegangen, sie erfüllen uns mit Zufriedenheit – wir haben nicht dieses Gefühl von Unvollständigkeit, das uns im Umgang mit elektronischen Geräten so häufig beschleicht.

Hinzu kommt zweitens, dass alles Technologische fragil ist. Von einem Handwerker hergestellte Dinge verursachen weniger Tretmühleneffekte. Und sie verfügen über ein gewisses Maß an Antifragilität – es dauert Monate, bis meine maßgeschneiderten Schuhe überhaupt nur eingelaufen sind. Dinge mit einem Ausschaltknopf sind meistens nicht so wunderbar antifragil.

Doch leider gibt es auch Gebilde, von denen wir uns aufs Innigste wünschen würden, dass sie etwas fragiler wären – womit wir zur Architektur kommen.

Architektur und die irreparable Neomanie

Es herrscht eine Art evolutionärer Kriegszustand zwischen Architekten, der zu einer Mischform von Neomanie führt. Das Problem bei modernistisch-funktionaler Architektur ist, dass sie nicht in der Weise fragil ist, dass sie physisch zugrunde geht; solche Gebäude bleiben stehen, wo sie sind, und hören nicht auf, unsere Wahrnehmung zu foltern – jegliche prophetischen Gaben, was Fragilität betrifft, werden an ihnen abprallen.

Im Bereich der Stadtplanung lässt sich die zentrale Eigenart des so genannten Top-down-Effekts in Reinform aufzeigen: Top-down-Vorgänge sind meistens unumkehrbar, die Fehler bleiben also bestehen, dagegen laufen Bottom-up-Prozesse schrittweise ab, Kreation und Destruktion gehen fortwährend Hand in Hand, wobei wahrscheinlich immer eine Neigung zum Positiven hin vorherrscht.

Dinge, die auf natürliche Weise wachsen, seien es Städte oder einzelne Häuser, haben zudem die Eigenschaft, fraktal zu sein. Wie alles Lebende wachsen Organismen, etwa Lungen oder Bäume, in einer Art selbstgesteuerter, gezähmter Beliebigkeit. Was heißt fraktal? Sie erinnern sich an die im dritten Kapitel erwähnte Erkenntnis Mandelbrots: »Fraktal« umfasst einerseits das Unregelmäßig-Zerklüftete, andererseits eine Art Selbstähnlichkeit in Dingen (Mandelbrot benutzte lieber den Begriff »Selbstaffinität«), beispielsweise Bäume, welche sich zu Ästen entfalten, die wie kleine Bäume aussehen, die ihrerseits kleinere Zweige entwickeln, auch sie leicht modifizierte, aber immer noch erkennbare Versionen des Ganzen. Solche Fraktale entwickeln einen Detailreichtum, der auf einigen wenigen Wiederholungsregeln ineinander geschachtelter Muster beruht. Unregelmäßigkeit gehört zum Fraktal, allerdings eine Art von Unregelmäßigkeit, in deren Wahnsinn Methode steckt. In der Natur ist alles fraktal, unregelmäßig, rau und reich an Details, wobei alles auf ein bestimmtes Muster zurückgeht. Das im Vergleich dazu Glatte gehört in den Bereich der euklidischen Geometrie, wie wir sie in der Schule lernen: vereinfachte Formen, die diese reiche Schicht verloren haben.

Leider ist moderne Architektur glatt und nichtssagend, selbst wenn sie wunderlich sein will. Was von oben nach unten geplant wurde, ist meistens faltenlos (also nicht fraktal) und wirkt tot.

Manchmal kann die Moderne auch in eine andere, naturalistische Richtung gehen, doch bleibt das folgenlos. Gaudís Bauten in Barcelona aus der Zeit des ausgehenden 19. und beginnenden 20. Jahrhunderts sind von der Natur und von der schwelgerischen Tradition barocker und maurischer Architektur inspiriert. Ich habe dort einmal eine mietpreisgebundene Wohnung besucht: Man kam sich vor wie in einer komfortablen Höhle; überall gab es Details zu entdecken. Ich war überzeugt, in einem früheren Leben schon einmal dort gewesen zu sein. Detailreichtum kann ironischerweise zu innerem Frieden führen. Gaudís Ideen fanden allerdings keine Nachahmer, letztlich befeuerten sie lediglich einen unnatürlichen, naiven Modernismus: Spätere modernistische Strukturen sind glatt und weit entfernt von dem fraktalen, wilden Reichtum Gaudí'scher Formen.

Ich schreibe gern mit Blick auf Bäume, wenn möglich auch auf wilde, naturbelassene Gärten, besonders die Farnpflanzen darin. Weiße Wände mit scharfen Ecken und euklidischen Winkeln und klare Formen strengen mich an. Und wenn solche Bauten einmal stehen, wird man sie nicht mehr los. Fast alles, was seit dem Ende des Zweiten Weltkriegs gebaut wurde, hat diese unnatürliche Glätte.

Es gibt Menschen, bei denen solche Gebäude mehr als nur ästhetischen Schrecken hervorrufen – viele Rumänen sind noch heute empört darüber, wie der Diktator Nicolae Ceauşescu die traditionellen Dorfstrukturen zerstörte und durch moderne Hochhäuser ersetzte. Neomanie und Diktatur sind eine explosive Mischung. In Frankreich sehen manche den Grund für die Immigrantenaufstände in der modernistischen Architektur des sozialen Wohnungsbaus. Über die dortigen unnatürlichen Lebensumstände schrieb der Journalist Christopher Caldwell: »Le Corbusier nannte Häuser ›Maschinen zum Leben‹. Die Wohnbauprojekte der französischen Regierung sind, wie wir jetzt erfahren mussten, Entfremdungsmaschinen.«

Jane Jacobs, die New Yorker Stadtaktivistin, leistete heroischen Widerstand gegen die Neomanie in Architektur und Stadtplanung, der modernistische Traum hingegen verkörperte sich in Robert Moses, der die Stadtstruktur New Yorks verbessern wollte, indem er kleinere Mietshäuser abreißen und breite Straßen und Highways bauen ließ. Damit ging er noch radikaler gegen natürlich gewachsene Strukturen vor als Haussmann, der, wie im siebten Kapitel dargestellt, während des 19. Jahrhunderts ganze Stadtviertel in Paris abreißen ließ, um Platz für die »Grands Boulevards« zu schaffen. Jacobs war gegen große Gebäude, da sie die Erfahrung städtischen Lebens, das sich auf der Höhe der Straße abspielt, deformierten. Außerdem stritt sie mit Robert Moses wegen der lediglich an den Bedürfnissen der Autofahrer ausgerichteten Highways, die das Leben aus der City heraussaugten. Ihrer Meinung nach sollte eine City den Fußgängern gehören. Wir stoßen hier wieder auf den Gegensatz zwischen Maschine und Organismus: Für Jacobs stellt die Stadt einen Organismus dar, für Moses eine Maschine, die zu optimieren ist. Moses hatte sogar Pläne, West Village (den westlichen Teil von Greenwich Village) zu planieren; nur dank der Petitionen von Jacobs und ihrem unbeugsamen Widerstand überlebte das Viertel – das wohl schönste von Manhattan – fast unverändert. Man darf Moses nicht nur Vorwürfe machen, er hatte auch weniger destruktive Projekte – einige sogar mit positiven Auswirkungen, so sind heute dank der Highways Parks und Strände für die Mittelklasse einfacher erreichbar.

Sie erinnern sich an die Diskussion um städtische Flächen – sie lassen sich nicht einfach beliebig vergrößern, denn Probleme werden abstrakter, wenn sie maßstäblich vergrößert werden, und das Abstrakte ist etwas, womit der Mensch nicht gut fertig wird. Dasselbe gilt für das Leben in der Stadt: Stadtviertel sind quasi dasselbe wie kleine Dörfer, und das müssen sie bleiben.

Kürzlich steckte ich in London in einem Verkehrsstau – wo, wie man sagt, die Fahrtgeschwindigkeit heute dieselbe wie vor eineinhalb Jahrhunderten ist, wenn nicht sogar noch langsamer. Ich brauchte fast zwei Stunden, um vom einen Ende der Stadt zum anderen zu kommen. Während ich mit dem (polnischen) Taxifahrer die einzelnen Konversationspunkte abarbeitete, fragte ich mich, ob Haussmann nicht genau das Richtige getan hatte – und ob nicht auch London besser mit einem Haussmann gedient wäre, der ganze Stadtteile planiert und der Stadt breite Arterien zur Erleichterung des Verkehrskreislaufs aufzwingt. Aber dann ging mir auf, dass der Grund für das vergleichsweise hohe Verkehrsaufkommen in London darin zu sehen ist, dass die Leute eben genau dort leben *wollen* – sie sind bereit, diese Unannehmlichkeiten auf sich zu nehmen, einfach um in London sein zu können. Mehr als ein Drittel der Einwohner Londons sind im Ausland geboren, und außer den Einwanderern gibt es die vielen Reichen weltweit, die als Ausgangsposition für ihre globalen Aktionen auf eine Zweitwohnung in Central London Wert legen. Vielleicht macht ja das Fehlen von ausladenden Avenuen und eines dominanten Staates einen Teil des Reizes der Stadt aus. Niemand käme auf den Gedanken, sich in Brasilia, dem Inbegriff einer Top-down-Stadt, die vollständig auf dem Reißbrett geplant wurde, eine Zweitwohnung zuzulegen.

Ich habe außerdem herausgefunden, dass die teuersten Stadtviertel im heutigen Paris (etwa das sechste Arrondissement oder die Île Saint-Louis) genau diejenigen sind, die die Stadtplaner des 19. Jahrhunderts in Ruhe gelassen haben.

Das beste Argument gegen teleologische Planung aber ist folgendes: Auch nachdem sie fertiggestellt sind, verändern Gebäude sich, als müssten sie sich langsam entwickeln und sich in ihre dynamische Umgebung einpassen. Farben, Formen, Fenster wandeln sich – und nicht zuletzt der Gesamtcharakter. Stewart Brand hat in seinem Buch *How Buildings*

Learn mit vielfältigem Bildmaterial gezeigt, wie sich Gebäude im Lauf der Zeit verändern, als müssten sie sich in unabsehbare Formen verwandeln – seltsamerweise lassen Gebäude, wenn sie einmal gebaut sind, keine Option auf zukünftige Veränderungen erkennen.

Fenster von Wand zu Wand

Ich bin nicht uneingeschränkt skeptisch gegenüber moderner Architektur eingestellt. Während die meisten unnatürlichen Stress produzieren, bringen manche ihrer Teile durchaus eine Verbesserung mit sich. So versetzen beispielsweise in einer ländlichen Umgebung große Fenster vom Boden bis zur Decke den Menschen in die Natur – wieder so ein Fall, in dem sich Technik (buchstäblich) unsichtbar macht. Früher, als es noch keine Isolierungsmöglichkeiten gab und Wärme schnell durch die Fenster entwich, war die Fenstergröße durch die herrschenden Temperaturen vorgegeben. Mit den heutigen Materialien müssen wir uns diesem Zwang nicht mehr beugen. Darüber hinaus war manches in der französischen Architektur eine Reaktion darauf, dass nach der Revolution auf Fenster und Türen eine Steuer erhoben wurde, weshalb viele Gebäude nur sehr wenige Fenster haben.

Schuhe, die uns keine Vorgaben machen, lassen uns den Untergrund spüren, auf dem wir uns bewegen. In ähnlicher Weise erlaubt uns die moderne Technik, einen Trend umzukehren, der Oswald Spengler zufolge die Zivilisation von Pflanzen zu Steinen, also vom Fraktalen zum Euklidischen verlaufen lässt. Gegenwärtig bewegen wir uns zurück vom Stein mit seiner glatten Oberfläche in den Bereich des üppig Fraktalen und Natürlichen. Benoît Mandelbrot schrieb mit Blick durch ein Fenster, von dem aus er Bäume sehen konnte: Er brauchte die fraktale Ästhetik so sehr, dass er sich gar nichts anderes vorstellen konnte. Die moderne Technik erlaubt es uns heute, mit der Natur zu verschmelzen, nicht mehr durch ein kleines Fenster abgetrennt zu sein, sondern durch eine gläserne Wand hindurch auf üppige, dicht bewaldete Gebiete zu schauen.

Maße und Gewichte

Ein weiteres Beispiel für staatlich verordnete Neomanie: die Einführung des metrischen Systems, das aus Gründen der Effizienz »archaische« Messsysteme ersetzen soll – weil es angeblich »Sinn macht«. Vielleicht ist die Logik, die dem zugrunde liegt, ja tatsächlich unangreifbar (es sei denn, man ersetzt sie – was ich im Folgenden versuchen möchte – durch eine bessere, weniger naive Logik). Schauen wir uns die Kluft an, welche sich zwischen Rationalismus und Empirismus bei diesem Versuch auftut.

Warwick Cairns, ein Charakter vom Kaliber einer Jane Jacobs, hat bereits mehrere Prozesse angestrengt, um Bauern in England ihr Recht zu erhalten, Bananen und andere Lebensmittel pfundweise zu verkaufen; die Bauern hatten sich geweigert, mit dem »rationelleren« Kilogramm zu arbeiten. Die Metrifizierungsidee stammt aus den Jahrzehnten der Französischen Revolution, sie gehörte zu der von utopischem Geist getragenen Zeitströmung, die unter anderem auch die Namen der Wintermonate in – entsprechend den jeweiligen Wetterverhältnissen – *Nivôse, Pluviôse* und *Ventôse* verändern und generell ein dezimales Zeitsystem einführen wollte, mit einer Zehntagewoche und noch weiteren, ähnlich naiv rationalen Vorhaben. Glücklicherweise war dem Zeitveränderungsprojekt kein Erfolg beschieden. Das metrische System jedoch wurde nach mehreren gescheiterten Anläufen durchgesetzt; allerdings hat sich das alte System in den USA und in England hartnäckig gehalten. Der französische Schriftsteller Edmond About, der im Jahr 1832 Griechenland besuchte, ein Dutzend Jahre nachdem das Land unabhängig geworden war, berichtet, wie sehr die Bauern mit dem für sie vollkommen unnatürlichen metrischen System zu kämpfen hatten, und dass sie trotz allem weiterhin ihre osmanischen Maße benutzten. (Einer ähnlichen »Modernisierung« wurde das arabische Alphabet unterzogen: Die Ablösung der leicht zu merkenden alten semitischen Abfolge, in der Wörter erkennbar waren – ABJAD, HAWWAZ –, durch die logische Abfolge A-B-T-TH hat dazu geführt, dass eine ganze Generation arabischsprechender Menschen ihr Alphabet nicht mehr aufsagen kann.)

Nur wenige scheinen bemerkt zu haben, dass auf natürliche Ursprünge zurückgehende Gewichte ihre eigene Logik haben: Wir benutzen Fuß, Meile, Pfund, Inch, Furlong (Furchenlänge), Stein (in England), weil es leicht nachvollziehbare Maße sind, die wir mit einem Minimum an kognitiver Anstrengung anwenden können – und offenbar haben sämtliche Kulturen ähnliche Maße mit direktem Bezug zum Alltagsleben. Ein Meter passt zu gar nichts; ein Fuß hingegen durchaus. Ich kann mir ohne Weiteres vorstellen, wie groß ein Abstand von »30 Fuß« ist. Eine Meile, abgeleitet vom lateinischen *milia passuum*, ist so viel wie eintausend (Doppel-)Schritte. Und ein Stein (14 Pfund) ist so schwer wie … nun ja, eben ein Stein. Ein Inch (französisch *pouce*) entspricht der Breite eines Daumens. Ein Furlong ist der Abstand, den man sprinten kann, bevor einem die Luft ausgeht. Ein Pfund, abgeleitet von *libra*, ist so viel, wie man mit beiden Händen fassen kann. Aus der Geschichte von Thales im zwölften Kapitel erinnern Sie sich an den Gebrauch von *thekel* oder *shekel*: Die Wörter bedeuten in den kanaanitisch-semitischen Sprachen »Gewicht«, sie evozieren Materialität, ebenso wie das Pfund. Diese Einheiten sind in der Welt unserer Ahnen nicht zufällig entstanden – schließlich entspringt ja auch das digitale System der Verwandtschaft mit unseren zehn Fingern.

Während ich diese Zeilen schreibe, sitzt sehr wahrscheinlich schon ein Beamter der Europäischen Union, einer von den Typen, die täglich zum Dinner zweihundert Gramm gut durchgebratenes Fleisch mit zweihundert Millilitern Rotwein zu sich nehmen (die für die Gesundheit optimalen Mengen), irgendwo in seinem Büro und heckt Pläne aus, wie die »Effizienz« des metrischen Systems noch tiefer in die ländlichen Gebiete der Mitgliedsstaaten getragen werden kann.

Die Verwandlung von Wissenschaft in Journalismus

Man kann die Kriterien der Fragilität und Robustheit auch auf den Umgang mit Information anwenden – das Fragile ist in diesem Kontext, ähnlich wie in der Technologie, alles, was der Prüfung durch den Lauf der Zeit nicht standhält. Die beste Filterheuristik besteht also darin, auf das Alter von Büchern und wissenschaftlichen Veröffentlichungen zu achten. Bücher, die gerade einmal ein Jahr alt sind, muss man – ungeachtet des Hypes, der um sie und ihre angeblich »weltbewegende« Qualität gemacht wird – normalerweise nicht lesen, denn die Wahrscheinlichkeit, dass sie »überleben«, ist äußerst gering. Ich orientiere mich also bei der Frage, was ich lesen soll, am Lindy-Effekt: Bücher, die schon seit zehn Jahren auf dem Markt sind, werden sich noch weitere zehn Jahre halten; Bücher, die seit zweitausend Jahren gelesen werden, werden es noch eine ganze Weile länger schaffen und so weiter. Viele verstehen zwar diesen Punkt, wenden ihn jedoch nicht auf akademische Arbeiten an, die sich heutzutage nur unwesentlich vom Journalismus unterscheiden (sieht man einmal ab von wenigen sporadischen wirklich originellen Veröffentlichungen). Akademische Arbeiten sind klar darauf ausgerichtet, Aufmerksamkeit zu erregen, und daher ein ergiebiges Feld für die Anwendung des Lindy-Effekts: Man denke nur an die Millionen von Aufsätzen, die einfach nur leeres Rauschen darstellen, wie sehr sie auch zur Zeit ihrer Veröffentlichung hochgejubelt worden sein mögen.

Will man entscheiden, ob ein wissenschaftliches Ergebnis oder eine neue »Innovation« wirklich ein Durchbruch, also das Gegenteil von inhaltsleerem Rauschen ist, muss man sämtliche Aspekte einer Idee sehen können – diese aber sind zum Teil noch hinter einem Schleier von Opakheit verborgen, den erst die Zeit, und nur die Zeit, lüften und auflösen kann. Ich verfolge wie viele andere akribisch die Entwicklung der Krebsforschung, wobei ich auf folgende Episode stieß. Irgendwann gab es große Aufregung um die Forschungsergebnisse von Judah Folkman, der, wie wir bereits in Kapitel 15 gesehen haben, die Auffassung vertrat, man könne Krebs durch Unterbindung der Blutzufuhr heilen (Tumore brauchen Nahrung und haben die Eigenschaft, neue Blutgefäße zu bilden, ein Phänomen, das als *Neovaskularisation* bezeichnet wird). Auf dem Papier sah die Idee tadellos aus, eineinhalb Jahrzehnte später jedoch hat es den Anschein, als bestehe das einzige wirklich handfeste Resultat daraus in der Linderung von Makuladegeneration, was mit Krebs gar nichts zu tun hat.

Andererseits können sich Ergebnisse, die zunächst eher unbedeutend wirken und kaum zur Kenntnis genommen werden, Jahre später als Durchbruch erweisen.

Die Zeit wirkt hier als Reinigungsfaktor, der überschätzte Arbeiten einfach im Mülleimer des Vergessens verschwinden lässt. Manche Organisationen gehen sogar so weit, aus wissenschaftlicher Produktivität einen billigen Zuschauersport zu machen, indem Rankings der »zehn großartigsten Artikel« etwa im Bereich der Rektalonkologie oder einem ähnlichen Unter-Unter-Spezialgebiet aufgestellt werden.

Wenn man wissenschaftliche Erkenntnisse durch Wissenschaftler ersetzt, trifft man auf denselben neomanischen Hype. Es gibt in der akademischen Welt die Unsitte, einen Preis für den vielversprechendsten Wissenschaftler »unter vierzig« auszuloben – eine Krankheit, die bereits die Wirtschaftswissenschaften, die Mathematik, die Finanzwissenschaft und andere mehr befallen hat. Mathematik ist zugegebenermaßen ein Spezialfall, da hier die Ergebnisse sofort erkennbar sind – für diesen Bereich würde ich meine Kritik also zurückziehen. Aber was die Felder angeht, auf denen ich mich auskenne – Literatur, Finanzwelt, Wirtschaftswissenschaften –, kann ich versichern, dass die Preise, die an diese Jungwissenschaftler vergeben werden, den besten umgekehrten Indikator für ihre tatsächliche Qualität darstellen. (Das entspricht der ausreichend getesteten Überzeugung von Tradern, dass Firmen, die für ihr Potential hochgejubelt und auf dem Umschlag von Zeitschriften oder in Büchern wie *Good to Great* mit überschwänglichen Prädikaten bedacht werden, nicht lange danach hinter den Erwartungen zurückbleiben, und dass man hier durch Leerverkäufe abnorme Profite machen kann.) Die schlimmsten Auswirkungen dieser Preise aber sind zum einen, dass diejenigen bestraft werden, die sie nicht bekommen, und dass zum anderen der gesamte Wissenschaftsbereich zu einer Art sportlichem Wettkampf herabgewürdigt wird.

Wenn wir schon einen Preis brauchen, dann sollten wir ihn für »über hundert« vergeben: Es dauerte fast 140 Jahre, bis man die Tragweite der Erkenntnisse eines Jules Regnault ermessen konnte, der die Optionalität entdeckte und mathematisch beschrieb – im Zusammenhang mit dem, was wir als den Stein der Weisen bezeichnet haben. Bis dahin blieb sein Werk im Dunkeln.

Wenn Sie eine Bestätigung für meine Auffassung brauchen, wie geräuschvoll und inhaltsleer zugleich Wissenschaft sein kann, nehmen Sie irgendein grundlegendes Lehrbuch zur Hand, das Sie in der Schule oder der Universität mit Interesse gelesen haben – ganz gleich aus welchem Fach. Schlagen Sie irgendein Kapitel auf und überprüfen Sie, ob das, was darin gesagt wird, noch von Bedeutung ist. Ich mache jede Wette: Vielleicht ist es langweilig, aber immer noch wichtig – oder es ist nicht langweilig und immer noch wichtig. Vielleicht haben Sie die Magna Charta von 1215 vor sich (Geschichte Englands), Caesars gallische Kriege (römische Geschichte), eine historische Darstellung der Stoa (Philosophie), eine Einführung in die Quantenmechanik (Physik) oder die genetischen Stammbäume von Katzen und Hunden (Biologie).

Versuchen Sie anschließend, an das Protokoll irgendeiner Konferenz über das besagte Thema zu kommen, die vor fünf Jahren stattfand. Sehr wahrscheinlich unterscheidet sich die Lektüre dieses Protokolls kaum von der Lektüre einer Zeitung aus derselben Zeit (möglicherweise ist es sogar noch langweiliger). Wer also an bahnbrechenden Konferenzen teilnimmt, verschwendet womöglich seine Zeit genauso wie jemand, der einen mittelmäßigen Lottoschein mit geringen Gewinnaussichten erwirbt. Die Wahrscheinlichkeit, dass das Papier, das hier vorgestellt wird, in fünf Jahren noch wichtig und interessant ist, ist nicht größer als eins zu zehntausend. So fragil ist die Wissenschaft!

Selbst die Unterhaltung mit einem Lehrer oder mit einem wenig erfolgreichen Professor von einem College ist wahrscheinlich interessanter als die aktuellste akademische Veröffentlichung, weil sie weniger an Neomanie krankt. Meine aufregendsten Gespräche über Philosophie hatte ich mit französischen Lycée-Lehrern, die für ihr Thema Feuer und Flamme sind, aber kein Interesse an einer Karriere haben, die darin bestünde, Aufsätze darüber zu schreiben (in Frankreich wird Philosophie im letzten Jahr des Gymnasiums unterrichtet). Für jede Disziplin gilt, dass man – wenn es sich ergibt – am meisten von Gesprächen mit den Amateuren profitiert. Das Verhältnis karriereorientierter Wissenschaftler zur Wissenschaft entspricht dem von Prostituierten zur Liebe.

Es ist natürlich nicht ausgeschlossen, dass Sie hier und da auf eine echte Koryphäe stoßen, aber im Allgemeinen kann man davon ausgehen, dass die Unterhaltung mit einem Akademiker eher der Unterhaltung mit Klempnern gleicht und schlimmstenfalls derjenigen mit einer Concierge, die Klatschgeschichten der übelsten Sorte weitererzählt: Geschichten über uninteressante Leute (andere Akademiker), ergänzt durch inhaltsleeren Small Talk. Natürlich kann ein Gespräch mit einem Spitzenwissenschaftler fesselnd sein, der eine große Menge Wissen zusammengetragen hat und ein bestimmtes Thema so vollkommen anstrengungslos erörtern kann, dass sämtliche Kleinteile des Forschungsfelds sich zu einem beeindruckenden Ganzen zusammenfügen. Aber solche Menschen sind auf unserem Planeten derzeit leider sehr, sehr selten.

Ich beschließe diesen Abschnitt mit folgender Anekdote: Einer meiner Studenten (dessen Hauptfach ausgerechnet Volkswirtschaftslehre war) bat mich, ihm eine Regel für seine Lektüreauswahl zu nennen. »So wenig wie möglich aus den letzten 20 Jahren, außer Geschichtsbüchern, die nicht die letzten 50 Jahre behandeln«, antwortete ich mit einer gewissen Ungeduld – ich hasse diese Art von Fragen zu den »besten Büchern, die ich je gelesen habe« oder den »zehn besten Büchern überhaupt«. Meine Liste der »zehn besten Bücher aller Zeiten« sieht zum Ende jedes Sommers anders aus. Ich erwähnte außerdem noch Daniel Kahnemans letztes Buch. Darin stellt der Autor aus der zeitlichen Distanz, gefiltert und modernisiert, seine Forschungsanstrengungen in der Zeit von vor fünfunddreißig bis vierzig Jahren vor. Zuerst hatte es den Anschein, als sollte meine Empfehlung ungehört verhallen, aber nach einer Weile entwickelte der Student eine Lesekultur, in der Originaltexte die Hauptrolle spielten – Texte von Adam Smith, Karl Marx und Hayek, Texte, die er, so seine Überzeugung, auch noch zitieren wird, wenn er achtzig ist. Er berichtete mir, nach seiner Entgiftung habe er festgestellt, dass alle seine Kommilitonen nur *zeitgemäßes* Material zur Kenntnis nahmen, das sich praktisch über Nacht von selbst erledigt.

Was zugrunde gehen sollte

Im Jahr 2010 bat mich die Zeitschrift *The Economist*, an einer Artikelreihe teilzunehmen. Es ging um ein Bild der Welt im Jahr 2036. Sie kannten meine kritische Distanz zu Prognosen, ihre Absicht bestand also darin, mich als kritisches »Gegengewicht« zu den übrigen einfallsreichen, fantasievollen Vorhersagen einzusetzen, um eine Balance zwischen den Beiträgen herzustellen. Man hoffte auf eine meiner üblichen zornigen, abweisenden, gereizten Philippikas.

Die Redaktion war dann ziemlich überrascht, als sie meinen Text bekam – eine Reihe von Prognosen, die ich nach einem zweistündigen (gemächlichen) Spaziergang niedergeschrieben hatte. Wahrscheinlich nahm man dort zunächst an, ich wolle sie verulken, oder man habe die E-Mail irrtümlich an die falsche Adresse geschickt und die Antwort sei gar nicht von mir. Ich umriss die Gründe für Fragilität und Asymmetrie (die Konkavität zu Irrtümern), ich erklärte, warum ich in der Zukunft Bücherregale vor mir sehe, die eine ganze Wand bedecken; den Apparat, den man Telefon nennt; Handwerker und dergleichen; all dem lag die Vorstellung zugrunde, dass die meisten Technologien, die jetzt fünfundzwanzig Jahre alt sind, auch noch in fünfundzwanzig Jahren existieren werden – um es noch einmal zu sagen: die meisten, nicht alle.* Das Fragile hingegen wird verschwunden oder jedenfalls geschwächt sein. Und was ist fragil? Das Große, Optimierte, dasjenige, was zu sehr von der Technik abhängt – zu sehr abhängt von so genannten wissenschaftlichen Methoden anstatt von erfahrungsgesättigten Heuristiken. Unternehmen, die heute riesig sind, dürften verschwunden sein, da sie grundsätzlich durch das geschwächt werden, was sie für ihre Stärke halten, nämlich ihre Größe. Sie aber ist genau der Feind dieser Art von Unternehmen, da sie sie in unverhältnismäßig großem Maß für Schwarze Schwäne anfällig macht. Stadtstaaten und kleine Unternehmen dagegen wird es immer noch, womöglich sogar in größerer Anzahl geben. Der Nationalstaat, die Banknoten emittierende Zentralbank, all diese so genannten Volkswirtschaftseinrichtungen existieren vielleicht noch nominell, ihre Macht wird aber deutlich geringer sein. Mit anderen Worten: Was in der linken Spalte der Triade steht, sollte verschwunden sein – allerdings wird es leider durch andere fragile Dinge ersetzt.

Die Propheten und ihr Verhältnis zur Gegenwart

Wer Warnungen ausspricht, die aus der Wahrnehmung von Schwachstellen resultieren, kommt der ursprünglichen Rolle eines Propheten

* Ich hatte das Privileg, ein 500 Jahre altes Buch zu lesen – eine Erfahrung, die sich kaum von der Lektüre eines modernen Buchs unterscheidet. Vergleichen Sie diesen Grad an Robustheit mit der Lebensdauer elektronischer Dokumente: Auf einige der noch nicht einmal zehn Jahre alten Dateien meiner Manuskripte kann ich heute nicht mehr zugreifen.

recht nahe: Dessen Schwergewicht lag ebenfalls nicht auf Vorhersagen, sondern auf Warnungen; Unheil sagte er für den Fall voraus, *dass die Menschen ihm nicht zuhörten.*

Die klassische Rolle des Propheten – jedenfalls des Propheten im levantinischen Sinn – besteht nicht darin, in die Zukunft zu schauen, sondern über die Gegenwart zu sprechen. Er sagt den Menschen, was sie tun, oder – nach meiner Meinung die robustere Information – was sie *unterlassen* sollten. In den monotheistischen Traditionen des Vorderen Orients, in Judentum, Christentum und Islam, besteht die wichtigste Aufgabe der Propheten darin, den Monotheismus vor seinen Feinden, den Götzendienern und Heiden, in Schutz zu nehmen, die Unheil über die orientierungslose Bevölkerung zu bringen drohen. Der Prophet ist jemand, der mit dem einzigen Gott kommuniziert oder zumindest seine Absichten kennt – vor allem aber Warnungen für seine Untertanen formuliert. Der semitische *nby* (der Wortstamm liegt dem Wort *Nevi* oder im ursprünglichen Hebräisch *nebi* zugrunde, außerdem, mit kleineren Variationen in der Aussprache, dem aramäischen *nabi'y* und dem arabischen *nabi*) ist ein Mensch, der mit Gott in Verbindung steht und der zum Ausdruck bringt, was Gott im Sinn hat – die Bedeutung des arabischen *nab'* ist »Neuigkeiten« (die ursprünglich semitische Wurzel im Akkadischen, *nabu*, bedeutete »rufen«). Die erste griechische Übersetzung, *pro-phetes*, bedeutete »Sprecher«, was sich auch im Islam gehalten hat: Der Prophet Mohammed hat zudem die Funktion des Boten (*rasoul*) – wobei es einige kleinere Rangunterschiede zwischen der Rolle des Sprechers (*nabi*) und der des Boten (*rasoul*) gab. Die Aufgabe, lediglich in die Zukunft zu schauen, ist auf die Seher beschränkt beziehungsweise auf die Art von Menschen, die mit Wahrsagung zu tun haben, wie etwa die »Astrologen«, die im Koran und im Alten Testament so kategorisch abgelehnt werden. Erneut erwiesen sich das Verhältnis der Kanaaniter zu ihren Theologien und ihre verschiedenen Annäherungen an die Zukunft als zu leichtfertig, und der Prophet zeichnet sich gerade dadurch aus, dass er ausschließlich mit dem Einen Gott in Kontakt steht und nicht – wie ein Anhänger des Baal – mit der Zukunft.

Die Berufung zum Propheten in der Levante war als Lebensaufgabe alles andere als erstrebenswert. Schon zu Beginn des Kapitels habe ich darauf hingewiesen, dass man ganz und gar nicht erwarten konnte, gehört zu werden: Jesus verkündete, als er über das Schicksal des Elia sprach (der vor Baal gewarnt hatte und dann ironischerweise ausgerechnet nach Sidon geschickt wurde, wo Baal verehrt wurde), dass *kein Prophet in seinem Vaterland angenehm ist.* Und die prophetische Mission war auch nichts, wofür man sich freiwillig entschieden hätte. Man denke nur an das Leben des Jeremia, eine einzige Aneinanderreihung von *Jeremiaden* (Wehklagen), denn seine unerfreulichen Warnungen vor Zerstörung und Gefangenschaft (und vor allem der Gründe dafür) machten ihn äußerst unbeliebt. Jeremia ist die Personifizierung der Redewendung vom »Erschießen des Überbringers der schlechten Nachricht« und des Sprichworts *Veritas odium parit* – Wahrheit gebiert Hass. Er wurde geschlagen, bestraft, verfolgt; er war das Opfer zahlreicher Anschläge, an denen selbst seine eigenen Brüder beteiligt waren. In apokryphen Überlieferungen heißt es sogar, er sei in Ägypten zu Tode gesteinigt worden.

Nördlich des Gebiets der Semiten, in der griechischen Tradition, stoßen wir auf einen ähnlichen Umgang mit Botschaften und Warnungen über den Zustand der Gegenwart und dasselbe Bestrafungsverhalten gegenüber denen, die etwas verstehen, was anderen verborgen bleibt. Kassandra bekam die Gabe, prophezeien zu können – begleitet allerdings von dem Fluch, dass niemand ihr Gehör schenkte –, nachdem ihr die Tempelschlangen die Ohren gereinigt hatten und sie so empfänglich für besondere Botschaften geworden war. Teiresias wurde als Strafe dafür, dass er Geheimnisse der Götter offenbart hatte, seines Augenlichts beraubt und in eine Frau verwandelt, aber als Trost leckte Athene seine Ohren, woraufhin er Geheimnisse in den Gesängen der Vögel vernehmen konnte.

Erinnern wir uns an die Unfähigkeit, aus früherem Verhalten zu lernen, von der wir im zweiten Kapitel sprachen. Das Problem unterlassener Rekursion – Fehlen eines Denkens zweiter Ordnung – ist folgendes: In der Vergangenheit wurden diejenigen verfolgt, die Botschaften verkündeten, welche sich dann auf lange Sicht als richtig und wertvoll herausgestellt haben – könnte man da nicht erwarten, dass sich im Lauf der Zeit so etwas wie ein Korrekturmechanismus herausbildet, dass also intelligente Menschen irgendwann aus dieser historischen Erfahrung lernen und man denjenigen, die Neues zu verkunden haben, mit Verständnis begegnet? Leider findet nichts dergleichen statt.

Diese mangelnde Fähigkeit zu rekursivem Denken bezieht sich nicht nur auf den Bereich der Prophezeiungen, sondern auch auf andere menschliche Aktivitäten: Wenn man meint, dass das, was funktioniert und sich durchsetzt, eine *neue* Idee sein wird, auf die vor uns noch niemand gekommen ist, also etwas, was wir gemeinhin als »Innovation« zu bezeichnen pflegen, dann würde man erwarten, dass Menschen das aufgreifen und selbst einen klaren Blick für neue Ideen haben, ohne dass sie dabei auf die Wahrnehmung von anderen zurückgreifen müssten. Aber so ist es nicht: Dinge, die für »originell« gehalten werden, sind meistens in Anlehnung an etwas gestaltet, das zu seiner Zeit neu war, es mittlerweile aber nicht mehr ist. Für viele Wissenschaftler bedeutet die Formulierung, jemand sei »ein Einstein«, dass er ein ähnliches Problem gelöst hat wie damals Einstein. Allerdings löste Einstein zu seiner Zeit natürlich alles andere als ein Standardproblem. Nicht einmal die Formulierung, »ein Einstein zu sein«, ist noch originell. Dieser Irrtum von Wissenschaftlern, die versuchen, auf herkömmliche Weise originell zu sein, tritt auch im Bereich des Risikomanagements auf. Die Leute im Risikomanagement halten (da sie nur das »Evidente« sehen) lediglich solche Dinge für riskant, die ihnen in der Vergangenheit Nachteile einbrachten, wobei sie nicht bemerken, dass diese negativen Ereignisse in der Vergangenheit, bevor sie passierten, präzedenzlos gewesen waren und sich sämtlichen Standarderklärungen entzogen hatten. Und meine Versuche, sie dazu zu bringen, ihren herkömmlichen Blickwinkel aufzugeben und Überlegungen zweiter Ordnung in Betracht zu ziehen, stießen auf taube Ohren – genau wie meine Versuche, sie für das Phänomen der Fragilität zu sensibilisieren.

Der Hund des Empedokles

In den *Magna Moralia* von Aristoteles gibt es eine möglicherweise apokryphe Geschichte über Empedokles, den vorsokratischen Philosophen. Er wurde einmal gefragt, warum ein Hund in einem Raum immer auf demselben Ziegelstein schlafe. Seine Antwort: Es müsse wohl irgendeine *Ähnlichkeit* zwischen dem Hund und dem Ziegelstein geben. (Womöglich ist die Geschichte doppelt apokryph, denn wir wissen nicht einmal sicher, ob die *Magna Moralia* tatsächlich von Aristoteles stammen.) Was hat es mit der Passung zwischen dem Hund und dem Ziegelstein auf sich? Eine natürliche, biologische, erklärbare oder nicht erklärbare Passung, die durch eine lange Reihe von Wiederholungen bekräftigt wurde – anstatt darüber zu rationalisieren, führen Sie sich einfach diese Geschichte vor Augen.

Damit komme ich zum Schluss unserer Überlegungen zum Thema Prophezeiung.

Ich vermute, dass menschliche Techniken wie Schreiben und Lesen deswegen überlebt haben, weil sie für den Menschen das sind, was für einen Hund sein bevorzugter Ruheplatz ist: Es gibt auch hier eine Passung zwischen von der Natur füreinander bestimmten Freunden; sie entsprechen etwas, das zutiefst zu unserem Wesen gehört.

Jedes Mal, wenn ich höre, dass jemand ein Buch und ein E-Book miteinander vergleicht oder etwas Altes mit einer neuen Technologie, tauchen plötzlich »Meinungen« auf, als ob sich die Wirklichkeit um Meinungen und Beschreibungsmuster kümmern würde. Es gibt Geheimnisse in unserer Welt, die keiner Meinung und keiner Analyse vollständig zugänglich sind und die nur die Praxis offenlegen kann.

Solche geheimen Eigenschaften werden selbstverständlich durch die Zeit und glücklicherweise nur durch die Zeit enthüllt.

Was keinen Sinn macht

Lassen Sie uns diese Idee vom Hund des Empedokles noch ein bisschen weiterdenken: Wenn etwas auf Sie sinnlos wirkt (beispielsweise – wenn Sie ein Atheist sind – die Religion oder irgendeine irrationale alte Gewohnheit oder Praxis); wenn dieses Etwas aber bereits seit sehr, sehr langer Zeit existiert, dann müssen Sie davon ausgehen, dass es auch noch sehr viel Zeit vor sich hat und mit Sicherheit diejenigen überlebt, die seine Abschaffung fordern.

Kapitel 21
Medizin, Konvexität und Opakheit

Was gemeinhin unter »fehlenden Beweisen« verstanden wird – Wie die Medizin Menschen erst fragiler macht und anschließend versucht, sie zu retten – Newtons Gravitationsgesetz oder Beweise?

Die Geschichte der Medizin ist die – gut dokumentierte – Geschichte der Dialektik zwischen Handeln und Denken – und die Geschichte der Frage, wie wir unter opaken Bedingungen, also in Zusammenhängen, die wir nicht restlos durchschauen, Entscheidungen treffen können. Die Ärzte im Mittelmeerraum des Mittelalters – Maimonides, Avicenna, Ar-Ruhawi und die syrischen Ärzte wie Hunayn ibn Ishaq – waren nicht nur Ärzte, sondern auch Philosophen. Ein Arzt in der semitischen Welt des Mittelalters wurde als Al-Hakim bezeichnet, »der Weise« oder »Praktizierender der Weisheit«, ein Synonym für einen Philosophen oder Rabbi (*hkm* ist die semitische Wurzel für »Weisheit«). Schon in einer früheren Epoche gab es eine unter hellenischem Einfluss stehende Gruppe von Männern, die genau in der Mitte zwischen Medizin und praktizierter Philosophie standen – der große skeptische Philosoph Sextus Empiricus war gleichzeitig Arzt und Mitglied der skeptischen empirischen Schule. Dasselbe gilt für Menodotos von Nikomedia und für den sich auf Erfahrung stützenden Vorläufer der evidenzbasierten Medizin; ich werde gleich noch auf ihn zu sprechen kommen. Für diejenigen unter uns, die ein gewisses Misstrauen gegenüber Leuten empfinden, welche nur reden, ohne zu handeln, stellen die von diesen Denkern heute noch erhaltenen Werke eine erfrischende Lektüre dar.

Aus dem nun folgenden Kapitel ergeben sich recht simple Entscheidungsregeln und Heuristiken, natürlich im Stil der *Via Negativa* (durch

Entfernung des Unnatürlichen): Ärztliche Methoden sollten nur dann zur Anwendung kommen, wenn der zu erwartende Nutzen für die Gesundheit sehr hoch ist (wenn beispielsweise durch einen Eingriff ein Leben gerettet werden kann) und wenn dieser Nutzen ganz klar den potentiellen Schaden übersteigt, etwa bei eindeutig indizierten chirurgischen Eingriffen oder lebensrettenden Medikamenten (Penicillin). Hier gilt dasselbe wie bei Eingriffen durch den Staat. Es handelt sich also um eine an Thales, nicht an Aristoteles angelehnte Vorgehensweise (eine Entscheidungsfindung, die sich an Ergebnissen, nicht an Wissen ausrichtet). Denn in diesen Fällen hat die Medizin positive Asymmetrien – Konvexitätseffekte –, und die Entstehung von Fragilität ist weniger wahrscheinlich. Andernfalls, also in Situationen, in denen der Nutzen einer bestimmten Medizin oder Prozedur oder einer Veränderung in den Ernährungs- oder Lebensgewohnheiten eher klein ist – beispielsweise bei Unternehmungen, die auf eine Erhöhung der Bequemlichkeit zielen –, haben wir ein großes potentielles Dummkopf-Problem (das uns folglich auf die falsche Seite der Konvexitätseffekte befördert). Tatsächlich ist eine der unbeabsichtigten positiven Nebenwirkungen der Theoreme, die Raphael Douady und ich in unserer Abhandlung über Techniken zur Aufdeckung von Risiken entwickelt haben (siehe Kapitel 19), ein präzises Bindeglied zwischen a) Nichtlinearität im Grad des Ausgesetztseins oder im Verhältnis Dosis-Wirkung und b) potentieller Fragilität oder Antifragilität.

Ich erweitere das Problem auf den erkenntnistheoretischen Bereich und stelle Regeln auf für das, was als Beweis gelten sollte: Ähnlich wie man ein Glas entweder als halb leer oder als halb voll ansehen kann, gibt es Situationen, in denen das Hauptaugenmerk auf das *Fehlen* eines Beweises gelegt werden sollte, und andere, in denen der Beweis selbst im Zentrum steht. In manchen Fällen kann man bestätigend vorgehen, in anderen nicht – es hängt von den Risiken ab. So nahm man beispielsweise früher an, Rauchen erzeuge einen (wenn auch geringen) Lustgewinn und wirke sich sogar positiv auf die Gesundheit aus (ja tatsächlich – die Menschen dachten, Rauchen sei gesund). Es dauerte Jahrzehnte, bis die Nachteile sichtbar wurden. Und wer den Nutzen des Rauchens in Frage gestellt hätte, wäre mit der naiv-akademischen, pseudo-fachkundigen Reaktionsschablone abgefertigt worden: »Haben

Sie denn irgendeinen *Beweis* dafür, dass Rauchen schädlich ist?« (Was von ähnlicher Verblendung zeugt wie die Reaktion: »Gibt es einen Beweis dafür, dass Umweltverschmutzung schädlich ist?«) Auch hier ist die Lösung ganz einfach, eine Ausweitung des *Via-Negativa*-Grundsatzes und Fat Tonys Regel *Sei kein Dummkopf*: Das Nicht-Natürliche muss seinen Nutzen beweisen, nicht das Natürliche – was auf das schon vorgestellte statistische Prinzip zurückgeht, dass die Menschen mit sehr viel größerer Wahrscheinlichkeit Dummköpfe sind als die Natur. In einem komplexen Bereich kann nur die Zeit – ein langer Zeitraum – als Beweis fungieren.

Bei jeder Art von Entscheidung wird das Unbekannte auf einer Seite stärker ins Gewicht fallen als auf der anderen.

Die »Haben Sie einen Beweis«-Täuschung, bei der der Umstand, dass bislang kein Beweis für Schädlichkeit vorliegt, damit verwechselt wird, dass es keinen Beweis für Schädlichkeit gibt, ähnelt dem Irrtum, keinen Beweis für eine Krankheit mit einem Beweis für keine Krankheit zu verwechseln. Letztlich läuft es auf den Irrtum hinaus, das Fehlen eines Beweises mit dem Beweis für ein Fehlen zu verwechseln – ein Irrtum, der schlauen und gebildeten Leuten häufig unterläuft; man könnte den Eindruck gewinnen, aufgrund ihrer Ausbildung würden solche Menschen selbstbestätigender argumentieren und seien daher stärker gefährdet, auf einfache logische Irrtümer hereinzufallen.

Und vergessen wir nicht, dass die schlichten Attribute »schädlich« oder »nützlich« unter nichtlinearen Bedingungen versagen: Es ist alles eine Frage der Dosierung.

Streit auf der Unfallstation

Ich habe mir einmal, ob Sie es glauben oder nicht, beim Spazierengehen die Nase gebrochen. Natürlich im Dienste der Antifragilität. Ich versuchte, im Rahmen meines Antifragilitätsprogramms auf unebenen Flächen zu laufen; das ging auf eine Empfehlung von Erwan Le Corre zurück, der auf naturnahe Trainingsmethoden schwört. Es war eine fantastische Erfahrung; ich hatte das Gefühl, die Welt sei reicher, fraktaler, und wenn ich den Untergrund, auf dem ich mich bewegte, mit den glatten Oberflächen von Bürgersteigen und Bürofluren verglich, fühlten Letztere sich an wie Gefängnisse. Fatalerweise hatte ich etwas bei mir, das mit Naturnähe überhaupt nichts zu tun hat – mein Handy, das die Frechheit besaß, mitten in meinen Spaziergang hinein zu klingeln.

Auf der Unfallstation bestanden der Arzt und die Krankenschwester darauf, dass ich meine Nase »kühlen«, also einen Eisbeutel darauf legen sollte. Trotz des beträchtlichen Schmerzes kam mir damals der Gedanke, dass die Schwellung, die Mutter Natur mir da zufügte, wahrscheinlich nicht direkt auf den Sturz zurückzuführen war. Es handelte sich vielmehr um eine Reaktion meines Körpers auf die Verletzung. Mir kam es vor wie eine Beleidigung von Mutter Natur, mich über ihre vorprogrammierten Reaktionen einfach hinwegzusetzen, wenn es nicht einen guten Grund dafür gab, der mit sauberen Tests belegen konnte, dass wir Menschen das besser hinkriegten; die Beweislast liegt bei uns. Ich fragte also nuschelnd den Notarzt, ob er irgendwelche statistischen Belege für den Nutzen der Eisbehandlung habe oder ob seine Empfehlung lediglich eine naive Form von *Interventionismus* sei.

Seine Antwort: »Sie haben eine Nase von der Größe von Cleveland und interessieren sich jetzt für … Zahlen?« Ich erinnere mich, aus seinen schwammigen Bemerkungen den Schluss gezogen zu haben, dass er nichts zu antworten wusste.

Und er konnte auch gar keine Antwort haben, denn sobald ich wieder Zugang zu einem Computer hatte, fand ich bestätigt, dass es keinerlei zwingende empirische Belege gibt, die eine Reduzierung der Schwellung ratsam erscheinen lassen. Zumindest nicht jenseits der sehr seltenen Fälle, in denen die Schwellung für den Patienten wirklich bedrohlich werden könnte, was bei mir ganz eindeutig nicht der Fall war. Es war der pure Dummkopf-Rationalismus, der in den Köpfen der Ärzte zu spuken pflegt und der sich einfach an dem orientiert, was beschränkt intelligenten Leuten einleuchtend vorkommt, in Verbindung mit Interventionismus, diesem Drang, einfach *irgendetwas* zu machen, sowie dem Denkfehler, zu meinen, wir wüssten es besser, und der Abwertung des Nicht-Beobachteten. Dieser Denkfehler ist nicht beschränkt auf unser Bestreben, Schwellungen in den Griff zu bekommen: Dieselbe Konfabulation treibt in der gesamten Geschichte der Medizin ihr Unwesen und natürlich auch noch in vielen anderen Tätigkeitsfeldern. Die Forscher

Paul Meehl und Robyn Dawes begründeten eine Forschungstradition, die die Spannung zwischen »klinischem« und versicherungsmathematischem (also statistischem) Wissen katalogisiert und untersucht, wie viele Sachverhalte von Fachleuten und Klinikärzten fälschlich für wahr gehalten werden, die mit empirischen Beweisen nicht in Deckung gebracht werden können. Das Problem ist, dass Meehl und Dawes keine klare Vorstellung davon hatten, wo die empirische Beweislast liegt (der Unterschied zwischen naivem oder Pseudo-Empirismus und strengem Empirismus) – die Beweislast liegt bei den Ärzten, sie müssen uns erklären, warum es sinnvoll ist, Fieber zu senken, warum es gesund sein soll, zu frühstücken, bevor man aktiv wird (es gibt keinen Beweis dafür), und warum ein Aderlass die beste Lösung ist (davon haben sie sich mittlerweile distanziert). Manchmal bekomme ich auf meine Anfragen die Antwort, dass sie keine Ahnung haben, indem sie ganz entrüstet sagen: »Ich bin schließlich Arzt!«, oder: »Sind Sie denn Arzt?« Das Schlimmste aber ist, dass ich hin und wieder zustimmende Briefe und Sympathiebekundungen von Anhängern der Alternativmedizin bekomme, und da werde ich richtig sauer: Meine Vorgehensweise in diesem Buch ist ultra-orthodox, ultra-rigoros und ultra-wissenschaftlich, mit Alternativmedizin hat sie ganz sicher nichts zu tun.

Die verborgenen Kosten der medizinischen Versorgung beruhen überwiegend auf der Leugnung von Antifragilität. Aber daran ist nicht nur die Medizin schuld – was wir als Zivilisationskrankheiten bezeichnen, geht auf den Versuch von Menschen zurück, das Leben für uns bequemer zu machen, was sich direkt gegen unsere ureigenen Interessen richtet, denn das Bequeme bewirkt Fragilisierung. Im weiteren Verlauf dieses Kapitels konzentriere ich mich auf typische Beispiele aus dem Bereich der Medizin mit verborgenen negativen Konvexitätseffekten (kleine Gewinne, große Verluste) und formuliere noch einmal das Phänomen der Iatrogenik, der schädlichen Nebenwirkungen, in Verbindung mit meiner Vorstellung von Fragilität und Nichtlinearitäten.

Erstes Prinzip der Iatrogenik (Empirismus)

Das erste Prinzip der Iatrogenik lautet: Wir brauchen keinen Beweis für Schädlichkeit, um festzustellen, dass ein Medikament oder eine unnatürliche Vorgehensweise im Stil der *Via Positiva* gefährlich ist. Man erinnere sich an meine Bemerkungen zum Truthahn-Problem: Der Schaden liegt in der Zukunft, nicht in der sauber definierten Vergangenheit. Mit anderen Worten: Empirismus ist kein naiver Empirismus.

Das Raucher-Argument habe ich bereits angeführt. Ein weiteres Argument ist die abenteuerliche Geschichte des Transfetts, einem von Menschen erfundenen Fett. Irgendwie kam man auf ein Verfahren der Fettherstellung, und da man sich mitten in der großen Ära der Wissenschaftsgläubigkeit befand, war man überzeugt, man würde das *besser* hinkriegen als die Natur. Nicht einfach nur gleich, nein: besser. Chemiker behaupteten, sie könnten ein Fettersatzprodukt herstellen, das Schmalz oder Butter in vielerlei Hinsicht überlegen sei. Erstens war es bequemer zu handhaben: Synthetische Produkte wie Margarine bleiben im Kühlschrank weich, man kann sie also sofort auf eine Brotscheibe schmieren. Zweitens war es kostengünstiger, da synthetische Fette aus Pflanzen gewonnen werden. Und schließlich, und das war das Schlimmste, nahm man an, Transfette seien gesünder. Der Konsum von Transfetten breitete sich in der Folge überall aus – plötzlich, nach einigen Hundert Millionen Jahren, in denen tierisches Fett verzehrt worden war, fingen die Konsumenten an, sich davor (vor allem vor den so genannten gesättigten Fetten) zu fürchten, und zwar hauptsächlich aufgrund von irgendwelchen schlampig durchgeführten statistischen Darstellungen. Heute sind Transfette weitgehend verboten, da sie, wie sich herausstellte, Herzkrankheiten und Herz-Kreislauf-Probleme verursachen, also Menschen umbringen.

Ein anderes mörderisches Beispiel für diesen engstirnigen (und fragilisierenden) Dummkopf-Rationalismus ist die Geschichte von Thalidomid (dem Wirkstoff in Contergan). Es sollte die Übelkeitsattacken von schwangeren Frauen reduzieren und bewirkte, dass Kinder mit Geburtsfehlern auf die Welt kamen. Ein anderes Arzneimittel namens Diethylstilbestrol schädigte den Fötus unsichtbar und führte bei den Töchtern später zu Vaginalkrebs.

Die letzten beiden Beispiele sind insofern vielsagend, als in beiden Fällen der Nutzen zwar sofort erkennbar, dabei nicht sonderlich bedeutend war; der Schaden hingegen blieb jahrelang, über mindestens eine dreiviertel Generation, unbemerkt. Im nächsten Abschnitt geht es um die Beweislast, denn Sie können sich unschwer vorstellen, dass jemand zur Verteidigung der genannten Behandlungsmethoden einwenden würde: »Monsieur Taleb, haben Sie auch nur den geringsten *Beweis* für Ihre Behauptung?«

Das Muster lässt sich leicht ablesen: Da Iatrogenik eine Kosten-Nutzen-Erwägung darstellt, geht sie meistens aus einer trügerischen Situation hervor, in der die Vorteile klein und sichtbar sind, die Kosten hingegen sehr groß und erst verzögert erkennbar, also versteckt. Und selbstverständlich sind die potentiellen Kosten sehr viel höher als die kumulativen Gewinne.

Wer sich den Zusammenhang in Form eines Diagramms vor Augen führen möchte, sei auf den Anhang verwiesen, wo ich die potentiellen Risiken aus unterschiedlichen Blickwinkeln beleuchte und Iatrogenik als Wahrscheinlichkeitsverteilung darstelle.

Zweites Prinzip der Iatrogenik (nichtlineare Reaktion)

Das zweite Prinzip der Iatrogenik: Sie ist nicht linear. Wir sollten bei fast gesunden Menschen keine Risiken eingehen; bei unmittelbar gefährdeten dagegen sehr, sehr viel mehr riskieren.*

Warum sollte sich eine Behandlung auf die schweren Fälle konzentrieren und die leichten außer Acht lassen? An folgendem Beispiel wird die Nichtlinearität (Konvexität) deutlich. Wenn der Blutdruck nicht allzu stark erhöht ist, also nur wenig oberhalb des »Normbereichs«

* Eine technische Anmerkung. Es handelt sich hier um eine unmittelbare Folge von Konvexitätseffekten aufgrund der Wahrscheinlichkeitsverteilung der Ergebnisse. Beim »umgekehrten Hanteleffekt«, wenn der Nutzen im Verhältnis zu den Nebenwirkungen klein ist, ist Ungewissheit für die Situation schädlich. Aufgrund des »Hanteleffekts« wirkt sich Ungewissheit andererseits, wenn der Nutzen im Verhältnis zu den möglichen Nebenwirkungen groß ist, eher hilfreich aus. Eine Erklärung mit ausführlichen graphischen Darstellungen findet sich im Anhang.

liegt, beträgt die Wahrscheinlichkeit, dass man von einem bestimmten Medikament profitiert, ungefähr 5,6 Prozent (nur eine von 18 Personen profitiert von der Behandlung). Wenn andererseits der Blutdruck als »stark erhöht« oder »gefährlich erhöht« eingestuft wird, dann beträgt die Chance, von der Behandlung zu profitieren, 26 beziehungsweise 72 Prozent (also von 4 Personen wird 1 Person beziehungsweise von 3 werden 2 Personen von der Behandlung profitieren). Die Vorteile der Behandlung verhalten sich also konvex zum Zustand des Patienten (die Vorteile vergrößern sich disproportional, beschleunigt). Dabei sollten die Nebenwirkungen für alle Kategorien konstant sein. Wenn jemand sehr krank ist, sind die Vorteile groß im Verhältnis zu den Nebenwirkungen; bei den Grenzfällen sind sie klein. Das heißt, man sollte sich auf die schweren Symptome konzentrieren und andere Situationen, in denen der Patient nicht sehr krank ist, ignorieren – ja, tatsächlich: ignorieren.

Das Argument basiert auf der Struktur bedingter Überlebenswahrscheinlichkeiten, ähnlich derjenigen, die ich angewandt habe, um zu beweisen, dass für Porzellantassen der Schaden nichtlinear sein muss. Denn Mutter Natur muss sich ja in umgekehrtem Verhältnis zur Seltenheit eines Zustands durch die Selektion getüftelt haben. Von den hundertzwanzigtausend Medikamenten, die heute erhältlich sind, kann ich kaum eines finden, das in *Via-Positiva*-Manier den Gesamtzustand einer gesunden Person uneingeschränkt »verbessert« (und selbst wenn jemand mir ein solches Medikament vorlegen würde, wäre ich skeptisch hinsichtlich der noch unbekannten Nebenwirkungen). Ab und an bringt die Pharmaindustrie Medikamente auf den Markt, die die Leistung steigern sollen, beispielsweise Steroide – aber nur um kurz darauf eine Entdeckung zu machen, die die Leute auf den Finanzmärkten schon länger kennen: auf einem »gesättigten« Markt gibt es nichts geschenkt, und was aussieht wie geschenkt, ist mit einem versteckten Risiko verbunden. Wenn man glaubt, man habe etwas gefunden, was umsonst zu haben ist, etwas in der Art von Steroiden oder Transfetten – ein Mittel, das den Gesunden hilft, ohne dass es ihnen sichtbar schadet –, dann ist die Wahrscheinlichkeit sehr hoch, dass sich irgendwo ein Pferdefuß verbirgt. Aus meiner Zeit als Trader kenne ich dafür die Bezeichnung »Dummkopf-Geschäft«.

Und es gibt einen einfachen statistischen Grund, warum wir bisher keinen Wirkstoff gefunden haben, der uns zu einem uneingeschränkt besseren Lebensgefühl verhilft (oder uns uneingeschränkt stärker macht und so weiter), wenn wir gesund sind: Mit großer Wahrscheinlichkeit hätte die Natur selbst dieses Wundermittel längst gefunden. Andererseits darf man nicht vergessen, dass Krankheit selten ist, und je kränker ein Individuum ist, desto weniger wahrscheinlich ist es, dass die Natur in angemessener – kurzer – Zeit von allein eine Lösung findet. Ein Zustand, der sagen wir drei Einheiten weit von der Norm abweicht, ist über dreihundertmal seltener als die Norm; eine Krankheit, die fünf Einheiten weit von der Norm abweicht, ist über eine Million Mal seltener!

Die Ärztegemeinschaft hat für diese Nichtlinearität der Vorteile im Verhältnis zu den iatrogenen Effekten keine Modelle entwickelt, und selbst wenn Mediziner diesem Umstand mündlich doch immer mal wieder Rechnung tragen, habe ich keine Aufsätze zu einer Entscheidungsfindungsmethode gefunden, die Wahrscheinlichkeiten berücksichtigt (im nächsten Abschnitt werde ich zeigen, dass sehr selten explizit mit Konvexitätsverzerrung gearbeitet wird). Sogar Risiken scheinen linear extrapoliert zu werden, was sowohl Unter- als auch Überschätzung zur Folge hat, mit an Sicherheit grenzender Wahrscheinlichkeit aber eine Fehleinschätzung des Schadensausmaßes – so konstatiert beispielsweise eine Abhandlung über die Auswirkungen von Strahlung: »Das Standardmodell, das heutzutage verwendet wird, extrapoliert das Krebsrisiko von hohen Dosen auf niedrige Dosen ionisierender Strahlen.« Hinzu kommt, dass Pharmafirmen unter dem finanziellen Druck stehen, Krankheiten zu finden, denn sie müssen ja ihre Anlagefachleute zufriedenstellen. Sie holen das Letzte heraus, indem sie bei immer gesünderen Menschen nach Krankheiten suchen, sich über Lobbyisten für die Neueinteilung von Krankheitszuständen einsetzen und ausgeklügelte Verkaufstricks erstellen, um Ärzte dazu zu verleiten, mehr zu verschreiben, als nötig ist. Wenn sich Ihr Blutdruck im oberen Sektor des Bereichs befindet, der früher »normal« genannt wurde, dann gelten Sie heute nicht mehr als »normoton«, sondern als »prä-hyperton«, obwohl keine Symptome vorliegen. Solange die Klassifikation eine gesündere Lebensweise und robuste *Via-Negativa*-Maßnahmen zur Folge hat, ist dagegen nichts einzuwenden – in den meisten Fällen steht dahinter jedoch das Bestreben, mehr Medikamente in Umlauf zu bringen.

Ich habe gar nichts gegen Funktion und Aufgabe der Pharmaindustrie, lediglich gegen ihre Geschäftspraktiken: Sie sollten sich *zu ihrem eigenen Besten* auf schwere Erkrankungen konzentrieren, nicht auf Umklassifizierungen oder darauf, Ärzte zur Verschreibung von Medikamenten zu nötigen. Die heutige Pharmaindustrie setzt voll und ganz auf den Interventionismus der Ärzte.

Eine andere Sichtweise bestünde darin, die Nebenwirkungen beim Patienten und nicht die Behandlungsmethode in den Mittelpunkt zu stellen. Wenn der Patient todkrank ist, sollte man sämtliche spekulativen Behandlungsmethoden einsetzen – alles ist erlaubt. Und wenn umgekehrt der Patient fast gesund ist, dann sollte Mutter Natur die Rolle des Arztes übernehmen.

Die Jensen'sche Ungleichung in der Medizin

Mit dem Stein der Weisen habe ich erklärt, dass Volatilität im Zustand des Ausgesetztseins eine größere Rolle spielen kann als der Durchschnitt – der Unterschied ist die »Konvexitätsverzerrung«. Wenn man hinsichtlich einer bestimmten Substanz antifragil (also konvex) ist, dann geht es einem besser, wenn man sie in zufälligen Dosen und nicht in regelmäßigen Abständen und Mengen verabreicht bekommt.

Ich habe kaum medizinische Fachaufsätze gefunden, die mit Nichtlinearität arbeiten und Konvexitätseffekte auf medizinische Probleme anwenden, obwohl man in der Biologie allenthalben auf nichtlineare Reaktionen stößt. (Ich möchte nicht ungerecht sein – ich habe nur in einem einzigen Zusammenhang, auf den mich mein Freund Eric Briys aufmerksam machte, die Jensen'sche Ungleichung gefunden; und nur in einem Zusammenhang wurde sie korrekt angewandt, sodass die Antwort »das ist uns bekannt« von Forschern auf dem Medizinsektor, wenn man ihnen Nichtlinearität erklärt, reichlich unglaubwürdig klingt.)

Bemerkenswerterweise wirken sich Konvexitätseffekte bei Optionen, Innovationen, überhaupt allem Konvexen identisch aus. Hier sollen sie nun auf … Lungen übertragen werden.

Der nächste Absatz ist eher technischer Natur und kann übersprungen werden.

Menschen mit bestimmten Lungenkrankheiten, darunter auch solche mit akutem Lungenversagen, wurden früher an mechanische Beatmungsgeräte angeschlossen. Man ging davon aus, dass konstanter Druck und konstantes Volumen helfen würden – Beständigkeit schien angebracht und nützlich zu sein. Allerdings reagiert der Patient auf den Druck nichtlinear (konvex in einer Anfangsphase, jenseits davon dann konkav), letztlich leidet er also unter dem Regelmaß. Außerdem halten Menschen mit sehr kranken Lungen hohem Druck nicht lange stand, brauchen allerdings viel Volumen. J.F. Brewster und seine Kollegen fanden Folgendes heraus: Wenn sie gelegentlich den Druck erhöhten und zu anderen Zeiten absenkten, konnten sie den Lungen bei vorgegebenem Durchschnittsdruck sehr viel mehr Volumen verschaffen und so die Sterblichkeitsrate senken. Ein weiterer positiver Effekt besteht darin, dass durch kurzzeitige sehr starke Druckerhöhung kollabierte Lungenbläschen wieder geöffnet werden können. Faktisch sieht so die Funktionsweise unserer Lungen aus, wenn wir gesund sind: Sie beruht auf Variationen und »Geräusch«, nicht auf stetiger Luftzufuhr. Menschen sind gegen Lungendruck antifragil. Und das leitet sich direkt von der Nichtlinearität der Reaktion ab – alles Konvexe ist, wie wir gesehen haben, bis zu einem gewissen Grad antifragil. Brewsters Aufsatz konnte empirisch bestätigt werden, aber das ist nicht einmal nötig: Man braucht keine empirischen Daten, um zu beweisen, dass eins plus eins zwei ist, oder dass Wahrscheinlichkeiten sich auf 100 Prozent aufaddieren müssen.*

Man hat nicht den Eindruck, als hätten Leute, die sich mit Ernährungsfragen beschäftigen, über den Unterschied zwischen zufälliger Kalorienzufuhr und regelmäßiger Ernährung gründlicher nachgedacht; ich werde auf dieses Thema im nächsten Kapitel zu sprechen kommen.

Bei »empirischen Untersuchungen« keine Modelle mit nichtlinearen Effekten wie etwa der Konvexitätsverzerrung zu verwenden, kommt in etwa der Methode gleich, jeden Apfel, der von einem Baum fällt, zu ka-

* Mit anderen Worten, die Reaktion auf beispielsweise 50 Prozent einer bestimmten Dosis in einem bestimmten Zeitabschnitt, an die sich 150 Prozent der Dosis zeitlich anschließen, ist wirkungsvoller als 100 Prozent der Dosis in beiden Phasen. Auch ohne Empirie lässt sich die Konvexitätsverzerrung leicht abschätzen: Aufgrund des Theorems ist eine solche Verzerrung ein notwendiges Ergebnis der Konvexität.

talogisieren und diesen Vorgang »Empirismus« zu nennen, anstatt einfach mit Newtons Gleichung zu arbeiten.

Beweise, die zu Grabe getragen wurden

Und nun ein Blick in die Geschichte der Medizin. Die Wissenschaft der Medizin konnte uns deswegen so lang in die Irre führen, weil ihre Erfolge weitläufig bekannt gemacht, ihre Fehler dagegen buchstäblich begraben wurden – wie so viele andere interessante Episoden auf dem Friedhof der Geschichte.

Ich kann nicht widerstehen, die Interventionsverzerrung (mit negativen Konvexitätseffekten) mit folgendem Beispiel zu illustrieren. In den 1940er und 50er Jahren erhielten viele Kinder und Jugendliche Bestrahlungen gegen Akne, Vergrößerung der Schilddrüse, Mandelentzündung, zur Entfernung von Muttermalen und der Behandlung von Schuppenflechte. Es kam zur Entwicklung von Kröpfen und zu anderen Spätfolgen, und außerdem starben ungefähr sieben Prozent der Patienten, die dieser Bestrahlung unterzogen worden waren, zwei bis vier Jahrzehnte später an Schilddrüsenkrebs. Gegen Bestrahlung, wenn sie von Mutter Natur stammt, ist andererseits nichts einzuwenden. Wir sind zwangsläufig gegen eine bestimmte Strahlungsdosis – gegen Mengen, die in der Natur auftreten – antifragil. Möglicherweise beugen kleine Strahlungsbelastungen Verletzungen vor und verhindern Krebserkrankungen aufgrund größerer Strahlungsbelastungen, da der Körper eine gewisse Immunität dagegen entwickelt. Und wo wir schon beim Thema Strahlen sind, nur wenige fragen sich, warum sich die Menschen, nachdem sie sich Hunderte von Millionen von Jahren den Strahlen der Sonne ausgesetzt haben, plötzlich in solch besonderem Maß davor schützen sollen – liegt es daran, dass wir aufgrund der Veränderungen in der Atmosphäre stärker gefährdet sind, oder weil immer mehr Menschen in einer Umgebung leben, die mit der Pigmentierung ihrer Haut nicht übereinstimmt, oder lediglich daran, dass die Hersteller von Sonnenschutzmitteln hohe Gewinne erzielen wollen?

Die unendliche Geschichte der Truthahn-Situationen

Die Liste solcher von naivem Rationalismus befeuerten Versuche, die Natur auszutricksen, ist lang – immer geht es darum, etwas zu »verbessern«, und ständig wächst der Umfang an eindimensionalem Wissen, indem ein schädliches Medikament oder Heilverfahren zwar aus dem Katalog gestrichen wird, man aber anschließend nicht auf die Idee kommt, dass derselbe Fehler an anderer Stelle auftreten könnte.

Statine. Statine sind Medikamente, die den Cholesterinspiegel im Blut senken sollen. Allerdings sind sie mit einer starken Asymmetrie behaftet. Man muss 50 hoch gefährdete Personen fünf Jahre lang behandeln, um einen einzigen Herz-Kreislauf-Zwischenfall zu verhindern. Statine können Menschen schaden, die nicht sehr krank sind und für die der Nutzen entweder minimal oder gar nicht vorhanden ist. Auf die Schnelle ist es nicht möglich, ein evidenzbasiertes Bild von der versteckten Schädlichkeit von Statinen zu erstellen (dafür bräuchte man jahrelange Forschung – man denke nur an das Beispiel des Rauchens), außerdem beruhen die Argumente, mit denen gegenwärtig der routinemäßige Einsatz dieser Medikamente propagiert wird, häufig auf einigen wenigen statistischen Illusionen, wenn nicht gar Manipulationen (die von den Arzneimittelherstellern benutzten Experimente scheinen mit Nichtlinearitäten herumzuspielen und die sehr Kranken und die weniger Kranken zusammenzufassen; hinzu kommt die stillschweigende Annahme, dass der metrische Cholesterin-Sollwert gleichbedeutend ist mit 100 Prozent Gesundheit). Statine verletzen bei ihrer Anwendung das erste Prinzip der Iatrogenik (keine versteckte Schädigung); außerdem senken sie zwar den Cholesterinwert tatsächlich, aber man ist als Mensch ja nicht auf der Welt, um einen bestimmten Messwert zu senken, eine Note zu bekommen und damit einen Test zu bestehen wie in der Schule, sondern um möglichst gesund zu sein. Und schließlich ist nicht ausgemacht, dass diese Indikatoren, die man zu senken versucht, tatsächlich Ursachen sind und nicht lediglich Symptome eines bestimmten Zustands – so wie ein Baby, dem man ein Kissen aufs Gesicht drückt, sicher aufhören würde zu schreien, ohne dass damit der Grund für sein Unbehagen beseitigt wäre. Medikamente, die der Absenkung bestimmter Werte dienen, sind aufgrund der unklaren Situation in der Rechtsprechung besonders tückisch. Der Arzt hat allen Grund, das Medikament zu verschreiben, denn würde er es nicht tun und der Patient bekäme eine Herzattacke, könnte der Arzt wegen unterlassener Hilfeleistung angeklagt werden; der Irrtum in der entgegengesetzten Richtung hingegen wird nicht bestraft, denn wegen schädlicher Nebenwirkungen wird die Medizin nicht belangt.

Dasselbe Problem naiver Interpretation in Verbindung mit der Interventionsverzerrung tritt bei der Krebsdiagnose auf: Ein Verzicht auf Intervention wird kaum in Erwägung gezogen, stattdessen wird eine Behandlung, in welcher Form auch immer, favorisiert, selbst wenn zusätzliche Schädigung damit verbunden ist, da Interventionismus durch das Rechtssystem abgestützt ist.

Chirurgie. Medizinhistorisch gesehen hatte die Chirurgie lange Zeit eine wesentlich bessere Erfolgsbilanz aufzuweisen als die an den Universitäten gelehrte Wissenschaft der Medizin; diese Erfolgsbilanz kam in der Eindeutigkeit sichtbarer Ergebnisse unmittelbar zum Ausdruck. Iatrogenik spielt kaum eine Rolle, wenn Schwerverletzte operiert werden, wenn beispielsweise eine Kugel entfernt oder Gedärm wieder an seinen Platz geschoben wird; die potentiellen Nachteile sind im Vergleich zu den Vorteilen gering, die Konvexitätseffekte also positiv. Im Unterschied zu den üblichen pharmazeutischen Eingriffen kann hier kaum die Rede davon sein, dass Mutter Natur das besser hinbekommen hätte. Chirurgen waren Arbeiter, eher Handwerker als Wissenschaftler, daher fühlten sie sich nicht allzu sehr genötigt zu theoretisieren.

Die beiden Berufe des Doktors der Medizin und des Chirurgen unterschieden sich hinsichtlich des Aufgabengebiets und des sozialen Ansehens merklich voneinander – das eine war eine *ars*, das andere *scientia*; Erstere ein auf Erfahrungen beruhendes, mit Heuristiken arbeitendes Handwerk, Letztere eine auf Theorien, ja einer übergreifenden Theorie des Menschen aufbauende Wissenschaft. Chirurgen waren für die Notfälle da. In England, Frankreich und in einigen italienischen Städten gehörten Chirurgen derselben Gilde an wie die Barbiere. Die Sowjet-Harvardifizierung der Chirurgie wurde also lange Zeit eingeschränkt durch die Sichtbarkeit der Resultate – das Auge lässt sich nicht so leicht täuschen. Wenn man bedenkt, dass die Menschen jahrhundertelang ohne Betäubung operiert worden waren, so wird klar, dass es keiner ausgeklügelten Rechtfertigungen dafür bedurfte, *nichts* zu tun und darauf zu warten, dass Mutter Natur die Dinge regelte.

Heute wird dank der Möglichkeiten der Narkose sehr viel schneller zum Messer gegriffen – außerdem müssen Chirurgen jetzt ebenfalls Medizin studieren, wenn auch nicht an so theorielastigen Instituten, wie es die Sorbonne oder die Universität von Bologna im Mittelalter waren. In der Vergangenheit wurden nur der Aderlass (die Phlebotomie) und einige wenige andere Eingriffe von den Chirurgen relativ hemmungslos praktiziert. Beispielsweise sind Rückenoperationen im Zusammenhang mit Ischiasproblemen heute häufig nicht nur unnötig, der Patient wird zudem den möglichen schädlichen Nebenwirkungen einer Operation ausgesetzt. Es ist erwiesen, dass er sich sechs Jahre nach einer solchen Operation im Schnitt im gleichen Zustand befindet, wie wenn man nichts unternommen hätte. Es bleibt also lediglich ein potentielles Defizit aufgrund der Rückenoperation, da jede derartige Operation mit Risiken einhergeht: Hirnschädigungen aufgrund der Narkose, ärztliche Kunstfehler (Verletzung des Rückenmarks durch den Chirurgen) oder eine Ansteckung mit Krankenhauskeimen. Trotzdem sind Operationen an der Wirbelsäule wie die Wirbelkörperverblockung lumbarer Bandscheiben sehr beliebte Eingriffe, vor allem, weil sie für den Arzt äußerst lukrativ sind.*

Antibiotika. Jedes Mal, wenn Sie ein Antibiotikum einnehmen, tragen Sie in gewisser Weise mit dazu bei, dass die Bazillen zu antibiotikaresistenten Erregerstämmen mutieren. Hinzu kommt der leichtfertige Umgang mit Ihrem Immunsystem. Sie transferieren Antifragilität von Ihrem Körper auf den Krankheitserreger. Die Lösung des Problems ist, wie nicht anders zu erwarten, dass nur dann Antibiotika genommen werden, wenn der erhoffte Nutzen groß ist. Hygiene – übertriebene Hygiene – hat denselben Effekt, vor allem wenn Menschen jedes Mal, wenn

* Stuart McGill, ein evidenzbasierter Wissenschaftler, der sich auf Rückenleiden spezialisiert hat, beschreibt den Selbstheilungsprozess folgendermaßen: Wenn der Ischiasnerv in einer zu engen Höhlung eingeklemmt ist und die bekannten Rückenprobleme verursacht, die, wie die Ärzte behaupten, nur durch einen (lukrativen) chirurgischen Eingriff behebbar sind, dann produziert der Nerv Säuren, die sich in den Knochen hineinfressen und im Lauf der Zeit einen größeren Durchlass schaffen. Der Körper leistet bessere Arbeit als Chirurgen.

sie mit anderen Menschen zusammengetroffen sind, ihre Hände mit chemischen Waschlotionen reinigen.

Es folgen durch leidvolle Erfahrung bestätigte mögliche Beispiele für Iatrogenik (die alle, abgesehen nur von Fällen, in denen die Patienten sehr krank sind, mehr negative Folgen haben, ob diese Negativfolgen verifiziert wurden oder nicht):* Vioxx, ein Entzündungshemmer, der zu gravierenden Herzproblemen führte. Antidepressiva (wenn sie nicht wirklich notwendig sind). Bariatrische Eingriffe (anstelle von Fastenkuren für übergewichtige Diabetespatienten). Cortison. Desinfektionsmittel und Reinigungsprodukte, die Autoimmunerkrankungen Vorschub leisten können. Hormonersatztherapie. Hysterektomie (Entfernung der Gebärmutter). Kaiserschnitt, wenn nicht zwingend erforderlich. Paukendrainage bei Babys als sofortige Reaktion auf eine Mittelohrentzündung. Lobotomie. Eisen-Ergänzungstherapie. Die als Fortschritt angesehene Weißung von Reis und Ausmahlung von Weizen. Sonnenschutzmittel, die wahrscheinlich schädlich sind. Hygiene (wenn sie über ein gewisses Maß hinausgeht: Hygiene kann sich fragilisierend auswirken, indem sie Hormesis unmöglich macht, unsere eigene Antifragilität). Wir nehmen probiotische Produkte zu uns, weil wir nicht mehr genug »Dreck« essen. Lysol und andere Desinfektionsmittel vernichten so viele »Keime«, dass Kinder kein funktionierendes Immunsystem mehr aufbauen können (beziehungsweise dass ihnen die »guten«, freundlichen Keime und Parasiten weggenommen werden). Zahnhygiene: Ich frage mich, ob der Umstand, dass wir unsere Zähne mit einer Zahnpasta voller chemischer Substanzen putzen, nicht überwiegend der Zahnpastaindustrie zugute kommt – eine Zahnbürste ist etwas Natürliches, die Zahnpasta aber dient möglicherweise nur dazu, das abnorme Zeug zu kompensieren, das wir zu uns nehmen – Stärkeerzeugnisse, Zucker und stark fruktosehaltigen Maissirup. À propos Maissirup: Auch so ein typisches Neomanieprodukt, finanziert von einer technikhörigen Ver-

* Mein Thema in diesem und dem nächsten Kapitel ist Nichtlinearität in ihrem Verhältnis zur Fragilität und die Frage, wie man sich ihrer im Zusammenhang mit gesundheitlichen Entscheidungsprozessen bedient. Es geht nicht um spezifische ärztliche Behandlungsmethoden und Irrtümer. Meine Beispiele sollen lediglich Fälle vorstellen, bei denen wir konkave Reaktionen außer Acht lassen.

waltungsabteilung unter Präsident Nixon, die unter dem Druck stand, Maisanbauer subventionieren zu müssen. Insulinspritzen für Typ-II-Diabetiker, wobei davon ausgegangen wird, dass die Symptome von Diabetes auf den Blutzuckerspiegel und nicht auf Insulinresistenz (oder etwas damit Zusammenhängendes) zurückzuführen sind. Sojamilch. Kuhmilch für Menschen mediterraner oder asiatischer Abstammung. Heroin, das schlimmste Suchtmittel überhaupt, wurde als Morphinersatz für Hustenblocker entwickelt, das nicht die suchterzeugenden Nebeneffekte von Morphin haben sollte. Psychiatrie, vor allem für Kinder – aber ich nehme an, von den Gefahren dieser Maßnahme brauche ich keinen zu überzeugen. Aber nun genug davon.

Es sei noch einmal wiederholt, dass meine Aussagen in den Bereich des Risikomanagements gehören: Wenn ein Mensch sehr krank ist, braucht man sich über Nebenwirkungen keine Gedanken zu machen. Es sind also die weniger schweren Fälle, die Gefährdungen mit sich bringen.

Diese Beispiele sind leicht nachzuvollziehen, es gibt allerdings auch sehr viel heiklere Anwendungen. So liegen etwa ganz im Widerspruch zu dem, was auf einer primitiven Ebene »Sinn zu machen« scheint, keine eindeutigen Beweise dafür vor, dass man mit zuckerfreien, also weniger kalorienhaltigen Softdrinks schneller abnimmt. Aber es dauerte dreißig Jahre, in denen die Biologie von Millionen Menschen durcheinandergebracht wurde, bis wir anfingen, uns solche Fragen zu stellen. Diejenigen, die diese Drinks bewerben, scheinen aufgrund von physikalischen Gesetzen (naiven, aus der Thermodynamik übertragenen Gesetzmäßigkeiten) der Meinung zu sein, dass wir durch Kalorienzufuhr an Gewicht zunähmen und dass diese Annahme für die Analyse ausreichend sei. Für die Thermodynamik wäre es tatsächlich zutreffend, denn eine einfache Maschine reagiert auf Energiezufuhr ohne Feedback, ein Auto verbrennt Treibstoff. Diese Argumentation hat allerdings in der Informationsdimension, in der Nahrung nicht lediglich als Energiequelle fungiert, keinen Bestand; Nahrung liefert vielmehr (ebenso wie Stressoren) Informationen über die Umgebung. Die Nahrungsaufnahme in Verbindung mit der Aktivität des Körpers erzeugt Hormonkaskaden (oder analoge Informationsübermittlungsstrukturen), die ein bestimmtes Verlangen (nach dem Verzehr anderer Nahrungsmittel) zur Folge haben, oder aber

Veränderungen in der Art und Weise, wie der Körper die ihm zur Verfügung gestellte Energie verbrennt – ob er eher Fett speichern und Muskelmasse verbrennen muss oder umgekehrt. In komplexen Systemen wirken Feedback-Schleifen; das, was man »verbrennt«, hängt davon ab, was man zu sich nimmt, und wie man es zu sich nimmt.

Die opake Logik der Natur

Zur Zeit der Abfassung dieses Buchs befasst sich der Biologe Craig Venter mit der Erschaffung von künstlichem Leben. Er führte Experimente durch und stellte sie in einer berühmten Veröffentlichung unter dem Titel »Creation of a Bacterial Cell Controlled by a Chemically Synthesized Genome« vor. Ich empfinde großen Respekt vor Craig Venter; ich halte ihn für einen der schlausten Köpfe in der Geschichte der Menschheit und für einen »Macher« im eigentlichen Sinn des Wortes. Andererseits: Fehlbaren Menschen derartige Macht zu verleihen ist so ähnlich, als würde man einem Kleinkind ein paar Stangen Sprengstoff in die Hand drücken.

Für die Kreationisten dürfte das sehr wahrscheinlich eine Beleidigung Gottes darstellen; für die Evolutionisten ist es mit Sicherheit eine Beleidigung der Evolution. Und für Probabilisten wie mich und meine Kollegen ist es eine Beleidigung menschlicher Klugheit, ein erster Schritt zu dem Zustand, Schwarzen Schwänen voll und ganz ausgesetzt zu sein.

Ich fasse das Argument noch einmal zusammen. Die Evolution bewegt sich durch richtungslose, konvexe Bricolage vorwärts, durch in sich robustes Tüfteln, das heißt durch die Erzielung potentieller zufälliger Gewinne dank ständiger, wiederholter, kleiner, lokal begrenzter Fehler. Mit unserer befehlsgesteuerten Top-down-Wissenschaft sind wir Menschen genau umgekehrt vorgegangen: Unsere Interventionen sind belastet mit negativen Konvexitätseffekten, das heißt, wir haben es zu kleinen, sicheren Gewinnen gebracht, indem wir uns massiven potentiellen Fehlern ausgesetzt haben. Unsere Verstehensbilanz, wenn es um Risiken in komplexen Systemen geht (in der Biologie, im Wirtschaftswesen, beim Klima), ist bis heute erbärmlich und gespickt mit retrospektiven

Verzerrungen (wir verstehen Risiken immer erst, nachdem eine Katastrophe stattgefunden hat, machen aber immer wieder denselben Fehler), und es gibt nichts, was mich davon überzeugen könnte, dass wir im Bereich Risikomanagement besser geworden wären. In diesem besonderen Fall der Erschaffung von Leben wären wir wegen der schwindelerregenden Ausmaße, die Fehler annehmen könnten, der schlimmstmöglichen Form von Zufälligkeit ausgesetzt.

Man sollte uns Menschen einfach keine explosiven Spielzeuge (Atombomben, Finanzderivate oder Werkzeuge, mit denen wir Leben erschaffen können) überlassen.

Schuldig oder unschuldig

Ich formuliere den letzten Punkt noch einmal aus einer etwas anderen Perspektive. Wenn es in der Natur ein Phänomen gibt, das wir nicht verstehen, dann ist die Wahrscheinlichkeit sehr groß, dass es auf einer höheren Ebene, die sich unserem Verstehen entzieht, durchaus sinnvoll ist. Es gibt in der Natur eine Logik, die der unseren weit überlegen ist. Aus der Rechtsprechung kennt man die Dichotomie: *unschuldig bis zum Beweis der Schuld*, im Gegensatz zu *schuldig bis zum Beweis der Unschuld;* in Anlehnung daran würde ich als Regel formulieren: Was Mutter Natur tut, ist sinnvoll, bis das Gegenteil bewiesen ist; das, was die Menschen, die Wissenschaften tun, ist fehlerträchtig, bis das Gegenteil bewiesen ist.

Lassen Sie uns das Gerede von Evidenz an dieser Stelle beenden. Wenn es Ihnen um »statistische Signifikanz« geht: Es gibt auf unserem Planeten nichts, das so »statistisch signifikant« wäre wie die Natur. Vor ihrer Erfolgsbilanz und der schieren statistischen Signifikanz ihrer immensen Erfahrung, vor der Art und Weise, wie sie es geschafft hat, Schwarzer-Schwan-Ereignisse zu überstehen, muss man einfach Hochachtung haben. Wer sich über die Natur hinwegsetzt, braucht dafür einen äußerst triftigen Grund – und nicht, wie es normalerweise verlangt wird, derjenige, der natürliche Prozesse respektiert. Die Natur auf dem Feld der Statistik zu schlagen, dürfte äußerst schwerfallen – wie ich schon im siebten Kapitel im Zusammenhang mit Verzögerungstaktiken erwähnt habe: Auf den naturalistischen Fehlschluss können wir uns berufen, wenn es um Moral geht, aber nicht im Zusammenhang mit Risikomanagement.*

Weil er so gravierende Folgen hat, möchte ich den Verstoß gegen die Logik im Namen von »Beweisen« hier noch einmal wiederholen. Ich meine das ernst: Es war ja kein Einzelfall, dass ich, als ich eine unnatürliche Behandlungsmethode wie das Kühlen einer geschwollenen Nase in Frage stellte, mit der schockierten Rückfrage konfrontiert wurde: »Haben Sie dafür Beweise?«; es ging in der Vergangenheit vielen ähnlich, die etwa gefragt wurden: »Können Sie beweisen, dass Transfette schädlich sind?« und genötigt wurden, Beweise vorzulegen – was natürlich ausgeschlossen war, da es Jahrzehnte dauerte, bis die Schädlichkeit zutage trat. Derartige Fragen werden überwiegend von intelligenten Leuten, auch von Ärzten gestellt. Wenn die (gegenwärtigen) Erdbewohner etwas vorhaben, was gegen die Natur gerichtet ist, dann sind sie diejenigen, die beweisen müssen, dass ihr Vorgehen sinnvoll ist – wenn sie es denn können.

Alles Nicht-Stabile, alles Zerbrechliche hatte im Lauf der Zeit mehr als genug Gelegenheit, zugrunde zu gehen. Und die Wechselwirkungen zwischen den Bestandteilen der Natur mussten so moduliert werden, dass das Gesamtsystem am Leben blieb. Über Millionen von Jahren hat sich diese wunderbare Kombination aus Stabilität, Antifragilität und punktueller Fragilität entwickelt – in einem begrenzten Bereich werden Opfer gebracht, damit die Natur als Ganzes besser funktioniert. Wir beispielsweise opfern uns für unsere Gene – wir setzen unsere Fragilität ein, damit sie überleben. Wir altern, sie aber bleiben jung und werden jenseits unserer individuellen Grenzen immer leistungsfähiger. Im kleinen Maßstab geht permanent etwas zugrunde, um Katastrophen im großen Maßstab zu verhindern.

* Ein häufig angeführtes, allerdings irriges Argument lautet, der menschliche Körper sei nicht perfekt an seine Umgebung angepasst, als ob dieser Umstand bei Entscheidungsfindungen irgendeine Rolle spielen würde. Darum geht es hier nicht; die Natur ist rein rechnerisch geschickter als die Menschen (und hat das auch unter Beweis gestellt), was aber nicht heißt, dass sie perfekt wäre. Man sehe in ihr einfach die Großmeisterin in der Disziplin »Versuch und Irrtum« (im gigantischen Maßstab).

Ein Plädoyer für Ahnungslosigkeit in der Biologie: Phänomenologie

Ich habe bereits ausgeführt, dass Phänomenologie mächtiger ist als Theorien – und dass sie zu drastischeren Strategien führen sollte. Lassen Sie mich das erläutern.

Ich befand mich in einem Fitnessstudio in Barcelona neben dem Seniorchef einer Beraterfirma, einer Branche, die auf der Konstruktion von Narrationen und naiven Rationalisierungen gegründet ist. Wie so viele Menschen, die abgenommen haben, war der Mann höchst interessiert daran, über seinen Gewichtsverlust zu sprechen – es ist einfacher, über Theorien zur Gewichtsreduktion zu reden, als sich daran zu halten. Er berichtete mir, er habe nicht an solche Diäten wie die kohlehydratreduzierende Atkins- oder die Dukan-Diät geglaubt, bis man ihn über den »Insulin«-Mechanismus aufgeklärt habe, was ihn dazu gebracht habe, sich auf die Diät einzulassen. Er nahm schließlich dreißig Pfund ab – hatte aber auf eine Theorie warten müssen, bevor er irgendetwas unternahm. Und das, obwohl es genug Beweise dafür gibt, dass Menschen durch das Weglassen von Kohlehydraten hundert Pfund verlieren, ohne dass sie an ihrer Nahrungsaufnahme im Ganzen etwas verändern – lediglich an der Zusammensetzung! Ich – der ich ja das genaue Gegenteil eines Beraters bin – halte die Begründung »Insulin« für eine fragile Theorie, glaube aber, dass die Phänomenologie, der empirische Effekt, real ist. Erlauben Sie mir nun, die Ideen der postklassischen Schule skeptischer Empiristen vorzustellen.

Wir sind so veranlagt, dass wir auf Theorien hereinfallen. Theorien aber kommen und gehen; was bleibt, ist die Erfahrung. Erklärungen verändern sich immer wieder und haben sich (wegen der kausalen Opakheit, der Unsichtbarkeit von Gründen) im Lauf der Geschichte immer wieder verändert. Die Menschen waren in die schrittweise Entwicklung von Ideen eingebunden und dachten zu jedem Zeitpunkt, sie hätten nun die definitive Theorie gefunden; die Erfahrung hingegen bleibt unverändert.

Wie im siebten Kapitel beschrieben, ist das, was Physiker die Phänomenologie des Prozesses nennen, die empirische Sichtbarmachung ohne Rücksicht darauf, wie ein solcher Prozess mit generellen Theorien verbunden ist, die gerade aktuell sind. Nehmen Sie beispielsweise folgende

Feststellung, die vollständig auf Evidenz beruht: *Wenn Sie Muskeln aufbauen, können Sie mehr essen, ohne in der Bauchregion weitere Fettpolster anzulegen*, und Sie können sich mit Lammkoteletts vollstopfen, ohne einen neuen Gürtel kaufen zu müssen. In der Vergangenheit wurde das mit folgender Theorie rationalisiert: »Ihr Stoffwechsel ist höher, da Muskeln Kalorien verbrennen.« Gegenwärtig höre ich eher: »Sie reagieren sensibler auf Insulin und speichern weniger Fett.« Insulin – Metabolismus – Insubolismus – Metalin – es wird in näherer oder fernerer Zukunft mit Sicherheit noch eine weitere Theorie auftauchen, eine andere Substanz daherkommen, der Effekt jedoch ist immer derselbe.

Das Gleiche gilt für die Behauptung *Gewichtheben vermehrt die Muskelmasse*. In der Vergangenheit pflegten die Fachleute zu sagen, Gewichtheben führe zu »Mikro-Muskelfaserrissen« mit anschließender Heilung und Umfangsvergrößerung. Heute spricht man von Hormonsignalen oder genetischen Mechanismen, und morgen wird etwas anderes diskutiert werden. Aber der Effekt als solcher trat schon immer ein und wird das auch weiterhin tun.

Das Gehirn scheint, wenn es um Narrationen geht, die letzte Provinz des Theoretiker-Scharlatans zu sein. Wenn man *Neuro-Wasauchimmer* mit einem beliebigen Thema zusammenbringt, wird es plötzlich ungleich viel respektabler und überzeugender – den Leuten wird die Illusion einer schlüssigen kausalen Verknüpfung vermittelt, dabei ist das Gehirn für so etwas viel zu komplex; es ist einerseits der komplexeste Bestandteil der menschlichen Anatomie, andererseits derjenige, der für Dummkopf-Kausalitäten am anfälligsten ist. Christopher Chabris und Daniel Simons machten mich auf den Nachweis aufmerksam, nach dem ich gesucht hatte: Jede Theorie, die sich irgendwie auf Gehirn-Schaltkreise bezieht, macht einen »wissenschaftlicheren« und überzeugenderen Eindruck, selbst wenn es sich nur um unstrukturiertes Psycho-Neuro-Geschwätz handelt.

Aber diese Kausalität ist tief in der Tradition der orthodoxen Medizin verwurzelt. Avicenna schreibt in seinem *Canon* (was im Arabischen »Gesetz« bedeutet): »Wir müssen die Gründe von Gesundheit und Krankheit kennen, wenn wir [aus der Medizin] eine *scientia* machen wollen.«

Ich schreibe über Gesundheit, aber ich möchte mich nicht mehr als unbedingt notwendig auf biologische Zusammenhänge (im theoretischen Sinn) stützen – und ich bin überzeugt, dass meine Stärke genau darin liegt. Ich möchte gerade so viel verstehen, dass ich die Regelmäßigkeiten der Erfahrung nachvollziehen kann.

Der Modus Operandi bei jeder Unternehmung sollte also so aussehen, dass man gegen Theorieveränderungen so robust wie möglich ist (um es noch einmal zu sagen: Meine Hochachtung vor Mutter Natur hat rein statistische, mit Risikomanagement zusammenhängende Gründe, ist also in der Vorstellung von Fragilität begründet). Der Arzt und Medizin-Essayist James Le Fanu hat gezeigt, dass unser Verständnis von biologischen Prozessen mit dem Niedergang von Entdeckungen im pharmazeutischen Bereich einherging, als würden rationalistische Theorien uns blind machen, also in gewisser Weise behindern.

Mit anderen Worten: Wir haben in der Biologie ein Grünholzproblem!

Und nun etwas Medizingeschichte der Antike und des Mittelalters. Die Medizin wurde traditionellerweise in drei Traditionen aufgeteilt: die Rationalisten (die sich auf vorgegebene Theorien stützten und umfassend zu verstehen suchten, *wofür* die Dinge erschaffen wurden); die skeptischen Empiristen (die Theorien ablehnten und Ideen mit dem Anspruch, Aussagen über das Unsichtbare machen zu können, skeptisch gegenüberstanden); und die Methodiker (welche sich gegenseitig einfache ärztliche Heuristiken beibrachten, die mit Theorien nichts zu tun hatten, und als Empiristen einen noch praxisbetonteren Weg als die skeptischen Empiristen einschlugen). Da Differenzen möglicherweise durch die Kategorisierung zu stark hervortreten, kann man die drei Traditionen auch als nicht gänzlich dogmatische Vorgehensweisen interpretieren, sondern eher den unterschiedlichen Ausgangspunkten zuordnen, dem Gewicht, das den Annahmen zugemessen wird: Die einen fangen mit den Theorien an, die anderen mit dem Augenschein.

Spannungen zwischen den drei Richtungen gab es immer wieder – ich selbst positioniere mich als Verteidiger mitten im Feld der Empiristen, die als philosophische Schule in der Spätantike aufhörten zu existieren. Ich habe versucht, die Ideen von Ainesidemos von Knossos, Antiochos, Menodotos von Nikomedeia, Herodot von Tarsos und natürlich von Sextus Empiricus wieder zum Leben zu erwecken. Die Empiristen beharrten auf ihrem »Ich habe nicht gewusst«, wenn sie mit Situationen konfrontiert waren, die sie *nicht genau so* aus der Vergangenheit kannten, also von nahezu identischen Umständen. Die Methodiker hatten keine solchen Vorbehalte gegen Analogien, waren aber trotzdem vorsichtig.

Die beißende Kritik unserer Vorfahren

Das Problem mit den Nebenwirkungen ist nicht neu – Ärzte waren schon immer eine Zielscheibe des Spotts.

Martial vermittelt in seinen Epigrammen eine Vorstellung davon, wie das Expertenproblem in der Medizin zu seiner Zeit gesehen wurde: »Ich dachte, Diaulus sei ein Arzt, kein Bestatter – aber für ihn läuft es offenbar auf dasselbe heraus.« (*Nuper erat medicus, nunc est uispillo Diaulus: quod uispillo facit, fecerat et medicus.*) Oder: »Ich habe mich zuvor nicht krank gefühlt, Symmachus, jetzt aber, nach deiner Behandlung, fühle ich mich krank.« *(Non habui febrem, Symmache, nunc habeo.)*

Der griechische Begriff *pharmakon* ist zweideutig, er bedeutet sowohl »Gift« als auch »Heilmittel«; der arabische Arzt Ruhawi benutzte das Wortspiel, um vor schädlichen Nebenwirkungen zu warnen.

Problematisch wird es, wenn jemand seine *Erfolge den eigenen Fähigkeiten zuschreibt*, sein Scheitern jedoch den unglücklichen Umständen. Nikokles stellte bereits im 4. Jahrhundert v. Chr. fest, dass Ärzte ihre Erfolge auf ihr Können zurückführen, ihr Scheitern aber auf die Natur oder andere äußere Gründe. Eben diese Vorstellung wurde von Psychologen einige vierundzwanzig Jahrhunderte später wiederentdeckt und nicht nur auf Ärzte, sondern auch auf Aktienhändler und Firmenchefs angewandt.

Einer alten Anekdote zufolge rief Kaiser Hadrian, als er im Sterben lag, ein ums andere Mal aus, seine Ärzte hätten ihn umgebracht. Montaigne, der vieles von Schriftstellern der Antike übernommen hat, führt in seinen *Essays* immer wieder Anekdoten an: Ein Lakedämonier wurde gefragt, wie er ein so hohes Alter erreicht habe; er antwortete: »Indem ich um die Ärzte einen Bogen gemacht habe.« Außerdem legte Montaigne den Finger auf das Agency-Problem bei Ärzten – auf den Grund, warum für einen Arzt das Letzte, was er braucht, ein gesunder Mensch ist: »Keinen Arzt wird es ergötzen, dass seine Freunde gesund sind, schrieb der antike griechische Satiriker, kein Soldat erfreut sich am Frieden in seiner Stadt, etc.« *(Nul médecin ne prent plaisir à la santé de ses amis mesmes, dit l'ancien Comique Grec, ny soldat à la paix de sa ville: ainsi du reste.)*

Wie man die Hälfte der Bevölkerung heilt

Man erinnere sich an meine Ausführungen zu Leibärzten und dass sie einen umbringen können.

An der Geschichte mit der Großmutter habe ich gezeigt, dass wir bei logischen Argumentationen (im Gegensatz zu intuitiven Handlungen) nicht dazu in der Lage sind, zwischen dem Durchschnitt und anderen, vielfältigeren Eigenschaften des beobachteten Gegenstands zu unterscheiden.

Als ich einmal bei einer Lunchparty im Landhaus eines Freundes eingeladen war, zog ein Gast ein Blutdruckmessgerät aus der Tasche. Mich reizte es mitzumachen, und so maß ich meinen Blutdruck. Es stellte sich heraus, dass er leicht erhöht war. Unter den Gästen befand sich auch ein Arzt, ein sehr freundlicher Herr, der sofort einen Rezeptblock aus der Tasche zog und mir ein Medikament zur Blutdrucksenkung verschrieb – ich warf das Rezept anschließend in den Papierkorb. Dann kaufte ich mir dasselbe Messgerät und fand heraus, dass mein Blutdruck viel niedriger (also besser) ist als der Durchschnitt, bis auf einige wenige Male, wenn er kurzfristig ansteigt. Kurzum: Er weist eine gewisse Variabilität auf. Wie alles im Leben.

Diese zufällige Variabilität wird häufig fälschlicherweise für eine Information gehalten und veranlasst den Arzt dazu zu intervenieren. Spielen wir ein Gedankenexperiment durch – ohne irgendwelche Annahmen bezüglich des Zusammenhangs zwischen Blutdruck und Gesundheit. Nehmen wir außerdem an, der »normale« Blutdruck sei eine bestimmte, bekannte Zahl. Stellen Sie sich eine Gruppe gesunder Personen vor. Aufgrund der Verteilungszufälligkeit wird der Blutdruck einer einzelnen Person die eine Hälfte der Zeit oberhalb dieses Werts liegen, die andere Hälfte unterhalb. Bei der Hälfte ihrer Arztbesuche werden diese Personen also alarmierende »Werte oberhalb der Norm« zeigen. Wenn der Arzt an den Tagen, wo die Patienten zufällig über dem Durchschnittswert liegen, automatisch ein Medikament verschreibt, dann wird die Hälfte der *normalen* (unauffälligen) Population medikamentös behandelt. Nicht zu vergessen: Mit ziemlicher Sicherheit muss davon ausgegangen werden, dass die Lebenserwartung durch jede unnötige Behandlung gesenkt wird. Natürlich vereinfache ich hier etwas; kluge Ärzte sind sich der Schwankungsbreite bei den Messungen bewusst und werden nichts verschreiben, wenn die gemessenen Werte nicht eine wirklich triftige Begründung dafür liefern (obwohl man leicht in diese Falle tappt, und nicht alle Ärzte sind klug). Aber das Gedankenexperiment kann – vor allem, wenn es nicht um lebensbedrohliche Erkrankungen oder chronische Schmerzen geht – zeigen, wie schädlich häufige Arztbesuche sein können, was ganz generell für häufigen Zugang zu Informationen gilt. Das Beispiel erinnert an den im siebten Kapitel beschriebenen Prozess, wo die Behandlung durch einen Leibarzt mit dem Tod des Patienten endet – nur dadurch, dass auf simples Rauschen überreagiert wurde.

All das wiegt schwerer, als man zunächst vermuten möchte: Offensichtlich haben Mediziner Mühe, die normale Variabilität bei Stichproben zu begreifen – manchmal ist der Unterschied zwischen »statistisch signifikant« und »signifikant« in der Auswirkung schwer zu vermitteln. Eine bestimmte Krankheit senkt vielleicht Ihre Lebenserwartung *geringfügig*, aber dieser Möglichkeit wird womöglich eine »*hohe* statistische Signifikanz« zugeschrieben, und das kann dann Panik verursachen, wobei alle diesbezüglichen Studien unter Umständen lediglich festgestellt haben, dass *mit einer signifikanten statistischen Bandbreite* herausgefunden wurde, dass Patienten in einigen Fällen, sagen wir bei einem Prozent der Fälle, ernsthaft gefährdet sind. Oder anders gesagt: Die Größe des Ergebnisses, das Gewicht des Effekts, wird nicht durch die so genannte statistische Signifikanz erfasst – ein Umstand, der Fachleute tendenziell in die Irre führt. Es sind zwei Dimensionen in Betracht zu ziehen: wie stark sich ein bestimmter Zustand, sagen wir Blutdruckwerte, die etwas über dem Normalzustand liegen, auf Ihre Lebenserwartung auswirkt; und wie signifikant das Resultat ist.

Warum ist das so besorgniserregend? Wenn Sie bisher dem Glauben anhingen, ein Statistiker verstünde, was es mit »statistischer Signifikanz« in der komplizierten Textur des wirklichen Lebens (in der »großen Welt« im Gegensatz zur »kleinen Welt« der Lehrbücher) auf sich hat, dann machen Sie sich auf eine Überraschung gefasst. Kahneman und Tversky zeigten, dass Statistiker im Alltag praktische Fehler machten, die ihrem theoretischen Wissen zuwiderliefen – sie vergaßen einfach, dass sie Statistiker sind (ich darf den Leser daran erinnern, dass Denken anstrengend ist). Mein Kollege Daniel Goldstein und ich stellten einige Forschungen zu »Quants« an, Profis auf dem Gebiet der Finanzmathematik, und wir fanden heraus, dass die überwältigende Mehrheit die praktische Auswirkung so elementarer Begriffe wie »Varianz« oder »Standardabweichung« – also Begriffe, mit denen sie in annähernd jeder einzelnen Gleichung arbeiten – nicht versteht. Eine kürzlich durchgeführte beeindruckende Studie von Emre Soyer und Robin Hogarth zeigte, dass viele Profis und Experten im Bereich Ökonometrie, die so bombastische Zahlen wie »Regression« und »Korrelation« bereitstellen, ungeheuerliche Fehler machten, wenn sie die von ihnen berechneten Zahlen in die Praxis übersetzten – ihre Gleichungen bekommen sie richtig hin, wenn es aber an die Umsetzung in die Realität geht, machen sie gravierende Übersetzungsfehler. In allen Fällen unterschätzen sie Zufälligkeit und die Ungewissheit in den Resultaten. Und ich spreche hier von Interpretationsirrtümern, die nicht etwa denjenigen unterliefen, die mit den Statistiken arbeiten (Sozialwissenschaftlern und Ärzten), sondern *den Statistikern selbst*.

Leider lösen all diese Verzerrungen Handlungen aus und fast nie Handlungsabstinenz.

Darüber hinaus wissen wir mittlerweile, dass die Hysterie gegenüber Fetten und die Werbung mit »fettfreien« Slogans auf einen elementaren Fehler bei der Interpretation der Resultate einer Regression zurückgeht: Wenn zwei Variablen gemeinsam zu einem Effekt führen (wie in diesem Fall Kohlehydrate und Fett), dann zeigt sich manchmal nur einer von beiden als Verantwortlicher. Doch viele nahmen fälschlicherweise an, die Probleme, die durch den gleichzeitigen Verzehr von Fett und Kohlehydraten verursacht wurden, seien eher dem Fett als den Kohlehydraten zuzuschreiben. Der große Statistiker David Freedman, der zahlreiche statistische Fehlinterpretationen aufgedeckt hat, wies gemeinsam mit einem Koautor zudem sehr überzeugend nach, dass die Verbindung, die so häufig und nachdrücklich zwischen Salzkonsum und Blutdruck hergestellt wird, keinerlei statistische Grundlage hat. Für manche Menschen mit hohem Blutdruck mag der Zusammenhang existieren, er ist aber sehr wahrscheinlich eher die Ausnahme als die Regel.

»Mathematische Stringenz« in der Medizin

Diejenigen unter uns, die sich über den Scharlatanismus hinter der fiktionalen Mathematik in den Sozialwissenschaften amüsieren, fragen sich vielleicht, warum man sich nicht auch über die Medizin lustig macht.

Und tatsächlich beweist der Friedhof der schlechten (und versteckten) Ideen, dass wir uns hier immer wieder von der Mathematik in die Irre führen ließen. Ein ums andere Mal wurden mittlerweile in Vergessenheit geratene Versuche gemacht, die Medizin zu mathematisieren. Es gab eine Zeit, in der die Medizin sich ihre Erklärungsmodelle aus der Physik holte. Giovanni Borelli verglich in *De motu animalium* den Körper mit einer Maschine, die aus belebten Hebeln besteht – infolgedessen könnten wir mit den Regeln der linearen Physik arbeiten.

Um es noch einmal deutlich zu sagen: Ich bin nicht gegen den rationalen Gelehrtendiskurs – vorausgesetzt, er ist nicht fragil gegenüber Irrtümern; ich bin zuerst und zuletzt ein nicht auflösbares Mischwesen aus Entscheidungsträger, Macher und philosophischem Probabilisten, und eine solcherart zusammengesetzte Persönlichkeit bin ich ständig und immer: morgens, wenn ich das alte Kulturgetränk Kaffee zu mir nehme, mittags, wenn ich mit meinen Freunden esse, und abends, wenn ich mich mit einem Buch ins Bett lege. Ich bin ein Gegner des *naiv* rationalen, pseudo-gelehrten Diskurses, des Diskurses mit Grünholzproblemen, der sich lediglich auf das Bekannte konzentriert und *das Unbekannte ausklammert*. Ich bin aber kein Gegner des Einsatzes von Mathematik, wenn es darum geht, den Stellenwert des Unbekannten abzuschätzen – das ist vielmehr der robuste Einsatz von Mathematik. Faktisch beruhen die Argumente in diesem und dem folgenden Kapitel alle auf Wahrscheinlichkeitsberechnungen – aber es liegt ihnen kein rationalistischer Einsatz von Mathematik zugrunde, und viele von ihnen ermöglichen die Aufdeckung von eklatanten Widersprüchlichkeiten zwischen Feststellungen zur Schwere einer Krankheit und der Intensität der Behandlung. In den Sozialwissenschaften ist andererseits der Einsatz von Mathematik immer gleichbedeutend mit Interventionismus. Diejenigen, die dieses Geschäft professionell betreiben, setzen Mathematik an allen möglichen Stellen ein, nur nicht dort, wo sie nützlich sein könnte.

Die einzige Bedingung für die hier vorgestellte Art eines klügeren Rationalismus: Man sollte die eigenen Überzeugungen und Handlungen so ausrichten, als hätte man keinen Gesamtüberblick – um klug zu sein, muss man sich damit abfinden, dass man es nicht ist.

Ich habe in diesem Kapitel die Idee der Konvexitätseffekte und die Frage, wo die Beweislast liegt, im Zusammenhang mit der Medizin und mit Risikobewertungen vorgestellt. Im Folgenden komme ich nun auf weitere Anwendungsbereiche von Konvexitätseffekten zu sprechen und thematisiere die *Via Negativa* als konsequente Lebensgrundhaltung.

Kapitel 22
Lang leben, aber keinesfalls zu lang

Dienstags und freitags plus Fastenzeit – Wie kann man ewig leben? Antworten von Nietzsche und anderen – Oder aber: Warum man nach ernsthafter Überlegung doch nicht länger leben will

Lebenserwartung und Konvexität

Eines ist sicher: Wenn man bestimmte Aspekte der Medizin oder des bedingungslosen technischen »Fortschritts« in Frage stellt, kommt unweigerlich das Argument, dass wir heute »im Großen und Ganzen länger leben« als frühere Generationen. Manchmal wird das noch törichtere Argument vorgebracht, der Hang zu einem natürlicheren Lebensstil impliziere den Wunsch, in eine Zeit zurückzukehren, in der das Leben der Menschen »grausam und kurz« war, wobei nicht auffällt, dass das dem Argument entspricht, man würde, indem man lieber frische Nahrungsmittel als solche aus der Dose zu sich nimmt, die Errungenschaften der Zivilisation ablehnen, die Rechtsstaatlichkeit und den Humanismus. Dieses Lebenserwartungsargument muss also genauer unter die Lupe genommen werden.

Eine Kombination vielfältiger Faktoren hat zur Steigerung der Lebenserwartung (bedingt durch das Ausbleiben eines Atomkriegs) geführt: die Verbesserung der hygienischen Verhältnisse, Penicillin, der Rückgang der Kriminalität, Fortschritte in der Chirurgie und natürlich *einige* Mediziner, die in akut lebensbedrohlichen Situationen operiert haben. Wenn wir länger leben, dann liegt das an den Leistungen, die die ärztliche Kunst in Fällen vollbracht hat, wo das Schicksal des Kranken auf Messers Schneide stand, also bei Menschen, deren Zustand wirklich lebensbedrohlich war – hier handelt es sich um konvexe Fälle mit einem geringen Grad an Iatrogenik. Es ist ein großer Irrtum, aus dem Umstand, dass einige Menschen aufgrund bestimmter ärztlicher Leistungen länger leben, zu schließen, dass sämtliche ärztliche Leistungen dazu führen, dass wir länger leben.

Um einzuschätzen, was der »Fortschritt« bewirkt hat, muss man von den Vorteilen, die die ärztliche Behandlung mit sich bringt, die Kosten der Zivilisationskrankheiten abziehen (in primitiven Gesellschaften gibt es fast keine Herz-Kreislauf-Erkrankungen, keinen Krebs, keine Löcher in den Zähnen, keine Wirtschaftstheorien, keine Musikberieselung und andere moderne Krankheiten); die Fortschritte in der Behandlung von Lungenkrebs müssen aufgerechnet werden gegen die schädlichen Auswirkungen des Rauchens. Aus der Forschungsliteratur kann man entnehmen, dass die Bemühungen von Ärzten ein paar wenige Jahre zu dieser Verlängerung beigetragen haben, aber auch hier gilt, dass das zum großen Teil von der Schwere der Erkrankung abhängt (Krebsspezialisten tragen sicher in fortgeschrittenen, noch heilbaren Fällen positiv zur Bilanz bei, wohingegen die Maßnahmen interventionistisch eingestellter Hausärzte sich eher auf der Negativseite niederschlagen). Man muss den fatalen Umstand in Rechnung stellen, dass Iatrogenik, also die Medizin selbst, die Lebenserwartung in einer bestimmten, unschwer abzubildenden Anzahl von Fällen herabsetzt, nämlich bei den konkaven Fällen. Es gibt einige wenige Daten aus vereinzelten Krankenhausstreiks, in denen lediglich (in absoluten Notfällen) eine kleine Anzahl von Operationen durchgeführt wurde; andere dagegen (elektive Eingriffe) wurden verschoben. Je nachdem, welcher Seite der Debatte man sich anschließen will, steigt die Lebenserwartung in solchen Fällen, oder sie scheint zumindest nicht zu sinken. Außerdem wurden bemerkenswerterweise viele der elektiven Operationen anschließend gestrichen, da die Gesundung von allein eingetreten war – was darauf schließen lässt, wie gering *manche* Ärzte das Wirken von Mutter Natur einschätzen.

Ein weiterer Fehler, der darauf zurückzuführen ist, dass wir uns vom Zufall narren lassen, ist die Annahme, die Menschen hätten vor Beginn des letzten Jahrhunderts lediglich dreißig Jahre gelebt, weil die durchschnittliche Lebenserwartung dreißig Jahre betrug. Dabei war die Verteilung grob verzerrt, da es damals eine sehr hohe Säuglings- und Kindersterblichkeit gab. Die bedingte Lebenserwartung war hoch –

immerhin starben die meisten unserer Vorfahren aufgrund von Verletzungen.* Vielleicht trug die Befolgung und Durchsetzung von Recht und Gesetz mehr zur Erhöhung der Lebenserwartung bei als die Ärzte – der Gewinn an Lebenszeit ist also möglicherweise eher gesellschaftlich bedingt und weniger das Ergebnis wissenschaftlichen Fortschritts.

Ein gutes Beispiel liefert die Mammographie. Es ist nachgewiesen, dass die Vorschrift, alle Frauen hätten sich jährlich einer Mammographie zu unterziehen, (bestenfalls) nicht zu einer Erhöhung der Lebenserwartung geführt hat (womöglich bewirkte sie sogar das Gegenteil). Der Anteil von Frauen, die an Brustkrebs sterben, sinkt zwar in der Gruppe, die sich der Mammographie unterzieht, allerdings steigt die Sterblichkeit *aufgrund anderer Ursachen* signifikant an. Daran lassen sich einfache und messbare iatrogene Effekte aufzeigen: Ein Arzt, der einen Tumor feststellt, kann gar nicht anders als etwas unternehmen, das schädlich ist; er wird operieren und anschließend Bestrahlung, Chemotherapie oder beides anordnen – Vorgehensweisen, die schädlicher sind als der Tumor selbst. Es gibt einen Break-even-Punkt, der von panischen Ärzten und Patientinnen nur allzu schnell überschritten wird: Die Behandlung eines *Tumors, der die Frau nicht umbringt*, verkürzt ihr Leben – Chemotherapie ist toxisch. Wir haben eine derartige Paranoia gegenüber Krebs entwickelt, weil wir die Kausalkette von hinten aufrollen, ein logischer Irrtum, den man als *Affirmation der Folge* bezeichnet. Dass alle, die vorzeitig an Krebs starben, einen bösartigen Tumor hatten, bedeutet nicht, dass alle bösartigen Tumoren zum Krebstod führen. Die meisten intelligenten Menschen schließen aus dem Umstand, dass alle Kreter lügen, nicht, dass alle Lügner Kreter sind – oder aus dem Um-

* Zwar wird das Thema der bedingten Lebenserwartung kontrovers diskutiert, aber die Zahlen sprechen für sich. Ein extremer Vertreter der einen Seite, Richard Lewontin, arbeitet mit dem äußerst niedrigen Schätzwert, dass »in den letzten 50 Jahren der Lebenserwartung einer Person, die 60 Jahre alt ist, lediglich vier Monate hinzugefügt wurden«. Daten aus den Centers for Disease Control and Prevention (CDC) zeigen ein paar Jahre mehr (wobei man allerdings nicht sicher ausmachen kann, wie viel davon der Entwicklung der Medizin und wie viel der Verbesserung der Lebensbedingungen und der sozialen Umgangsformen insgesamt zuzuschreiben ist). Immerhin zeigen auch die Daten der CDC, dass die Lebenserwartung eines 20-Jährigen von 42,79 (weiteren Jahren) von 1900 bis 1902 auf lediglich 51,2 in den Jahren 1949 bis 1951 und 58,2 im Jahr 2002 anstieg.

stand, dass alle Banker korrupt sind, nicht, dass alle korrupten Personen Banker sind. Nur in äußerst schweren Fällen erlaubt uns die Natur, eine derartige Vergewaltigung der Logik (*modus ponens* genannt) vorzunehmen, um uns zum Überleben zu verhelfen. Überreaktionen waren in der Umgebung unserer Vorfahren durchaus vorteilhaft.*

Dass das Problem mit der Mammographie falsch verstanden wird, führte zu Überreaktionen von Seiten der Politik (ein weiterer Grund, die Gesellschaft gegen die Dummheit von Gesetzgebern zu immunisieren, indem man wichtige Entscheidungen dezentralisiert). Eine Politikerin der schlichteren Art, Hillary Clinton, ging so weit zu behaupten, Kritiker, die den Wert der Mammographie in Frage stellen, brächten Frauen um.

Und das Mammographie-Problem lässt sich generalisieren auf vorgeschriebene Labortests, mit denen Abweichungen von der Norm aufgespürt und anschließend »geheilt« werden.

Zugewinn durch Subtraktion

Meinen Freund Spyros Makridakis, seines Zeichens Statistiker und Entscheidungswissenschaftler, habe ich bereits vorgestellt; er ist derjenige, der die Schwachstellen in statistischen Vorhersagemethoden aufdeckte. Nach gemeinsamem genauem Studium der Daten gelangten wir zu der Einschätzung, dass die Verringerung der Ausgaben im medizinischen Bereich um einen gewissen Betrag (wobei dieser Einschnitt auf elektive Operationen und Behandlungen zu beschränken wäre) das Leben der Menschen in den meisten reichen Ländern, vor allem in den Vereinigten Staaten, verlängern würde. Warum? Aufgrund einer schlichten Konvexitätsanalyse, einer Untersuchung der bedingten iatrogenen Effekte: Der Irrtum, der darin besteht, Kranke zu behandeln, die nur leichte Beschwerden haben, bringt diese in eine konkave Position. Und wir haben auch eine ziemlich genaue Vorstellung davon, wie das zu bewerkstelligen wäre. Man müsste einfach die Hürde für ärztliche Intervention zu-

* Eine technische Anmerkung: In der so genannten Bayes'schen Analyse (der bedingten Wahrscheinlichkeit) entspräche das der Betrachtung von A unter der Bedingung von B statt B unter der Bedingung von A.

gunsten der wirklich schweren Fälle erhöhen, für die der iatrogene Effekt nur sehr gering ist. Noch wirksamer wäre es, die Ausgaben für diese Fälle zu erhöhen und für die elektiven zu reduzieren.

Mit anderen Worten, man muss von hinten denken, ausgehen von der Iatrogenik, den schädlichen Nebenwirkungen, und von dort auf das Heilverfahren schließen, nicht andersherum. So oft wie möglich sollte der Arzt durch die dem Organismus eigene Antifragilität ersetzt werden. Und im anderen Fall kann umstandslos von aggressiven Behandlungsmethoden Gebrauch gemacht werden.

Ein weiterer Anwendungsbereich der *Via Negativa*: Geben Sie weniger Geld aus und leben Sie länger – handeln Sie subtraktiv. Wir haben gesehen, dass Iatrogenik auf die Interventionsverzerrung zurückgeht, auf die *Via Positiva*, den Drang, *etwas zu tun*, was all die Probleme zur Folge hat, um die es hier ging. Verlegen wir uns also stattdessen auf die *Via Negativa*: Sich von Dingen zu befreien, kann eine sehr wirkmächtige (und, wie empirisch nachgewiesen wurde, gründlichere) Handlungsweise sein.

Warum? Das Wegnehmen, die Subtraktion einer Sache, die sich nicht im Lauf unserer Evolutionsgeschichte bewährt hat, reduziert die Möglichkeit von Schwarzen Schwänen, dem plötzlichen Eintreten von negativen Ereignissen, und man bleibt offen für Verbesserungen. Sollten sich Verbesserungen einstellen, kann man mit großer Sicherheit davon ausgehen, dass sie weitgehend frei sind von unvorhersehbaren Nebenwirkungen.

Die Methode der *Via Negativa* birgt also, wendet man sie auf die Medizin an, viele Juwelen in sich. Die Aufforderung, *nicht* zu rauchen, ist die wichtigste Leistung der Medizin in den letzten sechzig Jahren. Druin Burch schreibt in seinem Buch *Taking the Medicine*: »Den schädlichen Auswirkungen des Rauchens entsprechen auf der Positivseite mehr oder weniger *sämtliche* seit dem Krieg entwickelten ärztlichen Interventionsmethoden zusammengenommen … Wäre es möglich, das Rauchen vollkommen abzuschaffen, dann würde die Menschheit davon mehr profitieren als von der Möglichkeit, alle bestehenden Arten von Krebs zu heilen.«

Auch dazu gibt es einen Kommentar aus der Antike: Nach den Worten des Ennius ist »das Gute in fast allen Fällen die Abwesenheit des Schlechten« – *Nimium boni est, cui nihil est mali.*

Ähnlich sieht es beim Glück aus: Am besten fährt man mit einem negativen Konzept; hier gilt dieselbe Nichtlinearität. Moderne Glücksforscher (die überwiegend einen recht unglücklichen Eindruck machen – häufig handelt es sich bei ihnen um ehemalige Wirtschaftswissenschaftler, die heute Psychologen sind, oder umgekehrt) arbeiten nicht mit Nichtlinearitäten und Konvexitätseffekten, wenn sie uns über das Glück in Kenntnis setzen – als wüssten wir, was das Glück ist und ob es wirklich das ist, wonach wir suchen sollten. Es wäre besser, sie würden uns über Unglücklichsein Auskunft geben (wahrscheinlich würden analog zu denen, die Glücksseminare geben und unglücklich aussehen, die Unglücksdozenten glücklich aussehen); das »Streben nach Glück« ist nicht dasselbe wie die »Vermeidung von Unglück«. Wir alle wissen nicht nur genau, was uns unglücklich macht (beispielsweise Lektoren, der tägliche Berufsverkehr, Gestank, Schmerzen, der Anblick bestimmter Zeitschriften in einem Wartezimmer und so weiter), sondern auch, was wir dagegen unternehmen können.

Lassen Sie uns sondieren, was die alten Philosophen dazu sagten. »Kargheit der Nahrung vermag bisweilen, den Leib wiederherzustellen«, schrieb Plotin. Man glaubte in früheren Jahrhunderten an die Wirksamkeit von Reinigungskuren (beispielsweise an die häufig schädliche, häufig aber auch heilsame Praxis des Aderlasses). Das Rezept der Schule von Salerno, einer berühmten medizinischen Lehr- und Forschungsanstalt des Mittelalters, lautete: heitere Stimmung, Ruhe, geringe Nahrungszufuhr. *Si tibi deficiant medici, medici tibi fiant haec tria: mens laeta, requies, moderata diaeta.*

Es gibt eine möglicherweise apokryphe (aber deshalb nicht weniger interessante) Geschichte über Pomponius Atticus, der dadurch Berühmtheit erlangte, dass er ein Verwandter Ciceros und Empfänger von dessen Briefen war. Dieser Pomponius Atticus war unheilbar krank und wollte sowohl seinem Leben als auch seinem Leiden dadurch ein Ende setzen, dass er nichts mehr zu sich nahm – erfolgreich war er nur mit Letzterem, denn nach einem Bericht von Montaigne wurde durch das Fasten seine Gesundheit wiederhergestellt. Ich führe die Geschichte hier an, obwohl sie apokryph ist, einfach aus dem Grund, dass aus wissenschaftlicher Sicht die einzige Methode, wie das menschliche Leben verlängert werden kann, darin besteht, die Kalorienzufuhr zu reduzieren – viele menschliche Leiden werden offensichtlich dadurch geheilt, und bei Labortieren ließ sich der lebensverlängernde Effekt sogar nachweisen. Allerdings ist, wie ich im nächsten Abschnitt zeige, keine dauerhafte Kalorienreduktion vonnöten – gelegentliches (gründliches) Fasten reicht aus.

Bekanntlich können viele Fälle von Diabetes geheilt werden, indem der Kranke einer sehr strengen »Hungerkur« unterzogen wird, was einen Schock im System zur Folge hat – der Mechanismus ist wahrscheinlich heuristisch schon lange bekannt, da es in Sibirien Hungerkur-Institute und -Sanatorien gibt.

Es ist nachgewiesen, dass viele Menschen davon profitieren, wenn Produkte, die es in der Umgebung ihrer Vorfahren nicht gab, weggelassen werden: Zucker und andere Kohlehydrate in unnatürlicher Zusammensetzung, Weizenprodukte (was vor allem diejenigen betrifft, die unter Zöliakie leiden, allerdings reagieren wir fast alle auf diese Neuerung in der Ernährungspalette nicht gerade positiv), Milch und andere Erzeugnisse von Kühen (betrifft vor allem Menschen, die nicht aus Nordeuropa stammen und keine Laktosetoleranz ausgebildet haben), Limonade (sowohl Diät- als auch normale Limonade), Wein (für Menschen aus Asien, die sich nicht im Lauf ihrer Geschichte an Weingenuss gewöhnt haben), Vitaminpillen, Nahrungsersatzstoffe, der Hausarzt, Kopfschmerztabletten und andere Schmerzmittel. Ein Arzt, der Schmerzmittel verschreibt, verhindert, dass sich sein Patient im Versuch-und-Irrtum-Verfahren mit dem Grund für seine Kopfschmerzen – Schlafentzug, Nackenspannungen oder schädliche Belastungen – auseinandersetzt; der Patient kann also ungehindert damit fortfahren, sein Leben nach Prokrustes-Manier zu zerstören. Sehr viel muss man gar nicht tun – man sollte einfach die Medikamente weglassen, die einem der Arzt verschrieben hat, oder am besten gleich den Arzt weglassen. Von Oliver Wendell Holmes sen. stammt der Satz: »Wenn wir sämtliche Medikamente ins Meer kippen würden, wäre das eine Wohltat für die Menschen – allerdings schlecht für die Fische.« Mein Vater, ein Onkologe (der auch Forschungen in Anthropologie betrieb), erzog mich in diesem Sinne (wobei er leider seinen Maximen nicht immer gerecht wurde; aber immerhin führte er sie oft genug an).

Was mich betrifft, so weigere ich mich, Früchte zu essen, die es nicht auch bereits in der Antike im östlichen Mittelmeerraum gegeben hat (ich spreche hier von »mir«, um deutlich zu machen, dass ich nicht dem Rest der Menschheit meinen Standpunkt überstülpen möchte). Ich mache um Früchte, die keinen alten griechischen oder hebräischen Namen tragen – also um Mangos, Papayas, ja sogar um Orangen – prinzipiell einen großen Bogen. Orangen sind wahrscheinlich das postmittelalterliche Äquivalent von Bonbons; in der Antike gab es sie in den Mittelmeerländern noch nicht. Die Portugiesen haben wahrscheinlich in Goa einen süßen Zitrusbaum entdeckt, und durch Züchtung arbeiteten sie auf immer süßere Früchte hin, ganz ähnlich wie eine heutige Süßwarenfabrik. Selbst die Äpfel, die in Supermärkten angeboten werden, sollten mit Argwohn betrachtet werden: Äpfel waren ursprünglich nicht süß, dazu wurden sie erst durch die Züchtungsanstrengungen von Lebensmittelkonzernen gemacht – die Bergäpfel meiner Kindheit waren sauer, bitter, hart und viel kleiner als die glänzenden Exemplare in amerikanischen Supermärkten, von denen es heißt, sie würden einem den Doktor ersparen.

An Flüssigkeit nehme ich prinzipiell nur Getränke zu mir, die seit mindestens tausend Jahren konsumiert werden, sodass ihre Tauglichkeit ausreichend unter Beweis gestellt ist. Ich trinke nur Wein, Wasser und Kaffee. Keine Softdrinks. Am meisten schädliche Augenwischerei wird wohl mit Orangensaft betrieben: Armen unschuldigen Menschen drängt man ihn zum Frühstück auf mit dem von der Werbung forcierten Argument, das sei »gesund«. (Abgesehen von der Tatsache, dass die ursprünglichen Zitrusfrüchte nicht süß waren, nahmen unsere Vorfahren nie Kohlehydrate ohne große, sehr große Mengen an Ballaststoffen zu sich. Eine Orange oder einen Apfel zu essen, entspricht physiologisch nicht dem Trinken von Orangen- oder Apfelsaft.) Aus solchen Beispielen leitete ich mir die Regel ab, dass das, was gemeinhin »gesund« genannt wird, überwiegend ungesund ist, wie ja auch »soziale« Netzwerke antisozial sind und »wissens«-basierte Volkswirtschaften typischerweise ignorant.

Meine Gesundheit hat sich spürbar verbessert, dadurch dass es mir gelingt, schädliche Reizstoffe zu entfernen: Tageszeitungen (allein schon die Erwähnung der Namen der Fragilist-Journalisten Thomas Friedman oder Paul Krugman kann meinerseits zu explosiven unerwiderten

Wutanfällen führen), ein Chef, der tägliche Weg zur Arbeit und wieder zurück, Klimaanlagen (keine Heizung), Fernsehen, E-Mails von Dokumentarfilmmachern, Konjunkturprognosen, Nachrichten über den Aktienmarkt, Fitnessgeräte für »Krafttraining« und vieles mehr.*

Die Iatrogenik des Geldes

Um zu sehen, wie sehr wir uns in unserem Streben nach Reichtum der Antifragilität verweigern, denke man nur daran, wie viel fröhlicher Bauarbeiter mit einem Käse-Schinken-Sandwich wirken als Geschäftsleute beim Essen in einem Drei-Sterne-Lokal. Eine Mahlzeit schmeckt unvergleichlich viel besser, wenn man sich zuvor kräftig verausgabt hat. Die Römer hatten ein eigenartiges Verhältnis zum Reichtum: Alles, was »verweichlicht« oder »verwöhnt«, hatte einen negativen Beigeschmack. Der ihnen anhaftende Ruf, dekadent gewesen zu sein, ist übertrieben (die Geschichtsschreibung hat einen Hang zum Grell-Sensationellen); Komfort war den Römern suspekt, denn sie waren sich der schädlichen Nebenwirkungen bewusst. Dasselbe gilt für die Semiten, die sich aus Wüstenstämmen und Stadtbewohnern zusammensetzten, wobei die Städter über Generationen hinweg die Sehnsucht nach ihren Wurzeln und ihrer ursprünglichen Kultur aufrechterhielten; es gibt also eine Kultur der Wüste, voller Poesie, Ritterlichkeit, Nachdenklichkeit, Anstrengung und Entbehrung, und sie wird gegen die Bequemlichkeit der Städte ausgespielt, den dort grassierenden physischen und moralischen Verfall, das Geschwätz, die Dekadenz. Ein Stadtbewohner begibt sich in die Wüste, um sich zu reinigen, so wie Jesus Christus es tat, der vierzig Tage in der Wüste von Judäa aushielt, oder der heilige Markus in der ägyptischen Wüste. Sie stehen am Anfang einer langen Tradition der Askese. Irgendwann hatte sich in der Levante das Einsiedlertum wie eine Epi-

* Ein bezeichnendes Beispiel für das Fehlen eines empirischen Verständnisses von »Beweis«: In einem Artikel im *New York Times Magazine* entschuldigte sich ein Arzt, der berichtete, er habe wegen der möglicherweise schädlichen Nebenwirkungen aufgehört, Zucker zu essen, dafür, dass er so handle, ohne dass »eindeutige Beweise« vorlägen. Wie es um das Erfahrungswissen einer Person bestellt ist, lässt sich am besten dadurch herausfinden, dass man feststellt, wo sie die Beweislast platziert.

demie ausgebreitet; die eindrucksvollste Gestalt war wohl der heilige Simeon, der in Nordsyrien vierzig Jahre auf der Spitze einer Säule ausharrte. Die Araber übernahmen diese Tradition, sie entledigten sich ihrer Besitztümer, um sich der Stille, Kargheit und Leere der Wüste auszusetzen. Und natürlich gehörte das Fasten zwingend dazu; darauf komme ich später noch zu sprechen.

Iatrogene Effekte in der Medizin gehen auf Wohlstand und Raffinesse zurück, nicht auf Armut und Schlichtheit, und sind das Produkt von einem Teilwissen, nicht von Unwissen. Das Ideal, seine Besitztümer wegzugeben und in die Wüste zu gehen, ist eine wirkungsvolle subtraktive Strategie im Stil der *Via Negativa.* Nur wenige sind sich darüber im Klaren, dass Geld seine eigene spezifische Iatrogenik hervorbringt – würden manche Menschen von ihrem Vermögen befreit, dann würde das ihr Leben vereinfachen und beträchtliche Vorteile in Form von gesunden Stressoren mit sich bringen. Ärmer sein hat also durchaus auch Vorteile, wenn man es richtig anstellt. Wir brauchen die moderne Zivilisation für viele Dinge, etwa für die Rechtsordnung und die Unfallchirurgie. Aber man male sich doch nur einmal aus, wie viel besser es uns mit der subtraktiven Methode ginge, der *Via Negativa*, die unser Wohlbefinden steigert, indem sie uns abhärtet: keine Sonnencreme, keine Sonnenbrille (wenn Sie braune Augen haben), keine Klimaanlage, kein Orangensaft (nur Wasser), keine glatten Oberflächen, keine Softdrinks, keine ominösen Pillen, keine laute Musik, keine Personenaufzüge, keine Entsafter, keine … schon gut, ich höre auf.

Wenn ich Fotografien von meinem Freund Art De Vany betrachte, dem Urheber und Übervater der Paläo-Lebensweise, der mit seinen über siebzig Jahren noch äußerst fit ist (sehr viel fitter als die meisten Menschen, die dreißig Jahre jünger sind als er), und wenn ich Bilder dieser birnenförmigen Milliardäre Rupert Murdoch oder Warren Buffett oder anderer Männer derselben Altersgruppe danebenhalte, dann kommt mir unweigerlich folgender Gedanke. Tiefer und sorgloser Schlaf, ein ruhiges Gewissen, gegenseitige Dankbarkeit, Abwesenheit von Neid, guter Appetit, starke Muskeln, physische Energie, häufiges Lachen, keine einsamen Mahlzeiten, keine Termine im Fitnessstudio, eine Arbeit (oder ein Hobby), zu der auch ein gewisses Maß an körperlicher Anstrengung gehört, eine gute Verdauung, keine Konferenzzimmer, periodische Überraschungen – wenn wahre Gesundheit sich durch diese Merkmale definieren lässt, dann ist sie zum größten Teil subtraktiv (und besteht in der Entfernung iatrogener Effekte).

Religion und naiver Interventionismus

Eine Religion verfolgt verborgene Absichten, die jenseits dessen liegen, was engstirnige wissenschaftliche Wissenschaftler erkennen – eine dieser Absichten besteht darin, uns vor der Wissenschaftlichkeit, also vor eben jenen Wissenschaftlern zu beschützen. Auf manchen Gräbern steht geschrieben, dass Menschen Brunnen oder sogar Tempel für ihren bevorzugten Gott errichten ließen, nachdem dieser ihnen in Situationen half, wo die Ärzte gescheitert waren. Nur selten erkennen wir unter den Segnungen der Religion den Umstand, dass sie den Interventionsirrtum und seine schädlichen Nebenwirkungen begrenzt: *In sehr vielen Fällen (bei leichteren Krankheiten) wird Ihnen alles helfen, was Sie davon abhält, zum Arzt zu gehen, und Sie stattdessen ermächtigt, nichts zu tun (und damit der Natur die Möglichkeit gibt, ihre Arbeit zu machen).* Wenn es sich nicht um schwere Verletzungen, um Unfallfolgen oder Ähnliches handelt, wenn vielmehr nur kleinere Krankheiten, Anflüge von Unwohlsein vorliegen (also, um es noch einmal zu sagen, in all jenen Fällen negativer Konvexität, bei denen das Risiko iatrogener Effekte größer ist als der Nutzen einer ärztlichen Behandlung), ist es sicher hilfreich, eine Kirche (oder einen Apollo-Tempel) aufzusuchen. Immer wieder stößt man in Tempeln auf Inschriften mit dem Grundtenor: *Apollo hat mich gerettet, meine Ärzte versuchten, mich umzubringen* – typischerweise hat in solchen Fällen der Patient sein Vermögen dem Tempel vererbt.

Und ich habe den Eindruck, dass die menschliche Natur tief in ihrem Inneren weiß, wann sie sich dem Trost der Religion überlassen darf und wann sie sich besser an die Wissenschaft wendet.*

* Was ich bewusst umgehen möchte, ist das Thema des Placeboeffekts; mir geht es um Nichtlinearitäten, und dieses Thema hat damit nichts zu tun.

Wenn es ein Mittwoch ist, bin ich Veganer

Manchmal bekomme ich von Organisatoren im Zusammenhang mit einem Konferenzessen einen Fragebogen zugeschickt, in dem ich angeben soll, ob ich irgendwelche speziellen Ernährungswünsche habe; manchmal schon sechs Monate im Voraus. Früher pflegte ich zu antworten, ich würde keine Katzen, Hunde, Ratten und Menschen (nicht einmal Ökonomen) essen. Heute, nach einer gewissen individuellen Evolution, muss ich mir erst überlegen, um welchen Wochentag es geht, um zu wissen, ob ich dann Veganer bin oder riesige Steaks verzehren kann. Wie geht das? Ich konsultiere einfach den Kalender der griechisch-orthodoxen Kirche mit seinen vorgeschriebenen Fastenzeiten. Damit bringe ich Leute, die ganz naiv nach den bei TED-Konferenzen üblichen Kriterien vorgehen, in einige Verlegenheit, weil sie mich nicht ins »Paläo-Lager« oder ins »Veganer-Lager« einordnen können. (Die »Paläo«-Leute sind Fleischesser, sie orientieren sich an den Ernährungsgewohnheiten unserer Vorfahren, die angeblich vor allem sehr viel Fleisch und Fett von Tieren verzehrten; Veganer essen überhaupt keine tierischen Produkte, nicht einmal Butter.) Später werde ich zeigen, warum es ein naiver rationalistischer Fehler ist, sich ausschließlich und nicht nur phasenweise irgendeiner Kategorie zuzuordnen (es sei denn, es geschieht aus religiösen oder spirituellen Gründen).

Ich glaube an die Heuristiken der Religion und setze ihre Regeln stur um (außerdem habe ich als orthodoxer Christ ab und an die Möglichkeit zu schummeln, das ist Teil des Spiels). Eine der Funktionen der Religion besteht darin, die schädlichen Nebenwirkungen des Überflusses einzudämmen – man verliert durch Fasten seine Anspruchshaltung. Daneben gibt es aber auch noch subtilere Aspekte.

Konvexitätseffekte und vom Zufall abhängige Ernährung

Sie erinnern sich an folgende praktische Konsequenz aus der Jensen'schen Ungleichung im Zusammenhang mit dem Lungenventilator: Irregularität ist in bestimmten Bereichen nützlich, Regelmaß schädlich. In den Fällen, wo die Jensen'sche Ungleichung zutrifft, kann Irregularität ein Heilmittel sein.

Vielleicht wäre es für unsere Gesundheit am besten, wir würden immer wieder nach dem Zufallsprinzip eine Mahlzeit ausfallen lassen oder zumindest ein Gleichmaß in der Nahrungsaufnahme vermeiden. Der Irrtum, sich Nichtlinearitäten zu entziehen, wird in zweierlei Hinsicht begangen: bei der Zusammensetzung der Mahlzeiten und bei der Häufigkeit der Nahrungsaufnahme.

Zunächst zur Zusammensetzung: Es heißt, der Mensch sei ein Allesfresser, im Unterschied zu stärker spezialisierten Säugetieren wie etwa Kühen und Elefanten (die sich von Grünzeug ernähren) und Löwen (die sich von ihrer Beute ernähren, vorzugsweise von grünzeugverzehrenden Beutetieren). Die Fähigkeit, sich von allem ernähren zu können, ist entstanden durch eine immer größer werdende Vielfalt unserer Umgebung, in der die Verfügbarkeit von Nahrungsquellen nicht vorhersehbar und willkürlich war, vor allem aber: Unterschiedliche Verfügbarkeiten lösten sich ab. Spezialisierung ist die Reaktion auf eine sehr stabile Umgebung, in der es keine plötzlichen Veränderungen gibt, wohingegen die Freisetzung von Möglichkeiten die Antwort auf eine variierende Umwelt ist. Die Funktionserweiterung war eine Reaktion auf erhöhte Varietät, und zwar auf die Varietät einer bestimmten Struktur.

Unser Organismus hat eine bestimmte Eigenschaft: Die Kuh und andere Pflanzenfresser sind bei ihrer Nahrungsaufnahme Zufälligkeiten in viel geringerem Maß ausgesetzt als der Löwe. Sie essen stetig, müssen aber sehr viel Energie aufbringen, um die aufgenommenen Nährstoffe zu verstoffwechseln – mehrere Stunden pro Tag verbringen sie nur mit der Nahrungsaufnahme. (An die Langeweile, die es mit sich bringt, wenn man herumsteht und Salat isst, will ich gar nicht denken.) Der Löwe dagegen muss sich mehr auf sein Glück verlassen; zwar ist nur weniger als 20 Prozent dessen, was er erbeutet, als Nahrung geeignet, aber wenn er dann frisst, nimmt er schnell und effektiv all die Nährstoffe zu sich, die durch die harte, langweilige Arbeit des Beutetiers entstanden sind. Folgende Prinzipien lassen sich aus der zufallsbedingten Struktur der Umgebung ableiten: Wenn wir Pflanzenfresser sind, essen wir fortwährend; wenn wir Raubtiere sind, essen wir eher zufällig. Unsere Proteine müssen also aus statistischen Gründen zufällig aufgenommen werden.

Wenn Sie also wie ich der Meinung sind, dass wir eine bezüglich bestimmter Nährstoffe »ausgewogene« Ernährung brauchen, dann ist es falsch, diese Ausgewogenheit *bei jeder Mahlzeit* einzuhalten. Angenommen, wir brauchen im Schnitt bestimmte Mengen verschiedener Nährstoffe, etwa eine bestimmte Menge an Kohlehydraten, Proteinen und Fetten.* Wenn man all diese Nährstoffe zusammen bei jeder Mahlzeit verzehrt wie beispielsweise in der traditionellen Form von Steak, Salat und frischen Früchten zum Dessert, ist das etwas ganz anderes, als wenn man sie einzeln, nacheinander jede für sich aufnimmt.

Warum? Weil Mangel eine Belastung bedeutet – und wir wissen mittlerweile, was Belastungen bewirken, wenn eine ausreichend lange Erholungsphase eingeräumt wird. Auch hier kommen Konvexitätseffekte zum Tragen: Wenn man an einem Tag die dreifache Portion der täglichen Proteinmenge zu sich nimmt und an den beiden folgenden Tagen nichts, ist das für unsere nichtlinearen Stoffwechselreaktionen physiologisch etwas anderes als die »stetige«, moderate Proteinaufnahme. Ersteres müsste sich vorteilhaft auswirken – jedenfalls sind wir so angelegt.

Ich spekuliere – eigentlich ist es mehr als eine Spekulation: Ich bin überzeugt (ein unvermeidbares Ergebnis von Nichtlinearität), dass wir, was die Zufälligkeit der Nahrungsaufnahme und -zusammensetzung angeht, antifragil sind, jedenfalls in einem bestimmten Ausmaß, über eine gewisse Anzahl von Tagen.

Eine eklatante Verkennung des Konvexitätseffekts ist die Theorie von den Vorteilen der so genannten kretischen (oder Mittelmeer-)Diät, die bei den Gebildeten in den USA zu einer Veränderung der Essgewohnheiten geführt hat: Man verzehrte nicht mehr Steak und Kartoffeln, sondern gegrillten Fisch mit Salat und Feta. Wie kam es dazu? Irgendjemandem war aufgefallen, dass die Kreter eine hohe Lebenserwartung haben, also untersuchte er, woraus sich ihre Mahlzeiten zusammensetzten, und zog dann den naiven Schluss, sie würden wegen der Lebensmittel, die sie zu sich nehmen, länger leben. Das mag so sein, doch der Effekt zweiter Ordnung (die Variationen der Nahrungsaufnahme) könnte

* Die einen sagen, wir brauchen mehr Fett als Kohlehydrate; andere behaupten das Gegenteil (hinsichtlich des Proteins sind sich alle einig, wobei nur wenige wissen, dass wir unsere Proteinaufnahme zufällig vornehmen müssen). Beide Seiten sprechen sich für eine planmäßige, nicht zufällige Zusammensetzung der Nahrung aus und beachten nicht, dass es bei Abfolge und Zusammensetzung auf Nichtlinearität ankommt.

dominant sein, ein Umstand, der den mechanistisch vorgehenden Forschern vollkommen entgangen war. Tatsächlich dauerte es einige Zeit, bis man Folgendes bemerkte: Die griechisch-orthodoxe Kirche schreibt fast zweihundert Fastentage pro Jahr vor (wie konsequent die Vorschriften umgesetzt werden, ist abhängig von lokalen Gepflogenheiten), und es handelt sich dabei um strenges, sprich anstrengendes Fasten.

Wie anstrengend es ist, merke ich zur Zeit am eigenen Leib. Ich verfasse diese Zeilen während der orthodoxen Fastenzeit, vierzig Tage, an denen fast keine tierischen Produkte verzehrt werden, keine Süßigkeiten, und einige Pedanten lassen sogar das Olivenöl weg. Es gibt unterschiedliche Strengegrade, ich versuche, mich an ein mittleres Level zu halten; das Leben ist nicht sehr angenehm, und das soll es auch gar nicht sein. Ich habe gerade ein langes Wochenende in Amioun im griechisch-orthodox geprägten Koura-Tal verbracht, dem Ort im Nordlibanon, aus dem meine Vorfahren stammen. Mit viel Fantasie wurden dort im Lauf der Jahrhunderte exzellente Fastenspeisen entwickelt: Levantinisches Kibbeh mit Kräutern und Bohnen anstelle von Fleisch, Fleischklößchen nach Matzoh-Art aus kleinen braunen Brotbällchen in Linsensuppe. Bemerkenswerterweise ist zwar Fisch an den meisten Tagen nicht erlaubt, Schalentiere aber sind zugelassen, wahrscheinlich weil sie nicht als Luxusessen galten. Der Ausgleich für den Ausfall bestimmter Nährstoffe aus meinen täglichen Mahlzeiten wird dann schubweise erfolgen. An den Tagen, an denen es erlaubt ist, gleiche ich meinen Mangel an der Substanz, die die Forscher (momentan) Protein nennen, mit Fisch aus, und natürlich werde ich an Ostern über den Lammbraten herfallen und anschließend eine Zeitlang unverhältnismäßig große Mengen fettes rotes Fleisch essen. Ich träume von kurzgebratenen Steaks, die in den von Fat Tony unterstützten Restaurants in schamlos riesigen Größen auf den Tisch gebracht werden.

Ein antifragiler Effekt der Fastenbelastung besteht darin, dass das entbehrte Essen besser schmeckt und regelrechte Euphorie auslösen kann, wenn es wieder genossen wird. Fastenbrechen fühlt sich an wie das genaue Gegenteil eines Katers.*

* Die prinzipielle Schwachstelle des Überflusses besteht in Gewöhnung und Ermattung (Biologen sprechen von einer Abstumpfung der Rezeptoren).

Wie man sich selbst verzehrt

Wie kommt es eigentlich, dass man zwar die Anstrengung eines Trainings als gesund und nützlich empfindet, diesen Zusammenhang aber nicht auf die Nahrungsaufnahme überträgt? Aber die Wissenschaft hat immerhin entdeckt, welche positiven Auswirkungen der teilweise oder vollständige Entzug von Nahrung hat. Es ist erwiesen, dass uns der Stress der Einschränkung aufmerksamer und fitter macht.

Ein Blick in biologische Studien erlaubt uns zwar nicht zu verallgemeinern oder sie im rationalistischen Sinn anzuwenden, aber doch, eine bestimmte Reaktion des Menschen auf Hunger zu verifizieren: Durch Nahrungsentzug werden spezifische biologische Mechanismen aktiviert. Und Experimente mit Kohorten belegen den positiven Effekt von Hunger – oder des Verzichts auf eine bestimmte Gruppe von Nahrungsmitteln – auf den menschlichen Körper. Die Wissenschaftler arbeiten neuerdings mit dem Mechanismus der *Autophagie* (das bedeutet, dass sich ein Organismus selbst aufisst). Wenn keine Nahrungsmittelzufuhr von außen mehr erfolgt, so die Theorie, dann fangen die Zellen an, sich selbst zu verzehren beziehungsweise Proteine aufzubrechen und Aminosäuren neu zu kombinieren, um Material zum Aufbau neuer Zellen bereitzustellen. Einige Wissenschaftler nehmen (derzeit) an, dass der »Staubsaugereffekt« der Autophagie der Schlüssel zur Langlebigkeit ist – wobei meine Vorstellung von natürlichen Prozessen gegen ihre Theorien immun ist: Wie ich zeigen werde, hat gelegentliches Hungern einen gewissen gesundheitlichen Nutzen, und damit hat es sich.

Antifragilität als Reaktion auf Hunger ist unterschätzt worden. Man hat den Leuten empfohlen, ordentlich zu frühstücken, damit sie den Strapazen des Tages gewachsen sind (siehe den deutschen Spruch: »Frühstücke wie ein Kaiser…«). Und dabei handelt es sich nicht einmal um eine neue Theorie von empirieblinden modernen Ernährungstheoretikern – ich war völlig überrascht von einer Stelle in Stendhals monumentalem Roman *Rot und Schwarz*, in der man den Protagonisten Julien Sorel auffordert: »Die heute anstehende Arbeit ist ausgedehnt und hart, wir wollen uns also mit einem Frühstück *stärken*« (die französische Sprache benutzte damals für das Frühstück den Ausdruck »das erste Mittagessen«). Die Vorstellung vom Frühstück als einer Hauptmahlzeit mit Getreideprodukten und anderen Speisen erweist sich als zunehmend schädlich – ich frage mich, warum es so lange dauerte, bis man darauf kam, dass eine so unnatürliche Vorstellung einem praktischen Test unterzogen werden muss; und Tests zeigen, dass ein Frühstück, das man sich nicht zuvor durch Arbeit verdient hat, schädlich ist oder zumindest keinen positiven Wert hat.

Wir sind, wie gesagt, nicht darauf ausgelegt, Essen von einer Zulieferinstanz vorgesetzt zu bekommen; in der Natur mussten wir Einiges an Energie aufbringen, um an Nahrungsmittel zu kommen. Löwen jagen, um zu essen, sie nehmen nicht erst eine Mahlzeit zu sich und jagen dann zum Zeitvertreib. Wenn ein Mensch Nahrung bekommt, bevor er Energie aufwendet, bringt das mit Sicherheit den biologischen Signalisierungsprozess durcheinander. Es gibt ausgedehnte Hinweise darauf, dass periodischer (und nur periodischer) Nahrungsentzug bei Organismen in Bezug auf viele Funktionen positive Auswirkungen hat – Valter Longo stellte beispielsweise fest, dass Gefangene in Konzentrationslagern in der ersten Phase des Nahrungsentzugs weniger häufig krank wurden und erst später zusammenbrachen. In Laborexperimenten fand er anschließend heraus, dass Mäuse in der Anfangsphase des Hungerns ohne sichtbare Nebenwirkungen hohe Dosen Chemotherapie vertragen können. Wissenschaftler arbeiten mit der Narration, dass Hungern einem Gen zum Ausdruck verhilft, das ein Protein namens SIRT, SIRT1 oder Sirtuin kodiert, welches Langlebigkeit und andere Effekte zur Folge hat. Die Antifragilität des Menschen drückt sich darin aus, dass bestimmte Gene als Reaktion auf Hunger heraufreguliert werden.

Auch hier gilt wieder: Religionen mit ihrer Sitte des rituellen Fastens halten mehr Antworten bereit, als diejenigen vermuten, die sie zu wörtlich nehmen. Rituelles Fasten versucht letztlich, durch die Einbringung von Nichtlinearitäten die Nahrungsaufnahme an Eigenschaften des menschlichen Organismus anzupassen. Im Appendix findet sich eine graphische Darstellung biologischer Standardwert-Reaktionen: Eine kleine Menge einer bestimmten Substanz erzeugt positive Konvexitätseffekte (seien sie nützlich oder schädlich); fügt man mehr hinzu, wird der Effekt schwächer. Am oberen Ende hat eine Steigerung der Dosis keine Auswirkung mehr, da Sättigung erreicht ist.

Wenn man ohne Spaziergang auskommen muss

Ein weiterer schädlicher Effekt naiven Rationalisierens: So wie über einen langen Zeitraum hinweg Menschen ihre Schlafperioden verkürzten, da wir den Nutzen des Schlafs mit unserer Erdlings-Logik nicht begriffen, so sind viele Leute davon überzeugt, Gehen sei nutzlos, sie bedienen sich daher mechanischer Transportmittel (Auto, Fahrrad und so weiter) und begeben sich zum Training ins Fitnessstudio. Und wenn sie dann doch einmal zu Fuß gehen, dann praktizieren sie diese unsäglichen »Power Walks«, teilweise sogar noch mit Gewichten an den Armen. Es ist ihnen nicht bewusst, dass aus Gründen, die für sie noch undurchsichtig sind, das anstrengungslose Gehen, in einem Tempo unterhalb des Stressniveaus, nützlich sein könnte – oder, so nehme ich an, dass diese Art des Gehens notwendig ist für Menschen, vielleicht sogar so notwendig wie der Schlaf, den die Moderne ja irgendwann auch zu reduzieren versuchte, weil sie ihn nicht rationalisieren konnte. Ob dies nun zutrifft oder nicht – meine Vorfahren brachten, als es noch keine Automobile gab, viel Zeit mit Gehen (und Schlafen) zu, und ich versuche einfach, ihrer Logik gemäß zu handeln, was ich auch schon getan habe, bevor einige medizinische Fachzeitschriften den Gedanken aufgriffen und das produzierten, was von Sachverständigen in Fachzeitschriften als »Beweis« bezeichnet wird.

Ich möchte ewig leben

Heute hört man immer nur von dem Wunsch, länger zu leben, reicher zu werden und natürlich immer noch mehr elektronisches Spielzeug auf sich zu packen. Wir sind nicht die erste Generation, die überzeugt ist, dass der Tod das Schlimmste ist, was uns zustoßen kann. Für die Menschen in der Antike war es nicht der Tod an sich, sondern ein unehrenhafter Tod, womöglich schon ein ganz normaler Tod. In einem Pflegeheim in Anwesenheit einer ruppigen Schwester zu sterben, mit einer Vielzahl von Schläuchen, die ihm aus der Nase hängen – für einen klassischen Helden wäre das mit Sicherheit alles andere als ein attraktives Lebens-*Telos* gewesen.

Und dann haben wir da noch diese typisch moderne Illusion, dass wir so lang wie möglich leben sollten. Als wäre jeder Einzelne von uns ein Endprodukt. Diese Vorstellung vom »Ich« als einer Einheit kann bis in die Zeit der Aufklärung zurückverfolgt werden. Das Gleiche gilt für Fragilität.

Vor dieser Zeit waren wir Teil der Gemeinschaft, in der wir lebten, und derer, die uns nachfolgten. Die Volksstämme in der Gegenwart und Zukunft nutzten die Fragilität des Einzelnen aus, um stärker zu werden. Die Menschen bringen Opfer und suchen das Martyrium, sie sterben für die Gruppe, und solches Handeln vermittelt ihnen ein Gefühl von Stolz; sie setzen sich mit aller Kraft für die zukünftigen Generationen ein.

Heute aber, zur Zeit der Abfassung dieser Zeilen, belädt das Wirtschaftssystem fatalerweise die zukünftigen Generationen mit hohen Staatsschulden, es verursacht Raubbau an den Ressourcen und zerstört die Umwelt, um den Auflagen der Sicherheitsanalysten und des Bankenestablishments gerecht zu werden (wie gesagt: Man kann Fragilität und Moral nicht voneinander trennen).

Das Gen ist, wie in Kapitel vier ausgeführt, antifragil, da es Information ist, der Trager des Gens dagegen ist fragil und muss es sein, damit das Gen stärker werden kann. Wir leben, um Informationen zu produzieren oder zu verbessern. Nietzsche prägte das lateinische Wortspiel *aut liberi, aut libri* – entweder Kinder oder Bücher: beides Informationen, die durch die Jahrhunderte weitergetragen werden können.

Ich habe gerade John Grays wunderbares Buch *Wir werden sein wie Gott* gelesen, es thematisiert unter anderem die Versuche, in einer postreligiösen Welt mit Hilfe der Wissenschaft Unsterblichkeit zu erlangen. Ich empfand Abscheu – jedem Leser in der Antike wäre es genauso gegangen – angesichts der Anstrengungen der »Singularitäts«-Philosophen (wie beispielsweise Ray Kurzweil), die überzeugt davon sind, dass der Mensch das Potential hat, ewig zu leben. Wenn ich übrigens vor die Aufgabe gestellt wäre, mein Anti-Ich zu finden, also diejenige Person auf diesem Planeten, die in ihren Vorstellungen und ihrem Lebensstil mir diametral entgegengesetzt ist, dann wäre es dieser besagte Ray Kurzweil. Das liegt nicht nur an seiner Neomanie. Während ich vorschlage, schädliche Elemente aus der Ernährung (und dem Leben) der Menschen zu entfernen, geht er genau umgekehrt, also additiv vor, indem er beispielsweise empfiehlt, an die zweihundert Pillen täglich zu schlucken.

Dieses ganze Streben nach Unsterblichkeit erfüllt mich mit tiefer moralischer Abscheu.

Es ist derselbe tiefe innere Ekel, den ich empfinde, wenn ich einen reichen 82-jährigen Mann sehe, der sich mit blutjungen Geliebten (häufig aus Russland oder der Ukraine) umgibt. Ich bin nicht auf der Welt, um als krankes Tier ewig zu leben. Man erinnere sich daran, dass die Antifragilität eines Systems aus der Endlichkeit seiner Bestandteile resultiert – und ich bin Teil einer größeren Population, der so genannten Menschheit. Ich bin auf der Welt, um einen heroischen Tod zum Wohl der Allgemeinheit zu sterben, um Nachwuchs zu produzieren (und ihn auf das Leben vorzubereiten und für ihn zu sorgen) oder schlussendlich Bücher. Meine Information, also meine Gene, das Antifragile in mir, sollte nach Unsterblichkeit streben, nicht aber ich.

Ich werde Goodbye sagen, ein schönes Begräbnis in St. Sergius (Mar Sarkis) in Amioun haben und dann, wie die Franzosen sagen, *place aux autres* – Platz für andere machen.

Buch VII

Die Ethik von Fragilität und Antifragilität

Und nun zur Ethik. In opaken Umgebungen und in der neu entdeckten Komplexität der Welt ist es möglich, dass Menschen Risiken verstecken und damit andere schädigen können, ohne dass das Gesetz dazu in der Lage wäre, sie dingfest zu machen. Die Folgen von Iatrogenik können sich verzögert einstellen und unsichtbar sein. Es ist also nicht einfach, kausale Zusammenhänge zu sehen und zu verstehen, was geschieht.

Angesichts dieser epistemischen Grenzen ist der einzige Faktor, mit dem sich Fragilität abmildern lässt, die Bereitschaft, seine eigene Haut aufs Spiel zu setzen. Hammurapis Regel bot eine einfache Lösung vor 3800 Jahren. Doch diese Lösung ist in der Moderne immer weiter zurückgedrängt worden, und wir haben anstelle der archaischen Einfachheit eine Vorliebe für neomanische Verkomplizierungen entwickelt. Wir müssen wieder ein Gespür für die unvergängliche Gültigkeit einer solchen Lösung ausbilden.

Kapitel 23

Wessen Haut steht auf dem Spiel? Antifragilität und Optionalität auf Kosten anderer

Das Reden weniger billig machen – Ein Blick auf die Ausbeute – Wirtschaftsunternehmen mit willkürlichen Mitleidsakten? – Vorhersage und umgekehrte Vorhersage

Dieses Kapitel fragt, wozu es führt, wenn eine Person alle Nachteile und eine andere alle Vorteile bekommt.

Das größte Problem der Moderne ist der heimtückische Transfer von Fragilität und Antifragilität von einer Gruppierung auf eine andere, sodass die einen den Nutzen, die anderen (ohne es zu wissen) den Schaden haben. Solche Übertragungen werden immer einfacher, da das Ethische und das Legale zunehmend auseinanderdriften. Zwar gab es auch früher schon derartige Vorgänge, aber heute sind sie besonders bedrohlich, weil sie unter den Bedingungen der Moderne besonders leicht zu kaschieren sind.

Selbstverständlich handelt es sich um ein Agency-Problem.

Und das Agency-Problem beruht selbstverständlich auf einer Asymmetrie.

Wir sind Zeugen eines fundamentalen Wandels. Man denke an ältere Gesellschaften – Gesellschaften, die überlebt haben. Der Hauptunterschied zwischen uns und ihnen ist das Verschwinden einer ganz bestimmten Art von Heroismus; wir zollen Menschen, die für andere Risiken auf sich nehmen, keinen Respekt mehr und räumen ihnen auch nicht aus diesem Grund mehr Macht ein. Heroismus ist das genaue Gegenteil des Agency-(Stellvertreter-)Problems: Jemand entscheidet sich dafür, einen Nachteil zugunsten von anderen auf sich zu nehmen, er setzt sein Leben aufs Spiel, schadet sich selbst oder, in abgemilderter Form, verzichtet auf bestimmte Vorteile. Heute haben wir es mit dem Gegenteil zu tun: Macht scheint an diejenigen zu gehen – Banker, Firmenchefs (nicht Privatunternehmer), Politiker –, die der Gesellschaft eine freie Option stehlen.

Und Heroismus kommt nicht nur im Zusammenhang mit Aufständen und Kriegen vor. Ein Beispiel für ein umgekehrtes Agency-Problem: Als ich klein war, hat mich die Geschichte eines Kindermädchens tief beeindruckt, das starb, um ein Kind davor zu bewahren, von einem Auto überfahren zu werden. Ich finde, es gibt nichts Ehrenvolleres, als für einen anderen Menschen zu sterben.

Mit anderen Worten, ein Opfer zu bringen. Das englische Wort für »opfern«, »sacrifice«, hängt mit dem Wort *sacred* zusammen, dem Heiligen, das neben dem Profanen einen eigenständigen Bereich bildet.

In traditionellen Gesellschaften bemisst sich die Würde eines Menschen und der Respekt, der ihm entgegengebracht wird, nur daran, wie weit er (beziehungsweise weitaus öfter als gemeinhin vermutet, *sie*) bereit ist, für andere Nachteile in Kauf zu nehmen. Die Mutigsten und Tapfersten bekleiden in diesen Gesellschaften den höchsten Rang: Ritter, Feldherren, Befehlshaber. Selbst Mafiabosse akzeptieren die Tatsache, dass ein solcher Rang in der Hierarchie sie am meisten der Gefahr aussetzt, von Rivalen fertiggemacht und von den Autoritäten bestraft zu werden. Dasselbe gilt für Heilige, die auf ihre eigenen Ansprüche verzichten und ihr Leben dem Dienst an ihren Mitmenschen weihen – an den Schwachen, den Geächteten, den Armen.

Tabelle 7 liefert dazu wieder eine Triade: Es gibt diejenigen, die ihre eigene Haut nicht aufs Spiel setzen, sondern von anderen profitieren; diejenigen, die weder von anderen profitieren noch ihnen schaden; und schließlich die strahlende Kategorie derjenigen, die selbst Nachteile auf sich nehmen, um anderen zu helfen.

Tabelle 7 – Die grundlegende Asymmetrie im Bereich der Ethik

Setzt die eigene Haut nicht aufs Spiel	***Setzt die eigene Haut aufs Spiel***	***Setzt die eigene Haut um anderer willen aufs Spiel – bringt sich mit Leib und Seele ein***
(Sichert sich selbst die Vorteile, verlagert die Nachteile auf andere – besitzt eine verborgene Option auf Kosten anderer)	*(Behält Nachteile für sich, nimmt seine Risiken auf sich)*	*(Nimmt die Nachteile der anderen auf sich – universelle Werte)*
Bürokraten	Bürger	Heilige, Ritter, Krieger, Soldaten
Phrasendrescherei	Taten, kein Geschwätz	Gehaltvolle Worte
Consultants, Sophisten	Kaufleute, Geschäftsmänner	Propheten, Philosophen (im vormodernen Sinn)
Große Unternehmen	Handwerker	Künstler, einige Handwerker
Manager (Anzugträger)	Kleinunternehmer	Kleinunternehmer, Innovatoren
Theoretiker, Datenknechte, Analysten	Labor- und Feldforscher	Querdenker
Zentralregierungen	Regierungen von Stadtstaaten	Stadtregierungen
Lektoren	Schriftsteller	Große Schriftsteller
Journalisten, die »analysieren« und Prognosen formulieren	Spekulatoren	Journalisten, die Risiken auf sich nehmen und Betrugsfälle (innerhalb von Regierungen oder Wirtschaftsunternehmen) aufdecken
Politiker	Aktivisten	Rebellen, Dissidenten, Revolutionäre
Banker	Trader	(Würden sich nicht auf die vulgäre Ebene des Handels herablassen)

Setzt die eigene Haut nicht aufs Spiel	***Setzt die eigene Haut aufs Spiel***	***Setzt die eigene Haut um anderer willen aufs Spiel – bringt sich mit Leib und Seele ein***
Der Fragilist Prof. Dr. Joseph Stiglitz	Fat Tony	Nero Tulip
Risikoverkäufer		Steuerzahler (dass sie Leib und Seele einbringen, geschieht nicht ganz freiwillig – sie sind Opfer)

Erlauben Sie mir, meiner gefühlsmäßigen Neigung zu folgen und mit der dritten Spalte anzufangen, ganz rechts, in der die Helden und die Mutigen stehen. Die Robustheit, ja sogar die Antifragilität einer Gesellschaft hängt von ihnen ab; dass wir heute hier sind, verdanken wir dem Umstand, dass irgendjemand irgendwann Risiken für uns auf sich genommen hat. Aber Tapferkeit und Heroismus sind nicht dasselbe wie blinder Wagemut – sie haben nichts mit Leichtfertigkeit zu tun. Es gibt falsche Tapferkeit, die aus Risikoblindheit resultiert, also darauf zurückgeht, dass Menschen einfach nur die Wahrscheinlichkeit des Scheiterns unterschätzen. Es lassen sich mehr als genug Beispiele dafür anführen, dass dieselben Leute, wenn sie sich mit echten Risiken konfrontiert sehen, zu Feiglingen werden und überreagieren; das ist natürlich das genaue Gegenteil dessen, was hier gemeint ist. Für die Stoiker ist Tapferkeit eng mit Klugheit verwandt – Klugheit ist der Mut, dessen man bedarf, um gegen die eigenen Impulse anzugehen (in einem Aphorismus von Publilius Syrus – wem sonst – wurde Klugheit als die Tapferkeit der vielen bezeichnet).

Heroismus hat sich im Lauf der Zivilisation von der Kampfarena auf die der Ideen verlagert. Ursprünglich, in vorklassischen Zeiten, war der Held – man denke nur an die Helden Homers – ein Mann, der sich vor allem durch physische Tapferkeit auszeichnete; alles war damals physisch. In späterer, klassischer Zeit sahen Männer wie Agesilaos, der große König der Lakedaimonier, ein Leben dann als wahrhaft geglückt an, wenn es durch das Privileg gekrönt wurde, in der Schlacht zu sterben; viel mehr bedurfte es nicht – vielleicht sogar überhaupt nichts mehr. Für Agesilaos hatte sich Tapferkeit bereits von rein kriegerischer Kühnheit zu etwas Umfassenderem entwickelt. Tapferkeit wurde häufig im Verzicht gesehen, in altruistischen Taten, wenn eine Person bereit war, sich für das Wohl anderer, zugunsten einer Gemeinschaft zu opfern.

Schließlich kam eine neue Art von Tapferkeit auf, diejenige des sokratischen Platon, die dann zur eigentlichen Definition von Tapferkeit in späterer Zeit wurde: Ich spreche von der Tapferkeit, für eine Idee einzustehen und den eigenen Tod als Erfüllung empfinden zu können, weil das Privileg, für die Wahrheit zu sterben oder sich für die eigenen Werte bis zuletzt eingesetzt zu haben, die höchste Form von Ehre geworden war. Keiner hat in der Geschichte mehr Ansehen als zwei Denker, die öffentlich und unerschrocken ihr Leben für ihre Ideen opferten – zwei Männer aus dem östlichen Mittelmeerraum, der eine ein Grieche, der andere ein Jude.

All das sollte uns zu denken geben, wenn wir hören, dass *Glück* als ein Zustand definiert wird, der von ökonomischen oder anderen erbärmlich materialistischen Umständen abhängt. Sie können sich vorstellen, wie bestürzt ich bin, wenn ich von den glorifizierten, heroismusfreien »Werten der Mittelschicht« höre, die sich dank Globalisierung und Internet epidemieartig noch am entlegensten Ort in der Reichweite von British Air verbreitet haben. Sie umfassen die bekannten Opiate der vergötterten Klassen: »harte Arbeit« bei einer Bank oder Zigarettenfirma, eifrige Zeitungslektüre, artiges Einhalten der meisten (nicht aller) Verkehrsregeln, Eingebundensein in irgendeiner Unternehmensstruktur, Abhängigkeit von der Laune eines Chefs (wobei der berufliche Werdegang peinlich genau in einer Akte der Personalabteilung festgehalten ist), weitestgehende Regelkonformität, Vertrauen auf Investitionen am Aktienmarkt, Ferien in den Tropen, ein (hypothekenbelastetes) Leben in einem Einfamilienhaus in der Vorstadt mit einem knuffigen Hund und Weinproben am Samstagabend. Diejenigen, denen ein gewisser Erfolg beschert ist, steigen in den Rang der jährlichen Milliardärsliste auf, wo sie hoffen können, eine gewisse Zeit bleiben zu dürfen, bevor ihre Kunstdünger-Absatzzahlen durch das Auftreten von Konkurrenten aus China einbrechen. Und eine solche Person wird allgemein als Held bezeichnet, anstatt zu konstatieren, dass er einfach nur Glück gehabt hat.

Hinzu kommt: Erfolg ist zufällig, ganz im Gegensatz zu einem bewussten heroischen Akt, der mit Zufall nichts zu tun hat. Und Mitglieder der ach so »moralischen« Mittelklasse können für einen Tabakkonzern tätig sein und sich trotzdem mit Hilfe von Kasuistiken als moralisch bezeichnen.

Noch mehr wird es mir um die Zukunft der menschlichen Gattung angst, wenn ich in einem Vorort von Washington, D.C., einen Nerd hinter einem Computer sitzen sehe, nur ein paar Schritte entfernt vom nächsten Starbucks-Café oder Einkaufszentrum, der die Macht hat, ein ganzes Bataillon in einer weit entfernten Weltgegend, etwa in Pakistan, in die Luft fliegen zu lassen, und sich danach zum Workout ins Fitnessstudio begibt (man vergleiche ein solches Leben mit den Idealen der Ritter oder Samurai). Durch Technik aufpolierte Feigheit, alles hängt miteinander zusammen: Die Gesellschaft wird von rückgratlosen Politikern fragilisiert, von aalglatten Opportunisten, die nur auf Umfragewerte starren, und von Journalisten, die, um kurzfristig gut dazustehen, irgendwelche Geschichten erfinden, mit denen explosive Defizite erzeugt werden und Agency-Probleme entstehen.

Zwei Dinge muss ich ausschließen. Tabelle 7 besagt nicht, dass diejenigen, die ihre Seele aufs Spiel setzen, zwingend im Recht sind, oder dass ein Mensch, der für seine Ideen stirbt, automatisch ein Wohltäter der Menschheit ist: Viele messianische Utopisten haben großes Unheil angerichtet. Und es gehört zu einem solchen Leben auch nicht notwendig ein grandioser Tod: Viele Menschen kämpfen gegen das Böse im geduldigen Aushalten alltäglicher Mühsal, ohne wie Helden auszusehen; sie leiden umso mehr unter der Undankbarkeit der Gesellschaft, je stärker medienfreundliche Pseudohelden bejubelt werden. Diesen Menschen wird die Nachwelt keine Kränze flechten.

Ein halber Mann (oder besser gesagt eine halbe Person) ist nicht ein Mensch ohne eigene Meinung, sondern jemand, der nicht bereit ist, für seine Meinung Risiken auf sich zu nehmen.

Der große Historiker Paul Veyne hat kürzlich gezeigt, dass es nichts als ein großer Mythos ist, dass die Gladiatoren zu den Kämpfen gezwungen worden seien. Die meisten waren Freiwillige, die die Möglichkeit nutzen wollten, zum Helden zu werden, indem sie ihr Leben riskierten und gewannen; oder, wenn sie unterlagen, im Angesicht der größten Zuschauermenge der Welt in heroischer Pose ihre Fähigkeit vorzuführen, ehrenwert zu sterben, ohne sich wegzuducken – wenn ein Gladiator einen Kampf verlor, entschied die Menge, ob er verschont oder von seinem Gegner getötet werden sollte. An Männern, die nicht freiwillig kämpften, waren die Zuschauer nicht interessiert, sie brachten sich nicht mit Leib und Seele ein.

Meine wichtigste Lektion auf dem Gebiet Tapferkeit erhielt ich von meinem Vater – als Kind bewunderte ich ihn immer für seine Belesenheit, allerdings war das für sich genommen noch kein großer Ansporn, da man nur mit Belesenheit ja noch kein echter Mann wird. Mein Vater hatte ein ausgeprägtes Ego und strahlte große Würde aus, und er erwartete, respektiert zu werden. Während des Libanonkriegs wurde er eines Tages von einem Milizsoldaten bei einer Straßenkontrolle beleidigt. Er weigerte sich, den Anweisungen zu folgen, und wurde zornig, weil der Soldat sich respektlos verhielt. Als er weiterfuhr, schoss dieser ihn in den Rücken. Die Kugel wurde nicht aus seiner Brust entfernt; auf Flughäfen musste er immer ein Röntgenbild mit sich führen.

Würde ist nichts wert, wenn man sie sich nicht verdient hat, wenn man nicht bereit ist, dafür zu bezahlen.

Die antike Kultur vermittelte mir die Vorstellung des *megalo-psychon* (ein Terminus aus der Ethik des Aristoteles), eine Grundhaltung der Würde und Größe, die von dem christlichen Wert der »Demut« abgelöst wurde. In den romanischen Sprachen gibt es dafür keinen Begriff; im Arabischen bezeichnet man die Haltung als *Shhm* – am besten übersetzt mit *nicht klein*. Derjenige, der Risiken auf sich nimmt und seinem Schicksal mit Würde begegnet, kann nichts tun, das ihn klein macht; der hingegen, der keine Risiken auf sich nimmt, kann nichts, absolut nichts tun, um sich Größe zu erwerben. Und für denjenigen, der Risiken auf sich nimmt, sind die Beleidigungen von Halbmenschen (kleinen Menschen, die nichts riskieren) so etwas wie das Knurren von nichtmenschlichen Tieren: Von einem Hund kann man nicht beleidigt werden.

Hammurapi

Ich komme zurück auf die Einträge in Tabelle 7; im Folgenden werde ich die grundlegende Asymmetrie (zwischen Vor- und Nachteilen) mit dem Thema Ethik in Verbindung bringen. So wie lediglich Professoren der Wirtschaftswissenschaften und ähnliche Fragilisten Robustheit und Wachstum zu trennen vermögen, so kann man auch Fragilität und Ethik nicht auseinanderdividieren.

Manche Menschen verfügen über Optionen oder Optionalität auf Kosten anderer. Und die anderen wissen nichts davon.

Die Effekte von Fragilitätstransfers werden zunehmend stärker, da im Kontext der Moderne immer mehr Menschen in die linke Spalte abdriften – gewissermaßen zu Helden mit negativen Vorzeichen werden. Das gilt für viele Berufe, die zum größten Teil erst in der Moderne entstanden sind – sie werden antifragil auf Kosten unserer Fragilität, so etwa unkündbare Regierungsbeamte, Wissenschaftler, Journalisten (der mythenbedienenden Sorte), das Establishment des Gesundheitswesens, die Pharmaindustrie und viele mehr. Wie werden wir mit diesem Problem fertig? Wie immer – mit der großen Hilfe der Alten.

Der Codex Hammurapi – mittlerweile 3800 Jahre alt – zeigt die Notwendigkeit auf, eine Fragilitätssymmetrie neu festzulegen, und zwar nach folgendem Muster:

> Wenn ein Baumeister ein Haus baut und das Haus bricht zusammen und verursacht den Tod des Hausbesitzers, ist der Baumeister hinzurichten. Wenn der Zusammenbruch den Sohn des Hausbesitzers tötet, ist ein Sohn des Baumeisters hinzurichten. Wenn er den Tod eines Sklaven des Hausbesitzers verursacht, soll der Baumeister dem Hausbesitzer einen Sklaven gleichen Werts geben.

Es hat ganz den Anschein, als wären die Menschen vor 3800 Jahren deutlich weiter gewesen als wir heute. Der ganzen Idee liegt die Vorstellung zugrunde, dass der Baumeister sehr viel mehr weiß als jeder Sicherheitsgutachter; vor allem weiß nur der Baumeister genau, was sich in den Fundamenten verbirgt – dadurch wird Hammurapis Regel zur besten Risikomanagementregel überhaupt, da sich im Fundament Risiken, die dann womöglich erst später zu einem Zusammenbruch führen, am einfachsten verstecken lassen. Hammurapi und seine Ratgeber wussten, wie man geringe Wahrscheinlichkeiten handhabt.

Es geht hier eindeutig nicht darum, im Nachhinein zu bestrafen, sondern Leben zu retten, indem von vornherein Abschreckungsmittel für den Fall formuliert werden, dass andere durch die Ausführung einer Arbeit zu Schaden kommen.

Diese Asymmetrien sind besonders gravierend, wenn eher unwahrscheinliche extreme Ereignisse auftreten, also Schwarze Schwäne, da diese am schwersten zu verstehen sind und ihre Gefahr am einfachsten zu verbergen ist.

Fat Tony hat zwei Heuristiken.

Erstens: *Besteigen Sie kein Flugzeug, wenn der Pilot nicht an Bord ist.*

Zweitens: *Versichern Sie sich, dass auch ein Kopilot anwesend ist.*

Die erste Heuristik spricht die Asymmetrie von Lohn und Strafe an, oder den Transfer von Fragilität zwischen Individuen. Ralph Nader hat eine schlichte Regel: Menschen, die für Krieg votieren, müssen mindestens einen Nachkommen (ein Kind oder Enkelkind) haben, der den Kampfhandlungen ausgesetzt ist. Bei den Römern mussten Baumeister eine bestimmte Zeit unter der Brücke verbringen, die sie gebaut hatten – das sollte man auch von den heutigen Finanztechnikern verlangen.

Die Engländer gingen sogar noch weiter und forderten, dass sich auch die Familien der Baumeister nach Fertigstellung einer Brücke darunter eine Zeitlang aufhielten.

Ich bin der Auffassung, jeder Meinungsmacher muss »seine Haut aufs Spiel setzen« für den Fall, dass jemand, der sich auf seine Information oder Meinung verlassen hat, zu Schaden kommt (und damit nicht Leute wie die, welche die kriminelle Invasion im Irak mit angestoßen haben, vollkommen ungeschoren davonkommen). Außerdem sollte jeder, der eine Vorhersage oder eine wirtschaftliche Analyse erstellt, etwas dabei zu verlieren haben, denn schließlich verlassen sich ja andere auf solche Prognosen (ich wiederhole: Prognosen verführen zu Risiken; sie sind für uns giftiger als jede andere Form von durch Menschen verursachten Verschmutzungen).

Aus Fat Tonys Regeln können wir viele Sub-Heuristiken ableiten, vor allem um die Schwächen prognostischer Systeme aufzufangen. Vorhersagen – jede Form von Vorhersagen – ohne die Bereitschaft, für die Folgen dessen einzustehen, was man prognostiziert hat, können für andere so gefährlich sein wie ein unbemanntes Atomkraftwerk, auf dessen Grundstück der verantwortliche Ingenieur nicht selbst bereit ist zu übernachten. Piloten gehören ins Flugzeug.

Die zweite Heuristik: Wir müssen Redundanz einbauen, einen Sicherheitspuffer, indem wir Optimierung vermeiden und Asymmetrien in unserer Risikoanfälligkeit abmildern, wenn nicht gar ganz entfernen.

Im letzten Teil des Kapitels werde ich einige Syndrome beschreiben, natürlich nicht ohne die dazugehörigen altbewährten Heilmittel.

Die Optionen der Schwätzer

Ich habe zum Schluss von Buch I ausgeführt, dass Unternehmer und Menschen, die Risiken eingehen, ob sie gescheitert sind oder nicht, an die Spitze der Pyramide gehören, und fachsimpelnde Akademiker, Schwätzer und politisierende Politiker ganz nach unten. Fatalerweise verfährt die Gesellschaft derzeit genau umgekehrt: Man räumt den Schwätzern freie Optionen ein.

Die Vorstellung, dass Fat Tony die Dummköpfe schröpfte, als sie zum Ausgang rannten, wirkte auf Nero zunächst recht ungehobelt. Vom Missgeschick anderer – wie schrecklich sie auch sein mögen – zu profitieren, zeugt nicht von ausgeprägter Höflichkeit. Aber für Fat Tony stand etwas auf dem Spiel, und es hätte ihm empfindlich geschadet, wenn die Dinge anders gelaufen wären. Ein Agency-Problem hatte Fat Tony nicht. Und deshalb ist sein Verhalten zulässig. Denn das eigentliche Problem sind ja die Leute, die nichts tun als reden, prognostizieren, theoretisieren.

Spekulationsrisiken sind nicht nur zulässig, sondern geradezu obligatorisch. Keine Meinung ohne Risiko; aber natürlich auch kein Risiko ohne Hoffnung auf Gewinn. Wenn Fat Tony eine Meinung hatte, dann fühlte er sich aus moralischen Gründen gedrängt, auch ein dieser Meinung entsprechendes Risiko einzugehen. In Bensonhurst heißt es: Wenn Sie eine Meinung haben, dann verhalten Sie sich auch dementsprechend. Andernfalls kann auch von einer Meinung keine Rede sein. Dann sollte man Sie kenntlich machen als jemand, dem keine Nachteile aus seinem Standpunkt erwachsen können, und Ihnen einen eigenen Status in der Gesellschaft zuweisen, der vielleicht sogar unterhalb von dem des Durchschnittsbürgers liegt. Kommentatoren gebührt ein Status *unterhalb* von Durchschnittsbürgern. Denn immerhin sind es die Durchschnittsbürger, die mit den negativen Folgen ihrer Aussagen zurechtzukommen haben.

Ausgehend von der Vorstellung, dass der Intellektuelle und der Kommentator als abseits stehendes, schützenswertes Mitglied der Gesellschaft angesehen wird, möchte ich hier im Gegensatz dazu festhalten, dass ich es in hohem Maße unmoralisch finde, zu reden ohne zu handeln, ohne auch mögliche Schäden in Kauf zu nehmen, ohne die eigene Haut aufs Spiel zu setzen; kurzum: ohne etwas zu riskieren. Sie bringen Ihre Meinung zum Ausdruck, die anderen, die sich darauf verlassen, schaden kann, aber Sie übernehmen dafür keine Verantwortung. Und das soll fair sein?

Aber so sieht nun einmal das Informationszeitalter aus. Diesen Effekt der Verlagerung von Fragilität gab es vielleicht schon immer, allerdings ist er heute angesichts der Vernetztheit der Moderne und der neu entdeckten Unsichtbarkeit von Kausalketten weitaus stärker ausgeprägt. Der Intellektuelle ist heute sehr viel mächtiger und gefährlicher als je zuvor. Die »Wissensgesellschaft« führt (beim Individuum) zu einer Trennung von Wissen und Handeln und hat gesellschaftliche Fragilität zur Folge. Wie ist das zu erklären?

Früher waren Privilegien mit Verpflichtungen verbunden – abgesehen nur von der kleinen Klasse der Intellektuellen, die einem bestimmten Herrn dienten oder in einigen Fällen auch dem Staat. War man Feudalherr, dann war man der Erste, der starb. Wollte man einen Krieg, dann war man der Erste, der in die Schlacht zog. In der US-Verfassung ist festgehalten, dass der Präsident zugleich auch der militärische Oberbefehlshaber ist. Caesar, Alexander und Hannibal waren bei den Schlachten ihrer Männer immer dabei – von Hannibal berichtet Livius, er sei als Erster auf dem Kampfplatz eingetroffen und habe ihn als Letzter verlassen. Auch George Washington zog in die Schlacht – Ronald Reagan und George W. Bush dagegen spielten Computerspiele, während sie die Leben anderer Menschen bedrohten. Selbst Napoleon begab sich in Gefahr; es heißt, wenn er während einer Schlacht auftauchte, habe das denselben Effekt gehabt wie das Hinzustoßen 25 000 zusätzlicher Soldaten. Auch Churchill bewies erstaunliche Tapferkeit. Sie alle brachten sich wirklich ein; sie glaubten an ihre Sache. Es war undenkbar, dass jemand, der einen bestimmten Rang hatte, nicht auch unmittelbare, physische Risiken auf sich nahm.

In traditionellen Gesellschaften hatten bezeichnenderweise sogar diejenigen, die scheiterten, aber zuvor etwas aufs Spiel gesetzt hatten, höheres Ansehen als diejenigen, die sich gar nicht erst eingebracht hatten.

Damit kommen wir wieder zur Idiotie von Prognosesystemen, die mich so aufbringt. Vielleicht herrscht in unserer Zeit mehr soziale Gerechtigkeit als in den Zeiten vor der Aufklärung, dafür gibt es heute weitaus mehr Möglichkeiten der Optionalitätsverlagerung, was ein klarer Rückschritt ist. Und zwar aus folgendem Grund: Diese ganze Wissens- und Wissenschaftshuberei bringt es notwendigerweise mit sich, dass das Reden eine immer größere Rolle spielt. Und die Äußerungen von Akademikern, Beratern und Journalisten können eben, wenn es um Prognosen geht, reine *Phrasendrescherei* sein, vollkommen ohne realen Hintergrund, ohne wahren Gehalt. Wie immer, wenn es um Wörter geht, siegt nicht der, der das Richtige sagt, sondern der, der andere am besten für sich einnehmen kann – derjenige also, der das am eindrucksvollsten wissenschaftlich klingende Material produzieren kann.

Es war bereits die Rede davon, dass der Philosoph Raymond Aron trotz seiner prophetischen Gaben uninteressant wirkte, während diejenigen, die sich hinsichtlich des Stalinismus täuschten, bei den Menschen gut ankamen. Aron war eine Erscheinung, wie sie farbloser kaum vorstellbar ist: Er sah aus, schrieb und lebte wie ein Finanzbeamter, wohingegen etwa sein Feind Jean-Paul Sartre einen höchst extravaganten Lebensstil pflegte, mit ungefähr all seinen Einschätzungen danebenlag und auch gegenüber den deutschen Besatzern ein äußerst ambivalentes und feiges Verhalten an den Tag gelegt hatte. Sartre, der Feigling, war eine glänzende Erscheinung, und leider überlebten seine Werke (man bezeichne ihn bitte nicht mehr als »zweiten Voltaire«; er war alles andere als ein Voltaire).

Mir wurde übel, als ich in Davos dem Fragilisten und Journalisten Thomas Friedman begegnete, der mit seinen einflussreichen Zeitungskommentaren zum Ausbruch des Irakkriegs mit beigetragen hatte. Er musste für seinen Fehler nie bezahlen. Der eigentliche Grund für mein Unwohlsein lag vielleicht gar nicht darin, dass ich jemanden sah, den ich für niederträchtig und gefährlich halte. Es verstört mich einfach zutiefst, wenn ich etwas Falsches sehe und nichts dagegen unternehme; es muss wohl in den Genen liegen. Schließlich geht es hier, um Baals willen, um Schuld, und mit Schuld muss ich mich nicht abfinden. Es gibt ein weiteres zentrales Element klassisch-antiker Moralsysteme: *Factum tacendo, crimen facias acrius*: Publilius Syrus bezeichnete denjenigen, der eine Straftat nicht verhindert, als Komplizen. (Meine Version dieses Diktums, an das hier noch einmal erinnert sei, steht im Prolog: Wer einen Betrüger als solchen erkennt, ihn aber nicht als Betrüger bezeichnet, ist ein Betrüger.)

Thomas Friedman war in gewisser Weise mitverantwortlich für die Invasion im Irak im Jahr 2003, und er kam damit nicht nur unbeschadet durch, sondern schreibt nach wie vor seine Kolumnen in der *New York Times* und führt unschuldige Menschen in die Irre. Er bekam – und behielt – die Vorteile, während andere mit den Nachteilen zu leben hatten. Ein Autor kann mit Argumenten mehr Menschen schädigen als jeder Serientäter. Ich komme hier so ausführlich auf Thomas Friedman zu sprechen, weil das eigentliche Problem bei ihm darin liegt, dass er die iatrogenen Effekte in komplexen Systemen nicht versteht und dieses fehlende Verständnis unter die Leute bringt. Er setzte sich für die Vorstellung der Globalisierung ein, diesen Mythos nach dem Motto »Die Erde ist eine Scheibe«, ohne zu erkennen, dass die Globalisierung Fragilitäten mit sich bringt, dass sie als Nebenwirkung zu einer Vermehrung extremer Ereignisse führt und dass es einer großen Menge von Redundanzen bedarf, damit alles richtig funktioniert. Und derselbe Irrtum liegt ja der Invasion im Irak zugrunde: In einem derart komplexen System ist die Vorhersagbarkeit der Folgen äußerst gering, die Invasion war also vom erkenntnistheoretischen Standpunkt aus unverantwortlich.

Natürliche Systeme und die Gesellschaftssysteme der Antike funktionierten mittels Strafen: Niemand hatte das Recht, kontinuierlich freie Optionen zu haben, das heißt, ständig machen zu können, was er wollte.

Genau so verfährt die Gesellschaft heute bei vielen Dingen, die sichtbare Auswirkungen haben. Wenn jemand mit verbundenen Augen einen Schulbus fährt und ein Unfall passiert, wird er entweder auf die altmodische Art den Genpool verlassen, oder es werden über ihn, wenn er aus irgendeinem Grund unbeschadet aus dem Unfall hervorgeht, Strafen verhängt, die verhindern, dass er je wieder andere Menschen transportiert. Fatalerweise fährt der Journalist Thomas Friedman den Bus allerdings nach wie vor. Für Meinungsmacher, die die Gesellschaft schädigen, gibt es keine Strafen – eine miserable Praxis. In der Regierung von Präsident Obama wimmelte es nach der Krise des Jahres 2008 von Leuten, die den Bus mit verbundenen Augen gefahren hatten. Die Iatrogeniker wurden befördert.

Postgnostik

Wörter sind gefährlich: Postgnostiker, die etwas erklären, nachdem es geschehen ist, sehen – weil sie professionelle Erklärer sind – immer schlauer aus als Prognostiker.

Wegen der verzerrten Wahrnehmung bei der Rückschau auf vergangene Ereignisse erinnern sich Menschen, die natürlich überhaupt nichts kommen sahen, hinterher an irgendeinen Gedanken, in dem diese Möglichkeit vielleicht ansatzweise doch vorkam, und erst überzeugen sie sich dann selbst davon, dass sie etwas hätten kommen sehen, bevor sie schließlich auch andere davon überzeugen. Nach jedem Ereignis treten im Vergleich zu den wirklichen Prognostikern sehr viel mehr Postgnostiker auf – Menschen, die unter der Dusche irgendwann einmal ein Gedanke angewandelt hat, den sie allerdings nicht zu Ende gedacht haben. Und da viele Menschen häufig unter der Dusche stehen, sagen wir im Schnitt fast zweimal pro Tag (rechnet man das Fitnessstudio und das Intermezzo bei der Geliebten mit dazu), dann haben sie einen breiten Fundus, aus dem sie schöpfen können. Doch sie erinnern sich nicht an all die so entstandenen Ideen, die entweder nichts als Rauschen waren oder dem gegenwärtigen Ereignis diametral widersprachen – da Menschen nach Selbstkonsistenz streben, behalten sie nur das im Gedächtnis, was mit ihrer Wahrnehmung der Gegenwart übereinstimmt.

Meinungsmacher, die derart selbstbewusst und professionell nichts als Leerlauf produzieren, werden irgendwann einfach nur aus dem Grund den Eindruck erwecken, sie hätten eine Auseinandersetzung gewonnen, weil sie diejenigen sind, die schreiben; und Dummköpfe, die in Schwierigkeiten geraten sind, weil sie ihre Erzeugnisse gelesen haben, werden in Zukunft genau hier wieder nach Orientierung Ausschau halten und erneut in Schwierigkeiten geraten.

Die Vergangenheit ist aufgrund von Selektionsfehlern und Erinnerungen, die einer permanenten Revision unterworfen sind, unklar und verzerrt. Eine zentrale Eigenschaft von Dummköpfen ist, dass ihnen nie aufgehen wird, dass sie Dummköpfe waren, denn so arbeitet der menschliche Geist nun einmal. (Dabei ist folgender Umstand allerdings erstaunlich: Für die Fragilistenkrise, die in den Jahren 2007/2008 begann, gab es sehr, sehr viel weniger *fast richtig liegende Prognostiker* als sonst.)

> *Die Asymmetrie (die Antifragilität der Postgnostiker): Postgnostiker können sich nach Belieben die Rosinen herauspicken und Belege produzieren, in denen sich ihre Meinungen bestätigen, und ihre falschen Prognosen im Gedärm der Geschichte verschwinden lassen. Es ist wie eine freie Option – für sie; und wir müssen dafür bezahlen.*

Da sie die Option haben, sind die Fragilisten selbst antifragil, zumeist profitieren sie von Volatilität: Je größer die Volatilität, desto bestechender die Illusion von Intelligenz.

Allerdings gibt es eine einfache Methode, um herauszufinden, ob jemand ein Dummkopf war oder nicht – indem man nämlich auf das schaut, was er getan hat. Handlungen sind symmetrisch, bei ihnen ist keine Rosinenpickerei möglich, die freie Option entfällt. Wenn man sich anschaut, wie jemand in der jüngsten Vergangenheit gehandelt hat, anstatt zu verfolgen, welche Gedanken er im Nachhinein dazu liefert, kristallisieren sich die wahren Zusammenhänge heraus. Hier gibt es keine Optionen mehr. Die Realität beseitigt Ungewissheit, Ungenauigkeit, Vagheit, all die selbstbestätigenden Verzerrungen, die einen intelligenter aussehen lassen, als man in Wahrheit ist. Fehler sind kostspielig und nicht länger frei; und recht zu haben zahlt sich buchstäblich aus. Natürlich gibt es auch andere Tests, um den Bullshitfaktor im Leben richtig einzuschätzen: Man muss nur herausfinden, wie sich die Entscheidungen von jemandem in seinen Investitionen niederschlagen. Man würde dann feststellen, dass viele, die behaupten, sie hätten den Zusammenbruch des Finanzsystems vorausgesehen, Finanzgesellschaften in ihren Portfolios hatten. Dabei hätten sie nicht von den Ereignissen »profitieren« müssen wie Tony und Nero, um zu beweisen, dass sie keine Dummköpfe waren – nicht geschädigt worden zu sein, hätte genügt.

> *Ich möchte, dass Prognostiker aufgrund ihrer Prognose-Irrtümer sichtbare Narben an ihrem Körper tragen und nicht ihre Irrtümer in der ganzen Gesellschaft verteilen.*

Man kann nicht herumsitzen und über den Zustand der Welt jammern. Man muss sich als Bester erweisen. Tony hatte recht, als er darauf bestand, dass Nero einen rituellen Blick auf die konkrete Verkörperung seiner Gewinne in Form des Kontoauszugs werfen sollte – wie ich schon sagte, hatte das nichts mit dem finanziellen Wert, nichts mit Kaufkraft zu tun, es ging lediglich um die Symbolik. In Kapitel 9 habe ich Julius Caesar erwähnt, der die Kosten dafür auf sich nahm, Vercingetorix nach Rom bringen und vorführen zu lassen. Ein Sieg, den man nicht anfassen kann, ist wertlos.

Verba volent, Wörter fliegen. Noch nie standen Menschen, die reden und nicht handeln, stärker im Licht der Öffentlichkeit und spielten dort auch eine größere Rolle als heute – eine Folge der Moderne und der Aufgabenteilung.

Amerikas Stärke lag einmal darin, sich auf Risiken einzulassen und Menschen, die Risiken auf sich nahmen (die richtige Art von Risiken: Risiken aus der Thales-Klasse, mit hoher Ausfallrate und langer Optionalität), willkommen zu heißen. Es ist bitter, feststellen zu müssen, dass wir diesem Modell den Rücken gekehrt haben.

Das Stiglitz-Syndrom

Es gibt etwas Ernsteres als das Problem mit Thomas Friedman, dass also jemand eine bestimmte Handlungsweise verursacht und für seine Äußerungen nicht zur Verantwortung gezogen werden kann.

Ich nenne das Phänomen das Stiglitz-Syndrom, nach Joseph Stiglitz, einem Wirtschaftswissenschaftler der so genannten intelligenten Sorte.

Sie erinnern sich an die Aufdeckung von Fragilität in Kapitel 19 und meine obsessive Beschäftigung mit Fannie Mae. Glücklicherweise stand für mich in diesem Zusammenhang etwas auf dem Spiel, nicht zuletzt dadurch, dass ich Opfer einer Diffamierungskampagne geworden war. Und im Jahr 2008 ging, was keinen überraschte, Fannie Mae bankrott. Das kostete die amerikanischen Steuerzahler, ich wiederhole es hier noch einmal, Hunderte von Milliarden Dollar (Tendenz steigend). Das Finanzsystem explodierte. Das gesamte Bankensystem stand unter ähnlichen Belastungen.

Etwa zur selben Zeit analysierte Joseph Stiglitz mit zwei Kollegen, den Brüdern Peter und Jonathan Orszag, eben dieses Fannie-Mae-Unternehmen. Sie stellten in einem Gutachten fest: »Ausgehend von Erfahrungen aus der Vergangenheit ist das Risiko, das die Regierung hinsichtlich einer potentiellen Insolvenz von GSE eingeht, praktisch gleich Null.«* Angeblich wurden Simulationen durchgeführt – aber das Offensichtliche geriet nicht in den Blick. Es wurde auch behauptet, die Wahrscheinlichkeit eines Zahlungsverzugs sei »so gering, dass sie kaum wahrnehmbar ist«. Solche Statements, und meines Erachtens nur sie (diese Mischung aus intellektueller Hybris und der Illusion, seltene Ereignisse verstehen zu können), sind die Ursache für die immer stärker werdende Anfälligkeit für seltene Ereignisse in der Wirtschaft. Das ist genau das Problem des Schwarzen Schwans, gegen das ich kämpfe. Das ist Fukushima.

Der Gipfel ist, dass Stiglitz 2010 in seinem *Ich habe euch ja gewarnt*-Buch behauptet, er habe die Krise, die 2007/2008 begann, »vorhergesagt«.

* Fannie Mae und Freddie Mac sind beide GSE-Firmen (*Government sponsored enterprises*, staatlich geförderte Unternehmen) – beide gingen hoch.

Man schaue sich diesen abweichenden Fall von Antifragilität an, der Stiglitz und seinen Kollegen durch die Gesellschaft vorgegeben wurde. Stiglitz war nicht nur (nach meinen Maßstäben) alles andere als ein Prognostiker, der die Dinge vorhergesagt hätte, sondern darüber hinaus Teil des Problems, das die Ereignisse – diese Akkumulation von Risiken geringer Wahrscheinlichkeit – verursachte. Allerdings realisierte er das nicht! Ein Akademiker ist nun einmal nicht so veranlagt, dass er sich an seine früheren Meinungen erinnert, denn es steht für ihn ja nichts auf dem Spiel.

Im Kern geht es darum, dass Menschen dann gefährlich sind, wenn sie dieses befremdliche Fachwissen haben, das es ihnen zwar ermöglicht, ihre Aufsätze in Zeitschriften zu veröffentlichen, das aber gleichzeitig zur Verringerung ihres Risikoverständnisses führt. Derselbe Wirtschaftswissenschaftler, der das Problem verursachte, hat also später die Krise postgnostiziert und entwickelte sodann eine Theorie über das, was geschehen war. Kein Wunder, dass die Krisen immer größer werden.

Und der springende Punkt ist ja: Wenn Stiglitz ein Geschäftsmann wäre, der sein eigenes Kapital einbringt, dann hätte die Krise sein Ende bedeutet. Oder – stellt man sich denselben Vorgang in der Natur vor – seine Gene würden aufhören zu existieren. Menschen mit einem derart falschen Verständnis von Wahrscheinlichkeit würden irgendwann aus der DNA der menschlichen Gattung verschwinden. Befremdlich fand ich die Tatsache, dass die Regierung einen seiner Koautoren eingestellt hat.*

Ich bringe dieses Syndrom nur widerstrebend mit dem Namen Stiglitz in Verbindung, denn ich halte ihn für den klügsten Wirtschaftswissenschaftler überhaupt; er besitzt den schärfsten Verstand, wenn es darum geht, Zusammenhänge *auf dem Papier* darzustellen – nur *leider* hat er eben keine Ahnung von der Fragilität von Systemen. Und Stiglitz symbolisiert die gefährliche Unterschätzung kleiner Wahrscheinlichkeiten, die für das volkswirtschaftliche Establishment typisch ist. Das ist eine

* Ich finde es wirklich anstößig, dass Peter Orszag nach der Krise einen Job in der Regierung Obamas bekam – wieder einmal hat man einen Busfahrer, der mit verbundenen Augen fährt, erneut ans Steuer gesetzt. Er wurde dann Vizepräsident der Citibank, was erklärt, warum die Citibank ein weiteres Mal hochgehen wird (und der Steuerzahler darf dann sein hohes Gehalt bezuschussen).

schlimme Krankheit, und es erklärt, warum uns die Wirtschaftswissenschaftler wieder in den Abgrund reißen werden.

Das Stiglitz-Syndrom entspricht der übelsten Art der Rosinenpickerei insofern, als der Täter nicht merkt, was er tut. Und nicht genug damit, dass es ihm nicht gelingt, eine Gefahr auszumachen, er trägt darüber hinaus auch noch zu dem Grund für diese Gefahr bei, indem er sich selbst – und manchmal auch andere – vom Gegenteil überzeugt: dass er nämlich die Gefahr vorausgesehen und vor ihr gewarnt habe. Dem entspricht eine Kombination aus bemerkenswerten analytischen Fähigkeiten, Blindheit für Fragilität, selektiver Erinnerung und dem Umstand, dass er selber nichts aufs Spiel gesetzt hat.

Stiglitz-Syndrom = Fragilist (ohne bösen Willen) +
nachträgliches Rosinenpicken

Aus diesem Fall lässt sich zudem lernen, welche Folgen es hat, dass es keine Bestrafung gibt. Wir haben hier ein besonders gravierendes Beispiel für die Klasse von Akademikern vor uns, die Aufsätze verfassen und reden (wobei ich die Akademiker ausnehme, die mit ganzer Seele dabei sind). Viele Wissenschaftler stellen im einen Aufsatz eine Behauptung auf, und in ihrer nächsten Veröffentlichung steht dann das genaue Gegenteil, ohne dass es für sie negative Konsequenzen hätte – ihre Argumentation muss lediglich *innerhalb* eines Aufsatzes schlüssig sein, nicht aber *in allen* Papers, die sie im Laufe ihrer Karriere verfassen. Damit könnte man leben, denn ein Mensch kann sich ja weiterentwickeln und Abstand zu früher geäußerten Überzeugungen gewinnen, aber dann sollte das frühere »Ergebnis« aus dem Verkehr gezogen und durch das neue ersetzt werden – bei Büchern ersetzt eine neue Ausgabe die vorherige. Dieses Ausbleiben von Strafe macht Wissenschaftler antifragil, und zwar auf Kosten der Gesellschaft, die sich auf die »Schlüssigkeit« wissenschaftlicher Erkenntnisse verlässt. Dabei habe ich keine Zweifel an der Aufrichtigkeit von Stiglitz – oder sagen wir besser, an einer eher schwach ausgeprägten Aufrichtigkeit. Ich glaube, er ist wirklich überzeugt davon, dass er die Finanzkrise vorhergesagt hat, ich formuliere das Problem also noch einmal anders: Menschen, die selbst keine Schäden zu befürchten haben, können sich aus ihren früher geäußerten, sich häufig auch widersprechenden Äußerungen die ihnen gerade gelegenen herauspicken und sich dann schließlich auf dem Weg zum Weltwirtschaftsforum in Davos selbst von ihrem intellektuellen Scharfblick überzeugen.

Einerseits gibt es die Iatrogenie medizinischer Scharlatane und Quacksalber, die Schaden anrichten, sich darüber aber in gewisser Weise im Klaren sind, und die, werden ihre Machenschaften später aufgedeckt, dann abtauchen. Auf der anderes Seite gibt es die wesentlich heimtückischere Form von Iatrogenie: Sie wird verursacht von Experten, die ihre Stellung in der Gesellschaft nutzen, um später zu behaupten, sie hätten vor den schädlichen Folgen gewarnt. Da ihnen nicht klar ist, dass sie Iatrogenie verursachen, heilen sie Iatrogenie mit Iatrogenie. Und dann bricht alles zusammen.

Folgendes Heilmittel bei vielen ethischen Problemen ist gleichzeitig genau das, was gegen den Stiglitz-Effekt hilft:

> *Fragen Sie eine Person nie nach ihrer Meinung, nach ihrer Prognose oder nach ihrem Rat. Fragen Sie nur danach, was sie in ihrem Portfolio hat – oder nicht hat.*

Bekanntlich haben schon viele unschuldige Rentner aufgrund der Inkompetenz der Ratingagenturen empfindliche Einbußen hinnehmen müssen – dabei war es im Grunde mehr als nur Inkompetenz. Viele zweitklassige Kredite waren nichts als giftiger Abfall, getarnt als »AAA«, was einen Grad an Sicherheit suggeriert, der schon fast dem der Regierung gleichkommt. Ahnungslose Menschen wurden dazu verführt, ihre Ersparnisse dafür einzusetzen – und Portfoliomanager wurden von Regulatoren gezwungen, die Gutachten zu verwenden, die von den Ratingagenturen erstellt wurden. Und Ratingagenturen sind geschützt: Sie stellen sich zwar als Presse dar – allerdings haben sie nicht die vornehme Aufgabe der Presse, Betrugsfälle aufzudecken. Außerdem profitieren sie vom Recht auf freie Rede, vom »Ersten Zusatzartikel zur Verfassung der Vereinigten Staaten«, der im amerikanischen Bewusstsein so tief verwurzelt ist. Mein bescheidener Vorschlag: Jeder soll sagen dürfen, was er will, doch sein Portfolio muss mit seinen Aussagen vereinbar sein. Und natürlich dürfen Regulatoren nicht zu Fragilisten werden, indem sie prognostische Methoden – also Ausschusswissenschaft – absegnen.

Der Psychologe Gerd Gigerenzer liefert eine einfache Heuristik. Fragen Sie einen Arzt nie, was *Sie* tun sollten. Fragen Sie ihn, was *er* tun würde, wenn er in Ihrer Lage wäre. Sie werden sich wundern, welche Unterschiede da zutage treten.

Das Frequenzproblem oder: Wie man in Streitgesprächen unterliegt

Der Leser wird sich daran erinnern, dass es Fat Tony egal war, ob er recht hatte oder nicht – er wollte lediglich »Kohle machen«. Dieser Umstand hat eine statistische Dimension. Kehren wir kurz zur Unterscheidung zwischen dem Thalesianischen und dem Aristotelischen zurück und werfen wir einen Blick auf die Evolution. Die Frequenz, also die Frage, *wie oft* jemand recht hat, ist in der realen Welt weitgehend irrelevant, allerdings bedarf es, um auf diese Einsicht zu kommen, leider eines Praktikers und nicht eines Menschen, der sich vor allem aufs Reden versteht. Auf dem Papier spielt es eine Rolle, wie häufig man recht hatte, aber auch nur dort – bezeichnenderweise haben fragile Ergebnisse nur geringe (manchmal überhaupt keine) Vorteile, und antifragile Ergebnisse haben kaum Nachteile. Das heißt, im fragilen Fall gewinnt man Pennys und verliert Dollar; im antifragilen Fall verliert man Pennys und gewinnt Dollar. Der Antifragile kann also problemlos über längere Zeit Verlust machen, wenn er nur ein einziges Mal recht behält; für den Fragilen kann ein einziger Verlust den Absturz bedeuten.

Entsprechend gilt: Wenn Sie beispielsweise auf den Verfall eines Portfolios diverser Finanzinstitute (aufgrund von deren Fragilität) setzen, dann würde Sie das in den Jahren vor dem endgültigen Zusammenbruch dieser Institute 2008 lediglich Pennybeträge kosten – so war ja die Vorgehensweise von Nero und Tony. (Die andere Seite der Fragilität macht Sie bekanntlich antifragil.) Jahrelang lagen Sie falsch und einen Moment lang richtig – Sie haben wenig verloren und sehr viel gewonnen, sind also im Vergleich zur entgegengesetzten Vorgehensweise unendlich viel erfolgreicher (faktisch bedeutet die entgegengesetzte Vorgehensweise den Ruin). Sie hätten also wie Thales die Thekel eingestrichen, denn das Setzen gegen das Fragile ist antifragil. Aber jemandem, der das Ereignis lediglich mit Worten »vorhergesagt« hat, würden die Journalisten vorwerfen, er habe sich »jahrelang« oder »die meiste Zeit geirrt«.

Würden wir aufgefordert, Buch zu führen über die Fälle, in denen Meinungsmacher jeweils »richtig« oder »falsch« lagen, dann hätte das Verhältnis keine Aussagekraft, wenn wir nicht die Konsequenzen mit einbeziehen. Und da das nicht möglich ist, befinden wir uns in einer Zwickmühle.

Man erinnere sich an das, was Kleinunternehmer auszeichnet. Normalerweise liegen sie falsch und machen »Fehler« – zahlreiche Fehler. Sie sind konvex. Was schließlich zählt, ist der Ertrag des Erfolgs.

Anders ausgedrückt: Entscheidungsfindung in der realen Welt, also Taten, sind thalesianisch, rein verbale Voraussagen dagegen sind aristotelisch. Im zwölften Kapitel habe ich gezeigt, dass der eine Aspekt einer Entscheidung größere Konsequenzen haben kann als der andere – man hat keinen Beweis dafür, dass die Leute Terroristen sind, aber man untersucht sie trotzdem nach Waffen; man glaubt nicht, dass das Wasser giftig ist, trinkt es aber trotzdem nicht; für jemanden, der sich strikt an aristotelische Logik hält, wäre das absurd. Um mit Fat Tony zu sprechen: Dummköpfe wollen recht behalten, Nicht-Dummköpfe wollen Kohle machen; oder:

Dummköpfe wollen Streitgespräche gewinnen,
Nicht-Dummköpfe wollen gewinnen.

Man könnte also auch sagen: Es ist gar nicht schlecht, ein Streitgespräch zu verlieren.

Die richtige Entscheidung aus dem falschen Grund

Für Mutter Natur zählen Meinungen und Prognosen nicht; es geht einzig ums Überleben.

Man hat es hier also mit einem Evolutionsargument zu tun. Mir scheint es das am sträflichsten unterschätzte Argument für freies Unternehmertum und für eine Gesellschaft zu sein, die sich aus individuellen Machern zusammensetzt, aus der Art von Menschen, die Adam Smith »Abenteurer« nennt – das Gegenteil von Zentralplanern und bürokratischen Apparaten. Bürokraten (seien es diejenigen in der Regierung oder in großen Unternehmen) leben in einem Belohnungssystem, basierend auf Narrationen, auf »Geschwätz« und der Meinung anderer, auf Jobevaluationen und Peer-Reviews – mit anderen Worten: auf Marketing. Eine eindeutig aristotelische Struktur. Die biologische Welt entwickelt sich im Gegensatz dazu durch Überleben weiter, nicht durch Meinungen und Äußerungen wie »Ich habe es kommen sehen« und »Ich habe es euch ja gesagt«. Den Bestätigungsfehler, der einem in der Gesellschaft auf Schritt und Tritt begegnet, mag die Evolution nicht.

Die Welt der Wirtschaft sollte sich dem anschließen, allerdings bringen Institutionen die Dinge durcheinander, da Dummköpfe sich zu ungeahnter Größe ausdehnen können, wenn Institutionen die Evolution mit Rettungsaktionen und Verstaatlichungen blockieren. Auf lange Sicht wird sich die soziale und ökonomische Evolution in der höchst unangenehmen Form von Überraschungen, Diskontinuitäten und Sprüngen vollziehen.*

Karl Poppers Ideen zu einer evolutionären Erkenntnistheorie wurden bereits erwahnt. Popper war kein Entscheidungsträger und hing der Illusion an, dass Ideen miteinander konkurrieren und jeweils die am wenigsten falsche überlebt. Was Popper übersah: Es sind nicht die Ideen, die überleben, sondern Menschen, die die richtigen Ideen haben, oder Gesellschaften, die über korrekte Heuristiken verfügen oder besser gesagt über Heuristiken – seien sie nun richtig oder falsch –, die es ihnen ermöglichen, das Richtige zu tun. Den thalesianischen Effekt – den Umstand, dass eine falsche Idee überleben kann, wenn sie harmlos ist – verkannte er. Diejenigen, die mit den falschen Heuristiken arbeiten und im Fall von Irrtümern nur geringen Schaden davontragen, werden über-

* Mein Vorschlag, um der Maxime »zu groß, um zu scheitern« zu entgehen und es Arbeitgebern unmöglich zu machen, die Öffentlichkeit zu übervorteilen, sieht folgendermaßen aus: Eine Gesellschaft, die im Fall eines Konkurses als potentiell sanierungsfähig eingestuft wird, sollte nicht dazu in der Lage sein, irgendjemandem mehr zu zahlen, als ein Beamter in vergleichbarer Position erhält. In allen anderen Fällen sollte es den Leuten freistehen, sich in der ihnen beliebenden Höhe zu entlohnen, da das den Steuerzahler nicht tangiert. Eine solche Begrenzung würde Firmen dazu zwingen, so klein zu bleiben, dass sie im Fall eines Konkurses für eine Rettungsaktion nicht in Frage kämen.

leben. »Irrationales« Verhalten kann nützlich sein, wenn es harmlos ist.

Überlegen Sie sich folgende Frage als Beispiel für eine Art von falscher Annahme, die für den Zweck des Überlebens nützlich ist: Ist es Ihrer Ansicht nach gefährlicher, einen Bären für einen Felsbrocken zu halten, oder einen Felsbrocken für einen Bären? Den ersten Fehler zu machen dürfte Menschen schwerfallen; unsere Instinkte verführen uns dazu, beim geringsten Anzeichen von Unheil überzureagieren und einer bestimmten Sorte von falschen Mustern zu verfallen – diejenigen, die überreagieren, wenn sie etwas sehen, das einem Bär gleicht, haben einen Überlebensvorteil; diejenigen, die den entgegengesetzten Fehler machen, verlassen den Genpool.

Ich fühle mich verpflichtet, dafür zu sorgen, dass Reden nicht mehr so folgenlos bleibt.

Die Antike und das Stiglitz-Syndrom

Die Menschen in der Antike hatten ein äußerst konstruktives Verständnis des Stiglitz-Syndroms und ähnlicher Missstände. Sie verfügten über klug durchdachte Mechanismen, um den meisten Spielarten von Agency-Problemen beizukommen, seien sie individueller oder kollektiver Natur (der zirkuläre Effekt, der sich daraus ergibt, dass sich der Einzelne hinter der Gemeinschaft versteckt). Ich habe bereits erwähnt, dass die Römer einen Baumeister dazu zu zwingen pflegten, sich zeitweise unter der von ihm gebauten Brücke aufzuhalten. Sie hätten dafür gesorgt, dass Stiglitz und Orszag unter der Fannie-Mae-Brücke übernachten und den Genpool verlassen (sodass sie uns nicht erneut Schaden zufügen können).

Die Römer hatten noch andere und wirkungsvollere Heuristiken, mit denen sie komplexe spieltheoretische Probleme lösten und auf die heute wohl kaum noch jemand kommen würde. Römische Soldaten mussten ein *sacramentum* unterzeichnen, mit dem sie sich einverstanden erklärten, im Fall eines Misserfolgs bestraft zu werden – eine Art Vertrag zwischen dem Soldaten und der Truppe, in dem die Verpflichtungen im Fall von Sieg und Niederlage festgehalten wurden.

Nehmen wir an, wir beide, Sie und ich, sehen uns im Dschungel einem kleinen Leoparden oder einem wilden Tier gegenüber. Wir können mit vereinten Kräften wahrscheinlich mit ihm fertigwerden – jeder für sich genommen wäre allerdings zu schwach. Wenn Sie jetzt weglaufen, müssen Sie lediglich schneller sein als ich, nicht schneller als das Tier. Für denjenigen, der schneller davonlaufen kann, das heißt für den Feigeren, wäre es also das Beste, einfach ein Feigling zu sein und den anderen seinem Schicksal zu überlassen.

Die Römer beugten der Neigung der Soldaten, sich feige zu verhalten und andere damit zu schädigen, mit einem Prozess vor, den sie *Dezimierung* nannten. Wenn eine Legion eine Schlacht verlor und es Gründe gab, Feigheit zu vermuten, wurden zehn Prozent der Soldaten und Befehlshaber getötet; ausgewählt wurden sie normalerweise aufgrund eines Zufallsverfahrens. Die Bedeutung von Dezimierung, wörtlich: die Eliminierung jedes Zehnten, hat sich in der modernen Sprache nicht erhalten. Die magische Zahl ist einer von zehn: Mehr als zehn Prozent zu töten, würde die Truppe schwächen; weniger als zehn Prozent würde Feigheit Vorschub leisten.

Und der Mechanismus hat als Abschreckungsmittel gegen Feigheit offensichtlich gut funktioniert, denn er musste nur selten angewandt werden.

Die Engländer gingen ähnlich vor. Admiral John Byng wurde vor ein Kriegsgericht gestellt und zum Tod verurteilt, weil er für schuldig befunden wurde, nicht »sein Möglichstes getan« zu haben, um zu verhindern, dass nach der Schlacht von Menorca im Jahr 1756 Menorca an die Franzosen fiel.

Die Schiffe hinter sich verbrennen

Der Umgang mit dem eigenen Agency-Problem kann über Symmetrie hinausgehen: Man kann Soldaten in eine ausweglose Situation bringen und sehen, als wie antifragil sie sich erweisen.

Am 29. April des Jahres 711 überquerte der arabische Feldherr Tarek mit einer kleinen Truppe die Straße von Gibraltar von Marokko nach Spanien (der Name Gibraltar ist vom arabischen *Jabal Tarek* – »Berg des Tarek« – abgeleitet). Nach der Landung ließ Tarek die Schiffe niederbrennen. Daraufhin hielt er eine berühmte Rede, die zu meiner Zeit alle Schüler auswendig lernen mussten; ich übersetze sinngemäß: »Hinter euch ist das Meer, vor euch der Feind. Ihr seid zahlenmäßig deutlich unterlegen. Alles, was ihr habt, ist euer Schwert und euer Mut.«

Dann eroberten Tarek und sein kleiner Trupp die Iberische Halbinsel. Dieselbe Heuristik scheint sich in der Geschichte immer wieder bewährt zu haben, von Cortés in Mexiko, achthundert Jahre später, bis zu Agathokles von Syrakus, achthundert Jahre früher – ironischerweise zielte Agathokles in die genau entgegengesetzte Richtung wie Tarek, in den Süden: Er kämpfte gegen die Karthager und landete in Afrika.

Sie sollten unbedingt vermeiden, Ihren Feind in eine Situation zu bringen, in der er mit dem Rücken zur Wand steht.

Tod durch Dichtung

Fragen Sie irgendeinen polyglotten Menschen, der auch des Arabischen mächtig ist, wen er für den besten Dichter aller Sprachen hält – ich mache jede Wette, dass er al-Mutanabbi nennen wird. Al-Mutanabbi lebte vor etwa tausend Jahren, und seine Dichtung übt in der Originalsprache einen hypnotischen Zauber auf den Leser (Hörer) aus, der sich lediglich mit der Ergriffenheit vergleichen lässt, die Puschkin bei Menschen hervorruft, die des Russischen mächtig sind. Das Problem ist nur, dass al-Mutanabbi das wusste; sein Name bedeutet: »Der sich für einen Propheten hält«, eine Anspielung auf sein überdimensionales Ego. Ein Beispiel für seine bombastische Selbsteinschätzung ist ein Gedicht, in dem er den Hörer davon in Kenntnis setzt, seine Dichtung sei so mächtig, »dass blinde Menschen sie lesen« und »taube Menschen sie hören können«. Al-Mutanabbi war der seltene Fall eines Dichters, der seine Haut aufs Spiel setzte und für seine Dichtung starb.

Denn im selben Gedicht voller Eigenlob rühmt sich al-Mutanabbi in einer atemberaubenden Entfaltung sprachlicher Magie, dass er – über die Tatsache hinaus, dass er der sprachmächtigste Dichter überhaupt sei (was, ich sage es noch einmal, wirklich der Fall ist) – auch das tue, wovon er spricht: Er kenne wirklich »das Pferd, die Nacht, die Wüste, das Schwert, die Lanze, die Feder, das Buch« – und dank seines Mutes habe er Respekt vor dem Löwen.

Und dann kostete ihn das Gedicht tatsächlich das Leben. Al-Mutanabbi hatte nämlich – äußerst typisch für ihn – in einem seiner Gedichte einen bestimmten Wüstenstamm geschmäht, dessen Angehörige ihn dann verfolgten. Sie überfielen ihn, während er unterwegs war. Da der Dichter und seine Begleiter in der Minderheit waren, gab er der Stimme der Vernunft nach und ergriff die Flucht, was an sich noch nichts Anstößiges ist – allerdings rezitierte dann einer seiner Gefährten »das Pferd, die Nacht…« Und al-Mutanabbi kehrte um und trat, den sicheren Tod vor Augen, seinen Verfolgern entgegen. Al-Mutanabbi ist also auch tausend Jahre nach seinem Tod noch der Dichter, der starb, um der Schande, die Flucht ergriffen zu haben, zu entgehen, und wenn wir seine Verse rezitieren, dann wissen wir, dass sie authentisch sind.

Das große Rollenvorbild meiner Kindheit war der französische Abenteurer und Schriftsteller André Malraux. All seine Schriften sind geprägt von seiner Risikobereitschaft: Malraux hatte die Schule abgebrochen, war dabei jedoch äußerst belesen. In seinen zwanziger Jahren bereiste er als Abenteurer Asien. Während des spanischen Bürgerkriegs war er Pilot und später, im Zweiten Weltkrieg, Mitglied der französischen Résistance. Er entwickelte dann eine gewisse Mythomanie, indem er seine Begegnungen mit großen Männern und Politikern unnötig hochspielte. Er konnte einfach die Vorstellung vom Schriftsteller als einem Intellektuellen nicht ertragen. Im Gegensatz zu Hemingway, dem es in erster Linie um Selbstdarstellung ging, war Malraux wirklich authentisch. Und er ließ sich prinzipiell nie auf Small Talk ein – sein Biograph berichtet, Malraux habe, während andere Autoren über Copyrights diskutierten und Klatschgeschichten europäischer Königshäuser austauschten, die Konversation auf theologische Fragen gelenkt (angeblich war er der Meinung, *das 21. Jahrhundert werde religiös sein, oder es werde gar nicht sein)*. Der Tag, an dem er starb, war einer der traurigsten in meinem Leben.

Isolierung

Das System ist nicht dazu angetan, Forscher zu motivieren, ein Malraux zu werden. Der große Skeptiker Hume soll, wenn er mit seinen Freunden in Edinburgh feierte, seine Existenzangst in seinem philosophischen

Arbeitszimmer zurückgelassen haben (allerdings war seine Vorstellung von Feiern doch sehr… schottisch). Der Philosoph Myles Burnyeat nannte es das »Problem der Isolierung« (*insulation*), vor allem in Bezug auf Skeptiker, die in dem einen Zusammenhang Skeptiker sind, in einem anderen dagegen nicht. Er führt als Beispiel einen Philosophen an, der sich den Kopf zerbricht über das Wesen der Zeit und trotzdem ein Forschungsstipendium beantragt, damit er dem philosophischen Problem der Zeit während eines Freisemesters im Jahr darauf genauer nachgehen kann, wobei er offenbar keine Sekunde daran zweifelt, dass das nächste Jahr tatsächlich kommen wird. Burnyeat ist der Auffassung, der Philosoph »isoliere seine gewöhnlichen Urteile erster Ordnung von den Folgerungen aus seinem Philosophieren«. Sorry, Professor Doktor Burnyeat – ich bin der Auffassung, Philosophie (und ihr Geschwister, die reine Mathematik) ist der einzige Bereich, der keinen Bezug zur Realität herstellen muss. Es sei denn, Sie machen ein Gesellschaftsspiel daraus, dann sollten Sie das Ganze allerdings anders benennen…

Gerd Gigerenzer berichtet von einem noch schwerwiegenderen Vergehen, das Harry Markowitz begangen hat. Er führte eine Methode namens »Portfolio Selection« ein und bekam denselben iatrogenen Preis der Schwedischen Reichsbank (den »Nobelpreis« für Ökonomie) verliehen wie andere Fragilisten, etwa der Fragilist Merton und der Fragilist Stiglitz. Ich habe mehrere Jahre meines Lebens damit zugebracht, diese Methode als Scharlatanismus zu brandmarken, da sie außerhalb des akademischen Sektors keinerlei Nutzwert hat und zu Zusammenbrüchen führt (siehe Anhang). Doch Professor Doktor Fragilist Markowitz wendet seine Methode auf sein eigenes Portfolio auch gar nicht an; er greift auf klügere (und einfacher umzusetzende) Taxifahrermethoden zurück, die eher dem ähneln, was Mandelbrot und ich vorgeschlagen haben.

Ich bin überzeugt davon: Wenn man Wissenschaftler, so oft es geht, zwingen würde, das, was sie angerichtet haben, auch auszulöffeln, dann wäre ein ernsthaftes Problem der Wissenschaft gelöst. Man benutze folgende schlichte Heuristik: Überträgt ein Forscher, der Ideen ausgearbeitet hat, die auf die Wirklichkeit übertragbar sein sollen, diese Ideen in seinen eigenen Alltag? Wenn das der Fall ist, kann man ihn ernst nehmen. Wenn nicht, sollte man ihn ignorieren. (Handelt es sich dabei um einen Wissenschaftler, der sich mit theoretischer Mathematik oder Theologie oder Literaturwissenschaft beschäftigt, ist das unnötig. Aber wenn er etwas macht, was auf Anwendung zielt: Rote Karte!)

Damit bin ich wieder bei der Triffat-Täuschung und Seneca – dem Unterschied zwischen dem, der nur redet, und dem Praktiker. Diese Methode, zu ignorieren, was ein Wissenschaftler schreibt, und stattdessen auf das zu schauen, wie er handelt, kam mir auch bei meiner Begegnung mit einem Glücksforscher zugute, der die Auffassung vertrat, dass *alles, was über einem Jahresverdienst von 50 000 Dollar liegt, das Glück nicht weiter vermehren kann* – er verdiente damals an der Universität mehr als doppelt so viel, seinem Maßstab zufolge war er also solide abgesichert. Sein Argument, gestützt durch seine »Experimente« und veröffentlicht in (von anderen Wissenschaftlern) »häufig zitierten Aufsätzen«, machte auf dem Papier einen recht überzeugenden Eindruck – wobei ich eigentlich mit der Vorstellung von »Glück« oder der vulgären modernen Interpretation der »Suche nach Glück« nicht viel anfangen kann. Ich Idiot glaubte ihm also. Allerdings erfuhr ich ungefähr ein Jahr später, er sei so geldgierig, dass er mit gut dotierten Vorträgen durch die Gegend tourte. Das war für mich ein stichhaltigerer Beleg als Tausende von Zitaten.

Champagnersozialismus

Und noch ein eklatantes Beispiel für Isolierung. Manchmal kann die Trennung zwischen dem, was einer sagt, und der Art, wie er lebt, sehr klar zutage treten, nämlich bei Personen, die ihren Mitmenschen einen bestimmten Lebensstil nahelegen, sich aber selbst nicht danach richten.

Jemandem, der linke Positionen vertritt, aber sein Vermögen nicht hergibt oder nicht genau so lebt, wie er es von anderen verlangt, muss man gar nicht erst zuhören. Leute, die sich für den Sozialismus, manchmal sogar für den Kommunismus oder sonst ein System mit klaren Vorbehalten gegen eine luxuriöse Lebensführung einsetzen und dabei ganz offen im Luxus leben, häufig noch von ererbten Reichtümern zehren, werden von den Franzosen »Kaviarlinke« genannt, *la gauche caviar;* im Englischen und Deutschen kennt man den Begriff der »Champagnersozialisten«. Sie bemerken den Widerspruch nicht, der darin liegt, dass sie von anderen verlangen, den Lebensstil, auf den sie selbst nicht verzichten können, zu meiden. Damit ähneln sie stark den ihren Liebschaften frönenden Päpsten wie Johannes XII. oder dem Borgia-Papst Alexander VI. Die Widersprüchlichkeit kann ins Groteske umkippen, etwa im Fall des früheren französischen Präsidenten François Mitterrand, der auf dem Podium der Sozialisten den Pomp der französischen Könige zu verströmen pflegte. Besonders ironisch wird das Ganze dadurch, dass sein traditioneller Erzfeind, der konservative General de Gaulle, ein Leben in altmodischer Strenge und Nüchternheit lebte und sich von seiner Frau die Socken stopfen ließ.

Allerdings habe ich noch Schlimmeres erlebt. Ein ehemaliger Kunde, ein reicher Mann mit, wie es scheint, sozialer Mission, versuchte mich dazu zu bewegen, einen Scheck für einen Kandidaten auszustellen, der sich im Zuge einer Wahl für höhere Steuern aussprach. Aus moralischen Gründen lehnte ich ab. Aber ich dachte, was für ein Held – denn wenn der Kandidat gewinnen sollte, dann würde er selbst um einiges mehr an Steuern zahlen müssen. Ein Jahr später erfuhr ich, dass gegen diesen Kunden ermittelt wurde, weil er in eine ziemlich große, ziemlich finstere Steuerhinterziehungsgeschichte verwickelt war. Er wollte einfach nur sicherstellen, dass *andere* mehr Steuern zahlen.

In den letzten Jahren hat sich eine Freundschaft entwickelt zwischen mir und dem Aktivisten Ralph Nader und ich bemerkte sich widersprechende Eigenschaften bei ihm. Abgesehen von seiner erstaunlichen Zivilcourage und seiner völligen Immunität gegen Verleumdungskampagnen gibt es bei ihm nicht den geringsten Unterschied zwischen dem, was er sagt, und der Art, wie er lebt. So ähnlich wie bei Heiligen – sie setzen ihre Seele aufs Spiel. Der Mann ist ein weltlicher Heiliger.

Mit Leib und Seele

Es gibt eine Klasse von Menschen, die dem bürokratisch-journalistischen Geschwätz entgeht: diejenigen, die noch mehr aufs Spiel setzen als ihre Haut. *Sie setzen auch ihre Seele aufs Spiel.*

Man denke nur an Propheten. Prophezeiungen sind in erster Linie ein Glaubensbekenntnis. Ein Prophet ist nicht jemand, der als Erster eine Idee hat; er ist der Erste, der an eine Idee glaubt und sie konsequent umsetzt.

Im zwanzigsten Kapitel habe ich gezeigt, dass wahre Prophezeiung ein subtraktiver Akt ist und in der Entdeckung von Fragilität besteht. Seine Haut aufs Spiel setzen (und die Nachteile in Kauf nehmen) ist das, was den wirklichen Denker von den Ex-post-Schwätzern unterscheidet und ihn nur noch einen Schritt vom Rang eines Propheten entfernt sein lässt. Es ist eine Frage der Festlegung – Philosophen bezeichnen sie als *doxastische Festlegung* (*doxastic commitment*), eine Art Überzeugungsschwur, der nach der Auffassung von Fat Tony und Nero notwendigerweise in die Tat umgesetzt werden musste (der umgekehrte Stiglitz). *Doxa* bedeutete im Griechischen »Glaube« in Unterscheidung von »Wissen« (*episteme*); in der griechischen Kirche nahm der Begriff *doxa* die Bedeutung *Verherrlichung* an, woraus klar hervorgeht, dass es sich dabei um eine Festlegung und eine Verpflichtung handelt, die über das reine Reden hinausgeht.

Das Gesagte gilt für sämtliche Arten von Ideen und Theorien: Die wichtigste Person hinter einer Theorie, diejenige, die als ihr Urheber gelten darf, ist derjenige, der auf doxastische Weise daran glaubte und sich mit allen Konsequenzen darauf einließ, um sie zu ihrem natürlichen Ende zu führen, und nicht unbedingt der Erste, der eine Theorie beim Dessert oder in einer Fußnote erwähnte.

Nur wer wirklich an etwas glaubt, wird es vermeiden, irgendwann in Widerspruch zu sich selbst zu geraten und den Irrtümern der Postgnostik aufzusitzen.

Optionen, Antifragilität und soziale Gerechtigkeit

Der Aktienmarkt ist der größte, in industriellem Ausmaß betriebene Antifragilitätstransfer in der Geschichte der Menschheit – und beruht ausschließlich auf einer bösartigen Form von Asymmetrie hinsichtlich der Bereitschaft, seine Haut aufs Spiel zu setzen. Ich spreche nicht von Investments, sondern vom gegenwärtig üblichen System, Investments in Aktien »öffentlicher« Unternehmen zu bündeln, mit Managern, denen es freisteht, das System abzuzocken, und die natürlich in höherem Ansehen stehen als die wahren Risikoträger, die Privatunternehmer.

Das Agency-Problem manifestiert sich überaus deutlich in folgendem

Zusammenhang. Es gibt einen Unterschied zwischen einem Manager, der eine Firma leitet, die nicht ihm gehört, und einem inhabergeführten Betrieb, in dem der Geschäftsführer keinem außer sich selbst Rechenschaft geben und auch selbst für alle Risiken und Verluste einstehen muss. Manager in Unternehmen haben Leistungsanreize ohne deren Gegenstück, den negativen Anreiz, das Abschreckungsmittel – ein Umstand, welcher der Öffentlichkeit nicht bewusst ist; hier herrscht die Illusion vor, dass bei den Leistungsanreizen für Manager alles mit rechten Dingen zugeht. Diesen Managern wurden von den unschuldigen Sparern und Investoren freie Optionen übertragen. Ich spreche hier, es sei noch einmal wiederholt, von Managern in Betrieben, die *nicht* vom Besitzer geführt werden.

Vom Zeitpunkt der Abfassung dieses Buches aus gesehen hat der Aktienmarkt der Vereinigten Staaten in den vergangenen zwölf Jahren die Rentner über drei Billionen Dollar an Verlust gekostet, verglichen mit den in staatlichen Geldmarktfonds angelegten Geldern (ich rechne großzügig, der Unterschied ist eigentlich sogar noch beträchtlicher), während die Manager großer Gesellschaften, die den Aktienmarkt dominieren, dank der Asymmetrie der Aktienoptionen um etwa vierhundert Milliarden Dollar reicher sind. Sie haben die armen Sparer im Thales-Modus abgezockt. Noch empörender ist das Schicksal der Bankenindustrie: Die Verluste der Banken waren höher als sämtliche Gewinne in der Geschichte dieser Banken zusammengenommen, und die Manager bekamen Milliarden an Kompensationszahlungen – die Steuerzahler müssen mit den Nachteilen leben, die Banker dürfen sich an den Vorteilen freuen. Und die Strategien, mit denen das Problem bewältigt werden soll, schädigen unschuldige Menschen, während die Banker auf ihren Jachten in St. Tropez ihren Rosé aus der Provence genießen.

Die Asymmetrie ist unübersehbar: Volatilität begünstigt Manager, da sie lediglich von der positiven Seite der Ergebnisse betroffen sind. Worauf es ankommt (und was von den meisten nicht gesehen wird): Diese Manager können von Volatilität profitieren – je mehr Variationen, desto kräftiger zahlt sich die Asymmetrie aus. Sie sind also antifragil.

Um zu sehen, wie dieser Antifragilitätstransfer funktioniert, führe man sich zwei Szenarien vor Augen, bei denen der Markt im Schnitt dasselbe tut, allerdings auf zwei verschiedene Arten.

Variante 1: Der Markt steigt um 50 Prozent und geht dann wieder zurück, alle Gewinne sind also wieder getilgt.

Variante 2: Der Markt bewegt sich nicht.

Es ist klar erkennbar, dass Variante 1, die volatilere Entwicklung, für die Manager, die aus ihren Aktienoptionen Kapital schlagen können, profitabler ist. Je gezackter die Entwicklung, desto besser für sie.

Und natürlich hat die Gesellschaft – in diesem Fall die Rentner – die Kehrseite des Ergebnisses auf sich zu nehmen, denn sie finanziert ja die Banker und Geschäftsführer. Rentner haben weniger Vor- als Nachteile. Die Gesellschaft zahlt für die Verluste der Banker, ohne davon zu profitieren. Wenn Sie nicht merken, dass es sich bei dieser Art von Antifragilitätstransfer um Diebstahl handelt, dann stimmt etwas nicht mit Ihrem Urteilsvermögen.

Was noch erschwerend hinzukommt: Dieses System trägt das Attribut »leistungsorientiert« und passt angeblich zum Kapitalismus. Vermutlich sind die Interessen der Manager dieselben wie die der Aktionäre. Aber was heißt hier leistungsorientiert? Es gibt ja nur Vorteile und keine Nachteile, keinerlei Abschreckungsmaßnahmen, das heißt Konsequenzen, wenn die erbrachte Leistung *nicht* den Erwartungen entspricht.

Freie Option à la Robert Rubin

Robert Rubin, ein ehemaliger Finanzminister, strich im Lauf von gut einem Jahrzehnt über 120 Millionen Dollar an Bonuszahlungen von der Citibank ein. Die Risiken, die die Institution eingegangen war, waren nicht sichtbar, die Zahlen sahen gut aus … bis zu dem Moment, wo sie (infolge der Truthahn-Überraschung) nicht mehr gut aussahen. Die Citibank brach ein, Rubin behielt sein Geld – faktisch mussten wir Steuerzahler ihn im Nachhinein entschädigen, denn die Regierung übernahm die Verluste der Bank und half ihr, weiterhin auf eigenen Beinen stehen zu können. Diese Art von Ergebnis ist weit verbreitet, Tausende Führungskräfte genossen die gleiche Behandlung.

Es geht um dasselbe wie im Fall des Architekten, der Risiken im Fundament eines Hauses verbirgt, die erst später zu einem Zusammenbruch führen; der dicke Schecks einstreicht und von einem komplexen Rechtssystems geschützt wird.

Von einigen Seiten wurde gefordert, als Gegenmittel eine »Rückholprovision« einzuführen, mit der in solchen Fällen die Verantwortlichen gezwungen würden, früher erhaltene Bonuszahlungen bei späteren Ausfällen zurückzuzahlen: Manager sollen ihre Bonuszahlungen nicht sofort bekommen, sondern erst drei oder fünf Jahre später, wenn sich herausstellt, dass es zu keinen Verlusten gekommen ist. Allerdings ist damit das Problem noch nicht gelöst: Nach wie vor haben die Manager ein Netto-Plus, aber kein Netto-Minus. Zu keinem Zeitpunkt ist ihr Nettovermögen gefährdet. Immer noch krankt das System an einem hohen Grad an Optionalität und Fragilitätstransfer.

Dasselbe gilt für einen Fondsmanager, der mit der Verwaltung von Rentenfonds betraut ist – auch er ist vor Nachteilen sicher.

Doch Hammurapis Regel wurde durchaus schon einmal auf Banker angewandt. In Katalonien gab es die Tradition, Banker vor ihrer eigenen Bank zu enthaupten (normalerweise verließen diese ihre Stadt Hals über Kopf, wenn sich ein Konkurs abzeichnete; einem von ihnen, Francesco Castello, ging es im Jahr 1360 allerdings tatsächlich an den Kragen). Heutzutage bedient sich nur noch die Mafia derartiger Methoden zur Beseitigung freier Optionen. Im Jahr 1980 floh der »Vatikan-Banker« Roberto Calvi, Generaldirektor der Banco Ambrosiano, nach dem Zusammenbruch der Bank nach London. Dort, so hieß es, beging er Selbstmord – als ob Italien als Schauplatz derartiger Dramen nicht mehr in Frage käme. Kürzlich wurde enthüllt, dass der angebliche Selbstmord wohl keiner gewesen war; die Mafia hatte ihn umgebracht, weil er ihr Geld verloren hatte. Dasselbe Schicksal ereilte den Las-Vegas-Pionier Bugsy Siegel, der ein Casino besaß, in das die Mafia Geld investiert hatte, das aber nicht genug Gewinn abwarf.

Und in einigen Ländern wie Brasilien werden sogar heute noch Banker unbeschränkt für den Umfang ihrer Aktiva haftbar gemacht.

Welcher Adam Smith?

Viele Vertreter der Rechten, die sich zugunsten von Großkonzernen aussprechen, führen ständig Adam Smith im Munde, den berühmten Schutzheiligen des »Kapitalismus« (Adam Smith selbst hat das Wort nie benutzt), ohne ihn je gelesen zu haben, oder sie benutzen das wenige, was sie kennen, zur Selbstbestätigung – in Äußerungen, die er so, wie sie präsentiert werden, sicher nie unterschreiben würde.*

In Buch IV seines Werks *Der Wohlstand der Nationen* äußerte Smith sich extrem zurückhaltend zu der Vorstellung, dass einer Person nur Vorteile ohne Nachteile zufallen sollen, und er hatte Zweifel bezüglich der beschränkten Haftung von Kapitalgesellschaften (dem Vorläufer der heutigen Gesellschaft mit beschränkter Haftung). Bis zur Idee der Antifragilität drang er nicht vor, allerdings kam er ihr doch recht nahe. Und man kann sagen, dass er quasi das Problem entdeckte, das daraus resultiert, dass man das Unternehmen eines anderen verwaltet – entsprechend dem Piloten, der nicht selbst im Flugzeug sitzt:

> Die Direktoren solcher Gesellschaften sind allerdings eher Verwalter von anderer Leute Geld als von ihrem eigenen, und es lässt sich daher kaum erwarten, dass sie darüber mit derselben ängstlichen Sorgfalt wachen wie Partner in einer privaten Partnerschaft, die über ihr eigenes Geld wachen.

Smith bezweifelt sogar ihre Wirtschaftlichkeit, wenn er schreibt: »Kapitalgesellschaften im Auslandshandel waren nur selten dazu in der Lage, im Wettbewerb mit privaten Unternehmern mitzuhalten.«

Die zentralen Punkte seien noch einmal unterstrichen: Die optimale Version von »Kapitalismus« oder überhaupt von jeglichem beliebigem Wirtschaftssystem sieht so aus, dass möglichst wenig Menschen in die linke Spalte der Triade eingeordnet werden müssen. Keinem ist bislang aufgefallen, dass das zentrale Problem des Sowjetsystems darin bestand, dass alle, die für das Wirtschaftssystem verantwortlich waren, in dieser entsetzlichen fragilisierenden linken Spalte steckten.

* Ich habe genau diese Erfahrung mit Journalisten gemacht, die sich gegenseitig mit ihren Äußerungen über meine Bücher zitieren, ohne sich je die Mühe gemacht zu haben, einen Blick in meine Schriften zu werfen – die meisten Journalisten, Berufswissenschaftler und andere in ähnlich verlogenen Berufszweigen Tätigen lesen nicht die Originalquellen, sondern nur das, was ihre Kollegen von sich geben, hauptsächlich weil sie sicherstellen müssen, dass ein Konsens existiert, bevor sie sich an die Öffentlichkeit wagen.

Die Antifragilität und Moral (großer) Unternehmen

Sie haben vielleicht schon festgestellt, dass große Unternehmen Ihnen Junk-Drinks verkaufen, dass Wein und Käse dagegen aus kleinen Betrieben stammen. Gleichzeitig findet von den Kleinen hinüber zu den Großen ein Antifragilitätstransfer statt – bis die Großen kollabieren.

Das Problem der Geschäftswelt besteht darin, dass hier ausschließlich mit Hinzufügung (*Via Positiva*), nicht aber Wegnahme von etwas (*Via Negativa*) gearbeitet wird: Die Pharmaindustrie profitiert nicht davon, dass Sie keinen Zucker mehr zu sich nehmen; die Hersteller von Geräten für Fitnessstudios profitieren nicht davon, wenn Sie beschließen, von nun an Steine zu heben und in felsigem Gelände unterwegs zu sein (ohne Handy); Aktienhändler profitieren nicht davon, wenn Sie Ihre Investitionen auf das beschränken, was Sie mit eigenen Augen sehen können, etwa das Restaurant Ihres Vetters oder das Wohnhaus in Ihrer Nachbarschaft; all diese riesigen Firmen zielen auf »Ertragswachstum«, um der Metrik eines langsam oder bestenfalls halblangsam denkenden Analysten und graduierten Betriebswirts in New York gerecht zu werden. Natürlich werden sie sich irgendwann einmal selbst zerstören, aber das ist ein anderes Thema.

Nehmen Sie Firmen wie Coke oder Pepsi, die wahrscheinlich zu der Zeit, da der Leser diese Zeilen liest, noch existieren – was bedauerlich ist. Worin besteht ihr Geschäft? Sie verkaufen Zuckerwasser oder sogar Wasser mit Zuckerersatz, sie füllen Ihren Körper mit etwas ab, das Ihr biologisches Alarmsystem durcheinanderbringt, das Diabetes *verursacht* und Anbieter von Diabetesmedikamenten reich macht, die die Folgeschäden dieses Zeugs kompensieren. Großunternehmen machen sicher kein Geld damit, dass sie Ihnen Leitungswasser verkaufen, und sie sind außerstande, Wein herzustellen (Wein ist wahrscheinlich das beste Argument für traditionelle Handwerkskultur). Aber sie putzen ihre Produkte mit irrsinnigen Marketingmethoden heraus, mit Bildern, die den Konsumenten betrügen, und Slogans wie »125 Jahre im Dienst des Glücks«. Eigentlich verstehe ich nicht, warum die Argumente, die gegen die Zigarettenindustrie ins Feld geführt wurden, nicht auch auf alle anderen Großunternehmen übertragbar sind, die uns Dinge verkaufen wollen, welche uns krank machen.

Der Historiker Niall Ferguson und ich hatten einmal im Rahmen einer Veranstaltung der New York Public Library eine Diskussion mit einer Vorsitzenden von Pepsi-Cola. Es war eine großartige Lektion in Antifragilität, denn es kümmerte weder Niall noch mich, wer die Dame war (ich kannte nicht einmal ihren Namen). Autoren sind antifragil. Wir gingen beide völlig unvorbereitet in die Diskussion (hatten nicht einmal ein Blatt Papier dabei), und sie kam mit einem ganzen Stab von Beratern, die uns, in Anbetracht der dicken Aktenordner, die sie mitbrachten, wahrscheinlich bereits bis ins letzte Detail, bis hinunter zu unserer Schuhgröße, studiert hatten (in der Speakers' Lounge sah ich eine Hilfskraft, die sich eine Dokumentation durchlas, zu der auch ein hässliches Bild meiner »Wenig«-keit aus der Zeit vor meiner Knochenmanie und meinem Gewichtstraining gehörte). Wir konnten ungestraft alles sagen, was wir wollten, sie dagegen hatte ihre Vorgaben, an die sie sich sklavisch halten musste, damit keine negativen Kommentare der Wertpapieranalytiker veröffentlicht wurden, die womöglich vor dem Jahresabschlussbonus einen Kursrückgang um zwei Dollar und dreißig Cent zur Folge hatten.

Außerdem weiß ich aus meiner Erfahrung mit Führungskräften großer Unternehmen, dass diese Leute, die danach dürsten, Tausende von Stunden in drögen Meetings zu verbringen oder schlechte Memos zu lesen, nicht sonderlich klug sein können. Das sind keine echten Unternehmer, sondern nur aalglatte Schauspieler (Wirtschaftshochschulen haben viel Ähnlichkeit mit Schauspielschulen). Ein intelligenter – oder freier – Mensch würde in einer solchen Umgebung zusammenbrechen. Niall deckte im Handumdrehen ihren wunden Punkt auf und ging gleich aufs Ganze: Ihre Parole lautete, sie trage zur Vollbeschäftigung bei, indem sechshunderttausend Menschen bei ihrem Unternehmen in Lohn und Brot stünden. Er entlarvte ihre Propaganda mit dem Gegenargument – das letztlich auf Marx und Engels zurückgeht –, dass Großunternehmen einfach nur dadurch Kontrolle über den Staat gewinnen, dass sie ein »bedeutender Arbeitgeber« sind und ihnen aufgrunddessen Leistungen zustehen – eine klare Benachteiligung kleiner Unternehmen. Einer Firma, die sechshunderttausend Personen beschäftigt, steht es frei, ungestraft die Gesundheit der Bürger zu ruinieren, wobei sie gleichzeitig damit rechnen darf, gegebenenfalls von Rettungsschirmen der Regierung beschützt zu werden (man denke an die amerikanische Autoindustrie) – wohingegen Handwerkern und Kleinunternehmern wie Friseuren und Schuhmachern eine solche Immunität vorenthalten bleibt.

Damals stieß ich plötzlich auf eine Regel: Mit Ausnahme von Drogenhändlern verkaufen uns kleine Unternehmen und Handwerker in der Regel gesunde Produkte, Dinge, die ganz selbstverständlich und sowieso gebraucht werden; die größeren dagegen – nicht zuletzt die Pharmagiganten – bringen haufenweise Produkte mit iatrogenen Effekten auf den Markt, nehmen dafür unser Geld, und um das Maß vollzumachen, ziehen sie dann noch mit ihren Heerscharen von Lobbyisten den Staat auf ihre Seite. Außerdem hat wohl alles, was auf Marketing angewiesen ist, schädliche Nebenwirkungen. Ohne einen gewaltigen Werbeaufwand dürfte es ja auch kaum möglich sein, die Leute davon zu überzeugen, dass Coke ihnen »Glück« beschert – und offensichtlich funktioniert es.

Natürlich gibt es Ausnahmen: Großunternehmen, in denen der Geist von Handwerkern, manchmal sogar der Geist von Künstlern spürbar ist. Rohan Silva berichtete, Steve Jobs habe Wert darauf gelegt, dass auch das Innere von Apple-Produkten ästhetisch ansprechend gestaltet war, obwohl der Kunde es gar nicht zu Gesicht bekommt. So handelt nur ein wahrer Handwerker – Schreiner mit einem ausgeprägten Berufsethos kommen sich wie Betrüger vor, wenn sie das Innere von Schränken mit weniger Sorgfalt gestalten als das Äußere. Ein weiteres Beispiel für Redundanz mit einem ästhetischen und ethischen Überschuss. Aber Steve Jobs war eine einsame Lichtgestalt in der viel beschworenen, komplett unverstandenen, angeblich ach so effizienten Weltwirtschaft der Großunternehmen.

Handwerker, Werbung und Billigangebote

Ein weiterer Aspekt des Handwerklichen. Keines der Produkte, auf die ich Wert lege, habe ich aufgrund von Werbe- oder Marketingmaßnahmen entdeckt: Käse, Wein, Fleisch, Eier, Tomaten, Basilikum, Äpfel, Restaurants, Friseure, Bilder, Bücher, Hotels, Schuhe, Hemden, Brillen, Hosen (mein Vater und ich waren Stammkunden bei drei Generationen armenischer Schneider in Beirut), Oliven, Olivenöl und so weiter. Dasselbe gilt für Städte, Museen, Kunst, Romane, Musik, Gemälde, Skulpturen (eine Zeitlang war ich besessen von antiker Kunst und römischen Köpfen). Vielleicht werden diese Dinge auch auf irgendeine Art und Weise »vermarktet«, indem man die Menschen auf ihre Existenz aufmerksam gemacht hat, aber das war nicht mein Zugang dazu – Mundpropaganda, persönliche Empfehlungen sind der wirksamste natürliche Filter. Eigentlich sogar der einzige.

In Supermarktregalen findet man überwiegend Produkte, die offenbar einfach nur möglichst billig sein sollen. Wenn Lebensmittelfirmen Ihnen etwas verkaufen, was sie als Käse bezeichnen, sind sie hoch motiviert, Ihnen das billigstmöglich herzustellende Stück Gummi anzudrehen, das aufgrund seiner Zusammensetzung gerade noch als Käse durchgehen kann, und ihre vornehmste Aufgabe sehen sie darin, herauszufinden, wie sie Ihre Geschmacksknospen täuschen können. Dabei ist das mehr als nur Motivation: Diese Unternehmen sind strukturell darauf angelegt und extrem geschickt darin, ein Produkt zu erzeugen, das die Vorgaben so kostengünstig wie möglich erfüllt. Dasselbe gilt für Buchveröffentlichungen aus dem Business Bereich: Verlage und Autoren buhlen um die Aufmerksamkeit des Käufers und geben ihm das vergänglichste journalistische Erzeugnis in die Hand, das man gerade noch als Buch bezeichnen kann. Das ist wahre Optimierung: Image und Verpackung werden maximiert, Kosten und Aufwand minimiert.

Werbung durch Softdrink-Firmen ist darauf angelegt, den Konsumenten maximal in Verwirrung zu bringen. Jedes Produkt, das heftig beworben werden muss, ist zwingend entweder minderwertig oder schlecht. Und es ist im höchsten Maße unmoralisch, etwas so darzustellen, dass es besser erscheint, als es in Wahrheit ist. Andere auf die Existenz eines Produkts hinzuweisen, sagen wir einen neu entwickelten Bauchtanzgürtel, mag ja hingehen, aber ich frage mich, warum die Menschen nicht merken, dass per definitionem alles, was durch öffentliche Werbung bekannt gemacht werden muss, notwendigerweise minderwertig ist, sonst würde ja keine Werbung dafür gemacht.

Marketing ist gleichbedeutend mit schlechten Manieren – ich verlasse mich dabei auf meine natürlichen und ökologischen Instinkte. Stellen Sie sich vor, Sie begegnen jemandem auf einer Kreuzfahrt. Wenn Ihr Gegenüber jetzt anfangen würde, mit seinen Eigenschaften anzugeben: wie großartig er ist, wie reich, groß, imposant, geschickt, berühmt, durchtrainiert, hoch gebildet, erfolgreich, gut im Bett und so weiter und so fort – was würden Sie tun? Sehr wahrscheinlich würden Sie das Weite suchen (oder ihn mit einem anderen geschwätzigen Langweiler zusammenbringen, um beide los zu sein). Es ist in jedem Fall besser, wenn andere (und zwar nach Möglichkeit *nicht* seine Mutter) Gutes über ihn sagen, und man würde es begrüßen, wenn er mit einer gewissen persönlichen Bescheidenheit aufträte.

Mein Beispiel ist gar nicht so weit hergeholt. In der Zeit, als ich dieses Buch schrieb, hörte ich zufällig auf einem Flug mit British Air, wie ein Herr der Stewardess zwei Sekunden nach Eröffnung des Gesprächs (es ging eingangs darum, ob er Milch und Zucker in seinen Kaffee haben wollte) mitteilte, er habe den Nobelpreis in Medizin »und Physiologie« gewonnen und sei außerdem Präsident einer berühmten königlichen Akademie. Die Stewardess wusste nicht, was es mit dem Nobelpreis auf sich hatte, war aber so höflich, das Gespräch nicht abzubrechen, weshalb der Herr – in der Hoffnung, sie aus ihrer Ignoranz aufrütteln zu können – noch mehrmals wiederholte »den Nobelpreis!«. Ich drehte mich um und erkannte ihn, und sofort war er still. Wie heißt es im Sprichwort so schön? Am schwersten ist es, vor seinem Kammerdiener ein großer Mann zu sein. Und Marketing, das über den reinen Informationsgehalt hinausgeht, ist schlichtweg ein Zeichen von Unsicherheit.

Menschen, die sich selbst loben, bezeichnen wir als Angeber, und wir fühlen uns von ihnen abgestoßen. Und was ist mit großen Unternehmen? Warum stoßen uns Firmen nicht ab, die Werbung damit machen, wie großartig sie sind? Es gibt drei Ebenen der Verletzung. Erste Ebene, die harmlose Verletzung: Firmen betreiben schamlose Eigenwerbung, wie der Mann im Flugzeug, und schaden nur sich selbst. Zweite Ebene, etwas gravierender: Firmen versuchen, sich im vorteilhaftesten Licht zu zeigen; die Nachteile ihrer Produkte dagegen verbergen sie – immer noch relativ harmlos, da man von Werbung nichts anderes erwartet und sich eher auf die Meinung von Leuten verlässt, die das Produkt kennen. Dritte Ebene, noch gravierender: Firmen arbeiten mit einer trügerischen Darstellung des Produkts, das sie verkaufen, sie nutzen unsere kognitiven Verzerrungsmechanismen, unsere unbewussten Assoziationen aus, und hier wird es gemein. Letzteres ist der Fall, wenn etwa eine pittoreske Landschaft vor untergehender Sonne gezeigt wird, darin ein Zigarette rauchender Cowboy, und dem Betrachter wird die Assoziation herrlicher romantischer Augenblicke mit irgendeinem Produkt aufgezwungen, das natürlich keinerlei Beziehung zu der Szenerie hat. Was Sie wollen, ist ein romantischer Augenblick, und was kriegen Sie? Krebs.

Offenbar zwingt das Unternehmenssystem große Firmen zunehmend auf die dritte Ebene. Das eigentliche Problem am Kapitalismus besteht darin, dass er auf Einheiten beruht, die keine Individuen sind (und es sei noch einmal wiederholt: Man berufe sich nicht auf Adam Smith!). Ein Unternehmen hat keine natürliche Moral; es funktioniert nur nach den Regeln der Bilanz. Seine einzige Bestimmung liegt darin, einer Metrik gerecht zu werden, die von Wertpapieranalysten vorgegeben wird, welche ihrerseits (heftig) zum Scharlatanismus neigen.

Ein (an der Börse notiertes) Unternehmen empfindet keine Scham. Uns Menschen dagegen hält eine physische, natürliche Hemmung zurück.

Ein Unternehmen empfindet kein Mitleid.

Ein Unternehmen hat kein Ehrgefühl – obwohl in Werbetexten fatalerweise häufig von »Stolz« die Rede ist.

Ein Unternehmen kennt keine Großzügigkeit. Zulässig sind nur eigennützige Handlungsweisen. Man stelle sich nur vor, was mit einem Unternehmen geschähe, das beschließt, aus reiner Nettigkeit einseitig seine Außenstände zu streichen. Gesellschaften funktionieren aber nur aufgrund beiläufiger Akte von Großzügigkeit zwischen Menschen, manchmal sogar gegenüber Fremden.

All diese Defekte resultieren daraus, dass keiner die eigene Haut aufs Spiel setzt, weder kulturell noch biologisch – eine Asymmetrie, die aus eigennützigen Motiven anderen schadet.

Man sollte meinen, dass solche Systeme früher oder später zusammenbrechen. Und das ist tatsächlich der Fall. Bekanntlich sollte man nicht über einen zu langen Zeitraum zu viele Leute an der Nase herumführen. Das Problem beim Zusammenbruch besteht allerdings darin, dass das nicht die Manager trifft; aufgrund des Agency-Problems sind sie ja nur an ihrem persönlichen Kapital interessiert und von später eintretenden Misserfolgen nicht betroffen; ihre Bonusse behalten sie, da es gegenwärtig so etwas wie ein negatives Managergehalt überhaupt nicht gibt.

Zusammengefasst kann man sagen: Unternehmen sind auf lange Sicht derart fragil, dass sie irgendwann unter dem Gewicht des Agency-Problems zusammenbrechen, während Manager sie melken, ihre Bonuszahlungen abschöpfen und den Steuerzahlern die Knochen hinschmeißen. Sie würden früher kollabieren, wenn es die Lobbyisten nicht gäbe: Sie erpressen den Staat, ihnen bei ihrem Geschäft beizustehen, dem Verbraucher Zuckerdrinks in die Kehle zu schütten. In den Vereinigten Staaten haben große Firmen Einfluss auf mehrere Kongressmitglieder. Das alles führt jedoch lediglich zu einer Verschiebung des Begräbnisses auf unsere Kosten.*

Lawrence von Arabien oder Meyer Lansky

Zum Schluss ein guter Rat: Falls Sie je die Wahl haben zwischen dem Versprechen eines Mafioso und dem eines Staatsdieners, entscheiden Sie sich für das des Mafioso. Unbedingt. Institutionen haben im Unterschied zu Individuen kein Ehrgefühl.

Während des Ersten Weltkriegs traf T. E. Lawrence, besser bekannt als Lawrence von Arabien, eine Vereinbarung mit arabischen Wüstenstämmen, um die Briten gegen das Osmanische Reich zu unterstützen. Er versprach den Arabern im Gegenzug Hilfe bei der Staatsgründung. Da die Stämme nichts Böses ahnten, kamen sie ihrem Teil der Abmachung nach. Allerdings stellte sich später heraus, dass die Regierungen von Frankreich und Großbritannien eine geheime Übereinkunft getroffen hatten, das so genannte Sykes-Picot-Abkommen, mit dem die Region zwischen ihnen aufgeteilt wurde. Nach dem Krieg kehrte Lawrence nach England zurück, wahrscheinlich frustriert, aber mehr auch nicht. Immerhin hat er der Nachwelt eine wertvolle Lehre erteilt: Man traue nie dem Wort eines Mannes, der nicht frei ist.

Andererseits ist der wichtigste Vorzug eines Mafioso, sein größter Aktivposten, dass »sein Wort Gold wert« ist. Es hieß, »ein Handschlag

* Es scheint einen Überlebensvorteil kleiner oder mittelgroßer inhabergeführter Betriebe beziehungsweise von Betrieben in Familienbesitz zu geben.

von dem berühmten Mafiaboss Meyer Lansky war mehr wert als die strengsten Verträge, die eine ganze Heerschar von Anwälten aufsetzen konnte«. Er hatte das gesamte Vermögen und die Schulden der sizilianischen Mafia im Kopf, und er war – völlig ohne Akten, Bilanzen und Urkunden – ihr Bankkonto. Die einzige Grundlage: seine Ehre.

Als Trader habe ich Transaktionen mit »Vertretern« von Institutionen immer misstraut; Pit-Trader sind durch ihr Wort gebunden, und ich habe in meiner über zwanzigjährigen Karriere an der Börse nicht einen einzigen selbstständigen Trader erlebt, der sein in die Hand gegebenes Wort nicht gehalten hätte.

Die einzige unabdingbare Voraussetzung für Handel – für jede Art von Handel – ist Ehrgefühl.

Wir haben gesehen, wie dank eines falschen Verständnisses von Antifragilität (und Asymmetrie oder Konvexität) bestimmte Personengruppen verborgene Optionen ausnutzen und der Allgemeinheit schaden, ohne dass es jemandem auffiele. Und wir haben gesehen, dass die Lösung darin besteht, die eigene Haut vermehrt aufs Spiel zu setzen. Als Nächstes kommen wir zu einer weiteren Form von Optionalität: wie man sich die moralischen Regeln herauspickt, die zu den eigenen Handlungen passen. Oder wie sich öffentliche Ämter dazu benutzen lassen, die eigene Habgier zu befriedigen.

Kapitel 24
Die Anpassung der Moral an den Beruf

Wie Sklaven die Herrschaft an sich reißen können – Feiglinge geraten in die Klemme – Die Klasse der Gepeinigten, der fortwährend Gepeinigten (Tantalisierten)

Zu keiner Zeit in der Geschichte der Menschheit war eine so drastische Ausprägung des folgenden Problems denkbar: Nehmen wir an, Mr. John Smith jr., JD, arbeitet als Lobbyist für die Tabakindustrie in Washington, D.C. – für eine Industrie, die, wie allgemein bekannt, davon lebt, dass sie um des Profits willen Menschen umbringt (wir haben, als wir von der Macht der Subtraktion sprachen, gesehen: Wenn die Tabakindustrie, etwa durch ein allgemeines Verbot von Zigaretten, abgeschafft würde, dann würde das, was die Medizin noch zu tun hätte, auf eine Fußnote zusammenschrumpfen). Fragen Sie unter seinen Verwandten (oder Freunden) herum, wie sie diese Tatsache aushalten können, wie sie es schaffen, ihn nicht auszugrenzen oder ihn so penetrant zu drangsalieren, bis er in Tränen ausbricht, etwa indem sie ihn beim nächsten Familienbegräbnis wie Luft behandeln. Die Antwort wird sehr wahrscheinlich lauten: »Von irgendwas muss man ja leben« – sie schließen es also wohl nicht aus, dass sie eines Tages in dieselbe Situation kommen könnten.

Wir müssen (mit derselben Logik wie in der Diskussion des Flugunterrichts für Vögel) untersuchen, in welcher Richtung sich der Pfeil bewegt:

Moral (und Überzeugungen) → *Beruf*

oder

Beruf → Moral (und Überzeugungen)

Im Vorfeld von Fat Tonys Unterredung mit Sokrates war Nero gespannt, wie die erste Minute der Begegnung verlaufen würde. Immerhin lag zwischen den Gesprächspartnern ein zeitlicher Abstand von etwa fünfundzwanzig Jahrhunderten. Es ist nicht einfach, die Bestandteile unserer physischen Umgebung auszumachen, die Sokrates am meisten überraschen würden. Irgendwann stellte Fat Tony Nero diese Frage – er hatte einen gewissen widerwilligen Respekt vor Neros historischem Wissen. Nero vermutete: »Sehr wahrscheinlich wäre es die Abwesenheit von Sklaven.«

»Die Menschen damals haben ihre kleinen alltäglichen Hausarbeiten nie selbst verrichtet. Ich kann mir vorstellen, wie Sokrates mit seiner jämmerlichen Figur – der dicke Bauch, die spillerigen Beine – daherkommt und sich fragt: *Opou oi douloi?*«

Fat Tony unterbrach ihn ungeduldig: »Ach, Neeroh Toolip, es gibt doch immer noch mehr als genug Sklaven. Sie geben sich häufig dadurch zu erkennen, dass sie dieses komplizierte Ding namens Krawatte um den Hals haben.«

Nero: »Signore Ingeniere Tony, einige dieser Krawattenträger sind wahnsinnig reich, reicher noch als Sie.«

Tony: »Nero, Sie sind ein Dummkopf. Lassen Sie sich doch von Geld nicht blenden. Das sind bloß Zahlen. Sich selbst zu gehören ist eine geistige Verfassung.«

Reichtum ohne Unabhängigkeit

Es gibt ein Phänomen, den so genannten Tretmühleneffekt, ähnlich der Neomanie: Sie müssen mehr und immer mehr tun, um am selben Ort zu bleiben. Habgier ist antifragil, nicht aber ihre Opfer.

Es ist ein Dummkopf-Problem, zu meinen, dass Reichtum die Menschen unabhängiger macht. Als Beweis dafür genügt die gegenwärtige Situation vollauf. Jeder weiß, dass wir in der gesamten Menschheitsgeschichte noch nie so reich waren. Und noch nie waren wir so verschuldet (in der Antike galt ein Mensch, der Schulden hatte, prinzipiell als unfrei, als Gefangener). Mehr muss zum Thema »Wirtschaftswachstum« nicht gesagt werden.

Auf lokaler Ebene werden wir wohl einfach in einem bestimmten Milieu sozialisiert und damit automatisch auf den Tretmühleneffekt geeicht. Man verdient mehr, zieht nach Greenwich, Connecticut, um, stellt fest, wie arm man dran ist in der Nähe einer Zwanzigmillionenvilla und Geburtstagspartys, die eine Million Dollar kosten. Und man wird immer abhängiger von seinem Job, vor allem wenn die Nachbarn fette, steuerlich begünstigte Wall-Street-Prämien einstreichen.

Diese Klasse von Menschen ähnelt Tantalus, der nach seinem Tod eine ewige Strafe erleiden musste: Er stand in einem Wasserbecken unter einem Obstbaum; wenn er nach der Frucht griff, bewegte sie sich von ihm weg, und wenn er zu trinken versuchte, sank der Wasserspiegel ab.

Und einem solchen permanent tantalisierten Zustand entspricht die Grundverfassung vieler Menschen heute. Die Römer verhinderten diese sozialen Tretmühleneffekte: Ein Großteil des sozialen Lebens spielte sich zwischen dem Patron und seinen vom Schicksal weniger begünstigten Klienten ab, die von seiner Großzügigkeit profitierten und an seinem Tisch aßen – und in schweren Zeiten mit seiner Unterstützung rechnen konnten. Es gab damals noch keine Wohlfahrtsinstitutionen und keine Kirchen, die Wohltaten verteilen oder zumindest propagieren konnten: Alles war privat (Senecas oben schon erwähntes Buch *De beneficiis* handelt von genau den Verpflichtungen, die solche Verhältnisse mit sich brachten). Mit den anderen reichen Gutsherren hatte man nur wenig zu tun, so wie sich Mafiabosse nicht mit anderen Bossen, sondern eher mit den eigenen Anhängern zusammentun. Im Großen und Ganzen war das der Lebensstil meines Großvaters und meines Urgroßvaters – sie waren politisch aktive Gutsbesitzer; Macht war untrennbar verbunden mit einer Gruppe von Abhängigen. Von den ländlichen Grundbesitzern erwartete man, dass sie von Zeit zu Zeit ein »offenes Haus« boten, eine frei zugängliche Tafel, zu der die Leute kommen und sich von den Früchten des Reichtums selbst bedienen konnten. Ganz anders das Leben am Hof, das zu Korruption führt – der Edelmann, der aus der Provinz kommt, wird am Hof erst einmal in eine vorgegebene Struktur gepresst; er sieht sich mit extravaganten, geistreicheren Leuten konfrontiert und gerät unter den Druck, sein Selbstbewusstsein abstützen zu müssen. Menschen, die in den Städten ihr Ansehen verlieren würden, bewahren es sich auf dem Land.

Sie sollten wirklich keinem trauen, der sich in einer Tretmühlen-Situation befindet.

Die Profis und das Kollektiv

Es ist eine Tatsache, dass man von seinem Beruf nach einer Phase der Indoktrination schnell so weit versklavt werden kann, dass die Meinungen, die man zu einem bestimmten Thema ausbildet, nur noch dem eigenen Standpunkt dienen, für die Gesamtheit also von keinem Nutzen mehr sind. Aus diesem Grund hatten die Griechen solch ein heikles Verhältnis zu den Berufstätigen.

Eine meiner ersten Stellen hatte ich bei einer Wall-Street-Firma. Nach wenigen Monaten rief uns der Direktor zusammen und teilte uns mit, wir hätten mit der Zahlung einer »empfohlenen« Summe, einem bestimmten Teil unseres Einkommens, zu den Kampagnen von einigen Politikern beizutragen. Diese Politiker, so hieß es, seien »gut«. »Gut« hieß gut für unseren Job als Investmentbanker, denn diese Politiker wollten sich für Änderungen in der Rechtsprechung einsetzen, die diesen Geschäftszweig schützen sollten. Wenn ich das getan hätte, hätte ich die moralische Berechtigung verloren, eine politische Meinung »zum Wohl der Allgemeinheit« zu äußern.

In einer Geschichte, die im Lauf der Jahrhunderte immer wieder kommentiert wurde, tadelte der Athener Demades einen Mann, der mit Bestattungen sein Geld verdiente: Dieser könne nur dadurch Gewinne erzielen, dass viele Menschen sterben. Montaigne griff ein Argument wieder auf, das bereits Seneca in *De beneficiis* gegen diese Meinung vorgebracht hatte: Dann hätte eigentlich jeder, der in irgendeinem Berufsstand tätig ist, einen solchen Tadel verdient. Der Kaufmann lebt davon, dass er die Jugend zur Prasserei verführt; der Bauer lebt davon, dass das Getreide teuer ist; der Architekt lebt vom Zerfall von Gebäuden, und Rechtsvertreter leben von den Klagen und Streitigkeiten der Menschen. Ein Arzt kann sich nicht einmal bei seinen Angehörigen vorbehaltlos über deren Gesundheit freuen, ein Soldat hat kein Interesse am

Frieden in seinem Land und so weiter. Und schlimmer noch – wenn wir die inneren, privaten Gedanken und Motivationen der Menschen einsehen könnten, müssten wir feststellen, dass ihre Wünsche und Hoffnungen fast immer irgendeinem ihrer Mitmenschen zum Nachteil gereichen.

Nun waren Montaigne und Seneca allerdings ein wenig zu nachsichtig gegenüber den Eigeninteressen; ein zentrales Element übersahen sie völlig. Womit sie sicher recht hatten: Die Wirtschaft hängt nicht notwendigerweise von altruistischen Motiven ab, und die Gesamtheit funktioniert anders als das Individuum. Bemerkenswerterweise lebte Seneca ungefähr achtzehn, Montaigne ungefähr drei Jahrhunderte vor Adam Smith, wir sollten also von ihrem Denken recht beeindruckt sein, ohne allerdings eine gewisse Kritik an der fundamentalen Unredlichkeit des Menschen hintanzustellen. Wir wissen seit Adam Smith, dass das Kollektiv nicht auf die Menschlichkeit der Individuen angewiesen ist, da das Eigeninteresse durchaus ein Wachstumsfaktor sein kann. Aber all das macht die Menschen nicht weniger unglaubwürdig *in ihren persönlichen Meinungen* hinsichtlich der Gesamtheit. Denn sie setzen sozusagen die Haut anderer aufs Spiel.

Was Montaigne und Seneca außer der Frage, wessen Haut man aufs Spiel setzt, vernachlässigten, war der Umstand, dass man bei öffentlichen Angelegenheiten eine Grenze ziehen kann. Sie hatten das Agency-Problem nicht im Blick; obwohl es heuristisch (Hammurapi, Goldene Regel) bekannt war, kam es in ihrem Denken nicht vor.

Nicht dass es an sich schlecht wäre, sich mittels eines Berufs seinen Lebensunterhalt zu verdienen; eine solche Person wird nur einfach automatisch suspekt, sobald sie mit öffentlichen Angelegenheiten in Berührung kommt, mit Problemen, die auch andere betreffen. Die Definition eines *freien Mannes* lautet nach Aristoteles: Ein Mensch, der bezüglich seiner Meinungen frei ist, was damit einhergeht, dass er frei über seine Zeit verfügen kann.

Freiheit in diesem Sinn ist ausschließlich eine Frage der Aufrichtigkeit in politischen Angelegenheiten. Die Griechen teilten die Welt in drei Berufssparten auf. Die *banausikai technai*, die Handwerker; die Kriegskunst, *polemikē technē*; und die Kunst der Landwirtschaft, *georgia*. Die letzten beiden Sparten, Krieg und Landwirtschaft, waren Tätigkeiten, die des Vornehmen würdig waren – vor allem aus dem Grund, dass sie nicht auf das eigene Interesse zielten und nicht in Konflikt geraten konnten mit den Interessen der Gemeinschaft. Verachtung brachten die Athener dagegen den *banausoi* entgegen, den Handwerkern, die arbeiteten, um sich ihren Lebensunterhalt zu verdienen – in dunklen Räumen, meistens im Sitzen, fertigten sie Dinge an. Xenophon war der Meinung, das Handwerk verringere die körperliche Stärke des Handwerkers, schwäche seinen Geist und lasse ihm keine Zeit für seine Freunde und seine Stadt. Die nicht freien Künste zwingen einen Mann in die Werkstatt und verengen seine Interessen *auf das eigene Wohlergehen*, wohingegen die Kriegskunst und die Kunst der Landwirtschaft mit einem weiteren Aufgabenbereich einhergehen, ein Mann sich also auch um seine Freunde und seine Stadt kümmern kann. Für Xenophon ist die Arbeit des Bauern die Mutter und Förderin aller anderen *technai*. (In der Antike gab es keine Firmen; würde Xenophon heute leben, er würde sein Misstrauen von den Handwerkern auf die Angestellten übertragen.)

Es gibt im Arabischen und Hebräischen ein Sprichwort: *Yad el hurr mizan / Yad ben horin moznayım* – »Die Hand des Freien ist eine Waage«. Doch diese Definition eines Freien wird oft nicht richtig verstanden: Frei ist derjenige, der Herr ist über seine eigene Meinung.

Für Metternich begann Humanität beim Rang eines Barons; für Aristoteles und selbst noch, wenn auch in unterschiedlicher Ausprägung, für die Engländer bis hinein ins 20. Jahrhundert begann Humanität beim Rang des freien Müßiggängers. Es bedeutete nie, dass man *nicht* arbeitete, sondern dass man nicht seine persönliche und emotionale Identität aus der Arbeit ableitete, die man verrichtete, sie vielmehr als Option, als Hobby betrachtete. Nicht der Beruf eines Mannes ist für ihn kennzeichnend, es sind seine Abstammung oder auch andere Eigenschaften. Es ist das leidige Geld, das es Thales von Milet ermöglichte, sich über seine Aufrichtigkeit klarzuwerden. Für die Spartaner drehte sich alles um Mut. Für Fat Tony hängt Humanität mit der Frage zusammen, inwieweit man »sich selbst gehört«.

Für meinen horizontalen Freund war Selbst-Besitz allerdings etwas sehr viel Demokratischeres als für seine philosophischen Vorläufer. Es bedeutete schlicht und einfach, dass man unbeschränkt über seine eigene Meinung verfügen konnte. Und es hatte nichts mit Reichtum,

Geburt, Intelligenz, Aussehen, Schuhgröße zu tun – eher mit persönlichem Mut.

Mit anderen Worten, Fat Tony hatte eine sehr, sehr spezielle Definition von einem freien Menschen: Frei ist, wer nicht gezwungen werden kann, etwas zu tun, was er andernfalls nie tun würde.

Der Unterschied zwischen Athen und Brooklyn: Für die Griechen konnte nur derjenige frei seine eigene Meinung entwickeln, der in der Lage war, frei über seine Zeit zu verfügen; für unseren horizontalen Freund und Ratgeber kann nur derjenige frei seine Meinung entwickeln, der mutig ist. *Feiglinge kommen als solche zur Welt, sie werden nicht dazu gemacht. Sie bleiben Feiglinge, wie viel Unabhängigkeit man ihnen auch einräumt und wie reich sie auch immer werden.*

Es gibt noch einen weiteren Unterschied zwischen den abstrakten modernen Nationalstaaten und lokal begrenzten Regierungen. In einem Stadtstaat der Antike oder in einer heutigen Dorf- oder Stadtteilgemeinschaft ist Ausgrenzung und das damit verbundene Schamgefühl die Bestrafung für eine Verletzung der Moral, was die Dinge symmetrischer macht. Verbannung und Exil oder, schlimmer noch, Ostrazismus waren schwere Strafen – die Menschen veränderten ihren Wohnort nicht freiwillig und empfanden es als furchtbares Unglück, wenn sie gezwungen wurden, den Ort, an dem sie lebten, zu verlassen. In größeren Organismen wie dem riesigen heiligen Nationalstaat, in dem direkte Begegnungen von Mensch zu Mensch und soziale Verwurzelungen kaum eine Rolle spielen, ist Schande kein Korrektiv mehr. Wir müssen sie wieder einführen.

Und schließlich wäre da noch das Problem der Freundschaft, die Sozialisierung in einem bestimmten Milieu, der Umstand, Teil einer Gruppe von Menschen zu sein, die andere Interessen haben als die Allgemeinheit. Kleon, der Held des Peloponnesischen Kriegs, plädierte dafür, dass man öffentlich den Verzicht auf Freundschaften kundtun müsse, wenn man sich aktiv in öffentlichen Angelegenheiten engagiert – was ihm einige Schmähungen von Historikern eintrug.

Ein einfacher, wenn auch drastischer Lösungsvorschlag: Jedem, der eine Stelle im öffentlichen Dienst antritt, sollte es verwehrt sein, *anschließend* eine Stelle in der Privatwirtschaft zu übernehmen, bei der er mehr verdient als der höchstbezahlte Beamte. Das entspräche einer freiwilligen Deckelung (es würde verhindern, dass Stellen im öffentlichen Dienst lediglich als vorbereitende Zwischenstation auf dem Weg zur Wall Street genutzt werden, wo man dann mit den im öffentlichen Dienst angeeigneten Kenntnissen mehrere Millionen Dollar verdient). So hätten wir es dann in den Ämtern ausschließlich mit redlichen Personen zu tun.

Kleon erntete nichts als Verachtung, und auch in der heutigen Welt gibt es offenbar für diejenigen, die das Richtige tun, ein umgekehrtes Agency-Problem: Sie werden für ihren Dienst an der Öffentlichkeit mit Schmierkampagnen und Belästigungen überzogen. Der Aktivist und Verbraucherschützer Ralph Nader hatte aufgrund seiner Vorstöße gegen die Autoindustrie zahlreiche Schmierkampagnen auszuhalten.

Das Ethische und das Legale

Ich empfinde Scham darüber, dass ich eine bestimmte Gaunerei lange nicht an die Öffentlichkeit gebracht habe. (Wie gesagt: *Wer einen Betrüger sieht …*) Ich nenne es das Alan-Blinder-Problem.

Folgendes war geschehen: In Davos wurde ich während einer privaten Unterredung beim Kaffee, bei der es, wie ich bis dahin angenommen hatte, darum ging, die Welt unter anderem vor moralischen Gefährdungen und Agency-Problemen in Schutz zu nehmen, von Alan Blinder angesprochen, vormals Vizepräsident der amerikanischen Federal Reserve Bank. Er wollte mir ein spezielles Investmentprodukt verkaufen, das letztlich darauf hinausläuft, auf legale Weise die Steuerzahler zu hintergehen. Einem Investor mit genügend Eigenkapital wird damit die Perspektive eröffnet, die Vorschriften zu umgehen, die die Einlagensicherung auf damals 100 000 Dollar beschränkten, und von einer Absicherung praktisch unbegrenzter Beträge zu profitieren. Der Investor würde Beträge in beliebiger Höhe einzahlen, und die Gesellschaft von Professor Blinder würde sie in kleinere Beträge aufteilen und in verschiedene Banken investieren, womit die Obergrenze umgangen war; es sähe aus, als handele es sich um Einzelbeträge, wäre aber in voller Höhe versichert. Mit anderen Worten: Die Strategie würde den Superreichen die

Möglichkeit eröffnen, den Steuerzahler zu betrügen, indem sie für eine von der Regierung finanzierte Versicherung nichts bezahlen müssten. Genau das war es: *Betrug* an den Steuerzahlern. Mit der Unterstützung ehemaliger Staatsangestellter und deren Wissensvorsprung, den sie als Insider haben.

Meine ganz spontane Reaktion: »Aber das ist doch unmoralisch?« Worauf mir erwidert wurde: »Es ist vollkommen legal«, gefolgt von dem noch verfänglicheren Argument: »Wir haben jede Menge ehemaliger Aufsichtsbeamter unter unseren Beschäftigten«, womit a) impliziert ist, dass das Legale auch das Moralische ist, und b) behauptet wird, ehemalige Aufsichtsbeamte hätten mehr Rechte als der Durchschnittsbürger.

Es dauerte ziemlich lang, ein paar Jahre, bevor ich auf diesen Zwischenfall reagierte und mein *J'accuse* veröffentlichte. Dabei ist Alan Blinder von all den Leuten, die mein moralisches Empfinden verletzt haben, nicht einmal der Schlimmste; er irritierte mich wohl vor allem aufgrund der Bedeutung seiner vormaligen öffentlichen Position, und bei dem Gespräch in Davos war es schließlich darum gegangen, die Welt vor dem Bösen zu retten (ich hatte ihm gerade meine Meinung bezüglich des Umstands mitgeteilt, dass Banker auf Kosten der Steuerzahler Risiken eingehen). Hier haben wir ein Paradebeispiel dafür, wie Ämter im Dienst der Öffentlichkeit dazu benutzt werden, um irgendwann später legal von der Öffentlichkeit zu profitieren.

Ich hoffe, Sie sehen das Problem in seiner ganzen Schlichtheit: Ehemalige Beamte mit Aufsichtsfunktionen, die von den Bürgern dafür bezahlt werden, dass sie ihre Interessen wahrnehmen, können das Expertenwissen und die Kontakte, die sich aufgrund ihrer beruflichen Stellung ergeben, nutzen, um von den Schlupflöchern des Systems zu profitieren, indem sie vom öffentlichen Dienst in die Privatwirtschaft überwechseln – in Anwaltskanzleien oder Ähnliches.

Und nun denken Sie noch einen Schritt weiter: Je komplexer die Verordnungen sind, je bürokratisierter das Netzwerk, desto leichter kann ein Insider, der die Schleifen und Schlupflöcher aufgrund seiner Position in der jeweiligen Behörde genau kennt, später davon profitieren. Seine Insider-Überlegenheit wäre eine konvexe Funktion seines differenzierten Wissens. Und dieses Privileg, diese Asymmetrie geht auf die Kosten anderer. (Das Phänomen ist im Wirtschaftsleben übrigens omnipräsent; beispielsweise stellte die Autofirma Toyota ehemalige Aufsichtsbeamte ein und benutzte ihr »Expertenwissen«, um die Untersuchungen der Schwachstellen an den eigenen Fahrzeugen in ihrem Sinn zu beeinflussen.)

Nicht dass wir damit schon am Ende wären – es kommt noch schlimmer. Blinder und der Dekan der Columbia Business School an der Columbia University verfassten einen Kommentar, in dem sie sich kritisch zur Erhöhung der Versicherungsobergrenze für Einzelpersonen durch die Regierung äußerten. Mit dem Artikel wurde also klipp und klar zum Ausdruck gebracht, dass die Öffentlichkeit nicht in den Genuss des unbegrenzten Versicherungsschutzes kommen soll, den Blinder seinen Kunden verschaffte.

Dazu noch einige Bemerkungen.

Erstens: Je komplizierter die Vorschriften sind, desto einfacher können sie von Insidern ausgenutzt (arbitriert) werden. Dieser Punkt ist ein weiteres Argument für den Vorteil von Heuristiken. 2300 Seiten Vorschriften – ein Textkorpus, das ich durch Hammurapis Regel ersetzen kann – ist eine Goldmine für ehemalige Aufsichtsbeamte. Es gibt für einen Beamten keinen besseren Leistungsanreiz als ein komplexes Regelwerk. Auch hier gilt: Insider sind die Feinde der Regel *Weniger ist mehr*.

Zweitens: Der Unterschied zwischen dem Geist und den Buchstaben eines Regelwerks ist in einem komplexen System schwerer aufzudecken. Fachlich gesprochen: Komplexe Umgebungen mit Nichtlinearitäten sind leichter auszutricksen als lineare Umgebungen mit nur einer geringen Anzahl an Variablen. Dasselbe gilt für die Kluft zwischen dem Legalen und dem Ethischen.

Drittens: In afrikanischen Ländern bekommen Regierungsbeamte ganz unverhohlen Bestechungsgelder. In den Vereinigten Staaten gibt es das implizite, nie laut geäußerte Versprechen, Regierungsbeamte würden später einen Job bei einer Bank bekommen mit einer Pfründe von sagen wir fünf Millionen pro Jahr, wenn sie sich gegenüber der Industrie wohlwollend zeigen. Und die »Vorschriften«, die für solche Beschäftigungsverhältnisse gelten, können problemlos umgangen werden.

Was mich am Alan-Blinder-Problem am meisten aufregte, waren die Reaktionen derer, mit denen ich darüber sprach: Es wurde allgemein als normal empfunden, dass ein ehemaliger Beamter aufgrund seines früheren Postens – auf unsere Kosten – »Geld machen« will. Man hält mir die Frage entgegen: *Wer hat denn schon etwas dagegen, Geld zu machen?*

Kasuistik und Optionalität

Man kann im Nachhinein immer ein Argument oder einen moralischen Grund finden, um eine bestimmte Meinung zu legitimieren. Ein brisanter Punkt: Man sollte, ähnlich wie beim Rosinenpicken, eine moralische Regel aufstellen, *bevor* man etwas tut, nicht erst danach. Handeln Sie nicht so, dass Sie hinterher die Darstellung Ihrer Handlung zu sehr verbiegen müssen – lange Zeit war »Kasuistik«, die Kunst der Darstellung von Entscheidungsnuancen, eben genau das: eine nachträgliche Anpassung von Darstellungen.

Zunächst möchte ich definieren, was ich unter einer unaufrichtigen Aussage verstehe. Es handelt sich dabei einfach um eine Aussage, bei der eigennützige Interessen als förderlich für das Allgemeinwohl dargestellt werden – wenn beispielsweise ein Friseur empfiehlt, sich die Haare schneiden zu lassen, weil es »gut für die Gesundheit« ist, oder ein Interessenvertreter der Waffenindustrie erklärt, der Besitz eines Gewehrs sei »gut für Amerika« – beide stellen Behauptungen auf, die letztlich ihnen persönlich nützen sollen, aber so klingen, als zielten sie auf das Allgemeinwohl. Mit anderen Worten, ist so jemand in Tabelle 7 links einzuordnen? In genau diesem Stil schrieb Alan Blinder, er wende sich gegen eine generalisierte Einlagensicherung nicht aus dem Grund, dass es seine eigenen Verdienstmöglichkeiten empfindlich einschränkt, sondern *weil es abträglich sei* für das öffentliche Wohl.

Doch diese Heuristik lässt sich mit einer einfachen Frage leicht umsetzen. Ich war auf Zypern bei einem Konferenzessen, bei dem ein anderer Referent, ein zypriotischer Professor für Mineralöltechnik an einer amerikanischen Universität, gegen den Klimaaktivisten Lord Nicholas Stern polemisierte. Stern war ebenfalls Teilnehmer der Konferenz, allerdings beim Dinner nicht dabei. Der Zypriote legte sich schwer ins Zeug. Ich hatte keine Ahnung, worum es ging, stellte allerdings fest, dass er »die Abwesenheit von Beweisen« mit dem »Beweis für eine Abwesenheit« verwechselte, und ich setzte mich daraufhin vehement für Stern ein, den ich nie zuvor getroffen hatte. Der Mineralölexperte führte aus, es gebe *keinen Beweis* dafür, dass fossile Brennstoffe dem Planeten schaden, was er semantisch umdrehte zu der Aussage, wir *könnten beweisen, dass fossile Brennstoffe unschädlich sind.* Dann beging er den Fehler zu behaupten, Stern würde zu sinnlosen Versicherungen raten, woraufhin ich aufsprang und ihn fragte, ob er denn keine Auto- und Krankenversicherung und dergleichen hätte – Versicherungen gegen Ereignisse, die nicht eintreten, die Art von Argument. Ich versuchte ihm außerdem die Vorstellung nahezubringen, dass wir mit unserem Planeten etwas Neues machen und dass die Beweislast bei denen liegt, die die natürlichen Systeme durcheinanderbringen; dass Mutter Natur mehr weiß, als wir je wissen werden, und nicht andersherum und so weiter, Sie kennen den Grundtenor ja bereits aus diesem Buch. Aber es war, als argumentierte man gegen einen Strafverteidiger – als Antwort kamen nichts als Spitzfindigkeiten ohne jeglichen Wahrheitsbezug.

Dann fiel mir eine Heuristik ein. Ich fragte den Moderator, der neben mir saß, ob der Typ irgendwie davon profitierte, wenn er recht behielt, und es stellte sich heraus, dass er – als Berater, als Investor, als Gutachter – eng mit diversen Ölgesellschaften verflochten war. Ich verlor auf der Stelle jegliches Interesse an dem, was er zu sagen hatte; mit einer solchen Person öffentlich zu diskutieren ist reine Energieverschwendung – seine Worte waren belanglos, nichts als heiße Luft.

Diese Episode passt gut zu dem Postulat, seine Haut aufs Spiel zu setzen. Wenn jemand eine Meinung hat wie beispielsweise, dass das Bankensystem fragil ist und wahrscheinlich zusammenbrechen wird, dann verlange ich von ihm, dass er selbst in dieses System investiert hat, dass er also genau dieselben negativen Konsequenzen tragen muss wie diejenigen, die sich seiner Meinung anschließen – als Beweis dafür, dass er nicht nur ein leerer Anzug ist. Wenn allerdings generelle Aussagen über das Allgemeinwohl gemacht werden, dann wäre stattdessen die *Enthaltung* von persönlichem Einsatz angebracht. *Via Negativa.*

Ich habe den Mechanismus moralischer Optionalität vorgestellt, bei dem Menschen *ihre Überzeugungen ihren Handlungen anpassen, anstatt ihre Handlungen an ihren Überzeugungen auszurichten.* Tabelle 8 vergleicht Berufe unter dem Gesichtspunkt solcher moralischer Nachjustierungen.

Tabelle 8 – Vergleich von Berufen und Aktivitäten

Opportunist (Anpassung der Moral an den Beruf)	*Geschützt vor dem pseudomoralischen Spiel*
Goldgräber	Prostituierte
Networker	Sozial engagierte Menschen
Geht Kompromisse ein	Geht keine Kompromisse ein
Jemand, der »bereit ist zu helfen«	Gelehrter, Dilettant, Amateur
Kaufmann, Mensch mit festem Beruf (Antike)	Landbesitzer (Antike)
Angestellter	Handwerker
Akademiker an einer Forschungsuniversität, Forscher, der von »Zuschüssen« abhängig ist	Brillenglashersteller, Lehrer für Philosophie an einem College oder Lycée Unabhängiger Gelehrter

Es gibt eine umgekehrte Form des Alan-Blinder-Problems, die »gegen die eigenen Interessen gerichtete Evidenz«. Man sollte Dokumenten und Meinungen mehr Glauben schenken, die das Gegenteil eines Interessenkonflikts zum Ausdruck bringen. Ein Apotheker oder ein Pharmavertreter, der zur Heilung von Diabetes Fasten und andere *Via-Negativa*-Methoden empfiehlt, sollte glaubwürdiger sein als der, der die Zufuhr von Medikamenten propagiert.

Große Datenmengen und die Option des Forschers

Der folgende Abschnitt geht stärker auf fachspezifische Details ein, er kann ohne Weiteres übersprungen werden. Man trifft überall auf Optionalität, und an dieser Stelle möchte ich auf eine Variante des Rosinenpickens zu sprechen kommen, die den Geist der Forschung insgesamt zersetzt und Datenüberfluss zu einem Faktor macht, welcher für das Wissen extrem schädlich ist. Ein Mehr an Daten mag vielleicht ein Mehr an Information bedeuten, aber es bedeutet auch ein Mehr an falscher Information. Wir stellen fest, dass immer weniger Arbeiten nachgedruckt werden – Fachbücher beispielsweise in Psychologie müssen überarbeitet werden. Was die Wirtschaftswissenschaften angeht: Die können Sie ganz vergessen. Vielen statistisch orientierten Wissenschaften ist kaum über den Weg zu trauen – vor allem wenn ein Forscher unter dem Druck steht, zu publizieren, um seine Karriere voranzubringen. Der Anspruch wird dennoch lauten, »den Wissensstand zu steigern«.

Man erinnere sich an die Vorstellung der Epiphänomene als ein Unterscheidungskriterium zwischen der Realität und Bibliotheken. Ein Beobachter, der sich historische Entwicklungen vom Blickwinkel einer Bibliothek aus vornimmt, wird selbstverständlich deutlich mehr zufällige, falsche Beziehungen sehen als derjenige, der mit dabei ist, wenn sich die Dinge in den für die Realität üblichen Abfolgen entwickeln. Ersterer wird in die Irre geführt von der Zunahme der Epiphänomene; eines davon ist das unmittelbare Resultat des Übermaßes an Daten im Verhältnis zu den echten Signalen.

Ich habe im siebten Kapitel über die Entstehung von Rauschen gesprochen. Hier haben wir es mit einem schwerwiegenden Problem zu tun, da eine Optionalität auf Seiten des Forschers vorliegt, die sich von der des Bankers nicht unterscheidet. Der Nutzen fällt dem Forscher zu, die Wahrheit hat das Nachsehen. Die freie Option des Forschers besteht darin, sich all das herauspicken zu können, was ihm die Statistik an bestätigenden Daten zur Verfügung stellt oder womit sich ein gutes Resultat erzielen lässt, und den Rest einfach zu ignorieren. Er hat die *Option*, seine Untersuchungen in dem Moment zu beenden, in dem er das passende Resultat erzielt. Und außerdem kann er statistische Zusammenhänge aufzeigen – Störendes steigt an die Oberfläche. Daten haben eine bestimmte Eigenschaft: Bei großen Datenbeständen sind große Abweichungen sehr viel eher auf Geräusch (oder Varianz) zurückzuführen als auf Information (oder Signal).*

* Es handelt sich dabei um eine Eigenschaft von Stichprobenverfahren. Wenn Sie in der Realität Prozesse beobachten, die in realer Zeit ablaufen, spielen große Abweichungen eine gewichtige Rolle. Wenn aber ein Forscher nach ihnen sucht, handelt es sich sehr wahrscheinlich um Scheinabweichungen – in der Realität ist, ganz im Gegensatz zum Computer des Forschers, Rosinenpicken ausgeschlossen.

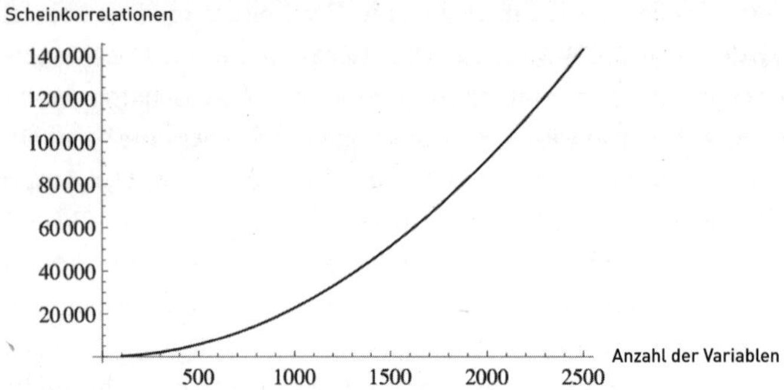

Abbildung 18. Das Drama der großen Datenmengen. Je mehr Variablen, desto mehr Korrelationen, die in der Hand eines »geschickten« Forschers bedeutsam werden können. Irrtümer wachsen schneller an als Information; sie sind im Verhältnis zu Daten nichtlinear (konvex).

Es gibt einen Unterschied in der Medizinforschung zwischen a) Beobachtungsstudien, in denen der Forscher statistische Beziehungen an seinem Computer analysiert, und b) den Doppel-Blind-Versuchen, in denen Informationen auf eine Art und Weise gewonnen werden, die das reale Leben nachahmt.

Erstere, also die am Computer erstellten Beobachtungen, produzieren alle möglichen Resultate, die – zumindest nach Berechnungen von John Ioannidis – mehr als achtmal in zehn Fällen falsch sind –, aber es sind diese Beobachtungsstudien, die in Zeitungen abgedruckt werden und in *manchen* wissenschaftlichen Zeitschriften. Man kann noch froh sein, dass derartige Beobachtungsstudien von der Food and Drug Administration nicht anerkannt werden; die hier tätigen Wissenschaftler kennen die Problematik. Der großartige Stan Young, der sich vehement gegen Statistiken mit Scheinkorrelationen einsetzt, und ich, wir stießen auf eine Genetikstudie im *New England Journal of Medicine*, die aus statistischen Daten irgendwelche Aussagen ableitete, wobei unserer Meinung nach die Ergebnisse rein zufällig waren. Wir schrieben an die Zeitschrift – ohne Erfolg.

Abbildung 18 zeigt die wachsende Anzahl potentieller Scheinkorrelationen. Die Idee ist die folgende: Wenn ich einen Bestand von zweihundert zufälligen Variablen habe, die miteinander absolut nichts zu tun haben, dann wäre es fast unmöglich, darin nicht irgendeine signifikante – sagen wir 30-prozentige – Korrelation zu finden, die aber völlig zufällig wäre. Es gibt Techniken, mit denen das Rosinenpicken kontrolliert werden kann (unter anderem die so genannte Bonferroni-Korrektur), aber nicht einmal sie können die Übeltäter dingfest machen – genauso wenig wie Regulierungsmaßnahmen die Insider davon abhalten, das System abzuzocken. Das erklärt, warum in den zwölf oder mehr Jahren, die seit der Entzifferung des menschlichen Genoms vergangen sind, noch nichts von Bedeutung gefunden wurde. Ich sage nicht, dass die Daten überhaupt keine Information enthalten: Nur steckt die Nadel eben leider in einem Heuhaufen.

Sogar Experimente können durch Verzerrungen beeinträchtigt werden: Der Forscher ist motiviert, das Experiment auszuwählen, das mit dem übereinstimmt, was er sucht, und die fehlgeschlagenen Versuche unter den Tisch fallen zu lassen. Es steht ihm auch frei, eine Hypothese in Anlehnung an die Resultate des Experiments zu formulieren, also seine Hypothese an das Experiment anzupassen. Hier ist die Verzerrung allerdings kleiner als bei den Beobachtungsstudien.

Dieser Effekt, dass man von Daten in die Irre geführt wird, beschleunigt sich immer mehr. Es gibt das höchst unerfreuliche Phänomen der »Big Data«, bei dem die Forschung das Rosinenpicken im industriellen Maßstab betreibt. Wir haben heute zu viele Variablen (und zu wenig Daten pro Variable), und Scheinkorrelationen wachsen sehr, sehr viel schneller als echte Information, da Rauschen konvex und Information konkav ist.

Immer häufiger können Daten Wissen lediglich nach der *Via-Negativa*-Methode vermitteln – man sollte sie dafür einsetzen, etwas zu widerlegen, nicht aber, um etwas zu bestätigen.

Die Tragik liegt darin, dass man kaum Fördermittel bekommen wird, um bestehende Experimente zu wiederholen und zu beanstanden. Und selbst wenn es Geld dafür gäbe, fände sich schwerlich jemand, der bereit wäre, das auch tatsächlich zu tun: Durch die Wiederholung von Studien macht man sich keinen Namen. So bleiben wir geschlagen vom Misstrauen gegenüber empirischen Resultaten zurück – abgesehen von denen, die negativ sind. Ich komme noch einmal auf meine romantische Idee vom Amateur, dem teetrinkenden englischen Geistlichen zurück:

Profiforscher wetteifern darum, Beziehungen zu »finden«. Wissenschaft aber darf kein Wettbewerb sein; sie muss ohne Rankings auskommen – wir sehen ja, wie ein solches System letztlich zusammenbrechen wird. Wissen muss vom Agency-Problem unberührt bleiben.

Die Tyrannei des Kollektivs

Fehler, die von einem Kollektiv und nicht von einem Individuum begangen werden, sind das typische Kennzeichen organisierten Wissens – und zugleich sein triftigstes Gegenargument. Die Begründung »Weil alle es so machen« oder »So machen es die anderen« ist überall zu hören. Man sollte das nicht auf die leichte Schulter nehmen: Menschen, die etwas selbst nicht tun würden, weil sie es für töricht halten, lassen sich als Teil einer Gruppe dazu verleiten. Und so neigt auch die akademische Bildung in ihrer institutionellen Struktur dazu, gegen Wissenschaftlichkeit zu verstoßen.

Ein Doktorand an der University of Massachusetts, Chris S., hat mir einmal anvertraut, dass er meine Idee von der »Fat-Tail-Verteilung« und meine Skepsis gegenüber den üblichen Methoden des Risikomanagements zwar plausibel fände, aber damit könne er keine Stelle an der Universität bekommen. »Das schaffe ich nur mit dem, was alle lehren und in ihren Aufsätzen verbreiten«, meinte er. Ein anderer Student erklärte mir, er strebe eine Anstellung an einer renommierten Universität an, damit er als Gutachter viel Geld verdienen könne – sie würden mir meine Ideen zum robusten Risikomanagement nicht abnehmen, weil »alle mit den gleichen Lehrbüchern arbeiten«. Ich wurde sogar irgendwann von einer Universität angefragt, ob ich bereit wäre, Standardrisikomethoden zu unterrichten, die ich für reine Scharlatanerie halte (ich lehnte ab). Muss ich als Professor meinen Studenten zu einem Job verhelfen, der zu Lasten der Gesellschaft geht, oder meinen Pflichten als Bürger nachkommen? Sollte Ersteres der Fall sein, dann haben die wirtschaftswissenschaftlichen Fakultäten und Business Schools ein ernsthaftes moralisches Problem. Denn die Inhalte finden sich überall, und deshalb sind die Wirtschaftswissenschaften auch noch nicht zusammengebrochen, trotz des offenkundigen Unsinns, der von ihnen verbreitet wird – dass es *wissenschaftlich erwiesenermaßen* Unsinn ist, zeigt meine Abhandlung über den »Vierten Quadranten« (siehe die Darstellung im Anhang): Ich belege, dass diese Methoden zum einen empirisch unwirksam, zum anderen mathematisch widersprüchlich sind, mit anderen Worten: Es handelt sich um wissenschaftlichen Schwindel. Man darf nicht vergessen: Professoren werden nicht dafür bestraft, dass sie Inhalte unterrichten, mit denen das Finanzsystem hochgeht. Der Betrug wird also fortgesetzt. Institute müssen *irgendetwas* unterrichten, damit Studenten Jobs kriegen, selbst wenn es sich bei diesem *irgendetwas* um völligen Unsinn handelt – damit aber haben wir uns die Gefangenschaft in einem zirkulären System eingehandelt, in dem jeder weiß, dass man mit falschem Material arbeitet, und keiner frei oder mutig genug ist, um etwas dagegen zu unternehmen.

Die Wissenschaft ist wahrhaftig der letzte Ort auf dem Planeten, wo das Argument »So denken die anderen« Anwendung finden dürfte: Wissenschaft bedeutet, dass Argumente auf eigenen Beinen stehen können, und wenn empirisch oder mathematisch nachgewiesen wurde, dass etwas falsch ist, dann *ist* es falsch, auch wenn hundert »Experten« oder auch drei Trillionen dieser Aussage widersprechen. Wenn es darum geht, die eigene Behauptung zu stützen, ist allein schon die Erwähnung der »anderen« ein Hinweis darauf, dass die Person – oder auch die Gesamtheit der »anderen« – ein Schwächling ist. Der Anhang zeigt, was in den Wirtschaftswissenschaften alles an Schaden verursacht wurde, was aber nach wie vor angewendet wird, aus dem einfachen Grund, dass niemand unter ihrem Irrtum zu leiden hatte und es die optimale Strategie darstellt, um seinen Job zu behalten oder befördert zu werden.

Aber es gibt auch eine gute Nachricht: Ich bin überzeugt davon, dass ein einziges couragiertes Individuum ein Kollektiv aus Schwächlingen zu Fall bringen kann.

Wieder einmal empfiehlt es sich, die Vergangenheit nach einem Heilmittel zu befragen. Die Heiligen Schriften waren sich des Problems der Verteilung von Verantwortlichkeit durchaus bewusst und bezeichneten es als Sünde, wenn man sich der Menge anschließt, die Böses tut – und falsches Zeugnis abzulegen, um sich nicht in Widerspruch zur Menge zu bringen, ist ebenfalls Sünde.

Ich beschließe Buch VII mit einem Gedanken. Wenn ich den Satz »Ich handle nach ethischen Grundsätzen« höre, werde ich nervös. Noch nervöser werde ich, wenn ich von Ethik-Seminaren höre. Alles, worum es mir geht, ist, Optionalität zu entfernen und die Antifragilität der einen auf Kosten der anderen zu reduzieren. Die schlichte *Via-Negativa*-Methode anwenden. Der Rest kommt von allein.

Kapitel 25
Conclusio

Wie immer am Ende einer Reise hatte ich das gesamte Manuskript vor mir auf einem Tisch in einem Restaurant liegen, und wie immer bat mich eine Person semitischer Herkunft, mein Buch in wenigen kurzen Sätzen zusammenzufassen. Dieses Mal war diese Person Shaiy Pilpel, ein Probabilist, mit dem ich mich in einer nun schon zwei Jahrzehnte währenden Konversation befinde, in der es nicht einen Moment lang nötig war, auf Small Talk auszuweichen. Man findet kaum Menschen, die gleichzeitig so sachkundig und so selbstbewusst sind, dass sie es schätzen, wenn man auf die Essenz einer Sache zu sprechen kommt, anstatt sich mit Kleinigkeiten aufzuhalten. Beim zuvor fertiggestellten Buch hatte mir einer seiner Landsmänner dieselbe Frage gestellt, und da hatte ich nachdenken müssen. Dieses Mal brauchte ich nicht einmal dazu anzusetzen.

Die Antwort war so offensichtlich, dass Shaiy es praktisch im selben Atemzug selbst übernahm, ein Resümee zu ziehen. Er ist zutiefst davon überzeugt, dass alle triftigen Ideen auf eine zentrale Essenz zusammengefasst werden können, die allerdings die meisten Menschen in einem bestimmten Bereich aufgrund von Spezialisierung, und weil sie allesamt leere Anzüge sind, ganz und gar verkennen. Alles in der religiösen Gesetzgebung läuft auf Differenzierungen, Umsetzungen und Interpretationen der Goldenen Regel hinaus: »Verhalte dich anderen gegenüber so, wie du willst, dass sie sich dir gegenüber verhalten.« Das ist, wie wir gesehen haben, die Logik hinter Hammurapis Regel. Und die Goldene Regel war tatsächlich die Quintessenz, kein Prokrustesbett. Ein zentrales Argument ist nie eine Zusammenfassung – es hat mehr den Charakter eines Generators.

Was Shaiy daraus entnahm, war: *Alles profitiert entweder von Volatilität oder es leidet darunter. Fragilität leidet unter Volatilität und Ungewissheit.* Das Glas auf dem Tisch ist kurz volatil.

In Albert Camus' Roman *Die Pest* verbringt eine Figur einen Teil ihres Lebens damit, den perfekten Eröffnungssatz für einen Roman zu finden. War dieser Satz erst gefunden, dann wäre das gesamte Buch eine Ableitung aus der Eröffnung. Damit aber die Leser den ersten Satz verstehen und würdigen können, müssen sie das ganze Buch lesen.

Ich betrachtete das Manuskript mit einem Gefühl stiller Euphorie. Jeder Satz in diesem Buch ist eine Ableitung, eine Anwendung oder eine Interpretation der kurzen Maxime. Einige Details und Erweiterungen mögen auf den ersten Blick sperrig und kompliziert wirken, vor allem wenn es um Entscheidungsfindung unter opaken Umständen geht, letztlich aber geht alles auf diese eine Maxime zurück.

Der Leser ist eingeladen, entsprechend vorzugehen. Sehen Sie sich in Ihrem Leben um, betrachten Sie Dinge, Beziehungen, Organisationen. Zur Vereinfachung können Sie *Volatilität* hie und da durch andere Mitglieder der Unordnungsgruppe ersetzen, aber das ist nicht unbedingt nötig – formal ausgedrückt, läuft alles auf dasselbe Symbol hinaus. Zeit ist Volatilität.

Bildung – im Sinn von Charakter- und Persönlichkeitsbildung, als Aneignung von echtem Wissen – schätzt Unordnung; Schubladenbildung und engstirnige Lehrer schrecken davor zurück. Es gibt Dinge, die aufgrund von Irrtümern kaputtgehen, andere tun das nicht. Es gibt Theorien, die sich auflösen, andere nicht. Innovation ist etwas, das von Ungewissheit profitiert: Manche Menschen sitzen einfach nur herum, warten auf Ungewissheit und benutzen sie, genau wie unsere Jäger-Vorfahren, als Rohmaterial.

Prometheus entspricht langer, Epimetheus kurzer Unordnung. Wir können Menschen und die Qualität ihrer Erfahrungen nach ihrer Bereitschaft und ihrem Wunsch einteilen, sich Unordnung auszusetzen: die Hopliten Spartas im Unterschied zu Bloggern, Abenteurer im Unterschied zu Lektoren, phönizische Händler im Unterschied zu römischen Grammatikern, und Piraten im Unterschied zu Tangolehrern.

Es läuft darauf hinaus, dass alles Nichtlineare konvex oder konkav oder beides ist, abhängig von der Intensität des Stressors. Wir haben den Zusammenhang zwischen Konvexität und der Vorliebe für Volatilität gesehen. Alles also schätzt oder hasst Volatilität bis zu einem gewissen Grad. Restlos alles.

Wir können – mittels Konvexität oder Beschleunigung und höheren Ordnungen – herausfinden, was Volatilität schätzt, da Konvexität die Reaktion einer Sache ist, die Unordnung schätzt. Mit Hilfe der Aufdeckung von Konkavität können wir Systeme errichten, die vor Schwarzen Schwänen sicher sind.

Wir können im Bereich der Medizin Entscheidungen fällen, indem wir die Konvexität der Schädigung in Betracht ziehen und die Logik im Tüfteln von Mutter Natur: Auf welcher Seite stoßen wir auf Undurchschaubarkeit, welchen Irrtum können wir riskieren?

In der Morallehre geht es weitgehend um den Diebstahl von Konvexitäten und Optionalität.

Theoretischer formuliert: Vielleicht werden wir x nie kennenlernen, aber wir können mit dem Ausmaß spielen, in dem wir x ausgesetzt sind – wir können (unter Rückgriff auf die Hantelstrategie) die Dinge so be-hanteln, dass wir sie entschärfen; wir können eine Funktion von x, $f(x)$, manipulieren, auch wenn x sich weitgehend unserem Verständnis entzieht. Wir können $f(x)$ mit einem Mechanismus namens *konvexe Transformation* (der schickeren Bezeichnung für Hantel) so lange verändern, bis sie uns genehm ist.

Die knappe Maxime klärt uns auch darüber auf, an welchen Stellen Fragilität eine größere Rolle spielt als Wahrheit, also warum wir Kinder anlügen und warum wir Menschen in diesem großen Unternehmen namens Geschichte der Moderne uns teilweise selbst ausgebremst haben.

Verteilte (im Unterschied zu konzentrierter) Zufälligkeit ist eine Notwendigkeit, keine Option: Alles Große ist kurz volatil. Dasselbe gilt für alles Beschleunigte. Alles Große, alles Schnelle ist ein Greuel. Die Moderne kommt mit Volatilität nicht gut zurecht.

Die Triade liefert uns Hinweise darauf, was man tun kann, um in einer Welt zu leben, die nicht will, dass wir sie begreifen, einer Welt, deren Zauber aus unserer Unfähigkeit rührt, sie restlos zu verstehen.

Ein Glas ist tot; Lebendiges ist lang volatil. Ob Sie leben, finden Sie am besten heraus, indem Sie sich fragen, ob Sie Variationen mögen. Essen hätte keinen Wohlgeschmack, wenn es keinen Hunger gäbe; Ergebnisse sind bedeutungslos, wenn man sich nicht wirklich dafür angestrengt hat – Freude ist sinnlos ohne Traurigkeit, Überzeugungen ohne Ungewissheit, und ein moralisches Leben verdient diese Bezeichnung nicht, wenn keine persönlichen Risiken darin vorkommen.

Wieder möchte ich mich bei Ihnen bedanken, dass Sie mein Buch gelesen haben.

Epilog

Von Auferstehung zu Auferstehung

Schuld war ein Aorten-Aneurysma.

Nero war gerade in der Levante, er feierte dort wie jedes Jahr Tod und Auferstehung von Adonis – eine Zeit des Trauerns mit wehklagenden Frauen, anschließend das Auferstehungsfest. Er schaute zu, wie die Natur nach dem milden mediterranen Winter wieder erwachte, wenn in den Flüssen rotes Wasser fließt, das Blut des phönizischen Gottes, der vom Eber tödlich verwundet wurde; und das Schmelzwasser aus den Bergen ließ Flüsse und Bäche anschwellen. Alles in der Natur bewegt sich vorwärts von Auferstehung zu Auferstehung.

Da kam ein Anruf von Tonys Chauffeur. Er hieß ebenfalls Tony, und obwohl ihn alle als »Tony, der Chauffeur« kannten, behauptete er immer, er sei Bodyguard (dabei sah er von seiner Statur her eher so aus, als werde er von Tony bewacht). Nero hatte ihn noch nie leiden können, empfand ihm gegenüber immer ein seltsames Misstrauen, es war also ein etwas peinlicher Moment, als ihm die Neuigkeit mitgeteilt wurde. Während des Schweigens in der Leitung empfand er plötzlich Sympathie für Tony, den Chauffeur.

Nero sollte als Testamentsvollstrecker fungieren, was ihn zunächst etwas nervös machte. Irgendwie hatte er Angst, in Tonys Weisheit würde an irgendeiner Stelle doch noch eine Achillesferse auftauchen. Aber es stellte sich heraus, dass da nichts zu befürchten war – es handelte sich um ein tadelloses Vermögen, natürlich schuldenfrei, konservativ angelegt, sauber verteilt. Einige Fonds sollten diskret auf eine Frau überschrieben werden, sehr wahrscheinlich eine Prostituierte, der Tony in obsessiver, antifragiler Liebe zugetan war – was natürlich durch den Umstand begünstigt wurde, dass sie sowohl älter als auch sehr viel weniger attraktiv war als Tonys Ehefrau, man kennt solche Geschichten. Also alles kein Problem.

Abgesehen nur von dem einen postumen Hieb. Tony vermachte Nero eine Summe von zwanzig Millionen Dollar, die er nach eigenem Gutdünken für … ausgeben sollte. Es war eine Geheimmission; großmütig natürlich, aber geheim. Und natürlich ganz und gar nicht klar umrissen. Und gefährlich. Es war das schönste Kompliment, das Nero von Tony je erhalten hatte: Er vertraute darauf, dass Nero seine Gedanken lesen konnte.

Und so geschah es dann auch.

Anhang

Glossar

Triade: Die Dreiergruppe Antifragilität – Robustheit – Fragilität.

Fundamentale Asymmetrie (auch: Senecas Asymmetrie): Wenn etwas in einer bestimmten Situation *mehr möglichen Gewinn als drohenden Verlust* erwarten lässt, ist es antifragil und profitiert normalerweise von a) Volatilität, b) Zufälligkeit, c) Irrtümern, d) Ungewissheit, e) Stressoren, f) Zeit. Und umgekehrt.

Prokrustesbett: Damit seine Besucher jeweils perfekt in das zur Verfügung stehende Bett passten, verkürzte oder verlängerte Prokrustes ihre Gliedmaßen. Übertragbar auf Situationen, in denen Vereinfachungen keine Vereinfachungen sind.

Fragilist: Jemand, der Fragilität verursacht, weil er meint, er verstehe, was los ist. Lässt meistens jeglichen Sinn für Humor vermissen. Siehe auch **Iatrogenik.** Fragilisten fragilisieren häufig dadurch, dass sie Systemen, die von Variabilität profitieren, diese Variabilität entziehen, oder Systeme, die Irrtümer mögen, von Irrtümern »befreien«. Sie halten Organismen häufig fälschlicherweise für Maschinen und technische Projekte.

Flugunterricht-für-Vögel-Effekt: Umkehrung des Wissenspfeils von Wohlstand → Praxis oder Ausbildung → Akademischer Bildung zu: Akademische Bildung → Praxis oder Ausbildung → Wohlstand. Damit soll der Anschein erweckt werden, die Technik schulde der institutionalisierten Wissenschaft mehr, als es tatsächlich der Fall ist.

Touristifizierung: Versuch, Zufälligkeit aus dem Leben zu eliminieren. Tritt auf bei Übermuttis, Beamten in Washington, Strategieplanern, Sozialplanern und so weiter; Gegenteil: der **Rationale Flaneur**.

Rationaler Flaneur (oder einfach nur **Flaneur**): Jemand, der im Unterschied zu einem Touristen opportunistisch bei jedem Schritt seine Vorgehensweise (oder sein Ziel) neu bedenkt, sodass er alles, was ihm begegnet, aufnehmen und unmittelbar mit neuen Informationen verknüpfen kann. In der Forschung und in Unternehmerkreisen ist der Flaneur derjenige, der »nach Optionalität Ausschau hält«. Ein nicht-narrativer Zugang zum Leben.

Hantelstrategie: Duale Strategie, Kombination aus zwei Extremen, einem sicheren und einem spekulativen Element, robuster als eine »monomodale« Strategie; häufig eine notwendige Bedingung für Antifragilität. In biologischen Systemen beispielsweise gleichbedeutend einer Ehe mit einem Buchhalter bei gleichzeitiger Affäre mit einem Rockstar; für einen Schriftsteller eine sichere Einnahmequelle und die Möglichkeit, ohne Marktzwänge in der Freizeit schreiben zu können. Selbst Versuch und Irrtum *(trial and error)* ist eine Art Hantel.

Iatrogenik: Vom Heiler verursachte Schädigung – wenn beispielsweise eine ärztliche Behandlung mehr schadet als nützt.

Generalisierte Iatrogenik: Entsprechend erweiterte Definition, bezieht sich auf die schädlichen Nebenwirkungen von Maßnahmen von Politikern oder Aktivitäten von Wissenschaftlern.

Tantalisierte Klasse: Eine ökonomische Lage, in der man mehr als den Mindestlohn verdient *und* sich mehr Reichtum wünscht. Arbeiter, Mönche, Hippies, einige Künstler und englische Aristokraten meiden diesen Zustand. Die Mittelschicht fällt üblicherweise darauf herein; außerdem auch russische Milliardäre, Lobbyisten sowie die meisten Banker und Bürokraten. Die Angehörigen dieser Klasse sind käuflich, wenn man ihnen – meist unter Anwendung von Kasuistiken – die passende Geschichte erzählt.

Schwarzer-Schwan-Irrtümer

Nicht vorhersehbare Herangehensweise: Dinge so gestalten, dass sie gegen Störungen immun sind – also robust gegenüber Veränderungen von zukünftigen Ergebnissen.

Thalesianisch versus aristotelisch: Das Thalesianische konzentriert sich auf das Ausmaß des Engagements und den Ertrag aus Entscheidungen; das Aristotelische fokussiert auf Logik, auf die Unterscheidung wahr-falsch. Für Fat Tony ist es ein Dummkopf-Nicht-Dummkopf-Problem; es gehe um Risiken und Verdienste (siehe auch **Nichtlinearitäten, Konvexitätseffekte**).

Vermengung des Ausmaßes, in dem man einem Ereignis ausgesetzt ist, mit dem Ereignis selbst: Die Funktion einer Variablen mit der Variable selbst verwechseln.

Naturalistisches Risikomanagement: Die Überzeugung, dass im Bereich Risikomanagement Mutter Natur eine sehr, sehr viel eindrucksvollere Erfolgsgeschichte vorzuweisen hat als der rationalistisch vorgehende Mensch. Sie ist nicht vollkommen, aber entschieden besser.

Beweislast: Die Beweislast liegt bei denen, die vom Natürlichen abweichen, es aufbrechen, oder denen, die *Via-Positiva*-Methoden vorschlagen.

Ludische Verzerrung: Die wohlformulierten mathematischen Probleme und Laborexperimente mit der ökologisch komplexen realen Welt verwechseln. Dazu gehört auch, die Zufälligkeit in Casinos mit der Zufälligkeit im wirklichen Leben zu verwechseln.

Antifragiles Tüfteln, Bricolage: Eine bestimmte Klasse von Versuch und Irrtum, bei der kleine Irrtümer »die richtige Art« von Fehlern darstellen. Äquivalent zum **Rationalen Flaneur.**

Hormesis: Eine schädliche Substanz oder ein Stressfaktor in der richtigen Dosierung oder mit der richtigen Intensität stimuliert den Organismus und macht ihn besser, stärker, gesünder – und bereit für eine höhere Menge bei der nächsten Runde. (Man denke etwa an Knochen und Karate.)

Naiver Interventionismus: Eingreifen ohne Rücksicht auf iatrogene Effekte. Man zieht es vor, ja fühlt sich geradezu verpflichtet, »etwas zu tun«, anstatt nichts zu tun. Dieser Instinkt hat auf Unfallstationen oder in der Umgebung unserer Urahnen durchaus sein Gutes, in anderen Kontexten jedoch, in denen es ein »Expertenproblem« gibt, kann er sich sehr schadlich auswirken.

Naiver Rationalismus: Die Annahme, das, was die Welt im Innersten zusammenhält, sei von Universitätsgebäuden aus automatisch zugänglich. Andere Bezeichnung: **Sowjet-Harvard-Illusion.**

Truthahn, umgekehrter Truthahn: Der Truthahn wird tausend Tage lang vom Bauern gefüttert, jeden Tag stellt er mit wachsender Zuversicht fest, dass »der Bauer ihm nie einen Schaden zufügen wird« – bis zum Thanksgiving-Day, an dem der Truthahn sich gezwungen sieht, seine Überzeugung aufgrund des Eintreffens von einem Schwarzer-Schwan-Ereignis zu revidieren. Der Irrtum des umgekehrten Truthahns ist dazu spiegelverkehrt, wenn man also Chancen nicht erkennt – indem man beispielsweise behauptet, ganz sicher sein zu können, dass jemand, der nach Gold gräbt oder Heilverfahren ausprobiert, »nie irgendetwas finden« wird.

Doxastische Verpflichtung, »sich mit Leib und Seele einbringen«: Nehmen Sie nur solchen Personen ihre Vorhersagen und Meinungen ab, die sich auf eine bestimmte Überzeugung selbst eingelassen und daher etwas zu verlieren haben – in dem Sinn, dass es ihnen schadet, wenn sie sich irren.

Heuristiken: Einfache, praktische, leicht anzuwendende Faustregeln, die das Leben erleichtern. Wir brauchen sie (wir haben nicht die geistige Kapazität, um sämtliche Informationen aufzunehmen, und neigen dazu, uns von Details aus dem Konzept bringen zu lassen), aber sie können uns in Schwierigkeiten bringen, da wir uns unter Umständen nicht darüber im Klaren sind, dass wir sie anwenden, wenn wir etwas beurteilen.

Opake Heuristiken: Bestimmte Vorgehensweisen, nach denen Gesellschaften handeln, die scheinbar nicht sinnvoll sind, aber seit Langem praktiziert und aus unbekannten Gründen beibehalten werden.

Das Dionysische: Opake, dem Anschein nach irrationale Heuristik, benannt nach Dionysos (dem römischen Bacchus), Gott des Weins und der Ekstase. Sein Gegenstück ist das Apollinische, das für Ordnung steht.

Agency-Problem: Situation, in der der Manager eines Unternehmens nicht der eigentliche Besitzer ist, weswegen er eine Strategie verfolgt, die den Anschein erweckt, vernünftig zu sein, doch letztlich nur ihm selbst nützt und ihn antifragil macht, und zwar auf Kosten (Fragilität) der wahren Besitzer oder der Gesellschaft. Wenn seine Strategie aufgeht, genießt er die Vorteile; wenn er sich geirrt hat, zahlen andere die Zeche. Dieses Problem hat typischerweise Fragilität zur Folge, da sich Risiken leicht verbergen lassen. Tritt auch im Bereich der Politik und der Wissenschaft auf. Eine Hauptquelle von Fragilität.

Risikomanagement nach Hammurapi: Die Vorstellung, dass ein Baumeister über größere Kenntnisse verfügt als der Bauaufseher und Risiken im Fundament verstecken kann, dort, wo sie am schlechtesten zu sehen sind; Gegenmittel: den finanziellen Anreiz zugunsten des verzögerten Risikos abschaffen.

Grünholztäuschung: Die Quelle einer wichtigen, womöglich sogar notwendigen Information – die Grünheit von Holz – irrtümlich für eine andere, von außen weniger sichtbare, weniger handhabbare Information zu halten. Wie Theoretiker Dingen, die man in einem bestimmten Geschäftsbereich wissen sollte, falsche Bedeutung beimessen, oder – allgemeiner gesprochen – wie zahlreiche Fakten, die wir als »relevante Informationen« bezeichnen, dieses Attribut eher nicht verdienen.

Die eigene Haut aufs Spiel setzen – Kapitän-/Schiff-Regel: Wenn ein Schiff untergeht, geht der Kapitän mit unter. Gegenmittel gegen das **Agency-Problem** und fehlende **doxastische Verpflichtung**.

Der Ziegelstein des Empedokles: Ein Hund schläft immer auf demselben Ziegelstein, weil es eine natürliche, biologische, erklärbare oder nicht erklärbare Passung zwischen ihm und dem Stein gibt, die dadurch bekräftigt wird, dass der Hund diesen Ort immer wieder aufsucht. Wir werden den Grund dafür vielleicht nie entdecken, aber die Passung existiert. Beispiel: Warum wir Bücher lesen.

Rosinenpickerei: Aus vorliegenden Daten nur das heranziehen, was die eigene Argumentation stützt; zuwiderlaufende Elemente ignorieren.

Ethische Probleme als Asymmetrie-Transfer (Fragilität): Jemand stiehlt Antifragilität und Optionalität von anderen, er schöpft die Vorteile ab und belastet die anderen mit den Nachteilen. »**Die Haut der anderen aufs Spiel setzen.**«

Robert-Rubin-Delikt: Gestohlene Optionalität. Von den Vorteilen einer Strategie profitieren, ohne das Risiko auf sich zu nehmen; der Schaden wird auf die Gesellschaft abgewälzt. Rubin erhielt 120 Millionen Dollar Gehalt von der Citibank; die Steuerzahler bezahlen rückwirkend für seine Fehler.

Alan-Blinder-Problem: 1. Die Privilegien des eigenen Jobs rückwirkend zu Lasten der Bürger ausnutzen. 2. Moralische Regeln verletzen, während man gleichzeitig vollständig in Übereinstimmung mit dem Gesetz handelt; Verwechslung des Ethischen mit dem Legalen. 3. Entwicklung komplizierter Regeln durch den Regulator, der dann anschließend seine »Expertise« an Privatkunden verkauft.

Joseph-Stiglitz-Problem: Ausbleiben von Strafen für schlechte Empfehlungen. Mentales **Rosinenpicken** führt dazu, dass man zur Ursache für eine Krise beiträgt, aber vom Gegenteil überzeugt ist – und dann noch meint, man hätte die Krise vorhergesagt. Tritt bei Menschen auf, die nicht ihre eigene Haut aufs Spiel setzen.

Rationale Optionalität: Nicht in ein vorgegebenes Programm eingezwängt sein. Man ist also in der Lage, unterwegs seine Meinung zu ändern, wenn man Neues sieht oder neue Informationen erhält. Gilt auch für den **Rationalen Flaneur**.

Ethische Inversion: Ethisch inversiv handelt, wer die eigene moralische Grundhaltung an sein Handeln (respektive seinen Beruf) anpasst und nicht umgekehrt.

Narrative Verzerrung: Unser Bedürfnis, einer Reihe zusammenhängender oder auch nicht zusammenhängender Fakten eine Geschichte oder ein Muster überzustülpen. In der Statistik entspricht dem das Verfahren des Data-Mining.

Narrative Disziplin: Der Vergangenheit wird eine überzeugende, gut klingende Geschichte angedichtet. Gegenteil: experimentelle Disziplin. Eine großartige Methode, die Menschen zu narren, besteht darin, Statistiken als Teil der Geschichte heranzuziehen, indem man aus einem Datenbestand »gute Geschichten« herausdestilliert (siehe auch **Rosinenpickerei**). In der Medizin haben häufig epidemiologische Studien eine solche Schlagseite; bei kontrollierten Experimenten tritt das Problem seltener auf. Kontrollierte Experimente sind strenger und weniger anfällig für die Unsitte des Rosinenpickens.

Nicht-narrative Handlungsweise: Zur Rechtfertigung einer Handlung wird keine Geschichte gebraucht – die Geschichte dient nur zur Motivierung, zur Unterhaltung oder als Handlungsanstoß (siehe auch **Flaneur**).

Robuste Narration: Eine Narration ist robust, wenn unter veränderten Voraussetzungen oder Rahmenbedingungen durch die besagte Narration keine entgegengesetzten Schlussfolgerungen oder Handlungsempfehlungen erzeugt werden. Andernfalls ist die Narration fragil. Entsprechend führt ein robustes Modell oder mathematisches Programm nicht zu einer Veränderung der Vorgehensweisen, wenn bestimmte Teile des Modells verändert werden.

Subtraktives Wissen: Sie können mit größerer Sicherheit sagen, was falsch ist als was richtig ist. Anwendungsbereich der ***Via Negativa***.

Via Negativa: In der Theologie und Philosophie die Fokussierung auf das, was etwas nicht ist; eine indirekte Definition. Auf Handlungen bezogen eine Liste dessen, was zu vermeiden, nicht was zu tun ist – Subtraktion, nicht Addition, beispielsweise in der Medizin.

Subtraktive Prophezeiung: Zukunftsprognose, die sich dadurch auszeichnet, das Fragile zu entfernen, anstatt es auf naive Weise hinzuzufügen. Anwendungsbereich der ***Via Negativa***.

Lindy-Effekt: Die Lebenserwartung einer bestimmten Technologie oder einer prinzipiell unbegrenzt haltbaren Sache erhöht sich mit jedem Tag ihrer Existenz – im Unterschied zu verderblichen Dingen (wie Menschen, Katzen, Hunden und Tomaten). Ein Buch, das einhundert Jahre lang gedruckt wurde, wird wahrscheinlich noch einhundert weitere Jahre lang gedruckt werden.

Neomanie: Man liebt die Veränderung um ihrer selbst willen. Eine Form des Philistertums, die den Lindy-Effekt verkennt, ohne Gespür für Fragilität. Bei Zukunftsprognosen wird etwas hinzugefügt, nicht weggenommen.

Opakheit: Wenn jemand russisches Roulette spielt, sieht man die Trommel nicht. Allgemeiner gesagt: Es gibt Dinge, die für uns unsichtbar bleiben und lediglich eine Illusion des Verstehens hervorrufen.

Mediokristan: Vom Mittelmaß dominierte Zone, wo extreme Erfolge oder Misserfolge selten vorkommen (beispielsweise das Einkommen eines Zahnarztes). Eine Einzelbeobachtung hat auf diesen Bereich keinen nennenswerten Einfluss. Andere Bezeichnung: »Thin-Tailed«; Mitglied der Gauß'schen Verteilungsfamilie.

Extremistan: Zone, in der das Ganze von einer Einzelbeobachtung spürbar beeinflusst werden kann (beispielsweise das Einkommen eines Schriftstellers). Andere Bezeichnung: »Fat-Tailed«. Mitglied der fraktalen, nach dem Potenzgesetz funktionierenden Verteilungsfamilie.

Nichtlinearitäten, Konvexitätseffekte (»**lachendes**« **und** »**trauriges Gesicht**«): Nichtlinearitäten können konkav, konvex oder auch eine Mischung aus beidem sein. Der Begriff »**Konvexitätseffekt**« ist eine Erweiterung und Generalisierung der fundamentalen Asymmetrie. Die technische Bezeichnung für Fragilität lautet **negative Konvexitätseffekte**, für Antifragilität: **positive Konvexitätseffekte**. Konvex ist gut (lachend, Smiley), konkav ist schlecht (traurig, Frowny).

Stein der Weisen, auch **Konvexitätsverzerrung** (**Konvexitäts-Bias**) (sehr theoretisch): Das exakte Maß von Vorteilen, die sich aus Nichtlinearität oder Optionalität ergeben (oder, noch theoretischer formuliert, der Unterschied zwischen x und einer konvexen Funktion von x). Beispielsweise kann dieses Bias die für die Gesundheit zuträglichen Auswirkungen der Intensitätsvariation bei Beatmungsgeräten im Vergleich zu Geräten mit konstantem Druck quantifizieren oder die Vorteile unregelmäßiger Nahrungsaufnahme berechnen. Das **Prokrustesbett** der Verkennung von Nichtlinearität (so genannter Vereinfachung) besteht in der Annahme, ein solcher Konvexitäts-Bias existiere nicht.

Appendix I:
Ein Gang durch das Buch in Diagrammen

Für diejenigen, die es nicht so mit Wörtern haben und etwas lieber graphisch vor sich sehen – und *nur* für sie.

Nichtlinearität – Weniger ist mehr – Prokrustesbett

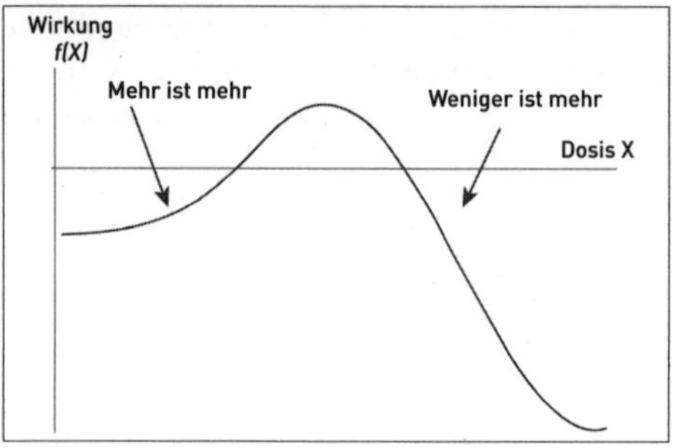

Abbildung 19. *Dieser Graph stellt sowohl eine nichtlineare Wirkung als auch die Idee des »Weniger ist mehr« dar. Wenn die Dosis einen bestimmten Punkt überschreitet, kehrt sich der Vorteil um. Wir haben gesehen, dass alles Nichtlineare entweder konvex, konkav oder, wie in dieser Kurve, eine Mischung aus beidem ist. Sie zeigt außerdem, wie unter nichtlinearen Bedingungen Reduzierungen scheitern: Das Prokrustesbett der Wörter »nützlich« oder »schädlich« ist eine starke Verzerrung.*

Außerdem zeigt sich, warum aus Tüfteln abgeleitete Heuristiken wichtig sind: Sie befördern einen – im Gegensatz zu Wörtern und Narrationen – nicht in die Gefahrenzone. Man beachte, dass der »Mehr ist mehr«-Bereich konvex ist, das heißt, die anfänglichen Vorteile unterliegen einer Beschleunigung. (Im levantinischen Arabisch wird der Zustand der Sättigung mit dem Ausdruck كترا متل قلتا *umschrieben: »Mehr davon ist wie weniger davon.«)*

Schließlich zeigt der Graph, warum ein hohes Maß an »Klugheit« (oder besser gesagt: an als Klugheit maskierter Kompliziertheit), verglichen mit dem Verlangen des Praktikers nach optimaler Einfachheit, schädlich ist.

Fragilitäts-Transfer-Theorem:

Nach dem Fragilitäts-Transfer-Theorem gilt:

Konvexität ⟷ **schätzt Volatilität***
[jenseits eines gewissen Bereichs] **[bis zu einem gewissen Punkt]**

*Volatilität sowie weitere Mitglieder der Unordnungsgruppe

Konkavität ⟷ **mag keine Volatilität**

Abbildung von Fragilitäten

Im Zeitverlauf

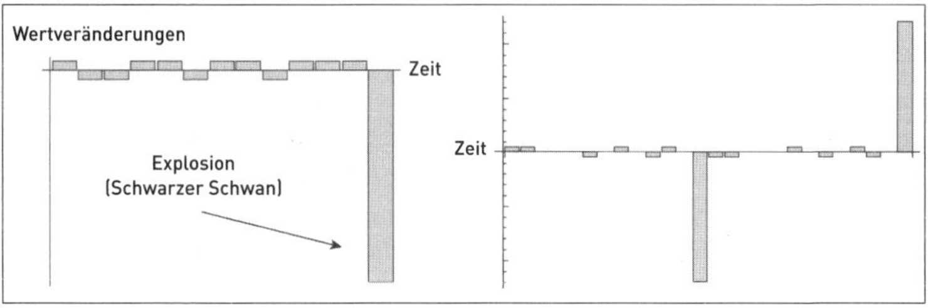

Abbildung 20. *Fragile Variationen, im Verlauf der Zeit, zwei Arten von Fragilität: Beispielreihe. Auf der horizontalen Achse ist die Zeit abgebildet, auf der vertikalen Achse die Variationen. Sie können sich auf alles Mögliche beziehen: Gesundheit, Glück, Vermögen usw. Überwiegend treten kleine (oder gar keine) Gewinne und Variationen auf, gelegentlich große Verluste. Ungewissheit kann einen hart treffen. Man beachte: Der Verlust kann jederzeit eintreten und die Summe der zuvor angesammelten Gewinne übersteigen. Typ 2 (links) und Typ 1 (rechts) unterscheiden sich insofern, als bei Typ 2 keine markanten positiven Auswirkungen aufgrund von Ungewissheit auftreten.*

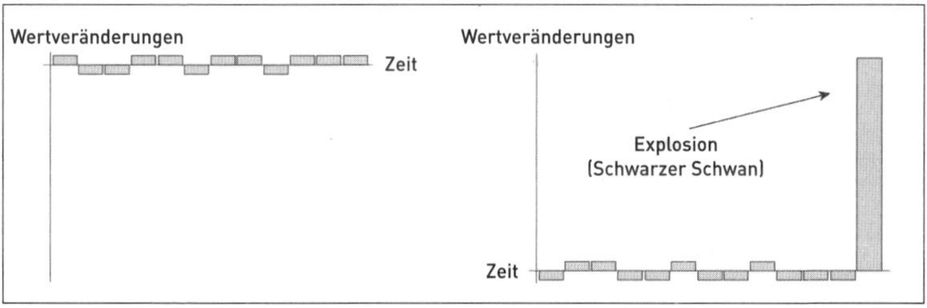

Abbildung 21. ***Das lediglich Robuste*** *(aber nicht Antifragile) (links): Unterliegt im Lauf der Zeit kleinen oder gar keinen Schwankungen. Große Schwankungen kommen nicht vor.* ***Das antifragile System*** *(rechts): Ungewissheit bringt sehr viel mehr Nutzen als Schaden – also das genaue Gegenteil zu Abbildung 20.*

Fragilitäten, anhand von Wahrscheinlichkeiten

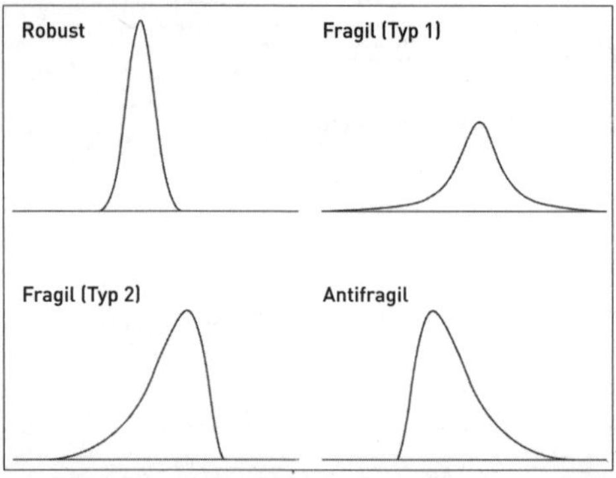

Abbildung 22. *Die horizontale Achse stellt Ergebnisse dar, die vertikale Achse deren Wahrscheinlichkeit (d.h. Häufigkeit).* ***Das Robuste:*** *wenige positive und negative Ergebnisse.* ***Das Fragile (Typ 1,*** *sehr selten): kann sowohl sehr große negative als auch sehr große positive Ergebnisse liefern. Warum ist es selten? Symmetrie tritt empirisch gesehen selten auf, und alle statistischen Verteilungen haben, weil sie mit Symmetrie arbeiten, die Tendenz, die Dinge zu vereinfachen.* ***Das Fragile (Typ 2):*** *Wir sehen eine große unwahrscheinliche Unterseite (häufig verborgen und übersehen), eine kleine Oberseite. Es gibt die Möglichkeit eines sehr nachteiligen Ergebnisses (links), die sehr viel größer ist als die eines äußerst vorteilhaften Ergebnisses, denn die linke Seite ist dicker als die rechte.* ***Das Antifragile:*** *große Oberseite, kleine Unterseite. Umfangreiche günstige Ergebnisse sind möglich, umfangreiche ungünstige Ergebnisse eher nicht (wenn nicht sogar ausgeschlossen). Der rechte* ***Tail*** *für günstige Ergebnisse ist länger als der linke.*

Tabelle 9 – Die vier unterschiedlichen Ertragsklassen

Linker Tail der Verteilung	*Rechter Tail der Verteilung*	*Zustand*
Dünn	Dick	Antifragil
Dick	Dick	Fragil [Typ 1] [Sehr selten]
Dick	Dünn	Fragil [Typ 2]
Dünn	Dünn	Robust

Fragilität hat einen linken Tail und ist deshalb anfällig für Störungen auf der linken Seite der Wahrscheinlichkeitsverteilung.

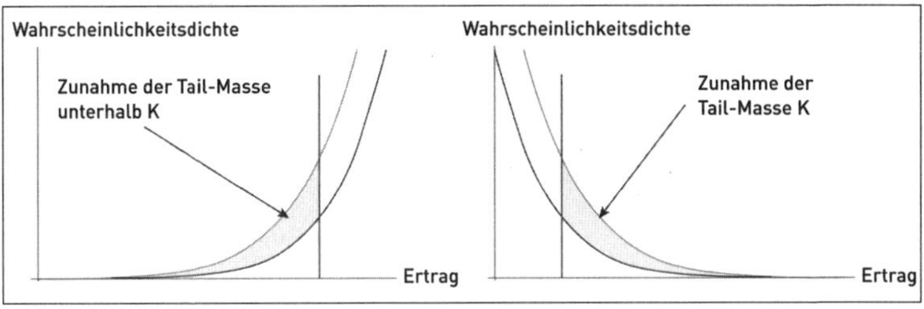

Abbildung 23. ***Definition von Fragilität*** *(linker Graph): Fragilität ist die schattierte Fläche, die Zunahme der Masse im linken Tail unterhalb eines bestimmten Niveaus K der Zielvariablen in Reaktion auf Veränderungen im Parameter der abhängigen Variablen – meistens der »Volatilität« oder einer etwas präziser definierten Größe. Wir subsummieren all diese Veränderungen in s^-; mehr davon im Anmerkungsteil (wo ich es geschafft habe, die Gleichungen zu verstecken).*

Zu einer ***Definition von Antifragilität*** *(rechter Graph), die nicht exakt symmetrisch ist, gilt das Spiegelbild für den rechten Tail plus Robustheit im linken Tail. Der gestörte Parameter ist s^+.*

Entscheidend: Wir sind zwar möglicherweise nicht dazu in der Lage, die Wahrscheinlichkeitsverteilung mit hinreichender Präzision zu beschreiben, aber wir können die Reaktion durch Heuristiken mit Hilfe des »Transfer-Theorems« in Taleb und Douady (2012) ermitteln. Mit anderen Worten, müssen wir nicht die zukünftige Wahrscheinlichkeit von Ereignissen kennen, sondern es reicht aus, die Fragilität dieser Ereignisse herauszufinden.

Hanteltransformation im Zeitverlauf

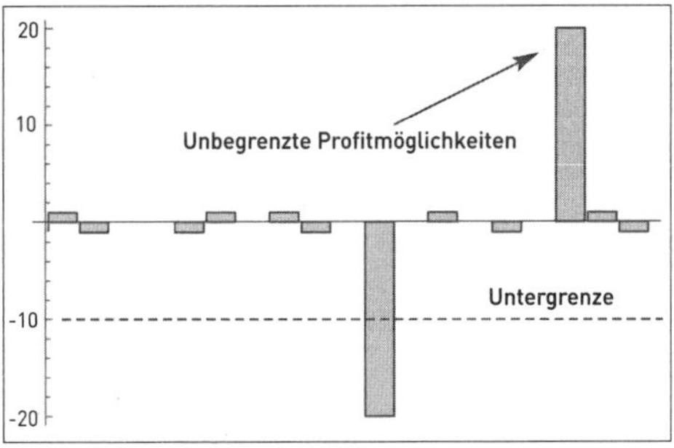

Abbildung 24. ***Hantel im Zeitverlauf.*** *Verluste nach unten begrenzt, Profitmöglichkeiten weiterhin nach oben offen.*

Hanteln (konvexe Transformation) und ihre Eigenschaften anhand von Wahrscheinlichkeiten

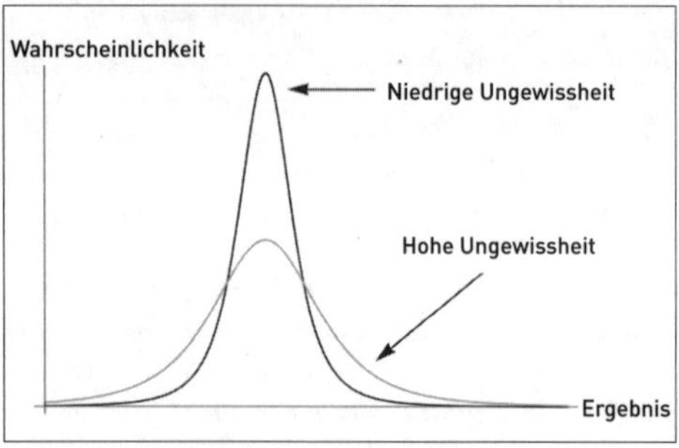

Graphische Darstellung der Hantelidee.

Abbildung 25. *Fall 1,* ***Symmetrie:*** *Fügt man dem System Ungewissheit hinzu, bewegt man sich von der ersten Glockenkurve mit begrenztem Ergebnis-Spielraum zur zweiten, die zwar eine niedrigere Spitze hat, dafür aber breiter auseinandergezogen ist. Es treten also sowohl mehr positive wie negative Überraschungen auf, sowohl positive als auch negative Schwarze Schwäne.*

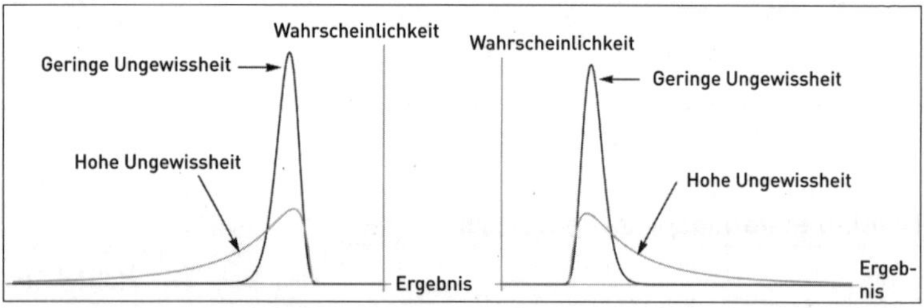

Abbildung 26. *Fall 2 (links):* ***Fragil:*** *begrenzte Gewinne, größere Verluste. Die Erhöhung der Ungewissheit im System führt zu einem Anstieg von überwiegend (manchmal ausschließlich) negativen Ergebnissen, ausschließlich negativen Schwarzen Schwänen. Fall 3 (rechts):* ***Antifragil:*** *Die Zunahme der Zufälligkeit und Ungewissheit im System erhöht die Wahrscheinlichkeit äußerst positiver Ergebnisse und erweitert entsprechend den zu erwartenden Ertrag. Deutlich wird, dass – mathematisch gesehen – Entdeckungen exakt einer Anti-Flugzeug-Verspätung entsprechen.*

Theoretische Version von Fat Tonys »Zwei Paar Stiefeln« oder die Vermengung von Ereignissen und ihrer Wirkung

Dieser Abschnitt wird außerdem eine »konvexe Transformation« erklären.

f(x) ist die *Wirkung* der Variablen *x*. Genauso gut kann *f(x)* als »Ertrag von *x*«, »Einfluss von *x*« oder sogar »Nutzen der Wirkung von *x*« bezeichnet werden. Im letzten Fall führen wir in *f* eine Nutzenfunktion ein. *x* kann irgendetwas beliebiges sein.

Beispiel: *x* ist die Intensität eines Erdbebens auf einer beliebigen Skala in einem bestimmten Bereich, *f(x)* ist die Anzahl der Personen, die dabei stirbt. Es liegt auf der Hand, dass *f(x)* vorhersagbarer gemacht werden kann als *x* (wenn wir die Leute zwingen, sich dem entsprechenden Gebiet fernzuhalten oder bestimmte bauliche Sicherheitsvorkehrungen zu treffen usw.).

Beispiel: *x* ist die Anzahl an Metern, die ich stürze, wenn mich jemand aus einer Höhe *x* herunterstößt, *f(x)* ist ein Maß für meinen physischen Zustand aufgrund des Sturzes. Selbstverständlich kann ich *x* nicht vorhersagen (wer mich stoßen wird), sondern vielmehr *f(x)*.

Beispiel: *x* ist die Anzahl von Autos, die morgen Mittag in New York City unterwegs sein werden, *f(x)* ist die Fahrtzeit, die man benötigt, um von Punkt A nach Punkt B zu kommen. *f(x)* kann vorhersehbarer gemacht werden als *x* (man kann die U-Bahn nehmen oder, noch besser, laufen).

Es gibt Leute, die über *f(x)* reden und der Meinung sind, sie sprächen von *x*. Das ist das Problem der **Vermengung von Ereignis und Wirkung**. Dieser Irrtum, der bei Aristoteles auftaucht, ist in der Wahrscheinlichkeitsphilosophie (beispielsweise bei Ian Hacking) praktisch omnipräsent.

Man kann aufgrund der Konvexität von *f(x)* antifragil im Verhältnis zu *x* werden, ohne *x* verstehen zu müssen.

Die Antwort auf die Frage: »Wie verhält man sich in einer Welt, die man nicht versteht?« lautet schlicht: Arbeiten Sie an den nicht wünschenswerten Zuständen von *f(x)*.

Es ist häufig einfacher, *f(x)* zu verändern, als das Verständnis von *x* zu vertiefen (mit anderen Worten, die Robustheit zu steigern, nicht aber Schwarze Schwäne zu prognostizieren).

Beispiel: Wenn ich eine Versicherung auf dem Markt kaufe, hier *x*, deren Wert um mehr als 20 Prozent abfällt, dann wird *f(x)* unabhängig sein von dem Teil der Wahrscheinlichkeitsverteilung von *x*, der unter 20 Prozent liegt, und unberührt von Veränderungen in seinem Skalierungsparameter (ein Beispiel für eine Hantel).

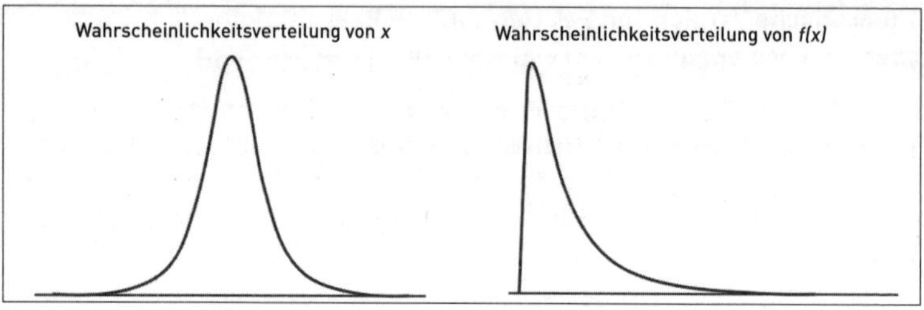

Abbildung 27. *Konvexe Transformation* (f(x) ***ist eine konvexe Funktion von*** x): *der Unterschied zwischen* x *und der Wirkung von* x. *Beim zweiten Graph gibt es kein Risiko nach unten. Der Schlüssel ist, f(x) so zu modifizieren, dass das Wissen um die Eigenschaften von* x *auf der linken Seite der Verteilung möglichst irrelevant werden. Dieses Vorgehen bezeichne ich als konvexe Transformation; hier taucht es unter dem Spitznamen »Hantel« auf.*

Grünholztäuschung: Die Verwechslung von *f(x)* mit einer anderen Funktion *g(x)*, die andere Nichtlinearitäten aufweist.

Oder theoretischer formuliert: Wenn man gegenüber *x* antifragil ist, dann wirkt sich die Varianz (oder Volatilität oder andere Variationsgrößen) von *x* günstig auf *f(x)* aus, da bei schiefen Verteilungen der Mittelwert von der Varianz abhängt, und wenn sie rechtsschief sind, sich die Erwartung mit der Varianz erhöht (die logarithmische Normalverteilung hat beispielsweise als Mittelwert einen Ausdruck, der $+\frac{1}{2}\sigma^2$ enthält).

Des Weiteren ist die Wahrscheinlichkeitsverteilung von *f(x)* ganz offenkundig eine andere als die von *x*, vor allem, wenn Nichtlinearitäten mit im Spiel sind.

Wenn *f(x)* monoton konvex (konkav) ist, ist *f(x)* rechts (links) schief.

Wenn *f(x)* steigt und links konvex ist und dann rechts konkav, hat die Wahrscheinlichkeitsverteilung von *f(x)* einen dünneren Tail als diejenige von *x*. Beispielsweise ist in der Neuen Erwartungstheorie von Kahneman und Tversky der so genannte Nutzen von Vermögensveränderungen »robuster« als das Vermögen selbst.

Warum der Ertrag wichtiger ist als die Wahrscheinlichkeit (**Theorie**): Wenn *p(x)* die Dichte ist, wird die Erwartung, also $\int f(x)p(x)dx$, zunehmend von *f* abhängen, anstatt von *p*, und sie wird umso mehr von *f* anstatt von *p* abhängen, je nichtlinearer *f* ist.

Der Vierte Quadrant (Taleb, 2009)

Zentraler Gedanke: Tail-Ereignisse (in Fat-Tail-Bereichen) sind nicht berechenbar, aber wir können die Auswirkungen des Problems abschätzen. Angenommen, *f(x)* ist eine steigende Funktion, verbindet Tabelle 10 die Idee mit dem Konzept des Vierten Quadranten.

Tabelle 10

	Thin-Tailed Verteilung für x	*Fat-Tailed Verteilung für x*
f(x) kappt extreme Ergebnisse, d.h. konvex-konkav	Sehr robustes Ergebnis	Ziemlich robustes Ergebnis
f(x) konkav-konvex, verschärft wenig wahrscheinliche Ergebnisse	Robustes Ergebnis (gewissermaßen)	VIERTER QUADRANT Fragil (wenn *f(x)* konkav ist) oder antifragil

Lokale und globale Konvexitäten (Theorie)

In der Natur gibt es keine offenen Enden – der Tod ist für eine Einheit jeweils das Maximalereignis. Die Dinge sind hier also letztlich immer an einem Ende konvex, am anderen konkav.

Faktisch gibt es für alles Biologische eine maximale Schädigung. Ich erinnere an den konkaven Verlauf der Geschichte mit dem Stein und den Kieselsteinchen im achtzehnten Kapitel: Durch Ausdehnung des Bereichs können wir feststellen, dass die Begrenztheit des Schadens an einem bestimmten Punkt zu Konvexität führt. Die Konkavität dominierte, aber nur lokal. Abbildung 28 untersucht die Fortsetzung dieser Geschichte.

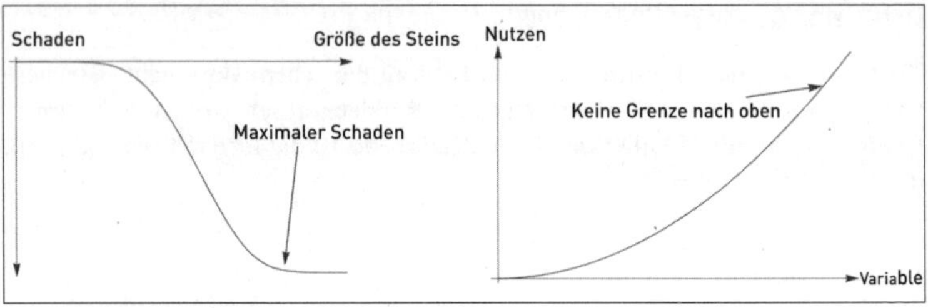

Abbildung 28. *Der linke Graph zeigt einen größeren Ausschnitt aus der Geschichte mit dem Stein und den Kieselsteinchen im achtzehnten Kapitel. An einem bestimmten Punkt – wenn der größtmögliche Schadensfall eingetreten ist – wird das Konkave konvex. Der rechte Graph zeigt starke Antifragilität, mit unbekannter Obergrenze (führt nach Extremistan). Solche Erträge sind lediglich mit ökonomischen Variablen erreichbar, etwa bei Verkaufszahlen von Büchern oder in Bereichen, die grenzenlos oder nahezu grenzenlos sind. In der Natur gibt es meines Wissens nichts Vergleichbares.*

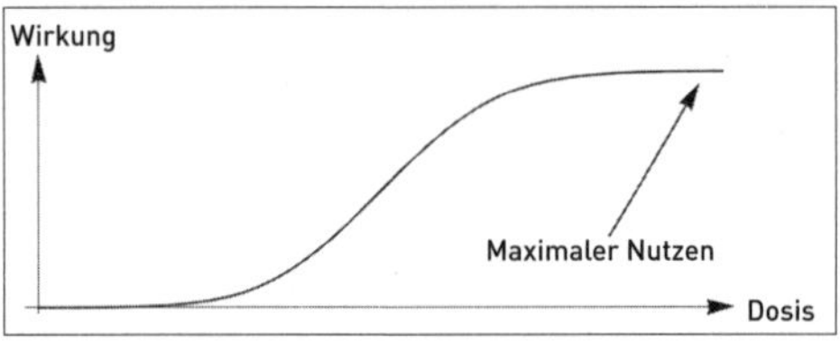

Abbildung 29. *Schwache Antifragilität (Mediokristan), eingeschränktes Maximum. Typisch für die Natur.*

Freak-Nichtlinearitäten (sehr fachspezifisch)

Die folgenden beiden Nichtlinearitätstypen trifft man außerhalb von wirtschaftlichen Variablen praktisch nie an; sie kommen fast ausschließlich im Zusammenhang mit Derivaten vor.

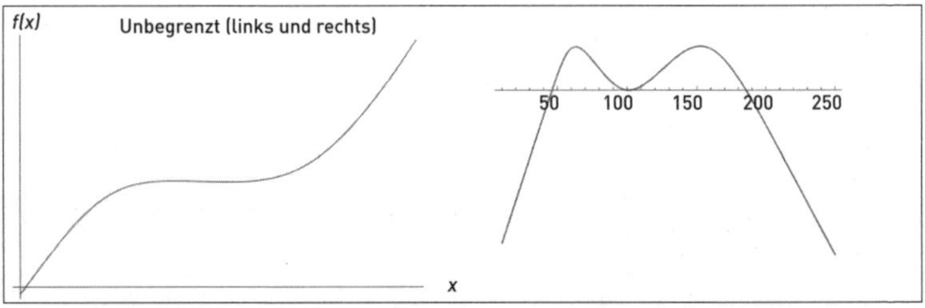

Abbildung 30. *Der linke Graph zeigt eine konvex-konkav steigende Funktion, das Gegenteil der eingeschränkten Dosis-Wirkungs-Kurven, die in der Natur anzutreffen sind. Das führt zu Typ 2, fragil (extrem ausgeprägte Fat Tails). Der rechte*

Graph zeigt die gefährlichste Variante überhaupt: Pseudokonvexität. Lokale Antifragilität, globale Fragilität.

Nichtlinearitäten und ihre Wahrscheinlichkeitskorrespondenz in der Medizin (Kapitel 21 und 22)

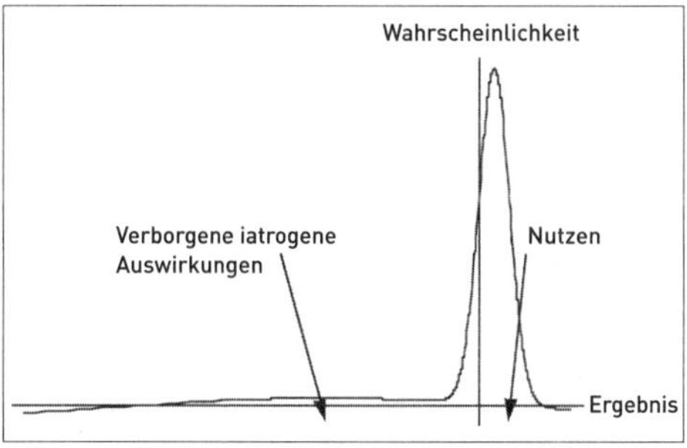

Abbildung 31. ***Medizinische Iatrogenik: Geringer Nutzen und große Schwarzer-Schwan-Nachteile, anhand von Wahrscheinlichkeiten.*** *Iatrogenik liegt vor, wenn wir geringe identifizierbare Vorteile haben (beispielsweise die Vermeidung kleinerer Unpässlichkeiten oder einer unbedeutenden Infektion), andererseits aber Schwarzen Schwänen mit zeitlich verzögerten, unsichtbaren beträchtlichen Nebenwirkungen (beispielsweise Tod) ausgesetzt sind. Dieser konkave Nutzen der Medizin ist vergleichbar mit dem Verkauf einer finanziellen Option (hoch riskant) bei winzig kleinen unmittelbaren Gewinnen unter Verweis darauf, dass »erwiesenermaßen kein Schaden entstehen kann«.*

Kurzum: Für einen gesunden Menschen besteht eine kleine Wahrscheinlichkeit verhängnisvoller Auswirkungen (unterschätzt, da unsichtbar und nicht berücksichtigt) und eine hohe Wahrscheinlichkeit geringer Vorteile.

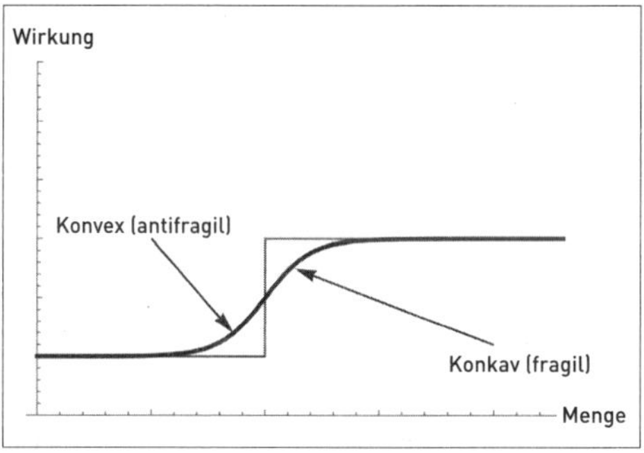

Abbildung 32. ***Nichtlinearitäten in der Biologie.*** *Die Form konvex-konkav ergibt sich notwendigerweise aus allem, was wächst (und zwar monoton wächst, also nie fällt) und durch Höchst- und Mindestwerte begrenzt ist; es geht also an beiden Seiten nicht nach Unendlich. Auf niedrigem Niveau verhält sich die Wirkung auf die Dosis konvex (wird schrittweise immer effektiver). Höhere Dosen werden graduell ineffektiv und dann sogar schädlich. Derselbe Verlauf trifft auf alles zu, was mit zu großer Regelmäßigkeit konsumiert wird. Der Graph lässt sich jeder Situation zuordnen, die an beiden Enden begrenzt ist, mit einem bekannten Minimum und Maximum (Sättigung), wozu auch Glück gehört.*

Geht man beispielsweise davon aus, dass es ein Maximalniveau für Glück und

Unglück gibt, dann steht der Verlauf dieser Kurve mit Konvexität links und Konkavität rechts für den Grad an Glück (man ersetze »Dosis« durch »Reichtum« und »Wirkung« durch »Glück«). Kahneman-Tversky bieten in ihrer Prospect-Theorie ein Modell gleicher Form für den »Nutzen« von Vermögensveränderungen, das sie empirisch ermittelten.

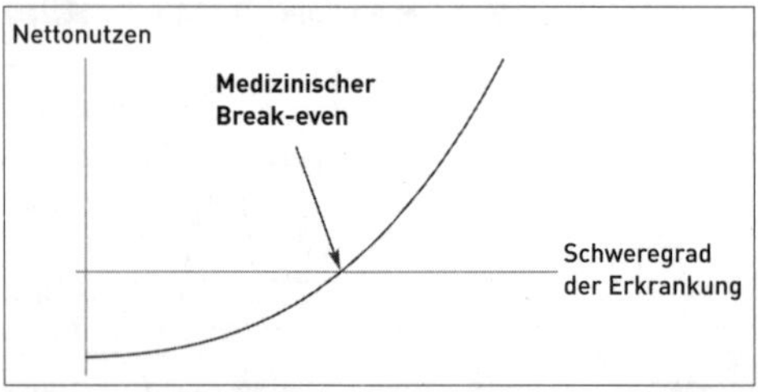

Abbildung 33. *Sie erinnern sich an das Bluthochdruck-Beispiel. Auf der vertikalen Achse sind die Vorteile einer Behandlung abgebildet, auf der horizontalen der Schweregrad der Erkrankung. Der Pfeil weist auf den Punkt, an dem der wahrscheinliche Nutzen dem wahrscheinlichen Schaden entspricht. Iatrogene Effekte gehen nichtlinear als Funktion des Schweregrads der Erkrankung zurück. Daraus folgt: Wenn der Patient sehr krank ist, verschiebt sich die Verteilung in Richtung antifragil (dickerer rechter Tail), mit großem Nutzen aus der Behandlung gegenüber möglichen iatrogenen Effekten – es gibt wenig zu verlieren.*

Man beachte: Wenn die Behandlung intensiviert wird, wird beim Erreichen des Maximums an positiven Auswirkungen Konkavität eintreten, eine Zone, die im Graph nicht abgebildet ist – betrachtet man den Verlauf im größeren Zusammenhang, würde er dem vorigen Graphen entsprechen.

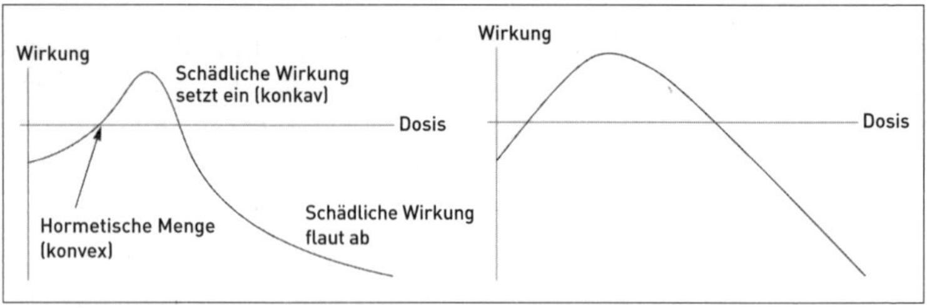

Abbildung 34. *Der linke Graph zeigt Hormesis bei einem Organismus (siehe auch Abbildung 19): Wir sehen einen Bereich, in dem sich der Nutzen vergrößert (anfänglich konvex), dann abflaut und in einen Bereich der Schädigung übergeht, wenn die Dosis noch etwas weiter erhöht wird (anfänglich konkav); und schließlich läuft die Kurve im Bereich maximaler Schädigung flach aus (jenseits eines bestimmten Punkts ist der Organismus tot – in der Biologie gibt es ein begrenztes, bekanntes Worst-Case-Szenario). Rechts eine falsche graphische Darstellung von Hormesis in medizinischen Lehrbüchern, mit einer anfänglichen Konkavität, die linear oder wenig konkav aussieht.*

Das umgekehrte Truthahn-Problem

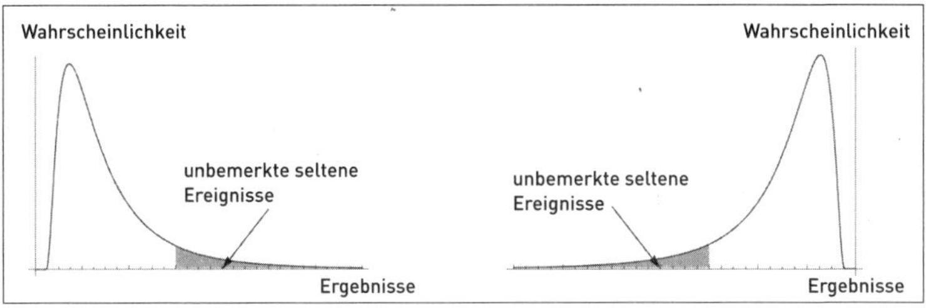

Abbildung 35. ***Antifragil, umgekehrtes Truthahn-Problem:*** *Das unbemerkte seltene Ereignis ist positiv. Betrachtet man eine positiv schiefe (antifragile) Zeitreihe und schließt auf das Nicht-Sichtbare, dann verfehlt man das Positive und unterschätzt den Nutzen (Pisanos [2006a, 2006b] Fehler). Rechts das andere Harvard-Problem, dasjenige von Froot (2001). Die schattierte Fläche entspricht dem, was wir in kleinen Stichproben häufig übersehen, weil zu wenig Punkte zur Verfügung stehen. Interessanterweise wächst die schattierte Fläche mit steigenden Modellfehlern an. In den theoretischen Abschnitten wird diese Zone als* ω_B *(Truthahn) und* ω_C *(umgekehrter Truthahn) bezeichnet.*

Der Unterschied zwischen Punktschätzungen und Verteilungen

Übertragen wir diese Analyse auf die Art und Weise, wie Planer Fehler machen, und warum Defizite meistens schlimmer ausfallen, als geplant:

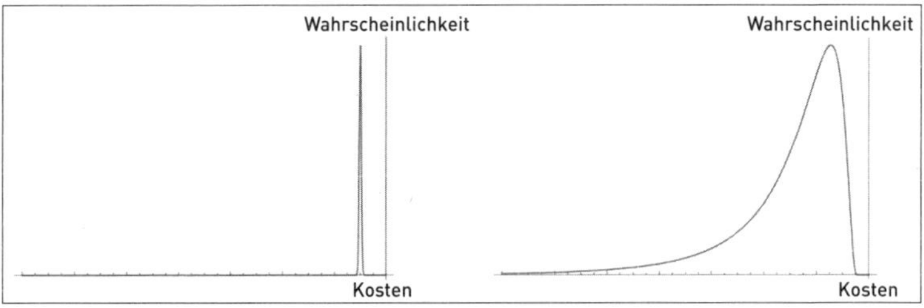

Abbildung 36. ***Die Kluft zwischen Prognosen und Realität:*** *Wahrscheinlichkeitsverteilung von Ergebnissen von Projektkosten in der Vorstellung von Planern (links) und in der Realität (rechts). Im ersten Graph wird davon ausgegangen, dass die Kosten sowohl niedrig als auch einigermaßen klar bestimmbar sind. Der rechte Graph zeigt Ergebnisse, die sowohl schlechter als auch breiter verteilt und vor allem mit einer höheren Wahrscheinlichkeit ungünstiger Ergebnisse verbunden sind. Man beachte die Zunahme an Fragilität aufgrund des anschwellenden linken Tails.*

Diese Fehleinschätzung der Auswirkung von Ungewissheit tritt im Zusam-

menhang mit Staatsschulden, Planungen mit IT-Komponenten, Reisezeit (in geringerem Maß) und in vielen anderen Bereichen auf. Ich werde denselben Graph verwenden, um den Modellfehler zu demonstrieren, der sich aus der Unterschätzung der Fragilität ergibt, indem man davon ausgeht, dass ein Parameter konstant und nicht, wie tatsächlich der Fall, zufällig ist. Von diesem Problem sind bürokratielastige Volkswirtschaften heimgesucht (nächste Diskussion).

Appendix II (sehr theoretisch): In welcher Hinsicht die meisten ökonomischen Modelle fragilisierend wirken und damit die Menschen in den Ruin treiben

Wenn ich im Haupttext einen oder mehrere Abschnitte als »theoretisch« bezeichnet habe, habe ich vielleicht ein bisschen übertrieben. Hier nun gilt das mit Sicherheit nicht.

Die Markowitz'sche Inkohärenz: Nehmen Sie an, jemand erzählt Ihnen, die Wahrscheinlichkeit eines Ereignisses sei exakt gleich null. Sie fragen ihn, woher er das weiß. Seine Antwort: »Baal hat es mir gesagt.« In diesem Fall argumentiert Ihr Gegenüber kohärent, würde allerdings von allen außer den Baal-Anhängern als unrealistisch eingestuft. Wenn er Ihnen andererseits erklärt: »Ich habe *geschätzt*, dass die Wahrscheinlichkeit null sein müsste«, dann haben wir ein Problem. Die Person ist sowohl unrealistisch als auch inkonsistent. Etwas Geschätztes hat notwendigerweise einen Schätzfehler. Es ist ausgeschlossen, dass bei einer Schätzung die Wahrscheinlichkeit gleich null ist, ihre untere Grenze ist mit dem Schätzfehler verbunden; je höher der Schätzfehler, desto höher die Wahrscheinlichkeit, bis zu einem gewissen Punkt. Wie beim Argument der völligen Unwissenheit bei Laplace bewegt ein unendlicher Schätzfehler die Wahrscheinlichkeit in Richtung 1/2.

Ich komme auf die Tragweite dieses Fehlers noch einmal zu sprechen; hier möge genügen, dass jeder Fall, in dem ein Parameter geschätzt und dann in eine Gleichung eingebracht wird, sich von dem Fall unterscheidet, in dem Schätzungen um die Parameter herum vorgenommen werden (man erinnere sich an die Geschichte von der Gesundheit der Großmutter: Die Durchschnittstemperatur – das wäre für unseren Zusammenhang das »Geschätzte« – ist irrelevant; von Bedeutung ist die durchschnittliche Gesundheit bei unterschiedlichen Temperaturen). Und Markowitz signalisierte seine Inkohärenz, indem er seine »bahnbrechende« Abhandlung mit den Worten begann: »Man gehe davon aus, dass E und V [die Erwartung und die Varianz] bekannt sind.« Am Schluss seines Papers erkennt er an, dass die Werte geschätzt werden müssen, und – schlimmer noch – dass diese Schätzung mit einer Kombination aus statistischen Verfahren und dem »gesunden Menschenverstand« vorgenommen wird. Na gut, wenn diese Parameter geschätzt werden müssen, unter Einbeziehung einer gewissen Fehlermöglichkeit, dann müssen die Ableitungen anders formuliert werden, und wir hätten dann natürlich auch kein Paper – und kein Markowitz-Paper, keine Zusammenbrüche, kein modernes Finanzwesen, keine Fragilisten, die den Studenten irgendwelchen Unsinn beibringen ... ökonomische Modelle reagieren auf die Annahmen höchst fragil: Eine leichte Veränderung in diesen Annahmen kann, wie wir sehen werden, zu großen Unterschieden in den Resultaten führen. Und was die Dinge noch verschlimmert: Viele dieser Modelle sind im Nachhinein an die Annahmen angepasst, in dem Sinn, dass Hypothesen ausgewählt werden, die die Mathematik bestätigen, wodurch sie ultrafragil und ultrafragilisierend werden.

Einfaches Beispiel: Staatsverschuldungen.
Anhand des folgenden Defizit-Beispiels wird deutlich, dass Regierungen und öffentliche Institutionen bei den Haushaltsberechnungen Konvexitätsgesetze übersehen. Sie berücksichtigen sie einfach nicht.

Das Beispiel illustriert:

a) wie der stochastische Charakter einer Variablen, von der bekannt ist, dass sie das Modell beeinflusst, ignoriert und stattdessen als deterministisch (und unveränderlich) angenommen wird, und

b) *F*, die Funktion einer solchen Variablen, ist in Bezug auf diese Variable konvex oder konkav.

Nehmen wir an, ein Staat schätzt die Arbeitslosenquote für die kommenden drei Jahre mit neun Prozent ein; er benutzt seine ökonometrischen Modelle, um eine Planbilanz *B* mit einem Defizit von zweihundert Milliarden in einheimischer Währung zu veranschlagen. Allerdings ignoriert die Berechnung (wie fast alles in den Wirtschaftswissenschaften), dass Arbeitslosigkeit eine stochastische Variable ist. Die Beschäftigungsquote über eine Periode von drei Jahren schwankt im Schnitt um ein Prozent. Die Auswirkung dieses Fehlers lässt sich folgendermaßen kalkulieren:

Arbeitslosigkeit bei 8%, Bilanz B(8%) = –75 Mrd. (Verbesserung um 125 Mrd.)
Arbeitslosigkeit bei 9%, Bilanz B(9%)= –200 Mrd.
Arbeitslosigkeit bei 10%, Bilanz B(10%)= –550 Mrd. (Verschlechterung um 350 Mrd.)

Der Konkavitäts-Bias – der negative Konvexitäts-Bias – für die Unterschätzung des Defizits beträgt -112,5 Mrd., da ½ {*B*(8%) + *B*(10%)} = –312 Mrd., nicht –200 Mrd. Das ist ein klassisches Beispiel für den **umgekehrten Stein der Weisen.**

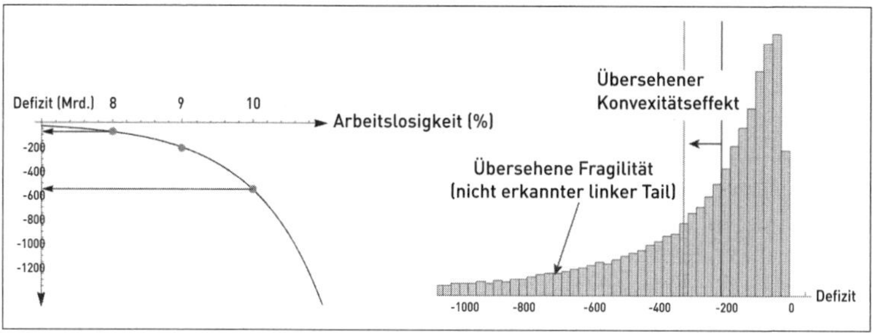

Abbildung 37. ***Mit nichtlinearen Transformationen lässt sich sowohl der Modellkonvexitäts-Bias als auch Fragilität darstellen.*** *Illustration des Beispiels: Balkendiagramm der Monte-Carlo-Simulation der Staatsschulden als linksschiefe Zufallsvariable durch Randomisierung der Arbeitslosigkeit, von der die Staatsschulden eine konkave Funktion darstellen. Die Methode der Punktschätzung würde die Form eines Dirac-Stoßes bei -200 annehmen und damit sowohl das* ***erwartete*** *Defizit (-312) als auch die Tail-Fragilität unterschätzen (aus Taleb und Douady, 2012).*

Anwendung: Ricardianisches Modell und linker Tail – Der Preis für Wein pflegt zu schwanken

Fast zweihundert Jahre beschäftigen wir uns schon mit einer Vorstellung, die der Wirtschaftswissenschaftler David Ricardo als »komparativen Vorteil« bezeichnete. Das Modell lässt sich kurz dahingehend zusammenfassen, dass ein Land eine bestimmte Handelspolitik verfolgen sollte, die sich aus dem komparativen Vorteil an Wein oder Textilien ableitet. Nehmen wir an, ein Land ist gut sowohl in der Herstellung von Wein als auch von Textilien, besser als seine Nachbarn, mit denen es freien Handel treiben kann. Dann bestünde die klar auf der Hand liegende *optimale* Strategie darin, sich entweder auf Wein oder auf Textilien zu spezialisieren – je nachdem, was am besten passt und die Opportunitätskosten minimiert. Damit wären alle glücklich. Paul Samuelson formulierte dazu eine Analogie: Wenn jemand der beste Arzt in der Stadt und gleichzeitig der beste Sekretär wäre, dann wäre es für ihn günstiger, als besser verdienender Arzt tätig zu sein, was die Opportunitätsverluste minimieren würde; er würde dann einer anderen Person die Sekretariatsarbeiten überlassen und sich deren Dienste kaufen.

Ich stimme der Auffassung zu, dass *gewisse* Formen der Spezialisierung nützlich sein können, was aber nicht mit den Modellen begründbar ist, die dafür als Beweis herangezogen werden. Die Argumentation krankt an folgendem Punkt: Natürlich wäre es für einen Arzt unsinnig, als Teilzeitsekretär zu arbeiten, nur weil er es gut kann. Gleichzeitig aber können wir mit Sicherheit davon ausgehen, dass sein Arztberuf ihm eine gewisse berufliche Stabilität garantiert: Menschen werden immer krank und brauchen einen Arzt, außerdem ist mit dem Beruf des

Arztes ein höheres Sozialprestige verbunden als mit dem des Sekretärs, was ihn wünschenswerter erscheinen lässt. Und nun stelle man sich aber vor, dass in einer Welt, die aus zwei Ländern besteht, von denen sich eines auf Wein spezialisiert hat in der Hoffnung, dass es seine Spezialität auf dem Markt an das andere Land verkaufen kann – dass in dieser Welt *plötzlich der Preis für Wein ins Bodenlose abstürzt*. Irgendeine Veränderung in den Vorlieben der Allgemeinheit führt dazu, dass sich der Preis drastisch verändert. Ricardos Analyse geht davon aus, dass sowohl der Marktpreis für Wein als auch die Produktionskosten konstant bleiben und dass in diesem Zusammenhang keine »zweite Ordnung« existiert.

Tabelle 11 – Ricardos Originalbeispiel (Produktionskosten pro Einheit)

	Textilien	*Wein*
Großbritannien	100	110
Portugal	90	80

Die Logik: Die Tabelle zeigt die Produktionskosten, normalisiert zu einem Verkaufspreis von je einer Einheit. Man nimmt also an, dass sie zum gleichen Preis gehandelt werden (1 Einheit Textilien gegen 1 Einheit Wein). Paradox erscheint Folgendes: Obwohl Portugal Textilien billiger herstellt als Großbritannien, soll es von Großbritannien Textilien beziehen und dafür die Gewinne aus seinem Verkauf von Wein einsetzen. Lässt man Transaktions- und Transportkosten außen vor, ist es für Großbritannien effizient, lediglich Textilien zu produzieren, und für Portugal ist es effizient, lediglich Wein zu produzieren.

Diese Vorstellung hat die Wirtschaftswissenschaftler schon immer aufgrund ihrer paradoxen, kontra-intuitiven Natur fasziniert. So verfasste beispielsweise Paul Krugman einen Artikel mit dem Titel »Why Intellectuals Don't Understand Comparative Advantage« [Warum Intellektuelle den komparativen Vorteil nicht verstehen] (Krugman, 1998). Krugman selbst versteht die Idee nicht, denn in seinem Essay und seinen sonstigen Schriften erweist er sich als vollkommen ahnungslos hinsichtlich Extremereignissen und Risikomanagement, und er macht sich über andere Intellektuelle wie S. J. Gould lustig, die ein, wenn auch nicht so sehr analytisches, so doch intuitives Verständnis für Extremereignisse haben. (Selbstverständlich kann man nicht über Erträge und Gewinne sprechen, ohne diese Vorteile gegen die Risiken aufzurechnen.) Der Artikel belegt, dass Krugman den gefährlichen Fehler begeht, die Funktion des Durchschnitts mit dem Durchschnitt der Funktion zu verwechseln. (Die traditionelle Ricardianische Analyse geht von abhängigen Variablen aus, doch sie lässt die Bedeutung von Wahrscheinlichkeit völlig außer Acht.

Nehmen wir nun an, der Preis von Wein und Textilien variiere – was Ricardo nicht in Betracht gezogen hat – mit Werten, die oberhalb des erwartungstreuen langfristigen Durchschnittswerts liegen. Nehmen wir weiter an, dass sie einer

Fat-Tail-Verteilung folgen. Oder nehmen wir an, die Produktionskosten schwanken entsprechend einer Fat-Tail-Verteilung.

Wenn der Weinpreis auf den internationalen Märkten beispielsweise um 40 Prozent steigt, ergeben sich klar erkennbare Vorteile. Würde der Preis aber um den gleichen Prozentsatz fallen, wären massive Nachteile die Folge, die größer wären als die Vorteile, die sich aus einem Anstieg in entsprechender Höhe ergäben. Es treten Konkavitäten, schwerwiegende Konkavitäten bezüglich der Auswirkungen der Preisänderungen auf.

Und wenn der Preis um 90 Prozent zurückginge, dann wären die Auswirkungen katastrophal. Stellen Sie sich nur einmal vor, was mit Ihrem Privathaushalt geschehen würde, wenn Ihr Einkommen plötzlich um 40 Prozent reduziert wird. Es gab ja in der Geschichte immer wieder Probleme in Ländern, die sich auf bestimmte Waren, Rohstoffe und Agrarprodukte konzentriert haben, die nicht nur volatil, sondern extrem volatil waren. Eine Katastrophe muss nicht unbedingt die Folge einer Preisschwankung sein, sie kann auch durch die Produktionsumstände ausgelöst werden: Plötzlich ist aufgrund eines Krankheitserregers, schlechter Wetterverhältnisse oder anderer Unwägbarkeiten eine Ernte im erwarteten Ausmaß nicht möglich.

Eine schlechte Ernte wie diejenige, die die große Hungersnot in Irland um die Mitte des 19. Jahrhunderts auslöste, verursachte den Tod von einer Million Menschen und die Auswanderung einer weiteren Million (die Gesamtbevölkerung Irlands inklusive Nordirland beträgt zur Zeit der Abfassung dieses Buchs nur ungefähr sechs Millionen). Es ist kaum möglich, Ressourcen rückzuwandeln – im Unterschied zu dem Beispiel mit dem Arzt/Sekretär können sich Länder nicht so leicht umstellen. Tatsächlich wirkte sich Monokultur (die Konzentration auf nur ein einziges landwirtschaftliches Produkt) in der Geschichte immer wieder tödlich aus – eine schlechte Ernte konnte verheerende Hungersnöte zur Folge haben.

Der zweite Aspekt, der in der Arzt-/Sekretär-Analogie fehlt: Länder haben keine Familien und Freunde. Ein Arzt hat Unterstützer, einen Freundeskreis, eine Gemeinschaft, die ihm unter die Arme greift; einen Schwiegervater, von dem er sich, wenn er auf einen anderen Beruf umsatteln muss, Geld leihen kann; eine Regierung, die ihn unterstützt. All das haben Länder nicht. Außerdem verfügt ein Arzt über Ersparnisse; Länder sind im Unterschied dazu eher Schuldner.

Auch hier haben wir es also wieder mit Fragilität aufgrund von Effekten zweiter Ordnung zu tun.

Wahrscheinlichkeitsanpassung: Die Vorstellung des komparativen Vorteils hat eine Parallele in der Wahrscheinlichkeit: Wenn Sie aus einer Urne eine Stichprobe nehmen (mit Zurücklegen) und in 60 Prozent der Fälle eine schwarze Kugel ziehen und in den verbleibenden 40 Prozent eine weiße, dann ist die optimale Strategie, folgt man den Lehrbüchern, zu 100 Prozent auf Schwarz zu setzen. Die Strategie, zu 60 Prozent auf Schwarz und zu 40 Prozent auf Weiß zu setzen, nennt man »Wahrscheinlichkeitsanpassung«, sie wird in der Literatur zur Entscheidungstheorie als Fehler angesehen (der Leser möge sich daran erinnern, dass das die Methode Triffats im zehnten Kapitel war). Der Instinkt der Leute, sich auf Wahrscheinlichkeitsanpassung einzulassen, scheint gesund zu sein und alles andere als ein Fehler. In der Natur sind Wahrscheinlichkeiten unbeständig (oder unbekannt), und Wahrscheinlichkeitsanpassung entspricht in etwa einer Redundanz, einem Puffer. Wenn sich also die Wahrscheinlichkeiten verändern, oder anders gesagt: wenn eine andere Zufälligkeitsschicht hinzukommt, dann stellt Wahrscheinlichkeitsanpassung die optimale Strategie dar.

Wie Spezialisierung funktioniert: Der Leser sollte das, was ich sage, nicht als Ablehnung von Spezialisierung interpretieren – ich meine lediglich, man sollte sich erst dann auf eine Spezialisierung einlassen, wenn man Fragilität und Effekte zweiter Ordnung in Erwägung gezogen hat. Ich bin überzeugt, dass Ricardo letztlich recht hat, aber nicht aufgrund der zitierten Modelle. Organisch würden sich Systeme ohne Top-down-Kontrollen allmählich, langsam und über längere Zeit spezialisieren, aufgrund eines Versuch-und-Irrtum-Prozesses, und so den angemessenen Zustand der Spezialisierung erreichen, nicht genötigt durch irgendwelche von Bürokraten verordneten Modelle. Um es noch einmal zu wiederholen: Systeme machen kleine, Planung macht große Fehler.

Die aufgezwungene Durchsetzung von Ricardos Modell in ein Modell verwandelter Einsicht durch irgendeinen Sozialplaner hätte also einen Zusammenbruch zur Folge; wenn man hingegen den Dingen erlauben würde, sich durch Tüfteleien zu entwickeln, dann würden sie nach und nach Effizienz zeigen, und zwar wirkliche Effizienz. Die Rolle der Politiker sollte – im Sinne eines *Via-Negativa*-Vorgehens – darin bestehen, die Herausbildung von Spezialisierung zuzulassen, indem sie das aus dem Weg räumen, was den Prozess behindert.

Eine allgemeinere Methode zur Auffindung von Modellfehlern

Modelleffekte zweiter Ordnung und Fragilität: Nehmen wir an, wir verfügen über das richtige Modell (eine sehr großzügige Annahme), sind uns aber bezüglich der Parameter nicht sicher. Als Verallgemeinerung des Defizit-/Beschäftigungsbeispiels, das wir im letzten Abschnitt besprochen haben, nehmen wir an, wir verwenden *f*, eine einfache Funktion: $f(x|\overline{\alpha})$, in der $\overline{\alpha}$ die durchschnittlich erwartete Input-Variable sei, wobei wir φ als Verteilung von α über seinen Definitionsbereich $\wp_\alpha$, nehmen; $\overline{\alpha} = \int_{\wp} \alpha \, \varphi(\alpha) \, d\alpha$.

Der Stein der Weisen: Allein der Umstand, dass α ungewiss (da geschätzt) ist, müsste eine Verzerrung zur Folge haben, wenn wir das Integral von außen stören, d.h. wenn wir den für fix gehaltenen Parameter variieren lassen. Dementsprechend kann die Konvexitätsverzerrung ohne Weiteres gemessen werden als der Unterschied zwischen a) der Funktion *f*, die über Werte eines potentiellen α integriert ist, und b) *f* geschätzt für einen einzelnen Wert von α, der sein

Durchschnitt sein soll. Die Konvexitätsverzerrung (der Stein der Weisen) ω_A wird dann:*

$$\omega_A \equiv \int_{\wp_x} \int_{\wp_\alpha} f(x|\alpha)\varphi(\alpha)\, d\alpha\, dx - \int_{\wp_x} f(x| \left(\int_{\wp_\alpha} \alpha\varphi(\alpha)\, d\alpha \right))\, dx.$$

Die zentrale Gleichung: Fragilität ist ein partieller Stein der Weisen unterhalb von *K*, daher wird ω_B – die fehlende Fragilität – geschätzt, indem man die beiden Integrale unterhalb von *K* vergleicht, um die Auswirkung auf den linken Tail zu erfassen:

$$\omega_B(K) \equiv \int_{-\infty}^{K} \int_{\wp_\alpha} f(x|\alpha)\varphi(\alpha)\, d\alpha\, dx - \int_{-\infty}^{K} f(x| \left(\int_{\wp_\alpha} \alpha\varphi(\alpha)\, d\alpha \right))\, dx$$

ein Wert, den man näherungsweise bestimmen kann, indem man zwei Werte für α nimmt, im Abstand der mittleren Abweichung $\Delta\alpha$ von einem Mittelwert, und wie folgt schätzt:

$$\omega_B(K) \equiv \int_{-\infty}^{K} \frac{1}{2} \left(f(x|\overline{\alpha} + \Delta\alpha) + f(x|\overline{\alpha} - \Delta\alpha) \right) dx - \int_{-\infty}^{K} f(x|\overline{\alpha})\, dx.$$

Man beachte: ω_C ist die Antifragilität von *K* bis unendlich integriert. Wir können auf einer Ebene von $X \leq K$ ω_B durch Punktschätzungen von *f* prüfen

$$\omega'_B(X) = \frac{1}{2} \left(f(X|\overline{\alpha} + \Delta\alpha) + f(X|\overline{\alpha} - \Delta\alpha) \right) - f(X|\overline{\alpha})$$

sodass

$$\omega_B(K) = \int_{-\infty}^{K} \omega'(x)\, dx$$

was uns zu der Heuristik bringt, mit der sich Fragilität aufdecken lässt (Taleb, Canetti et al., 2012). Vor allem, wenn wir annehmen, dass $\omega'_B(X)$ ein konstantes Zeichen für $X \leq K$ hat, hat $\omega_B(K)$ dasselbe Vorzeichen. Die Aufdeckungs-Heuristik ist eine Störung in den Tails, um die Fragilität zu prüfen, indem wir die Funktion $\omega'_B(X)$ auf jeder Ebene *X* untersuchen.

* Der Unterschied zwischen den beiden Seiten der Jensen'schen Ungleichung entspricht der Bregman-Divergenz, einer Vorstellung aus der Informationstheorie. Briys, Magdalou und Nock (2012).

Tabelle 12

Modell	*Fragilitätsquelle*	*Gegenmittel*
Portfoliotheorie, Mean-variance-Analyse	Die Annahme, man kenne die Parameter. Man integriert die Modelle nicht über die Parameter und stützt sich dabei auf (sehr instabile) Korrelationen. Nimmt ω_A (Verzerrung) und ω_B (Fragilität) = 0 an.	1/n (größtmögliche Streuung der Risiken), Hanteln, progressive, organische Konstruktion etc.
Ricardianischer komparativer Vorteil	Die Zufälligkeitsebene im Preis für Wein wird ignoriert. Das kann zur völligen Umkehrung der Zuordnung führen. Nimmt ω_A (Verzerrung) und ω_B (Fragilität) = 0 an.	Natürliche Systeme finden die ihnen angemessene Verteilung durch Tüfteln
Samuelson, Optimierung	Konzentration auf Zufälligkeitsquellen unter Konkavität der Verlustfunktion. Nimmt ω_A (Verzerrung) und ω_B (Fragilität) = 0 an.	Verteilte Zufälligkeit
Arrow-Debreu-Gitter Zustandsraum	Ludische Verzerrung: Man setzt erschöpfendes Wissen der Ergebnisse und Kenntnis der Wahrscheinlichkeiten voraus. Nimmt ω_A (Verzerrung), ω_B (Fragilität) und ω_C (Antifragilität) = 0 an.	Der Einsatz von Metawahrscheinlichkeiten verändert sämtliche Modellimplikationen
Dividenden-Cash-Flow-Modelle	Verkennung des Umstands, dass Stochastizität Konvexitätseffekte verursachen kann. Meistens wird angenommen, ω_C (Antifragilität) sei = 0	Heuristiken

Portfolioirrtümer: Personen, die mit dem Markowitz-Modell arbeiten, pflegen folgenden Irrtum zu propagieren: *Die Portfoliotheorie regt Anleger zur Diversifizierung an, daher ist sie in jedem Fall besser als nichts.* Falsch, ihr finanztheoretischen Einfaltspinsel: Die Theorie drängt sie zur Optimierung, also zur Überbelastung. Sie bewegt Anleger nicht dazu, aufgrund der Diversifizierung weniger Risiko einzugehen, sondern lässt sie aufgrund des Eindrucks ausgleichender statistischer Eigenschaften mehr offene Positionen einnehmen, was sie anfällig macht für Modellfehler und besonders anfällig für die Unterschätzung von Extremereignissen. Um das nachvollziehen zu können, stelle man sich zwei Investoren vor, bei denen es um die Wahl von drei Positionen geht: Cash und die Wertpapiere *A* und *B*. Der Investor, der die statistischen Eigenschaften von *A* und *B* nicht kennt und weiß, dass er sie nicht kennt, wird den Anteil, den er nicht verlieren will, als Cash anlegen und den Rest in *A* und *B* investieren – entsprechend einer traditionell gebräuchlichen Heuristik. Der Investor, der meint, er kenne die statistischen Eigenschaften, mit den Parametern σ_A, σ_B, $\rho_{A,B}$, wird ω_A und ω_B so anlegen, dass er das totale Risiko auf ein bestimmtes Maß beschränkt (den erwarteten Ertrag für diese Aktion ignoriere ich hier). Je niedriger seine Bewertung der Korrelation $\rho_{A,B}$, desto stärker setzt er sich Modellfehlern aus. Nehmen wir an, er gehe davon aus, die Korrelation $\rho_{A,B}$ sei 0, dann ist er zu $^1/_3$ durch Extremereignisse überbelastet. Wenn aber der arme Investor der Illusion anhängt, die Korrelation sei -1, dann ist er bis zur Höhe seiner *A*- und *B*-Investionen maximal überbelastet. Arbeitet der Investor mit Leverage, landen wir bei der Geschichte von Long-Term Capital Management, das sich, wie sich herausstellte, von den Parametern hatte in die Irre führen lassen. (Im wirklichen Leben haben die Dinge, anders als in wirtschaftswissenschaftlichen Abhandlungen, die Tendenz, sich zu verändern; um Baals willen – sie verändern sich!) Wir können den Gedanken für jeden Parameter σ wiederholen und sehen, wie eine Zu-Gering-Schätzung von diesem σ Überbelastung zur Folge hat.

Als Trader, für den dieser ganze Zusammenhang darüber hinaus auch noch eine Art persönlicher Obsession darstellte, habe ich beobachtet, dass sich Korrelationen in unterschiedlichen Messmethoden nie gleich darstellen. Unbeständig wäre eine viel zu milde Bezeichnung: 0,8 über eine lange Periode wird zu -0,2 über eine andere lange Periode. Ein reines Dummkopf-Spiel. In Stresszeiten unterliegen Korrelationen sogar noch abrupteren Veränderungen – und zwar ohne irgendeine verlässliche Regularität, trotz aller Versuche, »Stresskorrelationen« im Modell abzubilden. Taleb (1997) arbeitet mit den Auswirkungen stochastischer Korrelationen: Man ist erst auf der sicheren Seite, wenn man bei einer Korrelation von 1 short geht und bei -1 kauft – was dem Prinzip der 1/n-Heuristik zu entsprechen scheint.

Kelly-Kriterium versus Markowitz: Um eine vollständige Optimierung im Sinne von Markowitz umzusetzen, muss man die gesamte (mehrdimensionale) Wahrscheinlichkeitsverteilung sämtlicher Investments für die gesamte Zukunft kennen, zuzüglich der exakten Nutzenfunktion für Vermögen für alle zukünftigen Zeiten. Und das alles ohne Fehler! (Ich habe gezeigt, wie Schätzfehler das System sprengen.) Kellys ungefähr zur selben Zeit entwickelte Methode kommt ohne gemeinsame Verteilung oder Nutzenfunktionen aus. In der Praxis braucht man das Verhältnis des erwarteten Gewinns zum Worst-Case-Ertrag – dynamisch angepasst, um einen finanziellen Ruin zu vermeiden. Im Fall der Hanteltransformationen ist der Worst Case abgesichert. Und der Modellfehler fällt mit dem Kelly-Kriterium sehr viel glimpflicher aus. Thorp (1971, 1998), Haigh (2000).

Nach Meinung des überragenden Aaron Brown wurden Kellys Ideen trotz ihres praktischen Nutzens von den Wirtschaftswissenschaftlern wegen deren ausgeprägtem Hang zu umfassenden Theorien für sämtliche Vermögenswerte abgelehnt.

Man beachte, dass ein begrenztes Vorgehen nach dem Versuch-und-Irrtum-Prinzip mit dem Kelly-Kriterium vereinbar ist, wenn man eine Vorstellung von dem potentiellen Ertrag hat – und selbst wenn man die Erträge nicht kennt, wird die Auszahlung, wenn die Verluste begrenzt sind, robust sein, und die Methode wird derjenigen des Fragilisten Markowitz überlegen sein.

Unternehmensfinanzierung: Unternehmensfinanzierung scheint, kurz gesagt, auf Punktprojektion, nicht auf Verteilungsprojektion zu beruhen; wenn man also die Kapitalflussprojektion im Gordon'schen Bewertungsmodell stört, indem man das festgesetzte – und bekannte – Wachstum (und andere Parameter) durch ständig wechselnde Sprünge (vor allem unter Verteilungen mit Fat Tails) ersetzt, dann könnten Firmen, die als »teuer« eingestuft wurden, oder solche mit hohem Wachstum, aber geringen Erträgen, merklich im Erwartungswert steigen – ein Umstand, den der Markt immerhin heuristisch honoriert, allerdings ohne explizite Begründung.

Schlussfolgerung und Zusammenfassung: Etwas, das das wirtschaftswissenschaftliche Establishment bislang noch nicht begriffen hat: Wenn man das richtige Modell hat (eine sehr wohlwollende Annahme), sich aber bezüglich der Parameter nicht sicher ist, wird das unweigerlich zu einer Zunahme der Fragilität führen, wenn Konvexität und Nichtlinearitäten mit im Spiel sind.

Kleine Wahrscheinlichkeiten: Vergessen Sie's!

Und nun – über die Wirtschaftswissenschaften hinaus – das allgemeinere Problem der Wahrscheinlichkeit und ihrer Fehlmessung.

Wie Fat Tails (Extremistan) aus nichtlinearen Reaktionen auf Modellparameter entstehen

Seltene Ereignisse haben eine ganz bestimmte Eigenschaft, die bis zum Zeitpunkt der Fertigstellung dieses Buchs noch keinem aufgefallen ist. Wir arbeiten mit seltenen Ereignissen, wenn wir ein Modell verwenden, eine Vorrichtung, in die man einen Inputparameter gibt, und heraus kommt die Wahrscheinlichkeit. Je höher die Parameter-Ungewissheit in einem Modell zur Berechnung von Wahrscheinlichkeiten ist, desto stärker ist die Tendenz, kleine Wahrscheinlichkeiten zu unterschätzen. Kleine Wahrscheinlichkeiten sind nun einmal konvex im Verhältnis zu

Berechnungsfehlern – so wie die Flugzeit konkav ist im Verhältnis zu Abweichungen und Störgrößen (Sie erinnern sich: Die Flugzeit wird länger, nicht kürzer). Je mehr Störfaktoren man mit einzubeziehen vergisst, desto länger, verglichen mit einer naiven Schätzung, dauert der Flug.

Jeder weiß, dass man bei der Berechnung der Wahrscheinlichkeit unter Verwendung einer statistischen Standardnormalverteilung einen Parameter namens *Standardabweichung* hinzuzieht – oder etwas Ähnliches, das den Umfang oder die Streuung der Werte charakterisiert. Ungewissheit bezüglich dieser Standardabweichung hat allerdings den Effekt, dass die kleinen Wahrscheinlichkeiten zunehmen. Beispielsweise erhöht sich für eine Abweichung namens »drei Sigma« die Wahrscheinlichkeit von Ereignissen, die nicht häufiger als einmal in 740 Beobachtungen vorkommen, um 60 Prozent, wenn man die Standardabweichung um 5 Prozent erhöht, und sie sinkt um 40 Prozent, wenn wir die Standardabweichung um 5 Prozent senken. Wenn der Fehler also im Schnitt winzige 5 Prozent beträgt, beläuft sich die Unterschätzung aufgrund eines naiven Modells auf ungefähr 20 Prozent. Eine beeindruckende Asymmetrie, aber das ist noch gar nichts. Schlimmer wird es, wenn man nach weiteren Abweichungen sucht, denjenigen vom Typ »sechs Sigma« (die leider in der Wirtschaft chronisch häufig auftreten): eine fünfmal so große Erhöhung. Je seltener das Ereignis (je höher also der »Sigma«-Wert), desto größer die Auswirkung einer kleinen Ungewissheit bezüglich dessen, was in die Gleichung eingeführt werden soll. Mit Ereignissen der Größenordnung von zehn Sigma vervielfacht sich der Unterschied um mehr als eine Milliarde. Wir können das Argument verwenden, um zu zeigen, wie immer geringere Wahrscheinlichkeiten immer größere Präzision in der Berechnung erfordern. Je geringer die Wahrscheinlichkeit, desto eher macht eine kleine, sehr kleine Rundung in der Berechnung die Asymmetrie grob belanglos. Für winzige, sehr kleine Wahrscheinlichkeiten benötigt man eine fast unendliche Präzision bei den Parametern; die kleinste Ungewissheit in diesem Bereich verursacht Chaos. Sie sind im Verhältnis zu Störungen sehr konvex. So sieht gewissermaßen das Argument aus, mit dem ich gezeigt habe, dass kleine Wahrscheinlichkeiten nicht berechenbar sind, selbst wenn man das richtige Modell hätte – aber wir haben ja nicht einmal das.

Dasselbe Argument gilt im Zusammenhang mit der nicht parametrischen Ableitung von Wahrscheinlichkeiten aus vergangenen Frequenzen. Wenn die Wahrscheinlichkeit in die Nähe von 1/Stichprobenumfang gerät, explodiert der Fehler. Das ist die Erklärung für den Fehler von Fukushima oder auch von Fannie Mae.

Kurzum: Kleine Wahrscheinlichkeiten nehmen in beschleunigter Weise zu, wenn man den Parameter verändert, der ihrer Berechnung zugrunde liegt.

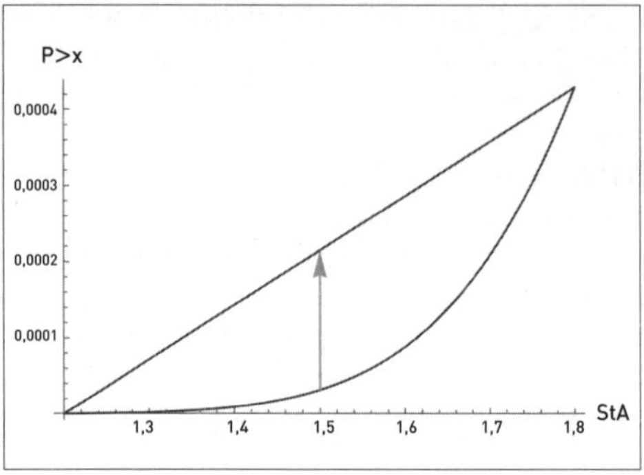

Abbildung 38. *Die Wahrscheinlichkeit ist konvex im Verhältnis zur Standardabweichung (StA) in einem Gauß'schen Modell. Das Diagramm zeigt den Effekt der Standardabweichung auf P>x und vergleicht P>6 mit einer StA von 1,5 verglichen mit P>6 unter der Annahme einer linearen Kombination von 1,2 und 1,8 (hier a(1)=1/5).*

Besorgniserregend ist der Umstand, dass sich eine Störung in σ auf konvexe Weise in den Tail der Verteilung ausdehnt; die Risiken eines Portfolios, das auf Tails empfindlich reagiert, würden explosionsartig zunehmen. Wir sind hier also immer noch in der Gauß'schen Welt! Solch explosive Ungewissheit ist nicht das Resultat von natürlichen Fat Tails in der Verteilung, sondern vielmehr lediglich von einer kleinen Ungenauigkeit bezüglich eines zukünftigen Parameters – das ist nur Erkenntnistheorie! Diejenigen, die mit diesen Modellen arbeiten und gleichzeitig die Ungewissheit der Parameter eingestehen, machen sich also automatisch einer schweren Inkonsistenz schuldig.*

Natürlich ist die Explosion der Unsicherheit noch schlimmer, wenn wir die Bedingungen der Nicht-Gauß'schen realen Welt auf störende Tail-Exponenten abbilden. Selbst mit einer Potenzgesetzverteilung ergeben sich ernstzunehmende Resultate, vor allem bei Variationen des Tail-Exponenten, denn diese haben fatale Konsequenzen. Man kommt nicht darum herum: Fat Tails implizieren, dass Extremereignisse nicht berechenbar sind.

Verschlimmerung der Ungewissheit (Fukushima)

Ausgehend von der Feststellung, dass *eine Schätzung Fehler impliziert*, erweitern wir die Logik: Fehler sind mit Fehlern behaftet, die ihrerseits Fehler aufweisen. Berücksichtigt man diesen Effekt, dann führt das zu einer Zunahme sämtlicher kleiner Wahrscheinlichkeiten, bis man bei Fat Tails und Potenzgesetzeffekten (sogar bei der so genannten unendlichen Varianz) landet, wenn höhere Ordnungen der Ungewissheit sehr groß sind. Selbst wenn man das Gauß'sche Modell mit σ als der Standardabweichung und einem Proportionalfehler *a*(1) zugrunde legt,

* Das ist zudem ein Hinweis auf die Mängel der Vorstellung der »Knight'schen Unsicherheit«, denn *sämtliche Tails* sind bereits unterhalb der geringsten Störung unsicher, mit schwerwiegenden Folgen im Bereich der Fat Tails, also für das gesamte Wirtschaftsleben.

hat *a(1)* eine Fehlerrate von *a(2)* und so weiter. Es kommt dann auf die Fehlerrate höherer Ordnung *a(n)* bezogen auf *a(n-1)* an; wenn deren Verhältnis konstant ist, nähern wir uns einer Verteilung mit extrem dicken Tails an. Wenn die proportionalen Fehler abnehmen, hat man es immer noch mit Fat Tails zu tun. In sämtlichen Fällen ist Fehlerhaftigkeit per se nicht gut für kleine Wahrscheinlichkeiten.

Fatalerweise ist es fast unmöglich, den Menschen zu vermitteln, dass jede Messung fehlerbehaftet ist – der »Zwischenfall« in Fukushima, von dem man annahm, er würde nur einmal in einer Million Jahren vorkommen, verwandelt sich zu einem Ereignis, das einmal in dreißig Jahren auftritt, wenn man die unterschiedlichen Ungewissheitsebenen adäquat berücksichtigt.

Anmerkungen, nachgetragene Ideen, weiterführende Lektüre

Es folgen Hinweise zu weiterführender Lektüre sowie Einfälle aus der Zeit nach der Fertigstellung des Buchs, etwa die Frage, ob Gott von den Theologen als robust oder antifragil verstanden wird; oder die Geschichte der Messverfahren als einem Dummkopf-Problem im Wahrscheinlichkeitsbereich. Was die weiterführende Lektüre angeht, sehe ich davon ab, Texte, die ich in früheren Büchern angeführt habe, hier nochmals zu zitieren; das gilt vor allem für diejenigen zum philosophischen Problem der Induktion, zu Schwarzer-Schwan-Problemen und zur Psychologie der Ungewissheit. Es ist mir gelungen, ein bestimmtes Maß an mathematischem Material in den Text zu schmuggeln, ohne dass Alexis K., mein Londoner Lektor, mich erwischt hätte (vor allem bei meiner Definition von Fragilität in den Anmerkungen zu Buch V und meiner kurz gefassten Ableitung des Satzes »Small is beautiful«). Hingewiesen sei noch auf die komplexeren theoretischen Erörterungen, die auf meiner Homepage http://www.fooledbyrandomness.com zugänglich sind.

Abgeschiedenheit: Seit Fertigstellung des *Schwarzen Schwans* habe ich 1150 Tage im wohltuenden Zustand physischer Abgeschiedenheit verbracht, also über dreihundert Tage pro Jahr mit minimalem Kontakt zur Außenwelt – dazu kommen zwanzig Jahre, in denen ich über das Problem von Nichtlinearitäten und nichtlineare Belastungen nachgedacht habe. Das hatte zur Folge, dass ich keine Geduld mehr aufbringe für institutionelles, kosmetisches Wissen. Wissenschaft und Wissen bestehen darin, ein überzeugendes, in die Tiefe gehendes, schlüssiges Argument bis zum Ende durchzudenken, nicht aber in naivem (*Via Positiva-*) Empirismus oder inhaltsleerem Gerede, weshalb ich die journalistische, stark überstrapazierte Allerweltsidee von »Literaturangaben« ablehne – ich spreche stattdessen von »weiterführender Lektüre«. Meine Befunde sollten nicht von einem einzelnen Aufsatz oder Forschungsbeitrag abhängen und tun das auch nicht, abgesehen lediglich von den entlarvenden Erkenntnissen nach der *Via Negativa*-Methode – diese dienen der Veranschaulichung.

Scharlatane: In dem Aufsatz über den »Vierten Quadranten«, der im *International Journal of Forecasting* veröffentlicht wurde (er war auch Teil der auf meiner Homepage veröffentlichten Hintergrunddokumente für den *Schwarzen Schwan*), habe ich unter Hinzuziehung sämtlicher zugänglicher ökonomischer Daten *empirisch* nachgewiesen, dass Fat Tails schwerwiegend sind, gleichzeitig aber nicht beseitigt werden können – daher funktioniert auch keine der Quadrierungsmethoden mit sozio-ökonomischen Variablen: Regression, Standardabweichung, Korrelation und so weiter (theoretisch können 80 Prozent der Kurtosis [Wölbung] bei 10000 Daten aus *einer einzigen* Beobachtung stammen, was bedeutet, dass sämtliche Fat-Tail-Maße lediglich Stichprobenfehler sind). Das ist im Sinne der *Via Negativa* eine wichtige Feststellung, bedeutet es doch, dass wir keine Kovarianzmatrizen benutzen können – sie sind unzuverlässig und nicht informativ. Eigentlich hätte uns schon die Anerkennung der Fat Tails als solche zu dieser Einsicht gelangen lassen können, Empirismus ist hier gar nicht nötig; ich habe die Daten trotzdem aufgearbeitet. Jeder Vertreter einer redlichen Wissenschaftsrichtung würde nun fragen: »Was ist aufgrund dieser Beweislage zu tun?« – die Volkswirtschaftler und Finanzwissenschaftler aber ignorierten sie schlicht. Unter welchen wissenschaftlichen Normen und moralischen Maßstäben man die Sache auch immer betrachtet – man hat es hier einfach mit einer Bande von Scharlatanen zu tun. Die Werke vieler Nobelpreisträger (Engle, Merton, Scholes, Markowitz, Miller, Samuelson, Sharpe und noch einiger mehr) gründen auf solchen Annahmen, und wenn diese Annahmen falsch wären, dann würde sich deren gesamte Arbeit schlicht in Luft auflösen. Scharlatane finden in Institutionen ihr gutes Auskommen. Es ist eine Frage von Ethik und Moral; siehe die Anmerkungen zu Buch VII.

Hier ignoriere ich jeden ökonomischen Text, der mit Regression in Fat-Tail-Bereichen arbeitet – das ist alles nur heiße Luft, sieht man von wenigen Fällen wie Pritchett (2001) ab, bei dem das Ergebnis nicht von Fat Tails betroffen ist.

Prolog und Buch I: Das Antifragile: Eine Einführung.

***Antifragilität und Komplexität*:** Bar-Yam und Epstein (2004) definieren Sensibilität als die Neigung, heftig auf geringe Reize zu reagieren, und Robustheit als die Neigung, geringfügig auf heftige Reize zu reagieren. Faktisch ähnelt hier Sensibilität der Antifragilität, wenn die Reaktion positiv ist.

Private Korrespondenz mit Bar-Yam: Yaneer Bar-Yam, ganz der großzügige Kommentator, meint dazu: »Wenn wir einen Schritt zurück gehen und ganz generell das Thema partitionierter Systeme im Unterschied zu verknüpften Systemen bedenken, sind partitionierte Systeme stabiler und verknüpfte Systeme einerseits verwundbarer, andererseits offener für kollektives Handeln. Verwundbarkeit (Fragilität) ist Verknüpftheit ohne Reagibilität. Reagibilität versetzt Verknüpftheit in die Lage, offen zu sein für Möglichkeiten. Wenn kollektives Handeln dafür eingesetzt werden kann, Bedrohungen zu begegnen oder Vorteile aus sich bietenden Möglichkeiten zu ziehen, kann die Verwundbarkeit durch die Vorteile abgemildert und aufgewogen werden. Das ist die grundlegende Beziehung zwischen der Idee der Sensibilität, wie wir sie beschrieben haben, und Ihrem Konzept der Antifragilität.« (Abdruck mit Genehmigung)

Damokles und Komplexität: Tainter (1988) argumentiert, Intellektualisierung habe Fragilität zur Folge, allerdings beschreitet er einen deutlich anderen Argumentationsweg.

Posttraumatisches Wachstum: Bonanno (2004), Tedeschi und Calhoun (1996), Calhoun und Tedeschi (2006), Alter et al. (2007), Shah et al. (2007), Pat-Horenczyk und Brom (2007).

Piloten delegieren die Verantwortung an das System: FAA-Bericht: John Lowy, AP, 29. August 2011.

Lukrez-Effekt: Diskussion des Vierten Quadranten in der Nachschrift (*Konsequenzen aus der Krise*) zum *Schwarzen Schwan* und empirische Belege in entsprechenden Veröffentlichungen.

Hochwassermarke: Kahneman (2012) stützt sich auf die Werke des klugen Howard Kunreuther, dass »Schutzmaßnahmen, ob sie nun von Individuen oder Regierungen ausgehen, normalerweise darauf zielen, der schlimmsten Katastrophe gewachsen zu sein, die bislang vorgekommen ist… Bilder von einer noch schlimmeren Katastrophe sind schwer vorstellbar.«

Psychologen und »Resilienz«: Seery (2011), Hinweis von Peter Bevelin. »Allerdings gibt es gewisse Theorien und Erfahrungen, die belegen, dass sich die Erfahrung, mit Schwierigkeiten konfrontiert zu sein, auch positiv auswirken kann in dem Sinn, dass sie den Hang zur Resilienz in späteren belastenden Situationen verstärkt.« Sie verwenden den Begriff »Resilienz«! Um es noch einmal zu sagen: *EsistnichtResilienz.*

Danchins Aufsatz: Danchin et al. (2011).

Irrtümer in der Geschichte des Ingenieurswesens und ihre späteren Auswirkungen auf die Sicherheit: Petroski (2006).

Geräusch und Anstrengung: Mehta et al. (2012).

Anstrengung und Geläufigkeit: Shah und Oppenheimer (2007), Alter et al. (2007).

Barrikaden: Den Gedanken teilte mir Saifedean Ammous mit.

Buzzati: Eine schöne Zusammenfassung dieser letzten Episode in Buzzatis Leben findet sich in dem Buch von Lucia Bellaspiga, 2006, *Dio che non esisti, ti prego. Dino Buzzati, la fatica di credere*. Trient.

Selbsterkenntnis: Daniel Wegners Illusion des bewussten Willens, in *Narren des Zufalls*.

Buchverkäufe und schlechte Kritiken: Zu Ayn Rand: Michael Shermer, 1993, »The Unlikeliest Cult in History.« *Skeptic* Bd. 2, Nr. 2: 74–81. Es handelt sich hier um ein Beispiel; bitte halten Sie den Verfasser nicht für einen Fan von Ayn Rand.

Hetzkampagnen: Der deutsche Philosoph Franz Brentano formulierte eine anonyme Kritik zu Marx. Ursprünglich war es die Beschuldigung, einige untergeordnete Fakten unterschlagen zu haben, die für *Das Kapital* und seine zentralen Aussagen vollkommen irrelevant waren; Brentano lenkte die Diskussion, die sogar nach dem Tod von Marx noch weiterging, komplett vom eigentlichen Thema ab, Engels aber setzte seinerseits in seinem Vorwort zum dritten Band die Debatte vehement fort.

Wie man von Ludwig XIV. bis Napoleon eine Hetzkampagne veranstaltet: Darnton (2010).

Das Wolff'sche Gesetz und Knochen, Training, Knochendichte bei Schwimmern: Wolff (1892), Carbuhn (2010), Guadalupe-Grau (2009), Hallström et al. (2010), Mudd (2007), Velez (2008).

Ästhetik der Unordnung: Arnheim (1979).

Nanowerkstoffe: Carey et al. (2011).

Karsenty und Knochen: Ich danke Jacques Merab, dass er mich mit Karsenty bekannt gemacht hat; Karsenty (2003, 2012a), Fukumoto und Martin (2009); zum Zusammenhang zwischen Knochen und der Zeugungsfähigkeit bei Männern siehe Karsenty (2011, 2012b).

Die Wirtschaft fälschlicherweise für eine Uhr halten: Ein typischer, empörender Irrtum bei Grant (2011): »Die Gesellschaft wird als riesiges, kompliziertes Uhrwerk gesehen, das, einmal in Gang gesetzt, automatisch und vorhersehbar abläuft. Das gesamte System ist beherrscht von mechanischen Gesetzen, die die Beziehung der Einzelteile zueinander organisieren. Genau wie Newton die Gesetze der Schwerkraft entdeckt hatte, die die Bewegung in der Welt der Natur bestimmen, entdeckte Adam Smith die Gesetze von Angebot und Nachfrage, die die Bewegung in der Wirtschaft bestimmen. Smith benutzte zur Beschreibung sozialer Systeme die Metaphern von der Uhr und der Maschine.«

Egoistisches Gen: Die Idee des »egoistischen Gens« stammt (mit Sicherheit) von Robert Trivers, obwohl sie meistens Richard Dawkins zugeschrieben wird – das weiß ich aus meiner privaten Kommunikation mit Robert Trivers. Eine traurige Geschichte.

Danchins systemische Antifragilität und Neudefinition von Hormesis: Danchin und ich verfassten unsere Texte im Feedback-Modus. Danchin et al. (2011): »Die zugrunde liegende Idee ist folgende: Im Schicksal einer Gesamtheit von Einheiten, die großen Herausforderungen ausgesetzt ist, kann es vorkommen, dass letztendlich alles zu einem positiven Ergebnis führt. Innerhalb der Gesamtheit würde eine der Einheiten extrem gut abschneiden und den Zusammenbruch aller anderen aufwiegen, möglicherweise damit sogar viel besser abschneiden, als wenn die Gesamtheit nicht unter Druck geraten wäre. Nach dieser Interpretation ist Hormesis lediglich eine holistische Beschreibung von Szenarien, die sich auf einer tiefer liegenden Ebene abspielen, auf einer Ebene von Prozessen, Strukturen oder Molekülen, und Hormesis registriert ausschließlich den positiven Ertrag für die Gesamtheit. Für Lebewesen könnte sich das auf die Ebene der Population von Organismen, der Population von Zellen oder der Population von intrazellulären Molekülen beziehen. Was wir hier erforschen, ist die Frage, wie sich Antifragilität auf dieser letzteren Ebene auswirkt, und wir stellen fest, dass die Anwendung des Konzepts der Antifragilität Merkmale sichtbar macht, die stark an das erinnern, was wir als natürliche Selektion bezeichnen. Vor allem aber: Wenn Antifragilität ein integrierter Prozess ist, der es einzelnen Einheiten ermöglicht, sich in einer Belastungssituation von der Masse abzuheben, und der dadurch das Los der Gesamtheit verbessert, dann würde das die Existenz eines Prozesses belegen, der Information sammelt und auswertet.«

Steve Jobs: »Der Tod ist die wundervollste Erfindung des Lebens. Er reinigt das System von alten Modellen, die überflüssig geworden sind.« Beahm (2011).

Die Schweiz und die Kuckucksuhr: Orson Welles, *Der dritte Mann.*

Bruno Leoni: Ich danke Alberto Mingardi, der mich auf die Idee eines robusten Rechtssystems brachte – und der es mir ermöglichte, im Jahr 2009 in Mailand den Vortrag zu Ehren von Leoni zu halten. Leoni (1957, 1991).

Great Moderation: Typisches Truthahn-Problem. Vor dem Chaos, das im Jahr 2008 ausbrach, bezeichnete ein Gentleman namens Benjamin Bernanke, damals Professor in Princeton, später Chef der amerikanischen Notenbank und mächtigster Mann in der Welt der Wirtschaft und Finanzen, die Periode, in der wir uns befanden, als eine Phase der »great moderation« – was es mir nicht gerade erleichterte, mein Argument von der ständig zunehmenden Fragilität vorzubringen. Man könnte genauso gut jemandem, der gerade ein Jahrzehnt in einem keimfreien Raum zugebracht hat, also ausgerechnet in dem Moment, da er am verwundbarsten ist, »exzellente Gesundheit« bescheinigen.

Man beachte, dass das Truthahn-Problem die Weiterentwicklung eines ursprünglichen (Russell'schen) *Huhns* ist (*Der Schwarze Schwan*).

Rousseau: Contrat Social. Siehe auch Joseph de Maistre, 2007, *Oeuvres*, Paris.

Buch II: Die Moderne und die Verleugnung von Antifragilität

Stadtstaaten: Großartige Argumente für eine Entwicklung hin zu halbautonomen Städten: Benjamin Barber, Long Now Foundation-Lecture von 2012; Khanna (2010), Glaeser (2011). Bürgermeister sind besser als Präsidenten, wenn es um Müllbeseitigung geht – und es besteht eine geringere Wahrscheinlichkeit, dass sie uns in einen Krieg manövrieren. Siehe auch Mansel (2012) zur Levante.

Österreich-Ungarn: Fejtö (1991). Kontrafaktische Geschichte: Fejtö ist der Meinung, der Erste Weltkrieg hätte vermieden werden können.

Zufallsgestützte Suchmethoden beim Aufspüren von Ölfeldern: Menard und Sharman (1976), kontrovers White et al. (1976), Singer et al. (1981).

Zufallsprinzip bei der Bestimmung von Politikern: Pluchino et al. (2011).

Schweiz: Fossedal und Berkeley (2005).

Moderner Staat: Eine Kritik des hypermodernen Staats bei Scott (1998).

Levantinische Wirtschaftsverhältnisse: Mansel (2012) über Stadtstaaten. Wirtschaftsgeschichte: Pamuk (2006), Issawi (1966, 1988), von Heyd (1886). Wichtige Erkenntnisse bei Edmond About (About, 1855).

Stadtstaaten in der Geschichte: Stasavage (2012) sieht die Idee des oligarchischen Stadtstaats als eines langfristigen Wachstumsmotors (trotz anfänglich hoher Wachstumsrate) kritisch. Der Aufsatz kann allerdings ökonometrisch nicht überzeugen, da Fat Tails darin keine Rolle spielen. Hier geht es um Fragilität und Risikomanagement, nicht um kosmetisches Wachstum. Außer Weber und Pirenne sprechen sich De Long und Schleifer (1993) für das Modell aus. Siehe auch Ogilvie (2011).

Mandeloperationen: Bakwin (1945), Diskussion bei Freidson (1979); wieder aufgenommen bei Ayanian und Berwick (1991).

Orlov: Orlov (2011).

Naiver Interventionismus in der Entwicklung: Easterly (2006) spricht ein Grünholzproblem an: »Der Irrtum ist folgender: Weil man in einer Gesellschaft studiert und gelebt hat, die es irgendwie zu Wohlstand und Frieden gebracht hat, hält man sich für klug genug, für andere Gesellschaften Pläne zur Erlangung von Wohlstand und Frieden zu erstellen. Meine Freundin April meinte einmal, das wäre so ähnlich, als würde man annehmen, Rennpferde könnten mit dem Bau von Rennbahnen betraut werden.«

Zur Rolle des Glücks in der Entwicklung: Easterly et al. (1993), Easterly (2001).

Hungersnot in China: Meng et al. (2010).

Tod Washingtons: Morens (1999); Wallenborn (1997).

Iatrogenik im Koran:

واذا قيل لهم لا تفسدوا في الأرض قالوا انما نحن مصلحون. الا انهم هم المفسدون ولكن لا يعلمون

وإذا قيل لهم امنوا كما امن الناس قالوا أنؤمن كما امن السفهاء ألا إنهم هم السفهاء ولكن لا يعلمون

Semmelweis: Eine der sonderbarsten Bezugnahmen auf den Fall in der Doktorarbeit von Louis-Ferdinand Céline, Nachdruck bei Gallimard (1999); für den Hinweis danke ich Gloria Origgi.

Trügerische Stabilität: Einige Argumente im siebten Kapitel habe ich zusammen mit Mark Blyth in *Foreign Affairs* entwickelt, Taleb und Blyth (2011).

Schweden: »Ökonomische Eliten hatten eine größere Autonomie als in jeder anderen erfolgreichen Demokratie«, Steinmo (2012).

Straßenverkehr und Abschaffung von Verkehrsschildern: Vanderbilt (2008).

Geschichte Chinas: Eberhard 1980 (Nachdruck 2006).

Stupser: Man nennt das den *Status-quo-Bias* (Voreingenommenheit für den Status quo), und es gibt Personen, die dafür votieren, die Regierung solle die Menschen dergestalt manipulieren, dass sie sich daraus befreien. Gar keine schlechte Idee, es sei denn, der »Experte«, der uns einen Schubs gibt, ist kein Experte.

Prokrastination und Prioritäts-Heuristik: Brandstätter und Gigerenzer (2006).

Die Vielschichtigkeit Frankreichs: Robb (2007). Zur Revolte als französischem Nationalsport siehe Nicolas (2008). Der Nationalstaat in Frankreich zwischen 1680 und 1800: Bell (2001).

Komplexität: Mir geht es hier mehr um die Auswirkungen auf Fat Tails als um andere Merkmale. Siehe Kaufman (1995), Bar-Yam (2001), Miller und Page (2007), Sornette (2004).

Komplexität und Fat Tails: Es ist nicht nötig, hier schwere mathematische Geschütze aufzufahren (das verschiebe ich auf den fachwissenschaftlichen Begleittext); einfache, stringente Argumente können mit wenigen Worten belegen, dass Fat Tails durch bestimmte Eigenschaften komplexer Systeme entstehen. Der entscheidende mathematische Effekt rührt daher, dass zufällige Variablen nicht unabhängig sind, wodurch eine Konvergenz mit der Gauß'schen Verteilung verhindert wird.

Schauen wir uns den Effekt aus dynamischem Hedging (Absicherungsgeschäft) und Portfoliorevisionen an.

A – Warum Fat Tails aus Leverage-Effekten und Feedback-Schleifen entstehen, einzelner Akteur, vereinfachter Fall.

A1 (Leverage-Effekt) – Wenn ein Akteur mit einem bestimmten Leverage L Wertpapiere als Reaktion auf eine Zunahme seines Vermögens kauft (aus der Zunahme des Werts dieser Wertpapiere), und sie als Reaktion auf einen Wertrückgang verkauft, wobei er versucht, eine bestimmte Höhe von Leverage L beizubehalten (er ist im Hinblick auf die Belastung konkav), und

A2 (Feedback-Effekte) – wenn Wertpapiere im Wert nichtlinear ansteigen als Reaktion auf Ankäufe und als Reaktion auf Verkäufe im Wert fallen, dann ist aufgrund der Verletzung der Unabhängigkeit zwischen den Variationen der Wertpapiere der zentrale Grenzwertsatz nicht länger gültig (keine Konvergenz zur Gauß'schen Verteilung). Fat Tails sind also ein direktes Resultat von Feedback und Leverage, verschärft durch die Konkavität der Leverage L.

A3 – Wenn Feedback-Effekte konkav zur Größe sind (zehn Einheiten zu verkaufen kostet pro Einheit mehr als der Verkauf von einer Einheit), dann tritt eine negative Schiefe des Wertpapiers und des Vermögensprozesses auf. (Wie beim »Negativen Gamma« der Portfolioversicherung hat der Akteur zwar eine Option zu kaufen, aber nicht zu verkaufen, daher die negative Schiefe. Der erzwungene Verkauf entspricht genau der Kurzsicherung durch einen Leerverkauf.)

Man beachte die Pfadabhängigkeit, die die Schiefe verstärkt: Genauer gesagt, wenn sich zuerst das Vermögen vermehrt, verursacht das ein höheres Risiko und eine stärkere Schiefe. Anschließender Druck und erzwungene Verkäufe auf dem Weg nach unten: Der Markt gibt stärker nach (aber weniger häufig), als er auf dem Weg nach oben zugenommen hat.

B – Mehrere Akteure: Wenn mehr als ein Akteur involviert ist, verstärkt sich der Effekt durch dynamische Anpassung (Hedging) von einem Akteur, was die Anpassung eines anderen nach sich zieht, ein Phänomen, das im Allgemeinen als »Contagion« (Dominoeffekt) bezeichnet wird.

C – Man kann den Prozess beliebig verallgemeinern: Auf die Eigenheimpreise, die infolge von Eigenheimkäufen aufgrund von Überschussliquidität steigen, und so weiter.

Diese allgemeine Idee einer erzwungenen Abwicklung plus der Konkavität der Kosten hat die Überlegenheit derjenigen Systeme zur Folge, die mit verteilter Zufälligkeit arbeiten.

Die Risikobereitschaft steigt, wenn Zahlen und Formeln zur Verfügung gestellt werden: Siehe die Literatur zum Thema Verankerung (Übersicht in *Der Schwarze Schwan*). Außerdem Mary Kate Stimmlers Doktorarbeit in Berkeley (2012), freundlicherweise zur Verfügung gestellt von Phil Tetlock.

Stimmlers Experiment sieht aus wie folgt. Für den einfachen Fall wurde den Probanden mitgeteilt:

Sie erhalten als Anhaltspunkt folgende Formel, mit der Sie den Gesamtbetrag *(T)* berechnen können, den die Anlage drei Monate nach der Anfangsauszahlung *(I)* bei gegebener Rendite *(R)* erwirtschaftet:

$$T=I\cdot R.$$

Für den komplexen Fall wurde den Probanden mitgeteilt:

Sie erhalten als Anhaltspunkt die folgende Formel, mit der Sie den Gesamtbetrag A_n berechnen können, den die Anlage drei Monate nach der Anfangsauszahlung A_{n-1} bei gegebener Rendite r erwirtschaftet.

$$A_n = A_{n-1} + (n+1)\sum_{j=1}^{n-1}[A_j r_j \frac{j}{n^2-n+j} - jA_{j-1}r_{j-1}\frac{1}{j+(n-1)^2+n-2} + A_j r_{j-1}\frac{1}{j+(n-1)^2+n-2}]$$

Unnötig zu sagen, dass die einfache vorgegebene Formel zum selben Ergebnis führt wie die komplexe. Allerdings ließen sich die Probanden mit der komplexen Formel auf größere Risiken ein.

Der illusionäre Charakter von Wahrscheinlichkeitsberechnungen: Taxifahrern und Großmüttern leuchtet dieser illusionäre Charakter sofort ein, in den hehren Hallen der Universitäten hingegen verpufft er offenbar. In seinem Buch *The Measure of Reality* (Crosby, 1997) formulierte der Historiker Alfred Crosby die These, was Westeuropa vom Rest der Welt unterscheide, sei die Besessenheit von Berechnungen und Vermessungen, die Verwandlung des Qualitativen in das Quantitative. (Was nicht ganz stimmt – die Menschen in der Antike waren ebenfalls versessen auf Berechnungen und Messungen, allerdings standen ihnen nicht die arabischen Zahlen zur Verfügung, mit denen kompliziertere Berechnungen angestellt werden konnten.) Crosby zufolge lernten wir, präzise Angaben über die Realität zu machen – und dieser Umstand war der Vorläufer der wissenschaftlichen Revolution. Crosby verweist auf die erste mechanische Uhr (und die damit verbundene Quantifizierung der Zeit), auf Seekarten und auf die Perspektivmalerei (die Quantifizierung des Raums) sowie auf die doppelte Buchführung (die den Zahlungsverkehr quantifizierte). Die Fixierung auf die Möglichkeiten des Berechnens und Messens setzte an den richtigen Orten ein, drang aber zunehmend in die falschen vor.

Unser Problem ist, dass dieses Messen auch auf Gegenstände mit hohen – teilweise unendlich hohen – Messfehlern übertragen wurde. (Man denke nur an Fukushima.) Irrtümer in Mediokristan sind unwesentlich, diejenigen in Extremistan dagegen folgenschwer. Wenn Berechnungsfehler ungeheuer groß sind, sollten wir nicht mehr von »Berechnung« oder »Messung« sprechen. Natürlich kann ich den Tisch »vermessen«, auf dem ich diesen Text verfasse. Ich kann die Temperatur »messen«. Aber ich kann nicht zukünftige Risiken »messen«. Und ich kann auch keine Wahrscheinlichkeit »messen« – im Unterschied zu diesem Tisch bietet sie sich meiner Prüfung nicht an. Bestenfalls wird man zu einer spekulativen Schätzung dessen kommen, was geschehen *kann.*

Bemerkenswerterweise zieht Hacking (2006) Fat Tails nicht einmal in Erwägung! Dasselbe gilt für Hald (1998, 2003), von Plato (1994), Salsburg (2001) sowie für Stigler (1990), der es eigentlich besser wissen müsste. Ein Buch, das schlechte Risikomodelle propagiert: Bernstein (1996). Daston (1988) stellt eine Beziehung zwischen Wahrscheinlichkeitsberechnung und Aufklärung her.

Die Idee von der Wahrscheinlichkeit als quantitativer, nicht als qualitativer Größe macht uns in der Tat schwer zu schaffen. Und die Vorstellung, Wissenschaft *sei gleichbedeutend* mit fehlerfreiem Messen – was sie zu großen Teilen ja auch ist, aber eben nicht in allem –, verführt uns zu den unterschiedlichsten Fiktionen, Illusionen und Träumen. Eine vortreffliche Darstellung der Beziehung zwischen Wahrscheinlichkeit und Skeptizismus: Franklin (2001). Wenige andere Philosophen gehen zurück auf das eigentliche Problem der Wahrscheinlichkeit.

Vierter Quadrant: Siehe die Darstellung im *Schwarzen Schwan* oder den Aufsatz Taleb (1999, auf der Homepage des Verfassers).

Neues Risikomanagement auf dem Nuklearsektor: Privates Gespräch, Atlanta, INPO, November 2011.

Anekdotisches Wissen, Macht des Beweises: Karl Schluze teilte mir in einem Leserbrief mit: »Ein alter Lehrer und Kollege empfahl mir (bei einem Glas Bourbon): ›Wenn Sie einem Hund den Kopf abschlagen und er bellt, dann müssen Sie das Experiment nicht wiederholen.‹« Beispiele dafür lassen sich leicht finden: Kein Anwalt würde ein »N=1«-Argument zur Verteidigung einer Person einsetzen, indem er vorbringt, »er hat nur einmal jemanden umgebracht«; niemand würde einen Flugzeugabsturz als »anekdotisch« bezeichnen.

Ich würde weitergehen und Falsifikation als genau den Fall bezeichnen, in dem N=1 hinreichend ist.

Es gibt Forscher, die empörenderweise ein Ereignis als »anekdotisch« bezeichnen, das eigentlich das genaue Gegenteil ist. Steven Pinker nannte John Grays Hinweis darauf, die beiden Weltkriege seien ein Beweis gegen Pinkers

These vom Rückgang der Gewalt, »anekdotisch«. Ich habe die Erfahrung gemacht, dass Sozialwissenschaftler nur selten wissen, wovon sie reden, wenn sie das Wort »Evidenz« in den Mund nehmen.

Buch III: Eine prognosefreie Sicht der Welt

Entscheidungstheoretiker, die Praktiker aufklären: Um das Maß der Kränkungen vollzumachen, arbeiten Entscheidungstheoretiker mit der Vorstellung des »Praktischen«, ein Begriff, der genau das Gegenteil dessen bezeichnet, was er zu bezeichnen vorgibt. Siehe Hammond, Keeney und Raiffa (2001), die uns zu vermitteln versuchen, wie wir Entscheidungen zu treffen haben. Ein Buch, in dem präzise beschrieben wird, wie Praktiker nicht vorgehen, wie allerdings Akademiker glauben, dass sie vorgehen: Schon (1983).

Die Asymmetrie zwischen gut und schlecht: *Segnius homines bona quam mala sentiunt* in Livius *Annalen* (XXX, 21).

Stellenwert der Gefühle bei den Stoikern: Graver (2007) widerspricht der verbreiteten Annahme, Stoizismus habe etwas damit zu tun, von Gefühlen unbehelligt dahinvegetierendes Gemüse zu werden.

Kaum nennenswertes Wirtschaftswachstum: Crafts (1985), Crafts und Harley (1992).

Ein Techtelmechtel mit dem Rockstar: Arnqvist und Kirkpatrick (2005), Griffith et al. (2002), Townsend et al. (2010).

Simenon: Nicole de Jassy, 1958, »Georges Simenon, profession: rentier.« *Le Soir illustré* Nr. 1333 (9. Januar 1958): 8–9, 12.

Dalio: Bridgewater-Associates-Ray-Dalio-Prinzipien.

BUCH IV: Optionalität, Technik und die Intelligenz von Antifragilität

Das Teleologische

Aristoteles und sein Einfluss: Rashed (2007), seines Zeichens sowohl Arabist wie Hellenist.

Der Adel des Scheiterns: Morris (1999).

Optionalität

Bricolage: Jacob (1977a, 1977b), Esnault (2001).

Die Reichen werden reicher: Das Gesamtvermögen der HNWI (der High Net Worth Individuals – Personen mit hohem Reinvermögen) nimmt zu, siehe dazu die Merrill-Lynch-Daten in dem Artikel »World's wealthiest people now richer than before the credit crunch« (Die reichsten Menschen der Welt sind jetzt noch reicher als vor der Kreditkrise) von Jill Treanor in *The Guardian* im Juni 2012. Folgendes Diagramm zeigt, warum das nichts mit Wirtschaftswachstum und Vermögensbildung zu tun hat.

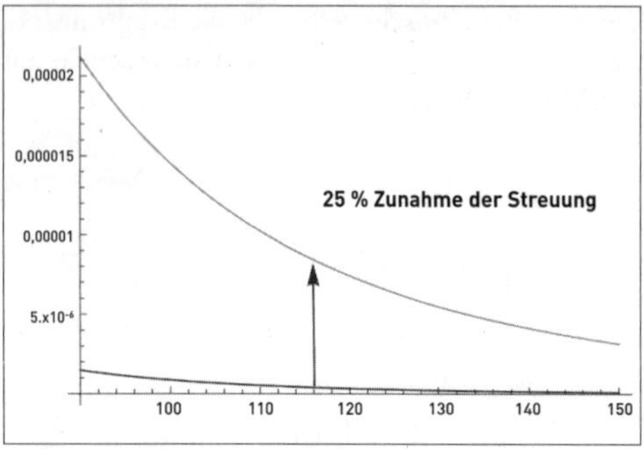

Abbildung 39. *Luxusgüter und Optionalität. Auf der Vertikale die Wahrscheinlichkeit, auf der Horizontale das Integral des Wohlstands. Hier herrscht Antifragilität in Reinkultur: Die Auswirkung einer Veränderung bei der sozialen Ungleichheit auf die Superreichen steigt in den Tails nichtlinear an: Das Geld der Superreichen reagiert stärker auf Ungleichheit als auf das weltweite Gesamtvermögen. Ihr Anteil am Vermögen multipliziert sich nahezu um den Faktor 50 in Reaktion auf eine 25-prozentige Steigerung bei der Streuung des Reichtums. Eine kleine Veränderung von 0,01 beim GINI-Koeffizienten (0 = perfekte Ungleichverteilung, 1 = eine Person besitzt alles) ist gleichbedeutend mit einer Erhöhung von 8 Prozent beim Bruttoinlandprodukt – der Effekt hat praktisch keinen Bezug zur Wahrscheinlichkeitsverteilung.*

Kamel in Arabien: Lindsay (2005).

Umweg: Kay (2011).

Literatur zu Real Options: Trigeorgis (1993, 1996), Rezension in Dixit und Pindyck (1994), Luehrman (1998), McGrath (1999) – im Mittelpunkt stehen reversible und irreversible Investitionen.

Translationaler Abstand: Wootton (2006); Arikha (2008b); für die Moderne Contopoulos-Ioannidis et al. (2003, 2008), kommentiert bei Brosco und Watts (2007).

Kritik an Wootton: Brosco und Watts (2007).

Epiphänomene und Granger-Kausalität: Siehe die Zusammenfassung bei Granger (1999).

Flugunterricht für Vögel: Ein Vorläufer findet sich bei Erasmus: »Schwimmunterricht für Fische«, *Adages* (2519, III, VI, 19). »*Piscem nature doces* Ιχθὺν νήχεσθαι διδάσκεις, *id est piscem nature doces. Perinde est ac si dicas : Doctum doces. Confine illi, quod alibi retulimus :* Δελφῖνα νήχεσθαι διδάσκεις, *id est Delphinum natare doces.*« Der Ausdruck wurde erstmals von Haug und Taleb (2010) geprägt, verfasst im Jahr 2006; darauf greift Triana (2009) zurück. Die Stelle bei Erasmus war uns nicht bekannt, sonst hätten wir sie herangezogen und statt der Vögel Fische als Beispiel genommen.

Zum Stellenwert von Bildung und ihrer Auswirkung auf Wachstum und Wohlstand: Pritchett (2001), Wolf (2002), Chang (2012).

Schumpeters Thesen zur Zerstörung als Mittel des Fortschritts: Schumpeter (1993 (1942)). Kritik von Wirtschaftswissenschaftlern aus Harvard wegen fehlender theoretischer Unterfütterung bei McCraw (2008).

Amateure: Bryson (2011), Kealey (1996).

Werke von Bachelier, Thorpe und anderen von der Wissenschaft ignoriert: Haug und Taleb (2010). Diskussion bei Triana (2009, 2011).

Düsentriebwerk: Scranton (2006, 2007, 2009), Gibbert und Scranton (2009).

Aufdeckung der wahren Entstehungsgeschichte der Kybernetik: Mindell (2002). Ich danke David Edgerton für den Hinweis auf Mindells Arbeiten.

Kathedralen, theoretische und axiomatische Geometrie: Beaujouan (1973, 1991), Portet (2002). Ball (2008) zur Geschichte des Baus der Kathedrale von Chartres.

Epistemische Grundlage und Vermengung: Die epistemische Grundlage ist gewissermaßen das x, nicht $f(x)$. Sehr hilfreich für das Verständnis des Unterschieds zwischen x und $f(x)$ ist die Bemerkung von Michael Polanyi: $f(x)$ – eine Technik – kann man patentieren lassen, aber nicht x – eine wissenschaftliche Erkenntnis. In Mokyr (2005).

Epistemische Grundlage: Mokyr (1990, 2002, 2005, 2009). Das größte Problem bei Mokyr: Er versteht ω_C nicht. Außerdem die Vorstellung, der Osten habe kein Verständnis von Versuch und Irrtum (ähnlich das Argument zu China): siehe Tetlock in Tetlock et al. (2009). Mokyr und Meisenzahl setzen einen anderen Akzent: Mikroerfindungen, die in Makroerfindungen münden. Trotzdem intellektuell schwach.

Techne-Episteme in den Wirtschaftswissenschaften: Marglin (1996), allerdings reichte die Tradition nicht sehr weit.

Needhams Arbeiten über China: Winchester (2008).

Festanstellung: »Adam Smith schrieb den Niedergang englischer (im Unterschied zu schottischen) Professoren ihren garantierten Löhnen und unkündbaren Lehrstühlen zu.«

Fideismus: Popkin (2003).

Lineares Modell: Edgerton (1996a, 1996b, 2004). Edgerton zeigte, dass es sich dabei um eine rückwärts, also an die Vergangenheit angepasste Idee handelte. Edgerton schreibt weiter: »Dieses extrem an universitärer Forschung ausgerichtete Modell der Wissenschaft im 20. Jahrhundert ist umso überraschender im Hinblick auf die lange Tradition, *die außer-universitären Ursprünge der modernen Wissenschaft zu unterstreichen* [Hervorhebung von mir], vor allem die handwerklichen Traditionen, und das Beharren vieler gerade in den letzten zwanzig Jahren verstärkt auftretenden Ansätze der Wissenschaftsgeschichte auf der Bedeutung industrieller Kontexte für die Entwicklung der Wissenschaft, vom Färben über das Brauen bis zur Maschinenherstellung.«

Konvexitäts-Bias: Für Waren- und Finanztermingeschäfte wurde er schon früh entdeckt; Burghardt und Hoskins (1994), Burghardt und Panos (2001), Kirikos und Novak (1997), Piterbarg und Renedo (2004). Viele scheiterten, weil sie den Effekt nicht verstanden.

Beispiel für Aufdeckung und Abbildung des Konvexitäts-Bias (ω_A) aus meiner Doktorarbeit: Die Methode besteht darin herauszufinden, inwieweit dynamisches Hedging und dynamische Anpassungen erforderlich sind. Unter denen, die zur Klasse von Wertpapieren gehören, die in Frage kommen und nicht als Optionen im strengen Sinn angesehen werden, andererseits eines dynamischen Hedgings bedürfen, kann eine breite Klasse konvexer Wertpapiere angeführt werden: 1. Langfristige Anleihe mit niedrigem Zins. Man gehe von einem Beispiel diskreter Zeit aus. Man nehme $B(r,T,C)$, die Periode, zu der die Schuldverschreibung fällig wird, T, die einen Zins C abwirft, wobei $rt = \int rs\, ds$. Wir haben die Konvexität $\delta^2 B/\delta r^2$, die mit T zu- und mit C abnimmt. 2. Kontrakte, bei denen die Finanzierung extrem eng mit dem Preis Future korreliert. 3. Derivate mit einem geometrischen Merkmal in der Berechnung. 4. Eine weitgehend vernachlässigte Klasse von Anlagen sind die »quanto-definierten« Kontrakte (bei denen die Auszahlung nicht in der einheimischen Währung des Vertrags erfolgt), wie etwa der japanische NIKKEI Future, bei dem die Auszahlung in US-Währung erfolgt. Kurzum: Während ein in japanischen Yen ausgewiesener NIKKEI-Vertrag linear ist, ist ein Vertrag in US-Dollar nichtlinear und angewiesen auf dynamisches Hedging.

Man nehme zu einem Anfangszeitpunkt t_0 den Endzustand $V(S,T) = S_T$, wobei T der Fälligkeitstermin ist. Eine einfache Sache: Das hier beschriebene Wertpapier ist wahrscheinlich linear, also nichts Ungewöhnliches. Bis hierher taucht scheinbar kein Itō-Term auf. Wenn allerdings eine Zwischenauszahlung erfolgen würde, sodass bei einer Abrechnungsperiode i/T die Nachschusszahlung als Kassenauszahlung erfolgt, wird es etwas komplizierter. Angenommen, $\Delta(t_i)$ sind die Veränderungen im Wert des Portfolios über die Periode (t_i,t_{i-1}), $\Delta(t_i)= (V(S,t_i)-V(S, t_{i-1}))$. Wenn die Variation zum Zeitpunkt t_i ausgezahlt werden soll, dann müsste der Makler einen Kredit aufnehmen zum Terminkurs zwischen den Zeiträumen t_i und T, hier $r(t_i,T)$. Diese Finanzierung ist nötig, um $V(S,T)$ und S_T im Gegenwartswert vergleichbar zu machen. In der Erwartung müssen wir die Variation abzinsen, wobei wir für die Abrechnungsperiode zwischen t_{i-1} und t_i mit der »Forward Cash Flow«-Methode arbeiten. Von Periode T aus gesehen wird der Wert der Variation $E_t\, [exp[-r(t_i,T)(T-t_i)]\, \Delta(t_i)]$, wobei E_t der Erwartungs-Operator zum Zeitpunkt t ist (wir gehen von einem risikoneutralen Wahrscheinlichkeitsmaß aus). Daher ergibt sich zur Periode T aus Periode t_0 gesehen, der erwartete Wert des Stroms zukünftiger Variation als $E_{t0}[\Sigma\, exp[-r(t_i,T)(T-t_i)]\, \Delta(t_i)]$. Allerdings müssen wir für den gegenwärtigen Zeitpunkt den Zinssatz $r(T)$ diskonticren. Die vorige Gleichung verändert sich zu $V(S,T)|_{t=t0}= V[S,t_0]+ exp[r(T)]\, E_{t0}\, [\Sigma\, \exp[-r(t_i,T)(T-t_i)]\, \Delta(t_i)]$, das sich von S_T unterscheidet, wenn irgendeiner der Zinssatz-Forwards stochastisch ist. **Resultat** (um den grobschlächtigen Terminus »Theorem« zu vermeiden): *Wenn die Abweichungen der Forward-Diskontsätze $r(t_i,T)$ und die zugrunde liegende Sicherheit S_T strikt positiv sind und die Korrelation zwischen den beiden kleiner als 1 ist, dann gilt $V(S,T)|_{t=t0} \neq S_T$.* Beweis: Kontrolle der Eigenschaften des Erwartungs-Operators. Daraus folgt: $F(S, t_0)= F(S,t_0+\Delta t)$, während ein nichtlineares Wertpapier lediglich $E[V(S,t_0)]=E[V(S,t_0+\Delta t)]$ erfüllt.

Kritik an Kealey: Posner (1996).

Allgemeine Technikgeschichte: unter Verkennung des Konvexitäts-Bias Basalla (1988), Stokes (1997), Geison (1995).

Innovationsideen: Berkun (2007), Latour und Woolgar (1996), Khosla (2009), Johnson (2010).

Entdeckungen in der Medizin und das Fehlen kausalen Wissens: Meyers (2007), Li (2006), Le Fanu (2002), Bohuon und Monneret (2009). Le Fanu (2002): »Vielleicht liegt es in der Logik der Sache, dass Ärzte und Wissenschaftler den Verdienst für den Aufstieg der modernen Medizin sich selbst zuschrieben, ohne die Geheimnisse der Medizin anzuerkennen oder überhaupt nur zu bemerken, dass sie eine so wichtige Rolle dabei spielten. Wie kaum anders zu erwarten, entstand bei ihnen der Eindruck, ihr intellektueller Beitrag sei größer, als er es in Wirklichkeit war, und sie verstünden entsprechend mehr, als es tatsächlich der Fall war. Sie gestanden sich die überwältigend erfahrungsbasierte Natur der Innovationen im technischen und Arzneimittelbereich nicht ein, welche spektakuläre Durchbrüche in der Behandlung von Krankheiten ermöglichte, ohne dass ein tieferes Verständnis von Gründen oder naturkundlichen Zusammenhängen nötig gewesen wäre.«

Konvexität des Handels: Ausführungen zu den Phöniziern bei Ridley (2011); Aubet (2001).

Insider aus der Pharmaindustrie: LaMattina (2009).

Sich multiplizierende Nebenwirkungen: Zur Unterschätzung der Wechselwirkungen siehe Tatonetti et al. (2012): Sie untersuchten einfach die Nebenwirkungen bei Personen, die mehrere Medikamente gleichzeitig nehmen, was eine eindeutige Vermehrung der Nebenwirkungen zur Folge hat (Tatonetti und seine Kollegen zeigen, dass der Multiplikationsfaktor bei ungefähr 4 liegt).

Strategische Planung: Starbuck et al. (1992, 2008), Abrahamson und Freedman (2007). Letzteres ist eine herrliche Ode auf Unordnung und Durcheinander.

Unternehmertum: Elkington und Hartigan (2008).

Pathologisches Unverständnis für geringe Wahrscheinlichkeiten bei Professoren an der Harvard Business School: Das ist jetzt keine empirische Feststellung, nur eine Nebenbemerkung zum Amüsement: Wenn Sie nach erläuternden Beispielen suchen für einen Dummkopf, der ω_B und ω_C übersieht, fangen Sie mit Ihrer Suche grundsätzlich in Harvard an. Froot (2001), Pisano (2006a, 2006b). Froot: »Weil die Manager von Versicherungsgesellschaften Rückversicherungen zu einem Preis einkaufen, der weit über dem angemessenen Preis liegt, müssen sie glauben, dass Risikomanagement den Wert beträchtlich erhöht.« Er glaubt, *er* wisse, wie hoch der angemessene Preis ist.

Le Goff: Le Goff (1991): *»L'un est un professeur, saisi dans son enseignement, entouré d'élèves, assiégé par les bans, où se presse l'auditoire. L'autre est un savant solitaire, dans son cabinet tranquille, à l'aise au milieu de la pièce où se meuvent librement ses pensées. Ici c'est le tumulte des écoles, la poussière des salles, l'indifférence au décor du labeur collectif… Là tout n'est qu'ordre et beauté / Luxe, calme, et volupté.«*

Martignon: Geschlechtsspezifische Unterschiede im Gehirn und mögliche Aus-

wirkungen auf den Mathematikunterricht. Wissenschaftliche Hausarbeit zur Ersten Staatsprüfung für das Lehramt an Realschulen nach der RPO I v. 16.12.1999. Vorgelegt von Birgit Ulmer. Erste Staatsprüfung im Anschluss an das Wintersemester 2004/05, Pädagogische Hochschule Ludwigsburg. Studienfach: Mathematik. Dozenten: Prof. Dr. Laura Martignon, Prof. Dr. Otto Ungerer.

Renan: Renan, Ernest, 1852, *Averroes Et L'Averroisme: Essai Historique*. Whitefish, 323.

Sokrates: Konversation mit Mark Vernon (Vernon, 2009), der die Auffassung vertritt, Sokrates habe mit Fat Tony sehr viel gemein. Einen wichtigen Kontext bietet Waterfield (2009). Calder et al. (2002) liefert mehr oder weniger hagiographische Porträts.

Sokratische Täuschung: Geach (1966).

Episteme – Techne: Alexander von Aphrodisias, *Über die* Metaphysik *des Aristoteles, Über die* Analytica Priora *des Aristoteles* 1.1–7, *Über die* Topik *des Aristoteles* 1, *Quaestiones* 2.16–3.15.

Stillschweigendes (Implizites) vs. Explizites Wissen: Collins (2010), Polanyi (1958), Mitchell (2006).

Tabelle 13 – Praktisches Wissen *(Know-how)* im Unterschied zu theoretischem Wissen *(Know-what)* und ihre Geschwister

TYP 1	*TYP 2*
Know-*what*	Know-*how*
Explizit	Implizit, stillschweigend
Demonstratives Wissen	Nichtdemonstratives Wissen
Episteme	Techne
Erkenntnisgestütztes Wissen	Erfahrungsbezogenes Wissen
Propositionales Wissen	Heuristik
Literal	Figurativ
Zielorientiertes Handeln	Bricolage, Tüfteln
Rationalismus	Empirismus
Gelehrsamkeit	Praxis
Mathematik	Ingenieurswissenschaften
Induktives Wissen, Anwendung der aristotelischen teleologischen Prinzipien	Epilogismus (Menodotos von Nikomedeia und die Schule der empirischen Medizin)

TYP 1	*TYP 2*
Ursachenorientierte Geschichtsschreibung	*Historia a sensate cognitio*
Diagnostisch	*Autopsia*
Buchstabe des Gesetzes	Geist des Gesetzes
Ideen	Sitten und Gebräuche
Ludische Wahrscheinlichkeit, Statistik-Lehrbücher	Ökologische Ungewissheit, nicht in Lehrbüchern abhandelbar
Logos	Mythos
Kerygma (der auslegbare, lehrbare Teil der Religion)	Dogma (im religiösen Sinn: das Unerklärbare)
Exoterische Theologie (Averroës und Spinoza)	Esoterische Theologie (Averroës und Spinoza)

Sämtliche Begriffe in der linken Spalte hängen offenbar zusammen. Man kann leicht erkennen, wie *Rationalismus, explizit* und *literal* zueinanderpassen. Die Begriffe rechts hingegen scheinen logisch nicht verbunden zu sein. Was haben *Sitten und Gebräuche, Bricolage, Mythen, Know-how* und *figurativ* miteinander zu tun? Wie sieht die Beziehung zwischen religiösem Dogma und Tüfteln aus? Es gibt *etwas*, aber ich kann es nicht in komprimierter Form zum Ausdruck bringen – es handelt sich um eine Familienähnlichkeit im Sinne Wittgensteins.

Lévi-Strauss: Lévi-Strauss (2012 (1962)) zu anderen Formen der Intelligenz. Allerdings scheint er in Gesprächen, die in den 1980er Jahren aufgezeichnet wurden (Charbonnier, 2010), die Meinung zu vertreten, dass uns die Wissenschaft eines Tages erlauben wird, mit hinreichender Präzision Vorhersagen zu treffen, »wenn uns nur erst die Theorie der Dinge zur Verfügung steht«. Wilcken (2010) zur Biographie. Siehe außerdem zu einem ähnlichen Problem aus soziologischer Perspektive Bourdieu (2009 (1972)).

Evolutionäre Heuristiken: So zentral das Thema auch ist – ich muss es trotzdem hier verstecken. Eine Zusammenfassung dessen, was sich in der Literatur dazu findet, und den Ideen dieses Buches: Eine evolutionäre Heuristik bei einer bestimmten Tätigkeit weist folgende Eigenschaften auf: a) Man wendet sie nicht bewusst an; b) sie wurde seit sehr langer Zeit in genau derselben oder einer sehr ähnlichen Umgebung angewandt, von Generationen von Praktikern, und zeugt von einer gewissen evolutionären, kollektiven Weisheit; c) sie bleibt vom Agency-Problem unberührt; diejenigen, die damit arbeiten, haben überlebt (davon ausgeschlossen: ärztliche Heuristiken; der Patient hat möglicherweise nicht überlebt, profitiert haben die kollektiven – von der Gesellschaft verwendeten – Heuristiken); d) sie ersetzt komplexe Probleme, die nur mathematisch gelöst werden können; e) man kann sie sich nur durch Üben und Nachahmen aneignen; f) mit einem Computer geht immer alles besser, da man besser am Computer zurechtkommt als im wirklichen Leben. Aber aus irgendeinem Grund geht es mit diesen Heuristiken, die nur das zweitbeste Instrument sind, dann doch besser als mit dem, das am besten zu sein scheint; g) der Bereich, für den eine solche Heuristik entwickelt wurde, liefert umgehendes Feedback in dem Sinn, dass diejenigen, die Fehler machen, bestraft werden und keine lange Verweildauer haben. Schließlich können diese Heuristiken, wie die Psychologen Kahneman und Tversky gezeigt haben, außerhalb ihrer Entstehungsbereiche entsetzlich schiefgehen.

Argumentation und das Grünholzproblem: In Mercier und Sperber (2011). Die postsokratische Vorstellung des logischen Denkens als einem Instrument bei der Wahrheitssuche wurde in jüngerer Zeit noch weiter demontiert – zwar hat es den Anschein, als sei die sokratische Diskussionsmethode nützlich, doch sie ist es nur in dialogischer Form. Mercier und Sperber haben die Vorstellung widerlegt, dass wir logisches Denken zur Wahrheitsfindung einsetzen. In einer bemerkenswerten Studie wiesen sie nach, dass der Zweck von Argumenten nicht darin besteht, Entscheidungen zu fällen, sondern andere zu überzeugen – Entscheidungen, auf die wir durch logisches Denken kommen, sind mit großen Verzerrungen belastet. Mercier und Sperber belegten ihre These experimentell, sie lieferten Beweise dafür, dass es Individuen in einem sozialen Kontext besser gelingt, Argumente zu formulieren, als wenn sie allein auf sich gestellt sind.

Aufklärungskritik: Siehe die Überblicke bei Sternhell (2010), McMahon (2001), Delon (1997). Horkheimer und Adorno liefern eine bestechende Kritik der Verschleierungstaktiken und Dummkopf-Fallen in den zentralen Ideen der Moderne. Und nicht zu vergessen die Arbeiten von John Gray, vor allem Gray (1998 und *Von Menschen und anderen Tieren* (2010)).

Wittgenstein und stillschweigendes Wissen: Pears (2006).

Zu Joseph de Maistre: Compagnon (2005).

Ökologische, Übermutti-inkompatible Wirtschaftswissenschaften: Smith (2008), außerdem die zusammen mit Kahneman gehaltene Rede aus Anlass der Verleihung des Nobelpreises. Auf Gigerenzer komme ich später zu sprechen.

Weisheit der Jahrhunderte: Oakeshott (1966, 1975, 1991). Oakeshotts Konservatismus vertrug sich wohlgemerkt durchaus mit der Anerkennung der Notwendigkeit eines gewissen Wandels. Meiner Meinung nach stellte er sich einen organischen, keinen rationalistischen Wandel vor.

BUCH V: Das Nichtlineare und das Nichtlineare

Formaler ausgedrückt, und um die graphische Darstellung zu vervollständigen (aus Taleb und Douady, 2012): Die **lokale Fragilität** einer Zufallsvariablen, die von einem Parameter λ abhängt, bei einem Stresslevel K und einem Semi-Abweichungs-Level $s^{-}(\lambda)$ mit Wahrscheinlichkeitsdichtefunktion (WDF) f_λ ist ihre **K-links-tailed, semi-vega Sensitivität.** (»vega« bedeutet: sensitiv in Bezug auf ein bestimmtes Ausmaß an Volatilität), $V(X, f\lambda, K, s^{-})$ auf s^{-}, die mittlere absolute Semi-Abweichung bis Ω, hier $s^{-}(\lambda)=\int_{-\infty}^{\Omega}(\Omega-x)f_\lambda(x)dx$, $\xi(K,s^{-})=\int_{-\infty}^{K}(\Omega-x)f_{\lambda(s^{-})}(x)dx$, $V(X,f_\lambda,K,s^{-})=\frac{\partial\xi}{\partial s^{-}}(K,s^{-})$. Die **übernommene Fragilität** von Y hinsichtlich X bei einem Stresslevel $L = \varphi(K)$ und Links-Semi-Abweichungs-Level X, $s^{-}(\lambda)$ von X ist die partielle Ableitung $V_X(Y,g_\lambda,L,s^{-}(\lambda))=\frac{\partial\zeta}{\partial s}(L,u^{-}(\lambda))$. Man beachte: Stresslevel und WDF sind für die Variable Y definiert, doch der Parameter, der für die Differenzialrechnung benutzt wird, ist die links-semi-absolute Abweichung von X; für Antifragilität der Flip oberhalb von Ω, zuzüglich zur Robustheit unterhalb desselben Stresslevels K. Die **Transfer-Theoreme** beziehen die Fragilität von Y auf die partielle Ableitung $\varphi(K)$ und zeigen die Auswirkung konvexer (konkaver oder gemischt nichtlinearer) Transformationen auf die Tails anhand der **Transfer-Funktion** H^K. Für das Antifragile setze man s^{+} ein, das Integral oberhalb von K.

Fragilität hat nichts mit Psychologie zu tun: Wir gehen aus von der Definition von Fragilität als Tail-Vega-Anfälligkeit und landen bei Nichtlinearität als notwendiger Eigenschaft der Quelle solcher Fragilität im ererbten Fall – ein Auslöser der Krankheit, nicht die Krankheit selbst. Trotzdem gibt es eine lange Liste mit von Wirtschaftswissenschaftlern und Entscheidungstheoretikern verfassten Titeln, die das Phänomen Risiko psychologischen Präferenzen zuordnen – historisch wurde Risiko in Abhängigkeit von der Risikoversion beschrieben, als Resultat der Struktur von Entscheidungen unter ungewissen Bedingungen mit einer Konkavität hinsichtlich des wirren Konzepts des »Nutzens« des Ergebnisses; siehe Pratt (1964), Arrow (1965), Rothschild und Stiglitz (1970, 1971). Aber dieser ganze »Nutzen«-Kontext hatte noch nie etwas anderes zur Folge als einen Zirkelschluss, den Machina und Rothschild (2008) in die Worte fassten: »Risiko ist etwas, das Menschen mit Risikoaversion nicht mögen.« Risiko auf eine Aversion gegen die Konkavität von Entscheidungen zu reduzieren, ist in der Tat ein recht mageres Resultat.

Die Porzellantasse und ihre Konkavität: Eine Kaffeetasse, ein Haus, eine Brücke haben selbstverständlich keine psychologischen Präferenzen, stellen keine subjektiven Nützlichkeitserwägungen an und so weiter. Dennoch sind sie alle konkav hinsichtlich ihrer Reaktion auf Schädigungen: Geht man von z als einem bestimmten Stresslevel aus und nimmt $\Pi(z)$ als Schadensfunktion, dann muss man lediglich nachvollziehen, dass für $n>1$ gilt: $\Pi(n\, z) < n\, \Pi(z)$ für sämtliche $0<n\, z<Z^*$, wobei Z^* das (nicht notwendigerweise spezifizierte) Level darstellt, bei dem der Gegenstand zu Bruch geht. Eine derartige Ungleichung hat zur Folge, dass die zweite Ableitung von $\Pi(z)$ am Anfangswert z negativ ist. Wenn also eine Kaffeetasse weniger dadurch beschädigt wird, dass sie n-mal einem Stressor der Intensität Z, als einmal einem Stressor der Intensität $n\, Z$, ausgesetzt ist, dann muss die Schädigung (als eine negative Funktion) konkav im Verhältnis zu Stressoren sein, und zwar bis zum Bruchpunkt; eine solche Einschränkung ist durch die Struktur von Überle-

benswahrscheinlichkeiten und die Verteilung schädlicher Ereignisse vorgegeben, sie hat nichts mit subjektivem Nutzen oder anderen Hirngespinsten zu tun.

Positive Skalierung, Konvexität von Städten: Bettencourt und West (2010, 2011), West (2011). Städte sind, ebenso wie Tiere, dreidimensional, und diese vorteilhaften Nichtlinearitäten entsprechen Effektivitäten. Man verliere allerdings nie den Straßenverkehr aus den Augen!

»Mehr ist anders«: Anderson (1972).

Unterschiedliche Fragilität von Tieren: Diamond (1988).

Flyvbjerg und Kollegen zum Thema Terminverschiebungen: Flyvbjerg (2009), Flyvbjerg und Buzier (2011).

Small is beautiful, die romantischen Sichtweisen: Dahl und Tufte (1973); Schumacher (2001 (1973)), der die Wendung prägte. Kohr (2002 (1957)) mit der ersten Streitschrift gegen die Größe von Regierungen.

Größe der Regierung: Ich habe zu diesem Thema keine Veröffentlichungen gefunden, die Konvexitätseffekte mit berücksichtigen, nicht einmal bei Libertären – man nehme nur Kahn (2011).

Kleinstaaten funktionieren besser: Die Forschungstradition zur Regierungsform von Stadtstaaten ist lang. Es hat ganz den Anschein, als lasse sich das, was wir als politische Systeme interpretieren, von der Größe ableiten. Belege bei Easterly und Kraay (2000).

Das Zeitalter zunehmender Fragilität: Zajdenwebber, siehe auch die Diskussion im *Schwarzen Schwan*. Kürzlich überarbeitete Zahlen in *The Economist*, »Counting the Cost of Calamities«, 14. Januar 2012.

Konvexitätseffekt auf den Mittelwert: Jensen (1906), Van Zwet (1964). Jensen behandelt monotone Funktionen, Van Zwet konkav-konvexe und andere Mischformen – aber es bleibt bei einfachen Nichtlinearitäten. Eine Anwendung auf alle Formen lokaler Nichtlinearitäten bei Taleb und Douady (2012).

Empirischer Befund bei Vergrößerungen: Zu Fusionen und zur Hybrishypothese: Roll (1986); später Cartwright und Schoenberg (2006).

Schulden in der Antike: Babylonische Ablassjahre: Hudson et al. (2002). Athens, Harrison (1998), Finley (1953). Geschichte der Schulden: Barty-King (1997), Muldrew (1993), Graeber (2012). Letzterer mit dem Blick des Anarchisten: Er geht davon aus, dass es Schulden schon vor der Existenz des Tauschhandels gegeben hat.

Lebensmittel-Netzwerke: Dunne et al. (2002), Petchey und Dunne (2012), Valdovinos und Ramos-Jiliberto (2010). Fragilität und Ressourcen, Nasr (2008, 2009).

Fannie Mae: Sie waren quer durch alle denkbaren Variablen hindurch konkav. Jemand aus der Obama-Kommission, der die Ursache der Krise analysieren sollte und für den Wahrscheinlichkeit und Nichtlinearität offensichtlich eine größere intellektuelle Herausforderung darstellten, verbreitete das Gerücht, ich hätte lediglich das Zinsrisiko bei Fannie Mae entdeckt: Das ist nicht korrekt.

Ausführungskosten: »Preisauswirkungen«, das heißt Ausführungskosten steigen mit der Größe an; sie folgen tendenziell der Quadratwurzel – der Gesamtpreis ist also konvex und nimmt mit einem Exponenten von 3/2 zu (die Kosten sind demzufolge konkav). Das Problem ist allerdings, dass bei großen Abweichungen wie im Fall der Société Générale die Dinge sehr viel schlechter aussehen; Transaktionskosten beschleunigen sich in einer immer unpräziseren Art und Weise – all diese Aufsätze zum Thema Preisauswirkung aus der neueren Forschungstradition helfen einem nicht weiter. Bemerkenswerterweise stieß Bent Flyvbjerg auf einen ähnlichen Effekt, der allerdings insgesamt etwas weniger konkav war, beim Brücken- und Tunnelbau mit einem proportionalen Kostenzuwachs in der Größenordnung von 10 Log[*x*].

Theoretische Unterfütterung der These »Small is beautiful«: Um zu erklären, inwiefern Stadtstaaten, kleine Unternehmen und Ähnliches robuster auf schädigende Ereignisse reagieren, nehme man *X*, eine Zufallsvariable für eine »nicht vorhergesehene Belastung«, die Quelle der Ungewissheit (für die Société Générale war es die übersehene Wertpapierposition, für ein Unternehmen könnte es ein akuter Engpass bei einem bestimmten Lagerbestand sein und so weiter). Angenommen, die Größe dieses nicht vorhergesehenen Schadens ist proportional zur Größe der Einheit – denn kleinere Unternehmen tätigen kleinere Transaktionen als größere. Wir verwenden als Wahrscheinlichkeitsverteilung die Variable aller nicht vorhergesehenen Belastungen $\sum X_i$, wobei X_i unabhängige Zufallsvariablen sind, schlicht skaliert als $X_i = X/N$. Mit *k* als Tail-Amplitude und *α* als Tail-Exponent ergibt sich: $\pi(k, \alpha, X) = \alpha\, k^{\alpha}\, x^{-1-\alpha}$. Die *N*-fach gefaltete Pareto-Verteilung für die nicht vorhergesehene Gesamt-Position $N \sum Xi$: $\pi(k/N, \alpha, X)_N$, wobei *N* die Anzahl der Faltungen für die Verteilung ist. Der Mittelwert der Verteilung, unabhängig von *N*, ist $\alpha\ (k/\alpha-1)$.

Verluste aus Engpässen und Überläufen: Für die Verlustfunktion verwende man $C[X] = -b\, X^{\beta}$, wobei die Schadenskosten eine konkave Funktion von *X* sind. Man beachte, dass für kleine Abweichungen $\beta = 3/2$ in der Mikrostruktur und der Durchführungsliteratur gilt.

Hierdurch entstandene Wahrscheinlichkeitsverteilung der Schädigung: Da wir an der Verteilung von *y* interessiert sind, nehmen wir eine Transformation der stochastischen Variable vor. Die Schädigung *y*=*C[X]* hat als Verteilung: $\pi[C^{-1}[x]]/C'[C^{-1}[x]]$. Man beachte, dass daraus eine Pareto-Verteilung folgt mit einer Tail-Amplitude k^{β} und einem Tail-Exponenten α/β, $L_1(Y) = \frac{\alpha}{\beta} K^{\alpha} Y^{-1-\alpha/\beta}$, mit einem Mittelwert $\frac{k^{\beta}\alpha}{\alpha-\beta}$. Und nun die Summe: Für die Faltung von *N* Einheiten wird die asymptotische Verteilung $L_N(Y) = N \frac{\alpha}{\beta}\left(\frac{K}{N}\right)^{\alpha} Y^{-1-\alpha/\beta}$ mit dem Mittelwert (aufgrund von Additivität) als Funktion von Variablen, in denen N vorkommt: $M(\alpha,\beta,k,N) = \frac{N\left(\frac{k}{N}\right)^{\beta}\alpha}{\alpha-\beta}$. Wenn wir das Verhältnis erwarteter Verluste in den Tails für *N*=1 bis *N*=10 mit unterschiedlichen Werten des Verhältnisses von β über *α* analysieren, zeigt das Verhältnis des Erwartungswertes bei einer Einheit im Vergleich zum Erwartungswert bei zehn Einheiten $\frac{M(\alpha=3,\beta/\alpha,k,N=1)}{M(\alpha=3,\beta/\alpha,k,N=10)}$ den »Small is beautiful«-Effekt durch sämtliche Ebenen der Konkavität hindurch.

Buch VI: *Via Negativa*

Subtraktives Wissen

Landkarten: Einer meiner Leser, Jean Louis, seines Zeichens Hersteller von Landkarten, schreibt mir: »Als Kartenzeichner lernte ich vor langer Zeit, dass der Schlüssel zum Erstellen guter Karten genau darin besteht, Informationen wegzulassen. Viele Kunden habe ich darauf hingewiesen, dass eine Karte eher verwirrt, wenn sie zu genau ist.«

Imam Ali: Nahj-el-Balagha, Brief 31.

Der mosaische Gott ist nicht antifragil: Denn Gott – der abrahamitisch-mosaische Gott (der Juden, Christen und Muslime) – ist der Inbegriff absoluter Robustheit und Unfehlbarkeit. Es ist wichtig zu sehen, dass entgegen einer ersten spontanen Annahme die Quintessenz der Vollkommenheit Robustheit ist und nicht Antifragilität. Mir wurde immer wieder gesagt, der (levantinische) Gott müsse in die Kategorie »Antifragil« eingeordnet werden. Das aber wäre nicht im Sinne der im östlichen Mittelmeerraum entstandenen Religionen. Antifragilität als Eigenschaft einer Gottheit lässt sich möglicherweise auf Götter der babylonischen, griechischen, syrischen und ägyptischen Mythologie übertragen. Die levantinische monotheistische Theologie jedoch, angefangen beim alten semitischen El (oder Al) bis hin zum modernen Allah oder in geringerem Maß dem, was Menschen im Bibelgürtel »the Lord« nennen, von der Genesis bis zum Koran, entwickelte die Definition eines immer abstrakter werdenden Gottes – was die größte Nähe zur Definition von Robustheit hat. Der monotheistische Gott ist selbstverständlich keineswegs fragil, aber antifragil ist er auch nicht. Per definitionem, aufgrund seiner äußersten Abstraktheit, ist er das, was nicht besser werden kann – schließlich macht genau das Perfektion aus –; lediglich die unvollkommenen Sterblichen können sich vervollkommnen und brauchen allein schon aus diesem Grund Antifragilität. Im Koran ist eine der Eigenschaften Gottes *Smd*, ein Wort, das nicht einmal im Arabischen eine Entsprechung hat und nicht übersetzbar ist; seine Bedeutung kann lediglich durch Wiederholung partieller Beschreibungen vermittelt werden. *Smd* ist etwas, das einen solchen Grad an Vollständigkeit erreicht hat, dass es nicht von äußeren Umständen, von irgendjemandem oder irgendetwas, abhängig ist; ein Bollwerk gegen jeden möglichen Angriff; Er transzendiert sogar noch die Idee der Zeit. Auch in anderen levantinischen Denksystemen findet sich diese Vorstellung. Die orthodoxe Theologie sucht mittels der *theosis* die Vereinigung mit Gott, sie strebt einen Zustand der Vollständigkeit, das heißt absoluter Unabhängigkeit, an.

Religiöse Verbote: Fourest und Venner (2010) haben eine Liste quer durch alle religiösen Überzeugungen hindurch zusammengestellt.

Steve Jobs: Beahm (2011).

Gladwell: »Wenn Sie sämtliche Krankenhausrechnungen für die zehn Jahre zusammenzählen, die er auf der Straße verbracht hat, die Behandlungen seiner Drogensucht, die Arztkosten und andere Ausgaben, beläuft sich Murray Barrs

Rechnung für ärztliche Behandlungen wohl auf einen Betrag, an den niemand sonst im Staat Nevada herankommt. ›Es hat uns eine Million Dollar gekostet, wegen Murray nichts zu unternehmen‹, sagte O'Bryan.« Gladwell (2010).

Falsifikation und Induktionsprobleme: Siehe die Hinweise im *Schwarzen Schwan.*

Rauchen, Auswirkung auf Gesamtverfassung: Burch (2009).

Fraktalität: Mandelbrot (1991).

Edgerton zur Macht des Bewährten: Edgerton (2007).

Weniger ist mehr in der Entscheidungstheorie

Einfachheit und Steve Jobs: »Das war eines meiner Mantras: Fokussierung und Einfachheit. Das Einfache ist unter Umständen schwerer als das Komplexe: Man muss hart arbeiten, um das Denken so zu reinigen, dass es einfach wird. Aber letzten Endes ist es das wert, denn ist man erst dort angelangt, kann man Berge versetzen.« *BusinessWeek,* 25. Mai 1998.

Heuristiken als mächtige – und notwendige – Abkürzungen: Gigerenzer und Brighton (2009) widerlegen folgenden Mythos, der im *Egoistischen Gen* von Richard Dawkins ausformuliert ist; dort liest man Folgendes über das Vorgehen eines Feldspielers, wenn er einen Ball fängt: »Er geht vor, als hätte er eine Reihe von Differentialgleichungen gelöst, um die Flugbahn des Balls vorherzusagen. […] Auf einer unbewussten Ebene läuft etwas funktional Ähnliches wie in den mathematischen Berechnungen ab.«

Das stimmt nicht ganz, Professor Dawkins. Gerd Gigerenzer et al. widersprechen: Der Prozess sieht ganz anders aus. Sie schreiben:

Experimente haben gezeigt, dass Spieler mit mehreren Heuristiken arbeiten. Die Blick-Heuristik ist die einfachste und setzt ein, wenn der Ball sich bereits hoch in der Luft befindet: Man fixiere den Ball mit den Augen, fange an zu laufen und passe die Laufgeschwindigkeit so an, dass der Blickwinkel konstant bleibt. Ein Spieler, der mit der Blick-Heuristik arbeitet, kann sämtliche kausalen Variablen, die nötig sind, um die Flugbahn des Balls zu berechnen, außer Acht lassen – Distanz zu Beginn, Geschwindigkeit, Winkel, Luftwiderstand, Gegenwindgeschwindigkeit, Richtung, aus der der Wind kommt, Ball-Spin und andere. Indem er sich nur auf eine Variable konzentriert, wird der Spieler genau dort ankommen, wo auch der Ball landen wird, ohne dass er den genauen Punkt berechnet.

Dieselbe Heuristik verwenden Tiere, wenn sie Beute fangen und potentielle Partner auswählen. Beim Verfolgen und Fangen von Beutetieren behalten Fledermäuse, Vögel und Libellen einen konstanten Gesichtswinkel zwischen sich selbst und ihrer Beute bei, genau wie Hunde, wenn sie nach einem Frisbee jagen.

Weitere Beispiele:

Bei der Partnersuche verwendet die Pfauenhenne eine Heuristik: Anstatt sämtliche balzenden Pfaue in Augenschein zu nehmen, die sich um ihre Aufmerk-

samkeit bemühen, oder sämtliche männlichen Eigenschaften zu gewichten und zu addieren, um zu berechnen, welches der Männchen das nützlichste ist, schaut sie sich lediglich drei oder vier näher an und entscheidet sich für dasjenige mit der größten Augenzahl.
Genau wie bei den Menschen.

Um die Dimension einer Nesthöhlung zu ermitteln, etwa eine enge Felsspalte, hat eine Ameise keinen Zollstock, sondern eine Faustregel: Man bewege sich in der Höhlung eine bestimmte Zeit lang auf einem Weg, hinterlasse eine Pheromonspur und entferne sich anschließend. Man kehre zurück, bewege sich auf einem anderen Weg und schätze die Größe der Spalte aufgrund der Häufigkeit ab, wie oft man auf die alte Spur trifft. Diese Heuristik ist bemerkenswert präzise.

Weitere Beispiele: Czerlinski et al. (1999), Goldstein und Gigerenzer (1999), Gigerenzer (2008).

Makridakis, Prognosen, weniger ist mehr: Makridakis et al. (1982, 1993), Makridakis und Hibon (2000), Makridakis und Taleb (2009).

Heuristik zur Risikomessung: Taleb et al. (2012) – mit IWF-Mitarbeitern.

Lindy-Effekt und verwandte Themen

Der Lindy-Effekt wurde in Mandelbrot (1997) dargestellt. Ursprünglich wendete Mandelbrot ihn auf das Schaffen eines Künstlers an, wobei der Effekt natürlich durch die Lebenszeit des Künstlers begrenzt wird. In unseren Gesprächen gegen Ende seines Lebens schlug ich Mandelbrot die Grenze vergänglich/unvergänglich vor, und er stimmte zu, dass das Unvergängliche nach dem Potenzgesetz verteilt ist, während für das Vergängliche (Lindys ursprüngliches Beispiel) gelte, dass es lediglich eine Metapher darstelle. Abhängig davon, ob wir für Wissen den Anfangszeitpunkt bestimmen, bleibt die restliche Lebenszeit für den Exponenten konstant, unabhängig vom zukünftigen Zustand, denn das Potenzgesetz nimmt mit der Zeit seit dem Anfangszeitpunkt mit einem Faktor von ($\alpha/1\text{-}\alpha$) zu, wobei α der Tail-Exponent ist; bei Gauß'scher oder halb-Gauß'scher Verteilung nimmt es ab.

Gott: Gott (1993, 1994) formulierte die kopernikanische Idee, arbeitete allerdings die Wahrscheinlichkeit nicht sorgfältig heraus; später ergänzt durch Caves (2000). Siehe die Diskussion in Rees (2003), eine Analyse der Paradoxie in Bostrom (2002).

Beiträge zu Lebenszeit und Verteilungseigenschaften: Häufig werden Potenzgesetze aufgrund des Fehlens von Daten in den Tails mit exponentiellen Verteilungen verwechselt. Ich gehe a priori davon aus, dass eine exponentielle Funktion sehr wahrscheinlich eine Potenzfunktion ist, allerdings nicht umgekehrt, denn der Irrtum in der Gegenrichtung ist sehr viel unwahrscheinlicher. Pigolotti et al. (2005). Im Zusammenhang mit Imperien siehe Arbesman (2011),

Khmaladze et al. (2007, 2010), Taagepera (1978). Zur Entwicklung von Unternehmen: Fujiwara (2004). Außerdem Turchin (2003, 2009).

Bedingt erwartete Lebenszeit: Sornette und Knopoff (1997). Sie zeigen, dass es paradoxerweise umso länger dauern kann, bis ein Erdbeben eintritt, je länger man darauf wartet.

Weitere Neomaniephänomene

Le Corbusier: Christopher Caldwell, »Revolting High Rises«, *New York Times,* 27. November 2005.

Cairns und die alten Maßeinheiten: Cairns (2007). Yoav Brand machte mich mit dem Werk von Cairns bekannt und schenkte mir nach einer Lesung freundlicherweise sein Buch.

Nichtteleologisches Design: Wie Gebäude mutieren und sich verändern: Brand (1995).

Der Hund: Moral, ii. 11; 1208 b 11. »Man erzählt auch, ein Hund habe immer auf demselben Ziegelstein geschlafen, und als man den Empedokles fragte, warum denn der Hund auf demselben Ziegelstein schlafe, habe dieser geantwortet: Weil der Hund etwas hat, was dem Ziegelstein gleich ist – wobei er annahm, dass der Hund auf Grund einer Gleichheit (zu dem Stein) hinging.«

Allgemeine und philosophische Erörterungen zum Thema Medizin

Medicina soror philosophiae: Fundierte Darstellungen der Geschichte der Medizin: Mudry (2006), Pigeaud (2006); Canguilhem (1974) mit einer Diskussion iatrogener Effekte. Zum Geist der Zunft: Payer (1994), Bates (1995).

Islamische Heilkunst: Pormann und Savage-Smith (2007), Djebbar (2001).

De motu animali ***und Versuche, die Medizin zu mathematisieren:*** In Wear (1995). Es sei noch einmal unterstrichen: Mathematik ist gut, falsche Mathematik ist nicht gut.

Heilkunst in der Antike: Edelstein (1987), Longrigg (1998). Vivian Nuttons *Ancient Medicine* ist informativ, bietet jedoch fast nichts zu den Empiristen und abgesehen von einigen wenigen Standardpraktiken kaum etwas über die damaligen Behandlungsmethoden; Nutton (2004). Mehr dazu (zu den Skeptikern und Methodikern) in dem monumentalen Werk von Zeller (1883) oder, noch besser, in dem überragenden *Les Sceptiques Grecs* von Brochard (1887).

Orangen: Im heutigen Griechisch heißen sie *portokali*, eine verderbte Form von »Portugiesisch« – noch weiter verderbt im levantinischen Arabisch zu *burduqan*, unter dieser Bezeichnung tauchen sie auch in sizilianischen Dialekten auf.

Medizinische Heuristiken: Palmieri (2003).

Mittelalter und Renaissance: French (2003).

Allgemeine Geschichte: Conrad et al. (1995), Porter (2003, 2006), Meslin et al. (2006), Kennedy (2004).

Iatrogenik: Sharpe und Faden (1998), die umfassendste Darstellung; Illich (1987) gab den ersten Anstoß; Hadler (2009) zum Thema Rücken, Duffin (1999), Welch et al. (2011) zum Phänomen der Überdiagnosen (allerdings nichts zu Geräusch/Signal und Filterungsmechanismen), Lebrun (1995).

Agency und Iatrogenik: Nur ein zufällig herausgepicktes Beispiel: »Surgeons do more operations if they're on the board of surgery centers« (Chirurgen operieren häufiger, wenn sie zur Belegschaft eines unfallchirurgischen Zentrums gehören), »The Daily Stat« *Harvard Business Review* (22. Juni 2012).

Eher amüsanter historischer Blick auf Iatrogenik: Gustave Jules A. Witkowski, 1889, *Le mal qu'on a dit des médecins.*

Rationalismus/Galenismus: García-Ballester (1995).

Montaigne: *»Mais ils ont cet heur, selon Nicocles, que le soleil esclaire leur succez, et la terre cache leur faute; et, outre-cela, ils ont une façon bien avantageuse se servir de toutes sortes d'evenemens, car ce que la fortune, ce que la nature, ou quelque autre cause estrangere (desquelles le nombre est infini) produit en nous de bon et de salutaire, c'est le privilege de la medecine de se l'attribuer. Tous les heureux succez qui arrivent au patient qui est soubs son regime, c'est d'elle qu'il les tient. Les occasions qui m'ont guery moy, et qui guerissent mille autres qui n'appellent point les medecins à leurs secours, ils les usurpent en leurs subjects; et quant aux mauvais accidents, ou ils les desavouent tout à fait, en attribuant la coulpe au patient par des raisons si vaines qu'ils n'ont garde de faillir d'en trouver tousjours assez bon nombre de telles. …«* [Man beachte, wie klar hier das Zuschreibungsproblem erkannt ist.]
On demandoit à un Lacedemonien qui l'avoit fait vivre sain si long temps: L'ignorance de la medecine, respondit il.
Et Adrian l'Empereur crioit sans cesse, en mourant, que la presse des medecins l'avoit tué.

Moderne Alternativmedizin: Singh und Edzard (2009) – sie haben etwas riskiert; immerhin wurden sie dafür verklagt.

Homöopathie und empirische Evidenz: Goldacre (2007). Siehe außerdem das auch stilistisch brillante Buch *Die Wissenschaftslüge*, Goldacre (2010).

Moderne evidenzbasierte Medizin: Anleitung in Sackett et al. (1999). Die Schwächen rationalistischer Vorgehensweisen: Silverman (1999), Gauch (2009), Sestini und Irving (2009).

Behandlung mit Eis: Collins (2008): »Es gibt nicht genügend Hinweise darauf, dass Kryotherapie das klinische Ergebnis bei der Behandlung von Weichteilverletzungen verbessert.« Ich habe keine Abhandlung gefunden, die das Gegenteil sagt. Der Nutzen ist offenbar so marginal, dass man ihn schlicht vergessen kann.

Konvexität des Blutdrucks: Werte aus Welch et al. (2011).

Jensen'sche Ungleichung und Beatmungsgeräte: Brewster et al. (2005), Graham et al. (2005), Mutch et al. (2007).

Paracelsus: Faszinierend rebellische Persönlichkeit; leider wurde er von Vertretern der Homöopathie wie Coulter (2000) in Beschlag genommen. Biographien in Ball (2006), Bechtel (1970), Allendy (1937).

Unsterblichkeit: Gray (2012).

Stendhal: *Le Rouge et le Noir: »La besogne de cette journée sera longue et rude, fortifions-nous par un premier déjeuner; le second viendra à dix heures pendant la grand'messe.«* Kapitel XXVIII.

Spezialfälle aus dem Bereich der Medizin

Vorbemerkung: Mir geht es nicht um Beweise, sondern um deren Abwesenheit sowie die Frage, wie Forscher mit dieser Abwesenheit umgehen. Der Schwerpunkt liegt auf übersehenen Konvexitäten.

Wirksamkeit kalorienarmer Süßstoffe: Studien von Autoren, die aus eigennützigen Motiven dafür plädieren, sind äußerst aufschlussreich. De la Hunty et al. (2006) belegt mit einer Metaanalyse die »Vorteile« von Aspartam, konzentriert sich dabei allerdings auf die Methode der Aufrechnung von Kalorienzufuhr gegen Kalorienverbrauch, nicht auf Gewichtszunahmen. Schaut man genauer hin, entdeckt man jedoch, dass das Kernstück fehlt: »Die ausgetauschte Energie wird in einem gewissen Ausmaß kompensiert, aber es handelt sich dabei lediglich um ungefähr ein Drittel der ersetzten Energie, und ist *wahrscheinlich* [meine Hervorhebung] weniger, als wenn man Soft Drinks zu sich nimmt, die mit Aspartam gesüßt wurden. Allerdings stammen diese Kompensationswerte aus Kurzzeitstudien.« Die Untersuchung wurde offenkundig von einem Aspartam-Hersteller finanziert. Anderson et al. (2012) ist eine bessere Studie, allerdings auch nicht frei von Interessenkonflikten (Unterstützung des Autors durch Lebensmittelfirmen); sie kommt zu dem Schluss: »... es gibt keine Beweise für die These, Süßstoffe seien der Grund für Gewichtszunahme bei Erwachsenen. Auch liegen keine Beweise dafür vor, dass sie eine Rolle bei der Gewichtskontrolle spielen würden.« Der letzte Satz ist der einzige, der für mich von Interesse ist, da es hier um einen Beweis »gegen das eigene Interesse« geht. *Wenn* es positive Auswirkungen im Sinne dieses Satzes gäbe, dann wären sie dem Leser mitgeteilt worden. Mit anderen Worten: Wir setzen uns im Jahr 2012 den Nebenwirkungen dieser kalorienfreien Süßstoffe aus ohne jeglichen Beweis dafür, dass sie überhaupt im versprochenen Sinn wirksam sind!

Mithridatisation und Hormesis: Bei Plinius: Kaiser (2003), Rattan (2008), Calabrese und Baldwin (2002, 2003a, 2003b). Allerdings lassen sie das Konvexitätsargument aus beziehungsweise sehen die Normabweichung nicht – Hormesis könnte einfach die Wiederherstellung der Normalität sein.

Fasten und Hormesis: Martin et al. (2006). Krebstherapie und Fasten: Longo et al. (2008), Safdie et al. (2009), Raffaghello et al. (2010); über Hefe und Langlebigkeit unter Einschränkung Fabrizio et al. (2001); über SIRT1, Longo und Kennedy (2006), Michán et al. (2010); Übersicht über die Arbeiten bei Blagosklonny et al. (2010).

Definition von Hormesis: Mattson (2008) mit einer lokalen Definition, Danchin et al. (2011) mit komplexerem, systembezogenem Ansatz.

Altern, Langlebigkeit und Hormesis: Sehr umfangreiche Forschungsliteratur: Radak et al. (2005), Rattan (2008), Cypser und Johnson (2002) zum C-elegans; Gems und Partridge (2008), Hayflick (2001), Masoro (1998), Parsons (2000); zu Entzündung und Alzheimer Finch et al. (2001).

Knochendichte und Belastung: Dook et al. (1997) für Frauen, Andreoli et al. (2001) generell für Athleten; Scott et al. (2008) allgemein zu körperlichem Training. Alterungsprozess bei Frauen: Solomon (1979), Rautava et al. (2007); Conroy et al. (1993) für junge Frauen.

Knochendichte und Radfahren: Nichols et al. (2003), Barry et al. (2008).

Knochendichte und Gewichtheben im Stil der olympischen Disziplin: Einige Untersuchungen zum Thema »Gewichtheben« verwechseln das Widerstandstraining an Fitnessmaschinen mit naturalistischem Gewichtheben, bei dem das Knochengerüst beansprucht wird. Conroy et al. (1993) ist eine ökologisch robustere Studie, da hier das Gewicht im Mittelpunkt steht.

Schilddrüse: Earle (1975).

Cholesterin: Nicht naiver Blick: Scanu und Edelstein (2008).

Lewontin und Lebenserwartung: Lewontin (1993). Mir kam der Gedanke, Lewontins Schätzung könne möglicherweise ungenau sein, und ich wurde auf die CDC-Daten in irgendeinem Artikel im Web hingewiesen, an den ich mich allerdings nicht mehr erinnern kann.

Im Freien, ohne sportliche Aktivität: Rose et al. (2008). Ein größerer Anteil an im Freien verbrachter Zeit – nicht sportliche Aktivität als solche – wurde in Verbindung gebracht mit zurückgehender Kurzsichtigkeit und einer eher weitsichtigen durchschnittlichen Refraktion, nach der Anpassung an durch Naharbeit induzierte, parentale Myopie und Ethnizität.

»Neurogeschwafel«, »Hirnporno«-Studien: Weisberg (2008), McCabe (2008), außerdem der Bericht von der U.K. Royal Society »Neuroscience and the Law« (Die Neurowissenschaften und das Gesetz). Der Schriftsteller Jonah Lehrer arbeitete recht wirkungsvoll mit Hirnpornos, er fabulierte unter Zuhilfenahme einiger lose verknüpfter Gehirngeschichten eine Erzählung zusammen und reizte die narrative Verzerrung so lange bis an die Grenze des Möglichen aus, bis ihm nachgewiesen wurde, dass sowohl sein Konstrukt als auch seine Belegdaten freie Erfindung waren.

Der Druck auf Zahnärzte, Erlöse zu erwirtschaften: Sydney P. Freedberg, 2012, »Dental Abuse Seen Driven by Private Equity Investments« (Zahnmedizinische Überbehandlung offenbar durch Private-Equity-Investments motiviert) *Bloomberg News* (17. Mai 2012).

Signifikanz: Leute aus den Sozialwissenschaften sollten einfach so wenig mit Statistiken hantieren dürfen wie ein Buchhalter mit einem Skalpell. Das Problem mit der falsch verstandenen Signifikanz steckt auch die Profis an. Siehe McCloskey und Ziliak (1996), Ziliak und McCloskey (2008), Kahneman und Tversky (1979), Taleb und Goldstein (2012).

Praktiker und Theoretiker im Bereich Finanzmathematik verstehen trotz des ganzen Wirbels, der darum gemacht wird, einen elementaren Statistikbegriff nicht: Belege in Goldstein und Taleb (2007).

Übersehene Nichtlinearitäten bei dosisabhängiger Reaktion: Das Argument mit der Strahlung ist vergleichsweise überzeugend, Neumaier et al. (2012). »Das momentan gebräuchliche Standardmodell arbeitet mit einer linearen Skala, es leitet das Krebsrisiko aufgrund niedriger Dosen von hohen Dosen ionisierender Strahlung ab. Allerdings lässt unsere Entdeckung der Häufung von Doppelstrangbrüchen über so große Distanzen erhebliche Zweifel an der generellen Annahme entstehen, dass das Risiko ionisierender Strahlung in direktem Verhältnis zur Dosis steht und dass nicht vielmehr ein Mechanismus vermutet werden muss, der eher als Risikodosis-Abhängigkeit von ionisierender Strahlung bezeichnet werden müsste.« Strahlungshormesis ist die Vorstellung, dass geringe Strahlung eine hormetische Überreaktion mit schützendem Effekt verursacht. Siehe auch Aurengo (2005).

Statine und Konvexität: Beispielsweise ist bei statinhaltigen Medikamenten, die routinemäßig zur Senkung der Blutfette verschrieben werden, das Resultat für eine bestimmte Gruppe von Menschen zwar statistisch bedeutsam, die Auswirkung insgesamt jedoch unbedeutend. »Hochrisikopatienten im Alter zwischen 30 und 69 Jahren sollten darauf hingewiesen werden, dass ungefähr 50 Patienten 5 Jahre lang behandelt werden müssen, damit einem [kardiovaskulären] Zwischenfall vorgebeugt wird.« Abramson und Wright, (2007)

Nebenwirkungen von Statinen und ihre (mehr oder weniger) versteckten Risiken: Muskuloskeletale Schädigung oder einfach Schmerzen: Hoffmeister (2012). Allgemeine Einschätzung bei Hilton-Jones (2009), Hu et al. (2012). Roberts (2012) weist auf einen weiteren Aspekt der Konvexität von Vorteilen, also Schädigungen in einigen wenigen Fällen hin. Fernandez et al. (2011) zeigt, wo klinische Studien das Risiko von Muskelerkrankungen außer Acht lassen. Blaha et al. (2012) weist auf »erhöhte Risiken für gesunde Patienten« hin. Außerdem Reedberg und Katz (2012); Hamazaki et al. (2012): »Der absolute Effekt von Statinen auf die Gesamtmortalität ist, wenn er überhaupt existiert, bestenfalls gering.«

Harlan Krumholz, *Forbes* (29. April 2011):

> Das Problem besteht darin, dass Medikamente, die die Ergebnisse von Blutuntersuchungen verbessern, das eigentliche Risiko möglicherweise gar nicht verringern. Beispielsweise verringern zahlreiche Medikamente, die LDL reduzieren oder HDL aufstocken oder den Blutzucker oder den Blutdruck senken, entgegen aller Erwartungen nicht das Risiko – in einigen Fällen vergrößern sie es sogar.
>
> Das gilt vor allem für Behandlungsoptionen, mit denen einem zukünftigen Ereignis wie etwa einem Herzinfarkt vorgebeugt werden soll. Fatalerweise werden für viele Medikamente, die auf Risikofaktoren zielen, Studien, die untersuchen, ob die Patienten davon profitieren, entweder gar nicht durchge-

führt oder nur mit starker Verzögerung. Ein solcher Fall ist etwa Ezetimib, ein Arzneistoff der Firma Merck, der zur Reduktion von LDL eingesetzt wird. Da die Studie, die über die Patientenergebnisse Aufschluss gibt, erst abgeschlossen sein wird, wenn Ezetimib patentfrei ist, werden wir noch einige weitere Jahre nicht wissen, wie es sich auf die Risiken auswirkt. Die Zulassung und die Verkäufe dieses Milliarden Dollar schweren Medikaments basieren lediglich auf seiner Auswirkung auf eine Blutuntersuchung.

Was die Fibrate betrifft, ist die Situation allerdings besser. Es gibt bereits Studien zu Behandlungsergebnissen, und Fenofibrat, hergestellt von den Abbott Laboratories, wurde in umfangreichen Studien zweimal getestet. Beide Male gelang es dem Medikament nicht, das Risiko der Patienten zu senken, obwohl es höchst effektiv ihre Triglyceridwerte reduzierte. Kürzlich konnte in einer 300 Millionen Dollar teuren Untersuchung des National Institutes of Health kein Nutzen für das Abbott-Medikament belegt werden, wenn es mit einem Statin kombiniert wurde – erschwerend kam hinzu, dass es sich mit einer gewissen Wahrscheinlichkeit auf Frauen schädlich auswirkt. Die Bedenken sind immerhin so groß, dass sie die Food and Drug Administration veranlassten, einen Beratungsausschuss einzuberufen, um die Befunde zu analysieren.

Rücken: McGill (2007); Nebenwirkungen bei chirurgischen oder epiduralen Eingriffen, Hadler (2009).

Ärztestreiks: Es gab einige wenige Fälle von Streiks in Krankenhäusern, was zum Aufschub elektiver Eingriffe führte (nur die Notfälle wurden behandelt). Die Daten sind nicht sehr umfangreich, allerdings durchaus geeignet, die *Via-Negativa*-Methode zu bestätigen. Eine Zusammenfassung der Auswirkung elektiver Chirurgie bei Cunningham et al. (2008).

Diabetes und pharmakologische Behandlungen (ACCORD-Studie): Die ACCORD-Studie (Action to Control Cardiovascular Risk in Diabetes) konnte keine positive Auswirkung auf die Senkung des Blutzuckerspiegels oder andere Werte feststellen – der Zusammenhang ist möglicherweise komplexer, und es handelt sich nicht lediglich um ein simples Zuckerproblem, das durch medikamentöse Behandlung zu beheben ist. Eine Zusammenfassung bei Skyler et al. (2009), ältere Methoden bei Westman und Vernon (2008).

Zum Thema Diabetes und Diät: Taylor (2008), Widerlegung in Lim et al. (2011), Boucher et al. (2004); frühe Einsichten zur Diabetesbehandlung ausschließlich durch Diät bei Wilson et al. (1980). Couzin (2008), »Deaths in Diabetes Trial Challenge a Long-Held Theory«, *Science* 15 (Februar 2008): 884–885. Diabetesheilung und bariatrische (oder andere) chirurgische Eingriffe: Pories et al. (1995), Guidone et al. (2006), Rubino et al. (2006).

Autophagie bei Krebs: Kondo et al. (2005).

Autophagie (allgemein): Danchin et al. (2011), Congcong et al. (2012).

Jensen'sche Ungleichung in der Medizin und beim Training: Viele Fachleute wie beispielsweise Schnohr und Marott (2011) zeigten für den Umstand, dass

Extremsprinten in Kombination mit Nichtstun (im Sinne einer Hantel) effektiver ist als regelmäßige Aktivität, durchaus Verständnis, allerdings kamen sie nicht auf den Konvexitäts-Bias.

Art De Vany und die Jensen'sche Ungleichung: Art De Vany, private Korrespondenz: »Gewebezuwachs steigt mit Nahrungsaufnahme konvex an (die Kurve steigt, die Zuwächse nehmen aber stetig ab). Das muss der Fall sein für den Ausgangspunkt für eine Steady-state-Lösung. Das bedeutet, dass die Gewichtszunahme – inklusive Fett – höher ist bei einer mittleren Aufnahme als bei variierender Aufnahme derselben Menge an Kalorien und Nährstoffen. Muskeln und Fett konkurrieren um das Substrat, eine fettere Person wird also die Nährstoffaufteilung eher in Richtung Muskeln verschieben, weil Körperfett zu Insulinresistenz im Muskel führt. Insulin wird in gewissen Abständen freigesetzt und ist sehr viel wirksamer mit diesem Muster als mit der chronischen Erhöhung, die durch sechs Mahlzeiten pro Tag bewirkt wird. Andererseits, wenn Fett und Muskeln abgebaut werden, ist die Kurve negativ geneigt, senkt sich aber mit abnehmender Rate ab (konkav). Das heißt, man verliert mehr Fett, wenn man unregelmäßig isst, als bei kontinuierlicher Nahrungsaufnahme. Der Verlust bei der durchschnittlichen Nahrungsaufnahme (sechs Mahlzeiten pro Tag hält die Variationsbreite des Durchschnitts klein) ist geringer als der Verlust bei der gleichen aufgenommenen Menge, die aber zwischen einer kleinen Portion und einer großen stärker schwankt. Ein noch subtilerer Aspekt: Man verliert mehr Gewicht, wenn man regelmäßig isst, aber das ist nur darauf zurückzuführen, dass man aufgrund chronischen Mangels mehr Muskeln verliert, als es der Fall wäre, wenn der Mangel unregelmäßig aufträte. Unregelmäßiges Essen führt zu einer besseren körperlichen Gesamtverfassung.«

Hungern, periodisches Fasten, Altern: Zur neuronalen Resistenz und zum Altern des Gehirns Anson et al. (2003), Mattson et al. (2005), Martin et al. (2006), Halagappa et al. (2007), Stranahan und Mattson (2012).

Kalorienreduktion: Harrison et al. (1984), Weindruch (1996), Pischon (2008).

Intensives Training: Zusammenfassung der Literatur zur Wirkung episodischen Energieungleichgewichts in De Vany (2012), der außerdem als Bonus Potenzgesetzeffekte untersucht.

Dass Pillen spekulativer sind, wird nicht verstanden: Stipp (2010) betreibt einigen Aufwand mit *Via-Positiva*-Methoden, die das Leben mit komplizierten pharmazeutischen Hilfestellungen verlängern sollen.

Glukose und Willenskraft: Dass Glukose wach macht und die Willenskraft stärkt, wie die Experimente von Baumeister zeigen, gilt möglicherweise, wie Kahneman (2012) ausführt, lediglich für Menschen mit Stoffwechselstörungen. Siehe Kurzban (2010) mit einem Blick auf die statistischen Instrumente.

Die Gruppe von Krankheiten, die auf fehlende Zufälligkeit zurückzuführen sind, siehe auch Prolog: Yaffe und Blackwell (2004), Razay und Wilcock (1994); Alzheimer und Hyperinsulinemie: Luchsinger et al. (2004), Janson et al. (2004).

Hunger und Gehirn: Stranahan und Mattson (2012). Die lange geltende Überzeugung, das Gehirn brauche Glukose, nicht Keton, und Autophagie finde im Gehirn nicht statt, wird nach und nach korrigiert.

Ramadan und die Auswirkung des Fastens: Ramadan ist in diesem Zusammenhang uninteressant, da die Menschen lediglich zwölf Stunden fasten, abhängig von der Jahreszeit (wenn jemand vom Abendessen bis zum Mittagessen fastet, nimmt er 17 Stunden lang nichts zu sich – eine vom Autor praktizierte Methode). Außerdem schlagen sie sich nach Sonnenuntergang den Bauch voll und verzehren jede Menge Kohlehydrate in Form von – wie ich es selbst miterlebt habe – Süßigkeiten aus Tripolis (Libanon). Trotzdem ist noch ein gewisser Effekt spürbar. Trabelsi et al. (2012), Akanji et al. (2000).

Positive Auswirkungen von Stress: Zu den unterschiedlichen Wirkungen der beiden Typen von Stressfaktoren – kurzfristiger und chronischer Stressoren – siehe Dhabar (2009); zu den positiven Auswirkungen von Stress auf Immunität und Krebsresistenz, Dhabhar et al. (2010), Dhabhar et al. (2012).

Schädliche Nebenwirkungen von Hygiene und systematischer Ausrottung von Keimen: Rook (2011), Guarner et al. (2006); Mégraud und Lamouliatte (1992) zu Helicobacter.

Die Paleo-Gruppe, De Varny, Gary Taubes und Freunde: Taubes (2008, 2011), De Vany (2012); evolutionäre Anthropologie: Carrera-Bastos et al. (2011), Kaplan et al. (2000).

Buch VII: Die Ethik von Fragilität und Antifragilität

Aktuelle philosophische Diskussionen zum Thema Kapitalismus: Offenbar besteht kein Interesse an einer so simplen Heuristik wie der Bereitschaft, seine Haut aufs Spiel zu setzen, nicht einmal in so erhellenden Abhandlungen wie Cuillerai (2009).

Tapferkeit in der Geschichte: Berns et al. (2010).

Gladiatoren: Veyne (1999).

Tretmühleneffekt: Lukrez, *Nimirum quia non bene norat quæ esset habendi / Finis, et omnino quoad crescat vera voluptas.*

Gruppe und Kollektiv: Haidt (2012).

Adam Smith über den Kapitalismus: »Ein Wort, das er nie benutzte«: Simon Schama, persönliches Gespräch.

Gefährlicher Bericht von Stiglitz et al.: Joseph E. Stiglitz, Jonathan M. Orszag und Peter R. Orszag (2002), »Implications of the New Fannie Mae and Freddie Mac Risk-based Capital Standard«, *Fannie Mae Papers,* Bd. I, Frage 2 (März 2002).

Meyer Lansky: Ralph Salerno zugeschrieben, einem ehemaligen Ermittler gegen die Mafia beim New York Police Department, in Ferrante (2011).

Empörende Aktivitäten der Pharmaindustrie, die weniger Heilverfahren als vielmehr Patienten sucht: Berichte von direkter und indirekter Korruption, teilweise auch im Bereich der Psychiatrie. Ein Psychiatrie-Professor an der Harvard Medical School bekam von der Pharmaindustrie 1,6 Millionen Dollar.

»Ihm ist es zu verdanken, dass bei Zweijährigen jetzt die Diagnose ›bipolare Störung‹ gestellt werden kann…« Marcia Angell, *The New York Review of Books*. Angell war früher Herausgeberin des *New England Journal of Medicine* und misstraut sehr vielen klinischen Studien. Außerdem Light und Lexchin (2012) zu dem Umstand, dass Gelder nicht in spekulative Forschung, sondern in »sichere« Wetten mit gewöhnlichen Medikamenten gesteckt werden.

Widersprechende Studien: Kahneman machte mich auf Untersuchungen wie Malmendier und Tate (2008, 2009) aufmerksam, die darauf verweisen, dass Manager mehr als nötig in ihre Firmen investieren, dass sie also infolge von übersteigertem Selbstvertrauen ihre eigene Haut zu sehr aufs Spiel setzen. Myron Scholes und Robert Merton investierten bei LTCM (Long Term Capital Management). Das stimmt – aber überall dominiert die freie Option (man vergleiche nur die Gesamtvergütungen an Manager im Verhältnis zu den Gewinnen von Aktionären). Es gibt »Narren des Zufalls« und »Schurken des Zufalls«, häufig treten auch Kombinationen auf. (Nicolas Tabardel danke ich für den Hinweis.)

Asymmetrien und Extrakte: Acemoglu und Robinson (2012) behandeln eine Asymmetrie mit ihrer Darstellung von einem Umfeld samt ökonomischer Institutionen, in denen eine Person sich auf Kosten einer anderen bereichert, dem Gegenteil eines konvexen, auf Zusammenarbeit gegründeten Gesellschaftsrahmens, in dem der eigene Wohlstand auch anderen zugute kommt. North (1992) zur Rolle der Institutionen.

Kaviar-Sozialismus und Burnyeats Problem: Riffard (2004), Burnyeat (1984), Wai-Hung (2002).

Kollektive Blindheit, Streuung der Verantwortung: Im Tierreich (Ameisen), Deneubourg et al. (1983, 1989).

Leben und Sozialisierung in Rom: Veyne (2001).

Elefant im Zimmer: Dinge, die jedem bewusst sind, über die aber nicht gesprochen wird. Zerubavel (2006).

Moral großer Unternehmen: Höher als erwartet: Greenwood und Suddaby (2006), kommentiert von Stubbart und Knight (2006). Der beste Test besteht darin, den S&P 100 oder S&P 500 heranzuziehen und deren Zusammensetzung im Lauf der Zeit nachzuverfolgen. Oder aber die Literatur zu Fusionen zu studieren.

Informationskaskaden: Der Mechanismus, aufgrund dessen die Öffentlichkeit Irrtümer, Illusionen und Gerüchte übertreibt; Zusammenfassung bei Sunstein (2009).

Alan-Blinder-Problem: Artikel im *Wall Street Journal* mit unverhohlenem Interessenkonflikt: »Blanket Deposit Insurance Is a Bad Idea« (Einlagenversicherung ist keine gute Idee), 15. Oktober 2008, verfasst zusammen mit R. Glenn Hubbard, dem Dekan der Columbia University Business School.

Leistungsvergleich bei Familienunternehmen: McConaughy D., C. Matthews und A. Fialko (2001), Le Breton-Miller et al. (2006), Mackie (2001).

Die eigene Haut aufs Spiel setzen: Taleb und Martin (2012a).

Unverständnis in der sozialwissenschaftlichen Literatur: Ein typischer Fehler, man denke nur an die Ahnungslosigkeit gegenüber dem Problem bei hyperaktiven Befürwortern der Idee wie etwa Ayres (2007): »Sie wollen einen umfangreichen Ankauf von Euros absichern? Wie sich gezeigt hat, sollten Sie ein sorgfältig ausgewogenes Portfolio aus sechsundzwanzig anderen Aktien und Gütern verkaufen, darunter möglichst auch Wal-Mart-Aktien«, S. 11.

Stan Youngs Kreuzzug: Young und Carr (2011). Außerdem Ioannidis (2005, 2007).

Doxastische Verpflichtung: Levi (1980).

Salz: Sehr überzeugend Freedman und Petitti (2001), sie stützen sich auf die Visualisierung von Daten und weniger auf Metriken. Bemerkenswert: »Keiner der beiden Autoren ist als Berater für die Salzindustrie tätig« – solche Dinge nehme ich immer *als Erstes* wahr.

Diagramm zum Big-Data-Komplex: Anhand einer Monte-Carlo-Simulation; verwendet wird >0,1 beziehungsweise größer als die Korrelationen, die von der Sozialwissenschaft bevorzugt werden (es ist kaum möglich, die Analyse analytisch durchzuführen, da die großen Matrizen positiv-definit bleiben müssen). Die Konvexität ist invariant zur Korrelationsschwelle.

Eine Lösung für die forscherspezifischen Verzerrungen bei klinischen Versuchen: Goldacre (2010) schlägt die Einrichtung einer Versuchsdatenbank vor, bei der Forscher gezwungen wären, auch ihre Misserfolge einzugeben. Alles wäre besser als der jetzige Zustand.

Fragilität und das Kollektiv: Die Macht des Kollektivs beruht auf den Vorteilen der Effizienz, also Fragilität: Die Leute gewöhnen sich an, das individuelle Urteil durch das kollektive Urteil zu ersetzen. Diese Vorgehensweise funktioniert ganz gut – es ist schneller und billiger (also *effizienter*), als das Rad je einzeln neu zu erfinden. Aber wie alle Abkürzungen wird sie uns letztendlich um die Ohren fliegen. In der Welt, in der wir leben, wird der Effekt noch zusätzlich vergrößert – die Größenordnungen wachsen immer weiter; das Kollektiv ist weltumspannend.

Jobs und Handwerkerethik: »*Playboy*: ›Sie glauben also, dass die Leute, die den PCjr gebaut haben, keinen vergleichbaren Stolz für ihre Produkte empfinden?‹ Jobs: ›Wenn es so wäre, dann hätten sie den PCjr nicht gebaut.‹« *Playboy* [sic!], 1. Februar 1985.

Widerlegung der Hypothese überzogener Diskontierung: Read et al. (2012).

Weitere Erörterungen zu Big Data und Forschern, die das System ausnutzen: Baumeister et al. (2007) zu Selbstauskünften in der Psychologie. Kerr (1998) zu Hypothesen, die zeitlich nach den Resultaten formuliert wurden, und post hoc bei Yauan und Maxwell; Yarkoni für das Problem großer *M* (Dimension) und geringer *N* (Daten).

Bibliographie

About, Edmond, 1855, *La Grèce contemporaine.*

Abrahamson, Eric und David H. Freedman, 2007, *Das perfekte Chaos: Warum unordentliche Menschen glücklicher und effizienter sind.* Aus dem Amerikanischen von Christoph Bausum. Berlin.

Abramson, J. und J. Wright, 2007, »Are Lipid-Lowering Guidelines Evidence-Based?« *Lancet* 369(9557): 168–169.

Acemoglu, Daron und James A. Robinson, 2012, *Why Nations Fail: The Origins of Power, Prosperity and Poverty.* New York.

ACCORD Study Group, 2007, »Action to Control Cardiovascular Risk in Diabetes (ACCORD) Trial: Design and Methods.« *American Journal of Cardiology* 99 (Supplement): 21i–33i.

Akanji, A.O., O.A. Mojiminiyi und N. Abdella, 2000, »Beneficial Changes in Serum Apo A-1 and Its Ratio to Apo B and HDL in Stable Hyperlipidaemic Subjects After Ramadan Fasting in Kuwait.« *European Journal of Clinical Nutrition* 54(6): 508–513.

Allendy, René, 1937, *Paracelse. Le médecin maudit.* Paris.

Alter, A.L., D.M. Oppenheimer et al., 2007, »Overcoming Intuition: Metacognitive Difficulty Activates Analytic Reasoning.« *Journal of Experimental Psychology: General* 136(4): 569.

Anderson, P.W., 1972, »More Is Different.« *Science,* New Series, Bd. 177, Nr. 4047 (4. Aug.): 393–396.

Anderson, G., J. Foreyt, M. Sigman-Grant und D. Allison, 2012, »The Use of Low-Calorie Sweeteners by Adults: Impact on Weight Management.« *Journal of Nutrition* 142(6): 1163s–1169s.

Anderson, R.C. und D.M. Reeb, 2004, »Board Composition: Balancing Family Influence in S&P 500 Firms.« *Administrative Science Quarterly* 49(2): 209–237.

Andreoli, A., M. Monteleone, M. Van Loan, L. Promenzio, U. Tarantino und A. De Lorenzo, 2001, »Effects of Different Sports on Bone Density and Muscle Mass in Highly Trained Athletes.« *Medicine & Science in Sports & Exercise* 33(4): 507–511.

Anson, R.M., Z. Guo et al., 2003, »Intermittent Fasting Dissociates Beneficial Effects of Dietary Restriction on Glucose Metabolism and Neuronal Resistance to Injury from Calorie Intake.« *Proceedings of the National Academy of Sciences of the United States of America* 100(10): 6216.

Arbesman, S., 2011, »The Life-Spans of Empires.« *Historical Methods: A Journal of Quantitative and Interdisciplinary History* 44(3): 127–129.

Arikha, Noga, 2008a, *Passions and Tempers: A History of the Humours.* New York.

Arikha, Noga, 2008b, »Just Life in a Nutshell: Humours as Common Sense.« *Philosophical Forum Quarterly* XXXIX: 3.

Arnheim, Rudolf, 1979, *Entropie und Kunst: Ein Versuch über Unordnung und Ordnung.* Aus dem Amerikanischen vom Verfasser. Köln.

Arnqvist, G. und M. Kirkpatrick, 2005, »The Evolution of Infidelity in Socially Monogamous Passerines: The Strength of Direct and Indirect Selection on Extrapair Copulation Behavior in Females.« *American Naturalist* 165 (s5).

Aron, Raymond, 1964, *Dimensions de la conscience historique.* Paris.

Arrow, Kenneth, 1965, »Aspects of the Theory of Risk-Bearing«, Yrjö Jahnsson Lectures (1965), wieder abgedruckt in Kenneth Arrow, Hrsg., 1976, *Essays in the Theory of Risk Bearing.* Chicago.

Atamas, S.P. und J. Bell, 2009, »Degeneracy-Driven Self-Structuring Dynamics in Selective Repertoires.« *Bulletin of Mathematical Biology* 71(6): 1349–1365.

Athavale, Y., P. Hosseinizadeh et al., 2009, »Identifying the Potential for Failure of Businesses in the Technology, Pharmaceutical, and Banking Sectors Using Kernel-Based Machine Learning Methods.« *Proceedings of the IEEE International Conference on Systems, Man and Cybernetics*, 1073–1077.

Aubet, Maria Eugenia, 2001, *The Phoenicians and the West: Politics, Colonies and Trade.* Cambridge.

Audard, Catherine, Hrsg., 1993, *Le respect: De l'estime à la déférence: une question de limite.* Paris.

Aurengo, André, 2005, *Dose-Effect Relationships and Estimation of the Carcinogenic Effects of Low Doses of Ionizing Radiation.* Paris.

Ayanian, J.Z. und D.M. Berwick, 1991, »Do Physicians Have a Bias Toward Action?« *Medical Decision Making* 11(3): 154–158.

Ayres, Ian, 2007, *Super Crunchers: Why Thinking-by-Numbers Is the New Way to Be Smart.* New York.

Bakwin, H., 1945, »Pseudodoxia Pediatrica.« *New England Journal of Medicine* 232(24): 692.

Ball, Philip, 2006, *The Devil's Doctor: Paracelsus and the World of Renaissance Magic and Science.* New York.

Ball, Philip, 2008, *Universe of Stone: A Biography of Chartres Cathedral.* New York.

Bar-Yam, Yaneer, 2001, *Introducing Complex Systems.* Cambridge, Mass.

Bar-Yam, Yaneer und I. Epstein, 2004, »Response of Complex Networks to Stimuli.« *Proceedings of the National Academy of Sciences of the United States of America* 101(13): 4341.

Barkan, I., 1936, »Imprisonment as a Penalty in Ancient Athens.« *Classical Philology* 31(4): 338–341.

Barry, D.W. und W.M. Kohrt, 2008, »BMD Decreases over the Course of a Year

in Competitive Male Cyclists.« *Journal of Bone and Mineral Research* 23(4): 484–491.
Barty-King, H., 1997, *The Worst Poverty: A History of Debt and Debtors.* Stroud.
Basalla, George, 1988, *The Evolution of Technology.* Cambridge.
Bates, Don, Hrsg., 1995, *Knowledge and the Scholarly Medical Traditions.* Cambridge.
Baumeister, R.F., K.D. Vohs und D.C. Funder, 2007, »Psychology as the Science of Self-Reports and Finger Movements: Whatever Happened to Actual Behavior?« *Perspectives on Psychological Science* 2: 396–403.
Beahm, George, 2011, *iSteve: Steve Jobs erklärt Steve Jobs.* Aus dem Amerikanischen von Jessica Pfeil. Kulmbach.
Beaujouan, G., 1973, *Réflexions sur les rapports entre théorie et pratique au moyen âge.* Boston.
Beaujouan, G., 1991, *Par raison de nombres: L'art du calcul et les savoirs scientifiques médiévaux.* Kettering.
Bechtel, Guy, 1970, *Paracelse et la naissance de la médecine alchimique.* Paris.
Bell, David A., 2001, *The Cult of the Nation in France: Inventing Nationalism 1680–1800.* Cambridge, Mass.
Bennett, G. et al., 2009, »From Synthetic Biology to Biohacking: Are We Prepared?« *Nature Biotechnology* 27(12): 1109–1111.
Berkun, Scott, 2007, *The Myths of Innovation.* Sebastol.
Berlin, Isaiah, 2009, *Das krumme Holz der Humanität: Kapitel der Ideengeschichte.* Hrsg. von Henry Hardy. Aus dem Englischen von Reinhard Kaiser. Berlin.
Berns, Thomas, Laurence Blésin und Gaelle Jeanmart, 2010, *Du courage: une histoire philosophique.* Paris.
Bernstein, Peter L., 2004, *Wider die Götter: Die Geschichte der modernen Risikogesellschaft.* Aus dem Amerikanischen von Gerhard Beckmann. Hamburg.
Bettencourt, L. und G. West, 2010, »A unified theory of urban living.« *Nature* 467(7318): 912–913.
Bettencourt, L. und G. West, 2011, »Bigger Cities Do More with Less.« *Scientific American* 305(3): 52–53.
Beunza, D. und D. Stark, 2010, »Models, Reflexivity, and Systemic Risk: A Critique of Behavioral Finance.« Vorabdruck.
Biezunski, Michel, Hrsg., 1983, *La recherche en histoire des sciences.* Paris.
Blagosklonny, M., J. Campisi, D. Sinclair, A. Bartke, M. Blasco, W. Bonner, V. Bohr, R. Brosh Jr., A. Brunet und R. DePinho, 2010, »Impact Papers on Aging in 2009.« *Aging* (Albany, N.Y.), 2(3): 111.
Blaha, M.J., K. Nasir, R.S. Blumenthal, 2012, »Statin Therapy for Healthy Men Identified as ›Increased Risk‹.« JAMA 307(14): 1489–1490.
Bliss, Michael, 2007, *The Discovery of Insulin.* Chicago.
Blundell-Wignall, A. et al., 2009, »The Elephant in the Room: The Need to Deal with What Banks Do.« *OECD Journal: Financial Market Trends* (2).

Boehlje, M., 1999, »Structural Changes in the Agricultural Industries: How Do We Measure, Analyze and Understand Them?« *American Journal of Agricultural Economics* 81(5): 1028–1041.

Bohuon, Claude und Claude Monneret, 2009, *Fabuleux hasards: histoire de la découverte des médicaments*. Les Ulis.

Bonanno, G.A., 2004, »Loss, Trauma, and Human Resilience: Have We Underestimated the Human Capacity to Thrive After Extremely Aversive Events?« *American Psychologist* 59: 20–28.

Borkowski, M. et al., 2009, »Epidemic Modeling with Discrete-Space Scheduled Walkers: Extensions and Research Opportunities.« *BMC Public Health* 9 (Supplement 1): S14.

Bostrom, Nick, 2002, *Anthropic Bias: Observation Selection Effects in Science and Philosophy*. London.

Boucher, A. et al., 2004, »Biochemical Mechanism of Lipid-Induced Impairment of Glucose-Stimulated Insulin Secretion and Reversal with a Malate Analogue.« *Journal of Biological Chemistry* 279: 27263–27271.

Bourdieu, Pierre, 2009, *Entwurf einer Theorie der Praxis: Auf der ethnologischen Grundlage der kabylischen Gesellschaft*. Aus dem Französischen von Cordula Pialoux und Bernd Schwibs. Frankfurt/Main.

Brand, Stewart, 1995, *How Buildings Learn: What Happens After They're Built*. New York.

Brandstätter, E. et al., 2006, »The Priority Heuristic: Making Choices Without Trade-offs.« *Psychological Review* 113(2): 409.

Brewster, J.F. et al., 2005, »Convexity, Jensen's Inequality and Benefits of Noisy Mechanical Ventilation.« *Journal of the Royal Society* 2(4): 393–396.

Brosco, J. und S. Watts, 2007, »Two Views: ›Bad Medicine: Doctors Doing Harm Since Hippocrates.‹ By David Wootton.« *Journal of Social History* 41(2): 481.

Bryson, Bill, 2011, *Eine kurze Geschichte der alltäglichen Dinge*. Aus dem Amerikanischen von Sigrid Ruschmeier. München.

Burch, Druin, 2009, *Taking the Medicine: A Short History of Medicine's Beautiful Idea, and Our Difficulty Swallowing It*. London.

Burghardt, G. und W. Hoskins, 1994, »The Convexity Bias in Eurodollar Futures.« *Carr Futures Research Note*, September.

Burghardt, G. und G. Panos, 2001, »Hedging Convexity Bias.« *Carr Futures Research Note*, August.

Burnyeat, F., 1984, »The Sceptic in His Place and Time.« In R. Rorty, J.B. Schneewind und Q. Skinner, Hrsg., *Philosophy in History*. Cambridge, 225.

Cairns, Warwick, 2007, *About the Size of It: The Common Sense Approach to Measuring Things*. London.

Calabrese, E.J., 2005, »Paradigm Lost, Paradigm Found: The Re-emergence of Hormesis as a Fundamental Dose Response Model in the Toxicological Sciences.« *Environmental Pollution* 138(3): 378–411.

Calabrese, E.J. und L.A. Baldwin, 2002, »Defining Hormesis.« *Human & Experimental Toxicology* 21(2): 91.

Calabrese, E.J. und L.A. Baldwin, 2003a, »Toxicology Rethinks Its Central Belief.« *Nature* 421(6924): 691–692.

Calabrese, E.J. und L.A. Baldwin, 2003b, »Hormesis: The Dose-Response Revolution.« *Annual Review of Pharmacology and Toxicology* 43(1): 175–197.

Calder, William M. III, Bernhard Huss, Marc Mastrangelo, R. Scott Smith und Stephen M. Trzaskoma, 2002, *The Unknown Socrates*. Wauconda, Ill.

Calhoun, L.G. und R.G. Tedeschi, 2006, *Expert Companions: Post-Traumatic Growth in Clinical Practice*. Abingdon.

Canguilhem, Georges, 1974, *Das Normale und das Pathologische*. Aus dem Französischen von Monika Noll und Rolf Schubert. München.

Carbuhn, A., T. Fernandez, A. Bragg, J. Green und S. Crouse, 2010, »Sport and Training Influence Bone and Body Composition in Women Collegiate Athletes.« *Journal of Strength and Conditioning Research* 24(7): 1710–1717.

Carey, B. et al., 2011, »Observation of Dynamic Strain Hardening in Polymer Nanocomposites.« *ACS Nano*. 5(4): 2715–2722.

Carrera-Bastos, P. et al., 2011, »The Western Diet and Lifestyle and Diseases of Civilization.« *Research Reports in Clinical Cardiology* 2: 215– 235.

Cartwright, S. und R. Schoenberg, 2006, »Thirty Years of Mergers and Acquisitions Research: Recent Advances and Future Opportunities.« *British Journal of Management* 17(S1): S1–S5.

Caves, Carlton M., 2000, »Predicting Future Duration from Present Age: A Critical Assessment.« *Contemporary Physics* 41: 143–153.

Chang, H.J., 2012, *23 Lügen, die sie uns über den Kapitalismus erzählen*. Aus dem Englischen von Henning Dedekind und Anne Emmert. München.

Charbonnier, Georges, 2010, *Entretien avec Claude Lévi-Strauss*. Paris.

Collins, Harry, 2010, *Tacit and Explicit Knowledge*. Chicago.

Collins, N.C., 2008, »Is Ice Right? Does Cryotherapy Improve Outcome for Acute Soft Tissue Injury?« *Emergency Medicine Journal* 25: 65–68.

Compagnon, Antoine, 2005, *Les antimodernes de Joseph de Maistre à Roland Barthes*. Paris.

Congcong, He et al., 2012, »Exercise-Induced BCL2-Regulated Autophagy Is Required for Muscle Glucose Homeostasis.« *Nature*, 2012.

Conrad, Lawrence I., Michael Neve, Vivian Nutton, Roy Porter und Andrew Wear, 1995, *The Western Medical Tradition: 800 BC to AD 1800*. Cambridge.

Conroy, B.P. et al., 1993, »Bone Mineral Density in Elite Junior Olympic Weightlifters.« *Medicine and Science in Sports and Exercise* 25(10): 1103.

Contopoulos-Ioannidis, D.G. et al., 2003, »Translation of Highly Promising Basic Science Research into Clinical Applications.« *American Journal of Medicine* 114(6): 477–484.

Contopoulos-Ioannidis, D.G. et al., 2008, »Life Cycle of Translational Research for Medical Interventions.« *Science* 321(5894): 1298–1299.

Convery, F.J. et al., 2010, »ESRI Discussion Paper Series Nr. 230.«

Coulter, Harris L., 1994, *Hahnemann und die Homöopathie: Eine medizinhistorisch begründete Einführung in die Grundgedanken der homöopathischen*

Heilkunst. Aus dem Amerikanischen teilweise übersetzt von Thomas von Grudzinski. Heidelberg.

Coulter, Harris L., 2000, *Divided Legacy: A History of Schism in Medical Thought,* Bd. II. Berkeley.

Cowan, R. et al., 2000, »The Explicit Economics of Knowledge Codification and Tacitness.« *Industrial and Corporate Change* 9(2): 211.

Coy, P., 2009, »What Good Are Economists Anyway?« *BusinessWeek* 27: 26–29.

Crafts, Nicholas F.R., 1985, *British Economic Growth During the Industrial Revolution.* New York.

Crafts, Nicholas F.R. und C. Knick Harley, 1992, »Output Growth and the British Industrial Revolution: A Restatement of the Crafts-Harley View.« *Economic History Review* 45: 703–730.

Cretu, O. et al., 2011, *Risk Management for Design and Construction.* New York.

Crosby, Alfred W., 1997, *The Measure of Reality: Quantification and Western Society, 1250–1600.* Cambridge.

Cuillerai, Marie, 2009, *Spéculation, éthique, confiance: Essai sur le capitalisme vertueux.* Paris.

Cunningham, Solveig Argeseanu, Kristina Mitchell, K.M. Venkat Narayan, Salim Yusuf, 2008, »Doctors' Strikes and Mortality: A Review.« *Social Science & Medicine* 67(11): 1784–1788.

Cypser, J.R. und T.E. Johnson, 2002, »Multiple Stressors in *Caenorhabditis Elegans* Induce Stress Hormesis and Extended Longevity.« *Journals of Gerontology: Series A: Biological Sciences and Medical Sciences* 57(3): B109.

Czerlinski, J. et al., 1999, »How Good Are Simple Heuristics?« In Gigerenzer, Gerd et al., Hrsg., *Simple Heuristics That Make Us Smart.* New York, Oxford.

Dahl, Robert A. und Edward R. Tufte, 1973, *Size and Democracy.* Stanford.

Danchin, A. et al., 2011, »Antifragility and Tinkering in Biology (and in Business) Flexibility Provides an Efficient Epigenetic Way to Manage Risk.« *Genes* 2(4): 998–1016.

Darnton, Robert, 2010, *The Devil in the Holy Water, or The Art of Slander from Louis XIV to Napoleon.* Philadelphia.

Daston, Lorraine, 1988, *Classical Probability in the Enlightenment.* Princeton.

Davidson, P., 2010, »Black Swans and Knight's Epistemological Uncertainty: Are These Concepts Also Underlying Behavioral and Post-Walrasian Theory?« *Journal of Post Keynesian Economics* 32(4): 567–570.

Davis, Devra, 2007, *The Secret History of the War on Cancer.* New York.

Dawes, Robyn M., 2001, *Everyday Irrationality: How Pseudo-Scientists, Lunatics, and the Rest of Us Systematically Fail to Think Rationally.* Boulder.

De Finetti, B., 1937, *La prévision: ses lois logiques, ses sources subjectives.* Paris.

De Finetti, B., 1974, *Theory of Probability,* Bd. 1. London.

De Finetti, B., 1989, »Probabilism.« *Erkenntnis* 31(2): 169–223.

De la Hunty, A., S. Gibson und M. Ashwell, 2006, »A Review of the Effectiveness of Aspartame in Helping with Weight Control.« *Nutrition Bulletin* 31(2): 115–128.

De Long, J. Bradford und Andrei Shleifer, 1993, »Princes and Merchants: European City Growth Before the Industrial Revolution.« *Journal of Law and Economics* 36: 671–702.

De Soto, H., 2002, *Freiheit für das Kapital. Warum der Kapitalismus nicht weltweit funktioniert.* Berlin.

De Vany, A., 2012, *Die Steinzeit-Diät: So kriegen Sie Ihr Fett weg – natürlich fit, schlank und gesund wie vor 200000 Jahren.* Aus dem Amerikanischen von Birgit Irgnag. Kulmbach.

Delon, Michel, Hrsg., 1997, *Dictionnaire européen des lumières.* Paris.

Deneubourg, J.L., S. Goss, N. Franks und J.M. Pasteels, 1989, »The Blind Leading the Blind: Modelling Chemically Mediated Army Ant Raid Patterns.« *Journal of Insect Behavior* 2: 719–725.

Deneubourg, J.L., J.M. Pasteels und J.C. Verhaeghe, 1983, »Probabilistic Behavior in Ants: A Strategy of Errors?« *Journal of Theoretical Biology* 105: 259–271.

Derman, E. und N.N. Taleb, 2005, »The Illusions of Dynamic Replication.« *Quantitative Finance* 5: 4.

Dhabhar, F.S., 2009, »Enhancing Versus Suppressive Effects of Stress on Immune Function: Implications for Immunoprotection and Immunopathology.« N*euroimmunomodulation* 16(5): 300–317.

Dhabhar, F.S., A.N. Saul, C. Daugherty, T.H. Holmes, D.M. Bouley, T.M. Oberyszyn, 2010, »Short-term Stress Enhances Cellular Immunity and Increases Early Resistance to Squamous Cell carcinoma.« *Brain, Behavior and Immunity* 24(1): 127–137.

Dhabhar, F.S., A.N. Saul, T.H. Holmes, C. Daugherty, E. Neri, J.M. Tillie, D. Kusewitt, T.M. Oberyszyn, 2012, »High-Anxious Individuals Show Increased Chronic Stress Burden, Decreased Protective Immunity, and Increased Cancer Progression in a Mouse Model of Squamous Cell Carcinoma.« *PLOS ONE* 7(4): e33069.

Diamond, Jared, 1988, »Why Cats Have Nine Lives.« *Nature,* Bd. 332, 14. April.

Dixit, A.K. und R.S. Pindyck, 1994, *Investment Under Uncertainty.* Princeton.

Djebbar, Ahmed, 2001, *Une histoire de la science arabe.* Paris.

Dook, J.E., C. James, N.K. Henderson und R.I. Price, 1997, »Exercise and Bone Mineral Density in Mature Female Athletes.« *Medicine and Science in Sports and Exercise* 29(3): 291–296.

Douady, R. und N.N. Taleb, 2011, »Statistical Undecidability.« Vorabdruck.

Driver, P.M. und D.A. Humphries, 1988, *Protean Behaviour: The Biology of Unpredictability.* Oxford.

Duffin, Jacalyn, 1999, *History of Medicine: A Scandalously Short Introduction.* Toronto.

Dunne, J.A. et al., 2002, »Network Topology and Biodiversity Loss in Food Webs: Robustness Increases with Connectance.« *Ecology Letters* 5(4): 558–567.

Earle, J., 1975, »Thyroid Cancer. Delayed Effects of Head and Neck Irradiation in Children (Medical Information).« *Western Journal of Medicine* 123:340, Oktober.

Easterly, W., 2001, *The Elusive Quest for Growth: Economists' Adventures and Misadventures in the Tropics.* Cambridge, Mass.

Easterly, William, 2006, *Wir retten die Welt zu Tode: Für ein professionelleres Management im Kampf gegen die Armut.* Aus dem Amerikanischen von Petra Pyka. Frankfurt/ Main, New York.

Easterly, W. und A. Kraay, 2000, »Small States, Small Problems? Income, Growth, and Volatility in Small States.« *World Development* 28(11): 2013–2027.

Easterly, W., M. Kremer, L. Pritchett und L. Summers, 1993, »Good Policy or Good Luck? Country Growth Performance and Temporary Shocks.« *Journal of Monetary Economics* 32(3): 459–483.

Eberhard, Wolfram, 1980, *Geschichte Chinas.* Stuttgart.

Edelstein, Ludwig, 1987, *Ancient Medicine.* Baltimore.

Edgerton, David, 1996a, »The ›White Heat‹ Revisited: British Government and Technology in the 1960s.« *Twentieth Century British History* 7(1): 53–82.

Edgerton, David, 1996b, *Science, Technology, and the British Industrial ›Decline‹, 1870–1970.* Cambridge.

Edgerton, David, 2004, »The ›Linear Model‹ Did Not Exist: Reflections on the History and Historiography of Science and Research in Industry in the Twentieth Century.« In Karl Grandin und Nina Wormbs, Hrsg., *The Science–Industry Nexus: History, Policy, Implications.* New York.

Edgerton, David, 2007, *The Shock of the Old: Technology and Global History Since 1900.* Oxford.

Ekern, S., 1980, »Increasing Nth Degree Risk.« *Economics Letters* 6(4): 329–333.

Elkington, John und Pamela Hartigan, 2008, *The Power of Unreasonable People: How Social Entrepreneurs Create Markets That Change the World.* Cambridge, Mass.

Emer, J., 2009, »An Evolution of General Purpose Processing: Reconfigurable Logic Computing.« *Proceedings of the 7th Annual IEEE/ACM International Symposium.*

Esnault, Y., 2001, »Francois Jacob, l'éloge du bricolage.« *Biofutur* (213).

Fabrizio, P., F. Pozza, S. Pletcher, C. Gendron und V. Longo, 2001, »Regulation of Longevity and Stress Resistance by Sch9 in Yeast.« *Science's STKE* 292(5515): 288.

Fejtö, François, 1991, *Requiem für eine Monarchie: Die Zerschlagung Österreich-Ungarns.* Aus dem Französischen von Uta Szyszkowitz und Hilde Linnert. Wien.

Ferguson, Niall, 2011, *Civilization: The West and the Rest.* London.

Fernandez, G., E.S. Spatz, C. Jablecki, P.S. Phillips, 2011, »Statin Myopathy: A Common Dilemma Not Reflected in Clinical Trials.« *Cleveland Clinic Journal of Medicine* 78(6): 393–403.

Ferrante, Louis, 2011, *Von der Mafia lernen: Die Management-Geheimnisse der ehrenwerten Gesellschaft.* Aus dem Englischen von Almuth Braun. München.

Finch, C., V. Longo, A. Miyao, T. Morgan, I. Rozovsky, Y. Soong, M. Wei, Z. Xie und H. Zanjani, 2001, »Inflammation in Alzheimer's Disease.« In M.-F. Chesselet, Hrsg., *Molecular Mechanisms of Neurodegenerative Diseases,* 87–110.

Fink, W. et al., 2009, »Diagnoses by General Practitioners: Accuracy and Reliability.« *International Journal of Forecasting* 25(4): 784–793.

Finley, M.I., 1953, »Land, Debt, and the Man of Property in Classical Athens.« *Political Science Quarterly* 68(2): 249–268.

Flyvbjerg, Bent, 2001, *Making Social Science Matter: Why Social Inquiry Fails and How It Can Succeed Again.* Cambridge.

Flyvbjerg, Bent, 2009, »Survival of the Unfittest: Why the Worst Infrastructure Gets Built – and What We Can Do About It.« *Oxford Review of Economic Policy,* 25(3): 344–367.

Flyvbjerg, Bent und Alexander Budzier, 2011, »Are You Sitting on a Ticking Time Bomb?« *Harvard Business Review,* September.

Fossedal, G.A. und A.R. Berkeley III, 2005, *Direct Democracy in Switzerland.* New Brunswick.

Fourest, Caroline und Fiametta Venner, 2010, *Les interdits religieux.* Paris.

Franklin, James, 2001, *The Science of Conjecture: Evidence and Probability Before Pascal.* Baltimore.

Freedman, D.A. und D.B. Petitti, 2001, »Salt and Blood Pressure: Conventional Wisdom Reconsidered.« *Evaluation Review* 25(3): 267–287.

Freedman, D. et al., 2010, *Statistical Models and Causal Inference: A Dialogue with the Social Sciences.* Cambridge.

Freeman, C. und L. Soete, 1997, *The Economics of Industrial Innovation.* London.

Freidson, Eliot, 1979, *Der Ärztestand: Berufs- und wissenschaftssoziologische Durchleuchtung einer Profession.* Aus dem Amerikanischen von Hannelore Nuffer. Stuttgart.

French, Roger, 2003, *Medicine Before Science: The Rational and Learned Doctor from the Middle Ages to the Enlightenment.* Cambridge.

Froot, K.A., 2001, »The Market for Catastrophe Risk: A Clinical Examination.« *Journal of Financial Economics* 60(2–3): 529–571.

Fujiwara, Y., 2004, »Zipf Law in Firms Bankruptcy.« *Physica A: Statistical and Theoretical Physics* 337: 219–230.

Fukumoto, S. und T.J. Martin, 2009, »Bone as an Endocrine Organ.« *Trends in Endocrinology and Metabolism* 20: 230–236.

Fuller, Steve, 2005, *The Intellectual.* London.

García-Ballester, Luis, 1995, »Health and Medical Care in Medieval Galenism.« In Don Bates, Hrsg., *Knowledge and the Scholarly Medical Traditions.* Cambridge.

Garland, Robert, 1998, *Daily Life of the Ancient Greeks.* Indianapolis.

Gauch, Ronald R., 2009, *It's Great! Oops, No It Isn't: Why Clinical Research Can't Guarantee the Right Medical Answers*. New York.

Gawande, Atul, 2010, *Die Schere im Bauch: Mysterien der Medizin*. Aus dem Amerikanischen von Susanne Kuhlmann-Krieg. München.

Geach, Peter, 1966, »Plato's Euthyphro.« *The Monist* 50: 369–382.

Geison, Gerald L., 1995, *The Private Science of Louis Pasteur*. Princeton.

Gems, D. und L. Partridge, 2008, »Stress-Response Hormesis and Aging: That Which Does Not Kill Us Makes Us Stronger.« *Cell Metabolism* 7(3): 200–203.

Gibbert, M. und P. Scranton, 2009, »Constraints as Sources of Radical Innovation? Insights from Jet Propulsion Development.« *Management & Organizational History* 4(4): 385.

Gigerenzer, Gerd, 2008, »Why Heuristics Work.« *Perspectives on Psychological Science* 3(1): 20–29.

Gigerenzer, Gerd und H. Brighton, 2009, »*Homo heuristicus:* Why Biased Minds Make Better Inferences.« *Topics in Cognitive Science* 1(1): 107–143.

Gigerenzer, Gerd und W. Gaissmaier, 2011, »Heuristic Decision Making.« *Annual Review of Psychology* 62: 451–482.

Gladwell, Malcolm, 2010, *Was der Hund sah und andere Abenteuer aus der Welt, in der wir leben*. Aus dem Englischen von Jürgen Neubauer. Frankfurt/Main, New York.

Glaeser, E., 2011, *Triumph of the City: How Our Greatest Invention Makes Us Richer, Smarter, Greener, Healthier, and Happier*. New York.

Glaser, Scott und Rinoo Shah, 2010, »Root Cause Analysis of Paraplegia Following Transforaminal Epidural Steroid Injections.« *Pain Physician* 13: 237–244.

Gold, Rich, 2007, *The Plenitude: Creativity, Innovation, and Making Stuff*. Cambridge, Mass.

Goldacre, B., 2007, »Benefits and Risks of Homoeopathy.« *Lancet* 370(9600): 1672–1673.

Goldacre, B., 2010, *Die Wissenschaftslüge: Wie uns Pseudo-Wissenschaftler das Leben schwermachen. Die pseudo-wissenschaftlichen Versprechungen von Medizin, Homöopathie, Pharma- und Kosmetik-Industrie*. Aus dem Englischen von Irmengard Gabler. Frankfurt/Main.

Goldstein, D.G. und G. Gigerenzer, 1999, »The Recognition Heuristic: How Ignorance Makes Us Smart.« In Gerd Gigerenzer und Peter M. Todd, *Simple heuristics that make us smart. Evolution and cognition*. New York, 37–58.

Goldstein, D.G. und G. Gigerenzer, 2002, »Models of Ecological Rationality: The Recognition Heuristic.« *Psychological Review* 109(1): 75.

Goldstein, D.G. und N.N. Taleb, 2007, »We Don't Quite Know What We Are Talking About When We Talk About Volatility.« *Journal of Portfolio Management,* Summer.

Gott, J. Richard III, 1993, »Implications of the Copernican Principle for Our Future Prospects.« *Nature* 363(6427): 315–319.

Gott, J. Richard III, 1994, »Future Prospects Discussed.« *Nature* 368: 108.

Graeber, David, 2012, *Schulden: Die ersten 5000 Jahre*. Aus dem Amerikanischen von Ursel Schäfer, Hans Freundl und Stephan Gebauer. Stuttgart.

Graham, M.R. et al., 2005, »Mathematical Modelling to Centre Low Tidal Volumes Following Acute Lung Injury: A Study with Biologically Variable Ventilation.« *Respiratory Research* 6(1): 64.

Granger, Clive W.J., 1999, *Empirical Modeling in Economics: Specification and Evaluation*. Cambridge.

Grant, Ruth W., 2011, *Strings Attached: Untangling the Ethics of Incentives*. Princeton.

Graver, M., 2007, *Stoicism and Emotion*. Chicago.

Gray, John, 1995, *Freiheit im Denken Hayeks*. Tübingen.

Gray, John, 2010, *Von Menschen und anderen Tieren. Abschied vom Humanismus*. Aus dem Englischen von Alain Kleinschmied. Stuttgart.

Gray, John, 2012, *Wir werden sein wie Gott: Die Wissenschaft und die bizarre Suche nach Unsterblichkeit*. Aus dem Englischen von Christina Schmutz und Frithwin Wagner-Lippok. Stuttgart.

Greenwood, R. und R. Suddaby, 2006, »The Case of Disappearing Firms: Death or Deliverance?« *Journal of Organizational Behavior* 27(1): 101–108.

Grice, E.A. und J.A. Segre, 2011, »The Skin Microbiome.« *Nature Reviews Microbiology* 9(4): 244–253.

Griffith, S.C., I.P.F. Owens und K.A. Thuman, 2002, »Extrapair Paternity in Birds: A Review of Interspecific Variation and Adaptive Function.« *Molecular Ecology* 11: 2195–2212.

Grob, Gerald N., 2002, *The Deadly Truth: A History of Disease in America*. Cambridge, Mass.

Guadalupe-Grau, A., T. Fuentes, B. Guerra und J. Calbet, 2009, »Exercise and Bone Mass in Adults.« *Sports Medicine* 39(6): 439–468.

Guarner, F. et al., 2006, »Mechanisms of Disease: the Hygiene Hypothesis Revisited.« *Nature Clinical Practice Gastroenterology & Hepatology* 3(5): 275–284.

Guidone, C. et al., 2006, »Mechanisms of Recovery from Type 2 Diabetes After Malabsorptive Bariatric Surgery.« *Diabetes* 55: 2025–2031.

Hacking, Ian, 1984, *The Emergence of Probability: A Philosophical Study of Early Ideas About Probability, Induction and Statistical Inference*. Cambridge.

Hacking, Ian, 1990, *The Taming of Chance*. Cambridge.

Hacking, Ian, 2006, *The Emergence of Probability*, 2. Aufl. New York.

Hadler, Nortin M., M.D., 2008, *Worried Sick: A Prescription for Health in an Overtreated America*. Chapel Hill.

Hadler, Nortin M., M.D., 2009, *Stabbed in the Back*. Chapel Hill.

Haidt, J., 2012, *The Righteous Mind: Why Good People Are Divided by Politics and Religion*. New York.

Haigh, J., 2000, »The Kelly Criterion and Bet Comparisons in Spread Betting.«

Journal of the Royal Statistical Society: Series D (The Statistician) 49(4): 531–539.

Hajek, A., 2003, *Interpretations of Probability.* Princeton/Citeseer.

Halagappa, V.K.M. et al., 2007, »Intermittent Fasting and Caloric Restriction Ameliorate Age-Related Behavioral Deficits in the Triple-Transgenic Mouse Model of Alzheimer's Disease.« *Neurobiology of Disease* 26(1).

Hald, Anders, 1998, *A History of Mathematical Statistics from 1750 to 1930.* New York.

Hald, Anders, 2003, *A History of Probability and Statistics and Their Applications Before 1750.* Hoboken.

Haleblian, J. et al., 2009, »Taking Stock of What We Know About Mergers and Acquisitions: A Review and Research Agenda.« *Journal of Management* 35(3): 469–502.

Hallström, H., H. Melhus, A. Glynn, L. Lind, A. Syvänen und K. Michaëlsson, 2010, »Coffee Consumption and CYP1A2 Genotype in Relation to Bone Mineral Density of the Proximal Femur in Elderly Men and Women: A Cohort Study.« *Nutrition and Metabolism* 7:12.

Hamazaki, T. et al., 2012, »Rethinking Cholesterol Issues,« *Journal of Lipid Nutrition* 21.

Hammond, John S. et al., 2001, *Schnell und sicher entscheiden: Die neue Methode der Harvard Business School.* Düsseldorf, Berlin.

Harrison, A.R.W., 1998, *The Law of Athens: The Family and Property.* Indianapolis.

Harrison, D.E., J.R. Archer und C.M. Astle, 1984, »Effects of Food Restriction on Aging: Separation of Food Intake and Adiposity.« *Proceedings of the National Academy of Sciences USA* 81: 1835–1838.

Haug, E.G., 1998, *The Complete Guide to Option Pricing Formulas.* McGraw-Hill Companies.

Haug, E.G. und N.N. Taleb, 2010, »Option Traders Use Heuristics, Never the Formula Known as Black-Scholes-Merton Equation.« *Journal of Economic Behavior and Organizations* 27.

Hayek, F.A., 1945, »The Use of Knowledge in Society.« *American Economic Review* 35(4): 519–530.

Hayek, F.A., 2006, *Die verhängnisvolle Anmaßung: Die Irrtümer des Sozialismus.* Tübingen.

Hayflick, L., 2001, »Hormesis, Aging and Longevity Determination.« *Human & Experimental Toxicology* 20(6): 289.

Heyde, C.C. und E. Seneta, Hrsg., 2001, *Statisticians of the Centuries.* New York.

Hilton-Jones, D., 2009, »I-7. Statins and Muscle Disease.« *Acta Myologica* 28(1): 37.

Hind, K. und M. Burrows, 2007, »Weight-Bearing Exercise and Bone Mineral Accrual in Children and Adolescents: A Review of Controlled Trials.« *Bone* 40: 14–27.

Hoffmeister, E., 2012, »Statins and musculoskeletal pain«, *Orthopaedic nursing* 11.
Holland, John H., 1995, *Hidden Order: How Adaptation Builds Complexity.* New York.
Hollis, Martin, 1995, *Soziales Handeln: Eine Einführung in die Philosophie der Sozialwissenschaft.* Aus dem Englischen von Joachim Schulte. Berlin.
Horkheimer, Max und Theodor W. Adorno, 2012, *Dialektik der Aufklärung: Philosophische Fragmente.* Frankfurt/Main.
Hu, M. et al., 2012, »Safety of Statins: An Update.« *Therapeutic Advances in Drug Safety* 3(3): 133–144.
Huang, Chi-fu und Robert H. Litzenberger, 1988, *Foundations of Financial Economics.* Upper Saddle River.
Hudson, M. et al., 2002, *Debt and Economic Renewal in the Ancient Near East: A Colloquium Held at Columbia University.* Potomac.
Illich, Ivan, 1987, *Die Nemesis der Medizin. Von den Grenzen des Gesundheitswesens.* Reinbek.
Ioannidis, J.P.A., 2005, »Why Most Published Research Findings Are False.« *PLoS Medicine* 2(8), 696–701, doi:10.1371/journal.pmed.0020124.
Ioannidis, J.P.A. und T.A. Trikalinos, 2007, »An Exploratory Test for an Excess of Significant Findings.« *Clinical Trials* 4: 245–253, doi:10.1177/174077450707944.
Issawi, Charles, 1966, *The Economic History of the Middle East, 1800–1914.* Chicago.
Issawi, Charles, 1988, *The Fertile Crescent, 1800–1914: A Documentary Economic History.* Oxford.
Jacob, François, 1977a, »Evolution et bricolage.« *Le Monde* 6(7): 8.
Jacob, François, 1977b, »Evolution and Tinkering.« *Science* 196(4295): 1161–1166.
Janson, J. et al., 2004, »Increased Risk of Type 2 Diabetes in Alzheimer Disease.« *Diabetes* 53(2): 474–481.
Jaynes, E.T., 2003, *Probability Theory: The Logic of Science.* Cambridge.
Jensen, J.L.W.V., 1906, »Sur les fonctions convexes et les inégalités entre les valeurs moyennes.« *Acta Mathematica* 30.
Johnsgard, P.A., 2010, »Ducks, Geese, and Swans of the World: Tribe Stictonettini (Freckled Duck).« In Paul A. Johnsgard, *Ducks, Geese, and Swans of the World.* Lincoln.
Johnson, P.D.R., 2011, »Extensively Resistant Tuberculosis in the Lands Down Under.« *Medical Journal of Australia* 194(11): 565.
Johnson, Steven, 2010, *Where Good Ideas Come From: The Natural History of Innovation.* New York.
Josipovici, Gabriel, 2010, *What Ever Happened to Modernism?* New Haven.
Kahn, James, 2011, »Can We Determine the Optimal Size of Government?« *Cato Institute* 7, September.
Kahneman, D., 1982, »On the Study of Statistical Intuitions.« In D. Kahneman,

P. Slovic und A. Tversky, Hrsg., *Judgment Under Uncertainty: Heuristics and Biases*. Cambridge.

Kahneman, D., 2012, *Schnelles Denken, langsames Denken*. Aus dem Amerikanischen von Thorsten Schmidt. München.

Kahneman, D. und Amos Tversky, 1979, »Prospect Theory: An Analysis of Decision Under Risk.« *Econometrica* 46(2): 171–185.

Kaiser, Jocelyn, 2003, »Hormesis: Sipping from a Poisoned Chalice.« *Science* 302 (5644): 376–379.

Kantorovich, Aharon, 1993, *Scientific Discovery: Logic and Tinkering*. Albany.

Kaplan, H., K. Hill, J. Lancaster und A.M. Hurtado, 2000, »A Theory of Human Life History Evolution: Diet, Intelligence, and Longevity.« *Evolutionary Anthropology* 9:156–185.

Karsenty, G., 2003, »The Complexities of Skeletal Biology.« *Nature* 423 (6937): 316–318.

Karsenty, G., 2011, *Regulation of Male Fertility by Bone*. Cold Spring Harbor.

Karsenty, G., 2012a, »Bone as an endocrine tissue.« *Annual Review of Physiology* 74(1).

Karsenty, G., 2012b, »The Mutual Dependence Between Bone and Gonads.« *Journal of Endocrinology* 213(2): 107–114.

Kauffman, Stuart, 1995, *At Home in the Universe: The Search for Laws of Self-Organization and Complexity*. Oxford.

Kay, John, 2011, *Die Kunst des Umwegs oder wie man am besten sein Ziel erreicht*. Aus dem Englischen von Franka Reinhart. München.

Kealey, T., 1996, *The Economic Laws of Scientific Research*. London.

Kennedy, Michael T., 2004, *A Brief History of Disease, Science and Medicine: From the Ice Age to the Genome Project*. Mission Viejo.

Kerr, N.L., 1998, »HARKing: Hypothezising After the Results Are Known.« *Personality and Social Psychology Review* 2: 196–217, doi:10.1207/s15327957 pspr0203_4.

Khanna, P., 2010, »Beyond City Limits.« *Foreign Policy* 181: 120–128.

Khmaladze, E., R. Brownrigg und J. Haywood, 2007, »Brittle Power: On Roman Emperors and Exponential Lengths of Rule.« *Statistics & Probability Letters* 77: 1248–1257.

Khmaladze, E.V., R. Brownrigg und J. Haywood, 2010, »Memoryless Reigns of the ›Sons of Heaven‹.« *International Statistical Review* 78: 348–362.

Khosla, V., 2009, »Whose Rules? Terms of Discussions Around a Global Cap-and-Trade System.« *Innovations: Technology, Governance, Globalization* 4(4): 23–40.

Kirikos, G. und D. Novak, 1997, »Convexity Conundrums.« *Risk Magazine*, März: 60–61.

Kohr, Leopold, 2002, *Das Ende der Großen. Zurück zum menschlichen Maß*. Aus dem Englischen von Edgar Th. Portisch. Salzburg.

Kondo, Y., T. Kanzawa und R. Sawaya, 2005, »The Role of Autophagy in Cancer Development and Response to Therapy.« *Nature Reviews Cancer* 5: 726–734.

Krugman, P., 1998, »Why Intellectuals Don't Understand Comparative Advantage.« *Freedom and Trade: The Economics and Politics of International Trade* 2: 22.

Kurzban, R., 2010, »Does the Brain Consume Additional Glucose During Self-Control Tasks?« *Evolutionary Psychology* 8: 244–259. Übernommen von http://www.epjournal.net/wp-content/uploads/ep08244259.pdf [05.06.12].

LaMattina, John L., 2009, *Drug Truths: Dispelling the Myths About Pharma R&D.* New York.

Latour, Bruno und Steve Woolgar, 1996, *La vie de laboratoire: La production des faits scientifiques.* Paris.

Laumakis, M. et al., 2009, »The Sloan-C Pillars and Boundary Objects as a Framework for Evaluating Blended Learning.« *Journal of Asynchronous Learning Networks* 13(1): 75–87.

Lavery, J.V., 2011, »How Can Institutional Review Boards Best Interpret Preclinical Data?« *PLoS Medicine* 8(3): e1001011.

Le Bourg, Eric, 2009, »Hormesis, Aging and Longevity.« *Biochimica et Biophysica Acta (BBA): General Subjects* 1790(10): 1030–1039.

Le Breton-Miller, I. und D. Miller, 2006, »Why Do Some Family Businesses Out-Compete? Governance, Long-Term Orientations, and Sustainable Capability.« *Entrepreneurship Theory and Practice* 30(6): 731–746.

Le Fanu, James, M.D., 2002, *The Rise and Fall of Modern Medicine.* New York.

Le Goff, Jacques, 1987, *Für ein anderes Mittelalter. Zeit, Arbeit und Kultur im Europa des 5. bis 15. Jahrhunderts.* Aus dem Französischen von Juliane Kümmell und Angelika Hildebrandt-Essig. Weingarten.

Le Goff, Jacques, 1991, *Die Intellektuellen im Mittelalter.* Aus dem Französischen von Christiane Kayser. Stuttgart.

Lebrun, François, 1995, *Se soigner autrefois: Médicins, saints et sorciers aux XVIIe et XVIIIe siècles.* Paris.

Leoni, B., 1957, »The Meaning of ›Political‹ in Political Decisions.« *Political Studies* 5(3): 225–239.

Leoni, B. und A. Kemp, 1991, *Freedom and the Law.* Indianapolis.

Levi, Isaac, 1980, *The Enterprise of Knowledge.* Cambridge, Mass.

Lévi-Strauss, Claude, 2012, *Das wilde Denken.* Aus dem Französischen von Hans Naumann. Frankfurt/Main.

Lewis, Ben, 2010, *Das komische Manifest. Kommunismus und Satire von 1917 bis 1989.* Aus dem Englischen von Anne Emmert. München.

Lewontin, Richard, 1993, *Biology as Ideology: The Doctrine of DNA,* New York.

Li, Jie Jack, 2006, *Laughing Gas, Viagra, and Lipitor: The Human Stories Behind the Drugs We Use.* Oxford.

Light, D. und J. Lexchin, 2012, »Pharmaceutical Research and Development: What Do We Get for All That Money?« *British Medical Journal,* 345.

Lim, E.L. et al., 2011, »Reversal of Type 2 Diabetes: Normalisation of Beta Cell Function in Association with Decreased Pancreas and Liver Triacylglycerol.« *Diabetologia* 54: 2506–2514.

Lindsay, James E., 2005, *Daily Life in the Medieval Islamic World.* Indianapolis.

Lloyd, R. et al., 2010, »A Pilot Investigation of Load-Carrying on the Head and Bone Mineral Density in Premenopausal, Black African Women.« *Journal of Bone and Mineral Metabolism* 28(2): 185–190.

Longo, V. und B. Kennedy, 2006, »Sirtuins in Aging and Age-Related Disease.« *Cell* 126(2): 257–268.

Longo, V., M. Lieber und J. Vijg, 2008, »Turning Anti-Ageing Genes Against Cancer.« *National Review of Molecular Cell Biology* 9(11): 903–910, 1471–1472.

Longrigg, James, 1998, *Greek Medicine from the Heroic to the Hellenistic Age: A Source Book.* London.

Luchsinger, J.A. et al., 2004, »Hyperinsulinemia and Risk of Alzheimer Disease.« *Neurology* 63(7): 1187–1192.

Luehrman, T.A., 1998, »Strategy as a Portfolio of Real Options.« *Harvard Business Review* 76: 89–101.

Lustick, I. et al., 2010, »From Theory to Simulation: The Dynamic Political Hierarchy in Country Virtualization Models.« *American Political Science Association.*

Machina, Mark und Michael Rothschild, 2008, »Risk.« In Steven N. Durlauf und Lawrence E. Blume, Hrsg., *The New Palgrave Dictionary of Economics,* 2. Aufl. London.

Mackie, R., 2001, »Family Ownership and Business Survival: Kirkcaldy, 1870–1970.« *Business History* 43: 1–32.

Makridakis, S., A. Andersen, R. Carbone, R. Fildes, M. Hibon, R. Lewandowski, J. Newton, R. Parzen und R. Winkler, 1982, »The Accuracy of Extrapolation (Time Series) Methods: Results of a Forecasting Competition.« *Journal of Forecasting* 1: 111–153.

Makridakis, S., C. Chatfield, M. Hibon, M. Lawrence, T. Mills, K. Ord und L.F. Simmons, 1993, »The M2-Competition: A Real-Time Judgmentally Based Forecasting Study« (mit Kommentar). *International Journal of Forecasting* 5: 29.

Makridakis, S. und M. Hibon, 2000, »The M3-Competition: Results, Conclusions and Implications.« *International Journal of Forecasting* 16: 451–476.

Makridakis, S. und N.N. Taleb, 2009, »Decision Making and Planning Under Low Levels of Predictability.« *International Journal of Forecasting* 25 (4): 716–733.

Malhotra, Y., 2000, »Knowledge Assets in the Global Economy: Assessment of National Intellectual Capital.« *Journal of Global Information Management* 8(3): 5.

Malmendier, U. und G. Tate, 2008, »Who Makes Acquisitions? CEO Overconfidence and the Market's Reaction.« *Journal of Financial Economics* 89(1): 20–43.

Malmendier, U. und G. Tate, 2009, »Superstar CEOs.« *Quarterly Journal of Economics* 124(4): 1593–1638.

Mandelbrot, Benoît B., 1991, *Die fraktale Geometrie der Natur.* Aus dem Englischen von Reinhilt Zähle und Ulrich Zähle. Basel, Boston, Berlin.

Mandelbrot, Benoît B., 1997, *Fractals and Scaling in Finance: Discontinuity, Concentration, Risk.* New York.

Mandelbrot, Benoît B. und N.N. Taleb, 2010, »Random Jump, Not Random Walk.« In Richard Herring, Hrsg., *The Known, the Unknown, and the Unknowable.* Princeton.

Mansel, P., 2012, *Levant.* Paris.

Marglin, S.A., 1996, »Farmers, Seedsmen, and Scientists: Systems of Agriculture and Systems of Knowledge.« In Frédérique Apffel-Marglin und Stephen A. Marglin, Hrsg., *Decolonizing Knowledge: From Development to Dialogue.* Oxford, 185–248.

Martin, B. et al., 2006, »Caloric Restriction and Intermittent Fasting: Two Potential Diets for Successful Brain Aging.« *Ageing Research Reviews* 5(3): 332–353.

Masoro, E.J., 1998, »Hormesis and the Antiaging Action of Dietary Restriction.« *Experimental Gerontology* 33(1–2): 61–66.

Mattson, M.P., 2008, »Hormesis Defined.« *Ageing Research Reviews* 7(1): 1–7.

Mattson, M.P. und R. Wan, 2005, »Beneficial Effects of Intermittent Fasting and Caloric Restriction on the Cardiovascular and Cerebrovascular Systems.« *Journal of Nutritional Biochemistry* 16(3): 129–137.

Matz, David, 2002, *Daily Life of the Ancient Romans.* Indianapolis.

McAleer, M., A. Pagan und P. Volker, 1985, »What Will Take the Con Out of Econometrics?« *American Economic Review* 75(3): 293–307.

McCabe, D.P. und A.D. Castel, 2008, »Seeing Is Believing: The Effect of Brain Images on Judgments of Scientific Reasoning.« *Cognition* 107: 343–352.

McCloskey, D. und S. Ziliak, 1996, »The Standard Error of Regressions.« *Journal of Economic Literature* 34(1): 97–114.

McConaughy, D., C. Matthews und A. Fialko, 2001, »Founding Family Controlled Firms: Performance, Risk and Value.« *Journal of Small Business Management* 39: 31–49.

McCraw, Thomas, 2008, *Joseph A. Schumpeter. Eine Biographie.* Aus dem Englischen von Doris Gerstner und Michael Hein. Hamburg.

McGill, S., 2007, *Low Back Disorders: Evidence-Based Prevention and Rehabilitation.* Champaigne.

McGrath, R.G., 1999, »Falling Forward: Real Options Reasoning and Entrepreneurial Failure.« *Academy of Management Review:* 13–30.

McKnight, Scot, 2009, *Fasting.* Nashville.

McMahon, Darrin M., 2001, *Enemies of the Enlightenment: The French Counter-Enlightenment and the Making of Modernity.* Oxford.

Mégraud, F. und H. Lamouliatte, 1992, »Helicobacter *pylori* and Duodenal Ulcer.« *Digestive Diseases and Sciences* 37(5): 769–772.

Mehta, R. et al., 2012, »Is Noise Always Bad? Exploring the Effects of Ambient

Noise on Creative Cognition.« *Journal of Consumer Research* 39(4): 784–799.

Meisenzahl, R. und J. Mokyr, 2011, *The Rate and Direction of Invention in the British Industrial Revolution: Incentives and Institutions*. Cambridge.

Menard, W. und G. Sharman, 1976, »Random Drilling.« *Science* 192(4236): 206–208.

Meng, X., N. Qian und P. Yared, 2010, *The Institutional Causes of China's Great Famine, 1959–61*. Cambridge.

Mercier, H. und D. Sperber, 2011, »Why Do Humans Reason? Arguments for an Argumentative Theory.« *Behavioral and Brain Sciences* 34(2): 57–74.

Meslin, Michel, Alain Proust und Ysé Tardan-Masquelier, Hrsg., 2006, *La quête de guérison: Médicine et religions face à la souffrance*. Paris.

Meyers, Morton A., 2007, *Happy Accidents: Serendipity in Modern Medical Breakthroughs*. New York.

Michán, S., Y. Li, M. Chou, E. Parrella, H. Ge, J. Long, J. Allard, K. Lewis, M. Miller und W. Xu, 2010, »SIRT1 Is Essential for Normal Cognitive Function and Synaptic Plasticity.« *Journal of Neuroscience* 30(29): 9695–9707.

Micklesfield, L., L. Rosenberg, D. Cooper, M. Hoffman, A. Kalla, I. Stander und E. Lambert, 2003, »Bone Mineral Density and Lifetime Physical Activity in South African Women.« *Calcified Tissue International* 73(5): 463–469.

Miller, John H. und Scott E. Page, 2007, *Complex Adaptive Systems: An Introduction to Computational Models of Social Life*. Princeton.

Mindell, D.A., 2002, *Between Human and Machine: Feedback, Control, and Computing Before Cybernetics*. Baltimore.

Mitchell, Mark T., 2006, *Michael Polanyi: The Art of Knowing*. Wilmington/ISI Books.

Mokyr, Joel, 1990, *The Lever of Riches: Technological Creativity and Economic Progress*. Oxford.

Mokyr, Joel, Hrsg., 1999, *The British Industrial Revolution: An Economic Perspective*. Boulder.

Mokyr, Joel, 2002, *The Gifts of Athena: Historical Origins of the Knowledge Economy*. Princeton.

Mokyr, Joel, 2005, »Long-Term Economic Growth and the History of Technology.« In Philippe Aghion und Steven N. Durlauf, Hrsg., *Handbook of Economic Growth*, Bd. 1B. Amsterdam.

Mokyr, Joel, 2009, *The Enlightened Economy: An Economic History of Britain, 1700–1850*. New Haven.

Morens, David M., 1999, »Death of a President.« *New England Journal of Medicine* 342: 1222.

Morris, Ivan I., 1999, *Samurai oder Von der Würde des Scheiterns*. Aus dem Amerikanischen von Ursula Gräfe und Gunther Ludwig. Frankfurt/Main.

Mudd, L., W. Fornetti und J. Pivarnik, 2007, »Bone Mineral Density in Collegiate Female Athletes: Comparisons Among Sports.« *Journal of Athletic Training*, Jul.–Sep. 42(3): 403–408.

Mudry, Philippe, 2006, *Medicina, soror philosophiae*. Charenton-le-Pont.

Muldrew, C., 1993, »Credit and the Courts: Debt Litigation in a Seventeenth-Century Urban Community.« *Economic History Review* 46(1): 23–38.

Mutch, W. A.C. et al., 2007, »Biologically Variable Ventilation Improves Gas Exchange and Respiratory Mechanics in a Model of Severe Bronchospasm.« *Critical Care Medicine* 35(7): 1749.

Nasr, G., 2008, »Applying Environmental Performance Indices Towards an Objective Measure of Sustainability in the Levant.« *International Journal of Sustainable Development* 11(1): 61–73.

Nasr, G., 2009, »Limitations of the Hydraulic Imperative: The Case of the Golan Heights.« *Water Resources Development* 25(1): 107–122.

Nelson, R.R., 2005, *Technology, Institutions, and Economic Growth*. Cambridge, Mass.

Neumaier, T. et al., 2012, »Evidence for Formation of DNA Repair Centers and Dose-Response Nonlinearity in Human Cells.« *Proceedings of the National Academy of Sciences* 109(2): 443–448.

Nichols, J.F. et al., 2003, »Low Bone Mineral Density in Highly Trained Male Master Cyclists.« *Osteoporosis International* 14(8): 644–649.

Nicolas, Jean, 2008, *La rebellion française*. Paris.

North, Douglass C., 1992, *Institutionen, institutioneller Wandel und Wirtschaftsleistung*. Aus dem Amerikanischen von Monika Streissler. Tübingen.

Nowak, Martin A., 2006, *Evolutionary Dynamics: Exploring the Equations of Life*. Cambridge, Mass.

Nutton, Vivian, 2004, *Ancient Medicine*. London.

O'Hara, Kieron, 2004, *Trust: From Socrates to Spin*. London.

Oakeshott, Michael, 1966, *Rationalismus in der Politik*. Aus dem Englischen von Klaus Streifthau. Neuwied.

Oakeshott, Michael, 1975, *On Human Conduct*. Oxford.

Oakeshott, Michael, 1991, »The Rationalist.« *Quadrant* 35(3): 87.

Ober, J., 2010, *Wealthy Hellas*, Bd. 140. Baltimore.

Ogilvie, Sheilagh, 2011, *Institutions and European Trade: Merchant Guilds 1000–1800*. Cambridge.

Orlov, Dmitry, 2011, *Reinventing Collapse: The Soviet Experience and American Prospects*. Gabriola Island.

Palmieri, Nicoletta, Hrsg., 2003, *Rationnel et irrationnel dans la médecine ancienne et médiévale*. Saint-Étienne.

Pamuk, Sevket, 2006, »Estimating Economic Growth in the Middle East Since 1820.« *Journal of Economic History* 66(3).

Parsons, P.A., 2000, »Hormesis: An Adaptive Expectation with Emphasis on Ionizing Radiation.« *Journal of Applied Toxicology* 20(2): 103–112.

Pat-Horenczyk, R. und D. Brom, 2007, »The Multiple Faces of Post-Traumatic Growth.« *Applied Psychology* 56(3): 379–385.

Pautler, P.A., 2003, »Evidence on Mergers and Acquisitions.« *Antitrust Bulletin* 48: 119.

Pavitt, K., 1998a, »The Inevitable Limits of EU R&D Funding.« *Research Policy* 27(6): 559–568.

Pavitt, K., 1998b, »The Social Shaping of the National Science Base.« *Research Policy* 27(8): 793–805.

Payer, Lynn, 1993, *Andere Länder, andere Leiden. Ärzte und Patienten in England, Frankreich, den USA und hierzulande.* Aus dem Amerikanischen von Bettina Abarbanell. Frankfurt/Main, New York.

Pears, David, 2006, *Paradox and Platitude in Wittgenstein's Philosophy.* Oxford.

Pérez-Jean, Brigitte, 2005, *Dogmatisme et scepticisme.* Villeneuve-d'Ascq.

Petchey, O.L. und J.A. Dunne, 2012, »Predator-Prey Relations and Food Webs.« *In Metabolic Ecology: A Scaling Approach.* New York.

Petroski, Henry, 2006, *Success Through Failure: The Paradox of Design.* Princeton.

Pigeaud, Jackie, 2006, *La maladie de l'âme.* Paris.

Pigolotti, S. et al., 2005, »Species Lifetime Distribution for Simple Models of Ecologies.« *Proceedings of the National Academy of Sciences of the United States of America* 102(44): 15747.

Pirenne, Henri, 1986, *Mohammed und Karl der Große. Untergang der Antike am Mittelmeer und Aufstieg des germanischen Mittelalters.* Aus dem Französischen von P.E. Hübinger. Frankfurt/Main.

Pisano, G.P., 2006a, »Can Science Be a Business?« *Harvard Business Review* 10: 1–12.

Pisano, G.P., 2006b, *Science Business: The Promise, Reality, and Future of Biotech.* Cambridge, Mass.

Pischon, T. et al., 2008, »General and Abdominal Adiposity and Risk of Death in Europe.« *New England Journal of Medicine* 359: 2105–2120.

Pi-Sunyer, X. et al., 2007, »Reduction in Weight and Cardiovascular Disease Risk Factors in Individuals with Type 2 Diabetes: One-Year Results of the Look AHEAD Trial.« *Diabetes Care* 30: 1374–1383.

Piterbarg, V.V. und M.A. Renedo, 2004, »Eurodollar Futures Convexity Adjustments in Stochastic Volatility Models.« Working Paper.

Pluchino, A. et al., 2011, »Accidental Politicians: How Randomly Selected Legislators Can Improve Parliament Efficiency.« *Physica A: Statistical Mechanics and Its Applications* 21: 3944–3954.

Polanyi, M., 1958, *Personal Knowledge: Towards a Post-Critical Philosophy.* London.

Pomata, Gianna und Nancy G. Siraisi, Hrsg., 2005, *Historia: Empiricism and Erudition in Early Modern Europe.* Cambridge, Mass.

Popkin, Richard, 2003, *The History of Scepticism: From Savonarola to Bayle.* Oxford.

Popper, Karl, 2003, *Das Elend des Historizismus.* Tübingen.

Pories, W.J. et al., 1995, »Who Would Have Thought It? An Operation Proves to Be the Most Effective Therapy for Adult-Onset Diabetes Mellitus.« *Annals of Surgery* 222: 339–352.

Pormann, Peter E. und Emilie Savage-Smith, 2007, *Medieval Islamic Medicine.* Washington.

Porter, Roy, 2003, *Flesh in the Age of Reason.* New York.

Porter, Roy, 2006, *Geschröpft und zur Ader gelassen: Eine kleine Kulturgeschichte der Medizin.* Aus dem Englischen von Christian Detoux. Frankfurt/Main.

Portet, P., 2002, *La mesure géométrique des champs au moyen âge.* Genf.

Posner, M.V., 1996, »Corrupted by Money?« *Nature* 382: 123–124.

Pratt, John W., 1964, »Risk Aversion in the Small and in the Large.« *Econometrica* 32 (Januar–April), 122–136.

Pritchard, James B., Hrsg., 2011, *The Ancient Near East: An Anthology of Texts and Pictures.* Princeton.

Pritchett, L., 2001, »Where Has All the Education Gone?« *World Bank Economic Review* 15(3): 367.

Radak, Z. et al., 2005, »Exercise and Hormesis: Oxidative Stress-Related Adaptation for Successful Aging.« *Biogerontology* 6(1): 71–75.

Raffaghello, L., F. Safdie, G. Bianchi, T. Dorff, L. Fontana und V. Longo, 2010, »Fasting and Differential Chemotherapy Protection in Patients.« *Cell Cycle* 9(22): 4474.

Rashed, Marwan, 2007, *L'héritage aristotélien.* Paris.

Rattan, S.I.S., 2008, »Hormesis in aging.« *Ageing Research Reviews* 7(1): 63–78.

Rautava, E., M. Lehtonen-Veromaa, H. Kautiainen, S. Kajander und O.J. Heinonen, 2007, »The Reduction of Physical Activity Reflects on the Bone Mass Among Young Females: A Follow-Up Study of 143 Adolescent Girls.« *Osteoporosis International* (18)7: 915–922.

Razay, G. und G.K. Wilcock, 1994, »Hyperinsulinaemia and Alzheimer's Disease.« *Age and Ageing* 23(5): 396–399.

Read, D., S. Frederick und M. Airoldi, 2012, »Four Days Later in Cincinnati: Longitudinal Tests of Hyperbolic Discounting.« *Acta Psychologica* 140(2): 177–185, PMID: 22634266.

Redberg, R.F. und M.H. Katz, 2012, »Healthy Men Should Not Take Statins.« JAMA 307(14): 1491–1492.

Rees, Martin, 2003, *Our Final Century: Will Civilisation Survive the Twenty-First Century?* London.

Rein, R. et al., 2010, »Adaptive and Phase Transition Behavior in Performance of Discrete Multi-Articular Actions by Degenerate Neurobiological Systems.« *Experimental Brain Research* 201(2): 307–322.

Ridley, Matt, 2011, *Wenn Ideen Sex haben. Wie Fortschritt entsteht und Wohlstand vermehrt wird.* Aus dem Englischen von Gabriele Gockel und Barbara Steckhan. München.

Riffard, Pierre, 2004, *Les philosophes: Vie intime.* Paris.

Robb, Graham, 2007, *The Discovery of France.* New York.

Roberts, B.H., 2012, *The Truth About Statins: Risks and Alternatives to Cholesterol-Lowering Drugs.* New York.

Roberts, Royston M., 1989, *Serendipity: Accidental Discoveries in Science*. New York.

Roll, R., 1986, »The Hubris Hypothesis of Corporate Takeovers.« *Journal of Business* 59:197–216.

Rook, G.A.W., 2011, »Hygiene and Other Early Childhood Influences on the Subsequent Function of the Immune System.« *Digestive Diseases* 29(2): 144–153.

Rose, K.A. et al., 2008, »Outdoor Activity Reduces the Prevalence of Myopia in Children.« *Ophthalmology* 115(8): 1279–1285.

Rothschild, M. und J.E. Stiglitz, 1970, »Increasing Risk: I. A Definition.« *Journal of Economic Theory* 2(3): 225–243.

Rothschild, M. und J.E. Stiglitz, 1971, »Increasing Risk: II. Its Economic Consequences.« *Journal of Economic Theory* 3(1): 66–84.

Rubino, F. et al., 2006, »The Mechanism of Diabetes Control After Gastrointestinal Bypass Surgery Reveals a Role of the Proximal Small Intestine in the Pathophysiology of Type 2 Diabetes.« *Annals of Surgery* 244: 741–749.

Sackett, David L., W. Scott Richardson, William Rosenberg und R. Brian Haynes, 1999, *Evidenzbasierte Medizin*. Aus dem Englischen von Landry & Associates International. München, Bern, Wien, New York.

Safdie, F., T. Dorff, D. Quinn, L. Fontana, M. Wei, C. Lee, P. Cohen und V. Longo, 2009, »Fasting and Cancer Treatment in Humans: A Case Series Report.« *Aging* 1(12): 988.

Salsburg, David, 2001, *The Lady Tasting Tea: How Statistics Revolutionized Science in the Twentieth Century*. New York.

Sandis, Constantine, 2012, *The Things We Do and Why We Do Them*. London.

Scanu, A.M. und C. Edelstein, 2008, »HDL: Bridging Past and Present with a Look at the Future.« *FASEB Journal* 22(12): 4044–4054.

Schlumberger, M.J., 1998, »Papillary and Follicular Thyroid Carcinoma.« *New England Journal of Medicine* 338(5) 297–306.

Schnohr, P. et al., 2011, »Intensity Versus Duration of Cycling: Impact on All-Cause and Coronary Heart Disease Mortality: The Copenhagen City Heart Study.« *European Journal of Cardiovascular Prevention & Rehabilitation*.

Schon, Donald, 1983, *The Reflective Practitioner: How Professionals Think in Action*. New York.

Schumacher, E.F., 2001, *Small is beautiful. Die Rückkehr zum menschlichen Maß*. Aus dem Englischen von Karl A. Klewer. Bad Dürkheim.

Schumpeter, Joseph A., 1965, *Geschichte der ökonomischen Analyse*. Aus dem Amerikanischen von Gottfried Frenzel und Johanna Frenzel. Göttingen.

Schumpeter, Joseph A., 1993, *Kapitalismus, Sozialismus und Demokratie*. Aus dem Englischen von Susanne Preiswerk. Tübingen.

Scott, A., K.M. Khan, V. Duronio und D.A. Hart, 2008, »Mechanotransduction in Human Bone: In Vitro Cellular Physiology That Underpins Bone Changes with Exercise.« *Sports Medicine* 38(2): 139–160.

Scott, James C., 1998, *Seeing like a State: How Certain Schemes to Improve the Human Condition Have Failed*. New Haven.

Scranton, P., 2006, »Urgency, Uncertainty, and Innovation: Building Jet Engines in Postwar America.« *Management & Organizational History* 1(2): 127.

Scranton, P., 2007, »Turbulence and Redesign: Dynamic Innovation and the Dilemmas of US Military Jet Propulsion Development.« *European Management Journal* 25(3): 235–248.

Scranton, P., 2009, »The Challenge of Technological Uncertainty.« *Technology and Culture* 50(2): 513–518.

Seery, M.D., 2011, »Resilience.« *Current Directions in Psychological Science* 20(6): 390–394.

Sestini, P. und L.B. Irving, 2009, »The Need for Expertise and the Scientific Base of Evidence-Based Medicine.« *Chest* 135(1): 245.

Shackle, G.L.S., 1992, *Epistemics and Economics: A Critique of Economic Doctrines.* New Brunswick.

Shah, A.K. und D.M. Oppenheimer, 2007, »Easy Does It: The Role of Fluency in Cue Weighting.« *Judgment and Decision Making* 2(6): 371–379.

Sharpe, Virginia A. und Alan I. Faden, 1998, *Medical Harm: Historical, Conceptual, and Ethical Dimensions of Iatrogenic Illness.* Cambridge.

Shelford, April G., 2007, *Transforming the Republic of Letters: Pierre-Daniel Huet and European Intellectual Life, 1650–1720.* Rochester.

Shimabukuro, M. et al., 1998, »Lipoapoptosis in Beta-Cells of Obese Prediabetic Fa/Fa Rats. Role of Serine Palmitoyltransferase Overexpression.« *Journal of Biological Chemistry* 273: 32487–32490.

Silverman, William A., 1999, *Where's the Evidence: Debates in Modern Medicine.* Oxford.

Singer, S. Fred, Charles A.S. Hall, J. Cutler, 1981, »Oil Exploration.« *Science*, New Series, 213: 4515 (25. Sep. 1981).

Singh, Simon und Ernst Edzard, M.D., 2009, *Gesund ohne Pillen – Was kann die Alternativmedizin?* Aus dem Englischen von Klaus Fritz. München.

Skyler, J., R. Bergenstal, R. Bonow, J. Buse, P. Deedwania, E. Gale, B. Howard, M. Kirkman, M. Kosiborod und P. Reaven, 2009, »Intensive Glycemic Control and the Prevention of Cardiovascular Events: Implications of the ACCORD, ADVANCE, and VA Diabetes Trials.« *Circulation* 119(2): 351–357.

Smith, V.L., 2008, *Rationality in Economics: Constructivist and Ecological Forms.* Cambridge.

Sober, Elliott, 2008, *Evidence and Evolution: The Logic Behind Science.* Cambridge.

Solomon, L., 1979, »Bone Density in Ageing Caucasian and African Populations.« *Lancet* 2: 1326–1330.

Sorabji, Richard, 2000, *Emotion and Peace of Mind: From Stoic Agitation to Christian Temptation.* Oxford.

Sornette, Didier, 2003, *Why Stock Markets Crash: Critical Events in Complex Financial Systems.* Princeton, N.J.

Sornette, Didier, 2004, *Critical Phenomena in Natural Sciences: Chaos, Fractals, Self-organization and Disorder: Concepts and Tools,* 2. Aufl. Berlin.

Sornette, Didier und L. Knopoff, 1997, »The Paradox of the Expected Time Until the Next Earthquake.« *Bulletin of the Seismological Society of America* 87(4): 789–798.

Sornette, Didier und D. Zajdenweber, 1999, »Economic Returns of Research: The Pareto Law and Its Implications.« *The European Physical Journal, B: Condensed Matter and Complex Systems* 8(4): 653–664.

Stanley, J., 2010, »Knowing (How).« *Noûs* 45(2): 207–238.

Starbuck, W.H., 1992, »Strategizing in the Real World«, in »Technological Foundations of Strategic Management.« *International Journal of Technology Management* 8(1/2).

Starbuck, W.H., 2004, »Why I Stopped Trying to Understand the Real World.« *Organizational Studies* 25(7).

Starbuck, W.H. et al., 2008, »Payoffs and Pitfalls of Strategic Learning.« *Journal of Economic Behavior & Organization* 66(1): 7–21.

Stasavage, D., 2012, »Was Weber Right? City Autonomy, Political Oligarchy, and the Rise of Europe.« Vorabdruck.

Steinmo, S., 2010, *The Evolution of Modern States: Sweden, Japan, and the United States*. Cambridge.

Steinmo, S., 2012, »Considering Swedish Exceptionalism.« Entwurf. Fiesole/European University Institute.

Sternberg, Robert J., 2003, *Wisdom, Intelligence and Creativity Synthesized*. Cambridge.

Sternhell, Zeev, 2010, *The Anti-Enlightenment Tradition*. New Haven.

Steven, S. et al., 2010, »Dietary Reversal of Type 2 Diabetes Motivated by Research Knowledge.« *Diabetic Medicine* 27: 724–725.

Stigler, Stephen M., 1990, *The History of Statistics: The Measurement of Uncertainty Before 1900*. Cambridge, Mass.

Stipp, David, 2010, *The Youth Pill*. London.

Stokes, Donald E., 1997, *Pasteur's Quadrant: Basic Science and Technological Innovation*. Washington.

Stranahan, A.M. und M.P. Mattson, 2012, »Recruiting Adaptive Cellular Stress Responses for Successful Brain Ageing.« *Nature Reviews Neuroscience* 13: 209–216.

Stroud, Barry, 1984, *The Significance of Philosophical Scepticism*. Oxford.

Stubbart, C.I. und M.B. Knight, 2006, »The Case of the Disappearing Firms: Empirical Evidence and Implications.« *Journal of Organizational Behavior* 27(1): 79–100.

Sunstein, Cass, 2009, *On Rumors: How Falsehoods Spread, Why We Believe Them, What Can Be Done*. London.

Taagepera, R., 1978, »Size and Duration of Empires: Growth-Decline Curves, 3000 to 600 B.C.« *Social Science Research* 7: 180–196.

Tainter, J., 1988, *The Collapse of Complex Societies: New Studies in Archaeology*. Cambridge.

Taleb, N.N., 2008, »Infinite Variance and the Problems of Practice.« *Complexity* 14(2).

Taleb, N.N., 2009, »Errors, Robustness, and the Fourth Quadrant.« *International Journal of Forecasting* 25.

Taleb, N.N., 2011, »The Future Has Thicker Tails than the Past: Model Error as Branching Counterfactuals.« *Benoît Mandelbrot's Scientific Memorial,* Vorabdruck (vgl. Companion Volume auf der Homepage des Verfassers).

Taleb, N.N. und A. Pilpel, 2007, »Epistemology and Risk Management.« *Risk and Regulation* 13, Sommer.

Taleb, N.N., D.G. Goldstein und M. Spitznagel, 2009, »The Six Mistakes Executives Make in Risk Management.« *Harvard Business Review* (Oktober).

Taleb, N.N. und C. Tapiero, 2010, »The Risk Externalities of Too Big to Fail.« *Physica A: Statistical Physics and Applications* 389(17): 5.

Taleb, N.N. und M. Blyth, 2011, »The Black Swan of Cairo.« *Foreign Affairs* 90(3).

Taleb, N.N., Elie Canetti, Elena Loukoianova, Tidiane Kinda und Christian Schmieder, 2012, »A New Heuristic Measure of Fragility and Tail Risks: Application to Stress Testing.« IMF Working Paper.

Taleb, N.N. und R. Douady, 2012, »A Map and Simple Heuristic to Detect Fragility, Antifragility, and Model Error.« arXiv Vorabdruck.

Taleb, N.N. und D. Goldstein, 2012, »The Problem Is Beyond Psychology: The Real World Is More Random Than Regression Analyses.« *International Journal of Forecasting* 28(3), 715–716.

Taleb, N.N. und G. Martin, 2012a, »How to Avoid Another Crisis.« *SIAS Review of International Affairs.*

Taleb, N.N. und G. Martin, 2012b, »The Illusion of Thin Tails Under Aggregation (A Reply to Jack Treynor).« *Journal of Investment Management.*

Tatonetti, Nicholas P. et al., 2012, »Data-Driven Prediction of Drug Effects and Interactions.« *Science Translational Medicine* 4, 125ra31, doi: 10.1126/scitransl med.3003377.

Taubes, G., 2008, *Good Calories, Bad Calories: Fats, Carbs, and the Controversial Science of Diet and Health.* New York.

Taubes, G., 2011, *Why We Get Fat: And What to Do About It.* New York.

Taylor, R., 2008, »Pathogenesis of Type 2 Diabetes: Tracing the Reverse Route from Cure to Cause.« *Diabetologia* 51: 1781–1789.

Tedeschi, R.G. und L.G. Calhoun, 1996, »The Posttraumatic Growth Inventory: Measuring the Positive Legacy of Trauma.« *Journal of Traumatic Stress* 9(3): 455–471.

Tetlock, Philip E., Richard Ned Lebow und Geoffrey Parker, Hrsg., 2009, *Unmaking the West: »What-If?« Scenarios That Rewrite World History.* Ann Arbor.

Thomas, Keith, 1997, *Religion and the Decline of Magic.* Oxford.

Thompson, M.R., 2010, »Reformism vs. Populism in the Philippines.« *Journal of Democracy* 21(4): 154–168.

Thorp, E., 1971, »Portfolio Choice and the Kelly Criterion.« *Stochastic Models in Finance,* 599–619.

Thorp, E., 1998, »The Kelly Criterion in Blackjack, Sports Betting, and the Stock Market.« In O. Vancura, J.A. Cornelius, W.R. Eadington, Hrsg., *Finding the Edge: Mathematical Analysis of Casino Games*. Reno.

Thorsrud, Harald, 2009, *Ancient Scepticism*. Dunham.

Todd, E., 2010, »The International Risk Governance Council Framework and Its Application to *Listeria monocytogenes* in Soft Cheese Made from Unpasteurised Milk.« *Food Control* 22: 1513–1524.

Townsend, A., A. Clark und K. McGowan, 2010, »Direct Benefits and Genetic Costs of Extrapair Paternity for Female American Crows *(Corvus brachyrhynchos)*.« *American Naturalist* 175 (1).

Trabelsi, K., K. El Abed, S.R. Stannard, K. Jammoussi, K.M. Zeghal und A. Hakim, 2012, »Effects of Fed- Versus Fasted-State Aerobic Training During Ramadan on Body Composition and Some Metabolic Parameters in Physically Active Men.« *International Journal of Sport Nutrition and Exercise* 22(1):11–8.

Triana, P., 2009, *Lecturing Birds on Flying: Can Mathematical Theories Destroy the Financial Markets?* New York.

Triana, P., 2011, *The Number That Killed Us: A Story of Modern Banking, Flawed Mathematics, and a Big Financial Crisis*. New York.

Trigeorgis, L., 1993, »Real Options and Interactions with Financial Flexibility.« *Financial Management* 22(3), 202–224.

Trigeorgis, L., 1996, *Real Options: Managerial Flexibility and Strategy in Resource Allocation*. Cambridge, Mass.

Trivers, Robert, 2011, *The Folly of Fools: The Logic of Deceit and Self-Deception in Human Life*. New York.

Turchin, P., 2003, *Historical Dynamics: Why States Rise and Fall*. Princeton.

Turchin, P., 2009, »A Theory for Formation of Large Empires.« *Journal of Global History* 4(02): 191–217.

Urvoy, Dominique, 1996, *Les penseurs libres dans l'Islam classique*. Paris.

Valdovinos, F. et al., 2010, »Consequences of Adaptive Foraging for the Structure and Dynamics of Food Webs.« *Ecology Letters* 13: 1546–1559.

Vanderbilt, T., 2008, »The Traffic Guru.« *Wilson Quarterly* 32(3): 26–32.

Vanderbilt, T., 2009, *Auto: Warum wir fahren, wie wir fahren und was das über uns sagt*. Aus dem Amerikanischen von Gerlinde Schermer-Rauwolf und Robert A. Weiß. Hamburg.

Van Zwet, W.R., 1964, *Convex Transformations of Random Variables*. Amsterdam.

Velez, N., A. Zhang, B. Stone, S. Perera, M. Miller und S. Greenspan, »The Effect of Moderate Impact Exercise on Skeletal Integrity in Master Athletes.« *Osteoporosis International* (Oktober 2008), 19(10): 1457–1464.

Vermeij, Geerat J., 2004, *Nature: An Economic History*. Princeton.

Vernon, Mark, 2009, *Plato's Podcasts*. London.

Veyne, Paul, 1999, »Païens et chrétiens devant la gladiature.« *Mélanges de l'École française de Rome. Antiquité*, Bd. 111, Nr. 111–2, 883–917.

Veyne, Paul, 2001, *La société romaine*. Paris.
Vigarello, Georges, 1998, *Histoire des pratiques de santé*. Paris.
Von Heyd, Wilhelm, 1886, *Histoire du commerce du Levant au moyen-âge*. Leipzig (Überarbeitete und erweiterte Übersetzung der deutschen Ausgabe: Wilhelm von Heyd, 1879, *Geschichte des Levantehandels im Mittelalter*. Stuttgart).
Von Plato, Jan, 1994, *Creating Modern Probability: Its Mathematics, Physics and Philosophy in Historical Perspective*. New York.
Wagner, Andreas, 2005, *Robustness and Evolvability in Living Systems*. Princeton, N.J.
Wai-Hung, Wong, 2002, »The Problem of Insulation.« *Philosophy*, 77(301), 349–373.
Wales, J.K., 1982, »Treatment of Type 2 (Non-Insulin-Dependent) Diabetic Patients with Diet Alone.« *Diabetologia* 23: 240–245.
Wallenborn, White McKenzie, 1997, »George Washington's Terminal Illness: A Modern Medical Analysis of the Last Illness and Death of George Washington.« *The Papers of George Washington*, Projekt der University of Virginia [http://www.gwpapers.virginia.edu; 05.12.12].
Waller, John, 2002, *Fabulous Science: Fact and Fiction in the History of Scientific Discovery*. Oxford.
Waterfield, Robin, 2009, *Why Socrates Died: Dispelling the Myths*. London.
Wear, Andrew, 1995, »Anatomy.« In Lawrence Conrad et al., Hrsg., *The Western Medical Tradition*, Bd. 1. Cambridge.
Weber, Max, 2005, *Die protestantische Ethik und der Geist des Kapitalismus*. Erftstadt.
Weindruch, R., 1996, »The Retardation of Aging by Caloric Restriction: Studies in Rodents and Primates.« *Toxicologic Pathology* 24: 742–745.
Weisberg, D., F. Keil, J. Goodstein, E. Rawson und J.R. Gray, 2008, »The Seductive Allure of Neuroscience Explanations.« *Journal of Cognitive Neuroscience* 20: 470–477.
Welch, H. Gilbert, Lisa M. Schwartz und Steven Woloshin, 2011, *Overdiagnosed: Making People Sick in the Pursuit of Health*. Boston.
West, G.B., 2011, »Can There Be a Quantitative Theory for the History of Life and Society?« *Cliodynamics* 2(1).
Westman, E. und Vernon, M., 2008, »Has Carbohydrate Restriction Been Forgotten as a Treatment for Diabetes Mellitus? A Perspective on the ACCORD Study Design.« *Nutrition and Metabolism (Lond)*, 5:10.
Whitacre, J.M., 2010, »Degeneracy: A Link Between Evolvability, Robustness and Complexity in Biological Systems.« *Theoretical Biology and Medical Modelling* 7(1): 6.
White, David A. und Thomas A. Fitzgerald, 1976, »On Menard and Sharman Random Drilling.« *Science*, New Series, 192: 4236 (16. April 1976).
Whitehead, Alfred North, 1988, *Wissenschaft und moderne Welt*. Aus dem Englischen von Hans Günter Holl. Frankfurt/Main.

Wilcken, Patrick, 2010, *Claude Lévi-Strauss: The Poet in the Laboratory.* London.

Wilson, E.A. et al., 1980, »Dietary Management of Maturity-Onset Diabetes.« BMJ 280: 1367–1369.

Wilson, Emily, 2007, *The Death of Socrates: Hero, Villain, Chatterbox, Saint.* London.

Wilson, Stephen, 2003, *The Bloomsbury Book of the Mind.* London.

Winchester, Simon, 2008, *Bomb, Book and Compass: Joseph Needham and the Great Secrets of China.* New York.

Wolf, Alison, 2002, *Does Education Matter? Myths About Education and Economic Growth.* London.

Wolff, J., 1892/2010, *Das Gesetz der Transformation der Knochen,* Reprint. Berlin.

Wootton, David, 2006, *Bad Medicine: Doctors Doing Harm Since Hippocrates.* Oxford.

Yaffe, K. et al., 2004. »Diabetes, Impaired Fasting Glucose, and Development of Cognitive Impairment in Older Women.« *Neurology* 63(4): 658–663.

Yarkoni, T., 2009, »Big Correlations in Little Studies: Inflated Fmri Correlations Reflect Low Statistical Power.« *Perspectives on Psychological Science* 4(3), 294–298, doi:10.1111/j.1745-6924.2009.01127.x.

Young, S.S. und A. Karr, 2011, »Deming, Data and Observational Studies.« *Significance* 8(3): 116–120.

Yuan, K.H. und S. Maxwell, 2005, »On the Post Hoc Power in Testing Mean Differences.« *Journal of Educational and Behavioral Statistics* 30(2), 141–167.

Zeller, Eduard, 1883, *Grundriss der Geschichte der griechischen Philosophie.* Leipzig.

Zerubavel, Eviatar, 2006, *The Elephant in the Room: Silence and Denial in Everyday Life.* Oxford.

Ziliak, S. und D. McCloskey, 2008, *The Cult of Statistical Significance: How the Standard Error Costs Us Jobs, Justice, and Lives.* Ann Arbor.

Dank

Peter Bevelin, Jazi Zilber, Peter Tanous und Rolf Dobelli haben das gesamte Manuskript mehrere Male in verschiedenen Versionen akribisch gelesen und nicht gespart mit hilfreichen Kommentaren oder Hinweisen auf wichtige Forschungsergebnisse.

Außerordentlich engagierte Kommentare erhielt ich von Will Murphy, Evan Camfield, Alexis Kirshbaum, Cynthia Taleb, Will Goodlad, Stefan McGrath und Asim Samiuddin, die den Entstehungsprozess des Buches begleiteten und entscheidend zu seinem Werden beitrugen.

Großzügige Kommentare und Unterstützung: Peter Nielsen, Rory Sutherland, Saifedean Ammous, Max Brockman, John Brockman, Marcos Carreira, Nathan Myhrvold, Aaron Brown, Terry Burnham, Peter Boettke, Russ Roberts, Kevin Horgan, Farid Karkaby, Michael Schrague, Dan Goldstein, Marie-Christine Riachi, Ed Frankel, Mika Kasuga, Eric Weinstein, Emanuel Derman, Alberto Mingardi, Constantine Sandis, Guy Deutscher, Bruno Dupire, George Martin, Joelle Weiss, Rohan Silva, Janan Ganesh, Dan Ariely, Gur Huberman, Cameron Williams, Jacques Merab, Lorenzo Savorelli, Andres Velasco, Eleni Panagiotarakou, Conrad Young, Melik Keylan, Seth Roberts, John McDonald, Yaneer Bar-Yam, David Shaywitz, Nouriel Roubini, Philippe Asseily, Ghassan Bejjani, Alexis Grégoire Saint-Marie, Charles Tapiero, Barry Blecherman, Art De Vany, Guy Riviere, Bernard Oppetit, Brendon Yarkin und Mark Spitznagel; dann meine Online-Helfer Jean-Louis Rheault, Ben Lambert, Marko Costa, Satiyaki Den, Kenneth Lamont, Vergil Den, Karen Brennan, Ban Kanj, Lea McKay, Ricardo Medina, Marco Alves, Pierre Madani, Greg Linster, Oliver Mayor, Satyaki Roy, Daniel Hogendoorn, Phillip Crenshaw, Walter Marsh, John Aziz, Graeme Blake, Greg Linster, Sujit Kapadia, Alvaro De La Paz, Apoorv Bajpai, Louis Shickle, Ben Brady, Alfonso Payno de las Cuevas, der »Guru Anaerobic« Alexander Boland, David Boxenhorn, Dru Stevenson und Michal Kolano. Sicher habe ich viele weitere vergessen.

Register